Comentários à
LEI DE LICITAÇÕES
e CONTRATOS
ADMINISTRATIVOS

O GEN | Grupo Editorial Nacional – maior plataforma editorial brasileira no segmento científico, técnico e profissional – publica conteúdos nas áreas de concursos, ciências jurídicas, humanas, exatas, da saúde e sociais aplicadas, além de prover serviços direcionados à educação continuada.

As editoras que integram o GEN, das mais respeitadas no mercado editorial, construíram catálogos inigualáveis, com obras decisivas para a formação acadêmica e o aperfeiçoamento de várias gerações de profissionais e estudantes, tendo se tornado sinônimo de qualidade e seriedade.

A missão do GEN e dos núcleos de conteúdo que o compõem é prover a melhor informação científica e distribuí-la de maneira flexível e conveniente, a preços justos, gerando benefícios e servindo a autores, docentes, livreiros, funcionários, colaboradores e acionistas.

Nosso comportamento ético incondicional e nossa responsabilidade social e ambiental são reforçados pela natureza educacional de nossa atividade e dão sustentabilidade ao crescimento contínuo e à rentabilidade do grupo.

RAFAEL CARVALHO REZENDE OLIVEIRA

Comentários à LEI DE LICITAÇÕES e CONTRATOS ADMINISTRATIVOS

5ª edição revista e atualizada

- O autor deste livro e a editora empenharam seus melhores esforços para assegurar que as informações e os procedimentos apresentados no texto estejam em acordo com os padrões aceitos à época da publicação, e todos os dados foram atualizados pelo autor até a data de fechamento do livro. Entretanto, tendo em conta a evolução das ciências, as atualizações legislativas, as mudanças regulamentares governamentais e o constante fluxo de novas informações sobre os temas que constam do livro, recomendamos enfaticamente que os leitores consultem sempre outras fontes fidedignas, de modo a se certificarem de que as informações contidas no texto estão corretas e de que não houve alterações nas recomendações ou na legislação regulamentadora.

- Fechamento desta edição: *17.02.2025*

- O autor e a editora se empenharam para citar adequadamente e dar o devido crédito a todos os detentores de direitos autorais de qualquer material utilizado neste livro, dispondo-se a possíveis acertos posteriores caso, inadvertida e involuntariamente, a identificação de algum deles tenha sido omitida.

- **Atendimento ao cliente:** (11) 5080-0751 | faleconosco@grupogen.com.br

- Direitos exclusivos para a língua portuguesa
  Copyright © 2025 by
  Editora Forense Ltda.
  Uma editora integrante do GEN | Grupo Editorial Nacional
  Travessa do Ouvidor, 11 – Térreo e 6º andar
  Rio de Janeiro – RJ – 20040-040
  www.grupogen.com.br

- Reservados todos os direitos. É proibida a duplicação ou reprodução deste volume, no todo ou em parte, em quaisquer formas ou por quaisquer meios (eletrônico, mecânico, gravação, fotocópia, distribuição pela Internet ou outros), sem permissão, por escrito, da Editora Forense Ltda.

- Capa: Carla Lemos

- **CIP-BRASIL. CATALOGAÇÃO NA PUBLICAÇÃO**
  SINDICATO NACIONAL DOS EDITORES DE LIVROS, RJ

O51c
5. ed.

    Oliveira, Rafael Carvalho Rezende
        Comentários à lei de licitações e contratos administrativos / Rafael Carvalho Rezende Oliveira. - 5. ed., rev. e atual. - Rio de Janeiro : Forense, 2025.
        376 p. ; 23 cm.

    Inclui bibliografia
    ISBN 978-85-3099-714-4

    1. Direito administrativo - Brasil. 2. Licitação pública - Legislação - Brasil. 3. Contratos administrativos - Brasil. 4. Serviço público - Brasil - Concursos. I. Título.

25-96588   CDU: 342.9(81)

Meri Gleice Rodrigues de Souza - Bibliotecária - CRB-7/6439

Aos meus filhos, Lucca Bordeaux Oliveira e Isabela Bordeaux Oliveira, amores da minha vida.

À Alessandra Simões Bordeaux Oliveira, minha maior incentivadora e meu porto seguro.

SOBRE O AUTOR

Visiting Foreign Scholar pela *Fordham University School of Law* (Nova York). Pós-doutor em Direito pela Universidade do Estado do Rio de Janeiro (UERJ). Doutor em Direito pela UVA/RJ. Mestre em Teoria do Estado e Direito Constitucional pela PUC/RJ. Especialista em Direito do Estado pela UERJ.

Professor titular de Direito Administrativo do IBMEC. Professor do programa de pós-graduação *stricto sensu* em Direito – mestrado e doutorado do PPGD/UVA. Professor do Mestrado Acadêmico em Direito da Universidade Candido Mendes. Professor de Direito Administrativo da EMERJ.

Membro do Instituto de Direito Administrativo do Estado do Rio de Janeiro – IDAERJ.

Presidente do Conselho editorial interno da *Revista Brasileira de Alternative Dispute Resolution – RBADR*.

Procurador do Município do Rio de Janeiro. Ex-Defensor Público federal. Advogado, árbitro e consultor jurídico. Sócio fundador do escritório Rafael Oliveira Advogados Associados.

Site:	www.professorrafaeloliveira.com.br
	www.roaa.adv.br
Facebook:	@ProfessorRafaelOliveira
X:	@RafaelDirAdm
Instagram:	@professorrafaeloliveira
Linkedin:	@professorrafaeloliveira
YouTube:	@RafaelOliveira

APRESENTAÇÃO

Este livro pretende apresentar o novo regime jurídico das licitações e dos contratos administrativos instituído pela Lei 14.133/2021 por meio de comentários em cada capítulo do novo diploma legal.

A comparação entre os regimes jurídicos anterior e atual revela-se pertinente para realçar as novidades consagradas na atual Lei de Licitações.

O texto apresenta as posições da doutrina e da jurisprudência, inclusive as decisões do Tribunal de Contas da União, sobre diversas questões polêmicas envolvendo a interpretação da Lei 8.666/1993, o que auxilia na compreensão das razões da manutenção ou da alteração de enunciados normativos na atual Lei de Licitações.

Naturalmente, em razão de sua recente publicação e do pouco tempo de vigência, a Lei 14.133/2021 apresenta desafios interpretativos que serão amadurecidos pela doutrina e pela jurisprudência, mas já é possível apresentar proposições interpretativas e antecipar possíveis controvérsias na interpretação de alguns dos seus dispositivos.

É tempo de mudança.

A Lei 8.666/1993 vigorou por aproximadamente três décadas e será substituída, paulatinamente, pela Lei 14.133/2021. O texto do novo diploma legal, é verdade, não apresenta grandes novidades se considerarmos não apenas a Lei 8.666/1993, mas também outras leis especiais, como, por exemplo, a Lei 10.520/2002 (Lei de Pregão) e a Lei 12.462/2011 (Regime Diferenciado de Contratações Públicas – RDC), bem como determinadas orientações do Tribunal de Contas da União que, em grande medida, serviram de inspiração para o novo regime jurídico das licitações e dos contratos administrativos.

O desafio é enxergar a Lei de Licitações vigente com novo olhar, sem nos prendermos, necessariamente, às amarras interpretativas consolidadas no contexto da Lei 8.666/1993, ainda que as interpretações tradicionais possam, eventualmente, influenciar os atuais operadores do direito.

A partir de uma linguagem clara e objetiva, o texto apresenta o novo regime jurídico das licitações e dos contratos administrativos, contribuindo para que o leitor formule o seu próprio juízo de valor sobre a Lei 14.133/2021.

O público-alvo da obra são os advogados, públicos e privados, os Ministros, conselheiros e demais agentes dos Tribunais de Contas, os membros dos órgãos de controle interno do Estado, os Juízes, os membros do Ministério Público, os estudantes e todos os estudiosos do Direito Administrativo.

O Autor

NOTA À 5.ª EDIÇÃO

A quinta edição do livro *Comentários à Lei de Licitações e Contratos Administrativos* foi revista e atualizada, com as seguintes novidades:

a) referências às principais decisões e informativos do TCU;

b) inclusão de pareceres e orientações normativas da AGU;

c) atualização legislativa, com destaque para os seguintes diplomas normativos: c.1) Lei 14.981/2024: dispõe sobre medidas excepcionais para a aquisição de bens e a contratação de obras e de serviços, inclusive de engenharia, destinados ao enfrentamento de impactos decorrentes de estado de calamidade pública, entre outras medidas; c.2) Decreto 12.304/2024: regulamenta o art. 25, § 4º, o art. 60, IV, e o art. 163, parágrafo único, da Lei 14.133/2021, para dispor sobre os parâmetros e a avaliação dos programas de integridade, nas hipóteses de contratação de obras, serviços e fornecimentos de grande vulto, de desempate de propostas e de reabilitação de licitante ou contratado, no âmbito da administração pública federal direta, autárquica e fundacional; c.3) Decreto 12.218/2024: altera o Decreto 11.890/2024, que regulamenta o art. 26 da Lei 14.133/2021, para dispor sobre a aplicação da margem de preferência no âmbito da administração pública federal direta, autárquica e fundacional, e institui a Comissão Interministerial de Contratações Públicas para o Desenvolvimento Sustentável, entre outras medidas; c.4) Decreto 12.174/2024: dispõe sobre as garantias trabalhistas a serem observadas na execução dos contratos administrativos no âmbito da administração pública federal direta, autárquica e fundacional; c.5) Instrução Normativa SEGES/MGI 79/2024: altera a Instrução Normativa 73/2022, para prever a hipótese de sorteio, bem como para atualizar porcentuais máximos para convocação de licitantes nas modalidades aberto/fechado e fechado/aberto quando for prevista a aplicação de margens de preferência; c.6) Decreto 12.343/2024: atualiza os valores estabelecidos na Lei de Licitações.

Deixo registrado o meu sincero agradecimento aos leitores e aos alunos que acolheram a obra com muito carinho.

Dedico a quinta edição à minha mulher, Alessandra Simões Bordeaux Oliveira, e aos nossos filhos, Lucca Bordeaux Oliveira e Isabela Bordeaux Oliveira, amores da minha vida.

Boa leitura!

Fevereiro de 2025.

O Autor

SUMÁRIO

INTRODUÇÃO: JUSTIFICATIVAS PARA UMA NOVA LEI DE LICITAÇÕES.. 1

Lei 14.133, de 2021 – Lei de Licitações e Contratos Administrativos................. 7

TÍTULO I – DISPOSIÇÕES PRELIMINARES 7

CAPÍTULO I – Do âmbito de aplicação desta lei *(arts. 1º a 4º)*........ 7

   1. Abrangência federativa: o caráter nacional das normas gerais de licitações e contratos administrativos 8

   2. Incidência e hipóteses de inaplicabilidade da Lei de Licitações... 11

CAPÍTULO II – Dos princípios *(art. 5º)*... 17

   1. Princípios das licitações 17

      1.1. Princípio da competitividade 18

      1.2. Princípio da isonomia 19

      1.3. Princípio da vinculação ao edital..................................... 19

      1.4. Princípio do procedimento formal (formalismo moderado) 19

      1.5. Princípio do julgamento objetivo 20

      1.6. Princípio do planejamento 21

      1.7. Princípio do desenvolvimento nacional sustentável 21

      1.8. Princípios da publicidade e da transparência 23

      1.9. Princípios da eficiência, celeridade e economicidade 24

      1.10. Princípio da segregação de funções 25

CAPÍTULO III – Das definições *(art. 6º)*....................................... 25

   1. Definições legais... 32

CAPÍTULO IV – Dos agentes públicos *(arts. 7º a 10)*..................... 33

   1. Agente de contratação e comissão de contratação 35

   2. Interpretação conforme a constituição do art. 10 da Lei 14.133/2021.. 40

TÍTULO II – DAS LICITAÇÕES... 44

CAPÍTULO I – Do processo licitatório *(arts. 11 a 17)*....................... 44

1. Objetivos da licitação 47

2. Formalismo moderado, tecnologia e planejamento 48

3. Publicidade e sigilo na licitação: orçamento sigiloso ou publicidade diferida 50

4. Impedimentos para participação nas licitações e nos contratos 51

5. Consórcios nas licitações 54

6. Cooperativas nas licitações 56

7. Fases do processo de licitação e a preferência pela forma eletrônica.. 58

CAPÍTULO II – Da fase preparatória *(arts. 18 a 52)*......................... 60

Seção I – Da instrução do processo licitatório *(arts. 18 a 27)*....... 60

Seção II – Das modalidades de licitação *(arts. 28 a 32)*............. 66

Seção III – Dos critérios de julgamento *(arts. 33 a 39)*............. 68

Seção IV – Disposições setoriais *(arts. 40 a 52)*....................... 70

Subseção I – Das compras *(arts. 40 a 44)* 70

Subseção II – Das obras e serviços de engenharia *(arts. 45 e 46)*.. 73

Subseção III – Dos serviços em geral *(arts. 47 a 50)*............... 74

Subseção IV – Da locação de imóveis *(art. 51)*....................... 75

Subseção V – Das licitações internacionais *(art. 52)*............... 76

1. Fase preparatória ou interna da licitação 76

2. Administração pública consensual e gerencial: audiências públicas, consultas públicas e repartição de riscos............. 85

3. Valor estimado da contratação 87

4. Edital 91

5. Margem de preferência 94

6. Modalidades de licitação 97

6.1. Pregão 99

6.2. Concorrência.. 101

6.3. Concurso 101

6.4. Leilão 102

6.5. Diálogo competitivo 103

7. Critérios de julgamento.. 106

Sumário

8. Objeto da licitação	110
8.1. Compras	110
8.2. Obras e serviços de engenharia	117
8.3. Serviços em geral	122
8.4. Locação de imóveis	126
9. Licitações internacionais	127
CAPÍTULO III – Da divulgação do edital de licitação *(arts. 53 e 54)*	130
1. Assessoria jurídica e controle prévio de legalidade da contratação	131
2. Responsabilidade civil do advogado público	140
3. Publicidade do edital	143
CAPÍTULO IV – Da apresentação de propostas e lances *(arts. 55 a 58)*	144
1. Prazos para apresentação de propostas e lances	145
2. Modos de disputa	146
3. Garantia de proposta	147
CAPÍTULO V – Do julgamento *(arts. 59 a 61)*	148
1. Julgamento	149
2. Critérios de desempate	150
3. Negociação com o primeiro colocado	152
CAPÍTULO VI – Da habilitação *(arts. 62 a 70)*	152
1. Habilitação: visão geral	156
2. Habilitação jurídica	159
3. Habilitação técnica	159
4. Habilitações fiscal, social e trabalhista	161
5. Habilitação econômico-financeira	165
CAPÍTULO VII – Do encerramento da licitação *(art. 71)*	166
1. Encerramento da licitação	166
CAPÍTULO VIII – Da contratação direta *(arts. 72 a 75)*	168
Seção I – Do processo de contratação direta *(arts. 72 e 73)*	168
Seção II – Da inexigibilidade de licitação *(art. 74)*	169
Seção III – Da dispensa de licitação *(art. 75)*	170
1. Processo de contratação direta	173
2. Inexigibilidade de licitação	174
3. Dispensa de licitação	179

XV

Comentários à Lei de Licitações e Contratos Administrativos

CAPÍTULO IX – Das alienações *(arts. 76 e 77)* 199

1. Regime jurídico da alienação de bens da administração pública... 201

2. Hipóteses taxativas de licitação dispensada para alienação de bens.. 202

CAPÍTULO X – Dos instrumentos auxiliares *(arts. 78 a 88)* 205

Seção I – Dos procedimentos auxiliares *(art. 78)* 205

Seção II – Do credenciamento *(art. 79)* 205

Seção III – Da pré-qualificação *(art. 80)* 205

Seção IV – Do procedimento de manifestação de interesse *(art. 81)* 206

Seção V – Do sistema de registro de preços *(arts. 82 a 86)* 207

Seção VI – Do registro cadastral *(arts. 87 e 88)* 209

1. Visão geral dos instrumentos auxiliares............................. 210
2. Credenciamento 210
3. Pré-qualificação.. 212
4. Procedimento de manifestação de interesse (PMI)........... 214
5. Sistema de registro de preços (SRP) 216
6. Registro cadastral 224

TÍTULO III – DOS CONTRATOS ADMINISTRATIVOS.................... 227

CAPÍTULO I – Da formalização dos contratos *(arts. 89 a 95)* 227

1. Contratos da administração pública: contratos administrativos e contratos privados.. 231
2. Formalização dos contratos administrativos..................... 233

CAPÍTULO II – Das garantias *(arts. 96 a 102)* 239

1. Garantias 240
2. Seguro-garantia *(performance bond)* nos contratos de obras e serviços de engenharia 242

CAPÍTULO III – Da alocação de riscos *(art. 103)*............................. 244

1. Alocação de riscos 245

CAPÍTULO IV – Das prerrogativas da administração *(art. 104)* 247

1. Prerrogativas da administração (cláusulas exorbitantes) 247

CAPÍTULO V – Da duração dos contratos *(arts. 105 a 114)* 250

1. A função do prazo nos contratos por prazo certo e nos contratos por escopo... 251
2. Duração dos contratos 252
3. Contratos com prazo superior à vigência do orçamento......... 256

XVI

Sumário

CAPÍTULO VI – Da execução dos contratos *(arts. 115 a 123)*........ 264

1. Execução dos contratos... 266
2. Gestão e fiscalização contratual... 269
3. Responsabilidade nas contratações públicas........................... 275
4. Subcontratação... 276
5. Dever de decidir da administração pública.............................. 277

CAPÍTULO VII – Da alteração dos contratos e dos preços *(arts. 124 a 136)*.. 277

1. Alteração dos contratos.. 280
2. Repactuação.. 284

CAPÍTULO VIII – Das hipóteses de extinção dos contratos *(arts. 137 a 139)*.. 286

1. Motivos para extinção dos contratos administrativos............ 288
2. Extinção unilateral, consensual, judicial ou arbitral.............. 292

CAPÍTULO IX – Do recebimento do objeto do contrato *(art. 140)* ... 293

1. Recebimento do objeto contratual... 294

CAPÍTULO X – Dos pagamentos *(arts. 141 a 146)*......................... 295

1. Pagamentos... 297
2. Remuneração variável vinculada ao desempenho do contratado (contrato de *performance*)... 298
3. Proibição de pagamentos antecipados e exceções................... 299

CAPÍTULO XI – Da nulidade dos contratos *(arts. 147 a 150)*.......... 300

1. Nulidade do contrato e a possibilidade de saneamento de irregularidades... 301

CAPÍTULO XII – Dos meios alternativos de resolução de controvérsias *(arts. 151 a 154)*... 304

1. Meios alternativos de resolução de controvérsias: conciliação, mediação, comitê de resolução de disputas *(dispute boards)* e a arbitragem.. 304
2. A arbitragem nos contratos administrativos: questões relevantes.. 307

TÍTULO IV – DAS IRREGULARIDADES..................................... 314

CAPÍTULO I – Das infrações e sanções administrativas *(arts. 155 a 163)*.. 314

1. Infrações e sanções administrativas... 317

CAPÍTULO II – Das impugnações, dos pedidos de esclarecimento e dos recursos *(arts. 164 a 168)*.. 325

1. Impugnações, pedidos de esclarecimento e recursos.............. 326

XVII

CAPÍTULO III – Do controle das contratações *(arts. 169 a 173)*..... 328

   1. Controle das contratações... 330

TÍTULO V – DISPOSIÇÕES GERAIS 339

CAPÍTULO I – Do Portal Nacional de Contratações Públicas (PNCP) *(arts. 174 a 176)*.. 339

   1. Portal Nacional de Contratações Públicas (PNCP)................. 340

CAPÍTULO II – Das alterações legislativas *(arts. 177 a 180)*........... 342

   1. Alterações legislativas: Código de Processo Civil, Código Penal e leis de concessão de serviços públicos..................................... 345

CAPÍTULO III – Disposições transitórias e finais *(arts. 181 a 194)* ... 346

   1. Disposições transitórias e finais.. 348

   2. Revogação de leis anteriores e vigência da Lei 14.133/2021: a concomitância de regimes jurídicos.. 351

BIBLIOGRAFIA 353

INTRODUÇÃO: JUSTIFICATIVAS PARA UMA NOVA LEI DE LICITAÇÕES

Após aproximadamente 30 anos de vigência, a Lei 8.666 foi revogada pela Lei 14.133/2021 (atual Lei de Licitações e Contratos Administrativos).

As tentativas legislativas de alteração e revogação da Lei 8.666/1993 são antigas e surgiram logo após a sua promulgação.

O Senado Federal enviou para revisão da Câmara dos Deputados dois Projetos sobre a nova Lei de Licitações e Contratos Administrativos: a) PLS 163/1995, do Senador Lauro Campos, aprovado e remetido à revisão da Câmara em 29/11/1995, que tinha por objeto a alteração apenas do art. 72 da Lei 8.666/1993; e b) PLS 559/2013, de iniciativa da Comissão Temporária de Modernização da Lei de Licitações e Contratos, aprovado em 13/09/2016 e remetido à revisão da Câmara, que tinha por objetivo instituir uma nova lei de licitações, com 131 artigos.

Na Câmara dos Deputados, o PLS 559/2013 tramitou como PL 6.814/2017 e retornou, em 2019, ao Senado.

O Senado, então, autuou a matéria como Substitutivo da Câmara dos Deputados aos Projetos de Lei do Senado 163/1995 e 559/2013, bem como determinou a tramitação como PLS 4.253/2020 que, após aprovação do seu texto final, foi encaminhado à Presidência da República para sanção presidencial, transformando-se na Lei 14.133/2021.

A Lei 14.133/2021 institui o novo marco legal das licitações e contratações públicas no País, com a revogação da Lei 8.666/1993, da Lei 10.520/2002 (Lei do Pregão) e os arts. 1.º a 47-A da Lei 12.462/2011 (Regime Diferenciado de Contratações – RDC).

A revogação, contudo, não foi automática, com exceção dos arts. 89 a 108 da Lei 8.666/1993, relativos aos crimes e às penas, que foram revogados no momento da publicação da Lei 14.133/2021, com a consequente alteração do Código Penal para inserir, naquele diploma legal específico, os crimes praticados no âmbito das licitações e das contratações públicas.

Com o objetivo de propiciar um período de substituição dos regimes jurídicos licitatórios, o legislador fixou o prazo de 2 (dois) anos de transição, com a vigência, no referido período, dos diplomas legislativos anterior (Lei 8.666/1993, Lei 10.520/2002 – Lei do Pregão e Lei 12.462/2011 – Lei do Regime Diferenciado de Contratações – RDC) e atual (Lei 14.133/2021 – atual Lei de Licitações e Contratos Administrativos).

Após a postergação do prazo de transição entre os referidos diplomas legais, a revogação das Leis 8.666/1993 e 10.520/2002 e dos arts. 1.º a 47-A da Lei 12.462/2011 ocorreu efetivamente no dia 30.12.2023, na forma do art. 193, II, da Lei 14.133/2021, alterado pela LC 198/2023.

Entre a promulgação da Lei 14.133/2021 e o dia 30.12.2023, os gestores públicos tiveram a possibilidade de optar entre a aplicação da atual Lei de Licitações e a dos regimes jurídicos tradicionais de licitação. Tratava-se de escolha inerente à discricionariedade dos gestores que não poderiam, contudo, mesclar os dispositivos da legislação tradicional com aqueles inseridos na atual Lei de Licitações, na forma do art. 191 da Lei 14.133/2021.

O objetivo do referido período de transição era estabelecer um regime de transição para que os gestores públicos tivessem condições de conhecer melhor o novo regime licitatório, qualificassem as suas equipes e promovessem, paulatinamente, as adequações institucionais necessárias para efetividade dos dispositivos da Lei 14.133/2021.

A necessidade de modernização das normas de licitações e contratações públicas tem sido defendida pela doutrina, jurisprudência e pelos gestores públicos.

Isso porque o regime tradicional instituído, inicialmente, pelo Decreto-lei 2.300/1986 e, posteriormente, pela Lei 8.666/1993 sempre foi marcado pelo excesso de formalismos procedimentais e não trouxe o benefício esperado que seria a diminuição da corrupção no bojo dos procedimentos licitatórios, com a redução da discricionariedade do administrador e a ampliação dos mecanismos de controle.

Em verdade, o excesso de formalismo no procedimento licitatório acarreta consequências indesejáveis para as contratações da Administração Pública, entre as quais destacam-se as seguintes: a) o Estado acaba *pagando preços superiores ao de mercado*, tendo em vista que os licitantes embutem o custo de participar dessa procedimentalização, permeada por exigências cada vez mais complexas e detalhistas, sendo, muitas vezes, restritivas da competitividade; b) a *morosidade* tem sido a tônica desses procedimentos, na medida em que são intermináveis as contendas entre os licitantes – tanto em sede administrativa quanto no âmbito do Poder Judiciário –, principalmente nas fases de habilitação e de julgamento; c) toda essa lógica do *processo pelo processo*, considerando o procedimento licitatório como um fim em si mesmo, contribuiu para a *onerosidade* de todo o procedimento, acarretando *contratações antieconômicas* para o Estado.

No âmbito da Administração Pública Gerencial ou de Resultados, especialmente a partir da Reforma do Estado iniciada com a EC 19/1998, a contratação pública deve ser pautada pela busca de mais eficiência, com a melhoria da qualidade dos resultados no relacionamento entre os setores públicos e privados, bem como pela relativização de formalidades excessivas.

Introdução: Justificativas para uma Nova Lei de Licitações

Entretanto, sempre existiu um "custo político" em alterar, diretamente, a Lei 8.666/1993. Tanto é verdade que outros projetos enviados ao Congresso não lograram êxito na substituição da Lei de Licitações.

Em consequência, nos últimos anos, o legislador preferiu alterar o regime de contratações públicas de forma setorial, sem modificar, necessariamente, a Lei 8.666/1993, tal como ocorreu, por exemplo: a) Lei 10.520/2002: criação da modalidade pregão; b) Decreto 3.931/2001, revogado pelo Decreto 7.892/2013: instituição do Sistema de Registro de Preços – SRP; c) LC 123/1996, alterada pela LC 147/2014 e LC 155/2016 e: estipulação de tratamento diferenciado para as microempresas e empresas de pequeno porte que participam de licitações públicas; d) Instrução Normativa 01/2010, expedida pelo Ministério do Planejamento, Orçamento e Gestão: normas relativas às licitações sustentáveis; e) Lei 12.232/2010: regramento específico para licitações de publicidade; f) Lei 12.462/2011: Regime Diferenciado de Contratações Públicas – RDC etc.

Os novos diplomas legais, com intensidades variadas, consagram algumas tendências das contratações públicas, a saber: **a) planejamento e responsabilidade fiscal** (ex.: relevância da gestão pública na utilização de recursos públicos escassos);[1] **b) celeridade do procedimento, com a diminuição de formalidades desnecessárias e a utilização de tecnologia** (ex.: inversão das fases de habilitação e julgamento; procedimentos eletrônicos); **c) promoção de valores constitucionais fundamentais** (ex.: sustentabilidade ambiental); **d) preocupação com a eficiência econômica na contratação** (ex.: fixação de critérios de desempenho para fixação de remuneração do contratado); **e) mais transparência** (ex.: a divulgação dos atos praticados na rede mundial de computadores), viabilizando o maior controle por parte da sociedade civil;[2] e **f) governança pública e integridade nas contratações públicas** (ex.: incentivo ou exigência de instituição de programas de integridade das empresas que celebram contratos com a Administração Pública).

De fato, a atual Lei de Licitações concentra diversas tendências até então encontradas nas leis especiais.

A atual Lei de Licitações incorpora diversas tendências até então encontradas nas leis especiais. É possível perceber que o referido diploma legal preserva institutos previstos na Lei 8.666/1993 (ex.: algumas hipóteses de dispensa e de inexigibilidade de licitação) e estabelece regras tradicionalmente previstas na Lei 10.520/2002 (Lei de Pregão) e na Lei 12.462/2011 (Regime Diferenciado de Contratações Públicas –

---

[1]   PEREIRA JUNIOR, Jessé Torres. A boa gestão dos contratos administrativos. *Boletim de Licitações e Contratos – BLC*, p. 1.041-1.061, nov. 2012.

[2]   As referidas tendências foram apresentadas em outra oportunidade: OLIVEIRA, Rafael Carvalho Rezende. As tendências das licitações públicas na Administração Pública de Resultados. *Consulex*, v. 17, n. 393, p. 32-33, jun. 2013; OLIVEIRA, Rafael Carvalho Rezende; ACOCELLA, Jéssica. A exigência de compliance e programa de integridade nas contratações públicas: os Estados-membros na vanguarda. In: *Governança corporativa e compliance*, 2 ed. Salvador: Juspodivm, 2021, p. 73-98.

RDC). Assim, por exemplo, a realização do julgamento antes da habilitação, que encontra inspiração da Lei do Pregão, além do orçamento sigiloso, da contratação integrada e da remuneração variável de acordo com o desempenho do contratado, institutos tradicionalmente indicados na Lei do RDC.

Ademais, a atual Lei de Licitações reflete institutos consagrados na aplicação da Lei 13.303/2016 (Lei das Estatais), como os valores para dispensa de licitação, e nas leis de concessão de serviços públicos (Lei 8.987/1995 e Lei 11.079/2004), tal como ocorre com a previsão do Procedimento de Manifestação de Interesse (PMI).

Verifica-se, ainda, a positivação de orientações consagradas pelos órgãos de controles, especialmente o Tribunal de Contas da União. Assim, por exemplo, a possibilidade de pregão para contratação de serviços comuns de engenharia e a sua inaplicabilidade para contratação de obras (Súmula 257 do TCU), bem como a utilização preferencial da forma eletrônica nos certames que já era exigida para o pregão.[3]

É verdade que a atual Lei de Licitações não se resume à incorporação de disposições normativas e orientações dos órgãos de controle já conhecidas pelo ordenamento jurídico pátrio.

No campo da resolução de conflitos, o novo texto legal ratifica a tendência de utilização de meios adequados (ou alternativos) de solução de controvérsias, notadamente a conciliação, a mediação, o comitê de resolução de disputas e a arbitragem, na forma já verificada em leis especiais (exs.: Lei 9.307/1996, alterada pela Lei 13.105/2015; art. 23-A da Lei 8.987/1995; art. 11, III, da Lei 11.079/2004). O diferencial, nesse ponto, é a normatização do *Dispute Boards* ou comitê de resolução de disputas, instituto já abordado no campo doutrinário como apropriado no campo das contratações estatais.

Algumas novidades "reais" podem ser encontradas no seu texto, tal como ocorre, por exemplo, com a incorporação da modalidade do diálogo competitivo, tradicionalmente utilizado no Direito europeu (Diretiva 2004/18/CE do Parlamento Europeu e do Conselho), com a extinção das modalidades tomada de preços e convite.

A pergunta que fica é: a atual Lei de Licitações poderia ter sido mais ousada, com a incorporação de mais inovações no campo das contratações públicas? Havia a necessidade de um texto mais prolixo que aquele encontrado na Lei 8.666/1993 (a atual Lei apresenta 194 dispositivos contra 126 da antiga Lei)?

A impressão é que a atual Lei de Licitações, apesar de consagrar tendências importantes, que não eram previstas na Lei 8.666/1993, representa, em grande medida, uma repetição de disposições conhecidas pela comunidade jurídica, com pouco experimentalismo jurídico.

É verdade que, no âmbito da Administração Pública do medo, marcada pela confusão entre o erro administrativo e o ato ímprobo, há pouco espaço para o experimentalismo jurídico por parte da Administração Pública.

---

3 TCU, Acórdão 1.515/11, Plenário, Rel. Min. Raimundo Carreiro, 08.06.2011.

Contudo, a legislação poderia servir, justamente, como barreira de segurança para inovações nas contratações públicas, com a previsão de novidades que poderiam ser testadas em ambientes controlados (*sandbox* regulatório nas contratações públicas).

Afinal de contas, após, aproximadamente, três décadas de aplicação da Lei 8.666/1993 e de elaboração de estudos sobre as licitações, a expectativa em torno do novo diploma legal era imensa.

Como tudo na vida, existem pontos positivos e negativos na Lei de Licitações.

De um lado, a adoção de soluções encartadas na Lei de Pregão e na Lei do RDC representam, sem dúvida, avanços em relação ao regime jurídico tradicional de licitações.

Por outro lado, o ponto negativo refere-se ao texto excessivamente detalhado e formalista, com pouca flexibilidade para adaptações necessárias às especificidades das contratações públicas, inserindo no mesmo balaio jurídico objetos contratuais que possuem complexidades diversas, incrementando os custos de transação nas contratações públicas.

De lado os importantes avanços em relação às normas contidas na Lei 8.666/1993, a Lei de Licitações, ao incorporar institutos consagrados em leis especiais, positivar orientações dos órgãos de controle e apresentar texto prolixo, parece um grande "museu de novidades" e nos remete à música de Cazuza: "Eu vejo o futuro repetir o passado; Eu vejo um museu de grandes novidades; O tempo não para; Não para, não, não para".[4]

Independentemente de eventuais críticas que possam ser apresentadas ao atual diploma legal, é possível constatar que o seu conteúdo apresenta, em síntese, mais avanços que retrocessos em relação ao regime jurídico anterior.

A atual Lei de Licitações é dividida em 5 (cinco) Títulos, a saber:

I) disposições preliminares: âmbito de aplicação, princípios, definições e agentes públicos;

II) licitações: processo licitatório, com a definição dos objetivos, dos impedimentos, fases processuais (interna e externa), modalidades, critérios de julgamento, disposições setoriais (compras, obras e serviços de engenharia, serviços em geral, locação de imóveis e licitações internacionais), definição das

---

[4]   OLIVEIRA, Rafael Carvalho Rezende. A nova Lei de Licitações: um museu de novidades? *Revista Colunistas de Direito do Estado*, n. 474, 23 dez. 2020. Disponível em: <http://www.direitodoestado. com.br/colunistas/rafael-carvalho-rezende-oliveira/a-nova-lei-de-licitacoes-um-museu-de-novidades>. Acesso: 05.01.2021. Não obstante a inspiração em institutos já encontrados no ordenamento jurídico, "a nova lei de nada adiantará se lida com os olhos no passado". MOREIRA, Egon Bockmann. A futura Lei de Licitações: o desafio de sua interpretação autônoma. Disponível em: <https://www.jota.info/opiniao-e-analise/colunas/publicistas/lei-de-licitacoes-publicistas-23022021>. Acesso em: 23 fev. 2021.

etapas da fase externa da licitação, contratação direta (hipóteses excepcionais de dispensa e inexigibilidade de licitação), regras sobre alienação de bens, instrumentos auxiliares (credenciamento, pré-qualificação, procedimento de manifestação de interesse, sistema de registro de preços e registro cadastral);

III) contratos administrativos: formalização, garantias, alocação de riscos, prerrogativas da Administração, duração, execução, alteração, hipóteses de extinção, recebimento do objeto, pagamentos, nulidades e meios alternativos de resolução de controvérsias;

IV) irregularidades: infrações e sanções administrativas, impugnações, pedidos de esclarecimento e recursos, e controle das contratações; e

V) disposições gerais: Portal Nacional de Contratações Públicas (PNCP), alterações no Código de Processo Civil, no Código Penal (crimes em licitações e contratos administrativos), na Lei 8.987/1995, na Lei 11.079/2004, revogação de leis de licitações (Lei 8.666/1993, Lei 10.520/2002 e arts. 1.º a 47-A da Lei 12.462/2011), vigência e outras disposições pontuais.

Este livro pretende apresentar o novo regime jurídico das licitações e das contratações públicas, a partir de comentários aos capítulos do novo diploma legal.

Título I – Disposições Preliminares

Art. 1.º

Lei 14.133, de 1ª de abril de 2021

Lei de Licitações e Contratos Administrativos

O PRESIDENTE DA REPÚBLICA Faço saber que o Congresso Nacional decreta e eu sanciono a seguinte Lei:

TÍTULO I
DISPOSIÇÕES PRELIMINARES

CAPÍTULO I
DO ÂMBITO DE APLICAÇÃO DESTA LEI

Art. 1.º Esta Lei estabelece normas gerais de licitação e contratação para as Administrações Públicas diretas, autárquicas e fundacionais da União, dos Estados, do Distrito Federal e dos Municípios, e abrange:

I – os órgãos dos Poderes Legislativo e Judiciário da União, dos Estados e do Distrito Federal e os órgãos do Poder Legislativo dos Municípios, quando no desempenho de função administrativa;

II – os fundos especiais e as demais entidades controladas direta ou indiretamente pela Administração Pública.

§ 1.º Não são abrangidas por esta Lei as empresas públicas, as sociedades de economia mista e as suas subsidiárias, regidas pela Lei 13.303, de 30 de junho de 2016, ressalvado o disposto no art. 178 desta Lei.

§ 2.º As contratações realizadas no âmbito das repartições públicas sediadas no exterior obedecerão às peculiaridades locais e aos princípios básicos estabelecidos nesta Lei, na forma de regulamentação específica a ser editada por ministro de Estado.

§ 3.º Nas licitações e contratações que envolvam recursos provenientes de empréstimo ou doação oriundos de agência oficial de cooperação estrangeira ou de organismo financeiro de que o Brasil seja parte, podem ser admitidas:

I – condições decorrentes de acordos internacionais aprovados pelo Congresso Nacional e ratificados pelo Presidente da República;

II – condições peculiares à seleção e à contratação constantes de normas e procedimentos das agências ou dos organismos, desde que:

a) sejam exigidas para a obtenção do empréstimo ou doação;

b) não conflitem com os princípios constitucionais em vigor;

c) sejam indicadas no respectivo contrato de empréstimo ou doação e tenham sido objeto de parecer favorável do órgão jurídico do contratante do financiamento previamente à celebração do referido contrato;

d) sejam objeto de despacho motivado pela autoridade superior da administração do financiamento. (VETADO)

§ 4.º A documentação encaminhada ao Senado Federal para autorização do empréstimo de que trata o § 3.º deste artigo deverá fazer referência às condições contratuais que incidam na hipótese do referido parágrafo.

§ 5.º As contratações relativas à gestão, direta e indireta, das reservas internacionais do País, inclusive as de serviços conexos ou acessórios a essa atividade, serão disciplinadas em ato normativo próprio do Banco Central do Brasil, assegurada a observância dos princípios estabelecidos no *caput* do art. 37 da Constituição Federal.

Art. 2.º

Art. 2.º Esta Lei aplica-se a:

I – alienação e concessão de direito real de uso de bens;

II – compra, inclusive por encomenda;

III – locação;

IV – concessão e permissão de uso de bens públicos;

V – prestação de serviços, inclusive os técnico-profissionais especializados;

VI – obras e serviços de arquitetura e engenharia;

VII – contratações de tecnologia da informação e de comunicação.

Art. 3.º Não se subordinam ao regime desta Lei:

I – contratos que tenham por objeto operação de crédito, interno ou externo, e gestão de dívida pública, incluídas as contratações de agente financeiro e a concessão de garantia relacionadas a esses contratos;

II – contratações sujeitas a normas previstas em legislação própria.

Art. 4.º Aplicam-se às licitações e contratos disciplinados por esta Lei as disposições constantes dos arts. 42 a 49 da Lei Complementar 123, de 14 de dezembro de 2006.

§ 1.º As disposições a que se refere o *caput* deste artigo não são aplicadas:

I – no caso de licitação para aquisição de bens ou contratação de serviços em geral, ao item cujo valor estimado for superior à receita bruta máxima admitida para fins de enquadramento como empresa de pequeno porte;

II – no caso de contratação de obras e serviços de engenharia, às licitações cujo valor estimado for superior à receita bruta máxima admitida para fins de enquadramento como empresa de pequeno porte.

§ 2.º A obtenção de benefícios a que se refere o *caput* deste artigo fica limitada às microempresas e às empresas de pequeno porte que, no ano-calendário de realização da licitação, ainda não tenham celebrado contratos com a Administração Pública cujos valores somados extrapolem a receita bruta máxima admitida para fins de enquadramento como empresa de pequeno porte, devendo o órgão ou entidade exigir do licitante declaração de observância desse limite na licitação.

§ 3.º Nas contratações com prazo de vigência superior a 1 (um) ano, será considerado o valor anual do contrato na aplicação dos limites previstos nos §§ 1.º e 2.º deste artigo.

1. ABRANGÊNCIA FEDERATIVA: O CARÁTER NACIONAL DAS NORMAS GERAIS DE LICITAÇÕES E CONTRATOS ADMINISTRATIVOS

A Lei 14.133/2021, na forma do seu art. 1.º, estabelece normas gerais de licitação e contratação para as administrações públicas diretas, autárquicas e fundacionais da União, Estados, Distrito Federal e Municípios, abrangendo, ainda: a) os órgãos dos Poderes Legislativo e Judiciário da União, dos Estados e Distrito Federal e os órgãos do Poder Legislativo dos Municípios, quando no desempenho de função administrativa; e b) os fundos especiais e as demais entidades controladas direta ou indiretamente pela Administração Pública.

Verifica-se, portanto, que, em regra, a atual Lei de Licitações deve ser considerada norma nacional, alcançando todos os entes da Federação, bem como seus respectivos Poderes no tocante ao exercício da função administrativa.

Título I – Disposições Preliminares

Art. 4.º

Aliás, compete à União legislar sobre normas gerais de licitações e contratos, na forma do art. 22, XXVII, da CRFB. É importante frisar que o texto constitucional estabeleceu a competência privativa apenas em relação às normas gerais, razão pela qual é possível concluir que todos os entes federados podem legislar sobre normas específicas.

Desta forma, em relação à competência legislativa, é possível estabelecer a seguinte regra:

a) União: competência privativa para elaborar normas gerais (nacionais), aplicáveis a todos os entes federados.

b) União, Estados, DF e Municípios: competência autônoma para elaboração de normas específicas (federais, estaduais, distritais e municipais), com o objetivo de atenderem as peculiaridades socioeconômicas, respeitadas as normas gerais.

A dificuldade, no entanto, está justamente na definição das denominadas "normas gerais",[5] pois se trata de conceito jurídico indeterminado que acarreta dificuldades interpretativas. Isso não afasta, todavia, a importância da definição das normas gerais, em virtude das consequências em relação à competência legislativa.

Ao que parece, a dificuldade na distinção entre normas gerais e específicas, tradicionalmente encontrada na interpretação da Lei 8.666/1993, permanecerá com a atual Lei de Licitações.

A Lei 8.666/1993, em seu art. 1.º, afirmava literalmente que todas as suas normas seriam gerais (nacionais) e deveriam ser observadas pela União, Estados, DF e Municípios. Todavia, conforme já decidido pelo STF, o diploma legal em comento continha algumas normas específicas (federais) destinadas exclusivamente à União e, portanto, não aplicáveis aos demais entes federados.[6]

De forma semelhante, a atual Lei de Licitações, ao afirmar, em seu dispositivo inaugural, que todas as suas normas são gerais, não afastará a discussão pontual sobre o caráter geral ou específico de determinados dispositivos.

De lado a impossibilidade de fixação de um conceito preciso e sem a pretensão de estabelecer um rol exaustivo de situações, é possível dizer que as normas gerais possuem razoável grau de abstração que garantem uniformidade ao processo de lici-

---

5   Sobre o tema, vide: MOREIRA NETO, Diogo de Figueiredo. Competência concorrente limitada: o problema da conceituação das normas gerais. *Revista de Informação Legislativa*, Brasília, n. 100, p. 127-162, out./dez. 1988; BORGES, Alice Gonzalez. *Normas gerais no Estatuto de Licitações e Contratos administrativos*. São Paulo: RT, 1991.

6   ADI 927 MC/RS, Pleno, Rel. Min. Carlos Veloso, j. 03.11.1993, *DJ* 11.11.1994, p. 30.635. Da mesma forma, o STF afirmou a constitucionalidade de legislação municipal que vedou a celebração de contratos por agentes políticos e seus parentes com o respectivo Município, apesar da ausência da referida vedação no art. 9.º da Lei 8.666/93. STF, RE 423.560/MG, Rel. Min. Joaquim Barbosa, 29.05.2012 (*Informativo de Jurisprudência do STF* n. 668).

tação em todas as esferas federadas, sem que interfiram nas peculiaridades regionais e locais de cada Ente Federado.

Ainda que reduzam a autonomia dos demais entes federados, que ficam vinculados aos seus comandos, as normas gerais não podem configurar abuso de poder legislativo de forma a asfixiar a autonomia do Estados, DF e Municípios na elaboração de normas de licitação e contratação pública que levem em consideração as suas peculiaridades regionais e locais.

Assim como ocorre com os demais conceitos indeterminados, aqui é possível estabelecer, ao lado da incerteza da expressão (zona de incerteza), duas zonas de certeza: a) zona de certeza positiva (situações em que o conceito se aplica sem qualquer dúvida) e b) zona de certeza negativa (hipóteses em que o conceito é afastado).

Desse modo, por exemplo, são consideradas normas gerais (zona de certeza positiva) aquelas que consagram princípios das licitações, definem modalidades de licitação, determinam a obrigatoriedade de licitação etc.[7]

De nossa parte, sustentamos o caráter específico (não geral) de alguns dispositivos da Lei 14.133/2021, tais como: a) art. 6.º, XXII (definição de obras, serviços e fornecimentos de grande vulto);[8] b) art. 8.º (determina que o agente de contratação seja servidor efetivo ou empregado público dos quadros permanentes da Administração Pública);[9] c) art. 10 (dispõe sobre a representação judicial ou extrajudicial, por parte da advocacia pública, do agente público que atua com fundamento em parecer

---

[7]   Nesse sentido: PEREIRA JUNIOR, Jessé Torres. *Comentários à lei das licitações e contratações da administração pública*. 7. ed. Rio de Janeiro: Renovar, 2007. p. 19. Carlos Ari Sundfeld, sem a pretensão de elaborar rol exaustivo, aponta os seguintes exemplos de normas gerais: a) normas que definem a obrigatoriedade de licitação (ex.: arts. 2.º, 24 e 25); b) normas que enunciam os princípios da licitação ou os direitos deles decorrentes (ex.: arts. 3.º e 4.º); e c) normas que definem modalidades de licitação (ex.: art. 22) SUNDFELD, Carlos Ari. *Licitação e contrato administrativo*. São Paulo: Malheiros, 1994. p. 29-30. Marçal Justen Filho enumera as normas gerais que tratam dos seguintes temas: a) requisitos de validade da contratação administrativa; b) hipóteses de obrigatoriedade ou não de licitação; c) requisitos de participação nos certames; d) modalidades de licitação; e) tipos de licitação; e f) regime jurídico da contratação administrativa. JUSTEN FILHO, Marçal. *Comentários à lei de licitações e contratos administrativos*. 18. ed. São Paulo: Thomson Reuters Brasil, 2019. p. 19.

[8]   Considera-se de grande vulto o contrato com valor superior a R$ 250.902.323,87 (art. 6.º, XXII, da Lei 14.133/2021 e Decreto 12.343/2024). Alguns Entes federados estipularam, por atos normativos próprios, valores diversos daquele previsto na Lei 14.133/2021. Mato Grosso, por exemplo, promulgou a Lei estadual 12.148/2023 para indicar o valor de R$ 50.000,000,00. A questão é relevante, uma vez que o art. 25, § 4.º, da Lei 14.133/2021 obriga a implantação de programa de integridade nas contratações de grande vulto. Em abono à nossa tese, o STF considerou constitucional a norma municipal que exigiu a instituição de programa de integridade em contratações menores que aquele indicado na Lei 14.133/2021, em razão da necessidade de adaptação da exigência à realidade econômico-financeira do Ente federado, com fundamento no princípio da moralidade (RE 1.410.340 AgR/SP, Rel. Min. Dias Toffoli, Segunda Turma, *DJe* 06.10.2023).

[9]   Sobre o tema, *vide*: OLIVEIRA, Rafael Carvalho Rezende. Agentes de contratação na nova Lei de Licitações. *Solução em Licitações e Contratos*. v. 64, p. 37-46, jul. 2023.

Título I – Disposições Preliminares

Art. 4.º

jurídico);[10] d) art. 23, §§ 1.º e 2.º (elenca parâmetros para pesquisa de preços e definição do valor estimado da contratação);[11] e) art. 75, § 4.º (dispõe sobre os pagamentos nas contratações diretas, em razão do valor, sejam realizados, preferencialmente, por meio de cartão de pagamento) etc.

Portanto, a Lei 14.133/2021 possui caráter híbrido: por um lado, é lei nacional no tocante às normas gerais; por outro, é lei federal em relação às normas específicas. Ressalte-se, ainda, que outros diplomas legislativos consagram normas gerais (ex.: a Lei 13.303/2016 consagra normas gerais para licitações e contratações realizadas por empresas estatais; a Lei 8.987/1995 dispõe sobre normas gerais para concessões comuns; a Lei 11.079/2004 prevê normas gerais para PPPs).[12] Quanto à esfera regulamentar, cada Ente federado possui autonomia para editar os seus próprios decretos para regulamentação da Lei 14.133/2021, mas os Estados, o DF e os Municípios poderão aplicar os regulamentos editados pela União para execução da Lei de Licitações (art. 187 da Lei 14.133/2021).

2. INCIDÊNCIA E HIPÓTESES DE INAPLICABILIDADE DA LEI DE LICITAÇÕES

A Lei 14.133/2021 prevê a possibilidade de fixação de regras peculiares para: a) licitações e contratações realizadas em repartições públicas localizadas no exterior; b) licitações e contratações com recursos oriundos de agência oficial de cooperação estrangeira ou de organismo financeiro de que o Brasil seja parte; e c) contratações relativas à gestão, direta e indireta, das reservas internacionais do País.

Nesse sentido, as licitações e contratações realizadas no âmbito das repartições públicas sediadas no exterior obedecerão às peculiaridades locais e aos princípios básicos estabelecidos na Lei de Licitações, na forma de regulamentação específica a ser editada por ministro de Estado (art. 1.º, § 2.º da Lei).

Em relação às licitações e contratações que envolvam recursos oriundos de empréstimo ou doação oriundos de agência oficial de cooperação estrangeira ou de organismo financeiro de que o Brasil seja parte, podem ser admitidas (art. 1.º, § 3.º,

---

[10] Sobre o tema, *vide*: VALE, Luís Manoel Borges do; OLIVEIRA, Rafael Carvalho Rezende. A inconstitucionalidade do art. 10 da Nova Lei de Licitações: a invasão de competência dos estados e municípios. *Solução em Licitações e Contratos – SLC*, n. 41, ago. 2021, p. 31-40.

[11] Nesse caso, o próprio art. 23, § 3.º, da Lei 14.133/2021 dispõe que, nas contratações realizadas por Municípios, Estados e Distrito Federal, desde que não envolvam recursos da União, o valor previamente estimado da contratação poderá ser definido por meio da utilização de outros sistemas de custos adotados pelo respectivo ente federativo.

[12] Súmula 222 do TCU: "As Decisões do Tribunal de Contas da União, relativas à aplicação de normas gerais de licitação, sobre as quais cabe privativamente à União legislar, devem ser acatadas pelos administradores dos Poderes da União, dos Estados, do Distrito Federal e dos Municípios". Não obstante a relevância do TCU, as suas atribuições não podem ferir a autonomia dos demais órgãos de controle.

da Lei):[13] a) condições decorrentes de acordos internacionais aprovados pelo Congresso Nacional e ratificados pelo Presidente da República; b) condições peculiares à seleção e à contratação, constantes de normas e procedimentos das agências ou dos organismos, desde que: b.1) sejam exigidas para a obtenção do empréstimo ou da doação; b.2) não conflitem com os princípios constitucionais em vigor; e b.3) sejam indicadas no respectivo contrato de empréstimo ou doação e tenham sido objeto de parecer favorável do órgão jurídico do contratante do financiamento previamente à celebração do referido contrato.

Frise-se que o art. 1.º, § 3.º, II, d, do PL 4.253/2020, que deu origem à Lei de Licitações e Contratos Administrativos, dispunha que as referidas condições peculiares à seleção e à contratação deveriam ser objeto de "despacho motivado pela autoridade superior da administração do financiamento." Todavia, o referido dispositivo foi vetado pelo Presidente da República, uma vez que a exigência do despacho motivado deve ser da autoridade superior do órgão executor do programa ou projeto e não do órgão que representa o mutuário tão somente para fins do contrato financeiro externo.

É importante destacar que nas licitações e contratações realizadas no âmbito de projetos e programas parcialmente financiados por agência oficial de cooperação estrangeira ou por organismo financeiro internacional, as pessoas sancionadas pelas referidas entidades não poderão participar do certame, na forma do art. 14, § 5.º, da Lei 14.133/2021.

Mencione-se, ainda, a desnecessidade de indicação do foro da sede da Administração para dirimir conflitos contratuais nas licitações internacionais para a aquisição de bens e serviços cujo pagamento seja feito com o produto de financiamento concedido por organismo financeiro internacional de que o Brasil faça parte ou por agência estrangeira de cooperação, bem como na contratação com empresa estrangeira para a compra de equipamentos fabricados e entregues no exterior precedida de autorização do Chefe do Poder Executivo e na aquisição de bens e serviços realizada por unidades administrativas com sede no exterior (art. 92, § 1.º, da Lei de Licitações).

Quanto às contratações relativas à gestão, direta e indireta, das reservas internacionais do País, inclusive de serviços conexos ou acessórios a essa atividade, as regras serão disciplinadas em ato normativo próprio do Banco Central do Brasil, assegurada a observância dos princípios estabelecidos no art. 37, *caput*, da CRFB (art. 1.º, § 5.º, da Lei de Licitações).

De acordo com o art. 2.º da Lei 14.133/2021, o seu regime jurídico será aplicado nas seguintes contratações: a) alienação e concessão de direito real de uso de bens; b) compra, inclusive por encomenda; c) locação; d) concessão e permissão de uso de bens públicos; e) prestação de serviços, inclusive os técnico-profissionais especializados; f) obras e serviços de arquitetura e engenharia; e g) contratações de tecnologia da informação e de comunicação.

---

[13] A documentação encaminhada ao Senado Federal para autorização do empréstimo deverá fazer referência às condições contratuais que incidem na hipótese do referido § 2.º (art. 1.º, § 4.º, da Lei de Licitações).

Título I – Disposições Preliminares   **Art. 4.º**

A partir do elenco exemplificativo do referido dispositivo legal, verifica-se que o âmbito de incidência da atual Lei de Licitações é bastante amplo, o que não impede a apresentação de algumas considerações específicas sobre a sua interpretação.

Inicialmente, o art. 2.º da Lei menciona expressamente os contratos de compras, inclusive por encomenda. As aquisições por encomenda geravam dúvidas sobre o seu adequado enquadramento jurídico, uma vez que a contratação envolveria o fornecimento de bem e a prestação de serviços. O legislador pretendeu acabar com a controvérsia ao considerar expressamente como "compra" a aquisição por encomenda.

Em relação à "locação", indicada no art. 2.º da Lei, é preciso destacar que o contrato de locação é de direito privado e submetido, de forma preponderante, à Lei 8.245/1991.

Conforme dispõe o art. 1.º, parágrafo único, "a", 1, Lei 8.245/1991, a Lei de Locações não é aplicável aos contratos de locação de imóveis de propriedade da União, dos Estados e dos Municípios, de suas autarquias e fundações públicas que continuam reguladas pelo Código Civil (arts. 565 a 578) e pelas leis especiais. Em relação aos bens públicos federais, o contrato de locação encontra-se regulado nos arts. 64, § 1.º, e 86 a 98 do Decreto-lei 9.760/1946 que estabelecem a possibilidade de locação dos imóveis federais para residência de autoridades federais ou de outros servidores federais e, eventualmente, para outros interessados.

Apesar da previsão legal do contrato de locação de bens públicos, a doutrina diverge sobre a sua viabilidade jurídica. De um lado, parcela da doutrina sustenta que os bens públicos podem locados a terceiros na forma do Código Civil e da legislação especial.[14] De outro lado, alguns autores defendem a inexistência de locação propriamente dita no uso privativo de bens públicos que deve ser instrumentalizado por institutos de direito público, sendo inadmissível a locação dos referidos bens.[15]

Entendemos que a locação é incompatível com a transferência do uso privativo dos bens públicos.[16] O regime jurídico especial dos bens públicos, a necessidade de continuidade das atividades administrativas e as prerrogativas públicas relacionadas à definição da necessidade e da destinação dos bens públicos são obstáculos à utilização de contratos de direito privado para definição da gestão do patrimônio público.

Aliás, o próprio legislador federal, apesar de mencionar a "locação" de bens públicos federais, afasta a aplicação da Lei de Locações (art. 1.º, parágrafo único, "a", 1, Lei 8.245/1991 e art. 87 do Decreto-lei 9.760/1946) e prevê a prerrogativa de

---

14 CARVALHO FILHO, José dos Santos. *Manual de direito administrativo*. 24. ed. Rio de Janeiro: Lumen Juris, 2011. p. 1.094.

15 MEIRELLES, Hely Lopes. *Direito administrativo brasileiro*. 22. ed. São Paulo: Malheiros, 1997. p. 445; MOREIRA NETO, Diogo de Figueiredo. *Curso de direito administrativo*. 15. ed. Rio de Janeiro: Forense, 2009. p. 393-394; GASPARINI, Diógenes. *Direito administrativo*. 12. ed. São Paulo: Saraiva, 2007. p. 862.

16 OLIVEIRA, Rafael Carvalho Rezende. *Curso de Direito Administrativo*, 8 ed. Rio de Janeiro: Método, p. 660-661.

a União rescindir, unilateralmente e a qualquer tempo, o contrato (art. 89, III e § 2.º, do Decreto-lei 9.760/1946). Ora, as referidas características demonstram que a relação contratual é de Direito Público, e não de Direito Privado, razão pela qual é possível concluir que o legislador federal se utilizou de forma equivocada do termo "locação", quando, em verdade, o instituto é a concessão de uso.

Nada impede, contudo, a formalização do contrato de locação e a aplicação do direito privado nas hipóteses em que a Administração Pública figura na condição de locatária, bem como nos casos de locação de bens privados integrantes das pessoas jurídicas de direito privado da Administração Indireta. Nesses casos, os contratos de locação serão regidos predominantemente pela Lei 8.245/1991.

Não por outra razão, a atual Lei de Licitações não dedica tratamento detalhado aos citados contratos de locação, limitando-se a estabelecer, em seu art. 51, que, ressalvada a hipótese de inexigibilidade do art. 74, V, a locação de imóveis deverá ser precedida de licitação e de avaliação prévia do bem, do seu estado de conservação, dos custos de adaptações e do prazo de amortização dos investimentos necessários.

Outro ponto que merece relevo na interpretação do art. 2.º da atual Lei de Licitações relaciona-se à tentativa de solução da dúvida sobre o regime jurídico aplicável às concessões e permissões de uso de bem público.

Isso porque a antiga Lei 8.666/1993, em seu art. 2.º, determinava a incidência dos seus dispositivos às "concessões" e "permissões", mas sem indicar, expressamente, o conteúdo dos referidos contratos: serviços públicos ou uso de bens públicos.

Os contratos de concessão e de permissão de serviços públicos sempre foram submetidos à legislação especial (exs.: Lei 8.987/1995, Lei 11.079/2004 etc.), mas havia dúvida sobre a legislação regente das concessões e permissões de uso de bens públicos.

Com a redação do art. 2.º da atual Lei de Licitações, as concessões e permissões de uso de bens públicos submetem-se, em princípio, ao regime jurídico do novo diploma legal.

Entendemos, todavia, que a polêmica pode permanecer em relação à permissão de uso de bem público.

Em regra, as referidas permissões de uso, ao contrário daquelas que envolvem a delegação de serviços públicos, não são contratos. Consideradas atos administrativos discricionários e precários, as permissões de uso não deveriam receber o mesmo tratamento jurídico dispensado aos contratos administrativos, afastando-se a exigência de licitação, mas sem abrir mão da necessidade de realização de processo seletivo que garanta a isonomia da escolha do permissionário.

No entanto, na hipótese de permissão de uso de bem público "condicionada ou qualificada", com a fixação de prazo, direitos e deveres, a relação jurídica é contratual, submetida, naturalmente, à atual Lei de Licitações.[17]

---

[17] Sobre o tema, vide; OLIVEIRA, Rafael Carvalho Rezende. *Curso de Direito Administrativo*, 8 ed. Rio de Janeiro: Método, p. 655.

Título I – Disposições Preliminares

Art. 4.º

Independentemente da discussão aqui apresentada, a atual Lei de Licitações não destaca tratamento específico às concessões e permissões de uso de bens públicos.

Quanto à contratação de serviços, a atual Lei de Licitações, assim como ocorria com a antiga Lei 8.666/1993, não deve ser aplicada aos serviços prestados por agentes públicos, uma vez que o exercício da função pública é submetido à legislação especial. Assim, por exemplo, os servidores públicos estatutários e celetistas que são submetidos, respectivamente ao Estatuto elaborado por cada Ente federado e à CLT.

Por fim, o art. 2.º da atual Lei determina a sua incidência às contratações de tecnologia da informação e de comunicação. Em razão das especificidades dos referidos contratos, o seu regime jurídico tem sido detalhado por atos normativos infralegais.[18]

Por outro lado, a atual Lei de Licitações não incidirá nos seguintes contratos (art. 3.º da Lei de Licitações): a) que tenham por objeto operação de crédito, interno ou externo, e gestão de dívida pública, incluídas as contratações de agente financeiro e de concessão de garantia relacionadas a esses contratos; e b) contratações sujeitas a normas previstas em legislação própria.

Mencione-se, ainda, a inaplicabilidade da Lei 14.133/2021 às licitações e às contratações realizadas pelas empresas estatais que estão submetidas ao regime jurídico da Lei 13.303/2016 (Lei das Estatais), ressalvado o disposto no art. 178 da atual Lei de Licitações, que trata dos crimes em licitações e contratos administrativos tipificados no Código Penal (art. 1.º, § 1.º, da Lei 14.133/2021), além das hipóteses expressamente previstas na Lei 13.303/2016 (arts. 32, IV, 41 e 55, III).[19]

A inaplicabilidade da atual Lei de Licitações às empresas estatais é justificada não apenas pelo princípio da especialidade, mas, especialmente, pela previsão contida no art. 173, § 1.º, III, da CRFB, alterado pela EC 19/1998, que remeteu à legislação específica a definição das regras de licitações e contratações realizadas pelas referidas entidades administrativas.

Em consequência, a Lei 13.303/2016 (Lei das Estatais) estabeleceu normas de licitações e contratos para empresas públicas, sociedades de economia mista e suas subsidiárias, exploradoras de atividades econômicas, ainda que em regime de monopólio, e prestadoras de serviços públicos. Em âmbito federal, o Decreto 8.945/2016 regulamentou a Lei 13.303/2016.

---

[18] Em âmbito federal, por exemplo, a Instrução Normativa 1, de 04.04.2019, dispõe sobre o processo de contratação de soluções de Tecnologia da Informação e Comunicação – TIC pelos órgãos e entidades integrantes do Sistema de Administração dos Recursos de Tecnologia da Informação – SISP do Poder Executivo Federal.

[19] A parte relativa ao campo penal não revela propriamente a aplicação da Lei 14.133/2021 às empresas estatais, mas da aplicação do Código Penal aos crimes praticados nas licitações e contratações realizadas pelas estatais. Ao contrário da Lei 8.666/1993, que elencava os crimes nas licitações, a Lei 14.133/2021 remeteu a matéria ao Código Penal.

Outra hipótese de não submissão à Lei de Licitações e Contratos Administrativos refere-se ao contrato de patrocínio, que envolve o patrocínio concedido pela Administração Pública aos eventos privados. O contrato em comento não é caracterizado como contratação administrativa sujeita a licitação, uma vez que o referido contrato não envolve os objetos indicados no art. 37, XXI, da CRFB e no art. 2.º da Lei 14.133/2021.[20]

É oportuno destacar que o art. 4.º, *caput* e § 1.º, da atual Lei de Licitações e Contratos Administrativos estabelece a aplicação do regime jurídico especial das Microempresas (MEs) e empresa de pequeno porte (EPPs) previsto nos arts. 42 a 49 da LC 123/2006 (Estatuto das Microempresas e empresa de pequeno porte), salvo nos seguintes casos: a) licitação para aquisição de bens ou contratação de serviços em geral, ao item cujo valor estimado for superior à receita bruta máxima admitida para fins de enquadramento como EPP; e b) contratação de obras e serviços de engenharia, às licitações cujo valor estimado for superior à receita bruta máxima admitida para fins de enquadramento como EPP.

Frise-se que os benefícios conferidos pela LC 123/2006 podem ser modificados ou afastados por lei ordinária, tal como ocorreu no art. 4.º, § 1.º, da Lei 14.133/2021.

Com efeito, o texto constitucional estabelece a necessidade de tratamento diferenciado às microempresas e às empresas de pequeno porte (arts. 146, III, "d", 170, IX, e 179 da CRFB), reservando à lei complementar apenas as questões relacionadas à matéria tributária.

Em consequência, a LC 123/2006 instituiu normas gerais relativas ao tratamento diferenciado e favorecido a ser dispensado às microempresas e empresas de pequeno porte, especialmente em matéria tributária.

Contudo, as normas relativas à participação das microempresas e às empresas de pequeno porte nas licitações e contratações públicas possuem caráter de lei ordinária, tendo em vista que essa matéria não foi reservada pelo constituinte ao campo da legislação complementar.

Não por outra razão, o art. 86 da própria LC 123/2006 dispõe que as matérias tratadas no referido diploma legal "que não sejam reservadas constitucionalmente à lei complementar poderão ser objeto de alteração por lei ordinária".

Em consequência, o art. 4.º, § 1.º, da Lei 14.133/2021, ao dispor sobre hipóteses de não incidência dos arts. 42 a 49 da LC 123/2006, afigura-se constitucional.

De acordo com o art. 4.º, § 2.º, da Lei 14.133/2021, a obtenção de benefícios a que se refere o *caput* do referido dispositivo fica limitada às MEs e às EPPs que, no mesmo ano-calendário de realização da licitação, ainda não tenham celebrado contratos com a Administração Pública em valores somados que extrapolem a receita bruta máxima admitida para fins de enquadramento como empresa de pequeno

---

[20] Nesse sentido, no contexto da Lei 8.666/1993: STF, RE 574.636/SP, Rel. Min. Cármen Lúcia, Primeira Turma, *DJe*-98 14.10.2011; STF, RE 953.113 AgR-AgR/DF, Rel. Min. Luiz Fux, Primeira Turma, *DJe*-292 19.12.2017.

Título I – Disposições Preliminares

Art. 5.º

porte, devendo o órgão ou entidade exigir do licitante declaração de observância desse limite na licitação.

Nas contratações com prazo de vigência superior a 1 (um) ano, será considerado o valor anual do contrato na aplicação dos limites previstos nos §§ 1.º e 2.º do art. 4.º da Lei de Licitações e Contratos Administrativos (art. 4.º, § 3.º).

CAPÍTULO II
DOS PRINCÍPIOS

Art. 5.º Na aplicação desta Lei, serão observados os princípios da legalidade, da impessoalidade, da moralidade, da publicidade, da eficiência, do interesse público, da probidade administrativa, da igualdade, do planejamento, da transparência, da eficácia, da segregação de funções, da motivação, da vinculação ao edital, do julgamento objetivo, da segurança jurídica, da razoabilidade, da competitividade, da proporcionalidade, da celeridade, da economicidade e do desenvolvimento nacional sustentável, assim como as disposições do Decreto-Lei 4.657, de 4 de setembro de 1942 (Lei de Introdução às Normas do Direito Brasileiro).

---

1. PRINCÍPIOS DAS LICITAÇÕES

Os princípios das licitações e contratações públicas encontram-se elencados no art. 5.º da Lei 14.133/2021: legalidade, impessoalidade, moralidade, publicidade, eficiência, interesse público, probidade administrativa, igualdade, planejamento, transparência, eficácia, segregação de funções, motivação, vinculação ao edital, julgamento objetivo, segurança jurídica, razoabilidade, competitividade, proporcionalidade, celeridade, economicidade e desenvolvimento nacional sustentável, bem como as disposições do Decreto-lei 4.657/1942 (LINDB).

Trata-se de rol de princípios mais extenso que aquele consagrado no art. 3.º da Lei 8.666/1993 que destacava os seguintes princípios: legalidade, impessoalidade, moralidade, igualdade, publicidade, probidade administrativa, vinculação ao instrumento convocatório, julgamento objetivo e outros que lhes são correlatos.

O alargamento do rol de princípios não era necessário, em razão do seu caráter exemplificativo. Vale dizer: o rol de princípios expressos não afasta, naturalmente, outros princípios aplicáveis à Administração Pública. Mencione-se, por exemplo, o princípio do formalismo moderado que, apesar de não constar expressamente do art. 5.º, deve ser observado nas licitações e contratações públicas, conforme demonstra o art. 12, III, da atual Lei de Licitações. Alguns princípios indicados na Lei de Licitações constituem, em verdade, princípios do Direito Administrativo e devem ser observados em qualquer atuação administrativa.

Ademais, o novo rol apresenta princípios que levantam dúvidas quanto à sua própria caracterização como norma-princípio e que seriam naturalmente inseridos em princípios já positivados (ex.: a celeridade e a economicidade decorrem do princípio da eficiência; a transparência que pode ser inserida no princípio da publicidade).

Em razão do caráter exemplificativo do elenco e sem desconsiderar a relevância dos demais princípios, normalmente estudados nos cursos e tratados de Direito

Administrativo, apresentaremos, a seguir, comentários sobre alguns dos principais princípios específicos da licitação.[21]

1.1. Princípio da competitividade

O caráter competitivo da licitação se justifica pela busca da proposta apta a gerar o resultado de contratação mais vantajoso para a Administração Pública, motivo pelo qual é vedado estipular exigências que comprometam, restrinjam ou frustrem o caráter competitivo do processo licitatório (art. 9.º, I, "a", da Lei 14.133/2021).

O princípio da competitividade deve servir como norte interpretativo das cláusulas editalícias, de maneira a aumentar o universo de competidores.

Quanto maior a competição, maior a chance de encontrar a proposta mais vantajosa para a Administração Pública (ex.: a exigência de compra de editais, a vedação de participação de empresas que estejam em litígio judicial com a entidade administrativa e a restrição da participação às empresas que possuem sede no território do ente federado licitante frustram a competitividade).[22]

Por esta razão, o art. 4.º, III, "b", da Lei 4.717/1965 (Lei da Ação Popular) estabelece a nulidade dos editais de licitação que contenham cláusulas restritivas da competição.[23]

A competitividade nas licitações públicas, com a implementação de ampla concorrência entre interessados, impõe a adoção de regras editalícias e contratuais que promovam a ampla participação de potenciais interessados, inclusive com a adoção de exigências que inibam corrupção e conluios, tal como a formação de cartéis entre os participantes do procedimento licitatório.[24]

---

[21] Sobre os princípios do Direito Administrativo, vide: OLIVEIRA, Rafael Carvalho Rezende. *Princípios do direito administrativo*, 2. ed. São Paulo: Método, 2013; OLIVEIRA, Rafael Carvalho Rezende. *Curso de direito administrativo*, 8. d. São Paulo: Método, 2020, p. 36-64.

[22] O TCU decidiu que a restrição à participação de empresas, que estejam em litígio judicial com a entidade, nas licitações públicas, viola os princípios da impessoalidade e da competitividade (TCU, Acórdão 2.434/2011, Plenário, Rel. Min. Aroldo Cedraz, *DOU* 14.09.2011). O STF, por sua vez, declarou a inconstitucionalidade de norma estadual que estabelecia a necessidade de que os veículos da frota oficial fossem produzidos naquele Estado, critério arbitrário e discriminatório de acesso à licitação pública em ofensa ao disposto no art. 19, II, da CRFB (*Informativo de Jurisprudência do STF* n. 495).

[23] "Art. 4.º São também nulos os seguintes atos ou contratos, praticados ou celebrados por quaisquer das pessoas ou entidades referidas no art. 1.º. [...] III – A empreitada, a tarefa e a concessão do serviço público, quando: [...] b) no edital de concorrência forem incluídas cláusulas ou condições, que comprometam o seu caráter competitivo."

[24] A preocupação com o combate aos cartéis nas licitações pode ser demonstrada pelas normas que fixam punições as pessoas que frustrarem o caráter competitivo do certame, tais como: a) Código Penal: "Art. 337-F. Frustrar ou fraudar, com o intuito de obter para si ou para outrem vantagem decorrente da adjudicação do objeto da licitação, o caráter competitivo do processo licitatório: Pena – reclusão, de 4 (quatro) anos a 8 (oito) anos, e multa"; b) Lei 12.846/2013 (Lei Anticorrup-

Título I – Disposições Preliminares

Art. 5.º

1.2. Princípio da isonomia

O princípio da isonomia tem profunda ligação com os princípios da impessoalidade e da competitividade, motivo pelo qual a Administração deve dispensar tratamento igualitário (não discriminatório) aos licitantes, sendo certo que as restrições à participação de interessados no certame acarretam a diminuição da competição. Por essa razão, a Administração não pode estabelecer preferências ou distinções em razão da naturalidade, da sede ou domicílio dos licitantes, ou de qualquer outra circunstância impertinente ou irrelevante para o específico objeto do contrato, conforme previsão do art. 9.º, I, "b" e "c", da atual Lei de Licitações.

Lembre-se de que a isonomia pressupõe, por vezes, tratamento desigual entre as pessoas que não se encontram na mesma situação fático-jurídica (tratamento desigual aos desiguais), desde que respeitado o princípio da proporcionalidade, tal como ocorre com o tratamento diferenciado em relação às cooperativas (art. 5.º, XVIII; art. 146, III, "c"; e art. 174, § 2.º, da CRFB; Lei 5.764/1971) e às microempresas e empresas de pequeno porte (art. 146, III, "d", e art. 179 da CRFB; LC 123/2006).[25]

1.3. Princípio da vinculação ao edital

O instrumento convocatório (edital) é a lei interna da licitação que deve ser respeitada pelo Poder Público e pelos licitantes (art. 5.º da Lei 14.133/2021).

Trata-se da aplicação específica do princípio da legalidade, razão pela qual a não observância das regras fixadas no instrumento convocatório acarretará a ilegalidade do certame (ex.: a obtenção da melhor proposta será auferida necessariamente a partir do critério de julgamento elencado no edital; os licitantes serão inabilitados caso não apresentem os documentos expressamente elencados no edital etc.).

1.4. Princípio do procedimento formal (formalismo moderado)

O princípio do formalismo moderado significa que os procedimentos adotados na licitação são formais e devem observar fielmente as normas contidas na legislação. Trata-se de princípio implícito que decorre da própria necessidade de cumprimento das formalidades exigidas pela atual Lei de Licitações.

ção): "Art. 5.º Constituem atos lesivos à administração pública, nacional ou estrangeira, para os fins desta Lei, todos aqueles praticados pelas pessoas jurídicas mencionadas no parágrafo único do art. 1.º, que atentem contra o patrimônio público nacional ou estrangeiro, contra princípios da administração pública ou contra os compromissos internacionais assumidos pelo Brasil, assim definidos: [...] IV – no tocante a licitações e contratos: a) frustrar ou fraudar, mediante ajuste, combinação ou qualquer outro expediente, o caráter competitivo de procedimento licitatório público". Sobre os cartéis nas licitações, *vide*: CARVALHO, Victor Aguiar de. *Cartéis em licitações*. Rio de Janeiro: Lumen Juris, 2018.

[25] Quanto ao tratamento diferenciado, cite-se, por exemplo, o direito de preferência dos jurados nas licitações, na forma do art. 440 do Código de Processo Penal.

É oportuno ressaltar que o princípio do procedimento formal não significa excesso de formalismo, mas, sim, formalismo moderado.[26] Não se pode perder de vista que a licitação é um procedimento instrumental que tem por objetivo uma finalidade específica: celebração do contrato com o licitante que apresentou a melhor proposta.

A atual Lei de Licitações demonstra que o formalismo é moderado e não absoluto.

Nesse sentido, o art. 12 da Lei de Licitações revela a preocupação do legislador com a relativização de formalidades desnecessárias e com o planejamento das contratações públicas, destacando-se, por exemplo: a) a possibilidade de aproveitamento dos atos que apresentem descumprimento de formalidades que não comprometam a aferição da qualificação do licitante ou a compreensão do conteúdo de sua proposta, evitando-se, portanto, o seu afastamento da licitação ou a invalidação do processo (art. 12, III); b) a prova de autenticidade de cópia de documento público ou particular poderá ser feita perante agente da Administração, mediante apresentação de original ou de declaração de autenticidade por advogado, sob sua responsabilidade pessoal (art. 12, IV); c) salvo imposição legal, a exigência do reconhecimento de firma somente será admitida nos casos de dúvida de autenticidade (art. 12, V); d) o contrato verbal será nulo e de nenhum efeito, mas se admitem, excepcionalmente, contratações verbais de pequenas compras ou de prestação de serviços de pronto pagamento, assim entendidas aquelas de valor não superior a R$ 12.545,11 (art. 95, § 2.º, e Decreto 12.343/2024); e) a possibilidade de saneamento ou convalidação de atos praticados com vícios formais que não afetem os direitos dos participantes do certame ou o interesse público (ex.: art. 71, I, art. 147 etc.).

1.5. Princípio do julgamento objetivo

O julgamento das propostas apresentadas pelos licitantes deve ser pautado por critérios objetivos elencados na legislação. A adoção de critérios subjetivos para o julgamento das propostas é contrária ao princípio da isonomia.

---

[26] Nesse sentido, confira-se o entendimento do Superior Tribunal de Justiça: "Mandado de segurança. Administrativo. Licitação. Proposta técnica. Inabilitação. Arguição de falta de assinatura no local predeterminado. Ato ilegal. Excesso de formalismo. Princípio da razoabilidade. 1. A interpretação dos termos do Edital não pode conduzir a atos que acabem por malferir a própria finalidade do procedimento licitatório, restringindo o número de concorrentes e prejudicando a escolha da melhor proposta. 2. O ato coator foi desproporcional e desarrazoado, mormente tendo em conta que não houve falta de assinatura, pura e simples, mas assinaturas e rubricas fora do local preestabelecido, o que não é suficiente para invalidar a proposta, evidenciando claro excesso de formalismo. Precedentes. 3. Segurança concedida" (MS 5.869/DF, 1.ª Seção, Rel. Min. Laurita Vaz, *DJ* 07.10.2002, p. 163).

Título I – Disposições Preliminares   **Art. 5.º**

O art. 33 da Lei 14.133/2021 indica os seguintes critérios de julgamento: a) menor preço; b) maior desconto; c) melhor técnica ou conteúdo artístico; d) técnica e preço; e) maior lance, no caso de leilão; e f) maior retorno econômico.[27]

1.6. Princípio do planejamento

O art. 5.º da atual Lei de Licitações menciona, em seu rol exemplificativo, o princípio do planejamento. Em nossa opinião, o planejamento representa um dever da Administração Pública que decorre do princípio da eficiência (art. 37 da CRFB) e já era previsto no art. 6.º, I, do DL 200/1967.

A preocupação com o planejamento das licitações e das contratações públicas pode ser verificada ao longo do texto da atual Lei de Licitações. O inciso VII do art. 12, por exemplo, demonstra a importância do planejamento para racionalização das contratações públicas, permitindo que os órgãos competentes de cada ente federado, na forma dos respectivos regulamentos, elaborem plano de contratações anual (PCA), com o objetivo de garantir o alinhamento com o seu planejamento estratégico, bem como subsidiar a elaboração das respectivas leis orçamentárias. O PCA em referência deverá ser divulgado e mantido à disposição do público em sítio eletrônico oficial e será observado pelo ente federativo na realização de licitações e na execução dos contratos (art. 12, § 1.º, da Lei).

O estudo técnico preliminar (ETP) é o documento constitutivo da primeira etapa do planejamento de uma contratação que caracteriza o interesse público envolvido e a sua melhor solução e dá base ao anteprojeto, ao termo de referência ou ao projeto básico a serem elaborados caso se conclua pela viabilidade da contratação (art. 6.º, XX, da atual Lei de Licitações).

1.7. Princípio do desenvolvimento nacional sustentável

O desenvolvimento nacional sustentável é indicado como princípio e objetivo da licitação (arts. 5.º e 11 da Lei 14.133/2021).

O desenvolvimento de um país, é bom que se registre, não está restrito, somente, ao seu crescimento econômico.[28] Muito ao contrário, o "direito ao desenvolvimento"

---

[27] Registre-se que o art. 45 da Lei 8.666/1993 apresentava os seguintes critérios de julgamento: a) menor preço; b) melhor técnica; c) técnica e preço; e d) maior lance ou oferta.

[28] Fábio Nusdeo descortina o significado da expressão "desenvolvimento" na Constituição: "Já na atual Constituição de 1988, a expressão perdeu o seu qualificativo econômico para aparecer de maneira mais ampla e correta como desenvolvimento nacional (art. 3.º, II), quedando-se, pois, fora do Título VII dedicado à Ordem Econômica e Financeira. Como já acima assinalado, o desenvolvimento não pode ser restringido ao campo puramente econômico, devendo abarcar necessariamente o institucional, o cultural, o político e todos os demais. (...) Assim, investimentos em setores sociais como educação, saúde, habitação, se, num primeiro momento, parecem desviar recursos das aplicações diretamente produtivas ou econômicas, como estradas, usinas e poços de petróleo, na realidade irão poupar um conjunto muito severo de custos a se manifestarem

comporta a conjugação de diversos outros fatores que materializam liberdades substanciais, como, por exemplo, o aumento da qualidade de vida dos cidadãos, o incremento da liberdade política, a promoção da inovação tecnológica e o aumento da adequação/funcionalidade das instituições.[29]

Destaca-se que o art. 174, § 1.º, da CRFB remete ao legislador a competência para fixar "as diretrizes e bases do planejamento do desenvolvimento nacional equilibrado, o qual incorporará e compatibilizará os planos nacionais e regionais de desenvolvimento". Já o art. 219 da CRFB dispõe que o mercado interno integra o patrimônio nacional e "será incentivado de modo a viabilizar o desenvolvimento cultural e socioeconômico, o bem-estar da população e a autonomia tecnológica do País, nos termos de lei federal".

Na busca da implementação da sustentabilidade (econômica, social e ambiental), o legislador estabeleceu regras especiais.

Assim, por exemplo, o art. 26 da Lei 14.133/2021 admite a fixação de margem de preferência nos seguintes casos:[30] a) bens manufaturados e serviços nacionais que atendam a normas técnicas brasileiras; e b) bens reciclados, recicláveis ou biodegradáveis, conforme regulamento.

De acordo com o art. 26, § 1.º, da Lei de Licitações, a referida margem de preferência: a) será definida em decisão fundamentada do Poder Executivo federal para os bens manufaturados e serviços nacionais que atendam a normas técnicas brasileiras; b) poderá ser de até 10% sobre o preço dos demais bens e serviços não indicados na margem de preferência; c) poderá ser estendida a bens manufaturados e serviços originários de Estados--Partes do Mercosul, desde que haja reciprocidade com o País prevista em acordo internacional aprovado pelo Congresso Nacional e ratificado pelo Presidente da República.[31]

---

logo adiante pela queda de produtividade da mão de obra, pelo aumento da criminalidade pelo solapamento da coesão social e tantos outros. Aliás, tem sido a constatação destes custos o que tem levado a se repensar o conceito e as manifestações do desenvolvimento". NUSDEO, Fábio. Desenvolvimento econômico – um retrospecto e algumas perspectivas. In: SALOMÃO FILHO, Calixto (Coord.). *Regulação e desenvolvimento*. São Paulo: Malheiros, 2002. p. 19.

[29] SEN, Amartya. *Desenvolvimento como liberdade*. São Paulo: Companhia das Letras, 2000. p. 17.

[30] Em âmbito federal, a margem de preferência foi regulamentada pelo Decreto 11.890/2024.

[31] No contexto da Lei 8.666/1993, a margem de preferência, limitada a até 25% do preço dos concorrentes, era prevista para: a) produtos manufaturados e serviços nacionais, que atendam a normas técnicas brasileiras; e b) bens e serviços produzidos ou prestados por empresas que comprovem cumprimento de reserva de cargos prevista em lei para pessoa com deficiência ou para reabilitado da Previdência Social e que atendam às regras de acessibilidade previstas na legislação. É oportuno destacar que a Lei 14.133/2021 transformou em exigência de habilitação (art. 63, IV) a tradicional margem de preferência em favor das empresas que comprovem cumprimento de reserva de cargos prevista em lei para pessoa com deficiência ou para reabilitado da Previdência Social e que atendam às regras de acessibilidade previstas na legislação. O art. 93 da Lei 8.213/1991 dispõe: "A empresa com 100 (cem) ou mais empregados está obrigada a preencher de 2% (dois por cento) a 5% (cinco por cento) dos seus cargos com beneficiários reabilitados ou pessoas portadoras de deficiência, habilitadas, na seguinte proporção: I – até 200 empregados: 2%; II – de 201 a 500: 3%; III – de 501 a 1.000: 4%; IV – de 1.001 em diante: 5%".

Quanto ao desempate entre licitantes, o art. 60 da Lei 14.133/2021 elenca os seguintes critérios, nesta ordem: a) disputa final, hipótese em que os licitantes empatados poderão apresentar nova proposta em ato contínuo à classificação; b) avaliação do desempenho contratual prévio dos licitantes, para o que deverão preferencialmente ser utilizados registros cadastrais para efeito de atesto de cumprimento de obrigações previstas na Lei de Licitações; c) desenvolvimento pelo licitante de ações de equidade entre homens e mulheres no ambiente de trabalho, conforme regulamento; e d) desenvolvimento pelo licitante de programa de integridade, conforme orientações dos órgãos de controle.

Em igualdade de condições, não havendo desempate, será assegurada preferência, sucessivamente, aos bens e serviços (art. 60, § 1.º, da Lei): a) produzidos ou prestados por empresas estabelecidas no território do Estado ou do Distrito Federal do órgão ou entidade da Administração Pública estadual ou distrital licitante ou, no caso de licitação realizada por órgão ou entidade de Município, no território do Estado em que este se localize; b) produzidos ou prestados por empresas brasileiras; c) produzidos ou prestados por empresas que invistam em pesquisa e no desenvolvimento de tecnologia no País; e d) empresas que comprovem a prática de mitigação, nos termos da Lei 12.187/2009 que trata da Política Nacional sobre Mudança do Clima – PNMC.[32] Os referidos critérios não prejudicam a aplicação do empate ficto ou presumido em favor das MEs e EPPs previsto no art. 44 da LC 123/2006 (art. 60, § 2.º, da Lei de Licitações).

1.8. Princípios da publicidade e da transparência

O princípio da publicidade tem previsão no art. 37 da CRFB e deve ser observado em qualquer atuação administrativa, inclusive, naturalmente, nas licitações e nas contratações públicas, como reiterado no art. 5.º da Lei 14.133/2021. A transparência, em nossa opinião, insere-se no próprio princípio da publicidade.

Conforme destacamos, a visibilidade (transparência) dos atos estatais possui íntima relação com o princípio democrático (art. 1.º da CRFB), uma vez que permite o efetivo controle social da Administração Pública. No Estado Democrático de Direito, a regra é a publicidade dos atos estatais e o sigilo é exceção.

A publicidade é a regra nas licitações, ressalvados os casos de informações cujo sigilo seja imprescindível à segurança da sociedade e do Estado, na forma da lei (art. 13 da atual Lei de Licitações). É possível o sigilo provisório ou a publicidade diferida em duas hipóteses (art. 13, parágrafo único): a) conteúdo das propostas até a respectiva abertura; e b) orçamento estimado da contratação.

O eventual sigilo do orçamento estimado da contratação deve ser justificado e não prevalece para os órgãos de controle interno e externo. Durante o sigilo, a

---

[32] De acordo com o art. 2.º, VII, da Lei 12.187/2009, a mitigação compreende as "mudanças e substituições tecnológicas que reduzam o uso de recursos e as emissões por unidade de produção, bem como a implementação de medidas que reduzam as emissões de gases de efeito estufa e aumentem os sumidouros".

Administração divulgará o detalhamento dos quantitativos e das demais informações necessárias para a elaboração das propostas (art. 24, *caput* e inciso I, da atual Lei de Licitações).[33]

O Portal Nacional de Contratações Públicas (PNCP), previsto no art. 174 da atual Lei de Licitações, é o sítio eletrônico oficial que tem por objetivo divulgar os atos exigidos pela Lei de Licitações e garantir o acesso à informação, cumpridas as exigências da Lei 12.527/2011 (Lei de Acesso à Informação). A instituição do PNCP garante transparência e racionalidade nas informações divulgadas pelo Poder Público, servindo como importante instrumento de acesso aos dados das licitações e das contratações públicas, o que facilita o exercício do controle social e institucional.

1.9. Princípios da eficiência, celeridade e economicidade

O art. 5.º da Lei 14.133/2021 indica os princípios da eficiência, celeridade e economicidade. Em nossa opinião, a celeridade e a economicidade encontram-se inseridas no princípio constitucional da eficiência (art. 37 da CRFB, alterado pela EC 19/1998).

A preocupação com a eficiência pode ser encontrada em diversas passagens da Lei de Licitações. Na contratação de obras, fornecimentos e serviços, inclusive de engenharia, por exemplo, é possível a fixação da remuneração variável vinculada ao desempenho do contratado, com base em metas, padrões de qualidade, critérios de sustentabilidade ambiental e prazos de entrega definidos no edital de licitação e no contrato (denominado de contrato de performance ou de desempenho), na forma do art. 144 da Lei de Licitações.

Outro exemplo é a possibilidade de previsão no instrumento convocatório que contemple matriz de alocação eficiente de riscos que deverá estabelecer a responsabilidade que cabe a cada parte contratante, bem como mecanismos que afastem a ocorrência do sinistro e que mitiguem os efeitos deste, caso ocorra durante a execução contratual, na forma do art. 22, *caput* e § 1.º, da Lei de Licitações. A imputação dos riscos à parte que possui melhores condições de gerenciá-los contribui para a segurança jurídica e a economicidade do contrato.

Lembre-se, ainda, de que a economicidade deve ser considerada na elaboração do estudo técnico preliminar (ETP), que é o documento constitutivo da primeira etapa do planejamento de uma contratação (arts. 6.º, XX, e 18, § 1.º, IX, da Lei de Licitações).

---

[33] De acordo com o art. 24, parágrafo único, da atual Lei, na licitação em que for adotado o critério de julgamento de maior desconto, o preço estimado ou o máximo aceitável constará do edital da licitação. Embora não previsto na Lei 8.666/1993, o orçamento sigiloso, com a publicidade diferida, já era adotado no Regime Diferenciado de Contratações Públicas (art. 6.º da Lei 12.462/2011) e na Lei das Estatais (art. 34, *caput* e § 3.º, da Lei 13.303/2016).

Título I – Disposições Preliminares

Art. 6.º

1.10. Princípio da segregação de funções

O princípio da segregação de funções, previsto no art. 5.º da Lei 14.133/2021, consiste na distribuição e na especialização de funções entre os diversos agentes públicos que atuam nos processos de licitação e de contratação pública, com o intuito de garantir maior especialização no exercício das respectivas funções e de diminuir os riscos de conflitos de interesses dos agentes públicos. Verifica-se, portanto, que o referido princípio possui relação com os princípios da eficiência e da moralidade.

Ao tratar da segregação de funções, o art. 7.º, § 1.º, da Lei de Licitações proíbe a designação do mesmo agente público para atuação simultânea em funções mais suscetíveis a riscos, de modo a reduzir a possibilidade de ocultação de erros e de ocorrência de fraudes na respectiva contratação. A mesma vedação é aplicada aos órgãos de assessoramento jurídico e de controle interno da Administração (art. 7.º, § 2.º). Assim, por exemplo, o servidor que atuou como pregoeiro ou agente de contratação não deve ser indicado como fiscal do futuro contrato.[34]

É oportuno destacar que a segregação de funções possui relevância na execução dos atos atinentes à contratação pública e na atuação dos órgãos de controle, influenciando, inclusive, na imputação de responsabilidade. Mencione-se, por exemplo, a responsabilidade do gestor público por suas decisões, ainda que apoiadas em parecer jurídico, não sendo lícito responsabilizar civilmente o parecerista por sua opinião técnica, salvo na hipótese de dolo ou fraude (art. 184 do CPC).

CAPÍTULO III
DAS DEFINIÇÕES

Art. 6.º Para os fins desta Lei, consideram-se:

I – órgão: unidade de atuação integrante da estrutura da Administração Pública;

II – entidade: unidade de atuação dotada de personalidade jurídica;

III – Administração Pública: administração direta e indireta da União, dos Estados, do Distrito Federal e dos Municípios, inclusive as entidades com personalidade jurídica de direito privado sob controle do poder público e as fundações por ele instituídas ou mantidas;

IV – Administração: órgão ou entidade por meio do qual a Administração Pública atua;

V – agente público: indivíduo que, em virtude de eleição, nomeação, designação, contratação ou qualquer outra forma de investidura ou vínculo, exerce mandato, cargo, emprego ou função em pessoa jurídica integrante da Administração Pública;

VI – autoridade: agente público dotado de poder de decisão;

VII – contratante: pessoa jurídica integrante da Administração Pública responsável pela contratação;

VIII – contratado: pessoa física ou jurídica, ou consórcio de pessoas jurídicas, signatária de contrato com a Administração;

---

[34] Antes da sua previsão expressa no art. 5.º da atual Lei de Licitações, a segregação de funções já era reconhecida e aplicada pelos órgãos de controle (TCU, Acórdão 2296/2014, Plenário, Rel. Min. Benjamin Zymler, j. 03.09.2014).

IX – licitante: pessoa física ou jurídica, ou consórcio de pessoas jurídicas, que participa ou manifesta a intenção de participar de processo licitatório, sendo-lhe equiparável, para os fins desta Lei, o fornecedor ou o prestador de serviço que, em atendimento à solicitação da Administração, oferece proposta;

X – compra: aquisição remunerada de bens para fornecimento de uma só vez ou parceladamente, considerada imediata aquela com prazo de entrega de até 30 (trinta) dias da ordem de fornecimento;

XI – serviço: atividade ou conjunto de atividades destinadas a obter determinada utilidade, intelectual ou material, de interesse da Administração;

XII – obra: toda atividade estabelecida, por força de lei, como privativa das profissões de arquiteto e engenheiro que implica intervenção no meio ambiente por meio de um conjunto harmônico de ações que, agregadas, formam um todo que inova o espaço físico da natureza ou acarreta alteração substancial das características originais de bem imóvel;

XIII – bens e serviços comuns: aqueles cujos padrões de desempenho e qualidade podem ser objetivamente definidos pelo edital, por meio de especificações usuais de mercado;

XIV – bens e serviços especiais: aqueles que, por sua alta heterogeneidade ou complexidade, não podem ser descritos na forma do inciso XIII do *caput* deste artigo, exigida justificativa prévia do contratante;

XV – serviços e fornecimentos contínuos: serviços contratados e compras realizadas pela Administração Pública para a manutenção da atividade administrativa, decorrentes de necessidades permanentes ou prolongadas;

XVI – serviços contínuos com regime de dedicação exclusiva de mão de obra: aqueles cujo modelo de execução contratual exige, entre outros requisitos, que:

a) os empregados do contratado fiquem à disposição nas dependências do contratante para a prestação dos serviços;

b) o contratado não compartilhe os recursos humanos e materiais disponíveis de uma contratação para execução simultânea de outros contratos;

c) o contratado possibilite a fiscalização pelo contratante quanto à distribuição, controle e supervisão dos recursos humanos alocados aos seus contratos;

XVII – serviços não contínuos ou contratados por escopo: aqueles que impõem ao contratado o dever de realizar a prestação de um serviço específico em período predeterminado, podendo ser prorrogado, desde que justificadamente, pelo prazo necessário à conclusão do objeto;

XVIII – serviços técnicos especializados de natureza predominantemente intelectual: aqueles realizados em trabalhos relativos a:

a) estudos técnicos, planejamentos, projetos básicos e projetos executivos;

b) pareceres, perícias e avaliações em geral;

c) assessorias e consultorias técnicas e auditorias financeiras e tributárias;

d) fiscalização, supervisão e gerenciamento de obras e serviços;

e) patrocínio ou defesa de causas judiciais e administrativas;

f) treinamento e aperfeiçoamento de pessoal;

g) restauração de obras de arte e de bens de valor histórico;

h) controles de qualidade e tecnológico, análises, testes e ensaios de campo e laboratoriais, instrumentação e monitoramento de parâmetros específicos de obras e do meio ambiente e demais serviços de engenharia que se enquadrem na definição deste inciso;

Título I – Disposições Preliminares

Art. 6.º

XIX – notória especialização: qualidade de profissional ou de empresa cujo conceito, no campo de sua especialidade, decorrente de desempenho anterior, estudos, experiência, publicações, organização, aparelhamento, equipe técnica ou outros requisitos relacionados com suas atividades, permite inferir que o seu trabalho é essencial e reconhecidamente adequado à plena satisfação do objeto do contrato;

XX – estudo técnico preliminar: documento constitutivo da primeira etapa do planejamento de uma contratação que caracteriza o interesse público envolvido e a sua melhor solução e dá base ao anteprojeto, ao termo de referência ou ao projeto básico a serem elaborados caso se conclua pela viabilidade da contratação;

XXI – serviço de engenharia: toda atividade ou conjunto de atividades destinadas a obter determinada utilidade, intelectual ou material, de interesse para a Administração e que, não enquadradas no conceito de obra a que se refere o inciso XII do *caput* deste artigo, são estabelecidas, por força de lei, como privativas das profissões de arquiteto e engenheiro ou de técnicos especializados, que compreendem:

a) serviço comum de engenharia: todo serviço de engenharia que tem por objeto ações, objetivamente padronizáveis em termos de desempenho e qualidade, de manutenção, de adequação e de adaptação de bens móveis e imóveis, com preservação das características originais dos bens;

b) serviço especial de engenharia: aquele que, por sua alta heterogeneidade ou complexidade, não pode se enquadrar na definição constante da alínea *a* deste inciso;

XXII – obras, serviços e fornecimentos de grande vulto: aqueles cujo valor estimado supera R$ 200.000.000,00 (duzentos milhões de reais);

XXIII – termo de referência: documento necessário para a contratação de bens e serviços, que deve conter os seguintes parâmetros e elementos descritivos:

a) definição do objeto, incluídos sua natureza, os quantitativos, o prazo do contrato e, se for o caso, a possibilidade de sua prorrogação;

b) fundamentação da contratação, que consiste na referência aos estudos técnicos preliminares correspondentes ou, quando não for possível divulgar esses estudos, no extrato das partes que não contiverem informações sigilosas;

c) descrição da solução como um todo, considerado todo o ciclo de vida do objeto;

d) requisitos da contratação;

e) modelo de execução do objeto, que consiste na definição de como o contrato deverá produzir os resultados pretendidos desde o seu início até o seu encerramento;

f) modelo de gestão do contrato, que descreve como a execução do objeto será acompanhada e fiscalizada pelo órgão ou entidade;

g) critérios de medição e de pagamento;

h) forma e critérios de seleção do fornecedor;

i) estimativas do valor da contratação, acompanhadas dos preços unitários referenciais, das memórias de cálculo e dos documentos que lhe dão suporte, com os parâmetros utilizados para a obtenção dos preços e para os respectivos cálculos, que devem constar de documento separado e classificado;

j) adequação orçamentária;

XXIV – anteprojeto: peça técnica com todos os subsídios necessários à elaboração do projeto básico, que deve conter, no mínimo, os seguintes elementos:

a) demonstração e justificativa do programa de necessidades, avaliação de demanda do público-alvo, motivação técnico-econômico-social do empreendimento, visão global dos investimentos e definições relacionadas ao nível de serviço desejado;

b) condições de solidez, de segurança e de durabilidade;

c) prazo de entrega;

d) estética do projeto arquitetônico, traçado geométrico e/ou projeto da área de influência, quando cabível;

e) parâmetros de adequação ao interesse público, de economia na utilização, de facilidade na execução, de impacto ambiental e de acessibilidade;

f) proposta de concepção da obra ou do serviço de engenharia;

g) projetos anteriores ou estudos preliminares que embasaram a concepção proposta;

h) levantamento topográfico e cadastral;

i) pareceres de sondagem;

j) memorial descritivo dos elementos da edificação, dos componentes construtivos e dos materiais de construção, de forma a estabelecer padrões mínimos para a contratação;

XXV – projeto básico: conjunto de elementos necessários e suficientes, com nível de precisão adequado para definir e dimensionar a obra ou o serviço, ou o complexo de obras ou de serviços objeto da licitação, elaborado com base nas indicações dos estudos técnicos preliminares, que assegure a viabilidade técnica e o adequado tratamento do impacto ambiental do empreendimento e que possibilite a avaliação do custo da obra e a definição dos métodos e do prazo de execução, devendo conter os seguintes elementos:

a) levantamentos topográficos e cadastrais, sondagens e ensaios geotécnicos, ensaios e análises laboratoriais, estudos socioambientais e demais dados e levantamentos necessários para execução da solução escolhida;

b) soluções técnicas globais e localizadas, suficientemente detalhadas, de forma a evitar, por ocasião da elaboração do projeto executivo e da realização das obras e montagem, a necessidade de reformulações ou variantes quanto à qualidade, ao preço e ao prazo inicialmente definidos;

c) identificação dos tipos de serviços a executar e dos materiais e equipamentos a incorporar à obra, bem como das suas especificações, de modo a assegurar os melhores resultados para o empreendimento e a segurança executiva na utilização do objeto, para os fins a que se destina, considerados os riscos e os perigos identificáveis, sem frustrar o caráter competitivo para a sua execução;

d) informações que possibilitem o estudo e a definição de métodos construtivos, de instalações provisórias e de condições organizacionais para a obra, sem frustrar o caráter competitivo para a sua execução;

e) subsídios para montagem do plano de licitação e gestão da obra, compreendidos a sua programação, a estratégia de suprimentos, as normas de fiscalização e outros dados necessários em cada caso;

f) orçamento detalhado do custo global da obra, fundamentado em quantitativos de serviços e fornecimentos propriamente avaliados, obrigatório exclusivamente para os regimes de execução previstos nos incisos I, II, III, IV e VII do *caput* do art. 46 desta Lei;

XXVI – projeto executivo: conjunto de elementos necessários e suficientes à execução completa da obra, com o detalhamento das soluções previstas no projeto básico, a identificação de serviços, de materiais e de equipamentos a serem incorporados à obra, bem como suas especificações técnicas, de acordo com as normas técnicas pertinentes;

Título I – Disposições Preliminares

Art. 6.º

XXVII – matriz de riscos: cláusula contratual definidora de riscos e de responsabilidades entre as partes e caracterizadora do equilíbrio econômico-financeiro inicial do contrato, em termos de ônus financeiro decorrente de eventos supervenientes à contratação, contendo, no mínimo, as seguintes informações:

a) listagem de possíveis eventos supervenientes à assinatura do contrato que possam causar impacto em seu equilíbrio econômico-financeiro e previsão de eventual necessidade de prolação de termo aditivo por ocasião de sua ocorrência;

b) no caso de obrigações de resultado, estabelecimento das frações do objeto com relação às quais haverá liberdade para os contratados inovarem em soluções metodológicas ou tecnológicas, em termos de modificação das soluções previamente delineadas no anteprojeto ou no projeto básico;

c) no caso de obrigações de meio, estabelecimento preciso das frações do objeto com relação às quais não haverá liberdade para os contratados inovarem em soluções metodológicas ou tecnológicas, devendo haver obrigação de aderência entre a execução e a solução predefinida no anteprojeto ou no projeto básico, consideradas as características do regime de execução no caso de obras e serviços de engenharia;

XXVIII – empreitada por preço unitário: contratação da execução da obra ou do serviço por preço certo de unidades determinadas;

XXIX – empreitada por preço global: contratação da execução da obra ou do serviço por preço certo e total;

XXX – empreitada integral: contratação de empreendimento em sua integralidade, compreendida a totalidade das etapas de obras, serviços e instalações necessárias, sob inteira responsabilidade do contratado até sua entrega ao contratante em condições de entrada em operação, com características adequadas às finalidades para as quais foi contratado e atendidos os requisitos técnicos e legais para sua utilização com segurança estrutural e operacional;

XXXI – contratação por tarefa: regime de contratação de mão de obra para pequenos trabalhos por preço certo, com ou sem fornecimento de materiais;

XXXII – contratação integrada: regime de contratação de obras e serviços de engenharia em que o contratado é responsável por elaborar e desenvolver os projetos básico e executivo, executar obras e serviços de engenharia, fornecer bens ou prestar serviços especiais e realizar montagem, teste, pré-operação e as demais operações necessárias e suficientes para a entrega final do objeto;

XXXIII – contratação semi-integrada: regime de contratação de obras e serviços de engenharia em que o contratado é responsável por elaborar e desenvolver o projeto executivo, executar obras e serviços de engenharia, fornecer bens ou prestar serviços especiais e realizar montagem, teste, pré-operação e as demais operações necessárias e suficientes para a entrega final do objeto;

XXXIV – fornecimento e prestação de serviço associado: regime de contratação em que, além do fornecimento do objeto, o contratado responsabiliza-se por sua operação, manutenção ou ambas, por tempo determinado;

XXXV – licitação internacional: licitação processada em território nacional na qual é admitida a participação de licitantes estrangeiros, com a possibilidade de cotação de preços em moeda estrangeira, ou licitação na qual o objeto contratual pode ou deve ser executado no todo ou em parte em território estrangeiro;

XXXVI – serviço nacional: serviço prestado em território nacional, nas condições estabelecidas pelo Poder Executivo federal;

Art. 6.º

Comentários à Lei de Licitações e Contratos Administrativos

XXXVII – produto manufaturado nacional: produto manufaturado produzido no território nacional de acordo com o processo produtivo básico ou com as regras de origem estabelecidas pelo Poder Executivo federal;

XXXVIII – concorrência: modalidade de licitação para contratação de bens e serviços especiais e de obras e serviços comuns e especiais de engenharia, cujo critério de julgamento poderá ser:

a) menor preço;

b) melhor técnica ou conteúdo artístico;

c) técnica e preço;

d) maior retorno econômico;

e) maior desconto.

XXXIX – concurso: modalidade de licitação para escolha de trabalho técnico, científico ou artístico, cujo critério de julgamento será o de melhor técnica ou conteúdo artístico, e para concessão de prêmio ou remuneração ao vencedor;

XL – leilão: modalidade de licitação para alienação de bens imóveis ou de bens móveis inservíveis ou legalmente apreendidos a quem oferecer o maior lance;

XLI – pregão: modalidade de licitação obrigatória para aquisição de bens e serviços comuns, cujo critério de julgamento poderá ser o de menor preço ou o de maior desconto;

XLII – diálogo competitivo: modalidade de licitação para contratação de obras, serviços e compras em que a Administração Pública realiza diálogos com licitantes previamente selecionados mediante critérios objetivos, com o intuito de desenvolver uma ou mais alternativas capazes de atender às suas necessidades, devendo os licitantes apresentar proposta final após o encerramento dos diálogos;

XLIII – credenciamento: processo administrativo de chamamento público em que a Administração Pública convoca interessados em prestar serviços ou fornecer bens para que, preenchidos os requisitos necessários, se credenciem no órgão ou na entidade para executar o objeto quando convocados;

XLIV – pré-qualificação: procedimento seletivo prévio à licitação, convocado por meio de edital, destinado à análise das condições de habilitação, total ou parcial, dos interessados ou do objeto;

XLV – sistema de registro de preços: conjunto de procedimentos para realização, mediante contratação direta ou licitação nas modalidades pregão ou concorrência, de registro formal de preços relativos a prestação de serviços, a obras e a aquisição e locação de bens para contratações futuras;

XLVI – ata de registro de preços: documento vinculativo e obrigacional, com característica de compromisso para futura contratação, no qual são registrados o objeto, os preços, os fornecedores, os órgãos participantes e as condições a serem praticadas, conforme as disposições contidas no edital da licitação, no aviso ou instrumento de contratação direta e nas propostas apresentadas;

XLVII – órgão ou entidade gerenciadora: órgão ou entidade da Administração Pública responsável pela condução do conjunto de procedimentos para registro de preços e pelo gerenciamento da ata de registro de preços dele decorrente;

XLVIII – órgão ou entidade participante: órgão ou entidade da Administração Pública que participa dos procedimentos iniciais da contratação para registro de preços e integra a ata de registro de preços;

Título I – Disposições Preliminares

Art. 6.º

XLIX – órgão ou entidade não participante: órgão ou entidade da Administração Pública que não participa dos procedimentos iniciais da licitação para registro de preços e não integra a ata de registro de preços;

L – comissão de contratação: conjunto de agentes públicos indicados pela Administração, em caráter permanente ou especial, com a função de receber, examinar e julgar documentos relativos às licitações e aos procedimentos auxiliares;

LI – catálogo eletrônico de padronização de compras, serviços e obras: sistema informatizado, de gerenciamento centralizado e com indicação de preços, destinado a permitir a padronização de itens a serem adquiridos pela Administração Pública e que estarão disponíveis para a licitação;

LII – sítio eletrônico oficial: sítio da internet, certificado digitalmente por autoridade certificadora, no qual o ente federativo divulga de forma centralizada as informações e os serviços de governo digital dos seus órgãos e entidades;

LIII – contrato de eficiência: contrato cujo objeto é a prestação de serviços, que pode incluir a realização de obras e o fornecimento de bens, com o objetivo de proporcionar economia ao contratante, na forma de redução de despesas correntes, remunerado o contratado com base em percentual da economia gerada;

LIV – seguro-garantia: seguro que garante o fiel cumprimento das obrigações assumidas pelo contratado;

LV – produtos para pesquisa e desenvolvimento: bens, insumos, serviços e obras necessários para atividade de pesquisa científica e tecnológica, desenvolvimento de tecnologia ou inovação tecnológica, discriminados em projeto de pesquisa;

LVI – sobrepreço: preço orçado para licitação ou contratado em valor expressivamente superior aos preços referenciais de mercado, seja de apenas 1 (um) item, se a licitação ou a contratação for por preços unitários de serviço, seja do valor global do objeto, se a licitação ou a contratação for por tarefa, empreitada por preço global ou empreitada integral, semi-integrada ou integrada;

LVII – superfaturamento: dano provocado ao patrimônio da Administração, caracterizado, entre outras situações, por:

a) medição de quantidades superiores às efetivamente executadas ou fornecidas;

b) deficiência na execução de obras e de serviços de engenharia que resulte em diminuição da sua qualidade, vida útil ou segurança;

c) alterações no orçamento de obras e de serviços de engenharia que causem desequilíbrio econômico-financeiro do contrato em favor do contratado;

d) outras alterações de cláusulas financeiras que gerem recebimentos contratuais antecipados, distorção do cronograma físico-financeiro, prorrogação injustificada do prazo contratual com custos adicionais para a Administração ou reajuste irregular de preços;

LVIII – reajustamento em sentido estrito: forma de manutenção do equilíbrio econômico--financeiro de contrato consistente na aplicação do índice de correção monetária previsto no contrato, que deve retratar a variação efetiva do custo de produção, admitida a adoção de índices específicos ou setoriais;

LIX – repactuação: forma de manutenção do equilíbrio econômico-financeiro de contrato utilizada para serviços contínuos com regime de dedicação exclusiva de mão de obra ou predominância de mão de obra, por meio da análise da variação dos custos contratuais, devendo estar prevista no edital com data vinculada à apresentação das propostas, para os custos decorrentes do mercado, e com data vinculada ao acordo, à convenção coletiva ou ao dissídio coletivo ao qual o orçamento esteja vinculado, para os custos decorrentes da mão de obra;

> LX – agente de contratação: pessoa designada pela autoridade competente, entre servidores efetivos ou empregados públicos dos quadros permanentes da Administração Pública, para tomar decisões, acompanhar o trâmite da licitação, dar impulso ao procedimento licitatório e executar quaisquer outras atividades necessárias ao bom andamento do certame até a homologação.

1. DEFINIÇÕES LEGAIS

O art. 6.º da Lei 14.133/2021 apresenta definições de expressões que são utilizadas ao longo do diploma legal. Aliás, técnica semelhante era utilizada pelo art. 6.º da Lei 8.666/1993.

É preciso destacar que o rol de definições legais não possui caráter exaustivo, mas, sim, exemplificativo, uma vez que o dispositivo legal em referência não apresentou todas as expressões utilizadas pela atual Lei de Licitações. O legislador, por exemplo, não apresentou as definições dos princípios jurídicos (art. 5.º), do objetivo do "desenvolvimento nacional sustentável" (art. 11, IV), das alienações (art. 76) etc.

Revela-se natural o caráter exemplificativo das definições, especialmente pelo fato de que a tarefa de apresentar os conceitos jurídicos é reservada, precipuamente, à doutrina e não ao legislador.

Isso não impede, naturalmente, a apresentação de definições pelo legislador, com o objetivo de facilitar a compreensão dos termos jurídicos utilizados pelo texto legal e a interpretação dos respectivos dispositivos.

Assim, como regra geral, os dispositivos da Lei 14.133/2021 devem ser interpretados em consonância com as definições consagradas no art. 6.º.

Alguns conceitos indicados no art. 6.º da atual Lei de Licitações foram inspirados, com pequenas adaptações, nos conceitos fornecidos pela Lei 8.666/1993. Mencionem-se, por exemplo, os conceitos de Administração Pública e de Administração, tradicionalmente encontrados nos incisos XI e XII, do art. 6.º da Lei 8.666/1993, que aprecem nos incisos III e IV do art. 6.º da atual Lei de Licitações.

Outro exemplo é o conceito de contratado ("pessoa física ou jurídica, ou consórcio de pessoas jurídicas, signatária de contrato com a Administração"), apresentado pelo inciso VIII do art. 6.º da atual Lei de Licitações,[35] que é similar ao conceito an-

---

[35] A Instrução Normativa SEGES/ME 116, de 21 de dezembro de 2021, estabelece procedimentos para a participação de pessoa física nas contratações públicas regidas pela Lei 14.133/2021, no âmbito da Administração Pública federal direta, autárquica e fundacional. Para fins de aplicação da referida Instrução Normativa, o art. 2.º "considera-se pessoa física todo o trabalhador autônomo, sem qualquer vínculo de subordinação para fins de execução do objeto da contratação pública, incluindo os profissionais liberais não enquadrados como sociedade empresária ou empresário individual, nos termos das legislações específicas, que participa ou manifesta a intenção de participar de processo de contratação pública, sendo equiparado a fornecedor ou ao prestador de serviço que, em atendimento à solicitação da Administração, oferece proposta". De acordo com o art. 4.º, *caput* e parágrafo único, da Instrução Normativa, os editais ou os avisos

Título I – Disposições Preliminares

Art. 7.º

teriormente apresentado pelo inciso XV do art. 6.º da Lei 8.666/1993 ("pessoa física ou jurídica signatária de contrato com a Administração Pública").

Outros conceitos foram nitidamente inspirados na Lei de Processo Administrativo federal. As definições de "órgão", "entidade" e "autoridade", constantes dos incisos I, II e VI do art. 6.º da atual Lei de Licitações, parecem com as definições fornecidas pelo art. 1.º, § 2.º, I, II e III, da Lei 9.784/1999.

Verifica-se, também, forte inspiração em outras normas que tratam de licitações e contratos administrativos, notadamente, as Leis que regulam o pregão e o RDC.

Quanto ao pregão, o conceito de "bens e serviços comuns" apresentado pelo inciso XIII do art. 6.º da atual Lei de Licitações é similar ao conceito contido no art. 1.º, parágrafo único, da Lei 10.520/2002.

Em relação ao RDC, por exemplo, os conceitos de "anteprojeto" e de "contratação integrada" fornecidos pelos incisos XXIV e XXXII do art. 6.º da atual Lei de Licitações são parecidos com aqueles citados no art. 9.º, *caput* e § 1.º, da Lei 12.462/2011.

Contudo, a Lei 14.133/2021 apresenta novidades em relação aos conceitos tradicionalmente encontrados no direito positivo, tal como ocorre, por exemplo, no inciso XLII do art. 6.º da Lei que define o "diálogo competitivo", modalidade de licitação consagrada em diversas normas europeias, mas que não era prevista no ordenamento jurídico pátrio.

Os conceitos apresentados ao longo do art. 6.º da Lei 14.133/2021 serão aplicados ao longo do livro nos comentários aos demais dispositivos do novo diploma legal.

CAPÍTULO IV
DOS AGENTES PÚBLICOS

Art. 7.º Caberá à autoridade máxima do órgão ou da entidade, ou a quem as normas de organização administrativa indicarem, promover gestão por competências e designar agentes públicos para o desempenho das funções essenciais à execução desta Lei que preencham os seguintes requisitos:

I – sejam, preferencialmente, servidor efetivo ou empregado público dos quadros permanentes da Administração Pública;

II – tenham atribuições relacionadas a licitações e contratos ou possuam formação compatível ou qualificação atestada por certificação profissional emitida por escola de governo criada e mantida pelo poder público; e

III – não sejam cônjuge ou companheiro de licitantes ou contratados habituais da Administração nem tenham com eles vínculo de parentesco, colateral ou por afinidade, até o terceiro grau, ou de natureza técnica, comercial, econômica, financeira, trabalhista e civil.

---

de contratação direta deverão possibilitar a contratação das pessoas físicas, em observância aos objetivos da isonomia e da justa competição, salvo se a contratação exigir capital social mínimo e estrutura mínima, com equipamentos, instalações e equipe de profissionais ou corpo técnico para a execução do objeto incompatíveis com a natureza profissional da pessoa física, conforme demonstrado em estudo técnico preliminar.

Art. 8.º

§ 1.º A autoridade referida no *caput* deste artigo deverá observar o princípio da segregação de funções, vedada a designação do mesmo agente público para atuação simultânea em funções mais suscetíveis a riscos, de modo a reduzir a possibilidade de ocultação de erros e de ocorrência de fraudes na respectiva contratação.

§ 2.º O disposto no *caput* e no § 1.º deste artigo, inclusive os requisitos estabelecidos, também se aplica aos órgãos de assessoramento jurídico e de controle interno da Administração.

Art. 8.º A licitação será conduzida por agente de contratação, pessoa designada pela autoridade competente, entre servidores efetivos ou empregados públicos dos quadros permanentes da Administração Pública, para tomar decisões, acompanhar o trâmite da licitação, dar impulso ao procedimento licitatório e executar quaisquer outras atividades necessárias ao bom andamento do certame, até a homologação.

§ 1.º O agente de contratação será auxiliado por equipe de apoio e responderá individualmente pelos atos que praticar, salvo quando induzido a erro pela atuação da equipe.

§ 2.º Em licitação que envolva bens ou serviços especiais, desde que observados os requisitos estabelecidos no art. 7.º desta Lei, o agente de contratação poderá ser substituído por comissão de contratação formada por, no mínimo, 3 (três) membros, que responderão solidariamente por todos os atos praticados pela comissão, ressalvado o membro que expressar posição individual divergente fundamentada e registrada em ata lavrada na reunião em que houver sido tomada a decisão.

§ 3.º As regras relativas à atuação do agente de contratação e da equipe de apoio, ao funcionamento da comissão de contratação e à atuação de fiscais e gestores de contratos de que trata esta Lei serão estabelecidas em regulamento, e deverá ser prevista a possibilidade de eles contarem com o apoio dos órgãos de assessoramento jurídico e de controle interno para o desempenho das funções essenciais à execução do disposto nesta Lei.

§ 4.º Em licitação que envolva bens ou serviços especiais cujo objeto não seja rotineiramente contratado pela Administração, poderá ser contratado, por prazo determinado, serviço de empresa ou de profissional especializado para assessorar os agentes públicos responsáveis pela condução da licitação.

§ 5.º Em licitação na modalidade pregão, o agente responsável pela condução do certame será designado pregoeiro.

Art. 9.º É vedado ao agente público designado para atuar na área de licitações e contratos, ressalvados os casos previstos em lei:

I – admitir, prever, incluir ou tolerar, nos atos que praticar, situações que:

a) comprometam, restrinjam ou frustrem o caráter competitivo do processo licitatório, inclusive nos casos de participação de sociedades cooperativas;

b) estabeleçam preferências ou distinções em razão da naturalidade, da sede ou do domicílio dos licitantes;

c) sejam impertinentes ou irrelevantes para o objeto específico do contrato;

II – estabelecer tratamento diferenciado de natureza comercial, legal, trabalhista, previdenciária ou qualquer outra entre empresas brasileiras e estrangeiras, inclusive no que se refere a moeda, modalidade e local de pagamento, mesmo quando envolvido financiamento de agência internacional;

III – opor resistência injustificada ao andamento dos processos e, indevidamente, retardar ou deixar de praticar ato de ofício, ou praticá-lo contra disposição expressa em lei.

§ 1.º Não poderá participar, direta ou indiretamente, da licitação ou da execução do contrato agente público de órgão ou entidade licitante ou contratante, devendo ser observadas

Título I – Disposições Preliminares

Art. 10

as situações que possam configurar conflito de interesses no exercício ou após o exercício do cargo ou emprego, nos termos da legislação que disciplina a matéria.

§ 2.º As vedações de que trata este artigo estendem-se a terceiro que auxilie a condução da contratação na qualidade de integrante de equipe de apoio, profissional especializado ou funcionário ou representante de empresa que preste assessoria técnica.

Art. 10. Se as autoridades competentes e os servidores públicos que tiverem participado dos procedimentos relacionados às licitações e aos contratos de que trata esta Lei precisarem defender-se nas esferas administrativa, controladora ou judicial em razão de ato praticado com estrita observância de orientação constante em parecer jurídico elaborado na forma do § 1.º do art. 53 desta Lei, a advocacia pública promoverá, a critério do agente público, sua representação judicial ou extrajudicial.

§ 1.º Não se aplica o disposto no *caput* deste artigo quando:

I – o responsável pela elaboração do parecer jurídico não pertencer aos quadros permanentes da Administração; (VETADO)

II – provas da prática de atos ilícitos dolosos constarem nos autos do processo administrativo ou judicial.

§ 2.º Aplica-se o disposto no *caput* deste artigo inclusive na hipótese de o agente público não mais ocupar o cargo, emprego ou função em que foi praticado o ato questionado.

1. AGENTE DE CONTRATAÇÃO E COMISSÃO DE CONTRATAÇÃO

A Lei 14.133/2021 apresenta salutar preocupação com a eficiência e com a moralidade administrativa ao dispor sobre os agentes públicos responsáveis pelo procedimento de licitação e de contratação pública que deverão ser designados pela autoridade máxima do órgão ou da entidade administrativa, ou outra autoridade indicada pela lei.

Nesse sentido, os agentes públicos indicados para o desempenho das atividades relacionadas aos processos de licitações e contratação públicas devem preencher os seguintes requisitos (art. 7.º da Lei de Licitações e Contratos Administrativos): a) a indicação deve recair, preferencialmente, sobre servidores efetivos ou empregados públicos dos quadros permanentes da Administração Pública; b) os agentes devem exercer atribuições relacionadas a licitações e contratos ou possuir formação compatível ou qualificação atestada por certificação profissional emitida por escola de governo criada e mantida pelo poder público;[36] e c) os agentes não podem ser cônjuges ou companheiros de licitantes ou contratados habituais da Administração, assim como não podem ter com eles vínculo de parentesco, colateral ou por afinidade, até o terceiro grau, ou de natureza técnica, comercial, econômica, financeira, trabalhista e civil.

Ademais, a autoridade administrativa deverá observar o princípio da segregação de funções, vedada a designação do mesmo agente público para atuação simultânea

---

[36] Em âmbito federal, as escolas de governo, que têm por objetivo a promoção do desenvolvimento dos servidores públicos, foram regulamentadas pelos arts. 1.º-A, 1.º-B e 13 a 15, do Decreto 9.991/2019, alterado pelo Decreto 10.506/2020.

em funções mais suscetíveis a riscos, de modo a reduzir a possibilidade de ocultação de erros e de ocorrência de fraudes na respectiva contratação. A mesma exigência deve ser observada nos órgãos de assessoramento jurídico e de controle interno da Administração.

As referidas exigências e vedações contribuem para implementação da gestão de pessoas por competências e para efetivação dos princípios da eficiência e da moralidade, uma vez que a função será realizada, preferencialmente, por profissionais de carreira, com conhecimento técnico sobre as licitações e contratações públicas e com segregação de funções, vedada a participação de agentes públicos no processo de contratação que envolva parentes ou pessoas que possam gerar conflitos de interesses.

Tradicionalmente, as licitações regidas pela Lei 8.666/1993 eram conduzidas, em regra, por uma comissão de licitação composta por, no mínimo, três membros, sendo pelo menos dois servidores, que tinha a função de receber, examinar e julgar todos os documentos e procedimentos relativos às licitações (arts. 6.º, XVI, e 51 da Lei 8.666/1993).

Ainda em relação ao regime jurídico anterior, no convite, a comissão, excepcionalmente, nas pequenas unidades administrativas e em face da exiguidade de pessoal disponível, poderia ser substituída por servidor formalmente designado pela autoridade competente (art. 51, § 1.º, da Lei 8.666/1993).

Mencione-se, também, a previsão anterior que, na modalidade concurso, estipulava que a comissão seria formada por pessoas de reputação ilibada e reconhecido conhecimento da matéria em exame, servidores públicos ou não (art. 51, § 5.º, da Lei 8.666/1993).

Ao contrário da Lei 8.666/1993, a atual Lei de Licitações estabelece, como regra, que a licitação será conduzida por órgão singular ("agente de contratação"), e não por órgão colegiado ("comissão de contratação").

Dessa forma, com clara inspiração na antiga Lei do Pregão, que indicava a condução do procedimento pelo pregoeiro, com auxílio da equipe de apoio (art. 3.º, IV, da Lei 10.520/2002), a atual Lei de Licitações estipula que a licitação será conduzida por "agente de contratação", auxiliado pela equipe de apoio, que será indicado pela autoridade competente, entre servidores ou empregados públicos pertencentes aos quadros permanentes da Administração Pública, para tomar decisões, acompanhar o trâmite da licitação, dar impulso ao procedimento licitatório e executar quaisquer outras atividades necessárias ao bom andamento da licitação (art. 8.º da Lei 14.133/2021).[37]

---

[37] As regras relativas à atuação do agente de contratação e da equipe de apoio, ao funcionamento da comissão de contratação e à atuação de fiscais e gestores de contratos serão estabelecidas em regulamento, e deverá ser prevista a possibilidade de eles contarem com o apoio dos órgãos de assessoramento jurídico e de controle interno para o desempenho das funções (art. 8.º, § 3.º, da Lei). No leilão, a função poderá ser desempenhada por leiloeiro oficial ou servidor designado pela autoridade competente de cada órgão ou entidade, devendo o regulamento dispor sobre seus procedimentos operacionais (art. 31 da Lei).

Título I – Disposições Preliminares

Art. 10

O agente de contratação é a "pessoa designada pela autoridade competente, entre servidores efetivos ou empregados públicos dos quadros permanentes da Administração Pública, para tomar decisões, acompanhar o trâmite da licitação, dar impulso ao procedimento licitatório e executar quaisquer outras atividades necessárias ao bom andamento do certame até a homologação" (art. 6.º, LX, da Lei 14.133/2021).

Conforme destacado, o agente de contratação deve ser servidor efetivo ou empregado público dos quadros permanentes da Administração Pública, na forma dos arts. 6.º, LX, e 8.º da Lei 14.133/2021.

Contudo, existe controvérsia doutrinária sobre o enquadramento dos referidos dispositivos legais nas categorias de normas gerais ou específicas de licitação. Na literalidade dos referidos dispositivos legais, os agentes de contratação deveriam ser, obrigatoriamente, servidores efetivos, em razão do caráter geral da Lei 14.133/2021. De nossa parte, sustentamos que os arts. 6.º, LX, e 8.º da Lei 14.133/2021 devem ser considerados normas específicas, uma vez que a competência legislativa para definir o regime jurídico dos servidores, que exercerão determinadas funções públicas, inclusive aqueles inerentes aos agentes de contratação, deve ser inserida na autonomia dos Entes federados.[38]

É verdade que o desempenho da função por servidores estatutários, ocupantes de cargo efetivos, garante maior independência ao agente de contratação e segurança jurídica aos participantes dos certames, o que justifica a preferência na indicação desses servidores, mas não há impedimento para que os Entes federados, em situações excepcionais e justificadas, estabeleçam, em seus respectivos atos normativos, a possibilidade de indicação excepcional de servidores comissionados para atuarem como agentes de contratação, quando justificada a impossibilidade de indicação de servidores efetivos.

A competência do agente de contratação envolve a condução do processo de licitação, com a prerrogativa para tomar decisões, acompanhar o trâmite da licitação, dar impulso ao procedimento licitatório e executar quaisquer outras atividades necessárias ao bom andamento do certame até a homologação.

O momento inicial para o exercício da competência do agente de contratação não é claramente definido pelo art. 8.º da Lei 14.133/2021. Entendemos que o agente de contratação deve atuar a partir da publicação do edital, evitando-se a sua atuação

---

[38] OLIVEIRA, Rafael Carvalho Rezende. Agentes de contratação na nova Lei de Licitações, *Solução em Licitações e Contratos*, v. 64, p. 37-46, julho, 2023. No mesmo sentido: JUSTEN FILHO, Marçal. *Comentários à Lei de Licitações e Contratações Administrativas*. São Paulo: Thomson Reuters Brasil, 2021, p. 213; TORRES, Ronny Charles Lopes de. *Leis de licitações públicas comentadas*. 12. ed. São Paulo: JusPodivm, 2021, p. 105; AMORIM, Victor Aguiar Jardim de. Modalidades e rito procedimental da Licitação. In: DI PIETRO, Maria Sylvia Zanella (Coord.). *Licitações e Contratos Administrativos*: Inovações da Lei 14.133, de 1.º de abril de 2021. 2. ed. Rio de Janeiro: Forense, 2022, p. 182. Em âmbito federal, não haveria dúvida quanto à necessidade de aplicação da literalidade do art. 8º da Lei 14.133/2021, exigindo-se que o agente de contratação seja servidor efetivo (TCU, Acórdão 1917/2024 Plenário, Rel. Min. Benjamin Zymler).

na fase preparatória da licitação, em razão do princípio da segregação de funções, salvo previsão regulamentar em sentido contrário.[39]

O art. 8.º da Lei 14.133/2021 evidencia que a atuação do agente de contratação se encerra com a homologação do certame. Contudo, a partir da leitura conjugada do referido dispositivo legal com o art. 71, IV, da mesma Lei, constata-se que a competência para adjudicação e homologação do certame é da autoridade superior e não do agente de contratação. Em consequência, o agente de contratação deve atuar até a fase de julgamentos dos eventuais recursos, com o envio do processo administrativo à autoridade superior para adjudicação e homologação da licitação.

Quanto à nomenclatura, destaca-se que, na modalidade pregão, o agente responsável pela condução do certame continuará designado como pregoeiro (art. 8.º, § 5.º, da Lei). Não vislumbramos diferenças relevantes entre as figuras dos agentes de contração e o pregoeiro, mas apenas a distinção terminológica. Em verdade, o pregoeiro pode ser considerado o agente de contratação que atua no pregão.

O agente de contratação será auxiliado por equipe de apoio e responderá individualmente pelos atos que praticar, salvo quando induzido a erro pela atuação da equipe (art. 8.º, § 1.º, da Lei).

Nas licitações que envolvam bens e serviços especiais, o agente de contratação poderá ser substituído por comissão de contratação, com regras de funcionamento definidas em regulamento, que será formada por, no mínimo, 3 (três) membros, que responderão solidariamente por todos os atos praticados pela comissão, ressalvado o membro que expressar posição individual divergente fundamentada e registrada em ata lavrada na reunião em que houver sido tomada a decisão (art. 8.º, § 2.º, da Lei).

Na modalidade diálogo competitivo, o certame será necessariamente conduzido por comissão de contratação composta de pelo menos 3 (três) servidores efetivos ou empregados públicos pertencentes aos quadros permanentes da Administração, admitida a contratação de profissionais para assessoramento técnico da comissão, na forma do art. 32, § 1.º, XI, da Lei 14.133/2021. A comissão de contratação, na definição apresentada pelo art. 6.º, L, da Lei: é o "conjunto de agentes públicos indicados pela Administração, em caráter permanente ou especial, com a função de receber, examinar e julgar documentos relativos às licitações e aos procedimentos auxiliares".

Em licitação que envolva bens ou serviços especiais cujo objeto não seja rotineiramente contratado pela Administração, poderá ser contratado, por prazo determinado, serviço de empresa ou de profissional especializado para assessorar os agentes públicos responsáveis pela condução da licitação (art. 8.º, § 4.º, da Lei).

---

[39] OLIVEIRA, Rafael Carvalho Rezende. *Licitações e contratos administrativos*, 12. ed. Rio de Janeiro: Método, 2023, p. 61; OLIVEIRA, Rafael Carvalho Rezende. *Nova Lei de Licitações e Contratos Administrativos*. 3. ed. Rio de Janeiro: Forense, 2023, p. 51. De forma semelhante: JUSTEN FILHO, Marçal. *Comentários à Lei de Licitações e Contratações Administrativas*. São Paulo: Thomson Reuters Brasil, 2021, p. 214; AMORIM, Victor Aguiar Jardim de. Modalidades e rito procedimental da Licitação. In: DI PIETRO, Maria Sylvia Zanella (Coord.). Licitações e Contratos Administrativos: Inovações da Lei 14.133, de 1.º de abril de 2021. 2. ed. Rio de Janeiro: Forense, 2022, p. 183.

Título I – Disposições Preliminares

Art. 10

É possível estabelecer a seguinte relação entre os agentes públicos responsáveis pela condução dos certames e as modalidades de licitação a partir do quadro a seguir:

Modalidades	Condução da licitação
Pregão	Pregoeiro (art. 8.º, § 5.º, da Lei 14.133/2021).
Concorrência	Agente de contratação ou comissão de contratação (art. 8.º, *caput* e § 2.º, da Lei 14.133/2021).
Concurso	Comissão especial ou comissão julgadora (a Lei 14.133/2021 não foi clara em relação à condução do concurso, o que não impede a aplicação da mesma lógica do regime jurídico anterior, especialmente em razão da necessidade da presença de especialistas na comissão julgadora, que conheçam o objeto do certame, na forma a ser detalhada no edital).
Leilão	Leiloeiro oficial ou servidor designado pela autoridade competente (art. 31 da Lei 14.133/2021).
Diálogo competitivo	Comissão de contratação (art. 32, § 1.º, XI, da Lei 14.133/2021).

O art. 9.º da Lei de Licitações estabelece vedações aos agentes públicos, tais como: a) admitir, prever, incluir ou tolerar, nos atos que praticar, situações que: a.1) comprometam, restrinjam ou frustrem o caráter competitivo do processo licitatório, inclusive nos casos de participação de sociedades cooperativas; a.2) estabeleçam preferências ou distinções em razão da naturalidade, da sede ou do domicílio dos licitantes; a.3) sejam impertinentes ou irrelevantes para o objeto específico do contrato; b) estabelecer tratamento diferenciado, de natureza comercial, legal, trabalhista, previdenciária ou qualquer outra, entre empresas brasileiras e estrangeiras, inclusive no que se refere a moeda, modalidade e local de pagamento, mesmo quando envolvido financiamento de agência internacional; e c) opor resistência injustificada ao andamento dos processos e retardar ou deixar de praticar, indevidamente, ato de ofício, ou praticá-lo contra disposição expressa de lei.[40]

O agente público de órgão ou de entidade contratante ou responsável pela licitação não poderá participar, direta ou indiretamente, da licitação ou da execução do contrato (art. 9.º, § 1.º, da Lei). A vedação é aplicável, também, ao terceiro que auxilia a condução da contratação na qualidade de integrante de equipe de apoio, profissional especializado ou funcionário ou representante de empresa que preste assessoria técnica (art. 9.º, § 2.º, da Lei).

Na eventual necessidade de defesa nas esferas administrativa, controladora e judicial, em razão de ato praticado com estrita observância de orientação constante em parecer jurídico elaborado na forma do § 1.º do art. 53, o órgão de assessoria jurídica promoverá, a critério do agente público, sua representação judicial ou extrajudicial, inclusive nas hipóteses de ex-servidores, salvo nas hipóteses previstas no art. 10, *caput* e §§ 1.º e 2.º, da Lei de Licitações.

---

[40] As referidas vedações são aplicáveis, também, ao terceiro que auxilie a condução da contratação na qualidade de integrante de equipe de apoio, profissional especializado ou funcionário ou representante de empresa que preste assessoria técnica (art. 9.º, § 2.º, da Lei).

O art. 10, § 1.º, I, do PL 4.253/2020 afastava a representação judicial ou extrajudicial por parte da advocacia pública nos casos de pareceres elaborados por pessoa não integrante dos quadros permanentes da Administração. O dispositivo em comento foi vetado pelo Presidente da República, uma vez que o próprio art. 10 faz referência ao art. 53, § 1.º, da atual Lei de Licitações que trata da elaboração do parecer por "órgão de assessoramento jurídico da Administração", "de modo que independentemente de o parecerista em si ser servidor público permanente ou eventualmente um comissionado (nos casos de Municípios, por exemplo), o parecer é originário do órgão e tem caráter público, inclusive em razão das providências de aprovação a que usualmente tais opinativos se submetem." Ademais, a redação do dispositivo poderia ensejar a interpretação de que não haveria a representação da advocacia pública na hipótese em que o parecerista não mais pertencer aos quadros da Administração (no caso de exoneração, por exemplo), o que, certamente, seria inapropriado.

No tópico seguinte, apresentaremos a discussão quanto à constitucionalidade do art. 10 da Lei 14.133/2021.

2. INTERPRETAÇÃO CONFORME A CONSTITUIÇÃO DO ART. 10 DA LEI 14.133/2021

Conforme demonstrado anteriormente, o art. 10 da Lei 14.133/2021 dispõe sobre a atuação da advocacia pública na representação judicial ou extrajudicial dos agentes públicos acusados da prática de ilícitos nos processos de licitações e contratações públicas.

De acordo com o referido dispositivo legal, as autoridades competentes e os servidores públicos que tiverem participado dos procedimentos de licitações e de contratação administrativa poderão solicitar a representação judicial ou extrajudicial da advocacia pública na defesa promovida nas esferas administrativa, controladora ou judicial, em razão de ato praticado com estrita observância de orientação constante em parecer elaborado pela assessoria jurídica da Administração. A viabilidade de representação pela advocacia pública também é reconhecida aos ex-agentes públicos, na forma do art. 10, § 2.º, da Lei 14.133/2021.

A prerrogativa de representação pela advocacia pública não se aplicaria aos casos de atos ilícitos dolosos, assim demonstrados pelas provas constantes do processo administrativo ou judicial (art. 10, § 1.º, da Lei 14.133/2021).

É necessário, contudo, realizar uma interpretação conforme a Constituição do art. 10 da Lei 14.133/2021, uma vez que o referido enunciado normativo, a depender da leitura que for empregada, poderia ser considerado inconstitucional.[41]

---

[41] A tese foi defendida em outra oportunidade: VALE, Luís Manoel Borges do; OLIVEIRA, Rafael Carvalho Rezende A inconstitucionalidade do artigo 10 da nova Lei de Licitações. Consultor Jurídico, 23 abr. 2021. Disponível em: <https://www.conjur.com.br/2021-abr-23/opiniao-inconstitucionalidade-artigo-lei-licitacoes>. Acesso em: 23 abr. 2021.

Título I – Disposições Preliminares

Art. 10

Da leitura perfunctória do artigo, percebe-se que o legislador adentra em matéria, em certa medida, estranha aos aspectos gerais relacionados às licitações e contratos, haja vista que regula competências dos órgãos da Advocacia Pública.

Com efeito, tem-se uma imposição dirigida à Advocacia-Geral da União, às Procuradorias-Gerais dos Estados e do Distrito Federal e às Procuradorias Municipais, para que atuem na defesa judicial ou extrajudicial de qualquer servidor, seja na esfera administrativa, controladora ou jurisdicional, quando forem alvo de fiscalização por atos praticados em consonância com pareceres jurídicos lavrados pela Advocacia Pública.

A despeito da salutar intenção legislativa, que objetiva garantir defesa técnica qualificada ao agente público que age em compasso com as diretrizes jurídicas emanadas da Administração, chancelando-se, inclusive, a lisura do ato administrativo praticado, falece competência à União para dispor sobre a estrutura organizacional dos órgãos da Advocacia Pública Estadual e Municipal.

Ao conferir competência privativa à União, no art. 22, XXVII, da Constituição Federal, para legislar sobre licitações e contratos, o constituinte não permitiu ingerência nas Procuradorias dos Estados e dos Municípios. Portanto, compete a cada ente federativo legislar sobre os órgãos da Advocacia Pública, delimitando os meandros de sua atuação.

Sob essa ótica, caso a interpretação conferida ao art. 10 da Lei 14.133/2021 venha a alcançar as Procuradorias dos Estados e Municípios, teríamos patente inconstitucionalidade. Assim, deve-se promover uma leitura em conformidade com a Constituição Federal, de modo a compreender que o dispositivo em referência não consubstancia enunciado normativo de abrangência nacional, vinculando tão somente a União.

Ao tratar, por exemplo, no art. 132, dos Procuradores dos Estados e do Distrito Federal, a Constituição Federal não faz referência à representação judicial e extrajudicial dos servidores, de tal sorte que qualquer deliberação nesse sentido estaria no âmbito de conformação do constituinte derivado e do legislador estadual.

Nesse sentido, o Supremo Tribunal Federal já teve a oportunidade de decidir que há um nítido espaço de deliberação do constituinte derivado e do legislador estadual, em relação às hipóteses não listadas no art. 132 da CRFB.[42] Assim, vê-se que a Carta Magna apenas menciona que compete aos Procuradores dos Estados e do Distrito Federal a representação judicial e consultoria jurídica das respectivas unidades federadas, sem se referir à defesa dos interesses dos agentes públicos.

Por isso, cumpre aos Estados e Municípios disciplinar, em diploma normativo próprio, eventuais situações nas quais os órgãos da Advocacia Pública irão atuar na representação judicial e/ou extrajudicial de agentes estatais, mormente quando em jogo o resguardo ao interesse da coletividade.

---

[42] "Agravo regimental em recurso extraordinário com agravo. 2. Procurador de Estado. 3. Vedações estatutárias para exercício de cargo público. Advocacia fora das atribuições funcionais. 3. Liberdade de conformação do poder constituinte derivado. Precedentes. 4. Agravo regimental a que se nega provimento" (STF, ARE 646.761 AgR/DF, Rel. Gilmar Mendes, Segunda Turma, j. 29.10.2013, DJe-231 25.11.2013).

Assim, por exemplo, alguns entes federados optaram por restringir a representação da advocacia pública a determinados servidores públicos, afastando a representação de ex-servidores públicos.[43] Outros entes estabelecem o custeio pelo Poder Público dos honorários advocatícios suportados pelos agentes públicos que figurarem em determinadas ações judiciais e desde que preenchidas algumas exigências, tais como: a) ato praticado no exercício da função pública no âmbito da Administração direta, autárquica ou fundacional; b) ato não pode ser contrário ao parecer da PGE; c) ato precedido de parecer ou manifestação de órgão integrante do Sistema Jurídico Estadual, quando tal condição for expressamente exigida pela lei ou regulamento; d) ato não pode ser omisso quanto à circunstância que, por expressa previsão legal, deveria ter sido enfrentada ou mencionada.[44]

Em âmbito federal, a possibilidade de representação judicial de determinados agentes públicos federais pela Advocacia-Geral da União e pela Procuradoria-Geral Federal encontra previsão, por exemplo, no art. 22 da Lei 9.028/1995 e na Portaria AGU 428/2019.

Verifica-se, portanto, que os entes federativos adotam soluções diversas para auxiliar a representação judicial dos agentes públicos nos processos que discutem a juridicidade dos atos funcionais por eles praticados.

Com a promulgação da Lei 14.133/2021 e na forma do seu art. 1.º, a intenção do legislador foi fixar normas gerais de observância obrigatória em todo o território nacional, na forma permitida pelo art. 22, XXVII, da Constituição Federal.

Isso não significa dizer, contudo, que todas as suas normas sejam, necessariamente, gerais. Aliás, o art. 1.º da Lei 8.666/1993, que possui redação semelhante ao art. 1.º da atual Lei de Licitações e Contratos Administrativos, não impediu que o STF reconhecesse o caráter especial (e não geral) de alguns dos seus dispositivos que, inclusive, foram reproduzidos em alguma medida na legislação em vigor.[45]

---

[43] Nesse sentido, o art. 4.º, XXII, da Lei Complementar de Alagoas 07/1991 dispõe: "Art. 4.º Compete à Procuradoria-Geral do Estado: (...) XXIII – a Procuradoria-Geral do Estado representará judicialmente o Governador, os titulares das Secretarias, de Autarquias e Fundações Públicas estaduais, os Procuradores de Estado e os membros do Ministério Público, quando vítimas de crime sofrido em razão do exercício do cargo, bem como em decorrência dos atos praticados em função de suas atribuições constitucionais, legais ou regulamentares, representação que fica condicionada à solicitação do agente público ao Procurador-Geral do Estado, o que legitima inclusive a propositura de representação ao Ministério Público, ação penal privada, habeas corpus e mandado de segurança, observando-se: a) não se aplica aos ex-titulares dos cargos ou das funções referidas; e b) o Procurador-Geral do Estado, em ato próprio, poderá disciplinar a representação autorizada por este inciso".

[44] É o que dispõe, por exemplo, a Lei 9.058/2020 do Estado do Pará.

[45] STF, ADI 933 MC/GO, Rel. Min. Carlos Veloso, Tribunal Pleno, DJ 25.02.1994, p. 2.591. No julgamento, a Suprema Corte concedeu interpretação conforme à Constituição ao art. 17, I, "b" (doação de bem imóvel) e "c" (permuta de bem imóvel), bem como ao art. 17, II, "b" (permuta de bem móvel) e § 1.º, da Lei 8.666/1993. As referidas hipóteses, com algumas adaptações, foram incorporadas ao art. 76, I, "b" e "c", e II, "b" e § 2.º, da Lei 14.133/2021.

A dificuldade na definição de normas gerais, naturalmente decorrente do caráter aberto da expressão, deve permanecer com o advento do novo diploma legal, abrindo-se caminho para discussão do enquadramento de alguns dos seus dispositivos no referido conceito jurídico indeterminado, tal como ocorre com o disposto no art. 10 da Lei 14.133/2021.

Diante do exposto, indaga-se: Poderia a União se imiscuir nos quadrantes de atuação da Procuradoria-Geral do Estado, ampliando sua competência para hipóteses não previstas em seu regramento legal? A resposta, sem dúvida, é negativa.

Afinal de contas, compete ao constituinte derivado e ao legislador estadual estabelecer as situações excepcionais de representação dos agentes públicos pelas Procuradorias dos Estados e do Distrito Federal, uma vez que inexiste impositivo na Constituição nesse sentido.

Igualmente, no âmbito da atuação das Procuradorias municipais, que não foram indicadas expressamente no texto constitucional, mas que devem ser reconhecidas como advocacias públicas que exercem funções essenciais à Justiça, a definição das respectivas atribuições deve ser veiculada na legislação municipal.

Inexiste autorização constitucional para que a União estabeleça normas gerais relacionadas às atribuições institucionais dos órgãos de advocacia pública dos demais entes federados, sob pena de afronta ao art. 18 da CRFB, que reconhece a autonomia dos entes federados, inclusive para dispor sobre seus servidores estatutários, abrangidos, aqui, os membros da advocacia pública.

Outrossim, ao estender a todos os agentes estatais a possibilidade de representação pela Advocacia Pública, quando em jogo matéria licitatória, a União não apenas viola a Constituição Federal, como onera os demais entes federativos, os quais precisarão aparelhar suas respectivas Procuradorias, a fim de atender a demanda excedente de trabalho.

Não bastassem os argumentos expostos, o art. 10 da Lei 14.133/2021 também viola a competência privativa do Chefe do Poder Executivo para dispor sobre o regime jurídico dos servidores públicos, nos termos do art. 61, § 1.º, II, "c", da Constituição Federal. Observe-se que, ao versar sobre as atribuições conferidas aos Advogados Públicos, criando funções outras, o novo diploma normativo licitatório apresenta inequívoco vício de iniciativa.

Em consequência, o art. 10 da Lei 14.133/2021 apenas pode ser compreendido como um dispositivo de âmbito federal, ou seja, não pode abranger Estados, Distrito Federal e Municípios, pois essa é a única leitura compatível com a Constituição.

Assim como sustentamos a inconstitucionalidade do art. 10 da Lei 14.133/2021, defendemos, com argumentos semelhantes, a inconstitucionalidade do § 20 do art. 17 da Lei 8.429/1992, incluído pela Lei 14.230/2021.[46] De acordo com o referido dis-

---

[46] VALE, Luís Manoel Borges do; OLIVEIRA, Rafael Carvalho Rezende. Os impactos da reforma da Lei de Improbidade Administrativa na advocacia pública. *Revista Brasileira de Direito Público – RBDP*, n. 76, p. 9-29, jan./mar. 2022.

positivo legal, a assessoria jurídica, que emitiu o parecer atestando a legalidade da atuação administrativa, estaria obrigada a defender os agentes públicos acusados de improbidade administrativa, o que pressupõe a atuação dolosa do agente público, revelando-se situação mais delicada que aquela apresentada na Lei de Licitações que, ao menos, afastava a obrigatoriedade da referida defesa no caso de prova de dolo.

É oportuno destacar que o STF declarou a inconstitucionalidade parcial do § 20 do art. 17 da Lei 8.429/1992, incluído pela Lei 14.230/2021, para afirmar que não existe "obrigatoriedade de defesa judicial", mas a possibilidade dos órgãos da Advocacia Pública autorizarem a realização dessa representação judicial, por parte da assessoria jurídica que emitiu o parecer atestando a legalidade prévia.[47]

TÍTULO II
DAS LICITAÇÕES

CAPÍTULO I
DO PROCESSO LICITATÓRIO

Art. 11. O processo licitatório tem por objetivos:

I – assegurar a seleção da proposta apta a gerar o resultado de contratação mais vantajoso para a Administração Pública, inclusive no que se refere ao ciclo de vida do objeto;

II – assegurar tratamento isonômico entre os licitantes, bem como a justa competição;

III – evitar contratações com sobrepreço ou com preços manifestamente inexequíveis e superfaturamento na execução dos contratos;

IV – incentivar a inovação e o desenvolvimento nacional sustentável.

Parágrafo único. A alta administração do órgão ou entidade é responsável pela governança das contratações e deve implementar processos e estruturas, inclusive de gestão de riscos e controles internos, para avaliar, direcionar e monitorar os processos licitatórios e os respectivos contratos, com o intuito de alcançar os objetivos estabelecidos no *caput* deste artigo, promover um ambiente íntegro e confiável, assegurar o alinhamento das contratações ao planejamento estratégico e às leis orçamentárias e promover eficiência, efetividade e eficácia em suas contratações.

Art. 12. No processo licitatório, observar-se-á o seguinte:

I – os documentos serão produzidos por escrito, com data e local de sua realização e assinatura dos responsáveis;

II – os valores, os preços e os custos utilizados terão como expressão monetária a moeda corrente nacional, ressalvado o disposto no art. 52 desta Lei;

III – o desatendimento de exigências meramente formais que não comprometam a aferição da qualificação do licitante ou a compreensão do conteúdo de sua proposta não importará seu afastamento da licitação ou a invalidação do processo;

IV – a prova de autenticidade de cópia de documento público ou particular poderá ser feita perante agente da Administração, mediante apresentação de original ou de declaração de autenticidade por advogado, sob sua responsabilidade pessoal;

V – o reconhecimento de firma somente será exigido quando houver dúvida de autenticidade, salvo imposição legal;

---

[47] STF, ADI 7.042/DF e ADI 7.043/DF, Rel. Min. Alexandre de Moraes, j. 31.08.2022.

Título II – Das Licitações

Art. 14

VI – os atos serão preferencialmente digitais, de forma a permitir que sejam produzidos, comunicados, armazenados e validados por meio eletrônico;

VII – a partir de documentos de formalização de demandas, os órgãos responsáveis pelo planejamento de cada ente federativo poderão, na forma de regulamento, elaborar plano de contratações anual, com o objetivo de racionalizar as contratações dos órgãos e entidades sob sua competência, garantir o alinhamento com o seu planejamento estratégico e subsidiar a elaboração das respectivas leis orçamentárias.

§ 1.º O plano de contratações anual de que trata o inciso VII do *caput* deste artigo deverá ser divulgado e mantido à disposição do público em sítio eletrônico oficial e será observado pelo ente federativo na realização de licitações e na execução dos contratos.

§ 2.º É permitida a identificação e assinatura digital por pessoa física ou jurídica em meio eletrônico, mediante certificado digital emitido em âmbito da Infraestrutura de Chaves Públicas Brasileira (ICP–Brasil).

Art. 13. Os atos praticados no processo licitatório são públicos, ressalvadas as hipóteses de informações cujo sigilo seja imprescindível à segurança da sociedade e do Estado, na forma da lei.

Parágrafo único. A publicidade será diferida:

I – quanto ao conteúdo das propostas, até a respectiva abertura;

II – quanto ao orçamento da Administração, nos termos do art. 24 desta Lei.

Art. 14. Não poderão disputar licitação ou participar da execução de contrato, direta ou indiretamente:

I – autor do anteprojeto, do projeto básico ou do projeto executivo, pessoa física ou jurídica, quando a licitação versar sobre obra, serviços ou fornecimento de bens a ele relacionados;

II – empresa, isoladamente ou em consórcio, responsável pela elaboração do projeto básico ou do projeto executivo, ou empresa da qual o autor do projeto seja dirigente, gerente, controlador, acionista ou detentor de mais de 5% (cinco por cento) do capital com direito a voto, responsável técnico ou subcontratado, quando a licitação versar sobre obra, serviços ou fornecimento de bens a ela necessários;

III – pessoa física ou jurídica que se encontre, ao tempo da licitação, impossibilitada de participar da licitação em decorrência de sanção que lhe foi imposta;

IV – aquele que mantenha vínculo de natureza técnica, comercial, econômica, financeira, trabalhista ou civil com dirigente do órgão ou entidade contratante ou com agente público que desempenhe função na licitação ou atue na fiscalização ou na gestão do contrato, ou que deles seja cônjuge, companheiro ou parente em linha reta, colateral ou por afinidade, até o terceiro grau, devendo essa proibição constar expressamente do edital de licitação;

V – empresas controladoras, controladas ou coligadas, nos termos da Lei 6.404, de 15 de dezembro de 1976, concorrendo entre si;

VI – pessoa física ou jurídica que, nos 5 (cinco) anos anteriores à divulgação do edital, tenha sido condenada judicialmente, com trânsito em julgado, por exploração de trabalho infantil, por submissão de trabalhadores a condições análogas às de escravo ou por contratação de adolescentes nos casos vedados pela legislação trabalhista.

§ 1.º O impedimento de que trata o inciso III do *caput* deste artigo será também aplicado ao licitante que atue em substituição a outra pessoa, física ou jurídica, com o intuito de burlar a efetividade da sanção a ela aplicada, inclusive a sua controladora, controlada ou coligada, desde que devidamente comprovado o ilícito ou a utilização fraudulenta da personalidade jurídica do licitante.

§ 2.º A critério da Administração e exclusivamente a seu serviço, o autor dos projetos e a empresa a que se referem os incisos I e II do *caput* deste artigo poderão participar no apoio das atividades de planejamento da contratação, de execução da licitação ou de gestão do contrato, desde que sob supervisão exclusiva de agentes públicos do órgão ou entidade.

§ 3.º Equiparam-se aos autores do projeto as empresas integrantes do mesmo grupo econômico.

§ 4.º O disposto neste artigo não impede a licitação ou a contratação de obra ou serviço que inclua como encargo do contratado a elaboração do projeto básico e do projeto executivo, nas contratações integradas, e do projeto executivo, nos demais regimes de execução.

§ 5.º Em licitações e contratações realizadas no âmbito de projetos e programas parcialmente financiados por agência oficial de cooperação estrangeira ou por organismo financeiro internacional com recursos do financiamento ou da contrapartida nacional, não poderá participar pessoa física ou jurídica que integre o rol de pessoas sancionadas por essas entidades ou que seja declarada inidônea nos termos desta Lei.

Art. 15. Salvo vedação devidamente justificada no processo licitatório, pessoa jurídica poderá participar de licitação em consórcio, observadas as seguintes normas:

I – comprovação de compromisso público ou particular de constituição de consórcio, subscrito pelos consorciados;

II – indicação da empresa líder do consórcio, que será responsável por sua representação perante a Administração;

III – admissão, para efeito de habilitação técnica, do somatório dos quantitativos de cada consorciado e, para efeito de habilitação econômico-financeira, do somatório dos valores de cada consorciado;

IV – impedimento de a empresa consorciada participar, na mesma licitação, de mais de um consórcio ou de forma isolada;

V – responsabilidade solidária dos integrantes pelos atos praticados em consórcio, tanto na fase de licitação quanto na de execução do contrato.

§ 1.º O edital deverá estabelecer para o consórcio acréscimo de 10% (dez por cento) a 30% (trinta por cento) sobre o valor exigido de licitante individual para a habilitação econômico-financeira, salvo justificação.

§ 2.º O acréscimo previsto no § 1.º deste artigo não se aplica aos consórcios compostos, em sua totalidade, de microempresas e pequenas empresas, assim definidas em lei.

§ 3.º O licitante vencedor é obrigado a promover, antes da celebração do contrato, a constituição e o registro do consórcio, nos termos do compromisso referido no inciso I do *caput* deste artigo.

§ 4.º Desde que haja justificativa técnica aprovada pela autoridade competente, o edital de licitação poderá estabelecer limite máximo para o número de empresas consorciadas.

§ 5.º A substituição de consorciado deverá ser expressamente autorizada pelo órgão ou entidade contratante e condicionada à comprovação de que a nova empresa do consórcio possui, no mínimo, os mesmos quantitativos para efeito de habilitação técnica e os mesmos valores para efeito de qualificação econômico-financeira apresentados pela empresa substituída para fins de habilitação do consórcio no processo licitatório que originou o contrato.

Art. 16. Os profissionais organizados sob a forma de cooperativa poderão participar de licitação quando:

I – a constituição e o funcionamento da cooperativa observarem as regras estabelecidas na legislação aplicável, em especial a Lei 5.764, de 16 de dezembro de 1971, a Lei 12.690, de 19 de julho de 2012, e a Lei Complementar 130, de 17 de abril de 2009;

Título II – Das Licitações

Art. 17

II – a cooperativa apresentar demonstrativo de atuação em regime cooperado, com repartição de receitas e despesas entre os cooperados;

III – qualquer cooperado, com igual qualificação, for capaz de executar o objeto contratado, vedado à Administração indicar nominalmente pessoas;

IV – o objeto da licitação referir-se, em se tratando de cooperativas enquadradas na Lei 12.690, de 19 de julho de 2012, a serviços especializados constantes do objeto social da cooperativa, a serem executados de forma complementar à sua atuação.

Art. 17. O processo de licitação observará as seguintes fases, em sequência:

I – preparatória;

II – de divulgação do edital de licitação;

III – de apresentação de propostas e lances, quando for o caso;

IV – de julgamento;

V – de habilitação;

VI – recursal;

VII – de homologação.

§ 1.º A fase referida no inciso V do *caput* deste artigo poderá, mediante ato motivado com explicitação dos benefícios decorrentes, anteceder as fases referidas nos incisos III e IV do *caput* deste artigo, desde que expressamente previsto no edital de licitação.

§ 2.º As licitações serão realizadas preferencialmente sob a forma eletrônica, admitida a utilização da forma presencial, desde que motivada, devendo a sessão pública ser registrada em ata e gravada em áudio e vídeo.

§ 3.º Desde que previsto no edital, na fase a que se refere o inciso IV do *caput* deste artigo, o órgão ou entidade licitante poderá, em relação ao licitante provisoriamente vencedor, realizar análise e avaliação da conformidade da proposta, mediante homologação de amostras, exame de conformidade e prova de conceito, entre outros testes de interesse da Administração, de modo a comprovar sua aderência às especificações definidas no termo de referência ou no projeto básico.

§ 4.º Nos procedimentos realizados por meio eletrônico, a Administração poderá determinar, como condição de validade e eficácia, que os licitantes pratiquem seus atos em formato eletrônico.

§ 5.º Na hipótese excepcional de licitação sob a forma presencial a que refere o § 2.º deste artigo, a sessão pública de apresentação de propostas deverá ser gravada em áudio e vídeo, e a gravação será juntada aos autos do processo licitatório depois de seu encerramento.

§ 6.º A Administração poderá exigir certificação por organização independente acreditada pelo Instituto Nacional de Metrologia, Qualidade e Tecnologia (Inmetro) como condição para aceitação de:

I – estudos, anteprojetos, projetos básicos e projetos executivos;

II – conclusão de fases ou de objetos de contratos;

III – material e corpo técnico apresentados por empresa para fins de habilitação.

1. OBJETIVOS DA LICITAÇÃO

Os objetivos da licitação são (art. 11 da Lei de Licitações): a) assegurar a seleção da proposta apta a gerar o resultado de contratação mais vantajoso para a Administração Pública, inclusive no que se refere ao ciclo de vida do objeto; b) assegurar

Art. 17

tratamento isonômico entre os licitantes, bem como a justa competição; c) evitar contratações com sobrepreço ou com preços manifestamente inexequíveis e superfaturamento na execução dos contratos; d) incentivar a inovação e o desenvolvimento nacional sustentável.

Verifica-se a preocupação com a isonomia entre os licitantes e a eficiência da contratação, com a seleção da proposta que tenha a aptidão de gerar resultado mais vantajoso na contratação. A vantajosidade não se restringe aos aspectos de economicidade, devendo ser levada em consideração a função regulatória ou extraeconômica da licitação, com o incentivo da inovação tecnológica e o desenvolvimento socioeconômico.

Os objetivos assemelham-se aos elencados no revogado art. 3.º da Lei 8.666/1993 que mencionava três objetivos da licitação: a) garantir a observância do princípio constitucional da isonomia, b) selecionar a proposta mais vantajosa para a Administração e c) promover o desenvolvimento nacional sustentável.

O novo diploma legal, ao elencar os objetivos, demonstra nítida preocupação com a sustentabilidade da licitação e da contratação pública, bem como destaca a necessidade de evitar o sobrepreço, o superfaturamento e os preços manifestamente inexequíveis nos certames.

A distinção entre sobrepreço e superfaturamento é apresentada nas definições constantes do art. 6.º, LVI e LVII, da atual Lei de Licitações. De um lado, o sobrepreço é o "preço orçado para licitação ou contratado em valor expressivamente superior aos preços referenciais de mercado, seja de apenas 1 (um) item, se a licitação ou a contratação for por preços unitários de serviço, seja do valor global do objeto, se a licitação ou a contratação for por tarefa, empreitada por preço global ou empreitada integral, semi-integrada ou integrada". Por outro lado, o superfaturamento é o "dano provocado ao patrimônio da Administração, caracterizado, entre outras situações, por: a) medição de quantidades superiores às efetivamente executadas ou fornecidas; b) deficiência na execução de obras e de serviços de engenharia que resulte em diminuição da sua qualidade, vida útil ou segurança; c) alterações no orçamento de obras e de serviços de engenharia que causem desequilíbrio econômico-financeiro do contrato em favor do contratado; d) outras alterações de cláusulas financeiras que gerem recebimentos contratuais antecipados, distorção do cronograma físico-financeiro, prorrogação injustificada do prazo contratual com custos adicionais para a Administração ou reajuste irregular de preços".

2. FORMALISMO MODERADO, TECNOLOGIA E PLANEJAMENTO

O art. 12 da Lei de Licitações revela a preocupação do legislador com a relativização de formalidades desnecessárias e com o planejamento das contratações públicas.

Inicialmente, na licitação, os documentos serão produzidos por escrito, com data e local de sua realização e assinatura dos responsáveis (art. 12, I).

Adiante, no art. 91 da Lei de Licitações, o legislador dispõe que os contratos e seus aditamentos adotarão a forma escrita.

Título II – Das Licitações   Art. 17

A exigência da forma escrita é tradicional para os atos praticados pela Administração Pública, constituindo-se importante garantia para o administrado, uma vez que facilita o controle da Administração e confere segurança jurídica às relações administrativas.

Ocorre que o formalismo na Administração é moderado e não impede, em situações excepcionais, a atuação administrativa verbal. Nesse sentido, o art. 95, § 2.º, dispõe que o contrato verbal será nulo e de nenhum efeito, mas admite, excepcionalmente, contratações verbais de pequenas compras ou de prestação de serviços de pronto pagamento, assim entendidas aquelas de valor não superior a R$ 12.545,11 (art. 95, § 2.º, da Lei 14.133/2021 e Decreto 12.343/2024).

A relativização do formalismo é corroborada pela possibilidade de aproveitamento dos atos que apresentem descumprimento de formalidades que não comprometam a aferição da qualificação do licitante ou a compreensão do conteúdo de sua proposta, evitando-se, portanto, o seu afastamento da licitação ou a invalidação do processo, na forma do art. 12, III, da Lei.

Em diversas passagens, a Lei prevê a possibilidade de saneamento ou convalidação de atos praticados com vícios formais que não afetam os direitos dos participantes do certame ou o interesse público. Por exemplo, o art. 71, I, da Lei prevê que, encerradas as fases de julgamento e habilitação, bem como exauridos os recursos administrativos, o processo licitatório será encaminhado à autoridade superior, que poderá determinar o retorno dos autos para saneamento de irregularidades. De forma semelhante, no capítulo da nulidade dos contratos, o art. 147 da Lei estabelece que a suspensão da execução ou a declaração de nulidade do contrato somente será decretada caso não seja possível o saneamento das irregularidades.

Mencione-se, ainda, a desburocratização com a prova de autenticidade de cópia de documento público ou particular que poderá ser feita perante agente da Administração, mediante apresentação de original ou de declaração de autenticidade por advogado, sob sua responsabilidade pessoal (art. 12, IV, da Lei). Salvo imposição legal, a exigência do reconhecimento de firma somente será admitida nos casos de dúvida de autenticidade (art. 12, V).

Ademais, a Lei, em seu art. 12, II, prevê que os valores, os preços e os custos utilizados no processo licitatório terão como expressão monetária a moeda corrente nacional, salvo nas licitações internacionais que autorizam ajustes no edital para adequá-lo às diretrizes da política monetária e do comércio exterior e com o intuito de atender às exigências dos órgãos competentes.

Outro ponto de destaque refere-se à preferência legislativa pela digitalização dos processos e pela utilização de tecnologia na licitação, na forma do art. 12, VI, da Lei, admitindo-se, na forma do § 2.º do referido dispositivo legal, a identificação e assinatura digital por pessoa física ou jurídica em meio eletrônico, mediante certificado digital emitido em âmbito da Infraestrutura de Chaves Públicas Brasileira (ICP-Brasil).

Registre-se, inclusive, que as licitações serão realizadas preferencialmente sob a forma eletrônica, admitida, excepcionalmente, a utilização da forma presencial, desde que motivada, devendo a sessão pública ser registrada em ata e gravada em áudio e vídeo (art. 17, § 2.º, da Lei).

A utilização da tecnologia revela-se fundamental para garantir mais eficiência, isonomia e publicidade nas licitações e contratações públicas.

Além de mais agilidade para a atuação administrativa, a tecnologia serve de instrumento eficaz para permitir a maior participação de interessados nas licitações, sem a necessidade de deslocamentos dos seus representantes para as sedes dos certames, bem como para incrementar a publicidade dos atos estatais por meio da sua divulgação nos sítios eletrônicos oficiais.

Ao lado do formalismo moderado e do uso de tecnologias, o legislador, no inciso VII do art. 12, demonstra a importância do planejamento para racionalização das contratações públicas, permitindo que os órgãos competentes de cada ente federado, na forma dos respectivos regulamentos, elaborem plano de contratações anual (PCA), com o objetivo de garantir o alinhamento com o seu planejamento estratégico, bem como para subsidiar a elaboração das respectivas leis orçamentárias.[48]

O PCA deverá ser divulgado e mantido à disposição do público em sítio eletrônico oficial e será observado pelo ente federativo na realização de licitações e na execução dos contratos (art. 12, § 1.º, da Lei).

3. PUBLICIDADE E SIGILO NA LICITAÇÃO: ORÇAMENTO SIGILOSO OU PUBLICIDADE DIFERIDA

A publicidade é a regra nas licitações, ressalvados os casos de informações cujo sigilo seja imprescindível à segurança da sociedade e do Estado, na forma da lei (art. 13 da Lei de Licitações).

A Lei de Licitações admite o sigilo provisório ou a publicidade diferida em duas hipóteses, a saber (art. 13, parágrafo único): a) conteúdo das propostas até a respectiva abertura; e b) orçamento estimado da contratação.

O sigilo do orçamento estimado da contratação deve ser justificado e não prevalece para os órgãos de controle interno e externo. A Administração Pública, durante o sigilo, divulgará o detalhamento dos quantitativos e das demais informações necessárias para a elaboração das propostas (art. 24, *caput* e inciso I, da Lei de Licitações).

De acordo com o art. 24, parágrafo único, da Lei, na licitação em que for adotado o critério de julgamento de maior desconto, o preço estimado ou o máximo aceitável constará do edital da licitação.

Embora não previsto na antiga Lei 8.666/1993, o orçamento sigiloso, com a publicidade diferida, já era adotado no Regime Diferenciado de Contratações Pú-

---

[48] Em âmbito federal, o Decreto 10.947/2022 regulamenta o inciso VII do art. 12 da Lei 14.133/2021, para dispor sobre o plano de contratações anual e instituir o Sistema de Planejamento e Gerenciamento de Contratações (PGC).

Título II – Das Licitações

Art. 17

blicas (art. 6.º da Lei 12.462/2011) e na Lei das Estatais (art. 34, *caput* e § 3.º, da Lei 13.303/2016).

4. IMPEDIMENTOS PARA PARTICIPAÇÃO NAS LICITAÇÕES E NOS CONTRATOS

Estão impedidos de disputar a licitação ou participar da execução de contrato, direta ou indiretamente (art. 14 da Lei 14.133/2021): a) autor do anteprojeto, do projeto completo ou do projeto executivo, pessoa física ou jurídica, quando a licitação versar sobre obra, serviços ou fornecimento de bens a ele relacionados;[49] b) empresa, isoladamente ou em consórcio, responsável pela elaboração do projeto básico ou do projeto executivo ou empresa da qual o autor do projeto seja dirigente, gerente, controlador, acionista ou detentor de mais de 5% (cinco por cento) do capital com direito a voto, responsável técnico ou subcontratado, quando a licitação versar sobre obra, serviços ou fornecimento de bens a ela necessários; c) pessoa física ou jurídica que se encontre, ao tempo da licitação, impossibilitada de participar da licitação em decorrência de sanção que lhe foi imposta; d) aquele que mantiver vínculo de natureza técnica, comercial, econômica, financeira, trabalhista ou civil, ou seja cônjuge, companheiro ou parente em linha reta, colateral ou por afinidade, até o terceiro grau, de dirigente do órgão ou entidade contratante ou com agente público que desempenhe função na licitação ou que atue na fiscalização ou na gestão do contrato, devendo esta proibição constar expressamente no edital de licitação; e) empresas controladoras, controladas ou coligadas, nos termos da Lei 6.404/1976, concorrendo entre si; e f) pessoa física ou jurídica que, nos 5 (cinco) anos anteriores à divulgação do edital, tenha sido condenada judicialmente, com trânsito em julgado, por exploração de trabalho infantil, por submissão de trabalhadores a condições análogas às de escravo ou por contratação de adolescentes nos casos vedados pela legislação trabalhista.

Os sobreditos impedimentos não obstam a licitação ou a contratação de obra ou serviço que inclua como encargo do contratado a elaboração do projeto básico e do projeto executivo nas contratações integradas e do projeto executivo nos demais regimes de execução (art. 14, § 4.º, da Lei).

Quanto aos impedimentos indicados nas alíneas "a" e "b", equiparam-se aos autores do projeto as empresas integrantes do mesmo grupo econômico (art. 14, § 3.º, da Lei). O autor dos projetos e a empresa podem prestar serviço à Administração interessada no apoio das atividades de planejamento da contratação, de execução da licitação ou de gestão do contrato, desde que sob supervisão exclusiva de agentes públicos do órgão ou entidade (art. 14, § 2.º, da Lei).

---

[49] No contexto da Lei 8.666/1993, o TCU decidiu pela ilegalidade da "participação do autor do projeto básico, ainda que indireta, em licitação ou na execução da obra, não descaracterizando a infração a ocorrência da exclusão do referido autor do quadro social da empresa participante da licitação, às vésperas do certame". TCU, Plenário, Acórdão 2.264/11, Rel. Min. José Múcio Monteiro, 24.08.2011 (*Informativo de Jurisprudência sobre Licitações e Contratos do TCU* n. 77).

51

Art. 17

Comentários à Lei de Licitações e Contratos Administrativos

O impedimento citado na alínea "c" também será aplicado ao licitante que esteja atuando em substituição a outra pessoa, física ou jurídica, com o intuito de burlar a efetividade de sanção àquela aplicada, incluindo sua controladora, controlada ou coligada, desde que devidamente comprovado o ilícito ou a utilização fraudulenta da personalidade jurídica do licitante (art. 14, § 1.º, da Lei).

Aliás, o art. 160 da Lei de Licitações permite a desconsideração da personalidade jurídica quando utilizada com abuso do direito para facilitar, encobrir ou dissimular a prática dos atos ilícitos previstos na Lei de Licitações ou para provocar confusão patrimonial. Nesse caso, os efeitos das sanções aplicadas à pessoa jurídica serão estendidos aos seus administradores e sócios com poderes de administração, a pessoa jurídica sucessora ou a empresa do mesmo ramo com relação de coligação ou controle, de fato ou de direito, com o sancionado, observados, em todos os casos, o contraditório, a ampla defesa e a obrigatoriedade de análise jurídica prévia.

Nas licitações e contratações realizadas no âmbito de projetos e programas parcialmente financiados por agência oficial de cooperação estrangeira ou por organismo financeiro internacional, com recursos do financiamento ou da contrapartida nacional, não poderá participar pessoa física ou jurídica que integre rol de pessoas sancionadas por tais entidades ou declarada inidônea nos termos desta Lei (art. 14, § 5.º, da Lei). Verifica-se, aqui, uma importante novidade na atual Lei de Licitações que impede a participação de empresas sancionadas por entidades estrangeiras nos certames integrantes de projetos e programas parcialmente financiados pelas referidas entidades. O assunto gerava polêmicas no âmbito da Lei 8.666/1993, que não continha previsão semelhante.

Em suma, as vedações apresentadas pelo art. 14 da Lei 14.133/2021 têm por objetivo evitar potenciais conflitos de interesses ou a concessão vantagens competitivas nas licitações e contratações que coloquem em risco os princípios da isonomia, da competitividade e da moralidade administrativa.

É possível perceber que os impedimentos indicados nos incisos I e II do art. 14 da Lei de Licitações reproduzem, com pequenos ajustes, aqueles indicados no art. 9.º, I e II da Lei 8.666/1993. Destaca-se, contudo, que o impedimento de participação do autor do projeto básico na licitação é afastado no regime da contratação integrada, no qual o contratado é o responsável pela elaboração dos projetos básico e executivo, cabendo ao Poder Público apresentar o anteprojeto (art. 46, § 2.º). Nesse regime, o autor do anteprojeto não poderá participar da licitação.

O art. 14, III, da Lei veda a participação de pessoa física ou jurídica que, no momento do certame, esteja impossibilitada de participar da licitação em decorrência de sanção administrativa. A hipótese possui vinculação com as sanções de "impedimento de licitar e contratar" e de "declaração de inidoneidade para licitar ou contratar". De acordo com o diploma legal, enquanto a sanção de "impedimento de licitar e contratar" restringe-se ao ente sancionador, a "declaração de inidoneidade" abrange a Administração Pública direta e indireta de todos os Entes federativos, forma do art. 156, III, IV, §§ 4.º e 5.º, da Lei de Licitações.

Título II – Das Licitações Art. 17

Em relação ao inciso IV do art. 14 da Lei, o impedimento é mais amplo que aquele apresentado pelo art. 9.º, § 3.º, da Lei 8.666/1993.

Inicialmente, a Lei impede a participação na licitação de pessoa que mantenha vínculo de natureza técnica, comercial, econômica, financeira, trabalhista ou civil com dirigente do órgão ou entidade contratante ou com agente público que desempenhe função na licitação ou atue na fiscalização ou na gestão do contrato. No art. 9.º, § 3.º, da Lei 8.666/1993, por sua vez, o referido impedimento restringia-se à pessoa que tivesse "vínculo de natureza técnica, comercial, econômica, financeira ou trabalhista entre o autor do projeto, pessoa física ou jurídica, e o licitante ou responsável pelos serviços, fornecimentos e obras, incluindo-se os fornecimentos de bens e serviços a estes necessários."

Ademais, o art. 14, IV, da Lei inseriu o impedimento de participação na licitação de cônjuge, companheiro ou parente em linha reta, colateral ou por afinidade, até o terceiro grau, com dirigente do órgão ou entidade contratante ou com agente público atue na licitação, na fiscalização ou na gestão do contrato.[50] Trata-se de impedimento que pretende coibir o nepotismo no âmbito das contratações públicas, incorporando ao regime das licitações e contratações a vedação constante da Súmula Vinculante 13 do STF aplicável aos cargos comissionados.[51]

Já o inciso V do art. 14 da Lei impede a participação nas licitações e nas contratações das empresas controladoras, controladas ou coligadas, em razão do potencial risco à competitividade, uma vez que as referidas empresas pertencem ao mesmo grupo econômico. Considera-se empresa coligada a sociedade na qual a investidora tenha influência significativa (art. 243, § 1.º, da Lei 6.404/1976). A empresa controlada, por sua vez, é aquela "na qual a controladora, diretamente ou através de outras controladas, é titular de direitos de sócio que lhe assegurem, de modo permanente, preponderância nas deliberações sociais e o poder de eleger a maioria dos administradores" (art. 243, § 2.º, da Lei 6.404/1976).

Nesse ponto, é relevante notar que não há vedação legal, em princípio, para participação de pessoas jurídicas com sócios em comum na mesma licitação, o que não afasta a cautela por parte da Administração Pública para investigar o po-

---

[50] O parentesco em linha reta até o terceiro grau engloba os pais, filhos, avós, netos, bisavós e bisnetos do agente público. Já o parentesco em linha colateral até o terceiro grau compreende os irmãos, tios e sobrinhos. Por fim, o parentesco por afinidade até o terceiro grau envolve os parentes em linha reta até o terceiro grau do cônjuge ou do companheiro.

[51] O STF considerou constitucional a norma municipal, editada no exercício de competência legislativa suplementar, que proibiu a participação em licitação ou a contratação de cônjuge, companheiro ou parente em linha reta, colateral ou por afinidade, até o terceiro grau, inclusive, de qualquer destes; e d) dos demais servidores públicos municipais (Tema 1.001 da Tese de Repercussão Geral). Lembre que o TCU, ao aplicar o regime jurídico previsto na Lei 8.666/1993, havia decidido que a relação de parentesco entre o sócio da empresa vencedora do certame e o autor do projeto caracterizaria a participação indireta deste na licitação, em afronta ao art. 9.º, § 3.º, da referida Lei. TCU, Plenário, Acórdão 2.079/13, Rel. Min. José Múcio Monteiro, *DOU* 07.08.2013 (*Informativo de Jurisprudência sobre Licitações e Contratos do TCU* n. 163).

tencial conluio entre os licitantes.[52] Por fim, o art. 14, VI, da Lei apresenta outra inovação relacionada ao impedimento de participação em licitações e contratações de pessoa física ou jurídica que, nos 5 (cinco) anos anteriores à divulgação do edital, tenha sido condenada por decisão judicial transitada em julgado, em razão da exploração de trabalho infantil, da submissão de trabalhadores a condições análogas às de escravo ou da contratação de adolescentes nos casos vedados pela legislação trabalhista.

5. CONSÓRCIOS NAS LICITAÇÕES

Os consórcios empresariais encontram-se regulados pelos arts. 278 e 279 da Lei 6.404/1976. As características básicas dos consórcios podem ser assim resumidas: a) trata-se de reunião de sociedades, por meio de contrato, para execução de determinado empreendimento; b) o consórcio não possui personalidade jurídica e as sociedades consorciadas preservam a sua autonomia; c) as empresas consorciadas assumem as obrigações previstas no contrato de consórcio, não havendo presunção de solidariedade; e d) o consórcio é transitório, com prazo de duração previsto no ajuste.

Salvo vedação devidamente justificada no processo licitatório, é permitida a participação de consórcio na licitação, desde que sejam observadas as seguintes exigências (art. 15 da Lei): a) comprovação de compromisso público ou particular de constituição de consórcio, subscrito pelos consorciados; b) indicação de empresa líder do consórcio, que será responsável por sua representação perante a Administração; c) admissão, para efeito de habilitação técnica, do somatório dos quantitativos de cada consorciado e, para efeito de habilitação econômico-financeira, do somatório dos valores de cada consorciado; d) impedimento, na mesma licitação, de participação de empresa consorciada, isoladamente ou por meio de mais de um consórcio; e) responsabilidade solidária dos integrantes pelos atos praticados em consórcio, tanto na fase de licitação quanto na de execução do contrato.[53]

---

[52] TCU, Acórdão 2.341/2011, Plenário, Rel. Min. Augusto Nardes, j. 31.08.2011; Acórdão 1.448/2013, Plenário, Rel. Min. Walton Alencar Rodrigues, j. 12.06.2013. Contudo, também no contexto da Lei 8.666/1993, o TCU considerou irregular a participação de pessoas jurídicas com sócios em comum nas seguintes situações: a) quando da realização de convites; b) quando da contratação por dispensa de licitação; c) quando existe relação entre as licitantes e a empresa responsável pela elaboração do projeto executivo; d) quando uma empresa é contratada para fiscalizar o serviço prestado por outra, cujos sócios sejam os mesmos (Acórdão 297/2009, Plenário, Rel. Min. Marcos Vinicios Vilaça, j. 04.03.2009).

[53] A responsabilidade solidária das empresas consorciadas era estabelecida pelo art. 33, V, da Lei 8.666/1993. Naquele contexto, o Enunciado 36 da I Jornada de Direito Administrativo realizada pelo Centro de Estudos Judiciários do Conselho da Justiça Federal (CEJ/CJF) estabeleceu: "A responsabilidade solidária das empresas consorciadas pelos atos praticados na licitação e na execução do contrato, de que trata o inciso V do artigo 33 da Lei n. 8.666/1993, refere-se à responsabilidade civil, não se estendendo às penalidades administrativas.".

Título II – Das Licitações

Art. 17

Verifica-se, aqui, uma mudança importante em relação à disciplina dos consórcios nas licitações previstas na antiga Lei 8.666/1993. Ao contrário da regra tradicional (art. 33 da Lei 8.666/1993), que exigia expressa previsão no instrumento convocatório como condição para participação de consórcios nas licitações, a regra prevista no art. 15 da atual Lei de Licitações garante a participação dos consórcios, salvo expressa vedação no processo licitatório.

É verdade que o consórcio de empresas não acarreta, necessariamente, prejuízo à competitividade nas licitações. Ao contrário, a formação de consórcios, em determinados casos, permite a participação de empresas menores que não teriam condições técnicas e/ou financeiras de concorrer isoladamente de licitações.

Nesse sentido, o art. 90, parágrafo único, da Lei 12.529/2011 dispõe que a celebração de consórcio entre duas ou mais empresas com o objetivo de participação em licitações públicas não configura, em princípio, ato de concentração.

A Administração Pública deverá atuar com maior cautela na elaboração do instrumento convocatório, notadamente para estabelecer, de forma tecnicamente justificada, limites quanto ao número de pessoas jurídicas que poderão integrar o mesmo consórcio (art. 15, § 4.º, da Lei).[54]

Não por outra razão, o art. 18, IX, da Lei 14.133/2021, ao dispor sobre a fase preparatória da licitação, exige a motivação circunstanciada das condições do edital, incluída a justificativa das regras pertinentes à participação de empresas em consórcio.

De acordo com o art. 15, §§ 1.º e 2.º, da Lei, o edital pode estabelecer, para o consórcio, acréscimo de 10% (dez por cento) até 30% (trinta por cento) sobre o valor exigido para a habilitação econômico-financeira de licitante individual, sendo inaplicável esse acréscimo para consórcios compostos, em sua totalidade, por micro e pequenas empresas.[55]

O licitante vencedor é obrigado a promover, antes da celebração do contrato, a constituição e o registro do consórcio.

A atual Lei de Licitações deixou de exigir que no consórcio constituído por empresas brasileiras e estrangeiras, a liderança caberia, obrigatoriamente, à empresa brasileira. De fato, parcela da doutrina criticava o art. 33, § 1.º, da antiga Lei 8.666/1993, que estabelecia a referida exigência, em razão da própria possibilidade,

---

[54] Na vigência da Lei 8.666/1993, o TCU exigia a apresentação de justificativas para eventual limitação do número de empresas que poderiam integrar os consórcios participantes da licitação. TCU, Plenário, Acórdão 718/2011, Rel. Min. Valmir Campelo, 23.03.2011 (*Informativo de Jurisprudência sobre Licitações e Contratos do TCU* n. 55); Acórdão 745/2017, Plenário, Representação, Rel. Min. Bruno Dantas, 12.04.2017 (Informativo de Jurisprudência sobre Licitações e Contratos do TCU n. 320.

[55] No âmbito da Lei 8.666/1993, o TCU firmou entendimento pela irregularidade da exigência de garantia de proposta para todas as empresas participantes de consórcio, mesmo que de modo proporcional à participação de cada uma. A garantia poderia ser satisfeita por qualquer uma das integrantes, ainda que tivesse participação minoritária.

no regime anterior, de contratação, por parte da Administração, de empresas estrangeiras, bem como pela interferência indevida do legislador na liberdade de concorrência e de exercício de profissões.[56]

A eventual substituição de consorciado deverá ser expressamente autorizada pelo órgão ou pela entidade contratante, condicionada à comprovação de que a nova empresa do consórcio possui, no mínimo, os mesmos quantitativos para efeito de habilitação técnica e os mesmos valores para efeito de qualificação econômico-financeira apresentados pela empresa substituída para fins de habilitação do consórcio no processo licitatório que originou o contrato (art. 15, § 5.º, da Lei 14.133/2021).

6. COOPERATIVAS NAS LICITAÇÕES

Inicialmente, é preciso lembrar que o texto constitucional menciona as cooperativas em três passagens distintas: a) art. 5.º, XVIII: a criação de cooperativas, na forma da lei, independe de autorização, sendo vedada a interferência estatal em seu funcionamento; b) art. 146, III, "c": a lei complementar, responsável pelas normas gerais em matéria tributária, deve dispor sobre o adequado tratamento tributário ao ato cooperativo praticado pelas sociedades cooperativas; e c) art. 174, § 2.º: a lei deve apoiar e estimular o cooperativismo e outras formas de associativismo.

No âmbito infraconstitucional, a Lei 5.764/1971, ao tratar da Política Nacional de Cooperativismo, dispõe que no contrato de sociedade cooperativa as pessoas "reciprocamente se obrigam a contribuir com bens ou serviços para o exercício de uma atividade econômica, de proveito comum, sem objetivo de lucro" (art. 3.º).

A participação de cooperativas nas licitações públicas sempre gerou controvérsias jurídicas.

De um lado, alguns autores vedam a participação de cooperativas em licitações, pois essas entidades, em razão dos privilégios trabalhistas e tributários, sempre apresentariam melhores preços, sagrando-se vencedoras.

Outros autores admitem a participação, mas exigem que as propostas das cooperativas levem em consideração os encargos trabalhistas e tributários para igualar as condições com as demais empresas licitantes. O regime próprio da cooperativa aplica-se exclusivamente no relacionamento entre a cooperativa e seus associados, mas não em relação aos atos de mercado comum.[57]

---

[56] JUSTEN FILHO, Marçal. *Comentários à lei de licitações e contratos administrativos*. 18. ed. São Paulo: Thomson Reuters Brasil, 2019. p. 839; SCHWIND, Rafael Wallbach. *Licitações internacionais*: participação de estrangeiros e licitações realizadas com financiamento externo. Belo Horizonte: Fórum, 2013. p. 71.

[57] JUSTEN FILHO, Marçal. *Comentários à lei de licitações e contratos administrativos*. 18. ed. São Paulo: Thomson Reuters Brasil, 2019. p. 689; CARVALHO FILHO, José dos Santos. *Manual de direito administrativo*. 22. ed. Rio de Janeiro: Lumen Juris, 2009. p. 236-237.

Título II – Das Licitações

Art. 17

Por fim, parte da doutrina admite a participação em licitações, uma vez que o próprio texto constitucional exigiu tratamento diferenciado às cooperativas (art. 5.º, XVIII; art. 146, III, "c"; e art. 174, § 2.º, da CRFB).[58]

De nossa parte, sempre sustentamos a possibilidade de participação de cooperativas em licitações públicas, tendo em vista a previsão constitucional de tratamento diferenciado para cooperativas.[59] Frise-se que o art. 86 da Lei 5.764/1971 admite que as cooperativas forneçam bens e serviços a não associados, desde que tal faculdade atenda aos objetivos sociais e estejam de conformidade com a presente lei. Nesse caso, os resultados positivos obtidos pelas cooperativas nessas operações serão considerados como renda tributável (art. 111 da Lei 5.764/1971).

Em determinados casos, seria possível a vedação à participação de cooperativas em licitações para contratações de serviços submetidos à legislação trabalhista. Dessa forma, se a natureza do serviço pressupõe subordinação jurídica entre os empregados e o contratado, bem como pessoalidade e habitualidade, deve ser vedada a participação de sociedades cooperativas nas licitações, uma vez que tais entidades seriam "cooperativas fraudulentas" ou meras intermediadoras de mão de obra. Assim, por exemplo, os serviços de auxiliar administrativo e de secretariado não poderiam ser executados por cooperativas. A vedação, portanto, é justificada pela natureza do serviço que será prestado, incompatível com as características das cooperativas, conforme já decidiu o STJ. Essa é a orientação consagrada, inclusive, na Súmula 281 do TCU, que dispõe: "É vedada a participação de cooperativas em licitação quando, pela natureza do serviço ou pelo modo como é usualmente executado no mercado em geral, houver necessidade de subordinação jurídica entre o obreiro e o contratado, bem como de pessoalidade e habitualidade".

É importante ressaltar que as normas diferenciadas de licitação previstas para as microempresas e empresas de pequeno porte (LC 123/2006) são aplicáveis às cooperativas que tenham receita bruta anual equivalente às da empresa de pequeno porte, conforme dispõe o art. 34 da Lei 11.488/2007.

No texto da atual Lei de Licitações, o art. 16 permitiu a participação de cooperativas nos procedimentos licitatórios quando cumpridas as seguintes exigências: a) a constituição e o funcionamento da cooperativa devem observar as regras estabelecidas na legislação aplicável, em especial a Lei 5.764/1971, a Lei 12.690/2012 e a LC 130/2009; b) as cooperativas devem apresentar demonstrativo de atuação em regime cooperado, com repartição de receitas e despesas entre os cooperados; c) qualquer cooperado, com igual qualificação, deve ser capaz de executar o objeto contratado, sendo vedado à Administração indicar nominalmente pessoas; e d) tratando-se de cooperativas de trabalho, reguladas pela Lei 12.690/2012, o objeto da licitação se

---

[58] SOUTO, Marcos Juruena Villela. Igualdade e competitividade em face de participação de cooperativas nas licitações. *Direito administrativo em debate*. 2.ª série. Rio de Janeiro: Lumen Juris, 2007. p. 309-322; PEREIRA JUNIOR, Jessé Torres. *Comentários à lei das licitações e contratações da administração pública*. 7. ed. Rio de Janeiro: Renovar, 2007. p. 175-178.

[59] OLIVEIRA, Rafael Carvalho Rezende. *Licitações e contratos administrativos*: teoria e prática. 9. ed. São Paulo: Método, 2020. p. 138.

refere a serviços especializados constantes do objeto social da cooperativa, a serem executados de forma complementar à sua atuação.

7. FASES DO PROCESSO DE LICITAÇÃO E A PREFERÊNCIA PELA FORMA ELETRÔNICA

O processo de licitação é dividido em duas fases: a) interna ou preparatória; e b) externa. Enquanto a fase interna da licitação engloba os atos iniciais e preparatórios praticados por cada órgão e entidade administrativa para efetivação da licitação, a fase externa envolve a publicação do instrumento convocatório e os demais atos subsequentes.

De acordo com o art. 17 da Lei 14.133/2021, o processo licitatório observará as seguintes fases, em sequência: preparatória; divulgação do edital de licitação; apresentação de propostas e lances, quando for o caso; julgamento; habilitação; recursal; e homologação.

Não obstante a ausência de menção expressa no referido dispositivo, é preciso lembrar, ainda, da adjudicação que, na forma do art. 71, IV, da atual Lei de Licitações, antecede a homologação.

Em consequência, as fases do processo de licitação observarão a seguinte sequência: a) preparatória; b) divulgação do edital de licitação; c) apresentação de propostas e lances, quando for o caso; d) julgamento; e) habilitação; f) recursal; g) adjudicação; e h) homologação.

Ao estabelecer, como regra geral, a realização do julgamento antes da etapa de habilitação, a Lei 14.133/2021 segue a tendência já observada nas Leis 10.520/2002 (Pregão), 8.987/1995 (concessão e permissão de serviços públicos), 11.079/2004 (PPPs), 12.462/2011 (RDC), 13.303/2016 (Lei das Estatais) e outros diplomas legais.

Excepcionalmente, mediante ato motivado com explicitação dos benefícios decorrentes e desde que expressamente previsto no edital, a fase de habilitação poderá anteceder as fases de apresentação de propostas e de julgamento (art. 17, § 1.º, da Lei 14.133/2021).

Igualmente, a realização da adjudicação antes da homologação foi inspirada, por exemplo, nas Leis 10.520/2002 (Pregão), 12.462/2011 (RDC) e 13.303/2016 (Lei das Estatais). Lembre-se, mais uma vez, de que a Lei de Pregão e as normas de licitação e contratação na Lei do RDC foram revogadas pela Lei 14.133/2021.

As licitações deverão ser realizadas, preferencialmente, eletronicamente, admitida a utilização da forma presencial na hipótese de comprovada inviabilidade técnica ou desvantagem para a Administração, devendo a sessão pública ser registrada em ata e gravada mediante utilização de recursos tecnológicos de áudio e vídeo (art. 17, § 2.º, da Lei 14.133/2021).[60]

---

[60] No pregão, a utilização da forma eletrônica é obrigatória (art. 1.º, § 1.º, do Decreto 10.024/2019). A preferência pela forma eletrônica é prevista no RDC (art. 13 do Decreto 7.581/2011) e nas estatais (art. 51, § 2.º, da Lei 13.303/2016).

A preferência pela realização das licitações eletrônicas, em vez das presenciais, já representava uma tendência no ordenamento jurídico pátrio.

Mencione-se, por exemplo, o pregão que, segundo os órgãos de controle, deveria ser, preferencialmente, realizado de forma eletrônica.[61]

A tendência dos procedimentos eletrônicos foi reforçada em âmbito federal com a edição do Decreto 10.024/2019 que, em seu art. 1.º, § 1.º, estabeleceu a obrigatoriedade da forma eletrônica para o pregão realizado por órgãos da Administração Pública federal direta, autarquias, fundações e fundos especiais.

Em relação aos Estados, Distrito Federal e Municípios, a utilização do pregão eletrônico, ou da dispensa eletrônica, será obrigatória para aquisição de bens e a contratação de serviços comuns, quando houver a utilização de recursos federais oriundos de transferências voluntárias, exceto nas hipóteses em que a lei ou a regulamentação específica do repasse disciplinarem de forma diversa, na forma do art. 1.º, § 3.º, do Decreto 10.024/2019.

A utilização do pregão presencial somente seria admitida em casos excepcionais, desde que fique comprovada a inviabilidade técnica ou a desvantagem para a administração na realização da forma eletrônica (art. 1.º, § 4.º, do Decreto 10.024/2019).

Igualmente, a preferência pela licitação eletrônica foi estabelecida no Regime Diferenciado de Contratações Públicas – RDC (art. 13 do Decreto 7.581/2011) e nas licitações promovidas por empresas estatais (art. 51, § 2.º, da Lei 13.303/2016).

É possível perceber, portanto, que o art. 17, § 2.º, da atual Lei de Licitações, ao exigir a realização preferencial de licitações eletrônicas, segue a tendência natural do mercado que tem utilizado os meios eletrônicos de forma cada vez mais intensa para realização de suas transações.

No campo das licitações públicas, a utilização da forma eletrônica acarreta, potencialmente, aumento de competitividade e de isonomia no certame, reduzindo os custos de participação dos interessados.

A Administração poderá, na etapa do julgamento, em relação ao licitante provisoriamente vencedor, realizar análise e avaliação da conformidade da proposta, mediante a execução de homologação de amostras, exame de conformidade e prova de conceito, entre outros testes de interesse da Administração, de modo a comprovar sua aderência às especificações definidas no termo de referência ou no projeto básico (art. 17, § 3.º, da Lei de Licitações).

Nas licitações realizadas em formato eletrônico, a Administração poderá determinar, como condição de validade e eficácia, que os licitantes pratiquem seus atos em formato eletrônico (art. 17, § 4.º, da Lei).

---

[61] O TCU fixou entendimento no sentido de que o pregão eletrônico deve ser escolhido preferencialmente. A escolha da forma presencial deve ser motivada, sob pena de se configurar possível ato de gestão antieconômico (Acórdão 1.515/11, Plenário, Rel. Min. Raimundo Carreiro, 08.06.2011, *Informativo de Jurisprudência sobre Licitações e Contratos do TCU* n. 66).

Art. 18

Comentários à Lei de Licitações e Contratos Administrativos

Na hipótese excepcional de licitação sob a forma presencial a que refere o § 2.º, a sessão pública de apresentação de propostas deverá ser gravada em áudio e vídeo, juntando-se a gravação aos autos do processo licitatório depois de seu encerramento (art. 17, § 5.º, da Lei).

A Administração poderá exigir certificação por organização independente acreditada pelo INMETRO como condição para aceitação de (art. 17, § 6.º, da Lei): a) estudos, anteprojetos, projetos básicos e projetos executivos; b) conclusão de fases ou de objetos de contratos; c) adequação do material e do corpo técnico apresentados por empresa para fins de habilitação.

CAPÍTULO II
DA FASE PREPARATÓRIA

Seção I
Da Instrução do Processo Licitatório

Art. 18. A fase preparatória do processo licitatório é caracterizada pelo planejamento e deve compatibilizar-se com o plano de contratações anual de que trata o inciso VII do *caput* do art. 12 desta Lei, sempre que elaborado, e com as leis orçamentárias, bem como abordar todas as considerações técnicas, mercadológicas e de gestão que podem interferir na contratação, compreendidos:

I – a descrição da necessidade da contratação fundamentada em estudo técnico preliminar que caracterize o interesse público envolvido;

II – a definição do objeto para o atendimento da necessidade, por meio de termo de referência, anteprojeto, projeto básico ou projeto executivo, conforme o caso;

III – a definição das condições de execução e pagamento, das garantias exigidas e ofertadas e das condições de recebimento;

IV – o orçamento estimado, com as composições dos preços utilizados para sua formação;

V – a elaboração do edital de licitação;

VI – a elaboração de minuta de contrato, quando necessária, que constará obrigatoriamente como anexo do edital de licitação;

VII – o regime de fornecimento de bens, de prestação de serviços ou de execução de obras e serviços de engenharia, observados os potenciais de economia de escala;

VIII – a modalidade de licitação, o critério de julgamento, o modo de disputa e a adequação e eficiência da forma de combinação desses parâmetros, para os fins de seleção da proposta apta a gerar o resultado de contratação mais vantajoso para a Administração Pública, considerado todo o ciclo de vida do objeto;

IX – a motivação circunstanciada das condições do edital, tais como justificativa de exigências de qualificação técnica, mediante indicação das parcelas de maior relevância técnica ou valor significativo do objeto,

e de qualificação econômico-financeira, justificativa dos critérios de pontuação e julgamento das propostas técnicas, nas licitações com julgamento por melhor técnica ou técnica e preço, e justificativa das regras pertinentes à participação de empresas em consórcio;

X – a análise dos riscos que possam comprometer o sucesso da licitação e a boa execução contratual;

XI – a motivação sobre o momento da divulgação do orçamento da licitação, observado o art. 24 desta Lei.

Título II – Das Licitações

Art. 19

§ 1.º O estudo técnico preliminar a que se refere o inciso I do caput deste artigo deverá evidenciar o problema a ser resolvido e a sua melhor solução, de modo a permitir a avaliação da viabilidade técnica e econômica da contratação, e conterá os seguintes elementos:

I – descrição da necessidade da contratação, considerado o problema a ser resolvido sob a perspectiva do interesse público;

II – demonstração da previsão da contratação no plano de contratações anual, sempre que elaborado, de modo a indicar o seu alinhamento com o planejamento da Administração;

III – requisitos da contratação;

IV – estimativas das quantidades para a contratação, acompanhadas das memórias de cálculo e dos documentos que lhes dão suporte, que considerem interdependências com outras contratações, de modo a possibilitar economia de escala;

V – levantamento de mercado, que consiste na análise das alternativas possíveis, e justificativa técnica e econômica da escolha do tipo de solução a contratar;

VI – estimativa do valor da contratação, acompanhada dos preços unitários referenciais, das memórias de cálculo e dos documentos que lhe dão suporte, que poderão constar de anexo classificado, se a Administração optar por preservar o seu sigilo até a conclusão da licitação;

VII – descrição da solução como um todo, inclusive das exigências relacionadas à manutenção e à assistência técnica, quando for o caso;

VIII – justificativas para o parcelamento ou não da contratação;

IX – demonstrativo dos resultados pretendidos em termos de economicidade e de melhor aproveitamento dos recursos humanos, materiais e financeiros disponíveis;

X – providências a serem adotadas pela Administração previamente à celebração do contrato, inclusive quanto à capacitação de servidores ou de empregados para fiscalização e gestão contratual;

XI – contratações correlatas e/ou interdependentes;

XII – descrição de possíveis impactos ambientais e respectivas medidas mitigadoras, incluídos requisitos de baixo consumo de energia e de outros recursos, bem como logística reversa para desfazimento e reciclagem de bens e refugos, quando aplicável;

XIII – posicionamento conclusivo sobre a adequação da contratação para o atendimento da necessidade a que se destina.

§ 2.º O estudo técnico preliminar deverá conter ao menos os elementos previstos nos incisos I, IV, VI, VIII e XIII do § 1.º deste artigo e, quando não contemplar os demais elementos previstos no referido parágrafo, apresentar as devidas justificativas.

§ 3.º Em se tratando de estudo técnico preliminar para contratação de obras e serviços comuns de engenharia, se demonstrada a inexistência de prejuízo para a aferição dos padrões de desempenho e qualidade almejados, a especificação do objeto poderá ser realizada apenas em termo de referência ou em projeto básico, dispensada a elaboração de projetos.

Art. 19. Os órgãos da Administração com competências regulamentares relativas às atividades de administração de materiais, de obras e serviços e de licitações e contratos deverão:

I – instituir instrumentos que permitam, preferencialmente, a centralização dos procedimentos de aquisição e contratação de bens e serviços;

II – criar catálogo eletrônico de padronização de compras, serviços e obras, admitida a adoção do catálogo do Poder Executivo federal por todos os entes federativos;

III – instituir sistema informatizado de acompanhamento de obras, inclusive com recursos de imagem e vídeo;

IV – instituir, com auxílio dos órgãos de assessoramento jurídico e de controle interno, modelos de minutas de editais, de termos de referência, de contratos padronizados e de outros documentos, admitida a adoção das minutas do Poder Executivo federal por todos os entes federativos;

V – promover a adoção gradativa de tecnologias e processos integrados que permitam a criação, a utilização e a atualização de modelos digitais de obras e serviços de engenharia.

§ 1.º O catálogo referido no inciso II do *caput* deste artigo poderá ser utilizado em licitações cujo critério de julgamento seja o de menor preço ou o de maior desconto e conterá toda a documentação e os procedimentos próprios da fase interna de licitações, assim como as especificações dos respectivos objetos, conforme disposto em regulamento.

§ 2.º A não utilização do catálogo eletrônico de padronização de que trata o inciso II do *caput* ou dos modelos de minutas de que trata o inciso IV do *caput* deste artigo deverá ser justificada por escrito e anexada ao respectivo processo licitatório.

§ 3.º Nas licitações de obras e serviços de engenharia e arquitetura, sempre que adequada ao objeto da licitação, será preferencialmente adotada a Modelagem da Informação da Construção (*Building Information Modelling* – BIM) ou tecnologias e processos integrados similares ou mais avançados que venham a substituí-la.

Art. 20. Os itens de consumo adquiridos para suprir as demandas das estruturas da Administração Pública deverão ser de qualidade comum, não superior à necessária para cumprir as finalidades às quais se destinam, vedada a aquisição de artigos de luxo.

§ 1.º Os Poderes Executivo, Legislativo e Judiciário definirão em regulamento os limites para o enquadramento dos bens de consumo nas categorias comum e luxo.

§ 2.º A partir de 180 (cento e oitenta) dias contados da promulgação desta Lei, novas compras de bens de consumo só poderão ser efetivadas com a edição, pela autoridade competente, do regulamento a que se refere o § 1.º deste artigo.

§ 3.º Os valores de referência dos três Poderes nas esferas federal, estadual, distrital e municipal não poderão ser superiores aos valores de referência do Poder Executivo federal. (VETADO)

Art. 21. A Administração poderá convocar, com antecedência mínima de 8 (oito) dias úteis, audiência pública, presencial ou a distância, na forma eletrônica, sobre licitação que pretenda realizar, com disponibilização prévia de informações pertinentes, inclusive de estudo técnico preliminar e elementos do edital de licitação, e com possibilidade de manifestação de todos os interessados.

Parágrafo único. A Administração também poderá submeter a licitação a prévia consulta pública, mediante a disponibilização de seus elementos a todos os interessados, que poderão formular sugestões no prazo fixado.

Art. 22. O edital poderá contemplar matriz de alocação de riscos entre o contratante e o contratado, hipótese em que o cálculo do valor estimado da contratação poderá considerar taxa de risco compatível com o objeto da licitação e com os riscos atribuídos ao contratado, de acordo com metodologia predefinida pelo ente federativo.

§ 1.º A matriz de que trata o *caput* deste artigo deverá promover a alocação eficiente dos riscos de cada contrato e estabelecer a responsabilidade que caiba a cada parte contratante, bem como os mecanismos que afastem a ocorrência do sinistro e mitiguem os seus efeitos, caso este ocorra durante a execução contratual.

§ 2.º O contrato deverá refletir a alocação realizada pela matriz de riscos, especialmente quanto:

I – às hipóteses de alteração para o restabelecimento da equação econômico-financeira do contrato nos casos em que o sinistro seja considerado na matriz de riscos como causa de desequilíbrio não suportada pela parte que pretenda o restabelecimento;

Título II – Das Licitações

Art. 23

II – à possibilidade de resolução quando o sinistro majorar excessivamente ou impedir a continuidade da execução contratual;

III – à contratação de seguros obrigatórios previamente definidos no contrato, integrado o custo de contratação ao preço ofertado.

§ 3.º Quando a contratação se referir a obras e serviços de grande vulto ou forem adotados os regimes de contratação integrada e semi-integrada, o edital obrigatoriamente contemplará matriz de alocação de riscos entre o contratante e o contratado.

§ 4.º Nas contratações integradas ou semi-integradas, os riscos decorrentes de fatos supervenientes à contratação associados à escolha da solução de projeto básico pelo contratado deverão ser alocados como de sua responsabilidade na matriz de riscos.

Art. 23. O valor previamente estimado da contratação deverá ser compatível com os valores praticados pelo mercado, considerados os preços constantes de bancos de dados públicos e as quantidades a serem contratadas, observadas a potencial economia de escala e as peculiaridades do local de execução do objeto.

§ 1.º No processo licitatório para aquisição de bens e contratação de serviços em geral, conforme regulamento, o valor estimado será definido com base no melhor preço aferido por meio da utilização dos seguintes parâmetros, adotados de forma combinada ou não:

I – composição de custos unitários menores ou iguais à mediana do item correspondente no painel para consulta de preços ou no banco de preços em saúde disponíveis no Portal Nacional de Contratações Públicas (PNCP);

II – contratações similares feitas pela Administração Pública, em execução ou concluídas no período de 1 (um) ano anterior à data da pesquisa de preços, inclusive mediante sistema de registro de preços, observado o índice de atualização de preços correspondente;

III – utilização de dados de pesquisa publicada em mídia especializada, de tabela de referência formalmente aprovada pelo Poder Executivo federal e de sítios eletrônicos especializados ou de domínio amplo, desde que contenham a data e hora de acesso;

IV – pesquisa direta com no mínimo 3 (três) fornecedores, mediante solicitação formal de cotação, desde que seja apresentada justificativa da escolha desses fornecedores e que não tenham sido obtidos os orçamentos com mais de 6 (seis) meses de antecedência da data de divulgação do edital;

V – pesquisa na base nacional de notas fiscais eletrônicas, na forma de regulamento.

§ 2.º No processo licitatório para contratação de obras e serviços de engenharia, conforme regulamento, o valor estimado, acrescido do percentual de Benefícios e Despesas Indiretas (BDI) de referência e dos Encargos Sociais (ES) cabíveis, será definido por meio da utilização de parâmetros na seguinte ordem:

I – composição de custos unitários menores ou iguais à mediana do item correspondente do Sistema de Custos Referenciais de Obras (Sicro), para serviços e obras de infraestrutura de transportes, ou do Sistema Nacional de Pesquisa de Custos e Índices de Construção Civil (Sinapi), para as demais obras e serviços de engenharia;

II – utilização de dados de pesquisa publicada em mídia especializada, de tabela de referência formalmente aprovada pelo Poder Executivo federal e de sítios eletrônicos especializados ou de domínio amplo, desde que contenham a data e a hora de acesso;

III – contratações similares feitas pela Administração Pública, em execução ou concluídas no período de 1 (um) ano anterior à data da pesquisa de preços, observado o índice de atualização de preços correspondente;

IV – pesquisa na base nacional de notas fiscais eletrônicas, na forma de regulamento.

§ 3.º Nas contratações realizadas por Municípios, Estados e Distrito Federal, desde que não envolvam recursos da União, o valor previamente estimado da contratação, a que se refere o *caput* deste artigo, poderá ser definido por meio da utilização de outros sistemas de custos adotados pelo respectivo ente federativo.

§ 4.º Nas contratações diretas por inexigibilidade ou por dispensa, quando não for possível estimar o valor do objeto na forma estabelecida nos §§ 1.º, 2.º e 3.º deste artigo, o contratado deverá comprovar previamente que os preços estão em conformidade com os praticados em contratações semelhantes de objetos de mesma natureza, por meio da apresentação de notas fiscais emitidas para outros contratantes no período de até 1 (um) ano anterior à data da contratação pela Administração, ou por outro meio idôneo.

§ 5.º No processo licitatório para contratação de obras e serviços de engenharia sob os regimes de contratação integrada ou semi-integrada, o valor estimado da contratação será calculado nos termos do § 2.º deste artigo, acrescido ou não de parcela referente à remuneração do risco, e, sempre que necessário e o anteprojeto o permitir, a estimativa de preço será baseada em orçamento sintético, balizado em sistema de custo definido no inciso I do § 2.º deste artigo, devendo a utilização de metodologia expedita ou paramétrica e de avaliação aproximada baseada em outras contratações similares ser reservada às frações do empreendimento não suficientemente detalhadas no anteprojeto.

§ 6.º Na hipótese do § 5.º deste artigo, será exigido dos licitantes ou contratados, no orçamento que compuser suas respectivas propostas, no mínimo, o mesmo nível de detalhamento do orçamento sintético referido no mencionado parágrafo.

Art. 24. Desde que justificado, o orçamento estimado da contratação poderá ter caráter sigiloso, sem prejuízo da divulgação do detalhamento dos quantitativos e das demais informações necessárias para a elaboração das propostas, e, nesse caso:

I – o sigilo não prevalecerá para os órgãos de controle interno e externo;

II – o orçamento será tornado público apenas e imediatamente após a fase de julgamento de propostas. (VETADO)

Parágrafo único. Na hipótese de licitação em que for adotado o critério de julgamento por maior desconto, o preço estimado ou o máximo aceitável constará do edital da licitação.

Art. 25. O edital deverá conter o objeto da licitação e as regras relativas à convocação, ao julgamento, à habilitação, aos recursos e às penalidades da licitação, à fiscalização e à gestão do contrato, à entrega do objeto e às condições de pagamento.

§ 1.º Sempre que o objeto permitir, a Administração adotará minutas padronizadas de edital e de contrato com cláusulas uniformes.

§ 2.º Desde que, conforme demonstrado em estudo técnico preliminar, não sejam causados prejuízos à competitividade do processo licitatório e à eficiência do respectivo contrato, o edital poderá prever a utilização de mão de obra, materiais, tecnologias e matérias-primas existentes no local da execução, conservação e operação do bem, serviço ou obra.

§ 3.º Todos os elementos do edital, incluídos minuta de contrato, termos de referência, anteprojeto, projetos e outros anexos, deverão ser divulgados em sítio eletrônico oficial na mesma data de divulgação do edital, sem necessidade de registro ou de identificação para acesso.

§ 4.º Nas contratações de obras, serviços e fornecimentos de grande vulto, o edital deverá prever a obrigatoriedade de implantação de programa de integridade pelo licitante vencedor, no prazo de 6 (seis) meses, contado da celebração do contrato, conforme regulamento que disporá sobre as medidas a serem adotadas, a forma de comprovação e as penalidades pelo seu descumprimento.

§ 5.º O edital poderá prever a responsabilidade do contratado pela:

Título II – Das Licitações

Art. 26

I – obtenção do licenciamento ambiental;

II – realização da desapropriação autorizada pelo poder público.

§ 6.º Os licenciamentos ambientais de obras e serviços de engenharia licitados e contratados nos termos desta Lei terão prioridade de tramitação nos órgãos e entidades integrantes do Sistema Nacional do Meio Ambiente (Sisnama) e deverão ser orientados pelos princípios da celeridade, da cooperação, da economicidade e da eficiência.

§ 7.º Independentemente do prazo de duração do contrato, será obrigatória a previsão no edital de índice de reajustamento de preço com data-base vinculada à data do orçamento estimado e com a possibilidade de ser estabelecido mais de um índice específico ou setorial, em conformidade com a realidade de mercado dos respectivos insumos.

§ 8.º Nas licitações de serviços contínuos, observado o interregno mínimo de 1 (um) ano, o critério de reajustamento será por:

I – reajustamento em sentido estrito, quando não houver regime de dedicação exclusiva de mão de obra ou predominância de mão de obra, mediante previsão de índices específicos ou setoriais;

II – repactuação, quando houver regime de dedicação exclusiva de mão de obra ou predominância de mão de obra, mediante demonstração analítica da variação dos custos.

§ 9.º O edital poderá, na forma disposta em regulamento, exigir que percentual mínimo da mão de obra responsável pela execução do objeto da contratação seja constituído por:

I – mulheres vítimas de violência doméstica;

II – oriundos ou egressos do sistema prisional.

Art. 26. No processo de licitação, poderá ser estabelecida margem de preferência para:

I – bens manufaturados e serviços nacionais que atendam a normas técnicas brasileiras;

II – bens reciclados, recicláveis ou biodegradáveis, conforme regulamento.

§ 1.º A margem de preferência de que trata o *caput* deste artigo:

I – será definida em decisão fundamentada do Poder Executivo federal, no caso do inciso I do *caput* deste artigo;

II – poderá ser de até 10% (dez por cento) sobre o preço dos bens e serviços que não se enquadrem no disposto nos incisos I ou II do *caput* deste artigo;

III – poderá ser estendida a bens manufaturados e serviços originários de Estados Partes do Mercado Comum do Sul (Mercosul), desde que haja reciprocidade com o País prevista em acordo internacional aprovado pelo Congresso Nacional e ratificado pelo Presidente da República.

§ 2.º Para os bens manufaturados nacionais e serviços nacionais resultantes de desenvolvimento e inovação tecnológica no País, definidos conforme regulamento do Poder Executivo federal, a margem de preferência a que se refere o *caput* deste artigo poderá ser de até 20% (vinte por cento).

§ 3.º Os Estados, e o Distrito Federal poderão estabelecer margem de preferência de até 10% (dez por cento) para bens manufaturados nacionais produzidos em seus territórios, e os Municípios poderão estabelecer margem de preferência de até 10% (dez por cento) para bens manufaturados nacionais produzidos nos Estados em que estejam situados. (VETADO)

§ 4.º Os Municípios com até 50.000 (cinquenta mil) habitantes poderão estabelecer margem de preferência de até 10% (dez por cento) para empresas neles sediadas. (VETADO)

Art. 27

§ 5.º A margem de preferência não se aplica aos bens manufaturados nacionais e aos serviços nacionais se a capacidade de produção desses bens ou de prestação desses serviços no País for inferior:

I – à quantidade a ser adquirida ou contratada; ou

II – aos quantitativos fixados em razão do parcelamento do objeto, quando for o caso.

§ 6.º Os editais de licitação para a contratação de bens, serviços e obras poderão, mediante prévia justificativa da autoridade competente, exigir que o contratado promova, em favor de órgão ou entidade integrante da Administração Pública ou daqueles por ela indicados a partir de processo isonômico, medidas de compensação comercial, industrial ou tecnológica ou acesso a condições vantajosas de financiamento, cumulativamente ou não, na forma estabelecida pelo Poder Executivo federal.

§ 7.º Nas contratações destinadas à implantação, à manutenção e ao aperfeiçoamento dos sistemas de tecnologia de informação e comunicação considerados estratégicos em ato do Poder Executivo federal, a licitação poderá ser restrita a bens e serviços com tecnologia desenvolvida no País produzidos de acordo com o processo produtivo básico de que trata a Lei 10.176, de 11 de janeiro de 2001.

Art. 27. Será divulgada, em sítio eletrônico oficial, a cada exercício financeiro, a relação de empresas favorecidas em decorrência do disposto no art. 26 desta Lei, com indicação do volume de recursos destinados a cada uma delas.

Seção II
Das Modalidades de Licitação

Art. 28. São modalidades de licitação:

I – pregão;

II – concorrência;

III – concurso;

IV – leilão;

V – diálogo competitivo.

§ 1.º Além das modalidades referidas no *caput* deste artigo, a Administração pode servir-se dos procedimentos auxiliares previstos no art. 78 desta Lei.

§ 2.º É vedada a criação de outras modalidades de licitação ou, ainda, a combinação daquelas referidas no *caput* deste artigo.

Art. 29. A concorrência e o pregão seguem o rito procedimental comum a que se refere o art. 17 desta Lei, adotando-se o pregão sempre que o objeto possuir padrões de desempenho e qualidade que possam ser objetivamente definidos pelo edital, por meio de especificações usuais de mercado.

Parágrafo único. O pregão não se aplica às contratações de serviços técnicos especializados de natureza predominantemente intelectual e de obras e serviços de engenharia, exceto os serviços de engenharia de que trata a alínea "a" do inciso XXI do *caput* do art. 6.º desta Lei.

Art. 30. O concurso observará as regras e condições previstas em edital, que indicará:

I – a qualificação exigida dos participantes;

II – as diretrizes e formas de apresentação do trabalho;

III – as condições de realização e o prêmio ou remuneração a ser concedida ao vencedor.

Parágrafo único. Nos concursos destinados à elaboração de projeto, o vencedor deverá ceder à Administração Pública, nos termos do art. 93 desta Lei, todos os direitos patrimoniais

Título II – Das Licitações

Art. 32

relativos ao projeto e autorizar sua execução conforme juízo de conveniência e oportunidade das autoridades competentes.

Art. 31. O leilão poderá ser cometido a leiloeiro oficial ou a servidor designado pela autoridade competente da Administração, e regulamento deverá dispor sobre seus procedimentos operacionais.

§ 1.º Se optar pela realização de leilão por intermédio de leiloeiro oficial, a Administração deverá selecioná-lo mediante credenciamento ou licitação na modalidade pregão e adotar o critério de julgamento de maior desconto para as comissões a serem cobradas, utilizados como parâmetro máximo os percentuais definidos na lei que regula a referida profissão e observados os valores dos bens a serem leiloados.

§ 2.º O leilão será precedido da divulgação do edital em sítio eletrônico oficial, que conterá:

I – a descrição do bem, com suas características, e, no caso de imóvel, sua situação e suas divisas, com remissão à matrícula e aos registros;

II – o valor pelo qual o bem foi avaliado, o preço mínimo pelo qual poderá ser alienado, as condições de pagamento e, se for o caso, a comissão do leiloeiro designado;

III – a indicação do lugar onde estiverem os móveis, os veículos e os semoventes;

IV – o sítio da internet e o período em que ocorrerá o leilão, salvo se excepcionalmente for realizado sob a forma presencial por comprovada inviabilidade técnica ou desvantagem para a Administração, hipótese em que serão indicados o local, o dia e a hora de sua realização;

V – a especificação de eventuais ônus, gravames ou pendências existentes sobre os bens a serem leiloados.

§ 3.º Além da divulgação no sítio eletrônico oficial, o edital do leilão será afixado em local de ampla circulação de pessoas na sede da Administração e poderá, ainda, ser divulgado por outros meios necessários para ampliar a publicidade e a competitividade da licitação.

§ 4.º O leilão não exigirá registro cadastral prévio, não terá fase de habilitação e deverá ser homologado assim que concluída a fase de lances, superada a fase recursal e efetivado o pagamento pelo licitante vencedor, na forma definida no edital.

Art. 32. A modalidade diálogo competitivo é restrita a contratações em que a Administração:

I – vise a contratar objeto que envolva as seguintes condições:

a) inovação tecnológica ou técnica;

b) impossibilidade de o órgão ou entidade ter sua necessidade satisfeita sem a adaptação de soluções disponíveis no mercado; e

c) impossibilidade de as especificações técnicas serem definidas com precisão suficiente pela Administração;

II – verifique a necessidade de definir e identificar os meios e as alternativas que possam satisfazer suas necessidades, com destaque para os seguintes aspectos:

a) a solução técnica mais adequada;

b) os requisitos técnicos aptos a concretizar a solução já definida;

c) a estrutura jurídica ou financeira do contrato;

~~III – considere que os modos de disputa aberto e fechado não permitem apreciação adequada das variações entre propostas.~~ (VETADO)

§ 1.º Na modalidade diálogo competitivo, serão observadas as seguintes disposições:

I – a Administração apresentará, por ocasião da divulgação do edital em sítio eletrônico oficial, suas necessidades e as exigências já definidas e estabelecerá prazo mínimo de 25 (vinte e cinco) dias úteis para manifestação de interesse na participação da licitação;

Art. 33

II – os critérios empregados para pré-seleção dos licitantes deverão ser previstos em edital, e serão admitidos todos os interessados que preencherem os requisitos objetivos estabelecidos;

III – a divulgação de informações de modo discriminatório que possa implicar vantagem para algum licitante será vedada;

IV – a Administração não poderá revelar a outros licitantes as soluções propostas ou as informações sigilosas comunicadas por um licitante sem o seu consentimento;

V – a fase de diálogo poderá ser mantida até que a Administração, em decisão fundamentada, identifique a solução ou as soluções que atendam às suas necessidades;

VI – as reuniões com os licitantes pré-selecionados serão registradas em ata e gravadas mediante utilização de recursos tecnológicos de áudio e vídeo;

VII – o edital poderá prever a realização de fases sucessivas, caso em que cada fase poderá restringir as soluções ou as propostas a serem discutidas;

VIII – a Administração deverá, ao declarar que o diálogo foi concluído, juntar aos autos do processo licitatório os registros e as gravações da fase de diálogo, iniciar a fase competitiva com a divulgação de edital contendo a especificação da solução que atenda às suas necessidades e os critérios objetivos a serem utilizados para seleção da proposta mais vantajosa e abrir prazo, não inferior a 60 (sessenta) dias úteis, para todos os licitantes pré-selecionados na forma do inciso II deste parágrafo apresentarem suas propostas, que deverão conter os elementos necessários para a realização do projeto;

IX – a Administração poderá solicitar esclarecimentos ou ajustes às propostas apresentadas, desde que não impliquem discriminação nem distorçam a concorrência entre as propostas;

X – a Administração definirá a proposta vencedora de acordo com critérios divulgados no início da fase competitiva, assegurada a contratação mais vantajosa como resultado;

XI – o diálogo competitivo será conduzido por comissão de contratação composta de pelo menos 3 (três) servidores efetivos ou empregados públicos pertencentes aos quadros permanentes da Administração, admitida a contratação de profissionais para assessoramento técnico da comissão;

~~XII – órgão de controle externo poderá acompanhar e monitorar os diálogos competitivos, opinando, no prazo máximo de 40 (quarenta) dias úteis, sobre a legalidade, a legitimidade e a economicidade da licitação, antes da celebração do contrato.~~ (VETADO)

§ 2.º Os profissionais contratados para os fins do inciso XI do § 1.º deste artigo assinarão termo de confidencialidade e abster-se-ão de atividades que possam configurar conflito de interesses.

Seção III
Dos Critérios de Julgamento

Art. 33. O julgamento das propostas será realizado de acordo com os seguintes critérios:

I – menor preço;

II – maior desconto;

III – melhor técnica ou conteúdo artístico;

IV – técnica e preço;

V – maior lance, no caso de leilão;

VI – maior retorno econômico.

Art. 34. O julgamento por menor preço ou maior desconto e, quando couber, por técnica e preço considerará o menor dispêndio para a Administração, atendidos os parâmetros mínimos de qualidade definidos no edital de licitação.

Título II – Das Licitações   Art. 37

§ 1.º Os custos indiretos, relacionados com as despesas de manutenção, utilização, reposição, depreciação e impacto ambiental do objeto licitado, entre outros fatores vinculados ao seu ciclo de vida, poderão ser considerados para a definição do menor dispêndio, sempre que objetivamente mensuráveis, conforme disposto em regulamento.

§ 2.º O julgamento por maior desconto terá como referência o preço global fixado no edital de licitação, e o desconto será estendido aos eventuais termos aditivos.

Art. 35. O julgamento por melhor técnica ou conteúdo artístico considerará exclusivamente as propostas técnicas ou artísticas apresentadas pelos licitantes, e o edital deverá definir o prêmio ou a remuneração que será atribuída aos vencedores.

Parágrafo único. O critério de julgamento de que trata o *caput* deste artigo poderá ser utilizado para a contratação de projetos e trabalhos de natureza técnica, científica ou artística.

Art. 36. O julgamento por técnica e preço considerará a maior pontuação obtida a partir da ponderação, segundo fatores objetivos previstos no edital, das notas atribuídas aos aspectos de técnica e de preço da proposta.

§ 1.º O critério de julgamento de que trata o *caput* deste artigo será escolhido quando estudo técnico preliminar demonstrar que a avaliação e a ponderação da qualidade técnica das propostas que superarem os requisitos mínimos estabelecidos no edital forem relevantes aos fins pretendidos pela Administração nas licitações para contratação de:

I – serviços técnicos especializados de natureza predominantemente intelectual, caso em que o critério de julgamento de técnica e preço deverá ser preferencialmente empregado;

II – serviços majoritariamente dependentes de tecnologia sofisticada e de domínio restrito, conforme atestado por autoridades técnicas de reconhecida qualificação;

III – bens e serviços especiais de tecnologia da informação e de comunicação;

IV – obras e serviços especiais de engenharia;

V – objetos que admitam soluções específicas e alternativas e variações de execução, com repercussões significativas e concretamente mensuráveis sobre sua qualidade, produtividade, rendimento e durabilidade, quando essas soluções e variações puderem ser adotadas à livre escolha dos licitantes, conforme critérios objetivamente definidos no edital de licitação.

§ 2.º No julgamento por técnica e preço, deverão ser avaliadas e ponderadas as propostas técnicas e, em seguida, as propostas de preço apresentadas pelos licitantes, na proporção máxima de 70% (setenta por cento) de valoração para a proposta técnica.

§ 3.º O desempenho pretérito na execução de contratos com a Administração Pública deverá ser considerado na pontuação técnica, observado o disposto nos §§ 3.º e 4.º do art. 88 desta Lei e em regulamento.

Art. 37. O julgamento por melhor técnica ou por técnica e preço deverá ser realizado por:

I – verificação da capacitação e da experiência do licitante, comprovadas por meio da apresentação de atestados de obras, produtos ou serviços previamente realizados;

II – atribuição de notas a quesitos de natureza qualitativa por banca designada para esse fim, de acordo com orientações e limites definidos em edital, considerados a demonstração de conhecimento do objeto, a metodologia e o programa de trabalho, a qualificação das equipes técnicas e a relação dos produtos que serão entregues;

III – atribuição de notas por desempenho do licitante em contratações anteriores aferida nos documentos comprobatórios de que trata o § 3.º do art. 88 desta Lei e em registro cadastral unificado disponível no Portal Nacional de Contratações Públicas (PNCP).

§ 1.º A banca referida no inciso II do *caput* deste artigo terá no mínimo 3 (três) membros e poderá ser composta de:

Art. 38

Comentários à Lei de Licitações e Contratos Administrativos

I – servidores efetivos ou empregados públicos pertencentes aos quadros permanentes da Administração Pública;

II – profissionais contratados por conhecimento técnico, experiência ou renome na avaliação dos quesitos especificados em edital, desde que seus trabalhos sejam supervisionados por profissionais designados conforme o disposto no art. 7.º desta Lei.

§ 2.º Ressalvados os casos de inexigibilidade de licitação, na licitação para contratação dos serviços técnicos especializados de natureza predominantemente intelectual previstos nas alíneas "a", "d" e "h" do inciso XVIII do caput do art. 6.º desta Lei cujo valor estimado da contratação seja superior a R$ 300.000,00 (trezentos mil reais), o julgamento será por:

I – melhor técnica; ou

II – técnica e preço, na proporção de 70% (setenta por cento) de valoração da proposta técnica. (veto rejeitado em 01.06.2021)

Art. 38. No julgamento por melhor técnica ou por técnica e preço, a obtenção de pontuação devido à capacitação técnico-profissional exigirá que a execução do respectivo contrato tenha participação direta e pessoal do profissional correspondente.

Art. 39. O julgamento por maior retorno econômico, utilizado exclusivamente para a celebração de contrato de eficiência, considerará a maior economia para a Administração, e a remuneração deverá ser fixada em percentual que incidirá de forma proporcional à economia efetivamente obtida na execução do contrato.

§ 1.º Nas licitações que adotarem o critério de julgamento de que trata o *caput* deste artigo, os licitantes apresentarão:

I – proposta de trabalho, que deverá contemplar:

a) as obras, os serviços ou os bens, com os respectivos prazos de realização ou fornecimento;

b) a economia que se estima gerar, expressa em unidade de medida associada à obra, ao bem ou ao serviço e em unidade monetária;

II – proposta de preço, que corresponderá a percentual sobre a economia que se estima gerar durante determinado período, expressa em unidade monetária.

§ 2.º O edital de licitação deverá prever parâmetros objetivos de mensuração da economia gerada com a execução do contrato, que servirá de base de cálculo para a remuneração devida ao contratado.

§ 3.º Para efeito de julgamento da proposta, o retorno econômico será o resultado da economia que se estima gerar com a execução da proposta de trabalho, deduzida a proposta de preço.

§ 4.º Nos casos em que não for gerada a economia prevista no contrato de eficiência:

I – a diferença entre a economia contratada e a efetivamente obtida será descontada da remuneração do contratado;

II – se a diferença entre a economia contratada e a efetivamente obtida for superior ao limite máximo estabelecido no contrato, o contratado sujeitar-se-á, ainda, a outras sanções cabíveis.

Seção IV
Disposições Setoriais

Subseção I
Das Compras

Art. 40. O planejamento de compras deverá considerar a expectativa de consumo anual e observar o seguinte:

I – condições de aquisição e pagamento semelhantes às do setor privado;

Título II – Das Licitações

Art. 41

II – processamento por meio de sistema de registro de preços, quando pertinente;

III – determinação de unidades e quantidades a serem adquiridas em função de consumo e utilização prováveis, cuja estimativa será obtida, sempre que possível, mediante adequadas técnicas quantitativas, admitido o fornecimento contínuo;

IV – condições de guarda e armazenamento que não permitam a deterioração do material;

V – atendimento aos princípios:

a) da padronização, considerada a compatibilidade de especificações estéticas, técnicas ou de desempenho;

b) do parcelamento, quando for tecnicamente viável e economicamente vantajoso;

c) da responsabilidade fiscal, mediante a comparação da despesa estimada com a prevista no orçamento.

§ 1.º O termo de referência deverá conter os elementos previstos no inciso XXIII do *caput* do art. 6.º desta Lei, além das seguintes informações:

I – especificação do produto, preferencialmente conforme catálogo eletrônico de padronização, observados os requisitos de qualidade, rendimento, compatibilidade, durabilidade e segurança;

II – indicação dos locais de entrega dos produtos e das regras para recebimentos provisório e definitivo, quando for o caso;

III – especificação da garantia exigida e das condições de manutenção e assistência técnica, quando for o caso.

§ 2.º Na aplicação do princípio do parcelamento, referente às compras, deverão ser considerados:

I – a viabilidade da divisão do objeto em lotes;

II – o aproveitamento das peculiaridades do mercado local, com vistas à economicidade, sempre que possível, desde que atendidos os parâmetros de qualidade; e

III – o dever de buscar a ampliação da competição e de evitar a concentração de mercado.

§ 3.º O parcelamento não será adotado quando:

I – a economia de escala, a redução de custos de gestão de contratos ou a maior vantagem na contratação recomendar a compra do item do mesmo fornecedor;

II – o objeto a ser contratado configurar sistema único e integrado e houver a possibilidade de risco ao conjunto do objeto pretendido;

III – o processo de padronização ou de escolha de marca levar a fornecedor exclusivo.

§ 4.º Em relação à informação de que trata o inciso III do § 1.º deste artigo, desde que fundamentada em estudo técnico preliminar, a Administração poderá exigir que os serviços de manutenção e assistência técnica sejam prestados mediante deslocamento de técnico ou disponibilizados em unidade de prestação de serviços localizada em distância compatível com suas necessidades.

Art. 41. No caso de licitação que envolva o fornecimento de bens, a Administração poderá excepcionalmente:

I – indicar uma ou mais marcas ou modelos, desde que formalmente justificado, nas seguintes hipóteses:

a) em decorrência da necessidade de padronização do objeto;

b) em decorrência da necessidade de manter a compatibilidade com plataformas e padrões já adotados pela Administração;

Art. 42

Comentários à Lei de Licitações e Contratos Administrativos

c) quando determinada marca ou modelo comercializados por mais de um fornecedor forem os únicos capazes de atender às necessidades do contratante;

d) quando a descrição do objeto a ser licitado puder ser mais bem compreendida pela identificação de determinada marca ou determinado modelo aptos a servir apenas como referência;

II – exigir amostra ou prova de conceito do bem no procedimento de pré-qualificação permanente, na fase de julgamento das propostas ou de lances, ou no período de vigência do contrato ou da ata de registro de preços, desde que previsto no edital da licitação e justificada a necessidade de sua apresentação;

III – vedar a contratação de marca ou produto, quando, mediante processo administrativo, restar comprovado que produtos adquiridos e utilizados anteriormente pela Administração não atendem a requisitos indispensáveis ao pleno adimplemento da obrigação contratual;

IV – solicitar, motivadamente, carta de solidariedade emitida pelo fabricante, que assegure a execução do contrato, no caso de licitante revendedor ou distribuidor.

Parágrafo único. A exigência prevista no inciso II do *caput* deste artigo restringir-se-á ao licitante provisoriamente vencedor quando realizada na fase de julgamento das propostas ou de lances.

Art. 42. A prova de qualidade de produto apresentado pelos proponentes como similar ao das marcas eventualmente indicadas no edital será admitida por qualquer um dos seguintes meios:

I – comprovação de que o produto está de acordo com as normas técnicas determinadas pelos órgãos oficiais competentes, pela Associação Brasileira de Normas Técnicas (ABNT) ou por outra entidade credenciada pelo Inmetro;

II – declaração de atendimento satisfatório emitida por outro órgão ou entidade de nível federativo equivalente ou superior que tenha adquirido o produto;

III – certificação, certificado, laudo laboratorial ou documento similar que possibilite a aferição da qualidade e da conformidade do produto ou do processo de fabricação, inclusive sob o aspecto ambiental, emitido por instituição oficial competente ou por entidade credenciada.

§ 1.º O edital poderá exigir, como condição de aceitabilidade da proposta, certificação de qualidade do produto por instituição credenciada pelo Conselho Nacional de Metrologia, Normalização e Qualidade Industrial (Conmetro).

§ 2.º A Administração poderá, nos termos do edital de licitação, oferecer protótipo do objeto pretendido e exigir, na fase de julgamento das propostas, amostras do licitante provisoriamente vencedor, para atender a diligência ou, após o julgamento, como condição para firmar contrato.

§ 3.º No interesse da Administração, as amostras a que se refere o § 2.º deste artigo poderão ser examinadas por instituição com reputação ético-profissional na especialidade do objeto, previamente indicada no edital.

Art. 43. O processo de padronização deverá conter:

I – parecer técnico sobre o produto, considerados especificações técnicas e estéticas, desempenho, análise de contratações anteriores, custo e condições de manutenção e garantia;

II – despacho motivado da autoridade superior, com a adoção do padrão;

III – síntese da justificativa e descrição sucinta do padrão definido, divulgadas em sítio eletrônico oficial.

§ 1.º É permitida a padronização com base em processo de outro órgão ou entidade de nível federativo igual ou superior ao do órgão adquirente, devendo o ato que decidir pela adesão a outra padronização ser devidamente motivado, com indicação da necessidade da Administração e dos riscos decorrentes dessa decisão, e divulgado em sítio eletrônico oficial.

Título II – Das Licitações

Art. 46

§ 2.º As contratações de soluções baseadas em *software* de uso disseminado serão disciplinadas em regulamento que defina processo de gestão estratégica das contratações desse tipo de solução.

Art. 44. Quando houver a possibilidade de compra ou de locação de bens, o estudo técnico preliminar deverá considerar os custos e os benefícios de cada opção, com indicação da alternativa mais vantajosa.

Subseção II
Das Obras e Serviços de Engenharia

Art. 45. As licitações de obras e serviços de engenharia devem respeitar, especialmente, as normas relativas a:

I – disposição final ambientalmente adequada dos resíduos sólidos gerados pelas obras contratadas;

II – mitigação por condicionantes e compensação ambiental, que serão definidas no procedimento de licenciamento ambiental;

III – utilização de produtos, de equipamentos e de serviços que, comprovadamente, favoreçam a redução do consumo de energia e de recursos naturais;

IV – avaliação de impacto de vizinhança, na forma da legislação urbanística;

V – proteção do patrimônio histórico, cultural, arqueológico e imaterial, inclusive por meio da avaliação do impacto direto ou indireto causado pelas obras contratadas;

VI – acessibilidade para pessoas com deficiência ou com mobilidade reduzida.

Art. 46. Na execução indireta de obras e serviços de engenharia, são admitidos os seguintes regimes:

I – empreitada por preço unitário;

II – empreitada por preço global;

III – empreitada integral;

IV – contratação por tarefa;

V – contratação integrada;

VI – contratação semi-integrada;

VII – fornecimento e prestação de serviço associado.

§ 1.º É vedada a realização de obras e serviços de engenharia sem projeto executivo, ressalvada a hipótese prevista no § 3.º do art. 18 desta Lei.

§ 2.º A Administração é dispensada da elaboração de projeto básico nos casos de contratação integrada, hipótese em que deverá ser elaborado anteprojeto de acordo com metodologia definida em ato do órgão competente, observados os requisitos estabelecidos no inciso XXIV do art. 6.º desta Lei.

§ 3.º Na contratação integrada, após a elaboração do projeto básico pelo contratado, o conjunto de desenhos, especificações, memoriais e cronograma físico-financeiro deverá ser submetido à aprovação da Administração, que avaliará sua adequação em relação aos parâmetros definidos no edital e conformidade com as normas técnicas, vedadas alterações que reduzam a qualidade ou a vida útil do empreendimento e mantida a responsabilidade integral do contratado pelos riscos associados ao projeto básico.

§ 4.º Nos regimes de contratação integrada e semi-integrada, o edital e o contrato, sempre que for o caso, deverão prever as providências necessárias para a efetivação de desapropriação autorizada pelo poder público, bem como:

I – o responsável por cada fase do procedimento expropriatório;

II – a responsabilidade pelo pagamento das indenizações devidas;

III – a estimativa do valor a ser pago a título de indenização pelos bens expropriados, inclusive de custos correlatos;

IV – a distribuição objetiva de riscos entre as partes, incluído o risco pela diferença entre o custo da desapropriação e a estimativa de valor e pelos eventuais danos e prejuízos ocasionados por atraso na disponibilização dos bens expropriados;

V – em nome de quem deverá ser promovido o registro de imissão provisória na posse e o registro de propriedade dos bens a serem desapropriados.

§ 5.º Na contratação semi-integrada, mediante prévia autorização da Administração, o projeto básico poderá ser alterado, desde que demonstrada a superioridade das inovações propostas pelo contratado em termos de redução de custos, de aumento da qualidade, de redução do prazo de execução ou de facilidade de manutenção ou operação, assumindo o contratado a responsabilidade integral pelos riscos associados à alteração do projeto básico.

§ 6.º A execução de cada etapa será obrigatoriamente precedida da conclusão e da aprovação, pela autoridade competente, dos trabalhos relativos às etapas anteriores.

§ 7.º Os regimes de contratação integrada e semi-integrada somente poderão ser aplicados nas licitações para a contratação de obras, serviços e fornecimentos cujos valores superem aquele previsto para os contratos de que trata a Lei 11.079, de 30 de dezembro de 2004. (VETADO)

§ 8.º O limite de que trata o § 7.º deste artigo não se aplicará à contratação integrada ou semi-integrada destinada a viabilizar projetos de ciência, tecnologia e inovação e de ensino técnico ou superior. (VETADO)

§ 9.º Os regimes de execução a que se referem os incisos II, III, IV, V e VI do *caput* deste artigo serão licitados por preço global e adotarão sistemática de medição e pagamento associada à execução de etapas do cronograma físico-financeiro vinculadas ao cumprimento de metas de resultado, vedada a adoção de sistemática de remuneração orientada por preços unitários ou referenciada pela execução de quantidades de itens unitários.

Subseção III
Dos Serviços em Geral

Art. 47. As licitações de serviços atenderão aos princípios:

I – da padronização, considerada a compatibilidade de especificações estéticas, técnicas ou de desempenho;

II – do parcelamento, quando for tecnicamente viável e economicamente vantajoso.

§ 1.º Na aplicação do princípio do parcelamento deverão ser considerados:

I – a responsabilidade técnica;

II – o custo para a Administração de vários contratos frente às vantagens da redução de custos, com divisão do objeto em itens;

III – o dever de buscar a ampliação da competição e de evitar a concentração de mercado.

§ 2.º Na licitação de serviços de manutenção e assistência técnica, o edital deverá definir o local de realização dos serviços, admitida a exigência de deslocamento de técnico ao local da repartição ou a exigência de que o contratado tenha unidade de prestação de serviços em distância compatível com as necessidades da Administração.

Art. 48. Poderão ser objeto de execução por terceiros as atividades materiais acessórias, instrumentais ou complementares aos assuntos que constituam área de competência le-

Título II – Das Licitações

Art. 51

gal do órgão ou da entidade, vedado à Administração ou a seus agentes, na contratação do serviço terceirizado:

I – indicar pessoas expressamente nominadas para executar direta ou indiretamente o objeto contratado;

II – fixar salário inferior ao definido em lei ou em ato normativo a ser pago pelo contratado;

III – estabelecer vínculo de subordinação com funcionário de empresa prestadora de serviço terceirizado;

IV – definir forma de pagamento mediante exclusivo reembolso dos salários pagos;

V – demandar a funcionário de empresa prestadora de serviço terceirizado a execução de tarefas fora do escopo do objeto da contratação;

VI – prever em edital exigências que constituam intervenção indevida da Administração na gestão interna do contratado.

Parágrafo único. Durante a vigência do contrato, é vedado ao contratado contratar cônjuge, companheiro ou parente em linha reta, colateral ou por afinidade, até o terceiro grau, de dirigente do órgão ou entidade contratante ou de agente público que desempenhe função na licitação ou atue na fiscalização ou na gestão do contrato, devendo essa proibição constar expressamente do edital de licitação.

Art. 49. A Administração poderá, mediante justificativa expressa, contratar mais de uma empresa ou instituição para executar o mesmo serviço, desde que essa contratação não implique perda de economia de escala, quando:

I – o objeto da contratação puder ser executado de forma concorrente e simultânea por mais de um contratado; e

II – a múltipla execução for conveniente para atender à Administração.

Parágrafo único. Na hipótese prevista no *caput* deste artigo, a Administração deverá manter o controle individualizado da execução do objeto contratual relativamente a cada um dos contratados.

Art. 50. Nas contratações de serviços com regime de dedicação exclusiva de mão de obra, o contratado deverá apresentar, quando solicitado pela Administração, sob pena de multa, comprovação do cumprimento das obrigações trabalhistas e com o Fundo de Garantia do Tempo de Serviço (FGTS) em relação aos empregados diretamente envolvidos na execução do contrato, em especial quanto ao:

I – registro de ponto;

II – recibo de pagamento de salários, adicionais, horas extras, repouso semanal remunerado e décimo terceiro salário;

III – comprovante de depósito do FGTS;

IV – recibo de concessão e pagamento de férias e do respectivo adicional;

V – recibo de quitação de obrigações trabalhistas e previdenciárias dos empregados dispensados até a data da extinção do contrato;

VI – recibo de pagamento de vale-transporte e vale-alimentação, na forma prevista em norma coletiva.

Subseção IV
Da Locação de Imóveis

Art. 51. Ressalvado o disposto no inciso V do *caput* do art. 74 desta Lei, a locação de imóveis deverá ser precedida de licitação e avaliação prévia do bem, do seu estado de conservação, dos custos de adaptações e do prazo de amortização dos investimentos necessários.

Subseção V
Das Licitações Internacionais

Art. 52. Nas licitações de âmbito internacional, o edital deverá ajustar-se às diretrizes da política monetária e do comércio exterior e atender às exigências dos órgãos competentes.

§ 1.º Quando for permitido ao licitante estrangeiro cotar preço em moeda estrangeira, o licitante brasileiro igualmente poderá fazê-lo.

§ 2.º O pagamento feito ao licitante brasileiro eventualmente contratado em virtude de licitação nas condições de que trata o § 1.º deste artigo será efetuado em moeda corrente nacional.

§ 3.º As garantias de pagamento ao licitante brasileiro serão equivalentes àquelas oferecidas ao licitante estrangeiro.

§ 4.º Os gravames incidentes sobre os preços constarão do edital e serão definidos a partir de estimativas ou médias dos tributos.

§ 5.º As propostas de todos os licitantes estarão sujeitas às mesmas regras e condições, na forma estabelecida no edital.

§ 6.º Observados os termos desta Lei, o edital não poderá prever condições de habilitação, classificação e julgamento que constituam barreiras de acesso ao licitante estrangeiro, admitida a previsão de margem de preferência para bens produzidos no País e serviços nacionais que atendam às normas técnicas brasileiras, na forma definida no art. 26 desta Lei.

1. FASE PREPARATÓRIA OU INTERNA DA LICITAÇÃO

Conforme destacado anteriormente, a fase interna ou preparatória da licitação envolve os atos iniciais e preparatórios praticados por cada órgão e entidade administrativa para efetivação da licitação.

A fase preparatória, que não era detalhada na antiga Lei 8.666/1993, recebe mais destaque na Lei 14.133/2021, o que revela preocupação salutar com os atos preparatórios da licitação, uma vez que a descrição do objeto, a definição das regras do edital, a pesquisa de preços e outros atos iniciais impactam diretamente a eficiência da licitação e do próprio contrato.[62] De fato, inúmeros problemas podem ser evitados com a realização adequada dos atos preparatórios da licitação.

A preocupação com o planejamento da Administração na realização das licitações e nas contratações é evidenciada no art. 18 da Lei 14.133/2021, que exige, na fase preparatória, a compatibilização com o plano de contratações anual (art. 12, VII, da Lei) e com as leis orçamentárias, bem como a abordagem de todas as considerações técnicas, mercadológicas e de gestão que podem interferir na contratação, compreendendo: a) descrição da necessidade da contratação fundamentada em estudo técnico preliminar, caracterizando o interesse público envolvido; b) definição do objeto para atender à

---

[62] Nas contratações realizadas durante o estado de calamidade pública, o art. 3º da Lei 14.981/2024 estabelece regime jurídico mais flexível, destacando-se: a) dispensa da elaboração de ETP, quando se tratar de aquisição e contratação de obras e serviços comuns, inclusive de engenharia; b) o gerenciamento de riscos da contratação será exigível somente durante a gestão do contrato; e c) possibilidade de apresentação simplificada de termo de referência, de anteprojeto ou de projeto básico.

Título II – Das Licitações

Art. 52

necessidade, por meio de termo de referência, anteprojeto, projeto básico ou projeto executivo, conforme o caso;[63] c) definição das condições de execução e pagamento, das garantias exigidas e ofertadas e das condições de recebimento; d) orçamento estimado, acompanhado das composições dos preços utilizados para sua formação; e) elaboração do edital de licitação; f) elaboração de minuta de contrato, quando necessária, hipótese em que constará obrigatoriamente como anexo do edital de licitação; g) regime de fornecimento de bens, de prestação de serviços ou de execução de obras e serviços de engenharia, observados os potenciais de economia de escala; h) a modalidade de licitação, o critério de julgamento, o modo de disputa, e a adequação e eficiência da forma de combinação destes parâmetros para os fins de seleção da proposta apta a gerar o resultado de contratação mais vantajoso para a Administração Pública, considerando todo o ciclo de vida do objeto; i) motivação circunstanciada das condições editalícias, tais como justificativa das exigências de qualificação técnica, mediante indicação das parcelas de maior relevância técnica e valor significativo do objeto, justificativa dos critérios de pontuação e julgamento das propostas técnicas, nas licitações com julgamento por melhor técnica ou técnica e preço, e justificativa das regras pertinentes à participação de empresas em consórcio; j) análise dos riscos que possam comprometer o sucesso da licitação e a boa execução contratual; k) motivação sobre o momento da divulgação do orçamento da licitação, observado o art. 24 da Lei.

Conforme evidenciado pelo art. 18 da Lei 14.133/2021, a exigência de planejamento nas licitações justifica a necessidade de compatibilização da fase preparatória com o plano de contratações anual e com as leis orçamentárias.

O plano de contratações anual (PCA) tem como objetivos (art. 12, VII, da Lei 14.133/2021 e art. 5.º do Decreto 10.947/2022): a) racionalizar as contratações das unidades administrativas de sua competência, por meio da promoção de contratações centralizadas e compartilhadas, a fim de obter economia de escala, padronização de produtos e serviços e redução de custos processuais; b) garantir o alinhamento com o planejamento estratégico, o plano diretor de logística sustentável e outros instrumentos de governança existentes; c) subsidiar a elaboração das leis orçamentárias; d) evitar o fracionamento de despesas; e e) sinalizar intenções ao mercado fornecedor, de forma a aumentar o diálogo potencial com o mercado e incrementar a competitividade.

Não obstante a redação do inciso VII do art. 12 da Lei 14.133/2021 sugerir uma faculdade na elaboração do PCA, em razão da expressão "poderão", entendemos que o PCA deve ser considerado obrigatório, com fundamento no princípio do planejamento (art. 5.º da Lei 14.133/2021) e as situações de dispensa de elaboração do referido documento devem ser devidamente justificadas.[64]

---

[63] Os incisos XXIII, XXIV e XXV do art. 6.º, da Lei definem, respectivamente, o termo de referência, o anteprojeto e o projeto básico, bem como apresenta os seus elementos constitutivos.

[64] Em âmbito federal, o Decreto 10.947/2022, que dispões sobre o PCA e institui o Sistema de Planejamento e Gerenciamento de Contratações, define o PCA como o "documento que consolida as demandas que o órgão ou a entidade planeja contratar no exercício subsequente ao de sua elaboração" (art. 2.º, V).

Em âmbito federal, o art. 7.º do Decreto 10.947/2022 dispensa a registro no PCA nas seguintes hipóteses: a) informações classificadas como sigilosas, nos termos do disposto na Lei 12.527/2011, ou abrangidas pelas demais hipóteses legais de sigilo; b) contratações realizadas por meio de concessão de suprimento de fundos, nas hipóteses previstas no art. 45 do Decreto 93.872/1986; c) hipóteses previstas nos incisos VI (comprometimento da segurança nacional), VII (casos de guerra, estado de defesa, estado de sítio, intervenção federal ou de grave perturbação da ordem) e VIII (casos de emergência ou calamidade pública) do *caput* do art. 75 da Lei 14.133/2021; e d) pequenas compras e a prestação de serviços de pronto pagamento, de que trata o § 2.º do art. 95 da Lei 14.133/2021.

O plano de contratações anual (PCA), que antecede o ETP, constitui instrumento importante de governança pública que orienta, de maneira abrangente, as fases preparatórias das licitações públicas.

É preciso, ainda, garantir ampla divulgação ao PCA, que deve ser mantido à disposição do público em sítio eletrônico oficial e será observado pelo ente federativo na realização de licitações e na execução dos contratos (art. 12, § 1.º, da Lei 14.133/2021).

O dever de observar o PCA não impede, naturalmente, a adaptação do plano para atender às necessidades que surgirem ao longo do exercício financeiro, que não poderiam ser previstas anteriormente, ou para adequação às eventuais contingências orçamentárias do Ente federado. Mencione-se, por exemplo, a desnecessidade de previsão no PCA para contratações emergenciais, uma vez que decorrem de situações imprevisíveis que não poderiam ser antecipadas no referido plano.

No âmbito da fase preparatória da licitação, o art. 18 da Lei 14.133/2021 destaca a importância da elaboração de diversos documentos, tais como: estudo técnico preliminar, anteprojeto, termo de referência, projeto básico e o projeto executivo.

O estudo técnico preliminar (ETP) é o documento constitutivo da primeira etapa do planejamento de uma contratação que caracteriza o interesse público envolvido e a sua melhor solução e dá base ao anteprojeto, ao termo de referência ou ao projeto básico a serem elaborados caso se conclua pela viabilidade da contratação (art. 6.º, XX, da Lei).[65]

Apesar da referência ao ETP como "documento constitutivo da primeira etapa do planejamento de uma contratação" no art. 6.º, XX, da Lei 14.133/2021, o ato inaugural do processo de contratação é a requisição do objeto, mediante a formalização

---

[65] Em âmbito federal, a Instrução Normativa SEGES/ME 58/2022 dispõe sobre a elaboração dos Estudos Técnicos Preliminares (ETP), para a aquisição de bens e a contratação de serviços e obras, bem como sobre o Sistema ETP digital. De acordo com os arts. 6.º, 7.º e 8.º da referida IN, o ETP deverá: (i) evidenciar o problema a ser resolvido e a melhor solução, de modo a permitir a avaliação da viabilidade técnica, socioeconômica e ambiental da contratação; (ii) estar alinhado com o Plano de Contratações Anual e com o Plano Diretor de Logística Sustentável, além de outros instrumentos de planejamento da Administração; e (iii) ser elaborado conjuntamente por servidores da área técnica e requisitante ou, quando houver, pela equipe de planejamento da contratação.

do Documento de formalização da demanda (DFD), Documento de oficialização da demanda (DOD) ou outro instrumento semelhante.

Com efeito, a requisição do objeto (formalização da demanda ou solicitação da contratação) por parte da autoridade competente inicia o processo de licitação. Em razão da necessidade de contratação (compras, serviços, obras ou alienações), o agente público descreve o objeto e requisita a sua contratação. O documento que inicia o processo de licitação tem recebido nomenclaturas diversas, tais como: Documento de formalização da demanda (DFD), Documento de oficialização da demanda (DOD) etc.[66] Independentemente da nomenclatura utilizada, o documento deve justificar a necessidade da contratação, indicar o objeto a ser contratado, a respectiva quantidade, entre outros elementos que podem ser indicados nos atos normativos específicos de cada Ente federado.

De acordo com o art. 12, VII, da Lei 14.133/2021, a partir de documentos de formalização de demandas, os órgãos responsáveis pelo planejamento de cada ente federativo devem elaborar os respectivos planos de contratações anual. Aliás, a elaboração do documento de formalização de demanda é necessária, inclusive, nas contratações diretas (art. 72, I, da Lei 14.133/2021).

Conforme já destacado, na etapa inicial do procedimento, o ETP demonstra a necessidade da contratação, deverá evidenciar o problema a ser resolvido e a sua melhor solução, de modo a permitir a avaliação da viabilidade técnica e econômica da contratação.

Na Administração Pública federal, a elaboração do ETP (art. 14 da Instrução Normativa SEGES/ME 58/2022): a) é facultativa nas hipóteses dos incisos I (dispensa de licitação em razão do valor no caso de obras e serviços de engenharia ou de serviços de manutenção de veículos automotores), II (dispensa de licitação em razão do valor no caso de outros serviços e compras), VII (casos de guerra, estado de defesa, estado de sítio, intervenção federal ou de grave perturbação da ordem) e VIII (contratação emergencial) do art. 75 e do § 7.º do art. 90 da Lei 14.133/2021; e b) é dispensada na hipótese do inciso III (licitação deserta ou fracassada) do art. 75 da Lei 14.133/2021 e nos casos de prorrogações dos contratos de serviços e fornecimentos contínuos.

A Administração Pública deve inserir os seguintes elementos no ETP (art. 18, § 1.º, da Lei 14.133/2021): a) descrição da necessidade da contratação, considerado o problema a ser resolvido sob a perspectiva do interesse público; b) demonstração da previsão da contratação no plano de contratações anual, sempre que elaborado, de modo a indicar o seu alinhamento com o planejamento da Administração; c) requisitos da contratação; d) estimativas das quantidades para a contratação, acompanhadas das memórias de cálculo e dos documentos que lhes dão suporte, que considerem interdependências com outras contratações, de modo a possibilitar economia de escala; e) levantamento de mercado, que consiste na análise das alternativas possíveis,

---

[66] Em âmbito federal, por exemplo, o art. 2.º, IV, do Decreto 10.947/2022 define o "documento de formalização de demanda" como "documento que fundamenta o plano de contratações anual, em que a área requisitante evidencia e detalha a necessidade de contratação".

e justificativa técnica e econômica da escolha do tipo de solução a contratar; f) estimativa do valor da contratação, acompanhada dos preços unitários referenciais, das memórias de cálculo e dos documentos que lhe dão suporte, que poderão constar de anexo classificado, se a Administração optar por preservar o seu sigilo até a conclusão da licitação; g) descrição da solução como um todo, inclusive das exigências relacionadas à manutenção e à assistência técnica, quando for o caso; h) justificativas para o parcelamento ou não da contratação; i) demonstrativo dos resultados pretendidos em termos de economicidade e de melhor aproveitamento dos recursos humanos, materiais e financeiros disponíveis; j) providências a serem adotadas pela Administração previamente à celebração do contrato, inclusive quanto à capacitação de servidores ou de empregados para fiscalização e gestão contratual; k) contratações correlatas e/ou interdependentes; l) descrição de possíveis impactos ambientais e respectivas medidas mitigadoras, incluídos requisitos de baixo consumo de energia e de outros recursos, bem como logística reversa para desfazimento e reciclagem de bens e refugos, quando aplicável; m) posicionamento conclusivo sobre a adequação da contratação para o atendimento da necessidade a que se destina. Enquanto os elementos indicados nas alíneas "a", "d", "f", "h" e "m" são obrigatórios, os demais podem ser dispensados, desde que apresentadas as justificativas, na forma do art. 18, § 1.º.

Nos estudos técnicos preliminares para contratações de obras e serviços comuns de engenharia, se demonstrada a inexistência de prejuízos para aferição dos padrões de desempenho e qualidade almejados, a possibilidade de especificação do objeto poderá ser indicada apenas em termo de referência, dispensada a elaboração de projetos (art. 18, § 3.º).

Registre-se, mais uma vez, que o ETP serve como base para elaboração do anteprojeto, do termo de referência e do projeto básico que representam documentos importantes integrantes da fase preparatória da licitação.

Conforme já decidiu o TCU, a publicação do ETP em conjunto com o instrumento convocatório não é obrigatória, em razão da ausência de imposição legal.[67] Contudo, na forma do art. 54, § 3.º, da Lei 14.133/2021, após a homologação do processo licitatório, serão disponibilizados no PNCP e, se o órgão ou entidade responsável pela licitação entender cabível, também no respectivo sítio eletrônico oficial, os documentos elaborados na fase preparatória que porventura não tenham integrado o edital e seus anexos, o que inclui o ETP.

O anteprojeto, por sua vez, é a peça técnica que apresenta todos os subsídios necessários à elaboração do projeto básico e deve conter, no mínimo, os seguintes elementos (art. 6.º, XXIV): a) demonstração e justificativa do programa de necessidades, avaliação de demanda do público-alvo, motivação técnico-econômico-social do empreendimento, visão global dos investimentos e definições relacionadas ao nível de serviço desejado; b) condições de solidez, de segurança e de durabilidade; c) prazo de entrega; d) estética do projeto arquitetônico, traçado geométrico e/ou projeto da área de influência, quando cabível; e) parâmetros de adequação ao interesse pú-

---

[67]   TCU, Acórdão 2.273/2024, Plenário, Rel. Min. Benjamin Zymler, data da sessão 23/10/2024.

Título II – Das Licitações

Art. 52

blico, de economia na utilização, de facilidade na execução, de impacto ambiental e de acessibilidade; f) proposta de concepção da obra ou do serviço de engenharia; g) projetos anteriores ou estudos preliminares que embasaram a concepção proposta; h) levantamento topográfico e cadastral; i) pareceres de sondagem; e j) memorial descritivo dos elementos da edificação, dos componentes construtivos e dos materiais de construção, de forma a estabelecer padrões mínimos para a contratação.

Cabe destacar que nas contratações de obras e serviços de engenharia sob o regime de contratação integrada, a Administração é dispensada da elaboração de projeto básico, mas deve elaborar o anteprojeto (art. 46, § 2.º).

O termo de referência (TR), por sua vez, é o documento necessário para a contratação de bens e serviços, constituído pelos seguintes parâmetros e elementos descritivos (art. 6.º, XXIIII):[68] a) definição do objeto, incluídos sua natureza, os quantitativos, o prazo do contrato e, se for o caso, a possibilidade de sua prorrogação; b) fundamentação da contratação, que consiste na referência aos estudos técnicos preliminares correspondentes ou, quando não for possível divulgar esses estudos, no extrato das partes que não contiverem informações sigilosas; c) descrição da solução como um todo, considerado todo o ciclo de vida do objeto; d) requisitos da contratação; e) modelo de execução do objeto, que consiste na definição de como o contrato deverá produzir os resultados pretendidos desde o seu início até o seu encerramento; f) modelo de gestão do contrato, que descreve como a execução do objeto será acompanhada e fiscalizada pelo órgão ou entidade; g) critérios de medição e de pagamento; h) forma e critérios de seleção do fornecedor; i) estimativas do valor da contratação, acompanhadas dos preços unitários referenciais, das memórias de cálculo e dos documentos que lhe dão suporte, com os parâmetros utilizados para a obtenção dos preços e para os respectivos cálculos, que devem constar de documento separado e classificado; e j) adequação orçamentária.

No âmbito da Administração Pública federal, a elaboração do TR é dispensada em três hipóteses (art. 11 da IN SEGES/ME 81/2022): a) inciso III do art. 75 da Lei 14.133/2021, que trata da licitação deserta e fracassada; b) adesões a atas de registro de preços; e c) prorrogações dos contratos de serviços e fornecimentos contínuos.

O projeto básico é o documento que apresenta os elementos necessários e suficientes, com nível de precisão adequado para definir e dimensionar a obra ou o serviço, ou o complexo de obras ou de serviços objeto da licitação, elaborado com base nas indicações dos estudos técnicos preliminares, que assegure a viabilidade técnica e o adequado tratamento do impacto ambiental do empreendimento e que possibilite a avaliação do

---

[68] Em âmbito federal, a Instrução Normativa SEGES/ME 81/2022 dispõe sobre a elaboração do Termo de Referência – TR, para a aquisição de bens e a contratação de serviços, e sobre o Sistema TR digital. De acordo com a referida IN, o TR é o documento necessário para a contratação de bens e serviços, integrante da fase preparatória da instrução do processo de licitação. Já o Sistema TR Digital é a "ferramenta informatizada integrante da plataforma do Sistema Integrado de Administração de Serviços Gerais – Siasg, disponibilizada pela Secretaria de Gestão da Secretaria Especial de Desburocratização, Gestão e Governo Digital do Ministério da Economia, para elaboração dos TR" (art. 3.º, I e II, da IN).

custo da obra e a definição dos métodos e do prazo de execução, devendo conter os seguintes elementos (art. 6.º, XXV, da Lei 14.133/2021): a) levantamentos topográficos e cadastrais, sondagens e ensaios geotécnicos, ensaios e análises laboratoriais, estudos socioambientais e demais dados e levantamentos necessários para execução da solução escolhida; b) soluções técnicas globais e localizadas, suficientemente detalhadas, de forma a evitar, por ocasião da elaboração do projeto executivo e da realização das obras e montagem, a necessidade de reformulações ou variantes quanto à qualidade, ao preço e ao prazo inicialmente definidos; c) identificação dos tipos de serviços a executar e dos materiais e equipamentos a incorporar à obra, bem como das suas especificações, de modo a assegurar os melhores resultados para o empreendimento e a segurança executiva na utilização do objeto, para os fins a que se destina, considerados os riscos e os perigos identificáveis, sem frustrar o caráter competitivo para a sua execução; d) informações que possibilitem o estudo e a definição de métodos construtivos, de instalações provisórias e de condições organizacionais para a obra, sem frustrar o caráter competitivo para a sua execução; e) subsídios para montagem do plano de licitação e gestão da obra, compreendidos a sua programação, a estratégia de suprimentos, as normas de fiscalização e outros dados necessários em cada caso; e f) orçamento detalhado do custo global da obra, fundamentado em quantitativos de serviços e fornecimentos propriamente avaliados, obrigatório exclusivamente para os regimes de execução previstos nos incisos I, II, III, IV e VII do *caput* do art. 46 da Lei 14.133/2021.

O projeto executivo é o "conjunto de elementos necessários e suficientes à execução completa da obra, com o detalhamento das soluções previstas no projeto básico, a identificação de serviços, de materiais e de equipamentos a serem incorporados à obra, bem como suas especificações técnicas, de acordo com as normas técnicas pertinentes" (art. 6.º, XXVI, da Lei 14.133/2021).

Conforme assinalado anteriormente, o art. 18, § 3.º, da Lei 14.133/2021 permite que, nas contratações de obras e serviços comuns de engenharia, o objeto seja especificado no termo de referência, dispensada a elaboração de projeto executivo.

Cabe destacar que, na contratação integrada para obras e serviços de engenharia, a elaboração dos projetos básicos e executivos é responsabilidade do contratado (art. 6.º, XXXII, da Lei 14.133/2021). Na contratação semi-integrada, por sua vez, cabe ao contratado a elaboração do projeto executivo (art. 6.º, XXXIII, da Lei 14.133/2021).

O art. 19 da Lei 14.133/2021 dispõe que os órgãos da Administração com competências regulamentares relativas às atividades de administração de materiais, de obras e serviços e de licitações e contratos deverão: a) instituir instrumentos que permitam, preferencialmente, a centralização dos procedimentos de aquisição e contratação de bens e serviços; b) criar catálogo eletrônico de padronização de compras, serviços e obras, admitida a adoção do catálogo do Poder Executivo federal por todos os entes federativos;[69] c) instituir sistema informatizado de acompanhamento de obras, inclusive com recursos de imagem e vídeo; d) instituir, com auxílio dos órgãos de asses-

---

[69] Em âmbito federal, a Portaria SEGES/ME 938/2022 instituiu o catálogo eletrônico de padronização de compras, serviços e obras.

Título II – Das Licitações

Art. 52

soramento jurídico e de controle interno, modelos de minutas de editais, de termos de referência, de contratos padronizados e de outros, admitida a adoção das minutas do Poder Executivo federal por todos os entes federativos; e) promover a adoção gradativa de tecnologias e processos integrados que permitam a criação, a utilização e a atualização de modelos digitais de obras e serviços de engenharia. As exigências em comento são justificadas pela busca da economia de escala e maior racionalidade nas contratações, além da eficiência e transparência na fiscalização dos contratos.

É oportuno destacar que o catálogo eletrônico de padronização era considerado um procedimento auxiliar no Regime Diferenciado de Contratações Públicas (RDC), constituindo-se em sistema informatizado, de gerenciamento centralizado, destinado a permitir a padronização dos itens a serem adquiridos pela Administração Pública que estarão disponíveis para a realização de licitação (arts. 29, IV e 33 da Lei 12.462/2011).

No âmbito do RDC, admitia-se a utilização do catálogo em licitações cujo critério de julgamento seja a oferta de menor preço ou de maior desconto, e conterá toda a documentação e procedimentos da fase interna da licitação, assim como as especificações dos respectivos objetos, conforme disposto em regulamento (art. 33, parágrafo único, da Lei 12.462/2011).

A atual Lei de Licitações, inspirada no RDC, trata do catálogo eletrônico de padronização de compras, serviços e obras, admitindo que os entes federados utilizem o catálogo do Poder Executivo federal.

O catálogo eletrônico de padronização, segundo dispõe o art. 6.º, LI, da Lei 14.133/2021, é o "sistema informatizado, de gerenciamento centralizado e com indicação de preços, destinado a permitir a padronização de itens a serem adquiridos pela Administração Pública e que estarão disponíveis para a licitação".

No atual regime jurídico das contratações públicas, o catálogo poderá ser utilizado em licitações cujo critério de julgamento seja o de menor preço ou o de maior desconto e conterá toda a documentação e os procedimentos próprios da fase interna de licitações, assim como as especificações dos respectivos objetos, conforme disposto em regulamento (art. 19, § 1.º, da Lei).

Com o intuito de incentivar a padronização na atuação administrativa, a eventual não utilização do catálogo eletrônico de padronização ou dos modelos de minutas deverá ser justificada por escrito e anexada ao respectivo processo licitatório (art. 19, § 2.º, da Lei).

Nas licitações de obras e serviços de engenharia e arquitetura, sempre que adequada ao objeto da licitação, será preferencialmente adotada a Modelagem da Informação da Construção (*Building Information Modelling* – BIM ou "Modelagem da Informação da Construção") ou tecnologias e processos integrados similares ou mais avançados que venham a substituí-la (art. 19, § 3.º, da Lei de Licitações).[70]

---

[70] Em âmbito federal, o Decreto 11.888/2024 dispôs sobre a Estratégia Nacional de Disseminação do *Building Information Modelling* no Brasil (Estratégia BIM BR) e instituiu o Comitê Gestor da Estratégia do *Building Information Modelling* – BIM BR.

De acordo com o art. 20 da Lei de Licitações, os itens de consumo adquiridos para suprir as demandas das estruturas da Administração Pública deverão ser de qualidade comum, não superior à necessária para cumprir as finalidades às quais se destinam, vedada a aquisição de artigos de luxo.

Os Poderes Executivo, Legislativo e Judiciário definirão em regulamento os limites para o enquadramento dos bens de consumo nas categorias comum e luxo (art. 20, § 1.º, da Lei).

No âmbito do Poder Executivo federal, o art. 2.º do Decreto 10.818/2021, que regulamenta o art. 20 da Lei 14.133/2021, apresenta as seguintes definições:[71] "I – bem de luxo – bem de consumo com alta elasticidade-renda da demanda, identificável por meio de características, tais como: a) ostentação; b) opulência; c) forte apelo estético; ou d) requinte; II – bem de qualidade comum – bem de consumo com baixa ou moderada elasticidade-renda da demanda; III – bem de consumo – todo material que atenda a, no mínimo, um dos seguintes critérios: a) durabilidade – em uso normal, perde ou reduz as suas condições de uso, no prazo de dois anos; b) fragilidade – facilmente quebradiço ou deformável, de modo irrecuperável ou com perda de sua identidade; c) perecibilidade – sujeito a modificações químicas ou físicas que levam à deterioração ou à perda de suas condições de uso com o decorrer do tempo; d) incorporabilidade – destinado à incorporação em outro bem, ainda que suas características originais sejam alteradas, de modo que sua retirada acarrete prejuízo à essência do bem principal; ou e) transformabilidade – adquirido para fins de utilização como matéria-prima ou matéria intermediária para a geração de outro bem; e IV – elasticidade-renda da demanda – razão entre a variação percentual da quantidade demandada e a variação percentual da renda média".

O art. 5.º do referido Decreto veda a aquisição de bens de consumo enquadrados como bens de luxo, excluídos do referido conceito, na forma do art. 4.º, os bens adquiridos a preço equivalente ou inferior ao preço do bem de qualidade comum de mesma natureza, e os bens que possuam características superiores justificadas em face da estrita atividade do órgão ou da entidade.

Os bens de luxo devem ser identificados pelas unidades de contratação dos órgãos e das entidades nos documentos de formalização de demandas antes da elaboração do plano de contratações anual, e os documentos de formalização de demandas que contiverem demandas por bens de luxo retornarão aos setores requisitantes para supressão ou substituição dos bens demandados (art. 6.º, *caput* e parágrafo único, do Decreto 10.818/2021).

---

[71] De acordo com o art. 1.º, *caput* e parágrafo único, do Decreto 10.818/2021, as disposições do citado Decreto serão aplicadas à Administração Pública federal e às contratações realizadas por outros entes federativos com a utilização de recursos da União oriundos de transferências voluntárias. Destaca-se, aqui, a necessidade de edição de atos normativos próprios pelo Poder Judiciário e pelo Poder Legislativo para fixação dos limites para o enquadramento dos bens de consumo nas categorias comum e luxo (art. 20, § 1.º, da Lei 14.133/2021).

Não obstante a apresentação de definição dos bens de luxo no Decreto 10.818/2021, trata-se de conceito jurídico indeterminado que apresenta dificuldades sobre o enquadramento de determinados bens na conceituação. A própria definição apresentada pelo referido Decreto é repleta de expressões vagas (ostentação, opulência, forte apelo estético e requinte).

Ainda que impreciso o conceito jurídico indeterminado, é possível extrair da expressão uma "certeza negativa" (situações que certamente não se inserem no conceito) e uma "certeza positiva" (hipóteses que certamente se encaixam no conceito). Entre essas duas "zonas de certezas", existe a chamada "zona de penumbra" ou "de incerteza", em que a definição do conceito demanda uma criatividade maior do intérprete.

Em nossa opinião, os bens que certamente se incluírem na zona positiva da expressão "bem de luxo" devem ser afastados das contratações públicas. Os bens enquadrados na zona de certeza negativa do citado conceito podem ser adquiridos pela Administração Pública. Por fim, na hipótese de bens que integrarem a zona de incerteza, com razoável dúvida sobre o enquadramento do bem no conceito de "bem de luxo", deve haver deferência por parte dos órgãos de controle sobre as decisões adotadas pelos gestores públicos.[72]

Verifica-se, portanto, que a vedação legislativa à aquisição de "artigos de luxo" enfrentará o enorme desafio na própria definição da expressão em cada contratação e não afastará o dever inerente às contratações públicas de empregar bens que sejam adequados às suas necessidades, em atenção ao princípio da proporcionalidade, o que não significa, certamente, a imposição legal de aquisição de bens de baixa qualidade.

O § 3.º do art. 20 do PL 4.253/2020, que estabelecia que os valores de referência dos três Poderes nas esferas federal, estadual, distrital e municipal não poderiam ser superiores aos valores de referência do Poder Executivo federal, foi vetado pelo Presidente da República, pois representava uma intromissão indevida na organização administrativa e nas peculiaridades dos demais poderes e entes federados, em afronta ao princípio da separação de poderes e ao pacto federativo.

2. ADMINISTRAÇÃO PÚBLICA CONSENSUAL E GERENCIAL: AUDIÊNCIAS PÚBLICAS, CONSULTAS PÚBLICAS E REPARTIÇÃO DE RISCOS

A partir da tendência consagrada em outros diplomas legais, que justificam a nomenclatura utilizada pela doutrina para fazer referência à Administração contemporânea ("Administração Pública Consensual" ou "Administração Pública Democrática"),[73] o art. 21 da Lei 14.133/2021 prevê instrumentos de participação

---

[72] De forma diversa, Marçal Justen Filho afirma que: "se houver dúvida sobre caracterizar-se ou não o produto como luxuoso, estará configurada a vedação". JUSTEN FILHO, Marçal. *Comentários à lei de licitações e contratações administrativas*. São Paulo: Thomson Reuters Brasil, 2021, p. 369.

[73] Sobre a consensualidade e a participação administrativa, vide: OLIVEIRA, Rafael Carvalho Rezende. *Curso de direito administrativo*, 8. ed. São Paulo: Método, 2020, p. 52-55.

direta (audiências e consultas públicas) nas licitações, o que garante maior legitimidade ao procedimento.

Outra tendência refere-se à repartição de riscos entre os contratantes que, apesar de não ter recebido tratamento expresso na antiga Lei 8.666/1993, recebeu especial atenção da legislação específica.

Assim, de forma semelhante ao que já existia na PPP (arts. 4.º, VI, e 5.º, III, da Lei 11.079/2004) e no RDC (art. 9.º, § 5.º, da Lei 12.462/2011), o art. 22 da Lei 14.133/2021 permite que o edital contemple matriz de alocação de riscos entre o contratante e o contratado, hipótese em que o cálculo do valor estimado da contratação poderá considerar taxa de risco compatível com o objeto da licitação e com os riscos atribuídos ao contratado, de acordo com metodologia predefinida pelo ente federativo.

A matriz de riscos será obrigatória nas contratações de obras e serviços de grande vulto, assim considerados os contratos com valor estimado superior a R$ 250.902.323,87, bem como nos regimes de contratação integrada e semi-integrada, na forma dos arts. 6.º, XXII, e 22, § 3.º, da Lei de Licitações e do Decreto 12.343/2024.

Nas contratações integradas ou semi-integradas, os riscos decorrentes de fatos supervenientes à contratação associados à escolha da solução de projeto básico pelo contratado deverão ser alocados como de sua responsabilidade na matriz de riscos (art. 22, § 4.º, da Lei).

A matriz deverá promover a alocação eficiente dos riscos de cada contrato, estabelecendo a responsabilidade que cabe a cada parte contratante e, também, mecanismos que afastem a ocorrência do sinistro e que mitiguem os efeitos deste, caso este ocorra durante a execução contratual (art. 22, § 1.º, da Lei).

É salutar a exigência de alocação eficiente dos riscos, com implementação de mecanismos que mitiguem os efeitos de eventual sinistro. Trata-se de exigência que, não obstante o silêncio da maioria dos diplomas legais, já era apresentada pela doutrina.

Com efeito, a imputação dos riscos à parte que possui melhores condições de gerenciá-los, acarreta, naturalmente, mais segurança jurídica e economicidade à contratação.[74]

Assim, por exemplo, os riscos políticos, cambiais, de interpretação judicial, de disponibilidade financeira, de relações internacionais, que não são gerenciáveis pelo particular, deveriam ser assumidos, preferencialmente, pelo Poder Concedente e os riscos ligados à construção, operação, rendimento, tecnologia e competição seriam alocados à concessionária.[75]

---

[74] Em abono à nossa tese, o Enunciado 28 da I Jornada de Direito Administrativo realizada pelo Centro de Estudos Judiciários do Conselho da Justiça Federal (CEJ/CJF), ao dispor sobre as concessões comuns e especiais, prevê: "Na fase interna da licitação para concessões e parcerias público-privadas, o Poder Concedente deverá indicar as razões que o levaram a alocar o risco no concessionário ou no Poder Concedente, tendo como diretriz a melhor capacidade da parte para gerenciá-lo."

[75] SOUTO, Marcos Juruena Villela. Parcerias Público-Privadas. *Revista de Direito da Associação dos Procuradores do Novo Estado do Rio de Janeiro*, Rio de Janeiro, v. XVII, p. 35, 2006.

Deve ser evitada, na mesma linha de raciocínio, a imputação à concessionária dos riscos relacionados aos eventos praticados pelo Poder Concedente, especialmente as hipóteses de inadimplemento contratual (fato da administração) ou atos externos à relação jurídica que repercutem no equilíbrio econômico-financeiro do contrato (fato do príncipe).[76]

O contrato deverá refletir a alocação realizada pela matriz de riscos, especialmente quanto (art. 22, § 2.º, da Lei): a) às hipóteses de alteração para o restabelecimento da equação econômico-financeira do contrato nos casos em que o sinistro seja considerado na matriz de riscos como causa de desequilíbrio não suportada pela parte que pretende o restabelecimento; b) à possibilidade de resolução quando o sinistro majorar excessivamente ou impedir a continuidade da execução contratual; c) à contratação de seguros obrigatórios, previamente definidos no contrato e cujo custo de contratação integrará o preço ofertado.

3. VALOR ESTIMADO DA CONTRATAÇÃO

Em relação à estimativa do valor a ser contratado, momento de grande importância para verificação da economicidade da futura avença, o art. 23 da Lei 14.133/2021 dispõe que deverá ser compatível com os valores praticados pelo mercado, levando-se em consideração os preços constantes em bancos de dados públicos e as quantidades a serem contratadas, observadas a potencial economia de escala e as peculiaridades do local de execução do objeto.

É preciso destacar, desde logo, que o valor estimado da contratação não se confunde com o "preço máximo aceitável", expressão indicada, com adaptações, no art. 24 da Lei 14.133/2021 e em outros dispositivos legais.

A distinção é apresentada pelo art. 2.º, I e II, da Instrução Normativa 73/2020, que dispõe sobre o procedimento administrativo para a realização de pesquisa de preços para a aquisição de bens e contratação de serviços em geral, no âmbito da administração pública federal. Segundo o referido ato normativo, enquanto o preço estimado é o "valor obtido a partir de método matemático aplicado em série de preços coletados, podendo desconsiderar, na sua formação, os valores inexequíveis, inconsistentes e os excessivamente elevados", o preço máximo é o "valor de limite que a administração se dispõe a pagar por determinado objeto, levando-se em consideração o preço estimado, os aspectos mercadológicos próprios à negociação com o setor público e os recursos orçamentários disponíveis".

Não obstante a sobredita distinção, em termos práticos, revela-se comum a indicação do preço estimado como preço máximo, especialmente pelo fato de que o art. 59, III, da Lei 14.133/2021 determina a desclassificação das propostas que "apre-

---

[76] DI PIETRO, Maria Sylvia Zanella. *Parcerias na administração pública*. 5. ed. São Paulo: Atlas, 2005. p. 171.

sentarem preços inexequíveis ou permanecerem acima do orçamento estimado para a contratação".[77]

Nas licitações para aquisição de bens e contratação de serviços em geral, conforme regulamento, o valor estimado será definido com base no melhor preço aferido com a utilização dos seguintes parâmetros, adotados de forma combinada ou não (art. 23, § 1.º, da Lei):[78] a) composição de custos unitários menores ou iguais à mediana do item correspondente no painel de preços ou no banco de preços em saúde disponíveis no Portal Nacional de Contratações Públicas (PNCP); b) contratações similares feitas pela Administração Pública, em execução ou concluídas no período de 1 ano anterior à data da pesquisa de preços, inclusive mediante sistema de registro de preços, observado o índice de atualização de preços correspondente; c) utilização de dados de pesquisa publicada em mídia especializada, tabela de referência formalmente aprovada pelo Poder Executivo federal, sítios eletrônicos especializados ou de domínio amplo, desde que contenham a data e hora de acesso; d) pesquisa direta com no mínimo 3 fornecedores mediante solicitação formal de cotação, desde que seja apresentada justificativa da escolha desses fornecedores e que não tenham sido obtidos os orçamentos com mais de 3 meses de antecedência da data de divulgação do edital; e) pesquisa na base nacional de notas fiscais eletrônicas, na forma de regulamento.

Nas licitações para contratação de obras e serviços de engenharia, conforme regulamento, o valor estimado, acrescido do percentual de benefícios e despesas indiretas (BDI) de referência e dos encargos sociais (ES) cabíveis, será definido com a utilização de parâmetros na seguinte ordem (art. 23, § 2.º, da Lei):[79] a) composição de custos unitários menores ou iguais à mediana do item correspondente do Sistema

---

[77] No mesmo sentido: FENILI, Renato; ACHE, Andrea. *A Lei de Licitações e Contratos*: visão sistêmica. Guarulhos: Format Comunicação gráfica e Editora, 2022. v. 1. *E-book*.

[78] Em âmbito federal, a IN SEGES/ME 65/2021 dispõe sobre o procedimento administrativo para a realização de pesquisa de preços para aquisição de bens e contratação de serviços em geral. Em relação aos diversos parâmetros que podem ser utilizados na pesquisa de preços, a referida Instrução Normativa indica a utilização prioritária de dois parâmetros, a saber: a) composição de custos unitários menores ou iguais à mediana do item correspondente nos sistemas oficiais de governo, como Painel de Preços ou banco de preços em saúde, observado o índice de atualização de preços correspondente; e b) contratações similares feitas pela Administração Pública, em execução ou concluídas no período de 1 (um) ano anterior à data da pesquisa de preços, inclusive mediante sistema de registro de preços, observado o índice de atualização de preços correspondente. Em caso de impossibilidade de aplicação dos citados parâmetros, a utilização de outros parâmetros deverá ser justificada nos autos, na forma do art. 5.º, § 1.º.

[79] No âmbito da Lei 8.666/1993, o TCU que seria "irregular a utilização de sistemas privados como referência de custos para contratação de obras e serviços de engenharia sem avaliação de sua compatibilidade com os parâmetros de mercado, e sem a realização de adequadas pesquisas de preços, para fins comparativos, uma vez que está em desacordo com o art. 6.º, inciso IX, alínea "f", da Lei 8.666/1993, e com os princípios da eficiência e da economicidade" (TCU, Acórdão 2595/2021 Plenário, Auditoria, Rel. Min. Bruno Dantas, *Informativo de Jurisprudência sobre Licitações e Contratos do TCU* n. 425).

Título II – Das Licitações

Art. 52

de Custos Referenciais de Obras (Sicro), para serviços e obras de infraestrutura de transportes, ou do Sistema Nacional de Pesquisa de Custos e Índices de Construção Civil (Sinapi), para as demais obras e serviços de engenharia; b) utilização de dados de pesquisa publicada em mídia especializada, tabela de referência formalmente aprovada pelo Poder Executivo federal, sítios eletrônicos especializados ou de domínio amplo, desde que contenham a data e hora de acesso; c) contratações similares feitas pela Administração Pública, em execução ou concluídas no período de 1 ano anterior à data da pesquisa de preços, observado o índice de atualização de preços correspondente; d) pesquisa na base nacional de notas fiscais eletrônicas, na forma de regulamento.

Nas contratações realizadas por Municípios, Estados e Distrito Federal, desde que não envolvam recursos da União, o valor previamente estimado da contratação poderá ser definido com a utilização de outros sistemas de custos já adotados pelo respectivo ente federativo (art. 23, § 3.º, da Lei).

Nos casos de contratação direta, por inexigibilidade ou por dispensa, quando não for possível estimar o valor do objeto, na forma prevista nos §§ 1.º a 3.º do art. 23, o contratado deverá comprovar previamente que os preços estão em conformidade com os praticados, usualmente, em contratações semelhantes de objetos de mesma natureza, com a apresentação de notas fiscais emitidas para outros contratantes no período de até 1 ano anterior à data da contratação ou por outro meio idôneo (art. 23, § 4.º, da Lei).

Nas licitações para contratação de obras e serviços de engenharia sob o regime de execução de contratação integrada e semi-integrada, o valor estimado da contratação será calculado nos termos do § 2.º do art. 23 da Lei, acrescido ou não de parcela referente à remuneração do risco, e, sempre que necessário e o anteprojeto o permitir, a estimativa de preço será baseada em orçamento sintético, balizado em sistema de custo definido no inciso I do § 2.º do referido dispositivo legal, devendo a utilização de metodologia expedita ou paramétrica e de avaliação aproximada baseada em outras contratações similares ser reservadas às frações do empreendimento não suficientemente detalhadas no anteprojeto. Nesse caso, será exigido, no mínimo, o mesmo nível de detalhamento dos licitantes ou contratados no orçamento que compuser suas respectivas propostas (art. 23, §§ 5.º e 6.º, da Lei).

A instituição de normas jurídicas reguladoras da estimativa do valor contratual representa importante avanço em relação ao regime previsto na Lei 8.666/1993 que não dedicava tratamento específico sobre o tema. Na prática, os critérios para fixação de valores eram indicados por regulamentos ou pelos órgãos de controle, bem como pela praxe administrativa.

A fixação de critérios legais para estimativa do valor garante uniformização na atuação da Administração Pública, além de garantir potencial incremento de economicidade e de segurança jurídica aos atores envolvidos nas licitações públicas.

Quanto à divulgação do orçamento estimado da contratação, a Lei de Licitações prevê a possibilidade de publicidade diferida ou sigilo temporário.

Não obstante a regra seja a publicidade dos atos estatais, é permitida a fixação do caráter sigiloso do orçamento estimado, desde que haja motivos relevantes devidamente justificados. Nesse caso, o sigilo não prevalece para os órgãos de controle interno e externo, sem prejuízo da divulgação do detalhamento dos quantitativos e das demais informações necessárias para a elaboração das propostas (art. 24, *caput* e inciso I, da Lei de Licitações).

É inaplicável, contudo, o orçamento sigiloso na licitação em que for adotado o critério de julgamento de maior desconto, o preço estimado ou o máximo aceitável constará do edital da licitação, na forma do art. 24, parágrafo único, da Lei, exigindo-se, nesse caso, a indicação do preço estimado ou máximo aceitável no edital da licitação.

O art. 24, II, do PL 4.253/2020, que deu origem à atual Lei de Licitações, estabelecia que o orçamento seria divulgado apenas e imediatamente após a fase de julgamento de propostas, mas o dispositivo foi vetado pelo Presidente da República, uma vez que inviabilizaria, por exemplo, a manutenção do sigilo na fase de negociação, que é posterior ao julgamento e estratégica para a definição da contratação.

Lembre-se de que o orçamento sigiloso, com a publicidade diferida, já era adotado no Regime Diferenciado de Contratações Públicas (art. 6.º da Lei 12.462/2011) e na Lei das Estatais (art. 34, *caput* e § 3.º, da Lei 13.303/2016).

Contudo, trata-se de regra distinta daquela consagrada no art. 40, § 2.º, II, da antiga Lei 8.666/1993, que exige a apresentação, no anexo do edital de licitação, do orçamento estimado em planilhas de quantitativos e preços unitários.

A necessidade de modificação da regra tradicional de licitação, com a previsão do orçamento sigiloso, sempre foi defendida por parcela da doutrina, especialmente para evitar que a divulgação do orçamento influenciasse a elevação dos valores constantes das propostas e a formação de cartel entre os licitantes, dado que, sem a ciência do preço estimado pela Administração, fica mais difícil de fazer combinações entre concorrentes.[80]

O orçamento sigiloso também é recomendado pelo *Guidelines for fighting bid rigging in public procurement* (Diretrizes para combater o conluio entre concorrentes em contratações públicas) da Organização para Cooperação e Desenvolvimento Econômico (OCDE).[81]

---

[80] SOUTO, Marcos Juruena Villela. *Direito administrativo contratual*. Rio de Janeiro: Lumen Juris, 2004. p. 149. O TCU já admitiu a restrição da divulgação do orçamento da licitação na modalidade pregão. TCU, Plenário, Acórdão 114/07, Rel. Min. Benjamin Zymler, *DOU* 09.02.2007.

[81] De acordo com o OCDE: "Use um preço máximo somente quando ele for baseado em minuciosa pesquisa de mercado e os funcionários estejam convencidos de que ele é muito competitivo. Não publique o preço, mas o mantenha confidencial, em arquivo, ou o deposite junto a outra autoridade pública." No original: "Use a maximum reserve price only if it is based on thorough market research and officials are convinced it is very competitive. Do not publish the reserve price, but keep it confidential in the file or deposit it with another public authority" (OCDE. Guidelines for fighting bid rigging in public procurement (Diretrizes para combater o conluio entre concorrentes em contratações públicas). Disponível em: <http://www.oecd.org/dataoecd/27/19/42851044.pdf>, p. 7. Acesso em: 5 jan. 2021).

Título II – Das Licitações

Art. 52

4. EDITAL

O edital de licitação deve conter o objeto da licitação e as regras relativas à convocação, ao julgamento, à habilitação, aos recursos e às penalidades da licitação, à fiscalização e à gestão do contrato, à entrega do objeto e às condições de pagamento (art. 25 da 14.133/2021).

Sempre que o objeto a ser contratado permitir, a Administração adotará minutas padronizadas de edital e de contrato com cláusulas uniformes (art. 25, § 1.º, da Lei).

Desde que não se produzam prejuízos à competitividade do processo licitatório e à eficiência do respectivo contrato, devidamente demonstrado em estudo técnico preliminar, o edital poderá prever a utilização de mão de obra, materiais, tecnologias e matérias-primas existentes no local da execução, conservação e operação do bem, serviço ou obra (art. 25, § 2.º, da Lei).

Todos os elementos do edital, incluindo minutas de contratos, projetos, anteprojetos e termos de referência e outros anexos, deverão ser disponibilizados em sítio eletrônico oficial, na mesma data em que for disponibilizado o edital e sem a necessidade de registro ou identificação para acesso (art. 25, § 3.º, da Lei de Licitações).

Nas contratações de obras, serviços e fornecimentos de grande vulto, o edital deverá prever a obrigatoriedade de implantação de programa de integridade pelo licitante vencedor, no prazo de 6 meses contados da celebração do contrato, conforme regulamento que disporá sobre as medidas a serem adotadas, a forma de comprovação e as penalidades pelo seu descumprimento (art. 25, § 4.º). Em âmbito federal, o referido dispositivo legal é regulamentado pelo Decreto 12.304/2024 que dispõe sobre os parâmetros e a avaliação dos programas de integridade, cabendo à CGU estabelecer a metodologia de avaliação e os critérios mínimos para considerar o programa de integridade como implantado, desenvolvido ou aperfeiçoado.

A preocupação com a busca da maior lisura nas contratações públicas, a partir de regras que fomentem à instituição de programas de integridade (*compliance*) por parte das empresas que pretendem contratar com o Poder Público, foi intensificada a partir da grave crise ética descortinada pela operação "Lava Jato".

É verdade que a preocupação com a institucionalização de programas de integridade, que tem por objetivo prevenir a prática de atos de corrupção nas relações das empresas privadas com o Poder Público, já pode ser percebida em alguns diplomas legislativos, como, por exemplo: (i) a Lei 12.846/2013 (Lei Anticorrupção), que prevê, como critério para fixação de sanções, a existência de mecanismos e procedimentos internos de integridade, auditoria e incentivo à denúncia de irregularidades e a aplicação efetiva de códigos de ética e de conduta no âmbito da pessoa jurídica; (ii) a Lei 13.303/2016 (Lei das Estatais), que exige a elaboração e a divulgação do Código de Conduta e Integridade no âmbito das empresas estatais.

Contudo, o ordenamento jurídico avançou para exigir, paulatinamente, a criação de programa de integridade por empresas contratadas pela Administração Pública.

A exigência de programas de integridade por empresas contratadas pela Administração Pública foi inicialmente prevista em leis estaduais.[82]

No Estado do Rio de Janeiro, por exemplo, a Lei Estadual 7.753/2017 foi pioneira ao estabelecer a necessidade de implementação de programas de *compliance* nas empresas que celebrarem negócios jurídicos públicos nos casos de valores elevados e com prazo contratual igual ou superior a 180 dias. Em verdade, trata-se de obrigação contratual, imposta à empresa contratada, que tem o prazo de 180 dias, contados da assinatura da avença, para institucionalização do Programa de Integridade, sob pena de pagamento de multa e a impossibilidade da contratação da empresa com o Estado do Rio de Janeiro até a sua regular situação (arts. 5.º, 6.º e 8.º da Lei Estadual 7.753/2017).

Outros entes federados também passaram a exigir a instituição de programa de integridade nas empresas que celebrarem contratos a respectiva Administração Pública, cabendo mencionar, exemplificativamente: Distrito Federal (Lei Distrital 6.112/2018, alterada pela Lei 6.308/2019); Rio Grande do Sul (Lei Estadual 15.228/2018); Amazonas (Lei Estadual 4.730/2018); Goiás (Lei Estadual 20.489/2019); Pernambuco (Lei Estadual 16.722/2019).

É possível perceber, a partir dos diplomas legais mencionados, a crescente exigência de instituição de programas de integridade das empresas que celebram negócios jurídicos com o Poder Público, o que vai ao encontro da preocupação salutar da moralização nas contratações públicas.

Nesse ponto, a atual Lei de Licitações segue a mesma tendência e estipula o dever de instituição de programas de integridade por empresas que celebrarem contratos de obras, serviços e fornecimentos de grande vulto.

Cabe registrar que a existência do programa de integridade não é uma condição para habilitação da pessoa jurídica interessada na respectiva licitação, mas uma exigência direcionada à empresa vencedora do certame, sob pena de sanção.

O edital poderá prever a responsabilidade do contratado pela obtenção do licenciamento ambiental e realização da desapropriação autorizada pelo poder público (art. 25, § 5.º, da Lei 14.133/2021).

Os licenciamentos ambientais de obras e serviços de engenharia licitados e contratados nos termos desta Lei terão prioridade de tramitação nos órgãos e entidades integrantes do Sistema Nacional do Meio Ambiente (Sisnama) e deverão ser orientados pelos princípios da celeridade, da cooperação, da economicidade e da eficiência (art. 25, § 6.º, da Lei).

---

[82] Sobre os programas de integridade nas contratações públicas, vide: OLIVEIRA, Rafael Carvalho Rezende. *Licitações e contratos administrativos*: teoria e prática. 9. ed. São Paulo: Método, 2020. p. 374-376; OLIVEIRA, Rafael Carvalho Rezende; ACOCELLA, Jéssica. A exigência de programas de *compliance* e integridade nas contratações públicas: os Estados-membros na vanguarda. In: OLIVEIRA, Rafael Carvalho Rezende; ACOCELLA, Jéssica (Coord.). *Governança corporativa e compliance*. 2. ed. Salvador: Juspodivm, 2021, p. 73-98.

Independentemente do prazo de execução do contrato, é obrigatória a previsão no edital de índice de reajustamento de preço com data-base vinculada à data do orçamento estimado e com a possibilidade de ser estabelecido mais de um índice específico ou setorial, em conformidade com a realidade de mercado dos respectivos insumos (art. 25, § 7.º, da Lei).

Nas licitações de serviços contínuos, observado o interregno mínimo de 1 ano, é obrigatória a previsão no edital do critério de reajustamento, que será (art. 25, § 8.º, da Lei): a) por reajustamento em sentido estrito, quando não houver regime de dedicação exclusiva de mão de obra ou predominância de mão de obra, mediante previsão de índices específicos ou setoriais com data-base vinculada à da apresentação da proposta; b) por repactuação, quando houver regime de dedicação exclusiva de mão de obra ou predominância de mão de obra, mediante demonstração analítica da variação dos custos.

Nesse ponto, a atual Lei de Licitações mantém a distinção tradicional entre o reajuste em sentido estrito e a repactuação. Ao contrário do reajuste, em que as partes estipulam o índice que reajustará automaticamente o valor do contrato, a repactuação é implementada mediante a demonstrarão analítica da variação dos componentes dos custos do contrato.[83]

O edital poderá, na forma disposta em regulamento, exigir que o contratado destine um percentual mínimo da mão de obra responsável pela execução do objeto da contratação a (art. 25, § 9.º, da Lei): a) mulheres vítimas de violência doméstica;[84] e b) oriundos ou egressos do sistema prisional, na forma estabelecida em regulamento.

Trata-se de previsão relacionada à função regulatória da licitação, utilizada como instrumento de promoção de valores sociais. Desse modo, a licitação não se presta, tão somente, para que a Administração realize a contratação de bens e serviços a um menor custo; o referido instituto tem espectro mais abrangente, servindo como instrumento para o atendimento de finalidades públicas outras, consagradas constitucionalmente.

Não obstante a relevância da função regulatória, a estipulação de finalidades extraeconômicas nas licitações públicas deve ser objeto de planejamento, motivação

---

[83] Sobre o tema, vide: OLIVEIRA, Rafael Carvalho Rezende; HALPERN, Erick. A repactuação nos contratos administrativos: regime jurídico atual e Análise Econômica do Direito. *Revista Brasileira de Direito Público – RBDP*, Belo Horizonte, ano 18, n. 69, p. 33-55, abr./jun. 2020. O art. art. 6.º, LVIII e LIX, da atual Lei apresentam as definições de reajustamento em sentido estrito e repactuação.

[84] Em âmbito federal, o Decreto 11.430/2023 dispõe sobre a exigência, em contratações públicas, de percentual mínimo de mão de obra constituída por mulheres vítimas de violência doméstica. De acordo com o art. 3.º do referido Decreto, nas contratações de serviços contínuos com regime de dedicação exclusiva de mão de obra, com, no mínimo, 25 colaboradores, deve ser respeitado o percentual mínimo de 8% das vagas para mulheres vítimas de violência doméstica. A referida exigência deve ser mantida durante toda a execução contratual e a indisponibilidade de mão de obra com a qualificação necessária para atendimento do objeto contratual não caracteriza descumprimento da legislação (art. 3.º, §§ 2.º e 4.º).

e de razoabilidade, uma vez que a licitação não é o instrumento ordinário (ou principal) para solução dos inúmeros desafios da Administração Pública e a contratação pública tem por objetivo imediato a realização do objeto contratado (execução da obra, a prestação do serviço, o fornecimento do bem etc.).

Por fim, a minuta do edital de licitação e a legalidade dos atos preparatórios devem ser submetidas ao controle prévio do órgão jurídico da Administração, na forma do art. 53 da Lei 14.133/2021.

5. MARGEM DE PREFERÊNCIA

O art. 26 da Lei de Licitações admite a fixação de margem de preferência nos seguintes casos:[85] a) bens manufaturados e serviços nacionais que atendam a normas técnicas brasileiras;[86] e b) bens reciclados, recicláveis ou biodegradáveis, conforme regulamento.

De acordo com o art. 26, § 1.º, da Lei, a referida margem de preferência: a) será definida em decisão fundamentada do Poder Executivo federal para os bens manufaturados e serviços nacionais que atendam a normas técnicas brasileiras; b) poderá ser de até 10% sobre o preço dos demais bens e serviços não indicados na margem de preferência; c) poderá ser estendida a bens manufaturados e serviços originários de Estados-Parte do Mercosul, desde que haja reciprocidade com o País prevista em acordo internacional aprovado pelo Congresso Nacional e ratificado pelo Presidente da República.

Verifica-se que a implementação da margem de preferência não é impositiva e depende de decisão discricionária e fundamentada, consubstanciada na edição de decreto regulamentar, além do cumprimento dos demais requisitos acima indicados.

No tocante aos bens manufaturados nacionais e serviços nacionais resultantes de desenvolvimento e inovação tecnológica no País definidos conforme regulamento do Poder Executivo federal, poderá ser estabelecida margem de preferência de até 20% (art. 26, § 2.º, da Lei).

---

[85] Em âmbito federal, o Decreto 11.890/2024 regulamentou a margem de preferência e instituiu a Comissão Interministerial de Contratações Públicas para o Desenvolvimento Sustentável. Cabe destacar a previsão contida no art. 4.º do referido Decreto que afasta a incidência das margens de preferência, normal e adicional, dos bens manufaturados nacionais e aos serviços nacionais se a capacidade de produção ou de prestação no País for inferior: a) à quantidade de bens a ser adquirida ou de serviços a ser contratada; ou b) aos quantitativos fixados em razão do parcelamento do objeto, quando for o caso.

[86] O art. 6.º da Lei apresenta as seguintes definições: "XXXVI – serviço nacional: serviço prestado em território nacional, nas condições estabelecidas pelo Poder Executivo federal; XXXVII – produto manufaturado nacional: produto manufaturado produzido no território nacional de acordo com o processo produtivo básico ou com as regras de origem estabelecidas pelo Poder Executivo federal".

Título II – Das Licitações

Art. 52

O legislador não foi claro quanto à (im)possibilidade de aplicação conjunta dos percentuais indicados nos §§ 1.º e 2.º do art. 26. Apesar da falta de clareza do legislador, entendemos que os percentuais previstos para as margens de preferência, normal e adicional, não podem ser somados, devendo ser respeitado o limite de 20%.[87]

Os parágrafos em comento relacionam-se com o *caput* do art. 26 da Lei 14.133/2021, que trata dos bens manufaturados e serviços nacionais que atendam a normas técnicas brasileiras, bem como dos bens reciclados, recicláveis ou biodegradáveis. Após a fixação pelo § 1.º do limite de até 10% de margem de preferência, como regra geral, o § 2.º remete à preferência do *caput* do art. 26 e permite a margem de preferência de até 20% para os bens manufaturados nacionais e serviços nacionais resultantes de desenvolvimento e inovação tecnológica no País.

Assim, a regra da margem de preferência de até 10% pode ser ampliada (e não acumulada) para até 20% na hipótese indicada no § 2.º do art. 26.

Importante notar que os §§ 3.º e 4.º do art. 26 do PL 4.253/2020, que deu origem à atual Lei de Licitações e Contratos Administrativos, foram vetados pelo Presidente da República.

De um lado, o § 3.º do art. 26 do PL 4.253/2020 dispunha que os Estados e o Distrito Federal poderiam estabelecer margem de preferência de até 10% para bens manufaturados nacionais produzidos em seus territórios, e os Municípios poderiam fixar margem de preferência de até 10% para bens manufaturados nacionais produzidos nos Estados em que estejam situados. De outro lado, o § 4.º do art. 26 do PL 4.253/2020 admitia a estipulação de margem de preferência de até 10% (dez por cento) para empresas situadas em Municípios com até 50.000 (cinquenta mil) habitantes.

Em suas razões de veto, o Chefe do Executivo violaria o art. 19, III, da CRFB, ao estabelecer distinção entre brasileiros ou preferências entre si, bem como limitaria a concorrência, em especial nas contratações de infraestrutura.

Entendemos que o veto presidencial foi adequado.

Com efeito, os §§ 3.º e 4.º do art. 26 do PL 4.253/2020 estabeleciam margem de preferência em razão da localização geográfica da empresa ou da produção dos bens. Enquanto o § 3.º levava em consideração o local de produção dos bens, independentemente da sede da empresa, o § 4.º permitia que os Municípios, com até 50.000 (cinquenta mil) habitantes, fixassem margem de preferência para empresas neles sediadas.

Não obstante a intenção de incentivar o desenvolvimento regional e local dos Estados e dos Municípios, respectivamente, com o incremento da atividade econômica nos seus territórios, a margem de preferência geográfica, em nossa opinião,

---

[87] A tese aqui sustentada foi inserida no art. 3.º, § 1.º, do Decreto 11.890/2024 que dispõe: "Os produtos manufaturados nacionais e os serviços nacionais resultantes de desenvolvimento e inovação tecnológica realizados no País poderão ter margem de preferência adicional de até dez por cento, que, acumulada à margem de preferência normal, não poderá ultrapassar vinte por cento".

seria inconstitucional, uma vez que poderia acirrar disputas federativas e colocar em risco a implementação dos objetivos constitucionais da República Federativa do Brasil, tais como o desenvolvimento nacional e a redução das desigualdades regionais (art. 3.º, II e III, da CRFB), além da violação aos princípios da impessoalidade (ou isonomia) e da eficiência (art. 19, III, e art. 37 da CRFB).[88]

É verdade que a margem de preferência por razões geográficas não representaria uma novidade no ordenamento jurídico. Mencione-se, por exemplo, a possibilidade de tratamento diferenciado e simplificado para as microempresas e empresas de pequeno porte, com o objeto de promover o desenvolvimento econômico e social no âmbito municipal e regional, inclusive a viabilidade de fixação, justificada, de prioridade de contratação para as referidas empresas sediadas local ou regionalmente, até o limite e 10% (dez por cento) do melhor preço válido (arts. 47 e 48, § 3.º, da LC 123/2006).

Contudo, o tratamento diferenciado conferido às microempresas e empresas de pequeno porte possui fundamento no texto constitucional (arts. 146, III, "d", 170, IX, e 179 da CRFB), ao contrário do critério de preferência indicado nos §§ 3.º e 4.º do art. 26 do PL 4.253/2020.

Cabe registrar que a margem de preferência não se aplica aos bens manufaturados nacionais e aos serviços nacionais se a capacidade de produção desses bens ou de prestação desses serviços no País for inferior: a) à quantidade a ser adquirida ou contratada; ou b) aos quantitativos fixados em razão do parcelamento do objeto, quando for o caso (art. 26, § 5.º, da Lei).

Na contratação de bens, serviços e obras, os editais poderão, mediante prévia justificativa da autoridade competente, exigir que o contratado promova, em favor de órgão ou entidade integrante da Administração Pública ou daqueles por ela indicados a partir de processo isonômico, medidas de compensação comercial, industrial ou tecnológica ou acesso a condições vantajosas de financiamento, cumulativamente ou não, na forma estabelecida pelo Poder Executivo federal (art. 26, § 6.º, da Lei).

---

[88] Adriana Dantas e Fernando Villela sustentam que a margem de preferência "por localização geográfica" não possui racionalidade jurídica e podem incentivar a criação de "feudos licitatórios" locais e regionais, com potencial risco de captura do agente político pelo agente econômico e de violação ao pacto federativo. DANTAS, Adriana; VIANA, Fernando Villela de Andrade. As margens de preferência na Nova Lei de Licitações, o risco de captura e o paradoxo regulatório. Disponível em: <https://www.agenciainfra.com/blog/infradebate-as-margens-de-preferencia- -na-nova-lei-de-licitacoes-o-risco-de-captura-e-o-paradoxo-regulatorio/>. Acesso em: 8 fev. 2021. Aliás, o STF declarou a inconstitucionalidade de norma estadual que estabelecia a necessidade de que os veículos da frota oficial fossem produzidos naquele Estado, critério arbitrário e discriminatório de acesso à licitação pública em ofensa ao disposto no art. 19, III, da CRFB (ADI 3.583/PR, Rel. Min. Cezar Peluso, Tribunal Pleno, *DJe*-047 14.03.2008). É verdade que a legislação estadual, objeto do referido precedente, não tratava de preferência, mas de vedação de participação de empresas sediadas em outros Estados, mas o fundamento utilizado pela Suprema Corte deve ser ponderado nos casos de preferências regionais e locais que coloquem em risco o art. 19, III, da CRFB.

Título II – Das Licitações

Art. 52

A margem de preferência consagrada na atual Lei de Licitações é diferente, portanto, daquela indicada na Lei 8.666/1993 que abrangia (art. 3.º, §§ 5.º a 12): a) produtos manufaturados e serviços nacionais, que atendam a normas técnicas brasileiras; e b) bens e serviços produzidos ou prestados por empresas que comprovem cumprimento de reserva de cargos prevista em lei para pessoa com deficiência ou para reabilitado da Previdência Social e que atendam às regras de acessibilidade previstas na legislação. A margem de preferência, nos termos do art. 3.º, § 8.º da Lei 8.666/1993, a ser definida pelo Poder Executivo Federal, não pode ultrapassar 25% do preço dos concorrentes não beneficiados com a preferência. Verifica-se, assim, que as hipóteses de aplicação da margem de preferência e os respectivos limites constantes da Lei 8.666/1993 são diversos daqueles consagrados na atual Lei de Licitações.

Por outro lado, de forma semelhante à previsão do art. 3.º, § 12, da Lei 8.666/1993, a atual Lei de Licitações prevê que nas contratações destinadas à implantação, à manutenção e ao aperfeiçoamento dos sistemas de tecnologia de informação e comunicação considerados estratégicos em ato do Poder Executivo federal, a licitação poderá ser restrita a bens e serviços com tecnologia desenvolvida no País produzidos de acordo com o processo produtivo básico de que trata a Lei 10.176/2001 (art. 26, § 7.º, da Lei 14.133/2021).[89]

Será divulgada em sítio eletrônico oficial, a cada exercício financeiro, a relação de empresas favorecidas pela margem de preferência, com indicação do volume de recursos destinados a cada uma delas (art. 27 da Lei 14.133/2021).

É oportuno destacar que a Lei de Licitações transformou em exigência de habilitação (art. 63, IV, da atual Lei de Licitações) a tradicional margem de preferência em favor das empresas que comprovem cumprimento de reserva de cargos prevista em lei para pessoa com deficiência ou para reabilitado da Previdência Social e que atendam às regras de acessibilidade previstas na legislação (art. 3.º, § 5.º, II, da antiga Lei 8.666/1993).

6. MODALIDADES DE LICITAÇÃO

O art. 28 da Lei 14.133/2021 elenca as seguintes modalidades de licitação: a) pregão; b) concorrência; c) concurso; d) leilão; e e) diálogo competitivo.

Verifica-se, desde logo, que o novo diploma legal extinguiu as modalidades "tomada de preços" e "convite", previstas na Lei 8.666/1993, e instituiu nova modalidade de licitação: o "diálogo competitivo".

Com a extinção da tomada de preços e do convite, a escolha das modalidades de licitação deixará de observar o critério do valor estimado da contratação. Com

---

[89] O "Processo Produtivo Básico" é definido pela alínea "b" do § 8.º do art. 7.º do Decreto-Lei 288/1967, incluída pela Lei 8.387/1991: "processo produtivo básico é o conjunto mínimo de operações, no estabelecimento fabril, que caracteriza a efetiva industrialização de determinado produto".

Art. 52

efeito, o vulto econômico da contratação representava o principal critério de escolha entre a concorrência, tomada de preços e o convite nos termos do art. 23, I e II, da Lei 8.666/1993 e do Decreto 9.412/2018.

O concurso, o leilão e o pregão, modalidades que já eram encontradas no ordenamento jurídico, já não possuíam relação direta com o valor da contratação. O diálogo competitivo, inovação apresentada pela atual Lei de Licitações, não possui vinculação expressa com o vulto do contrato, mas os parâmetros de sua utilização, atrelados, por exemplo, às inovações tecnológicas e complexidade técnica, direcionarem, possivelmente, para contratos de maior vulto.

Não obstante a irrelevância do valor na escolha das modalidades de licitação, a identificação do valor estimado do contrato permanece fundamental para realização do certame. Assim, por exemplo, o valor estimado é importante para análise da existência de recursos orçamentários suficientes para contratação, aplicação de dispensa de licitação para contratos de menor vulto, (des)classificação das propostas etc.

A partir da Lei de Licitações, a definição da modalidade de licitação a ser utilizada pela Administração Pública dependerá do objeto a ser contratado, conforme destacado no quadro a seguir:

Modalidades de licitação	Objeto
Pregão	Aquisição de bens e serviços comuns, inclusive serviços comuns de engenharia.
Concorrência	Contratação de bens e serviços especiais e de obras e serviços comuns e especiais de engenharia.
Concurso	Escolha de trabalho técnico, científico ou artístico.
Leilão	Alienação de bens imóveis ou de bens móveis inservíveis ou legalmente apreendidos.
Diálogo competitivo	Contratação de obras, serviços e compras em que a Administração Pública realiza diálogos com licitantes previamente selecionados mediante critérios objetivos, com o intuito de desenvolver uma ou mais alternativas capazes de atender às suas necessidades, devendo os licitantes apresentar proposta final após o encerramento dos diálogos.

A Administração não pode criar outras modalidades de licitação ou combinar as modalidades existentes (art. 28, § 2.º, da Lei de Licitações). Trata-se de vedação idêntica àquela contida no art. 22, § 8.º, da Lei 8.666/1993.

A referida norma, a nosso ver, dirige-se ao administrador, não impedindo que o legislador posterior crie novas modalidades, como ocorreu, por exemplo, nos casos do pregão e da consulta. Isto porque a Lei não possui qualquer superioridade hierárquica em relação às demais legislações e não tem o condão de limitar a atuação posterior do legislador.

6.1. Pregão

O pregão, que seguirá o rito previsto no art. 17, será adotado sempre que o objeto possuir padrões de desempenho e qualidade que possam ser objetivamente definidos pelo edital, por meio de especificações usuais de mercado (art. 29 da Lei 14.133/2021).

Conforme dispõe o art. 6.º, XLI, da Lei, o pregão é a modalidade de licitação obrigatória para aquisição de bens e serviços comuns, cujo critério de julgamento poderá ser o de menor preço ou o de maior desconto.

Os bens e serviços comuns são "aqueles cujos padrões de desempenho e qualidade podem ser objetivamente definidos pelo edital, por meio de especificações usuais de mercado" (art. 6.º, XIII, da Lei).

O conceito (indeterminado) de "bem ou serviço comum" possui as seguintes características básicas: disponibilidade no mercado (o objeto é encontrado facilmente no mercado), padronização (predeterminação, de modo objetivo e uniforme, da qualidade e dos atributos essenciais do bem ou do serviço) e casuísmo moderado (a qualidade "comum" deve ser verificada em cada caso concreto e não em termos abstratos).[90]

Por outro lado, o pregão é inaplicável às contratações de serviços técnicos especializados de natureza predominantemente intelectual e de obras e serviços de engenha ria (art. 29, parágrafo único, da Lei).

Admite-se a utilização do pregão para contratação de serviços comuns de engenharia, assim considerados aqueles que tenham por objeto "ações, objetivamente padronizáveis em termos de desempenho e qualidade, de manutenção, de adequação e de adaptação de bens móveis e imóveis, com preservação das características originais dos bens", na forma do art. 6.º, XXI, *a*, da Lei.

A utilização do pregão para contratações de obras e serviços de engenharia sempre despertou polêmica. A atual Lei de Licitações, nesse ponto, consagrou a tese predominante que admitia o pregão para serviços comuns de engenharia, vedada a sua aplicação para contratos de obras. Aliás, o Decreto 10.024/2019 permitiu o pregão eletrônico para contratação de serviços comuns de engenharia e estabeleceu a sua vedação para contratação de obras (arts. 1.º, 3.º, VIII, e 4.º, I e III).[91] O ideal, em

---

[90] O caráter comum do bem ou do serviço a ser adquirido pela modalidade pregão deve ser atestado pelo órgão técnico, e não pelo órgão jurídico. No mesmo sentido, a Orientação Normativa/AGU 54 prevê: "Compete ao agente ou setor técnico da administração declarar que o objeto licitatório é de natureza comum para efeito de utilização da modalidade pregão e definir se o objeto corresponde a obra ou serviço de engenharia, sendo atribuição do órgão jurídico analisar o devido enquadramento da modalidade licitatória aplicável".

[91] Sobre o tema: OLIVEIRA, Rafael Carvalho Rezende. *Licitações e contratos administrativos*: teoria e prática. 9. ed. São Paulo: Método, 2020. p. 118-119. Sob à égide da Lei 10.520/2020, o TCU editou a Súmula 257/2010: "O uso do pregão nas contratações de serviços comuns de engenharia encontra amparo na Lei n.º 10.520/2002". Posteriormente, o TCU ratificou: "A modalidade pregão

nossa opinião, seria a alteração da legislação para se introduzir a noção de "obras comuns", de modo a viabilizar o pregão para pequenas obras que não envolvem complexidades.

Da mesma forma, o pregão não pode ser utilizado para delegação de serviços públicos, pois tais serviços não são caracterizados como "comuns", exigindo-se, como regra, a realização de concorrência ou diálogo competitivo para celebração dos contratos de concessão (art. 2.º, II, da Lei 8.987/1995 e art. 10 da Lei 11.079/2004).

Registre-se, contudo, que o TCU, no contexto da revogada Lei 10.520/2002, que também restringia o pregão para aquisição de bens e serviços comuns, admitia a utilização do pregão para concessão de uso de bem público, com critério de julgamento pela maior oferta.[92] Trata-se de entendimento que escapa da literalidade da norma, uma vez que a concessão de uso, em última análise, não encerra aquisição de bens e serviços comuns.

Quanto ao critério de julgamento, a Lei 14.133/2021 admite, no pregão, o menor preço ou o maior desconto (art. 6.º, XLI).

De fato, o critério do "maior desconto" é equivalente ao critério do "menor preço", com a diferença apenas da metodologia a ser utilizada para se definir a proposta vencedora que, em última análise, vai refletir o menor dispêndio de recursos orçamentários: enquanto o "menor preço" envolve a análise comparativa de preços apresentados pelos interessados, o "maior desconto" leva em consideração o maior desconto apresentado pelos interessados em relação ao valor de referência indicado no edital. O tipo de licitação eleito pelo legislador é justificável, pois o critério técnico não é essencial na contratação de bens e serviços comuns que não apresentam maiores complexidades.

Contudo, entendemos que o legislador deveria ter mencionado, também, o critério do maior preço (ou maior oferta) para os casos de contratações que envolvam pagamentos ao Poder Público (ex.: maior oferta para contratação de banco que vai receber a folha de pagamento de servidores públicos, obtendo vantagens em outras operações bancárias que serão realizadas pelos futuros clientes; maior oferta oferecida por empresas que colocam à disposição vale-refeição e que recebem comissões dos comerciantes; maior oferta apresentada por agências de turismo que receberiam,

---

não é aplicável à contratação de obras de engenharia, locações imobiliárias e alienações, sendo permitida a sua adoção nas contratações de serviços comuns de engenharia" (Acórdão 3.605/2014, Plenário, Rel. Min. Marcos Bemquerer Costa, 09.12.2014, *Informativo de Jurisprudência sobre Licitações e Contratos do TCU* n. 227).

[92] TCU, Acórdão 478/16, Plenário, Rel. Min. Marcos Bemquerer, *Informativo de Jurisprudência sobre Licitações e Contratos do TCU* n. 276; Acórdão 2.050/2014, Plenário, Rel. Min. Walton Alencar Rodrigues, 06.08.2014, *Informativo de Jurisprudência sobre Licitações e Contratos do TCU* n. 209.

Título II – Das Licitações

Art. 52

posterior e respectivamente, vantagens junto às empresas de aviação), na linha da jurisprudência do TCU.[93]

6.2. Concorrência

A concorrência adotará o rito indicado no art. 17 e será adotada para os casos em que não for possível a utilização do pregão (art. 29 da Lei 14.133/2021).

A atual Lei de Licitações, inspirada no rito procedimental previsto na legislação específica do pregão e em normas posteriores, consagrou a tendência de realização da fase de julgamento antes da etapa de habilitação, o que garante mais eficiência e celeridade ao certame. Abandona-se, portanto, a lógica tradicional indicada na Lei 8.666/1993 que estabelecia a obrigatoriedade de realização da habilitação antes do julgamento.

Com isso, a partir da atual Lei de Licitações, os procedimentos da concorrência e do pregão serão semelhantes e as referidas modalidades de licitação serão diferenciadas, basicamente, pelo objeto a ser contratado e pelo critério de julgamento utilizado na licitação.

Na concorrência, poderão ser utilizados os seguintes critérios de julgamento (art. 6.º, XXXVIII, da Lei): a) menor preço; b) melhor técnica ou conteúdo artístico; c) técnica e preço; d) maior retorno econômico; e) maior desconto.

6.3. Concurso

O concurso é a modalidade de licitação para escolha de trabalho técnico, científico ou artístico, cujo critério de julgamento será o de melhor técnica ou conteúdo artístico, e concessão de prêmio ou remuneração ao vencedor (art. 6.º, XXXIX, da Lei 14.133/2021).

Não se confunde, por óbvio, o concurso, modalidade de licitação, com o concurso público para contratação de agentes públicos. Na licitação mediante concurso, o objetivo é a contratação do trabalho ("técnico, científico ou artístico"), e não o provimento de cargos ou empregos públicos na Administração.

O concurso observará as regras e condições do seu edital, que indicará (art. 30 da Lei 14.133/2021): a) a qualificação exigida dos participantes; b) as diretrizes e formas de apresentação do trabalho; c) as condições de realização e o prêmio (ex.: certificado, medalha) ou remuneração a ser concedida ao vencedor.

Aliás, é possível a estipulação de premiações ou remuneração para mais de um vencedor, caso o edital estabeleça essa possibilidade (ex.: concurso de monografia sobre determinado tema realizado por órgão público, com a estipulação de premiações diferentes para os três mais bem colocados).

---

[93] TCU, Plenário, Acórdão 3.048/2008, Rel. Min. Augusto Nardes, 10.12.2008; TCU, Plenário, Acórdão 180/2015, Rel. Min. Bruno Dantas, 04.02.2015; TCU, Plenário, Acórdão 1.940/2015, Rel. Min. Walton Alencar Rodrigues, 05.08.2015.

Nos concursos destinados à elaboração de projeto, o vencedor deverá ceder todos os direitos patrimoniais a ele relativos à Administração Pública, nos termos do art. 93, autorizando sua execução conforme juízo de conveniência e oportunidade das autoridades competentes (art. 30, parágrafo único).

6.4. Leilão

O leilão é a modalidade de licitação para alienação de bens imóveis ou de bens móveis inservíveis ou legalmente apreendidos a quem oferecer o maior lance (art. 6.º, XL, da Lei de Licitações).

É possível perceber, aqui, sensível mudança em relação ao leilão regulado na Lei 8.666/1993 e, em última análise, à modalidade de licitação exigida para alienação de bens da Administração.

Isso porque os arts. 17, I e II, e 22, § 5.º, da Lei 8.666/1993 estabelecem, como regra geral, a utilização da concorrência para alienação de bens imóveis e do leilão dos bens móveis. Admite-se, excepcionalmente, a utilização do leilão para alienação de bens imóveis, cuja aquisição haja derivado de procedimentos judiciais ou de dação em pagamento (art. 19, III, da Lei 8.666/1993).

A partir da atual Lei de Licitações, o leilão poderá ser utilizado para alienação de bens imóveis e móveis, sem distinção.

Ao contrário da Lei 8.666/1993, a atual Lei de Licitações estabeleceu regras mais detalhadas para realização do leilão.

O leilão pode ser cometido a leiloeiro oficial ou a servidor designado pela autoridade competente da Administração, devendo regulamento dispor sobre seus procedimentos operacionais (art. 31 da Lei 14.133/2021).[94]

Se optar pela realização de leilão por intermédio de leiloeiro oficial, a Administração deverá selecioná-lo mediante credenciamento ou licitação na modalidade pregão e adotará o critério de julgamento de maior desconto para as comissões a serem cobradas, utilizados como parâmetro máximo os percentuais definidos na lei que regula a referida profissão, observados os valores dos bens a serem leiloados (art. 30, § 1.º, da Lei).

O leilão será precedido da divulgação do edital em sítio eletrônico oficial, que conterá (art. 31, § 2.º, da Lei): a) a descrição do bem, com suas características, e, tratando-se de imóvel, sua situação e suas divisas, com remissão à matrícula e aos registros; b) o valor pelo qual o bem foi avaliado, o preço mínimo pelo qual poderá ser alienado, as condições de pagamento e, se for o caso, a comissão do leiloeiro designado; c) o lugar onde estiverem os móveis, os veículos e os semoventes; d) o sítio, na rede mundial de computadores, e o período em que se realizará o leilão, salvo se

---

[94] Em âmbito federal, o Decreto 11.461/2023 dispõe sobre os procedimentos operacionais da licitação na modalidade leilão, na forma eletrônica, para alienação de bens móveis inservíveis ou legalmente apreendidos, e institui o Sistema de Leilão Eletrônico.

Título II – Das Licitações

Art. 52

excepcionalmente for realizado sob a forma presencial por comprovada inviabilidade técnica ou desvantagem para a Administração, hipótese em que serão indicados o local, o dia e a hora de sua realização; e) a especificação de eventuais ônus, gravames ou pendências existentes sobre os bens a serem leiloados.

Além da divulgação no sítio eletrônico oficial, o edital do leilão será afixado em local de ampla circulação de pessoas na sede da Administração, podendo ainda ser divulgado por outros meios necessários para ampliar a publicidade e a competitividade da licitação (art. 31, § 3.º, da Lei).

O leilão não exigirá qualquer registro cadastral prévio e não terá fase de habilitação, devendo ser homologado assim que concluída a fase de lances, superada a fase recursal e efetivado o pagamento pelo licitante vencedor, na forma definida no edital (art. 31, § 4.º, da Lei).

6.5. Diálogo competitivo

O diálogo competitivo é a modalidade de licitação para contratação de obras, serviços e compras em que a Administração Pública realiza diálogos com licitantes previamente selecionados mediante critérios objetivos com o intuito de desenvolver uma ou mais alternativas capazes de atender às suas necessidades, devendo os licitantes apresentar proposta final após o encerramento do diálogo (art. 6.º, XLII, da Lei de Licitações).[95]

O diálogo competitivo, também denominado "diálogo concorrencial", foi adotado no âmbito da União Europeia e, por certo, serviu de inspiração para o legislador nacional incorporá-lo à Lei de Licitações como nova modalidade de licitação.

A Diretiva 2004/18/CE do Parlamento Europeu e do Conselho, que trata da coordenação dos processos de adjudicação dos contratos de empreitada de obras públicas, dos contratos públicos de fornecimento e dos contratos públicos de serviços, define o "diálogo concorrencial" como "procedimento em que qualquer operador económico pode solicitar participar e em que a entidade adjudicante conduz um diálogo com os candidatos admitidos nesse procedimento, tendo em vista desenvolver uma ou várias soluções aptas a responder às suas necessidades e com base na qual,

---

[95] O diálogo entre a Administração Pública e o mercado durante a fase de planejamento da licitação já era possível, conforme dispõe o Enunciado 29 da I Jornada de Direito Administrativo realizada pelo Centro de Estudos Judiciários do Conselho da Justiça Federal (CEJ/CJF): "A Administração Pública pode promover comunicações formais com potenciais interessados durante a fase de planejamento das contratações públicas para a obtenção de informações técnicas e comerciais relevantes à definição do objeto e elaboração do projeto básico ou termo de referência, sendo que este diálogo público-privado deve ser registrado no processo administrativo e não impede o particular colaborador de participar em eventual licitação pública, ou mesmo de celebrar o respectivo contrato, tampouco lhe confere a autoria do projeto básico ou termo de referência."

Art. 52

ou nas quais, os candidatos seleccionados serão convidados a apresentar uma proposta" (art. 11, *c*, da Diretiva 2004/18/CE).[96]

As regras do "diálogo concorrencial" encontram-se definidas no art. 29 da Diretiva 2004/18/CE.[97] O procedimento, utilizado em contratos complexos, envolve o diálogo entre o Poder Público e as entidades privadas previamente selecionadas, após "anúncio de concurso", que tem por objetivo identificar e definir os meios que melhor possam satisfazer as suas necessidades, garantido o tratamento isonômico entre os interessados.

Após a conclusão do diálogo, os interessados deverão apresentar suas propostas finais, com todos os elementos requeridos e necessários à realização do projeto.

O Poder Público, com base nos critérios elencados no "anúncio de concurso", definirá a proposta economicamente mais vantajosa, sendo permitida a previsão de prêmios ou pagamentos aos participantes do diálogo.

Ao mencionar a existência do "Direito Europeu dos contratos públicos", Maria João Estorninho aponta três fases da evolução do Direito Comunitário em matéria de contratação pública, a partir da influência do Tribunal de Justiça da União Europeia, com níveis crescentes de intensidade de regulamentação: a primeira fase é marcada pela fixação de regras procedimentais; a segunda fase é caracterizada por preocupações garantistas; e a terceira fase é composta pela elaboração de normas substantivas de contratos públicos.[98] O Direito Europeu dos contratos públicos é marcado pelos seguintes princípios: concorrência, igualdade (e não discriminação), transparência, publicidade, estabilidade, sustentabilidade ambiental e social, entre outros.[99]

---

[96] A Comissão das Comunidades Europeias, em 1996, no Livro Verde Os contratos públicos na União Europeia: pistas de reflexão para o futuro, a Comissão das Comunidades Europeias apresentou a necessidade de modernização e simplificação do processo de contratação pública. COM (96) 583 final, de 27.11.1996. Disponível em: <http://www.contratacaopublica.com.pt/xms/files/Documentacao/Livro_verde_COM-96-_583_final_-PRINCIPAL_1289199_1-.PDF>. Acesso em: 5 jan. 2021.

[97] Diretiva 2004/18/CE, de 31.03.2004, do Parlamento Europeu e do Conselho. Disponível em: <http://eur-lex.europa.eu/legal-content/PT/TXT/?uri=celex%3A32004L0018>. Acesso em: 5 jan. 2021. Registre-se, ainda, no período, a Diretiva 2004/17/CE, do Parlamento Europeu e do Conselho, de 31.03.2004, que trata da coordenação dos processos de adjudicação de contratos nos setores de água, energia, transportes e serviços postais. As duas Diretivas estão em processo de revisão, especialmente pela busca de maior flexibilização e sustentabilidade: Proposta de Nova Diretiva sobre contratos públicos, de 20.12.2011 – COM (2011) 896 final; e a Proposta de Nova Diretiva sobre contratos nos setores de água, energia, transportes e serviços postais, de 20.12.2011 – COM (2011) 895 final. Aliás, verifica-se que o ano de 2004 foi marcante para o Direito europeu dos contratos públicos, uma vez que, ao lado das mencionadas Diretivas, foram produzidos os seguintes documentos: a) o Livro Verde sobre as Parcerias Público-Privadas e o Direito Comunitário em matéria de Contratos Públicos e Concessões – COM (2004) 327 final, de 30.04.2004; b) o Livro Branco sobre os Serviços de Interesse Geral – COM (2004) 374 final, de 12.05.2004; c) A handbook on environmental public procurement – SEC (2004) 1050, de 18.08.2004; d) Livro Verde sobre Contratos Públicos no Setor da Defesa – COM (2004) 608 final, de 23.09.2004.

[98] ESTORNINHO, Maria João. *Curso de direito dos contratos públicos*. Coimbra: Almedina, 2012. p. 80.

[99] ESTORNINHO, Maria João. *Curso de direito dos contratos públicos*. Coimbra: Almedina, 2012. p. 90.

Título II – Das Licitações

Art. 52

Nesse contexto, diversos países europeus incorporaram em seus ordenamentos jurídicos nacionais a previsão do diálogo concorrencial, tais como: Portugal (arts. 30.º e 204.º a 218.º do Código de Contratos Públicos), França (*Dialogue compétitif*: arts. 26, I, 3.º, 36 e 67 do *Code des marchés publics*), Espanha (Diálogo Competitivo: arts. 163 a 167 da Lei 30/2007 – *Contratos del Sector Público*) etc.

É possível perceber, portanto, que o diálogo competitivo inserido na atual Lei de Licitações é fortemente influenciado pela experiência no Direito Europeu.

Segundo o art. 32 da Lei de Licitações, o diálogo competitivo somente será utilizado nos seguintes casos: a) objeto que envolva as seguintes condições: a.1) inovação tecnológica ou técnica; a.2) o órgão ou entidade não possa ter sua necessidade satisfeita sem a adaptação de soluções disponíveis no mercado; a.3) especificações técnicas não possam ser definidas com precisão suficiente pela Administração; b) quando houver a necessidade de definir e identificar os meios e as alternativas que possam vir a satisfazer suas necessidades, com destaque para os seguintes aspectos: b.1) a solução técnica mais adequada; b.2) os requisitos técnicos aptos a concretizar a solução já definida; e b.3) a estrutura jurídica ou financeira do contrato.

O art. 32, III, do PL 4.253/2020, que restringia a utilização do diálogo competitivo aos casos em que os modos de disputa aberto e fechado não permitissem a apreciação adequada das variações entre propostas, foi vetado pelo Presidente da República sob o argumento de que não seria adequado vincular a referida modalidade de licitação ao modo de disputa para a apreciação das variações entre propostas, tampouco à solução de eventuais deficiências com modos de disputa.

O diálogo competitivo deverá observar, ainda, as seguintes regras (art. 32, § 1.º, da Lei): a) ao divulgar o edital em sítio eletrônico oficial, a Administração apresentará suas necessidades e as exigências já definidas, estabelecendo prazo mínimo de 25 dias úteis para manifestação de interesse na participação da licitação; b) os critérios empregados para pré-seleção dos licitantes deverão ser previstos em edital e serão admitidos todos os interessados que preencherem os requisitos objetivos estabelecidos;[100] c) é vedada a divulgação de informações de modo discriminatório que possa implicar vantagem para algum licitante; d) a Administração não poderá revelar a outros licitantes as soluções propostas ou as informações sigilosas comunicadas por um licitante sem o seu consentimento; e) a fase de diálogo poderá ser mantida até que a Administração, em decisão fundamentada, identifique a solução ou as soluções que atendam às suas necessidades; f) as reuniões com os licitantes pré-selecionados serão registradas em ata e gravadas mediante utilização de recursos tecnológicos de áudio e vídeo; g) possibilidade de previsão no edital de fases sucessivas, caso em que cada fase poderá restringir as soluções ou as propostas a serem discutidas; h) com a declaração de conclusão do diálogo, a Administração deverá juntar aos autos do processo licitatório os registros e

---

[100] De acordo com a Orientação Normativa 82/2024 da AGU: "No processo licitatório na modalidade do diálogo competitivo é possível estabelecer no edital de pré-seleção critérios de exclusão a serem observados pelos licitantes para participação e durante o desenvolvimento dos diálogos, sob pena de exclusão da fase competitiva."

as gravações da fase de diálogo e iniciará a fase competitiva com a divulgação de edital contendo a especificação da solução que atenda às suas necessidades e os critérios objetivos a serem utilizados para seleção da proposta mais vantajosa, abrindo prazo, não inferior a 60 dias úteis, para todos os licitantes pré-selecionados na forma da alínea "b" apresentarem suas propostas, que deverão conter todos os elementos necessários para a realização do projeto; i) a Administração poderá solicitar esclarecimentos ou ajustes às propostas apresentadas, desde que não impliquem discriminação ou distorçam a concorrência entre as propostas; j) a Administração definirá a proposta vencedora de acordo com critérios divulgados no início da fase competitiva, assegurando o resultado da contratação mais vantajoso; e k) o diálogo competitivo será conduzido por comissão composta de pelo menos 3 servidores efetivos ou empregados públicos pertencentes aos quadros permanentes da Administração, admitida a contratação de profissionais para assessoramento técnico da comissão.[101]

É possível perceber que o diálogo competitivo é dividido em três etapas: **a) pré-seleção:** seleção prévia dos interessados que participarão da licitação, na forma dos critérios objetivos identificados no primeiro edital; **b) diálogo:** identificação da solução que melhor atende as necessidades da Administração e diálogo com os pré-selecionados para definição do objeto a ser contratado; e **c) competição:** publicação do segundo edital, com a especificação da solução escolhida, os critérios objetivos para definição da proposta mais vantajosa, apresentação das propostas pelos licitantes e a definição, ao final, do vencedor que celebrará o contrato com a Administração Pública.

Registre-se que o inciso XII do § 1.º do art. 32 do PL 4.253/2020, que deu origem à atual Lei de Licitações, estabelecia que o órgão de controle externo poderia acompanhar e monitorar os diálogos competitivos, opinando sobre a legalidade, a legitimidade e a economicidade da licitação, mas o referido dispositivo foi vetado, tendo em vista que o controle exercido pela Corte de Contas sobre os atos internos da Administração Pública violaria o princípio da separação de poderes e extrapolaria as atribuições indicada no art. 71 da CRFB.

7. CRITÉRIOS DE JULGAMENTO

Os critérios de julgamento (tipos de licitação) que podem ser adotados nos certames encontram-se previstos no art. 33 da Lei de Licitações, a saber:[102] a) menor

---

[101] Nesse caso, os profissionais contratados assinarão termo de confidencialidade e abster-se-ão de atividades que possam configurar conflito de interesses (art. 32, § 2.º, da Lei).

[102] Em âmbito federal, a IN SEGES/ME 73/2022 dispõe sobre a licitação pelo critério de julgamento por menor preço ou maior desconto, na forma eletrônica, para a contratação de bens, serviços e obras. O critério de julgamento por maior retorno econômico é detalhado na IN SEGES/ME 96/2022. O critério de julgamento por maior retorno econômico, por sua vez, é previsto na IN SEGES/MGI 2/2023. Já os critérios de julgamento por melhor técnica ou conteúdo artístico são regulamentados pela IN SEGES/MGI 12/2023. O critério maior lance é adotado no leilão que se encontra regulamentado pelo Decreto 11.461/2023.

Título II – Das Licitações

Art. 52

preço; b) maior desconto; c) melhor técnica ou conteúdo artístico; d) técnica e preço; e) maior lance, no caso de leilão; e f) maior retorno econômico.

A atual Lei de Licitações apresenta mais opções de critérios de julgamentos que aqueles indicados no art. 45, § 1.º, da antiga Lei 8.666/1993 (menor preço; melhor técnica; técnica e preço; e maior lance ou oferta).

É possível afirmar que, ao lado de outros critérios que levam em consideração questões técnicas ou artísticas, a busca do "melhor" preço abrange todos os critérios que representam vantagens econômicas para Administração Pública e que foram consagradas expressamente na atual Lei de Licitações, especialmente: "menor preço", "maior desconto", "maior lance" e "maior retorno econômico".

No regime jurídico instituído pela atual Lei de Licitações, nos critérios "menor preço" ou "maior desconto" e, quando couber, "técnica e preço", deverá ser considerado o menor dispêndio para a Administração, atendidos os parâmetros mínimos de qualidade definidos no edital de licitação (art. 34 da Lei).

Os custos indiretos, relacionados com as despesas de manutenção, utilização, reposição, depreciação e impacto ambiental, entre outros fatores vinculados ao ciclo de vida do objeto licitado, poderão ser considerados para a definição do menor dispêndio, sempre que objetivamente mensuráveis, conforme dispuser o regulamento (art. 34, § 1.º, da Lei). Assim, por exemplo, seria possível levar em consideração na aquisição de veículos não apenas o custo de cada veículo, mas, também, os custos relacionados à manutenção, à troca de peças, à depreciação, à emissão de gases poluentes, entre outros fatores.

O julgamento por maior desconto terá como referência o preço global fixado no edital de licitação, sendo o desconto estendido aos eventuais termos aditivos (art. 34, § 2.º, da Lei).

O critério "melhor técnica ou conteúdo artístico" será utilizado para a contratação de projetos e trabalhos de natureza técnica, científica ou artística, devendo o edital definir o prêmio ou a remuneração que será atribuída aos vencedores (art. 35, *caput* e parágrafo único, da Lei).

O critério "técnica e preço" considerará a maior pontuação obtida a partir da ponderação, segundo fatores objetivos previstos no edital, das notas atribuídas aos aspectos de técnica e de preço da proposta (art. 36, *caput*, da Lei).

Desde que justificado pela autoridade máxima do órgão ou entidade, o critério de julgamento "técnica e preço" será escolhido quando estudo técnico preliminar demonstrar que a avaliação e a ponderação da qualidade técnica das propostas que superarem os requisitos mínimos estabelecidos no edital forem relevantes aos fins pretendidos pela Administração nas licitações para contratação de (art. 36, § 1.º, da Lei): a) serviços técnicos especializados de natureza predominantemente intelectual, caso em que esse critério de julgamento deve ser empregado preferencialmente; b) serviços majoritariamente dependentes de tecnologia sofisticada e de domínio restrito, conforme atestado por autoridades técnicas de reconhecida qualificação; c) bens e serviços especiais de tecnologia da informação e comunicação; d) obras e serviços especiais de engenharia; e) objetos que admitam soluções específicas e alternativas e variações de execução, com repercussões significativas e concretamente mensuráveis sobre sua qualidade, produtividade, rendimento e durabilidade, quando essas soluções e variações puderem ser adotadas à livre escolha dos licitantes, conforme critérios objetivamente definidos no edital de licitação.

No critério "técnica e preço", deverão ser avaliadas e ponderadas as propostas técnicas e, em seguida, as propostas de preço apresentadas pelos licitantes, na proporção máxima de 70% (setenta por cento) de valoração para a proposta técnica (art. 36, § 2.º, da Lei). Deverá ser considerado na pontuação técnica, o desempenho pretérito na execução de contratos com a Administração Pública, observado o disposto nos §§ 3.º e 4.º do art. 88 (art. 36, § 3.º, da Lei).

Nos critérios "melhor técnica" ou "técnica e preço", o julgamento deverá ser realizado por (art. 37 da Lei de Licitações): a) verificação da capacitação e da experiência do licitante, comprovadas por meio da apresentação de atestados de obras, produtos ou serviços previamente realizados; b) atribuição de notas a quesitos de natureza qualitativa por banca designada para esse fim, de acordo com orientações e limites definidos em edital, considerados a demonstração de conhecimento do objeto, a metodologia e o programa de trabalho, a qualificação das equipes técnicas e a relação dos produtos que serão entregues;[103] c) atribuição de notas por desempenho do licitante em contratações anteriores aferida nos documentos comprobatórios de que trata o § 3.º do art. 88 da Lei e em registro cadastral unificado disponível no Portal Nacional de Contratações Públicas (PNCP).

O § 2.º do art. 37 da Lei 14.133/2021 estabelece que, ressalvados os casos de inexigibilidade de licitação, na licitação para contratação dos serviços técnicos especializados de natureza predominantemente intelectual previstos nas alíneas "a" (estudos técnicos, planejamentos, projetos básicos e projetos executivos), "d" (fiscalização, supervisão e gerenciamento de obras e serviços) e "h" (controles de qualidade e tecnológico, análises, testes e ensaios de campo e laboratoriais, instrumentação e monitoramento de parâmetros específicos de obras e do meio ambiente e demais serviços de engenharia que se enquadrem na definição deste inciso) do inciso XVIII do *caput* do art. 6.º da Lei, cujo valor estimado da contratação fosse superior a R$ 376.353,48 (atualizado pelo Decreto 12.343/2024). O julgamento será por (i) melhor técnica ou (ii) técnica e preço, na proporção de 70% de valoração da proposta técnica.

O mencionado dispositivo foi vetado pelo Chefe do Executivo, sob o argumento de que o texto retiraria a discricionariedade do gestor público para decidir sobre o critério de julgamento adequado para cada objeto licitado.

Contudo, o veto foi rejeitado pelo Congresso Nacional.

---

[103] A banca terá no mínimo 3 (três) membros e poderá ser composta de: a) servidores efetivos ou empregados públicos pertencentes aos quadros permanentes da Administração Pública; b) profissionais contratados por conhecimento técnico, experiência ou renome na avaliação dos quesitos especificados em edital, desde que seus trabalhos sejam supervisionados por profissionais designados conforme o disposto no art. 7.º da Lei (art. 37, § 1.º, da Lei).

Título II – Das Licitações

Art. 52

Com efeito, não haveria impedimento jurídico para que o legislador indicasse parâmetros para utilização de critérios de julgamento nas licitações públicas, especialmente a utilização de critérios técnicos, isolados ou combinados com preços, para serviços de natureza predominantemente intelectual, o que revelaria, a priori, a inadequação da utilização isolada do critério financeiro.

No julgamento por melhor técnica ou por técnica e preço, a obtenção de pontuação devido à capacitação técnico-profissional exige que a execução do respectivo contrato tenha participação direta e pessoal do profissional correspondente (art. 38 da Lei de Licitações).

O critério "maior retorno econômico", utilizado exclusivamente para a celebração de contrato de eficiência, assim considerado aquele que envolve a prestação de serviços, que pode incluir a realização de obras e o fornecimento de bens, com o objetivo de proporcionar economia ao contratante, na forma de redução de despesas correntes, remunerado o contratado com base em percentual da economia gerada (art. 6.º, LIII, da Lei).

Nesse caso, o critério "maior retorno econômico" considerará a maior economia para a Administração e a remuneração deverá ser fixada em percentual que incidirá de forma proporcional à economia efetivamente obtida na execução do contrato (art. 39 da Lei de Licitações). Mencionem-se, por exemplo, as licitações que definem o vencedor a partir da proposta que apresenta maior potencial de redução nas despesas com o consumo de água ou energia nas repartições públicas.

Nas licitações que adotarem o referido critério de julgamento, os licitantes deverão apresentar (art. 39, § 1.º, da Lei): a) proposta de trabalho que contemple: a.1) as obras, os serviços ou os bens, com os respectivos prazos de realização ou fornecimento; a.2) a economia que se estima gerar, expressa em unidade de medida associada à obra, ao bem ou ao serviço e expressa em unidade monetária; e b) proposta de preço, que corresponderá a percentual sobre a economia que se estima gerar durante determinado período, expressa em unidade monetária.[104]

Verificada a ausência da economia prevista no contrato de eficiência: a) a diferença entre a economia contratada e a efetivamente obtida será descontada da remuneração do contratado; b) se a diferença entre a economia contratada e a efetivamente obtida for superior ao limite máximo estabelecido no contrato, o contratado sujeitar-se-á, ainda, a outras sanções cabíveis (art. 39, § 4.º, da Lei de Licitações).

---

[104] O edital de licitação deverá prever parâmetros objetivos de mensuração da economia gerada com a execução do contrato, que servirá de base de cálculo para a remuneração devida ao contratado (art. 39, § 2.º, da Lei). Para efeito de julgamento da proposta, o retorno econômico será o resultado da economia que se estima gerar com a execução da proposta de trabalho, deduzida a proposta de preço (art. 39, § 3.º, da Lei).

109

8. OBJETO DA LICITAÇÃO

Os arts. 40 a 51 da Lei 14.133/2021 estabelecem o regime jurídico das compras, serviços, inclusive de engenharia, obras e locação de imóveis, conforme será destacado a seguir.

Registre-se, contudo, que o regime jurídico das alienações de bens da Administração Pública é fixado no art. 76 da Lei de Licitações e será analisado nos comentários ao referido dispositivo legal.

8.1. Compras

O art. 6.º, X, da Lei de Licitações dispõe que a compra é a aquisição remunerada de bens para fornecimento de uma só vez ou parceladamente, considerada imediata aquela com prazo de entrega de até 30 (trinta) dias da ordem de fornecimento.

O regime jurídico das compras é estabelecido pelos arts. 40 a 44 da Lei de Licitações.

O planejamento de compras deve considerar a expectativa de consumo anual, bem como observar os seguintes parâmetros (art. 40 da Lei de Licitações): a) condições de aquisição e pagamento semelhantes às do setor privado; b) processamento por meio de sistema de registro de preços, quando pertinente; c) determinação de unidades e quantidades a serem adquiridas em função de consumo e utilização prováveis, cuja estimativa será obtida, sempre que possível, mediante adequadas técnicas quantitativas, admitido o fornecimento contínuo; d) condições de guarda e armazenamento que não permitam a deterioração do material; e) atendimento aos princípios: e.1) da padronização, considerando a compatibilidade de especificações estéticas, técnicas ou de desempenho; e.2) do parcelamento, quando for tecnicamente viável e economicamente vantajoso; e.3) da responsabilidade fiscal, mediante a verificação da despesa estimada com a prevista no orçamento.

Nesse ponto, a atual Lei de Licitações não apresenta grandes inovações às previsões contidas nos arts. 15 e 16 da Lei 8.666/1993.

O termo de referência deverá conter os elementos previstos no inciso XXIII do art. 6.º e também (art. 40, § 1.º, da Lei): a) especificação do produto, preferencialmente conforme catálogo eletrônico de padronização, observados os requisitos de qualidade, rendimento, compatibilidade, durabilidade e segurança; b) indicação dos locais de entrega dos produtos e das regras para recebimento provisório e definitivo, quando for o caso; c) especificação da garantia exigida e das condições de manutenção e assistência técnica, quando for o caso.[105]

---

[105] Em relação à última hipótese, a Administração, desde que fundamentada em estudo técnico preliminar, poderá exigir que os serviços de manutenção e assistência técnica sejam prestados mediante deslocamento de técnico ou disponibilizados em unidade de prestação de serviços localizada em distância compatível com suas necessidades (art. 40, § 4.º, da Lei).

Título II – Das Licitações   **Art. 52**

Em relação ao princípio do parcelamento das compras, devem ser considerados (art. 40, § 2.º, da Lei): a) a viabilidade da divisão do objeto em lotes; b) o aproveitamento das particularidades do mercado local, visando à economicidade, sempre que possível, desde que atendidos os parâmetros de qualidade; e c) o dever de buscar a ampliação da competição e de evitar a concentração de mercado.

É vedado o parcelamento das compras quando (art. 40, § 3.º, da Lei): a) a economia de escala, a redução de custos de gestão de contratos ou a maior vantagem na contratação recomendar a compra do mesmo item do mesmo fornecedor; b) o objeto a ser contratado configurar sistema único e integrado e houver a possibilidade de risco ao conjunto do objeto pretendido; e c) o processo de padronização ou de escolha de marca levar a fornecedor exclusivo.

O tratamento dispensado ao parcelamento do objeto apresenta pontos em comum com aquele encontrado na Lei 8.666/1993 e legislação correlata.

O art. 15, IV, da Lei 8.666/1993 determinava que as compras, sempre que possível, deveriam ser subdivididas em tantas parcelas quantas necessárias para aproveitar as peculiaridades do mercado, visando economicidade. O parcelamento representava uma diretriz não apenas para compras, mas, também, para as obras e os serviços, desde que não alterada a modalidade de licitação e não afastada a regra da licitação (art. 23, §§ 1.º e 2.º, e 24, I e II).

No Regime Diferenciado de Contratações Públicas – RDC, o art. 4.º, VI, da Lei 12.462/2011 indicava o "parcelamento do objeto, visando à ampla participação de licitantes, sem perda de economia de escala", como diretriz da licitação.

De forma semelhante, nas empresas estatais, as licitações devem seguir a diretriz do parcelamento do objeto, visando a ampliar a participação de licitantes, sem perda de economia de escala, e desde que não atinja valores inferiores aos limites indicados para dispensa de licitação (art. 32, III, da Lei 13.303/2016).

Conforme destacado pelo TCU, o parcelamento do objeto, aplicável a compras, obras ou serviços, acarreta a pluralidade de licitações, pois cada parte, item, etapa ou parcela representa uma licitação isolada em separado (ex.: construção que pode ser dividida em várias etapas: limpeza do terreno, terraplenagem, fundações, instalações hidráulica e elétrica, alvenaria, acabamento, paisagismo).[106]

A divisibilidade do objeto do futuro contrato não pode acarretar, no entanto, a dispensa indevida de licitação. Não por outra razão, o art. 75, § 1.º, da Lei 14.133/2021 dispõe que a aferição dos valores que autorizam a dispensa de licitação, indicados nos incisos I e II do art. 75, deve observar o somatório do que for despendido no exercício financeiro pela respectiva unidade gestora, bem como o somatório da despesa

---

[106] TCU. *Licitações & contratos*: orientações e jurisprudência do TCU. 4. ed. Brasília, 2010. p. 225. De acordo com o TCU, "ofende ao princípio do parcelamento do objeto a inclusão da construção de prédio no âmbito da contratação de parceria público-privada destinada à prestação de serviços de manutenção e conservação de sistema viário" (*Informativo de Jurisprudência sobre Licitações e Contratos do TCU* n. 298).

realizada com objetos de mesma natureza, entendidos como tais aqueles relativos a contratações no mesmo ramo de atividade.

A divisibilidade do objeto pode acarretar, a critério da Administração, a realização de procedimento único ou procedimentos distintos de licitação.

Na hipótese de procedimento único de licitação por itens, a Administração concentra, no mesmo certame, objetos diversos que serão contratados (ex.: a licitação para compra de equipamentos de informática pode ser dividida em vários itens, tais como microcomputador, impressora etc.).

Em verdade, várias licitações são realizadas dentro do mesmo processo administrativo, sendo certo que cada item será julgado de forma independente e comportará a comprovação dos requisitos de habilitação.

De acordo com o entendimento consagrado na Súmula 247 do TCU, editada sob a égide da antiga Lei 8.666/1993, a licitação por itens deve ser a regra quando o objeto da licitação for divisível.[107] A licitação por grupos ou lotes, quando há o agrupamento de diversos itens por grupo ou lote, deve ser utilizada em situações excepcionais, que demonstrem a inviabilidade técnica ou econômica da licitação por itens, bem como a ausência de risco à competitividade.[108]

A respeito da distinção entre licitação por grupo de itens e por lote, Ronny Charles Torres[109] denomina a licitação por grupo quando houver a aglutinação de diversos itens, que poderiam ser licitados autonomamente, para formação de um único objeto licitatório. Assim, por exemplo, na eventual necessidade de contratação de gêneros alimentícios, a Administração Pública, em vez de licitar os diversos itens isoladamente, poderia reuni-los em grupos de itens (no grupo carnes, serão inseridas as diversas espécies de carnes que serão adquiridas; no grupo laticínios, os diversos tipos de laticínios que serão comprados; etc.). Já a licitação por lote envolve "a di-

---

[107] Súmula 247 do TCU: "É obrigatória a admissão da adjudicação por item e não por preço global, nos editais das licitações para a contratação de obras, serviços, compras e alienações, cujo objeto seja divisível, desde que não haja prejuízo para o conjunto ou complexo ou perda de economia de escala, tendo em vista o objetivo de propiciar a ampla participação de licitantes que, embora não dispondo de capacidade para a execução, fornecimento ou aquisição da totalidade do objeto, possam fazê-lo com relação a itens ou unidades autônomas, devendo as exigências de habilitação adequar-se a essa divisibilidade".

[108] A licitação por lote com a adjudicação pelo menor preço global deve ser acompanhada da comprovação de eventual óbice técnico ou econômico que inviabilize o parcelamento do objeto em itens, sob pena de restrição à competitividade do certame, na forma dos arts. 15, IV, e 23, § 1.º, da Lei 8.666/1993. TCU, Plenário, Acórdão 1.913/13, Rel. Min. José Múcio Monteiro, *DOU* 24.07.2013 (*Informativo de Jurisprudência sobre Licitações e Contratos do TCU* n. 161). O critério de julgamento de menor preço por lote somente deve ser adotado quando for demonstrada inviabilidade de se promover a adjudicação por item e evidenciadas razões que demonstrem ser aquele o critério que conduzirá a contratações economicamente mais vantajosas (*Informativo de Jurisprudência sobre Licitações e Contratos do TCU* n. 250).

[109] TORRES, Ronny Charles Lopes de. *Leis de licitações públicas comentadas*. 12. ed. São Paulo: JusPodivm, 2021. p. 230-231.

Título II – Das Licitações — Art. 52

visão de um único objeto licitatório (item) em diversos objetos licitatórios (lotes)". Nesse caso, por exemplo, uma licitação do Ministério da Saúde para fornecimento de medicamentos ou entrega de ambulâncias em todo o território nacional poderia ser dividida em lotes, de acordo com cada estado ou região beneficiada.

Ademais, o art. 41 da Lei de Licitações estabeleceu a possibilidade excepcional de: a) indicação, de forma justificada, de uma ou mais marcas ou modelos em determinados casos; b) exigência de amostra ou prova de conceito; c) vedação de contratação de marca ou produto que não cumpram os requisitos indispensáveis ao pleno adimplemento da obrigação contratual; e d) declaração de solidariedade emitida pelo fabricante, que assegure a execução do contrato, no caso de licitante revendedor ou distribuidor.

No âmbito do RDC, por exemplo, o art. 7.º da Lei 12.462/2011 estabelecia que, nas licitações para aquisição de bens, a Administração Pública poderia exigir: a) indicação de marca por meio de decisão fundamentada; b) amostra do bem a ser adquirido; c) apresentação de certificação da qualidade do produto ou do processo de fabricação, inclusive sob o aspecto ambiental, por qualquer instituição oficial competente ou por entidade credenciada; e d) declaração do fabricante no sentido de ser solidariamente responsável pela execução do contrato, na hipótese em que o licitante for revendedor ou distribuidor.

Igualmente, no âmbito das empresas estatais, o art. 47, *caput* e parágrafo único, da Lei 13.303/2016 admite: a) indicação de marca ou modelo, nas seguintes hipóteses: a.1) em decorrência da necessidade de padronização do objeto; a.2) quando determinada marca ou modelo comercializado por mais de um fornecedor constituir o único capaz de atender o objeto do contrato; a.3) quando for necessária, para compreensão do objeto, a identificação de determinada marca ou modelo apto a servir como referência, situação em que será obrigatório o acréscimo da expressão "ou similar ou de melhor qualidade"; b) exigência de amostra do bem no procedimento de pré-qualificação e na fase de julgamento das propostas ou de lances, desde que justificada a necessidade de sua apresentação; c) solicitação de certificação da qualidade do produto ou do processo de fabricação, inclusive sob o aspecto ambiental, por instituição previamente credenciada d) exigência, como condição de aceitabilidade da proposta, de adequação às normas da Associação Brasileira de Normas Técnicas (ABNT) ou a certificação da qualidade do produto por instituição credenciada pelo Sistema Nacional de Metrologia, Normalização e Qualidade Industrial (Sinmetro).

As exigências consagradas nas referidas leis específicas foram positivadas na atual Lei de Licitações, como demonstrado a seguir.

A aferição da qualidade dos bens pode ser realizada das seguintes maneiras (art. 42 da Lei de Licitações):[110] a) comprovação de que o produto está de acordo com as normas técnicas determinadas pelos órgãos oficiais competentes, pela ABNT ou por

---

[110] O edital poderá exigir, como condição de aceitabilidade da proposta, certificação de qualidade do produto por instituição credenciada pelo Conselho Nacional de Metrologia, Normalização e Qualidade Industrial (Conmetro), na forma do art. 41, § 1.º, da Lei).

outra entidade credenciada pelo INMETRO; b) declaração de atendimento satisfatório emitida por outro órgão ou entidade de nível federativo equivalente ou superior que tenha adquirido o produto; e c) certificação, certificado, laudo laboratorial ou documento similar que possibilite a aferição da qualidade e da conformidade do produto ou do processo de fabricação, inclusive sob o aspecto ambiental, emitido por instituição oficial competente ou por entidade credenciada.

Admite-se a exigência no edital, como condição de aceitabilidade da proposta, da certificação de qualidade do produto por instituição credenciada pelo Conselho Nacional de Metrologia, Normalização e Qualidade Industrial – Conmetro (art. 42, § 1.º, da Lei de Licitações).

Igualmente, pode ser exigido o oferecimento de protótipos do objeto que será adquirido ou de amostras no julgamento, da proposta, para atender a diligência, e após o julgamento, como condição para firmar contrato (art. 42, § 2.º, da Lei de Licitações).[111]

A exigência de amostra ou prova de conceito do bem pode ser realizada no procedimento de pré-qualificação permanente, na fase de julgamento das propostas ou de lances do licitante primeiro colocado, no período de vigência do contrato ou da ata de registro de preços, desde que previsto no instrumento convocatório e justificada a necessidade de sua apresentação (art. 41, II, da Lei de Licitações).[112]

É legítima a indicação de marca ou modelo, desde que formalmente justificado, nas seguintes hipóteses (art. 41, I, da Lei): a) em decorrência da necessidade de padronização do objeto; b) em razão da necessidade de manter a compatibilidade com plataformas e padrões já adotados pela Administração; c) quando determinada marca ou modelo comercializado por mais de um fornecedor for o único capaz de atender às necessidades da contratante; e d) quando a descrição do objeto a ser licitado puder ser melhor compreendida pela identificação de determinada marca ou modelo aptos a servir apenas como referência.

Por outro lado, a Administração poderá vedar a contratação de marca ou produto, quando ficar comprovado, nos autos do processo administrativo, que os produtos adquiridos e utilizados anteriormente pela Administração não atendem a requisitos indispensáveis ao pleno adimplemento da obrigação contratual (art. 41, III, da Lei de Licitações).

Trata-se de vedação objetiva que incide sobre a marca e produto que, em contratações pretéritas, não se revelaram satisfatórias para o atendimento do interesse público subjacente aos contratos celebrados pela Administração.

---

[111] No interesse da Administração, as amostras poderão ser examinadas por instituição com reputação ético-profissional na especialidade do objeto, previamente indicada no edital (art. 42, § 3.º, da Lei).

[112] A exigência restringir-se-á ao licitante provisoriamente vencedor quando realizada na fase de julgamento das propostas ou de lances (art. 41, parágrafo único, da Lei).

Título II – Das Licitações

Art. 52

A vedação não alcança, portanto, a empresa contratada que pode participar de futuras licitações e contratações, desde que não utilize a mesma marca e o produto que foram vedados pela Administração.

Naturalmente, o afastamento de potenciais fornecedores, com fundamento no art. 41, III, da Lei, deve ser objeto de decisão administrativa motivada no âmbito de processo administrativo que assegure a ampla defesa e o contraditório, uma vez que a decisão poderá afetar os direitos ou expectativas legítimas das empresas potencialmente interessadas em contratar com a Administração.

Ademais, entendemos que a medida indicada no referido dispositivo legal somente pode levar em consideração os produtos adquiridos e utilizados anteriormente pela própria Administração contratante. Vale dizer: a priori, não poderia determinado Ente da federação adotar a medida a partir da experiência prévia do produto ou da marca com outro Ente da Federação.

Isso porque o art. 41, III, da Lei de Licitações utilizou a expressão "Administração", que, na forma da conceituação apresentada pelo art. 6.º, IV, da mesma Lei, abrange apenas o "órgão ou entidade por meio do qual a Administração Pública atua".

Afigura-se ainda recomendável que os parâmetros para afastamento de empresas de futuros procedimentos licitatórios sejam fixados em decretos regulamentares ou outras normas infralegais, com o objetivo de garantir segurança jurídica e isonomia aos envolvidos.

Não obstante o silêncio legislativo, é preciso admitir que a decisão administrativa seja revista a qualquer tempo, especialmente a partir da demonstração de que o produto ou a marca sofreu alterações que demonstram a superação do problema eventualmente encontrado em contratação anterior.

Outra exigência excepcional, que pode ser estabelecida nas licitações que envolvam o fornecimento de bens, refere-se à possibilidade de solicitação, devidamente motivada, de carta de solidariedade emitida pelo fabricante, que assegure a execução do contrato, no caso de licitante revendedor ou distribuidor (art. 41, IV, da Lei).

A exigência de carta de solidariedade tem por objetivo garantir a execução do contrato e o atendimento do interesse público.

Frise-se que a solidariedade não se presume e somente decorre da lei ou da vontade das partes (art. 265 do Código Civil). Assim, por exemplo, o Código de Defesa do Consumidor estabeleceu a solidariedade entre os fabricantes e os fornecedores nas relações de consumo (arts. 12, 18, 19 e 25 do CDC).

Ocorre que os contratos celebrados pela Administração Pública não envolvem, em regra, relação de consumo, o que revelaria a ausência de solidariedade entre o contratado e o fabricante do bem.

Em verdade, há discussão quanto à viabilidade de submissão das aquisições de bens pelo Estado às disposições do CDC, uma vez que o Estado não é considerado, normalmente, consumidor.

Conforme já tivemos a oportunidade de mencionar em estudo sobre o tema,[113] o Estado pode ser considerado consumidor em situações excepcionais, o que atrairia a responsabilidade solidária e objetiva de todos aqueles que participaram da cadeia de consumo, independentemente da "carta de solidariedade" prevista na Lei 12.462/2011.

Assim, nos casos de constatação de vulnerabilidade técnica da Administração pública em relação ao contratado, o Estado poderia ser considerado, em determinados casos, consumidor, na forma do art. 2.º do CDC.[114]

De qualquer forma, a possibilidade de exigência de carta de solidariedade contida no art. 41, IV, da Lei 14.133/2021 afasta a necessidade de discussão sobre a eventual caracterização da relação de consumo nas contratações públicas no tocante à responsabilização solidária do fabricante e do revendedor ou distribuidor.

Contudo, é preciso ter cautela na exigência da carta de solidariedade, uma vez que pode acarretar restrição à competitividade dos certames, com o afastamento de potenciais interessados que não possuem o referido documento. Não por outra razão, o art. 41, IV, da Lei 14.133/2021 exige a motivação da exigência da carta.

Quanto ao princípio da padronização, o processo deverá conter (art. 43 da Lei de Licitações): a) parecer técnico sobre o produto, considerando especificações técnicas e estéticas, desempenho, análise de contratações anteriores, custo e condições de manutenção e garantia; b) despacho motivado da autoridade superior, com a adoção do padrão; e c) publicação em meio de divulgação oficial da síntese da justificativa e da descrição sucinta do padrão definido.

A padronização pode ser implementada com base em processo de outro órgão ou entidade de nível federativo igual ou superior ao do órgão adquirente, devendo o ato que decidir pela adesão à outra padronização ser devidamente motivado, com indicação da necessidade da Administração, e publicado em meio de divulgação oficial (art. 43, § 1.º, da Lei).

Verifica-se que a Lei de Licitações pouco inovou em relação à indicação de marcas e ao princípio da padronização nas licitações.

A Lei 8.666/1993 vedava, em regra, a indicação de marcas nas compras efetuadas pelo Poder Público (art. 15, § 7.º, I). A indicação, contudo, seria permitida quando acompanhada de justificativas técnico-científicas.

Assim como permitido na Lei 8.666/1993, a Lei de Licitações admite que a indicação de marca sirva como parâmetro de qualidade para facilitar a descrição do objeto a ser licitado. Na hipótese, ao lado da marca apontada no instrumento con-

---

[113] OLIVEIRA, Rafael Carvalho Rezende. Os serviços públicos e o Código de Defesa do Consumidor: limites e possibilidades. *BDA*, v. 2, p. 172-188, 2010.

[114] Nesse sentido: GARCIA, Flávio Amaral. *Licitações e contratos administrativos*. 3. ed. Rio de Janeiro: Lumen Juris, 2010. p. 243-250. Em sentido contrário, não admitindo a figura do "Estado consumidor", pois inexistente a vulnerabilidade: JUSTEN FILHO, Marçal. *Comentários à Lei de Licitações e Contratos Administrativos*. 9. ed. São Paulo: Dialética, 2002. p. 520.

Título II – Das Licitações

Art. 52

vocatório, constarão as seguintes expressões "ou equivalente", "ou similar" e "ou de melhor qualidade".

A atual Lei de Licitações também manteve o princípio da padronização que encontrava previsão no art. 15, I, da Lei 8.666/1993.

A padronização, normalmente, gera benefícios econômicos para o Poder Público (princípio da economicidade), pois facilita as compras em grande escala e a manutenção dos bens adquiridos.

Verifica-se, portanto, que a padronização pode acarretar, em alguns casos, a indicação de marcas, desde que a opção seja tecnicamente adequada. O que não é permitido é a padronização ou a indicação de marcas por critérios subjetivos ou desarrazoados.[115]

No tocante às contratações de soluções baseadas em *software* de uso disseminado, a Lei de Licitações remete a disciplina ao regulamento que definirá o processo de gestão estratégica das contratações desse tipo de solução (art. 43, § 2.º, da Lei).

Por fim, nas hipóteses em que houver a possibilidade de compra ou de locação de bens, o estudo técnico preliminar deverá considerar os custos e os benefícios de cada opção, indicando a alternativa mais vantajosa (art. 44 da Lei de Licitações).

8.2. Obras e serviços de engenharia

A obra, na forma indicada no art. 6.º, XII, da Lei 14.133/2021, é "toda atividade estabelecida, por força de lei, como privativa das profissões de arquiteto e engenheiro que implica intervenção no meio ambiente por meio de um conjunto harmônico de ações que, agregadas, formam um todo que inova o espaço físico da natureza ou acarreta alteração substancial das características originais de bem imóvel".

Existem, no entanto, determinadas situações de difícil distinção entre obra e serviço de engenharia, especialmente pela insuficiência das definições constantes da legislação.

Alguns critérios são sugeridos pela doutrina para distinção entre obra e serviço, tais como: a) na contratação de uma obra prepondera o resultado, consistente na criação ou modificação de um bem corpóreo (obrigação de resultado), e na contratação do serviço predomina a atividade humana, que produz utilidades para a Ad-

---

[115] No contexto da Lei 8.666/1993, o TCU editou a Súmula 270 que dispõe: "Em licitações referentes a compras, inclusive de *softwares*, é possível a indicação de marca, desde que seja estritamente necessária para atender exigências de padronização e que haja prévia justificação". O TCU consagrou entendimento de que a "padronização de marca somente é possível em casos excepcionais, quando ficar incontestavelmente comprovado que apenas aquele produto, de marca certa, atende aos interesses da Administração". TRIBUNAL DE CONTAS DA UNIÃO. *Licitações & contratos*: orientações e jurisprudência do TCU. 4. ed. Brasília: TCU, 2010. p. 215.

ministração (obrigação de meio);[116] b) enquanto na obra, normalmente, o custo do material é superior ao da mão de obra; nos serviços, a lógica é inversa.[117]

Não obstante as dificuldades na distinção entre os objetos contratuais, a legislação procurou estabelecer regime jurídico uniforme para as obras e serviços de engenharia, o que relativiza eventuais discussões concretas. É verdade, contudo, que a dificuldade na distinção pode gerar dúvidas, por exemplo, na utilização do pregão, que seria vedado para obras, mas permitido para serviços comuns de engenharia (art. 29, parágrafo único, da Lei 14.133/2021).

Conforme já decidiu o TCU, a vistoria ao local das obras somente deve ser exigida quando imprescindível para a perfeita compreensão do objeto e com a necessária justificativa da Administração nos autos do processo licitatório, podendo ser substituída pela apresentação de declaração de preposto da licitante de que possui pleno conhecimento do objeto. Vale dizer: a visita deve ser compreendida como direito subjetivo da empresa licitante, não como obrigação imposta pela Administração.[118]

Como dispõe o art. 63, §§ 2.º e 4.º, da Lei 14.133/2021, na hipótese em que a avaliação prévia do local de execução for imprescindível para o conhecimento pleno das condições e peculiaridades do objeto a ser contratado, o edital de licitação poderá prever, sob pena de inabilitação, a necessidade de o licitante atestar que conhece o local e as condições de realização da obra ou serviço, assegurado a ele o direito de realização de vistoria prévia, com a disponibilização, pela Administração, de datas e horários diferentes para os eventuais interessados.

A vistoria, todavia, poderá ser substituída por declaração formal assinada pelo responsável técnico do licitante acerca do conhecimento pleno das condições e peculiaridades da contratação (art. 63, § 3.º, da Lei 14.133/2021).

Nos certames relacionados às obras e aos serviços de engenharia e arquitetura, sempre que adequada ao objeto da licitação, será preferencialmente adotada a Modelagem da Informação da Construção (*Building Information Modelling* – BIM) ou tecnologias e processos integrados similares ou mais avançados que venham a substituí-la, na forma do art. 19, § 3.º, da Lei 14.133/2021.[119]

---

[116] JUSTEN FILHO, Marçal. *Comentários à lei de licitações e contratos administrativos*. 9. ed. São Paulo: Dialética, 2002. p. 108-109.

[117] GARCIA, Flavio Amaral. *Licitações e contratos administrativos*. 2. ed. Rio de Janeiro: Lumen Juris, 2007. p. 7.

[118] TCU, Acórdão 170/2018 Plenário, Auditoria, Rel. Min. Benjamin Zymler, 31.01.2018 (*Informativo de Jurisprudência sobre Licitações e Contratos do TCU* n. 339).

[119] Em âmbito federal, o Decreto 11.888/2024 dispôs sobre a Estratégia Nacional de Disseminação do *Building Information Modelling* no Brasil (Estratégia BIM BR) e instituiu o Comitê Gestor da Estratégia do *Building Information Modelling* – BIM BR. De acordo com o art. 1.º, parágrafo único, do referido Decreto, o BIM (ou Modelagem da Informação da Construção) é "o conjunto integrado de processos e tecnologias que permite criar, utilizar, atualizar e compartilhar, colaborativamente, modelos digitais de uma construção, de forma a servir potencialmente a todos os participantes do empreendimento durante o ciclo de vida da construção".

Em âmbito federal, a utilização do *Building Information Modelling* (BIM) ou "Modelagem da Informação da Construção" na execução direta ou indireta de obras e serviços de engenharia já encontrava previsão nos Decretos 9.983/2019 e 10.306/2020.

Trata-se de um "conjunto de tecnologias e processos integrados que permite a criação, a utilização e a atualização de modelos digitais de uma construção, de modo colaborativo, que sirva a todos os participantes do empreendimento, em qualquer etapa do ciclo de vida da construção" (art. 3.º, II, do Decreto 10.306/2020).

Não constitui, portanto, novo regime de execução de obras e serviços de engenharia, mas, sim, um modelo digital, coordenado e colaborativo que conta com a participação dos profissionais envolvidos na concepção e na gestão de uma construção em todas as suas etapas, o que garante maior transparência e eficiência da contratação.[120]

A Lei de Licitações, ao tratar das obras e serviços de engenharia, revela importante preocupação com a sustentabilidade da contratação.

Nesse sentido, as licitações de obras e serviços de engenharia devem observar (art. 45 da Lei de Licitações): a) disposição final ambientalmente adequada dos resíduos sólidos gerados pelas obras contratadas; b) mitigação por condicionantes e compensação ambiental, que serão definidas no procedimento de licenciamento ambiental; c) utilização de produtos, equipamentos e serviços que, comprovadamente, favoreçam a redução do consumo de energia e de recursos naturais; d) avaliação de impacto de vizinhança, na forma da legislação urbanística; e) proteção do patrimônio histórico, cultural, arqueológico e imaterial, inclusive por meio da avaliação do impacto direto ou indireto causado pelas obras contratadas; e f) acessibilidade para pessoas com deficiência ou com mobilidade reduzida.

Quanto à execução indireta das obras e serviços de engenharia, a Lei de Licitações prevê os seguintes regimes (art. 46):

---

[120] De acordo com Eastman: "Quando implementado de maneira apropriada, o BIM facilita o processo de projeto e construção mais integrado que resulta em construções de melhor qualidade com custo e prazo de execução reduzidos" (EASTMAN, Chuck; TEICHOLZ, Paul; SACKS, Rafael; LISTON, Kathleen. *Manual de BIM*: um guia de modelagem da informação da construção para arquitetos, engenheiros, gerentes, construtores e incorporadores. Porto Alegre: Bookman, 2014, p. 1). O Poder Público pretende alcançar os seguintes objetivos com a utilização do BIM: a) assegurar ganhos de produtividade ao setor de construção civil; b) proporcionar ganhos de qualidade nas obras públicas; c) aumentar a acurácia no planejamento de execução de obras proporcionando maior confiabilidade de cronogramas e orçamentação; d) contribuir com ganhos em sustentabilidade por meio da redução de resíduos sólidos da construção civil; e) reduzir prazos para conclusão de obras; f) contribuir com a melhoria da transparência nos processos licitatórios; g) reduzir necessidade de aditivos contratuais de alteração do projeto, elevação de valor e de prorrogação de prazo de conclusão e de entrega da obra; h) elevar o nível de qualificação profissional na atividade produtiva; i) estimular a redução de custos existentes no ciclo de vida dos empreendimentos. Ministério da Indústria, Comércio Exterior e Serviços – MDIC. Estratégia BIM BR: Estratégia Nacional de Disseminação do *Building Information Modelling* – BIM, 2018, p. 12. Disponível em: http://www.mdic.gov.br/images/REPO-SITORIO/sdci/CGMO/26-11-2018-estrategia-BIM-BR-2.pdf. Acesso em: 10.01.2020.

Art. 52

Comentários à Lei de Licitações e Contratos Administrativos

a) empreitada por preço unitário (art. 6.º, XXVIII): contratação da execução da obra ou do serviço por preço certo de unidades determinadas (ex.: o valor deve ser pago ao final de cada unidade executada – metragem executada de fundações, de paredes levantadas, de colocação de piso etc.);

b) empreitada por preço global (art. 6.º, XXIX): contratação da execução da obra ou do serviço por preço certo e total (ex.: construção de uma escola por preço certo e determinado apresentado pelo licitante);[121]

c) empreitada integral (art. 6.º, XXX): contratação de empreendimento em sua integralidade, compreendida a totalidade das etapas de obras, serviços e instalações necessárias, sob inteira responsabilidade do contratado até sua entrega ao contratante em condições de entrada em operação, com características adequadas às finalidades para as quais foi contratado e atendidos os requisitos técnicos e legais para sua utilização com segurança estrutural e operacional (ex.: o contratado deve realizar a obra, como a construção de um prédio, bem como implementar sistema de segurança, sistema de refrigeração etc.);

d) contratação por tarefa (art. 6.º, XXXI): contratação de mão de obra para pequenos trabalhos por preço certo, com ou sem fornecimento de materiais (ex.: contratação de um eletricista para pequeno reparo na instalação elétrica da repartição pública);

e) contratação integrada: regime de contratação de obras e serviços de engenharia em que o contratado é responsável por elaborar e desenvolver os projetos básico e executivo, executar obras e serviços de engenharia, fornecer bens ou prestar serviços especiais e realizar montagem, teste, pré-operação e as demais operações necessárias e suficientes para a entrega final do objeto (art. 6.º, XXXII) (ex.: contratação de sociedade empresária para elaborar os projetos, básico e executivo, e construção de hospital público);

f) contratação semi-integrada (art. 6.º, XXXIII): regime de contratação de obras e serviços de engenharia em que o contratado é responsável por elaborar e desenvolver o projeto executivo, executar obras e serviços de engenharia, fornecer bens ou prestar serviços especiais e realizar montagem, teste, pré--operação e as demais operações necessárias e suficientes para a entrega final do objeto (ex.: após elaborar o projeto básico, a Administração Pública contrata empresa que será responsável pela elaboração do projeto executivo e a construção de escola pública); e

g) fornecimento e prestação de serviço associado (art. 6.º, XXXIV): regime de contratação em que, além do fornecimento do objeto, o contratado e respon-

---

[121] Segundo o TCU, enquanto a empreitada por preço global deve ser adotada quando for possível definir previamente no projeto, com boa margem de precisão, as quantidades dos serviços a serem posteriormente executados no contrato (exs.: contratação de estudos e projetos; elaboração de pareceres e laudos técnicos), a empreitada por preço unitário deve ser preferida nos casos em que os objetos, por sua natureza, possuam uma imprecisão inerente de quantitativos em seus itens orçamentários (exs.: reformas de edificação; obras com grandes movimentações de terra e interferências; obras de manutenção rodoviária) TCU, Acórdão 1.977/2013, Plenário, Rel. Min. Valmir Campelo, j. 31.07.2013.

Título II – Das Licitações

Art. 52

sabiliza por sua operação, manutenção ou ambas, por tempo determinado (ex.: contrato para fornecimento de obra e prestação de serviços de *facilities*).

Verifica-se a ampliação dos regimes de execução indireta previstos no art. 10, II, da Lei 8.666/1993 (empreitada por preço global, empreitada por preço unitário, tarefa e empreitada integral). Ao lado dos regimes tradicionais, a atual Lei de Licitações incluiu a contratação integrada, a contratação semi-integrada e o fornecimento e prestação de serviço associado.

Importante dizer que as contratações integrada e semi-integrada já eram previstas no âmbito das empresas estatais (art. 42, V e VI, da Lei 13.303/2016).[122] A contratação integrada era igualmente prevista no RDC (art. 8.º, V, da Lei 12.462/2011).

Em relação à contratação de fornecimento com serviço associado, o contratado assume a obrigação de fornecer o objeto e manter a sua operação e/ou manutenção por prazo determinado, na forma do art. 6.º, XXXIV, da Lei 14.133/2021.

O regime de fornecimento com serviço associado cria o incentivo positivo de que a obra seja bem planejada e executada pelo contratado, uma vez que ele será o responsável pela prestação do serviço associado. Assim, é possível supor que o contratado pretenda realizar uma obra de qualidade, levando em consideração, inclusive, a diminuição dos custos dos serviços de operação e manutenção que serão prestados na sequência.

Trata-se de regime de execução contratual que apresenta semelhança com o regime da PPP administrativa de serviços administrativos que tem por objetivo a contratação de empresa privada que prestará serviços ao Estado, com remuneração assumida pelo Estado e sem tarifa, ainda que envolva a execução de obra ou o fornecimento e a instalação de bens, na forma do art. 2.º, § 2.º, da Lei 11.079/2004 (exs.: PPP administrativa para construção e operação de uma rede de creches ou restaurantes para servidores públicos, construção e gestão de arenas esportivas etc.).

É vedada a realização de obras e serviços de engenharia sem projeto executivo, ressalvada a hipótese prevista no § 3.º do art. 18 (art. 46, § 1.º, da Lei 14.133/2021).[123] Contudo, na contratação integrada o projeto básico é dispensado e substituído pelo anteprojeto de acordo com metodologia definida em ato do órgão competente, observados os requisitos estabelecidos no inciso XXIV do art. 6.º (art. 46, § 2.º, da Lei de Licitações).

Os §§ 7.º e 8.º do art. 46 do PL 4.253/2020 limitavam a utilização dos regimes de contratação integrada e semi-integrada às licitações para a contratação de obras,

---

[122] A contratação integrada encontrava previsão embrionária no item 1.9 do revogado Decreto 2.745/1998, que dispunha sobre o Regulamento do Procedimento Licitatório Simplificado da PETROBRAS.

[123] O projeto executivo, segundo o art. 6.º, XXVI, da Lei, é o "conjunto de elementos necessários e suficientes à execução completa da obra, com o detalhamento das soluções previstas no projeto básico, a identificação de serviços, de materiais e de equipamentos a serem incorporados à obra, bem como suas especificações técnicas, de acordo com as normas técnicas pertinentes".

serviços e fornecimentos cujos valores superassem aqueles previstos para as PPPs, ou seja, valores acima de R$ 10.000.000,00. O limite de valor não seria aplicável para as hipóteses de contratação de projetos de ciência, tecnologia, inovação e ensino técnico ou superior.

Contudo, os §§ 7.º e 8.º do art. 46 do PL 4.253/2020 foram vetados pelo Chefe do Poder Executivo, uma vez que impediria a utilização dos regimes de contratação integrada e semi-integrada para obras, a obras, serviços e fornecimentos de pequeno e médio valor, em prejuízo à eficiência na Administração, além do potencial aumento de custos com a realização de posteriores aditivos contratuais e do risco de internalização de tecnologias diferenciadas em obras de médio e menor porte.

Nos regimes de contratação integrada e semi-integrada, o edital e o contrato deverão prever as providências necessárias para a efetivação de desapropriação autorizada pelo Poder Público, bem como (art. 46, § 4.º, da Lei): a) o responsável por cada fase do procedimento expropriatório; b) a responsabilidade pelo pagamento das indenizações devidas; c) a estimativa do valor a ser pago a título de indenização pelos bens expropriados, inclusive de custos correlatos; d) a distribuição objetiva de riscos entre as partes, incluído o risco pela diferença entre o custo da desapropriação e a estimativa de valor e pelos eventuais danos e prejuízos ocasionados por atraso na disponibilização dos bens expropriados; e e) em nome de quem deverá ser promovido o registro de imissão provisória na posse e o registro de propriedade dos bens a serem desapropriados.

O projeto básico poderá ser alterado na contratação semi-integrada, desde que demonstrada a superioridade das inovações em termos de redução de custos, de aumento da qualidade, de redução do prazo de execução ou de facilidade de manutenção ou operação, assumindo a contratada a responsabilidade integral pelos riscos associados à alteração do projeto básico (art. 46, § 5.º, da Lei).

A execução de cada etapa será obrigatoriamente precedida da conclusão e da aprovação, pela autoridade competente, dos trabalhos relativos às etapas anteriores (art. 46, § 6.º, da Lei).

Os regimes de execução "empreitada por preço global", "empreitada integral", "contratação por tarefa", "contratação integrada" e "contratação semi-integrada" serão licitados por preço global e adotarão sistemática de medição e pagamento associada à execução de etapas do cronograma físico-financeiro, vinculadas ao cumprimento de metas de resultado, vedada a adoção de sistemática de remuneração orientada por preços unitários ou referenciada pela execução de quantidades de itens unitários (art. 46, § 9.º, da Lei).

8.3. Serviços em geral

De acordo com o art. 6.º, XI, da Lei 14.133/2021, serviço é "atividade ou conjunto de atividades destinadas a obter determinada utilidade, intelectual ou material, de interesse da Administração".

Título II – Das Licitações

Art. 52

A contratação de serviços (terceirização) pode envolver a prestação de serviço específico ou a conjunção de diversos serviços de interesse da Administração Pública. Neste último caso, é possível a celebração do "contrato de gestão para ocupação de imóveis públicos" (contrato de *facilities*), que envolve a prestação, em um único contrato, de serviços de gerenciamento e manutenção de imóvel, incluído o fornecimento dos equipamentos, materiais e outros serviços necessários ao uso do imóvel pela Administração Pública, por escopo ou continuados (art. 7.º da Lei 14.011/2020).[124]

O regime jurídico da contratação de serviços (terceirização) é previsto nos arts. 47 a 50 da Lei 14.133/2021.

As licitações de serviços devem observar dois princípios (art. 47 da Lei de Licitações): a) da padronização, considerando a compatibilidade de especificações estéticas, técnicas ou de desempenho; e b) do parcelamento, quando for tecnicamente viável e economicamente vantajoso.

Quanto ao parcelamento, devem ser considerados (art. 47, § 1.º, da Lei): a) a responsabilidade técnica; b) o custo para a Administração de vários contratos perante as vantagens da redução de custos, com divisão do objeto em itens; e c) o dever de buscar a ampliação da competição e evitar a concentração de mercado.

No tocante aos serviços de manutenção e assistência técnica, o edital deverá definir o local de realização dos serviços, admitindo-se a exigência de deslocamento de técnico no próprio local da repartição ou a exigência de que a contratada tenha unidade de prestação de serviços em distância compatível com as necessidades da Administração (art. 47, § 2.º, da Lei).

Os serviços que serão contratados com terceiros envolverão as atividades materiais acessórias, instrumentais ou complementares aos assuntos que constituem área de competência legal do órgão ou da entidade, sendo vedado à Administração ou a seus agentes, na contratação do serviço terceirizado (art. 48 da Lei de Licitações): a) indicar pessoas expressamente nominadas para executar direta ou indiretamente o objeto contratado; b) fixar salário inferior ao definido em lei ou ato normativo a ser pago pelo contratado; c) estabelecer vínculo de subordinação com funcionário de empresa prestadora de serviço terceirizado; d) definir forma de pagamento mediante exclusivo reembolso dos salários pagos; e) demandar a funcionário de empresa prestadora de serviço terceirizado a execução de tarefas fora do escopo do objeto da contratação; e f) prever em edital exigências que constituam intervenção indevida da Administração na gestão interna do contratado.

---

[124] O contrato de *facilities*, que já era admitido pelo TCU, envolve a prestação de serviços diversos (exs.: limpeza, vigilância, motorista, recepcionista, manutenção predial etc.) e demonstra que o parcelamento do objeto, previsto no art. 47 da Lei 14.133/2021, não é absoluto, uma vez que deve levar em consideração os aspectos técnicos e econômicos (economia de escala) da contratação. Antes da previsão contida no art. 7.º da Lei 14.011/2020, a viabilidade do contrato de *facilities* na Administração Pública já era admitida pelo TCU: Acórdão 929/2017, Plenário, Rel. Min. Jose Mucio Monteiro, j. 10.05.2017; Acórdão 1.214/2013, Plenário, Rel. Min. Aroldo Cedraz, j. 22.05.2013.

Verifica-se que o art. 48 da Lei 14.133/2021 não prevê a terceirização de atividade-fim, uma vez que o referido dispositivo legal estabelece apenas a contratação de "atividades materiais acessórias, instrumentais ou complementares aos assuntos que constituam área de competência legal do órgão ou da entidade".

Contudo, a interpretação do referido dispositivo legal deve ensejar controvérsias, uma vez que a terceirização da atividade-fim foi admitida, inclusive, pelo STF.

Com efeito, a partir da Lei 13.429/2017, que alterou a Lei 6.019/1974, não foi estabelecida vedação à terceirização de atividades finalísticas das tomadoras de serviços, o que demonstra a possibilidade de discussão quanto à interpretação do art. 48 da Lei 14.133/2021.

O art. 4.º-A da Lei 6.019/1974, alterado pela Lei 13.467/2017 (Reforma Trabalhista), considera "prestação de serviços a terceiros a transferência feita pela contratante da execução de quaisquer de suas atividades, inclusive sua atividade principal, à pessoa jurídica de direito privado prestadora de serviços que possua capacidade econômica compatível com a sua execução". Vale dizer: a terceirização pode envolver qualquer tipo de atividade (instrumental ou finalística) de interesse da Administração Pública contratante.

Em consequência, a nova legislação superou a distinção tradicional entre "atividade-meio" e "atividade-fim".

Após afirmar a inconstitucionalidade dos incisos I, III, IV e VI da Súmula 331 do TST, o STF, em repercussão geral, considerou lícita a terceirização ou qualquer outra forma de divisão do trabalho entre pessoas jurídicas distintas, independentemente do objeto social das empresas envolvidas, mantida a responsabilidade subsidiária da empresa contratante. De acordo com a Suprema Corte, a terceirização das atividades-meio ou das atividades-fim de uma empresa tem amparo nos princípios constitucionais da livre-iniciativa e da livre concorrência.[125]

Aliás, o STF, em sede de repercussão geral, fixou a tese de que "o inadimplemento dos encargos trabalhistas dos empregados do contratado não transfere automaticamente ao Poder Público contratante a responsabilidade pelo seu pagamento, seja em caráter solidário ou subsidiário, nos termos do art. 71, § 1.º, da Lei 8.666/93".[126]

No referido julgamento, o STF afirmou que a dicotomia entre "atividade-fim" e "atividade-meio" é "imprecisa, artificial e ignora a dinâmica da economia moderna, caracterizada pela especialização e divisão de tarefas com vistas à maior eficiência possível, de modo que frequentemente o produto ou serviço final comercializado por uma entidade comercial é fabricado ou prestado por agente distinto, sendo também comum a mutação constante do objeto social das empresas para atender a necessidades da sociedade, como revelam as mais valiosas empresas do mundo". A Supre-

---

[125] Tema 725 da Tese de Repercussão Geral do STF.

[126] Tema 246 da Tese de Repercussão Geral do STF.

Título II – Das Licitações

Art. 52

ma Corte afirmou, ainda, que, além de suas vantagens inerentes, a terceirização não importa precarização às condições dos trabalhadores.

A terceirização apresenta algumas vantagens potenciais, a saber: a) aprimoramento de tarefas pelo aprendizado especializado; b) economias de escala e de escopo; c) redução da complexidade organizacional; d) redução de problemas de cálculo e atribuição, facilitando a provisão de incentivos mais fortes a empregados; e) precificação mais precisa de custos e maior transparência; f) estímulo à competição de fornecedores externos; g) maior facilidade de adaptação a necessidades de modificações estruturais; h) eliminação de problemas de possíveis excessos de produção; i) maior eficiência pelo fim de subsídios cruzados entre departamentos com desempenhos diferentes; j) redução dos custos iniciais de entrada no mercado, facilitando o surgimento de novos concorrentes; k) superação de eventuais limitações de acesso a tecnologias ou matérias-primas; l) menor alavancagem operacional, diminuindo a exposição da companhia a riscos e oscilações de balanço, pela redução de seus custos fixos; m) maior flexibilidade para adaptação ao mercado; n) não comprometimento de recursos que poderiam ser utilizados em setores estratégicos; o) diminuição da possibilidade de falhas de um setor se comunicarem a outros; e p) melhor adaptação a diferentes requerimentos de administração, *know-how* e estrutura, para setores e atividades distinta.[127]

Outro ponto de destaque na atual Lei de Licitações relaciona-se com a preocupação salutar de conflito de interesses e de nepotismo nas contratações de serviços.

Dessa forma, na terceirização, é vedado ao contratado contratar cônjuge, companheiro ou parente em linha reta, colateral ou por afinidade, até o terceiro grau, de dirigente do órgão ou entidade contratante ou de agente público que desempenhe função na licitação ou atue na fiscalização ou na gestão do contrato, devendo esta proibição constar expressamente no edital de licitação (art. 48, parágrafo único, da Lei de Licitações).

O art. 49, *caput* e parágrafo único, da Lei permite a contratação de mais de uma empresa ou instituição para executar o mesmo serviço, desde que essa contratação não implique perda de economia de escala e que a Administração mantenha o controle individualizado de cada contratado, quando: a) o objeto da contratação puder ser executado de forma concorrente e simultânea por mais de um contratado; e b) a múltipla execução for conveniente para atender à Administração. Podem ser mencionados os seguintes exemplos: contratação de empresas para prestação de serviço de backup em nuvem dos documentos da Administração; contratação de empresas para a prestação de serviços de telefonia móvel etc.

Nas contratações de serviços com regime de dedicação exclusiva de mão de obra,[128] o contratado deverá apresentar, quando solicitado pela Administração, sob

---

[127] As referidas vantagens foram mencionadas pelo STF (RE 760.931/DF, Rel. p/ acórdão Min. Luiz Fux, Tribunal Pleno, *DJe*-206 12.09.2017).

[128] A definição de serviços contínuos com regime de dedicação exclusiva de mão de obra pode ser encontrada no art. 6.º, XVI, da Lei.

pena de multa, comprovação do cumprimento das obrigações trabalhistas e com o FGTS em relação aos empregados diretamente envolvidos na execução do contrato, em especial quanto ao (art. 50 da Lei 14.133/2021):[129] a) registro de ponto; b) recibo de pagamento de salários, adicionais, horas extras, repouso semanal remunerado e décimo terceiro salário; c) comprovante de depósito do FGTS; d) recibo de concessão de férias e do respectivo adicional; e) recibo de quitação de obrigações trabalhistas e previdenciárias dos empregados dispensados até a data da extinção do contrato; e f) recibo de pagamento de vale-transporte e vale-alimentação, na forma prevista em norma coletiva.

8.4. Locação de imóveis

Assim como ocorria na antiga Lei 8.666/1993 (arts. 1.º, 2.º e 62, § 3.º, I), os art. 2.º e 51 da Lei 14.133/2021 determinam a aplicação dos seus dispositivos aos contratos de locação.

Os contratos de locação de bens imóveis são regulados, predominantemente, pelo direito privado (Lei 8.245/1991), aplicando-se, contudo, as disposições da Lei de Licitações.

A formalização do contrato de locação e a aplicação do direito privado são plenamente possíveis nas hipóteses em que a Administração Pública seja locatária e em casos de locação de bens integrantes das pessoas jurídicas de direito privado da Administração Indireta.

---

[129] Em conformidade com o disposto no art. 3º do Decreto 12.174/2024, nos contratos de serviços contínuos com regime de dedicação exclusiva de mão de obra, devem ser inseridas cláusulas que assegurem aos trabalhadores: a) a previsibilidade da época de gozo de suas férias, com vistas a conciliar o direito ao descanso e à garantia do convívio familiar com as necessidades do serviço; e b) a possibilidade de compensação de jornada de trabalho, desde que compatível com a natureza dos serviços, nas hipóteses de: b.1) diminuição excepcional e temporária da demanda de trabalho, inclusive em razão de recesso de final de ano, quando houver; e b.2) necessidade eventual de caráter pessoal de trabalhador em que não se mostre eficiente ou conveniente convocar trabalhador substituto. De acordo com o art. 4º do Decreto 12.174/2024, nos contratos de prestação de serviços com regime de dedicação exclusiva de mão de obra ou predominância de mão de obra, a jornada semanal de trabalho de quarenta e quatro horas estabelecida em acordo individual escrito, convenção coletiva, acordo coletivo de trabalho ou dissídio coletivo poderá ser reduzida para quarenta horas, sem prejuízo da remuneração do trabalhador. Por fim, o art. 5º do Decreto 12.174/2024 prevê: "Na contratação de serviços contínuos com dedicação exclusiva de mão de obra, somente serão aceitas, nos termos do edital, propostas que adotem, na planilha de custos e formação de preços, valor igual ou superior ao orçado pela administração, que corresponderá à soma do salário e do auxílio-alimentação. § 1º A critério da administração, mediante justificativa, outros benefícios de natureza trabalhista ou social poderão compor a planilha de custos e formação de preços. § 2º Os valores de que trata este artigo deverão ser estimados com base na convenção coletiva, no acordo coletivo de trabalho ou no dissídio coletivo adequado à categoria profissional que executará o serviço contratado, considerada a base territorial de execução do objeto do contrato."

Todavia, conforme já destacado, há discussão sobre a possibilidade de contrato de locação que tenha por objeto bens públicos.

Em nossa opinião, a locação é incompatível com a transferência do uso privativo dos bens públicos e deve ser submetida ao regime jurídico próprio (ex.: autorização, permissão, concessão de uso de bens públicos).

De acordo com o art. 51 da Lei 14.133/2021, a locação de imóveis deverá ser precedida de licitação e avaliação prévia do bem, do seu estado de conservação, dos custos de adaptações e do prazo de amortização dos investimentos necessários.

É possível indicar diferentes modelos de contratos de locação de imóveis, tais como: **a) locação tradicional**: envolve somente o aluguel do espaço físico; **b) locação com** *facilities*: além do aluguel do espaço físico, o contrato engloba a prestação de serviços para a sua operação e manutenção, como limpeza, administração predial, recepção, vigilância, controle de acesso, entre outros; e **c) locação built to suit (BTS)**: o locador procede à prévia aquisição, construção ou substancial reforma, por si mesmo ou por terceiros, do imóvel então especificado pelo pretendente à locação, a fim de que seja a este locado, prevalecendo as condições livremente pactuadas no respectivo contrato e as disposições procedimentais previstas na Lei 8.245/1991.

É inexigível a licitação na aquisição ou locação de imóvel cujas características de instalações e localização tornem necessária sua escolha (art. 74, V, da Lei 14.133/2021).

A atual Lei de Licitações conferiu tratamento mais técnico à locação direta, sem licitação. A Lei 8.666/1993, em seu art. 24, X, trata a hipótese como dispensa de licitação. Como afirmamos em edições anteriores deste livro, a hipótese configuraria, em verdade, inexigibilidade de licitação, em virtude da inviabilidade de competição, tese agora corroborada no texto da atual Lei de Licitações.

Em âmbito federal, a IN SEGES/ME 103/2022, que dispõe sobre os procedimentos de seleção de imóveis para locação, prevê os três modelos de locação (tradicional, com *facilities* e *built to suit*), mas não impede a utilização de outros modelos, sendo certo que a escolha deve ser justificada no Estudo Técnico Preliminar (ETP).

De acordo com o art. 10 da referida IN, os órgãos ou as entidades deverão realizar o chamamento público com o objetivo de prospectar no mercado imóveis disponíveis para locação que atendam às necessidades definidas no ETP. Quando houver mais de um imóvel que atenda às necessidades da Administração, a licitação será realizada pelo critério de julgamento menor preço (ou maior desconto) ou maior retorno econômico (art. 21 da IN).

9. LICITAÇÕES INTERNACIONAIS

As licitações internacionais, na forma da definição contida no art. 6.º, XXXV, da Lei 14.133/2021, são aquelas processadas em território nacional que permitem a participação de licitantes estrangeiros, com a possibilidade de cotação de preços em moeda estrangeira, ou aquelas que estipulam que o objeto contratual pode ou deve ser executado, no todo ou em parte, em território estrangeiro.[130]

Verifica-se que as licitações internacionais, a partir do conceito positivado no art. 6.º, XXXV, da Lei 14.133/2021, apresentam as seguintes características:

a) **processadas em território nacional**: os certames devem ocorrer no Brasil, ainda que o objeto contratual seja executado, total ou parcialmente, em território estrangeiro. As licitações internacionais não se confundem com as contratações realizadas por repartições públicas no exterior que devem observar as peculiaridades locais e os princípios básicos da Lei 14.133/2021, na forma fixada em regulamentação específica (art. 1.º, § 2.º, da Lei 14.133/2021);

b) **participação de licitantes estrangeiros**: deve ser admitida a participação de estrangeiros nas licitações internacionais. Não é necessária a comprovação de autorização para funcionamento no país por parte da empresa estrangeira interessada em participar da licitação internacional. A exigência de autorização para funcionamento no país, prevista no art. 1.134 do CC, não constitui requisito de habilitação nas licitações internacionais, mas poderá ser exigida como condição para assinatura do contrato se houver a necessidade de execução do seu objeto em território nacional;[131]

c) **possibilidade de cotação de preços em moeda estrangeira**: trata-se de uma faculdade e não de uma obrigatoriedade, cabendo ao edital definir a moeda que será utilizada nas propostas dos licitantes;

d) **execução total ou parcial do objeto contratual no exterior**: a licitação internacional também será caracterizada se a execução do contrato ocorrer, no todo ou em parte, em território estrangeiro.

Nas licitações internacionais, o edital deverá ajustar-se às diretrizes da política monetária e do comércio exterior e atender às exigências dos órgãos competentes (art. 52 da Lei 14.133/2021).

Quando for permitida a cotação de preço em moeda estrangeira por parte do licitante estrangeiro, essa possibilidade será franqueada ao licitante brasileiro. Nesse

---

[130] De acordo com Rafael Wallbach Schwind, a positivação do conceito legal de licitação internacional na Lei 14.133/2021 supera os entendimentos que sustentavam que a licitação internacional dependeria necessariamente de divulgação no exterior, de utilização de recursos de fonte estrangeira ou de execução contratual, ao menos em parte, no exterior (SCHWIND, Rafael Wallbach. *Licitações internacionais*: participação de estrangeiros e licitações realizadas com financiamento externo. 3. ed. Belo Horizonte: Fórum, 2022, p. 48).

[131] Nesse sentido: SCHWIND, Rafael Wallbach. *Licitações internacionais*: participação de estrangeiros e licitações realizadas com financiamento externo. 3. ed. Belo Horizonte: Fórum, 2022, p. 44-46 e 86. Registre-se que, no âmbito da Lei 8.666/1993, a apresentação do decreto de autorização para funcionamento no País constituía requisito de habilitação (art. 28, V) e as empresas estrangeiras deveriam ter representação legal no Brasil com poderes expressos para receber citação e responder administrativa ou judicialmente (art. 32, § 4.º).

Título II – Das Licitações

Art. 52

caso, contudo, o pagamento feito ao licitante brasileiro eventualmente contratado será efetuado em moeda corrente nacional (art. 52, §§ 1.º e 2.º, da Lei 14.133/2021).

Igualmente, as garantias de pagamento ao licitante brasileiro serão equivalentes àquelas oferecidas ao licitante estrangeiro e as propostas de todos os licitantes estarão sujeitas às mesmas regras e condições, na forma estabelecida no edital (art. 52, §§ 3.º e 5.º, da Lei 14.133/2021).

Conforme dispõe o § 4.º do art. 52 da Lei 14.133/2021, os gravames incidentes sobre os preços constarão do edital e serão definidos a partir de estimativas ou médias dos tributos.[132]

O edital não poderá prever condições de habilitação, classificação e julgamento que, mesmo usuais em licitações nacionais, constituam barreiras de acesso ao licitante estrangeiro, admitida a previsão de margem de preferência para bens de capital produzidos no País e serviços nacionais que atendam às normas técnicas brasileiras (art. 52, § 6.º, da Lei 14.133/2021).

Lembre-se, ainda, da vedação de tratamento diferenciado de natureza comercial, legal, trabalhista, previdenciária ou qualquer outra entre empresas brasileiras e estrangeiras, na forma do art. 9.º, II, da Lei 14.133/2021.

Conforme já destacado, nas licitações e contratações realizadas no âmbito de projetos e programas parcialmente financiados por agência oficial de cooperação estrangeira ou por organismo financeiro internacional, as pessoas sancionadas pelas referidas entidades não poderão participar do certame (art. 14, § 5.º, da Lei 14.133/2021).

Ademais, revela-se desnecessária a indicação do foro da sede da Administração para dirimir conflitos contratuais nas licitações internacionais para a aquisição de bens e serviços cujo pagamento seja feito com o produto de financiamento concedido por organismo financeiro internacional de que o Brasil faça parte ou por agência estrangeira de cooperação, bem como na contratação com empresa estrangeira para a compra de equipamentos fabricados e entregues no exterior precedida de autorização do Chefe do Poder Executivo e na aquisição de bens e serviços realizada por unidades administrativas com sede no exterior (art. 92, § 1.º, da Lei 14.133/2021).

Quanto aos documentos de habilitação, as empresas estrangeiras que não funcionem no País deverão apresentar documentos equivalentes, na forma do regulamento editado pelo Poder Executivo federal (art. 70, parágrafo único, da Lei 14.133/2021).

---

[132] No regime jurídico anterior, o art. 42, § 4.º, da Lei 8.666/1993 exigia uma espécie de equalização das propostas ao exigir que as propostas dos licitantes estrangeiros tivessem o acréscimo artificial dos "gravames consequentes dos mesmos tributos que oneram exclusivamente os licitantes brasileiros quanto à operação final de venda".

CAPÍTULO III
DA DIVULGAÇÃO DO EDITAL DE LICITAÇÃO

Art. 53. Ao final da fase preparatória, o processo licitatório seguirá para o órgão de assessoramento jurídico da Administração, que realizará controle prévio de legalidade mediante análise jurídica da contratação.

§ 1.º Na elaboração do parecer jurídico, o órgão de assessoramento jurídico da Administração deverá:

I – apreciar o processo licitatório conforme critérios objetivos prévios de atribuição de prioridade;

II – redigir sua manifestação em linguagem simples e compreensível e de forma clara e objetiva, com apreciação de todos os elementos indispensáveis à contratação e com exposição dos pressupostos de fato e de direito levados em consideração na análise jurídica;

~~III – dar especial atenção à conclusão, que deverá ser apartada da fundamentação, ter uniformidade com os seus entendimentos prévios, ser apresentada em tópicos, com orientações específicas para cada recomendação, a fim de permitir à autoridade consulente sua fácil compreensão e atendimento, e, se constatada ilegalidade, apresentar posicionamento conclusivo quanto à impossibilidade de continuidade da contratação nos termos analisados, com sugestão de medidas que possam ser adotadas para adequá-la à legislação aplicável.~~ (VETADO)

~~§ 2.º O parecer jurídico que desaprovar a continuidade da contratação, no todo ou em parte, poderá ser motivadamente rejeitado pela autoridade máxima do órgão ou entidade, hipótese em que esta passará a responder pessoal e exclusivamente pelas irregularidades que, em razão desse fato, lhe forem eventualmente imputadas.~~ (VETADO)

§ 3.º Encerrada a instrução do processo sob os aspectos técnico e jurídico, a autoridade determinará a divulgação do edital de licitação conforme disposto no art. 54.

§ 4.º Na forma deste artigo, o órgão de assessoramento jurídico da Administração também realizará controle prévio de legalidade de contratações diretas, acordos, termos de cooperação, convênios, ajustes, adesões a atas de registro de preços, outros instrumentos congêneres e de seus termos aditivos.

§ 5.º É dispensável a análise jurídica nas hipóteses previamente definidas em ato da autoridade jurídica máxima competente, que deverá considerar o baixo valor, a baixa complexidade da contratação, a entrega imediata do bem ou a utilização de minutas de editais e instrumentos de contrato, convênio ou outros ajustes previamente padronizados pelo órgão de assessoramento jurídico.

~~§ 6.º O membro da advocacia pública será civil e regressivamente responsável quando agir com dolo ou fraude na elaboração do parecer jurídico de que trata este artigo.~~ (VETADO)

Art. 54. A publicidade do edital de licitação será realizada mediante divulgação e manutenção do inteiro teor do ato convocatório e de seus anexos no Portal Nacional de Contratações Públicas (PNCP).

§ 1.º Sem prejuízo do disposto no *caput*, é obrigatória a publicação de extrato do edital no Diário Oficial da União, do Estado, do Distrito Federal ou do Município, ou, no caso de consórcio público, do ente de maior nível entre eles, bem como em jornal diário de grande circulação. (veto rejeitado em 01.06.2021)

§ 2.º É facultada a divulgação adicional e a manutenção do inteiro teor do edital e de seus anexos em sítio eletrônico oficial do ente federativo do órgão ou entidade responsável pela licitação ou, no caso de consórcio público, do ente de maior nível entre eles, admitida, ainda, a divulgação direta a interessados devidamente cadastrados para esse fim.

Título II – Das Licitações

Art. 54

§ 3.º Após a homologação do processo licitatório, serão disponibilizados no Portal Nacional de Contratações Públicas (PNCP) e, se o órgão ou entidade responsável pela licitação entender cabível, também no sítio referido no § 2.º deste artigo, os documentos elaborados na fase preparatória que porventura não tenham integrado o edital e seus anexos.

1. ASSESSORIA JURÍDICA E CONTROLE PRÉVIO DE LEGALIDADE DA CONTRATAÇÃO

A atuação da advocacia pública e dos demais órgãos de assessoria jurídica é fundamental para garantir, de forma preventiva, a juridicidade dos atos e dos contratos administrativos.

A advocacia pública, destacada no texto constitucional como função essencial à Justiça (arts. 131 e 132 da CRFB), é responsável pela representação judicial e extrajudicial da Administração Pública, no exercício das atividades contenciosas e consultivas, incluído o controle interno da juridicidade dos atos estatais, garantindo aos administrados uma gestão pública dentro dos parâmetros fixados no ordenamento jurídico.[133]

A singularidade da advocacia pública pode ser demonstrada a partir de três possibilidades e perspectivas:[134] a) atuação prévia: é a carreira jurídica que atua previamente à configuração das políticas públicas; b) atuação sistêmica: tem a visão sistêmica dos limites e das possibilidades relacionadas às políticas públicas, o que permite opinar sobre correção de rumos, com o objetivo de evitar efeitos colaterais indesejados; e c) atuação proativa: a advocacia pública pode atuar proativamente na prevenção de litígios.

Com a promulgação da Lei 14.133/2021, o papel da assessoria jurídica nas licitações e contratações administrativas ganhou novo capítulo, com a ampliação, em

---

[133] De acordo com Diogo de Figueiredo Moreira Neto: "Quanto às modalidades, a consultoria e a representação judicial são hoje apenas o núcleo de uma constelação de funções da advocacia de Estado. Para a realização da promoção e da defesa do interesse público, as modernas funções dos órgãos dela encarregados distribuem-se em três tipos de atividades: a orientação, a defesa e o controle jurídicos da atividade administrativa." MOREIRA NETO, Diogo de Figueiredo. A advocacia de Estado e as novas competências federativas. *Revista de informação legislativa*, v. 33, n. 129, p. 278, jan./mar. 1996.

[134] BINENBOJM, Gustavo. A advocacia pública e o Estado Democrático de Direito. *Revista Brasileira de Direito Público*, Belo Horizonte, v. 8, n. 31, out. 2010, p. 37-38. Marcos Juruena Villela Souto destaca a importância da advocacia pública fortalecida para efetividade da democracia e do Estado de Direito: "Em síntese, a ninguém – salvo a governos totalitários e/ou corruptos – pode interessar uma Advocacia Pública enfraquecida ou esvaziada. A democracia e o Estado de Direito só se fortalecem se houver sólidas e não fragmentadas instituições voltadas para o controle da legalidade, o que exige a garantia constitucional de um corpo permanente, profissionalizado, bem preparado, protegido e remunerado, sem riscos de interferências políticas indevidas no exercício de funções técnicas e despolitizadas". SOUTO, Marcos Juruena Villela. O papel da advocacia pública no controle da legalidade da Administração. *Interesse Público*, Belo Horizonte, v. 6, n. 28, nov. 2004, p. 62.

termos literais, das atribuições previstas na legislação anterior para estipular a sua atuação na fase preparatória e na fase externa da licitação, bem como na etapa de execução contratual.

Aliás, a expressão "assessoria jurídica" não é definida no art. 6º da Lei, mas revela sentido amplo que engloba a advocacia pública (AGU, PGE e PGM) e, também, outros assessores jurídicos (exemplos: advogados das empresas estatais; assessores jurídicos ocupantes de cargos comissionados em Municípios que não possuem Procuradorias institucionalizadas;[135] assessores jurídicos que auxiliam os membros da advocacia pública).

A Lei 14.133/2021 destaca, em diversos momentos, dispositivos voltados à atuação da assessoria jurídica, assinalando-se, por exemplo: a) observância dos parâmetros indicados no art. 7º da Lei 14.133/2021, com o intuito de garantir a gestão por competências, a moralidade e a efetividade do princípio da segregação de funções; b) auxílio aos agentes públicos que desempenham funções ao longo da licitação e da execução do contrato administrativo (arts. 8º, § 3º, e 117, § 3º, da Lei 14.133/2021); c) representação judicial ou extrajudicial dos agentes públicos (e ex-agentes) acusados da prática de atos praticados com estrita observância de orientação constante em parecer jurídico, salvo se houver provas da prática de atos ilícitos dolosos (art. 10, *caput* e §§ 1º e 2º, da Lei 14.133/2021); d) controle prévio de juridicidade ao final da fase preparatória, incluídas as hipóteses de contratações diretas, acordos, termos de cooperação, convênios, ajustes, adesões a atas de registro de preços, outros instrumentos congêneres e de seus termos aditivos (art. 53, *caput* e § 4º, da Lei 14.133/2021); e) atuação como segunda linha de defesa, na forma do art. 169, II, da Lei 14.133/2021; f) manifestação jurídica na aplicação da declaração de inidoneidade e a desconsideração da personalidade jurídica da empresa (arts. 156, § 6º, e 160 da Lei 14.133/2021), além da análise do cumprimento dos requisitos exigidos para reabilitação dos licitantes ou contratados e na aplicação da declaração de inidoneidade (art. 163, V, da Lei 14.133/2021; e g) auxílio à autoridade competente para dirimir dúvidas e subsidiá-la com as informações necessárias para o julgamento de recursos e de pedidos de reconsideração (art. 168, parágrafo único, da Lei 14.133/2021).

---

[135] Em nossa opinião, o exercício da assessoria jurídica por advogados, que ocupam cargos comissionados, não é adequado, uma vez que o cargo comissionado, que é de livre nomeação e exoneração, retira a independência necessária para o exercício, especialmente da atividade de controle interno da juridicidade dos atos praticados nas licitações e contratações públicas. Não obstante isso, o STF decidiu que "a instituição de Procuradorias municipais depende da escolha política autônoma de cada município, no exercício da prerrogativa de sua auto-organização" (STF, ADI 6331/PE, Rel. Min. Luiz Fux, Tribunal Pleno, *DJe* 25.04.2024). Posteriormente, o STF reiterou o posicionamento e destacou que, uma vez criada a Procuradoria Municipal, deve ser observada a unicidade institucional, com a exclusividade da Procuradoria para o exercício das funções de assessoramento e consultoria jurídica, bem assim de representação judicial e extrajudicial, ressalvadas as exceções consagradas pela Suprema Corte (STF, ADI 1.037/AP, Rel. Min. Gilmar Mendes, Tribunal Pleno, *DJe* 22.08.2024).

Título II – Das Licitações   **Art. 54**

No rol de atribuições, merece destaque o papel da assessoria jurídica na fase preparatória da licitação.

De acordo com o art. 53 da Lei 14.133/2021, ao final da fase preparatória, o processo licitatório seguirá para o órgão de assessoramento jurídico da Administração, que realizará controle prévio de legalidade mediante análise jurídica da contratação.[136]

O controle prévio de legalidade por parte da assessoria jurídica também será realizado nas contratações diretas, acordos, termos de cooperação, convênios, ajustes, adesões a atas de registro de preços, outros instrumentos congêneres e de seus termos aditivos (art. 53, § 4º, da Lei 14.133/2021).

É fácil perceber que, ao contrário do art. 38, parágrafo único, da antiga Lei 8.666/1993, que limitava a atuação da assessoria jurídica à aprovação das minutas dos editais de licitação, dos contratos e outros instrumentos congêneres, o texto do art. 53 da Lei nº 14.133/2021 promove uma ampliação na atividade do órgão de assessoramento jurídico para compreender o controle prévio de legalidade da fase preparatória da licitação e da contratação direta.

Na elaboração do parecer jurídico, o órgão de assessoramento jurídico da Administração deverá (art. 53, § 1.º, da Lei 14.133/2021):[137] a) apreciar o processo lici-

---

[136] A Orientação Normativa da AGU 88/2024 dispõe: "I) No âmbito do Sistema de Registro de Preços, as competências do art. 53 da Lei nº 14.133, de 2021, e do art. 11, inciso VI, alínea 'a', da Lei Complementar nº 73, de 1993, relativas ao controle de legalidade mediante análise jurídica do processo de contratação, são da exclusiva alçada da unidade consultiva que presta assessoramento jurídico ao órgão gerenciador do registro de preços. II) O órgão não participante, em obediência ao § 4º do art. 53 da Lei nº 14.133, de 2021, deverá submeter o processo de adesão à análise jurídica do respectivo órgão de assessoramento jurídico, hipótese em que este limitar-se-á a examinar a legalidade em relação aos requisitos da adesão. III) A análise a que se refere o inciso II desta orientação normativa é dispensada, nos termos do § 5º do art. 53 da Lei nº 14.133, de 2021, nos casos de adesão a ata de registro de preço para contratação: a) voltada à aquisição de bens para entrega imediata; ou b) na hipótese de o valor da contratação por adesão não superar 1% do valor caracterizado pela lei como contratação de grande vulto (art. 6º, XXII, da Lei nº 14.133, de 2021), considerada a atualização anual legalmente exigida. IV) Não será necessária análise e manifestação jurídica específica nos casos em que o órgão de assessoramento jurídico do órgão não participante do registro de preço emitir manifestação jurídica referencial acerca do procedimento de adesão a ata de registro de preço. V) Os órgãos participante e não participante do sistema de registro de preços poderão solicitar manifestação específica da respectiva unidade de consultoria jurídica para que lhe preste assessoramento acerca da juridicidade do processo de contratação, desde que haja dúvida de ordem jurídica objetivamente exposta no processo".

[137] De lado as consultas e orientações verbais que auxiliam, informalmente, os agentes públicos que atuam nos processos de licitação e contratação pública, a atuação da assessoria jurídica deve ser formalizada por escrito e pode receber nomenclaturas distintas no âmbito das normas específicas de cada Ente federativo, tais como despachos, notas, pareceres, orientações normativas, súmulas administrativas etc., destacando-se nesse cenário o parecer jurídico que revela, essencialmente, a opinião jurídica do órgão de assessoramento jurídico. Os pareceres podem ser divididos em, pelo menos, três espécies: a) facultativo: o parecer é solicitado por decisão discricionária da autoridade competente que não se vincula ao seu conteúdo; b) obrigatório: a autoridade é obrigada a solicitar o parecer e pode optar por não seguir o seu conteúdo, desde que apresente a respectiva

tatório conforme critérios objetivos prévios de atribuição de prioridade; e b) redigir sua manifestação com linguagem simples e compreensível e de forma clara e objetiva, com apreciação de todos os elementos indispensáveis à contratação e exposição dos pressupostos de fato e de direito levados em consideração na análise jurídica.

O art. 53, § 1.º, III, do PL 4.253/2020 exigia, ainda, que a assessoria jurídica, na elaboração do parecer, tivesse especial atenção à conclusão, apartada da fundamentação e com uniformidade em relação aos seus entendimentos prévios, apresentada em tópicos, com orientações específicas para cada recomendação, a fim de permitir à autoridade consulente sua fácil compreensão e atendimento, e, se constatada ilegalidade, a assessoria deveria apresentar posicionamento conclusivo quanto à impossibilidade de continuidade da contratação nos termos analisados, com sugestão de medidas que poderiam ser adotadas para adequá-la à legislação aplicável.

Entretanto, o inciso III do § 1.º do PL 4.253/2020 foi vetado pelo Chefe do Executivo, uma vez que o texto tratava da organização administrativa e do procedimento interno na Administração Pública dos demais poderes da República e dos entes federativos, o que violaria o princípio da separação dos poderes e o pacto federativo.

O § 2.º do art. 53 do PL 4.253/2020, que deu origem à atual Lei de Licitações, dispunha que a autoridade máxima da Administração poderia rejeitar o parecer jurídico que desaprovasse, no todo ou em parte, a continuidade da contratação, mas, nesse caso, a autoridade responderia pessoal e exclusivamente pelas irregularidades que eventualmente foram imputadas.

Contudo, o referido dispositivo foi vetado, uma vez que poderia ensejar a interpretação de que o parecerista seria corresponsável pelo ato de gestão, contrariando a posição tradicional da jurisprudência e trazendo insegurança à atividade de assessoramento jurídico, além de desestimular o gestor a tomar medidas não chanceladas pela assessoria jurídica, mesmo que convicto da correção e melhor eficiência dessas medidas, o que pode coibir avanços e inovações.

Em nossa opinião, independentemente do veto presidencial, o gestor público não está vinculado ao parecer jurídico e pode decidir de forma diversa, desde que apresente as necessárias justificativas, abrindo-se o caminho para sua eventual responsabilização nos casos de dolo ou erro grosseiro, na forma do art. 28 da LINDB.

Quanto ao conteúdo, o parecer jurídico deve compreender, ao menos, três tópicos fundamentais: a) relatório: com a descrição dos questionamentos formulados na consulta jurídica; b) fundamentação: a apresentação dos argumentos de fato e de direito necessários para os esclarecimentos aos questionamentos apresentados pelo

---

motivação; e c) vinculante: em casos excepcionais expressamente previstos na legislação, a autoridade deverá decidir à luz de parecer, sendo vedada a atuação contrária as suas conclusões. Sobre o tema, vide: CHAPUS, Réné. *Droit Administratif General*. 15. ed. Paris: Montcherestien, 2001. t. I, p. 1113-1115. Em nossa opinião, afigura-se inapropriado caracterizar o parecer jurídico como "vinculante", uma vez que o dever de administrar cabe à autoridade administrativa, e não ao consultor jurídico, que apenas emite a sua opinião técnica, sob pena de violação ao princípio da segregação de funções.

Título II – Das Licitações

Art. 54

órgão consulente; c) conclusão: apresentação das respostas aos questionamentos, com a exposição da opinião jurídica.

De fato, a Lei 14.133/2021 não impõe uma forma predeterminada para a confecção do parecer jurídico, o que não afasta a possibilidade de utilização de modelos elaborados pelo respectivo órgão de assessoria jurídica e a necessidade de que todos os pareceres contenham conteúdos mínimos.

De modo geral, a estrutura dos pareceres jurídicos apresenta os seguintes elementos: a) cabeçalho: identificação do órgão responsável pela emissão do parecer jurídico, com a inclusão do timbre do órgão e/ou o seu nome por extenso; b) numeração: inclusão do número do parecer, normalmente acompanhada das iniciais do parecerista, o que facilita o catálogo dos pareceres do órgão e a consulta posterior; c) origem ou referência: indicação dos dados do processo de licitação ou de contratação direta relativo ao objeto da consulta jurídica; d) ementa: enumeração dos pontos e das teses abordadas ao longo do parecer, o que facilita não apenas a compreensão do conteúdo do parecer, mas também o catálogo e a futura consulta aos temas abordados nos pareceres do órgão jurídico, auxiliando na coerência das manifestações jurídicas; e) interessado: identificação do órgão que formulou a consulta; f) relatório: apresentação do resumo dos fatos, das dúvidas apresentadas pelo consulente e dos pontos que serão abordados no parecer, normalmente encerrado com a expressão "É o relatório" ou outra semelhante; g) fundamentação: utilização dos argumentos de fato e de direito necessários à compreensão da solução jurídica sugerida, inclusive com a menção às possíveis consequências da adoção ou não da orientação jurídica, com menção aos aspectos doutrinários, legais e jurisprudenciais relacionados à questão analisada, apontando, quando necessário, as possíveis soluções que poderão ser adotadas pelo gestor público e os riscos envolvidos; h) conclusão: inserida no desfecho do parecer, a conclusão deve apresentar, de forma clara e com apoio na fundamentação apresentada ao longo da manifestação, a resposta à consulta jurídica formulada pelo consulente, com a indicação, ao final, da expressão "É o parecer" ou outra semelhante, além da indicação do local, data e assinatura do parecerista.[138] Revela-se recomendável que o órgão de assessoria jurídica apresente alguma uniformização na estrutura e na forma dos respectivos pareceres, inclusive das expressões utilizadas para identificação das manifestações e das ementas, com o intuito de contribuir para maior coerência na atuação do órgão jurídico.

Aliás, com o intuito de garantir uniformização e coerência na atuação da Administração Pública e da própria assessoria jurídica, o art. 19, IV, da Lei 14.133/2021 admite a instituição, com auxílio dos órgãos de assessoramento jurídico e de controle interno, de modelos de minutas de editais, de termos de referência, de contratos

---

[138] Em âmbito federal, o Enunciado BPC n. 2 do Manual de Boas práticas consultivas da AGU (4. ed., 2016) dispõe: "As manifestações consultivas devem ser redigidas de forma clara, com especial cuidado à conclusão, a ser apartada da fundamentação e conter exposição especificada das orientações e recomendações formuladas, utilizando-se tópicos para cada encaminhamento proposto, a fim de permitir à autoridade pública consulente sua fácil compreensão e atendimento."

padronizados e de outros documentos, admitida a adoção das minutas do Poder Executivo federal por todos os entes federativos.

Além das minutas padronizadas, a assessoria jurídica pode implementar a uniformização e coerência de entendimentos jurídicos por meio de súmulas administrativas e orientações normativas que veicular opiniões jurídicas consolidadas e que devem ser observadas em situações semelhantes.

Mencione-se também o denominado parecer referencial elaborado pela assessoria jurídica, cujo teor deverá ser observado em casos futuros semelhantes.[139] Além de garantir uniformização e coerência nas manifestações jurídicas, o parecer referencial implementa maior eficiência administrativa, com a otimização das atividades da Administração Pública e da própria assessoria jurídica, uma vez que evita a necessidade de novas consultas e manifestações individualizadas em processos que tratam do tema já analisado pelo parecer referencial.

A análise jurídica é dispensável nos casos previamente definidos em ato da autoridade jurídica máxima competente, que deverá considerar o baixo valor, a baixa complexidade da contratação, a entrega imediata do bem ou a utilização de editais e instrumentos de contrato, convênio ou outros ajustes previamente padronizados pelo órgão da advocacia pública ou pela unidade de assessoramento jurídico (art. 53, § 5.º).[140]

É preciso dizer que o incremento textual das tarefas exercidas pela assessoria jurídica nas licitações e contratações públicas, que revela, de fato, tarefas que já se-

---

[139] Nesse sentido, a Orientação Normativa 55/2014 da AGU dispõe: "I – Os processos que sejam objeto de manifestação jurídica referencial, isto é, aquela que analisa todas as questões jurídicas que envolvam matérias idênticas e recorrentes, estão dispensados de análise individualizada pelos órgãos consultivos, desde que a área técnica ateste, de forma expressa, que o caso concreto se amolda aos termos da citada manifestação. II – Para a elaboração de manifestação jurídica referencial devem ser observados os seguintes requisitos: a) o volume de processos em matérias idênticas e recorrentes impactar, justificadamente, a atuação do órgão consultivo ou a celeridade dos serviços administrativos; e b) a atividade jurídica exercida se restringir à verificação do atendimento das exigências legais a partir da simples conferência de documentos."

[140] A Orientação Normativa 46/2014 da AGU, com fundamento na Lei 8.666/1993, dispõe: "Somente é obrigatória a manifestação jurídica nas contratações de pequeno valor com fundamento no art. 24, I ou II, da Lei n.º 8.666, de 21 de junho de 1993, quando houver minuta de contrato não padronizada ou haja, o administrador, suscitado dúvida jurídica sobre tal contratação. Aplica-se o mesmo entendimento às contratações fundadas no art. 25 da Lei n.º 8.666, de 1993, desde que seus valores subsumam-se aos limites previstos nos incisos I e II do art. 24 da Lei n.º 8.666, de 1993". A Orientação Normativa 69/2021 da AGU prevê: "Não é obrigatória manifestação jurídica nas contratações diretas de pequeno valor com fundamento no art. 75, I ou II, e § 3º da Lei nº 14.133, de 1º de abril de 2021, salvo se houver celebração de contrato administrativo e este não for padronizado pelo órgão de assessoramento jurídico, ou nas hipóteses em que o administrador tenha suscitado dúvida a respeito da legalidade da dispensa de licitação. Aplica-se o mesmo entendimento às contratações diretas fundadas no art. 74, da Lei nº 14.133, de 2021, desde que seus valores não ultrapassem os limites previstos nos incisos I e II do art. 75, da Lei nº 14.133, de 2021".

riam inseridas no âmbito das atribuições da advocacia pública, não altera o fato de que a assessoria jurídica deve exercer as suas funções com respeito às capacidades institucionais dos demais órgãos e agentes públicos, consubstanciada no princípio da segregação de funções.

Aliás, o princípio da segregação de funções (art. 5º da Lei 14.133/2021) possui relevância na execução dos atos atinentes à contratação pública e na atuação dos órgãos de controle, influenciando, inclusive, na imputação de responsabilidade. Mencione-se, por exemplo, a responsabilidade do gestor público por suas decisões, ainda que apoiadas em parecer jurídico, não sendo lícito responsabilizar o advogado público que emitiu o parecer por sua opinião técnica, salvo, de forma regressiva, na hipótese de dolo ou fraude (art. 184 do CPC).

Em consequência, a atuação da assessoria jurídica deve ficar restrita aos aspectos jurídicos das licitações e contratações públicas, não englobando, portanto, a análise das questões técnicas e políticas.[141]

De nossa parte, entendemos que não se insere nas atribuições do parecer jurídico, por exemplo: a) a análise da correção técnica do conteúdo dos instrumentos elaborados na fase preparatória, tais como o Estudo Técnico Preliminar (ETP), Termo de Referência (TR), matriz de risco, classificação orçamentária, pesquisa de preços, por exemplo, uma vez que esses instrumentos possuem características técnicas que escapam das competências e da *expertise* do assessor jurídico, reservando-se o controle de legalidade aos aspectos formais[142]; b) a análise da veracidade dos atestados de exclusividade apresentados nas contratações por inexigibilidade;[143] c) a atestação, na fase preparatória da licitação, de que o bem ou o serviço a ser contratado se insere na qualidade de "comum" para fins de utilização da modalidade pregão (mencione-se a Orientação Normativa 54/2014 da AGU, editada no contexto da legislação anterior); etc.

---

[141]   Essa parece ser a opinião, também, de Marçal Justen Filho que, apoiado no princípio da segregação de funções, afirma: "Não incumbe ao órgão de assessoramento jurídico assumir a competência política e administrativa atribuída a agente público distinto. Inexiste autorização normativa para que o assessor jurídico se substitua ao agente público titular da competência prevista em lei". JUSTEN FILHO, Marçal. *Comentários à Lei de Licitações e Contratações Administrativas*. São Paulo: Thomson Reuters Brasil, 2021, p. 643.

[142]   De forma semelhante, Anderson Pedra e Ronny Charles sustentam: "Dito de outra forma, embora tenha o parecerista jurídico a incumbência de realizar controle prévio de legalidade e análise jurídica da contratação, não lhe cabe substituir a decisão do setor técnico (...). Também não é o parecerista jurídico responsável por analisar ("controlar") a legalidade de um Estudo Técnico Preliminar, de um Termo de Referência, de uma Matriz de Risco, de uma Pesquisa de Preço ou outros instrumentos similares. Cada um desses artefatos ou instrumentos possui especificidades técnicas que lhe são inerentes e o parecerista jurídico não tem formação técnica para realizar essa análise." PEDRA, Anderson Sant'Ana; TORRES, Ronny Charles Lopes de. O papel da assessoria jurídica na Nova Lei de Licitações e Contratos Administrativos. In: BELÉM, Bruno e outros (Coord.). *Temas controversos na nova Lei de Licitações*. Salvador: JusPodivm, 2021, p. 293-332.

[143]   Esse entendimento foi consagrado na Orientação Normativa 16/2009 da AGU, editada com fundamento na legislação anterior.

Com efeito, a atuação da assessoria jurídica deve ser pautada pela verificação da conformidade dos atos praticados com o ordenamento jurídico, sem a possibilidade de substituição das decisões tomadas pelo gestor público pela decisão do órgão de assessoria jurídica. Não se deve confundir a atuação da advocacia pública com a função do gestor público. A decisão sobre a implementação de políticas públicas e o melhor caminho para satisfação dos direitos fundamentais é de competência exclusiva da autoridade competente, eleita ou nomeada, para o exercício das funções político-administrativas decisórias, não cabendo ao advogado público, inclusive por falta de legitimidade e de atribuição legal, compartilhar ou substituir a decisão do gestor.

Evita-se, com isso, o que denominamos de "ativismo consultivo" que englobaria a atuação invasiva no órgão de consultoria jurídica com a imposição da intepretação pessoal do parecerista em relação ao conteúdo da futura decisão administrativa no contexto em que o ordenamento jurídico apresenta, de fato, outras alternativas decisórias legítimas.

Cabe à autoridade competente, eleita ou nomeada, para o exercício das funções político-administrativas, a decisão sobre a implementação de políticas públicas e o melhor caminho para satisfação dos direitos fundamentais não sendo possível a substituição da opção da autoridade por aquela apresentada pelo advogado público.

Não obstante seja recomendável que a assessoria jurídica não fique restrita à análise formal e passiva do certame, devendo, na medida do possível, apontar para caminhos alternativos que se amoldam ao ordenamento jurídico, criando uma espécie de moldura jurídica, cabe, em última instância, ao gestor público a decisão sobre o melhor caminho a ser seguido dentro das fronteiras da referida moldura.

É possível dizer que o assessor jurídico é uma espécie de analista de riscos, cabendo-lhe apontar os riscos jurídicos das soluções apresentadas pelo gestor público. Não cabe à assessoria jurídica, portanto, tomar a decisão sobre o melhor caminho a ser seguido pelo gestor público, mas, sim, indicar os riscos jurídicos envolvidos nas alternativas apresentadas.

Ademais, a atuação da assessoria jurídica não deve ser fundamentada em valores jurídicos abstratos, sem que sejam consideradas as consequências jurídicas e práticas da decisão, bem como as dificuldades reais do gestor e as exigências das políticas públicas a seu cargo (arts. 20, 21 e 22 da LINDB).

Revela-se fundamental, ainda, que o controle de legalidade exercido pela assessoria jurídica considere, ainda, as manifestações jurídicas apresentadas em casos semelhantes, com o objetivo de garantir coerência e segurança jurídica em suas manifestações, o que demonstra a importância das súmulas, orientações normativas e pareceres vinculantes editados pelo órgão jurídico (art. 30 da LINDB).[144]

---

[144] Sobre a importância da relevância do papel da advocacia pública para coerência da atuação estatal, vide: OLIVEIRA, Rafael Carvalho Rezende. *Precedentes no Direito Administrativo*. São Paulo: Método, 2018, p. 161-166; OLIVEIRA, Rafael Carvalho Rezende. O papel da advocacia pública no dever de coerência na Administração Pública, *REI – Revista Estudos Institucionais*, v. 5, p. 382-400, 2019.

Verifica-se, portanto, a importância da assessoria jurídica na atuação preventiva para garantir a juridicidade do processo de licitação e do contrato que será celebrado pela Administração Pública.

Em suma, a relevância da assessoria jurídica consagrada na Lei 14.133/2021 não acarreta a substituição do eixo decisório, com a indevida substituição da margem de conformação técnica e política do gestor público pela opção pessoal do assessor jurídico.

A efetividade das atribuições constitucionais e legais dos órgãos de assessoria jurídica depende, em grande medida, da adoção de medidas institucionais, com a garantia de independência de seus membros e constante capacitação.

Não obstante os avanços legislativos e o exercício da assessoria jurídica por membros de carreira concursados no âmbito da União, dos Estados, do Distrito Federal e dos Municípios de grande porte, ainda é possível perceber o enorme desafio de implementação da Lei 14.133/2021 nos Municípios de menor porte que não contam com a carreira da advocacia pública devidamente constituída, atribuindo-se essa importante tarefa para servidores comissionados que não possuem a necessária independência funcional para o exercício regular de suas competências.

Questão que deve permanecer controvertida refere-se à consequência da ausência do parecer jurídico prévio sobre a juridicidade da minuta do edital e/ou da contratação direta nas hipóteses que não estiverem dispensadas, na forma autorizada pela atual legislação.

No contexto da antiga Lei 8.666/1993, parcela da doutrina sustentava que a manifestação do órgão jurídico seria condição de validade da licitação.[145]

De outro lado, sempre sustentamos que a ausência do controle preventivo configura irregularidade administrativa, que deveria ensejar a devida apuração de responsabilidade por meio de processo disciplinar, mas não acarretaria, necessária e automaticamente, a nulidade da licitação e do contrato administrativo, especialmente quando os atos praticados não apresentassem irregularidades insanáveis ou prejuízos ao interesse público, tendo em vista o princípio do formalismo moderado.[146]

Em nossa opinião, o art. 147 da Lei 14.133/2021 reforça a tese de que a ausência do controle preventivo não deve acarretar, obrigatoriamente, a invalidação da licitação e do contrato, uma vez que a nulidade somente será declarada caso não seja possível o saneamento da irregularidade. Aliás, a possibilidade de saneamento de falhas formais aparece em outros dispositivos da atual legislação, tais como os arts. 71, I; 169, § 3.º, I; e 171, § 3.º.

---

[145] PEREIRA JÚNIOR, Jessé Torres; DOTTI, Marinês Restelatto. Responsabilidade da assessoria jurídica no processo administrativo das licitações e contratações. *Boletim de Licitações e Contratos – BLC*, São Paulo, v. 24, n. 10, p. 947-973, out. 2011.

[146] Vide item 1.12.1 do presente livro. No mesmo sentido: JUSTEN FILHO, Marçal. *Comentários à lei de licitações e contratos administrativos*. 18. ed. São Paulo: Thomson Reuters Brasil, 2019. p. 871-872; DI PIETRO, Maria Sylvia Zanella. *Temas polêmicos sobre licitações e contratos*. 5. ed. São Paulo: Malheiros, 2001. p. 166.

Ora, o controle jurídico preventivo tem o objetivo, justamente, de verificar a existência de vícios que podem contaminar a validade do processo de contratação.

Não obstante a ausência do controle preventivo, por si só, constituir vício procedimental e exigir a apuração de responsabilidades, isso não significa dizer que existam outros vícios no processo administrativo de licitação ou no contrato que justifiquem a declaração de nulidade dos atos praticados. Não haveria preclusão para o controle jurídico, que pode ser exercido a qualquer tempo, para verificar a higidez da licitação e do contrato, inclusive com a correção de eventuais falhas meramente formais e o aproveitamento dos atos praticados.

2. RESPONSABILIDADE CIVIL DO ADVOGADO PÚBLICO

O membro da advocacia pública será civil e regressivamente responsável quando agir com dolo ou fraude na elaboração do parecer jurídico (art. 184 do CPC).

Registre-se que o § 6.º do art. 53 do PL 4.253/2020, que deu origem à atual Lei de Licitações, dispunha de forma semelhante, com a fixação da responsabilidade civil regressiva do membro da advocacia pública nos casos de dolo ou fraude na elaboração do parecer jurídico. O citado dispositivo, contudo, foi vetado em razão da existência de outras previsões no ordenamento jurídico pátrio que tratam da responsabilidade do advogado público.

Não obstante o veto presidencial, o efeito prático-jurídico não parece relevante, uma vez que a responsabilidade civil do advogado público continuará submetida aos termos do art. 184 do CPC.

De fato, a responsabilização dos advogados públicos pelas opiniões técnicas apresentadas em pareceres jurídicos, especialmente aqueles que verificam a juridicidade das licitações e contratações públicas, sempre foi objeto de intenso debate.

Tradicionalmente, o STF admitia a responsabilidade dos pareceristas apenas nos casos de erro grave inescusável ou dolo, tendo em vista o caráter opinativo dos pareceres.[147]

Posteriormente, o STF alterou o seu posicionamento para admitir a responsabilidade dos advogados públicos e assessores jurídicos pela emissão de "pareceres vinculantes".[148]

---

[147] STF, Tribunal Pleno, MS 24.073/DF, Rel. Min. Carlos Velloso, *DJ* 31.10.2003, p. 15.

[148] "Constitucional. Administrativo. Controle externo. Auditoria pelo TCU. Responsabilidade de procurador de autarquia por emissão de parecer técnico-jurídico de natureza opinativa. Segurança deferida. I. Repercussões da natureza jurídico-administrativa do parecer jurídico: (i) quando a consulta é facultativa, a autoridade não se vincula ao parecer proferido, sendo que seu poder de decisão não se altera pela manifestação do órgão consultivo; (ii) quando a consulta é obrigatória, a autoridade administrativa se vincula a emitir o ato tal como submetido à consultoria, com parecer favorável ou contrário, e se pretender praticar ato de forma diversa da apresentada à consultoria, deverá submetê-lo a novo parecer; (iii) quando a lei estabelece a obrigação de decidir à luz de parecer vinculante, essa manifestação de teor jurídica deixa de ser meramente opinativa

Apoiada na doutrina francesa de Réné Chapus,[149] a Corte efetuou distinção entre três hipóteses de pareceres: **a) facultativo:** "a autoridade não se vincula ao parecer proferido, sendo que seu poder de decisão não se altera pela manifestação do órgão consultivo"; **b) obrigatório:** "a autoridade administrativa se vincula a emitir o ato tal como submetido à consultoria, com parecer favorável ou contrário, e se pretender praticar ato de forma diversa da apresentada à consultoria, deverá submetê-lo a novo parecer"; e **c) vinculante:** "a lei estabelece a obrigação de decidir à luz de parecer vinculante, essa manifestação de teor jurídico deixa de ser meramente opinativa e o administrador não poderá decidir senão nos termos da conclusão do parecer ou, então, não decidir".

No tocante aos pareceres vinculantes, o STF admite a potencial responsabilidade solidária entre o parecerista e o administrador, uma vez que o parecer favorável seria pressuposto de perfeição do ato, havendo a "partilha do poder de decisão". Em relação aos demais pareceres, com caráter opinativo, o parecerista responde apenas em caso de culpa grave (erro grosseiro) ou dolo.

Da mesma forma, o TCU, a partir da interpretação do art. 38 da Lei 8.666/1993, já afirmou que o parecer jurídico em processo licitatório não constitui ato meramente opinativo e pode levar à responsabilização do emitente.[150]

De nossa parte, sempre sustentamos que a responsabilidade pela emissão do parecer somente seria possível se comprovado o erro grosseiro ou o dolo do parecerista.[151]

---

e o administrador não poderá decidir senão nos termos da conclusão do parecer ou, então, não decidir. II. No caso de que cuidam os autos, o parecer emitido pelo impetrante não tinha caráter vinculante. Sua aprovação pelo superior hierárquico não desvirtua sua natureza opinativa, nem o torna parte de ato administrativo posterior do qual possa eventualmente decorrer dano ao erário, mas apenas incorpora sua fundamentação ao ato. III. Controle externo: É lícito concluir que é abusiva a responsabilização do parecerista à luz de uma alargada relação de causalidade entre seu parecer e o ato administrativo do qual tenha resultado dano ao erário. Salvo demonstração de culpa ou erro grosseiro, submetida às instâncias administrativo-disciplinares ou jurisdicionais próprias, não cabe a responsabilização do advogado público pelo conteúdo de seu parecer de natureza meramente opinativa. Mandado de segurança deferido" (STF, Tribunal Pleno, MS 24.631/DF, Rel. Min. Joaquim Barbosa, *DJe*-18 01.02.2008, *Informativo de Jurisprudência do STF* n. 475).

[149] CHAPUS, Réné. *Droit Administratif General*. 15. ed. Paris: Montcherestien, 2001, p. 1.113-1.115. t. I.

[150] TCU, Plenário, Acórdão 1.337/11, Rel. Min. Walton Alencar Rodrigues, 25.05.2011 (*Informativo de Jurisprudência sobre Licitações e Contratos do TCU* n. 64). Posteriormente, no entanto, o TCU entendeu ser necessária a caracterização de erro grosseiro ou inescusável, com dolo ou culpa, para responsabilização de parecerista jurídico em processo licitatório (TCU, Acórdão 1.857/11, Rel. Min. André Luis de Carvalho, 13.07.2011, *Informativo de Jurisprudência sobre Licitações e Contratos do TCU* n. 71, Acórdão 362/2018 Plenário, Recurso de Reconsideração, Rel. Min. Augusto Nardes, 28.02.2018, *Informativo de Jurisprudência sobre Licitações e Contratos do TCU* n. 340).

[151] Nesse sentido: SOUTO, Marcos Juruena Villela. Responsabilização de advogado ou procurador por pareceres em contratação direta de empresa. *Direito administrativo em debate*. 2.ª série. Rio de Janeiro: Lumen Juris, 2007. p. 341-354; MOREIRA NETO, Diogo de Figueiredo. A responsabilidade do advogado de Estado. *Revista de Direito da Procuradoria Geral*, Rio de Janeiro, n. 63, p. 95-118, 2008. Sobre o tema, José Vicente Santos de Mendonça aponta quatro *standards* para eventual responsabilidade do parecerista, a saber: a) o dolo; b) o erro evidente e inescusável; c)

Em primeiro lugar, o dever de administrar cabe à autoridade administrativa, e não ao consultor jurídico, sob pena de violação ao princípio da segregação de funções. A decisão final sempre será da autoridade que pode, inclusive, decidir por não continuar com o processo de licitação/contratação, apesar da existência de parecer jurídico. É a autoridade administrativa (e não o advogado público) a responsável pela administração pública ou gestão da coisa pública, sendo, a nosso ver, incoerente a classificação do parecer como "vinculante" quando, em verdade, o ato representa apenas a opinião jurídica do advogado.

Em segundo lugar, existem diversas interpretações jurídicas que podem ser razoavelmente apresentadas em cada situação concreta, não sendo possível responsabilizar o advogado público que apresentou interpretação razoável. Não se pode desconsiderar o fato de que o advogado público tem que manifestar a sua opinião no momento em que o fato se apresenta, sem a real noção, muitas vezes, das inúmeras consequências (boas ou ruins) que poderão ser produzidas.

Ademais, não se pode desconsiderar a inviolabilidade do advogado, público ou privado, que responde apenas nos casos de dolo ou culpa (arts. 2.º, § 3.º; 3.º, § 1.º; 32; todos do Estatuto da OAB).

Por fim, a responsabilidade do advogado público, sem a devida comprovação do erro grosseiro ou do dolo, viola o princípio da eficiência, pois a responsabilização indiscriminada, sem a perquirição da má-fé ou dolo, faz com que o advogado público atue com receio, sem pensar na melhor decisão a ser tomada à luz da eficiência, mas apenas na possibilidade de sofrer sanções por suas opiniões (seria mais conveniente para o advogado negar a prática de atos para evitar a sua responsabilização).

Nesse sentido, o art. 184 do CPC, ao tratar da responsabilidade civil do advogado público, estabeleceu que a sua responsabilidade pessoal seria regressiva e apenas no caso de "dolo ou fraude".

Além de restringir a eventual responsabilidade do advogado público aos casos de "dolo ou fraude", o art. 184 do CPC estabelece que a responsabilidade seria regressiva.

Trata-se da "teoria da dupla garantia" que é adotada pelo STF.[152] Conforme decidiu a Suprema Corte, o art. 37, § 6.º, da CRFB apresenta duas garantias: a) primeira garantia: a vítima deve ser ressarcida pelos danos causados pelo Estado; e b) segunda garantia: os agentes públicos somente podem ser responsabilizados perante o próprio Estado, não sendo lícito admitir que a vítima de *per saltum acione* diretamente o agente.

---

a não adoção de condicionantes reais de cautela; e d) a necessidade de preservação da heterogeneidade de ideias no Direito (A responsabilidade pessoal do parecerista público em quatro *standards. RBDP,* v. 27, p. 177-199, 2009).

[152] Tema 940 das Teses de Repercussão Geral do STF: "A teor do disposto no art. 37, § 6.º, da Constituição Federal, a ação por danos causados por agente público deve ser ajuizada contra o Estado ou a pessoa jurídica de direito privado prestadora de serviço público, sendo parte ilegítima para a ação o autor do ato, assegurado o direito de regresso contra o responsável nos casos de dolo ou culpa." No mesmo sentido: MEIRELLES, Hely Lopes. *Direito administrativo brasileiro.* 22. ed. São Paulo: Malheiros, 1997. p. 569; MOREIRA NETO, Diogo de Figueiredo. *Curso de direito administrativo.* 15. ed. Rio de Janeiro: Forense, 2009. p. 345-346.

Título II – Das Licitações   Art. 54

Em consequência, o membro da advocacia pública responde apenas de forma regressiva, inviabilizando-se a responsabilidade pessoal e direta perante a vítima.

3. PUBLICIDADE DO EDITAL

A publicidade do edital de licitação será realizada mediante divulgação e manutenção do inteiro teor do ato convocatório e de seus anexos no Portal Nacional de Contratações Públicas (PNCP), na forma do art. 54 da Lei 14.133/2021.

Registre-se que o § 1.º do art. 54 da Lei de Licitações exige a publicação de extrato do edital no Diário Oficial e em jornal de grande circulação.

O referido dispositivo foi vetado, sob o argumento de que a medida seria desnecessária e antieconômica, sendo certo que a divulgação no PNCP garantiria a devida publicidade.

Contudo, o veto presidencial foi derrubado pelo Congresso Nacional, subsistindo, portanto, a exigência de publicação de extrato do edital no Diário Oficial e em jornal de grande circulação.

Entendemos que o ideal seria a manutenção do veto presidencial, com a publicidade do edital na rede mundial de computadores por meio do PNCP e do sítio eletrônico oficial do ente federado, em vez da obrigatoriedade de publicidade no Diário Oficial e em jornal de grande circulação.

Aliás, já era possível constatar o movimento legislativo contínuo na preferência pela publicidade por meio da rede mundial de computadores (ex.: art. 15, § 2.º, da Lei 12.462/2011 – RDC).

Com efeito, a publicação nos Diários Oficiais não atingia o efeito esperado de levar as informações às pessoas, pois, quando muito, tratava-se de "publicidade formal" dos atos estatais, mas não de "publicidade material", uma vez que a imensa maioria da população não tem acesso ou o hábito (ou tempo) de ler o Diário Oficial. Além disso, a divulgação em jornal de grande circulação eleva os custos da contratação pública.

A publicidade do edital por meio da rede mundial de computadores tem o potencial de reduzir custos e facilitar a transparência das informações, inclusive por meio de cadastramento de interessados nos sítios oficiais da Administração Pública para acompanhamento de assuntos que entenderem pertinentes.

Ao lado da publicidade obrigatória, o art. 54, § 2.º, da Lei de Licitações permite a divulgação adicional e a manutenção do inteiro teor do edital e de seus anexos em sítio eletrônico oficial do ente federativo do órgão ou entidade responsável pela licitação ou, no caso de consórcio público, do ente de maior nível entre eles, admitida, ainda, a divulgação direta a interessados devidamente cadastrados para esse fim.[153]

---

[153] A definição de sítio eletrônico oficial é apresentada pelo art. 6.º, LII, da Lei: "sítio da internet, certificado digitalmente por autoridade certificadora, no qual o ente federativo divulga de forma centralizada as informações e os serviços de governo digital dos seus órgãos e entidades".

Quanto à menção ao "ente de maior nível" no caso dos consórcios públicos, nos §§ 1.º e 2.º do art. 54 da Lei de Licitações, entendemos que o legislador se equivocou, uma vez que inexiste hierarquia entre os Entes federados. O ideal, em nossa opinião, seria atribuir o dever de divulgação no Diário Oficial do Ente federado do Chefe do Executivo indicado como representante legal do consórcio.

Por fim, após a homologação do processo licitatório, serão disponibilizados no PNCP e, discricionariamente, no sítio eletrônico do Ente federado, os documentos elaborados na fase preparatória que porventura não tenham integrado o edital e seus anexos (art. 54, § 3.º, da Lei de Licitações).

O Portal Nacional de Contratações Públicas (PNCP), instituído pelo art. 174 da Lei de Licitações, é o sítio eletrônico oficial que tem por objetivo divulgar os atos exigidos pela Lei de Licitações e garantir o acesso à informação, cumpridas as exigências da Lei 12.527/2011 (Lei de Acesso à Informação).

CAPÍTULO IV
DA APRESENTAÇÃO DE PROPOSTAS E LANCES

Art. 55. Os prazos mínimos para apresentação de propostas e lances, contados a partir da data de divulgação do edital de licitação, são de:

I – para aquisição de bens:

a) 8 (oito) dias úteis, quando adotados os critérios de julgamento de menor preço ou de maior desconto;

b) 15 (quinze) dias úteis, nas hipóteses não abrangidas pela alínea "a" deste inciso;

II – no caso de serviços e obras:

a) 10 (dez) dias úteis, quando adotados os critérios de julgamento de menor preço ou de maior desconto, no caso de serviços comuns e de obras e serviços comuns de engenharia;

b) 25 (vinte e cinco) dias úteis, quando adotados os critérios de julgamento de menor preço ou de maior desconto, no caso de serviços especiais e de obras e serviços especiais de engenharia;

c) 60 (sessenta) dias úteis, quando o regime de execução for de contratação integrada;

d) 35 (trinta e cinco) dias úteis, quando o regime de execução for o de contratação semi-integrada ou nas hipóteses não abrangidas pelas alíneas "a", "b" e "c" deste inciso;

III – para licitação em que se adote o critério de julgamento de maior lance, 15 (quinze) dias úteis;

IV – para licitação em que se adote o critério de julgamento de técnica e preço ou de melhor técnica ou conteúdo artístico, 35 (trinta e cinco) dias úteis.

§ 1.º Eventuais modificações no edital implicarão nova divulgação na mesma forma de sua divulgação inicial, além do cumprimento dos mesmos prazos dos atos e procedimentos originais, exceto quando a alteração não comprometer a formulação das propostas.

§ 2.º Os prazos previstos neste artigo poderão, mediante decisão fundamentada, ser reduzidos até a metade nas licitações realizadas pelo Ministério da Saúde, no âmbito do Sistema Único de Saúde (SUS).

Art. 56. O modo de disputa poderá ser, isolada ou conjuntamente:

I – aberto, hipótese em que os licitantes apresentarão suas propostas por meio de lances públicos e sucessivos, crescentes ou decrescentes;

Título II – Das Licitações

Art. 58

II – fechado, hipótese em que as propostas permanecerão em sigilo até a data e hora designadas para sua divulgação.

§ 1.º A utilização isolada do modo de disputa fechado será vedada quando adotados os critérios de julgamento de menor preço ou de maior desconto.

§ 2.º A utilização do modo de disputa aberto será vedada quando adotado o critério de julgamento de técnica e preço.

§ 3.º Serão considerados intermediários os lances:

I – iguais ou inferiores ao maior já ofertado, quando adotado o critério de julgamento de maior lance;

II – iguais ou superiores ao menor já ofertado, quando adotados os demais critérios de julgamento.

§ 4.º Após a definição da melhor proposta, se a diferença em relação à proposta classificada em segundo lugar for de pelo menos 5% (cinco por cento), a Administração poderá admitir o reinício da disputa aberta, nos termos estabelecidos no instrumento convocatório, para a definição das demais colocações.

§ 5.º Nas licitações de obras ou serviços de engenharia, após o julgamento, o licitante vencedor deverá reelaborar e apresentar à Administração, por meio eletrônico, as planilhas com indicação dos quantitativos e dos custos unitários, bem como com detalhamento das Bonificações e Despesas Indiretas (BDI) e dos Encargos Sociais (ES), com os respectivos valores adequados ao valor final da proposta vencedora, admitida a utilização dos preços unitários, no caso de empreitada por preço global, empreitada integral, contratação semi-integrada e contratação integrada, exclusivamente para eventuais adequações indispensáveis no cronograma físico-financeiro e para balizar excepcional aditamento posterior do contrato.

Art. 57. O edital de licitação poderá estabelecer intervalo mínimo de diferença de valores entre os lances, que incidirá tanto em relação aos lances intermediários quanto em relação à proposta que cobrir a melhor oferta.

Art. 58. Poderá ser exigida, no momento da apresentação da proposta, a comprovação do recolhimento de quantia a título de garantia de proposta, como requisito de pré-habilitação.

§ 1.º A garantia de proposta não poderá ser superior a 1% (um por cento) do valor estimado para a contratação.

§ 2.º A garantia de proposta será devolvida aos licitantes no prazo de 10 (dez) dias úteis, contado da assinatura do contrato ou da data em que for declarada fracassada a licitação.

§ 3.º Implicará execução do valor integral da garantia de proposta a recusa em assinar o contrato ou a não apresentação dos documentos para a contratação.

§ 4.º A garantia de proposta poderá ser prestada nas modalidades de que trata o § 1.º do art. 96 desta Lei.

1. PRAZOS PARA APRESENTAÇÃO DE PROPOSTAS E LANCES

O art. 55 da Lei 14.133/2021 estabelece prazos mínimos para apresentação de propostas e lances, contados a partir da data de publicação do edital de licitação: a) aquisição de bens: a.1) 8 dias, quando adotados os critérios de julgamento de menor preço ou de maior desconto; a.2) 15 dias úteis, nas demais hipóteses; b) contratação de serviços e obras: b.1) 10 dias úteis, quando adotados os critérios de julgamento de menor preço ou de maior desconto no caso de serviços comuns e de obras e serviços comuns de engenharia; b.2) 25 dias úteis, quando adotados

Art. 58

os critérios de julgamento de menor preço ou de maior desconto no caso de serviços especiais e de obras e serviços especiais de engenharia; b.3) 60 dias úteis, nas hipóteses em que o regime de execução seja o de contratação integrada; b.4) 35 dias úteis, nas hipóteses em que o regime de execução for o de contratação semi-integrada ou nas demais hipóteses não abrangidas nas anteriores; c) 15 dias úteis para licitação em que se adote o critério de julgamento de maior lance; d) 35 dias úteis para licitação em que se adote o critério de julgamento de técnica e preço ou de melhor técnica ou conteúdo artístico.

Os prazos previstos neste artigo poderão, mediante decisão fundamentada, ser reduzidos até a metade nas licitações realizadas pelo Ministério da Saúde, no âmbito do Sistema Único de Saúde (art. 55, § 2.º, da Lei). Em nossa opinião, a mesma prerrogativa de redução de prazos deve ser reconhecida às Secretarias dos Estados, DF e Municípios, uma vez que o referido dispositivo legal tem o objetivo de conferir maior celeridade aos certames voltados à saúde pública, independentemente do Ente federativo responsável pela licitação, com a satisfação do direito fundamental à saúde.

As eventuais modificações no edital implicarão nova divulgação na mesma forma em que o instrumento convocatório houver sido publicado originalmente, além do cumprimento dos mesmos prazos dos atos e procedimentos originais, exceto quando a alteração não comprometer a formulação das propostas (art. 55, § 1.º, da Lei).

2. MODOS DE DISPUTA

O modo de disputa poderá ser, isolada ou conjuntamente (art. 56 da Lei 14.133/2021): a) aberto, hipótese em que os licitantes apresentarão suas ofertas por meio de lances públicos e sucessivos, crescentes ou decrescentes; e b) fechado, hipótese em que as propostas permanecerão em sigilo até a data e hora designadas para sua divulgação.

A utilização isolada do modo de disputa fechado será vedada quando adotados os critérios de julgamento de menor preço ou de maior desconto (art. 56, § 1.º, da Lei).

Já o modo de disputa aberto é vedado quando adotado o critério de julgamento de técnica e preço (art. 56, § 2.º, da Lei).

Os lances intermediários são assim definidos (art. 56, § 3.º, da Lei): a) iguais ou inferiores ao maior já ofertado, quando adotado o critério de julgamento de maior lance; e b) iguais ou superiores ao menor já ofertado, quando adotados os demais critérios de julgamento.

A apresentação de lances intermediários nas licitações não encontrava previsão na Lei 8.666/1993, mas era admitida no RDC (art. 17, § 2.º, da Lei 12.462/2011), nas licitações promovidas por empresas estatais (arts. 52 e 53 da Lei 13.303/2016) e no pregão (arts. 3.º, V, e 31, parágrafo único, do Decreto 10.024/2019).

Após a definição da melhor proposta, se a diferença em relação à proposta classificada em segundo lugar for de pelo menos 5% (cinco por cento), a Administração

Título II – Das Licitações

Art. 58

poderá admitir o reinício da disputa aberta, nos termos estabelecidos no instrumento convocatório, para a definição das demais colocações (art. 56, § 4.º, da Lei).

Nas licitações de obras ou serviços de engenharia, após o julgamento, o licitante vencedor deverá reelaborar e apresentar à Administração, por meio eletrônico, as planilhas com indicação dos quantitativos e dos custos unitários, bem como do detalhamento das bonificações e despesas indiretas (BDI) e dos encargos sociais (ES), com os respectivos valores adequados ao valor final da proposta vencedora, admitida a utilização dos preços unitários, no caso de empreitada por preço global, empreitada integral, contratação semi-integrada e contratação integrada, exclusivamente para eventuais adequações indispensáveis no cronograma físico-financeiro e para balizar excepcional aditamento posterior do contrato (art. 56, § 5.º, da Lei).

O edital de licitação poderá estabelecer intervalo mínimo de diferença de valores entre os lances, que incidirá tanto em relação aos lances intermediários quanto em relação à proposta que cobrir a melhor oferta (art. 57 da Lei de Licitações).

3. GARANTIA DE PROPOSTA

A Lei 14.133/2021, assim como permitia a Lei 8.666/1993, admite a exigência, no momento da apresentação da proposta, da comprovação do recolhimento de quantia a título de garantia de proposta, como requisito de pré-habilitação, que não poderá ser superior a 1% do valor estimado para a contratação (art. 58, *caput* e § 1.º, da Lei).

A garantia de proposta poderá ser prestada nas seguintes modalidades (arts. 58, § 4.º, e 96, § 1.º, da Lei): a) caução em dinheiro ou em títulos da dívida pública; b) seguro-garantia; ou c) fiança bancária.

A garantia de proposta será devolvida aos licitantes no prazo de 10 dias úteis, contado da assinatura do contrato ou da data em que for declarada fracassada a licitação (art. 58, § 2.º, da Lei).

Implicará execução do valor integral da garantia de proposta a recusa em assinar o contrato ou a não apresentação dos documentos para a contratação (art. 58, § 3.º, da Lei).

O limite e as formas de apresentação de garantia da proposta indicadas na atual Lei de Licitações são, basicamente, aquelas indicadas no arts. 31, III, da Lei 8.666/1993. A diferença é que a garantia da proposta passa a ser considerada como requisito de pré-habilitação.

É preciso destacar que a garantia de proposta, indicada no art. 58, não se confunde com a garantia do contrato, regulada pelo art. 96 da Lei de Licitações. Enquanto a primeira espécie pretende garantir propostas consistentes nas licitações, a segunda busca garantir a satisfatória execução do contrato.

Não obstante o objetivo de afastar interessados "aventureiros" e somente permitir a apresentação de propostas consistentes, a exigência de garantia de proposta como condição de participação em licitações deve ser analisada com a máxima

Art. 59

cautela pela Administração pública, uma vez que pode restringir a competitividade, com o afastamento de potenciais interessados na contratação.[154]

CAPÍTULO V
DO JULGAMENTO

Art. 59. Serão desclassificadas as propostas que:

I – contiverem vícios insanáveis;

II – não obedecerem às especificações técnicas pormenorizadas no edital;

III – apresentarem preços inexequíveis ou permanecerem acima do orçamento estimado para a contratação;

IV – não tiverem sua exequibilidade demonstrada, quando exigido pela Administração;

V – apresentarem desconformidade com quaisquer outras exigências do edital, desde que insanável.

§ 1.º A verificação da conformidade das propostas poderá ser feita exclusivamente em relação à proposta mais bem classificada.

§ 2.º A Administração poderá realizar diligências para aferir a exequibilidade das propostas ou exigir dos licitantes que ela seja demonstrada, conforme disposto no inciso IV do *caput* deste artigo.

§ 3.º No caso de obras e serviços de engenharia e arquitetura, para efeito de avaliação da exequibilidade e de sobrepreço, serão considerados o preço global, os quantitativos e os preços unitários tidos como relevantes, observado o critério de aceitabilidade de preços unitário e global a ser fixado no edital, conforme as especificidades do mercado correspondente.

§ 4.º No caso de obras e serviços de engenharia, serão consideradas inexequíveis as propostas cujos valores forem inferiores a 75% (setenta e cinco por cento) do valor orçado pela Administração.

§ 5.º Nas contratações de obras e serviços de engenharia, será exigida garantia adicional do licitante vencedor cuja proposta for inferior a 85% (oitenta e cinco por cento) do valor orçado pela Administração, equivalente à diferença entre este último e o valor da proposta, sem prejuízo das demais garantias exigíveis de acordo com esta Lei.

Art. 60. Em caso de empate entre duas ou mais propostas, serão utilizados os seguintes critérios de desempate, nesta ordem:

I – disputa final, hipótese em que os licitantes empatados poderão apresentar nova proposta em ato contínuo à classificação;

---

[154] Ao tratar do art. 31, III, da Lei 8.666/1993, Marçal Justen Filho apontava a sua inconstitucionalidade. Segundo o autor: "a exigência de 'garantias' para participação na licitação é incompatível com o disposto no art. 37, XXI, da CF/1988. Por isso, o inc. III do art. 31 é inconstitucional." Registre-se que, no pregão, havia vedação à exigência de garantia de proposta, na forma do art. 5.º, I, da Lei 10.520/2002. JUSTEN FILHO, Marçal. *Comentários à lei de licitações e contratos administrativos*. 18. ed. São Paulo: Thomson Reuters Brasil, 2019. p. 809. De forma diversa, Jessé Torres Pereira Júnior sustenta que a garantia de proposta é constitucional. PEREIRA JUNIOR, Jessé Torres. *Comentários à lei das licitações e contratações da administração pública*. 8. ed. Rio de Janeiro: Renovar, 2009. p. 421.

Título II – Das Licitações

Art. 61

II – avaliação do desempenho contratual prévio dos licitantes, para a qual deverão preferencialmente ser utilizados registros cadastrais para efeito de atesto de cumprimento de obrigações previstos nesta Lei;

III – desenvolvimento pelo licitante de ações de equidade entre homens e mulheres no ambiente de trabalho, conforme regulamento;

IV – desenvolvimento pelo licitante de programa de integridade, conforme orientações dos órgãos de controle.

§ 1.º Em igualdade de condições, se não houver desempate, será assegurada preferência, sucessivamente, aos bens e serviços produzidos ou prestados por:

I – empresas estabelecidas no território do Estado ou do Distrito Federal do órgão ou entidade da Administração Pública estadual ou distrital licitante ou, no caso de licitação realizada por órgão ou entidade de Município, no território do Estado em que este se localize;

II – empresas brasileiras;

III – empresas que invistam em pesquisa e no desenvolvimento de tecnologia no País;

IV – empresas que comprovem a prática de mitigação, nos termos da Lei 12.187, de 29 de dezembro de 2009.

§ 2.º As regras previstas no *caput* deste artigo não prejudicarão a aplicação do disposto no art. 44 da Lei Complementar 123, de 14 de dezembro de 2006.

Art. 61. Definido o resultado do julgamento, a Administração poderá negociar condições mais vantajosas com o primeiro colocado.

§ 1.º A negociação poderá ser feita com os demais licitantes, segundo a ordem de classificação inicialmente estabelecida, quando o primeiro colocado, mesmo após a negociação, for desclassificado em razão de sua proposta permanecer acima do preço máximo definido pela Administração.

§ 2.º A negociação será conduzida por agente de contratação ou comissão de contratação, na forma de regulamento, e, depois de concluída, terá seu resultado divulgado a todos os licitantes e anexado aos autos do processo licitatório.

1. JULGAMENTO

A Lei 14.133/2021, inspirada na Lei 10.520/2002, que regulava o pregão, e nas leis especiais posteriores (exs.: Lei 12.462/2011 – RDC, Lei 13.303/2016 – empresas estatais), previu a realização do julgamento antes da fase de habilitação, admitindo-se, excepcionalmente, mediante ato motivado e com expressa previsão no edital, a efetivação da habilitação antes do julgamento.

Na fase de julgamento, a Administração Pública deve escolher um dos critérios de julgamento previstos no art. 33 da Lei 14.133/2021, a saber: a) menor preço; b) maior desconto; c) melhor técnica ou conteúdo artístico; d) técnica e preço; e) maior lance, no caso de leilão; e f) maior retorno econômico.

As propostas serão desclassificadas quando (art. 59 da Lei de Licitações): a) contiverem vícios insanáveis; b) não obedecerem às especificações técnicas pormenorizadas no edital; c) apresentarem preços manifestamente inexequíveis ou permanecerem acima do orçamento estimado para a contratação; d) não tiverem sua exequibilidade demonstrada, quando exigido pela Administração; e e) apresentarem desconformidade com quaisquer outras exigências do instrumento convocatório, desde que insanável.

A verificação da conformidade das propostas poderá ser feita exclusivamente em relação à proposta mais bem classificada (art. 59, § 1.º, da Lei).

A Administração poderá realizar diligências para aferir a exequibilidade das propostas ou exigir dos licitantes que ela seja demonstrada (art. 59, § 2.º, da Lei).

No caso de obras e serviços de engenharia, para efeito de avaliação da exequibilidade e de sobrepreço, serão considerados o preço global, os quantitativos e os preços unitários considerados relevantes, observado o critério de aceitabilidade de preços unitário e global a ser fixado no edital, conforme as especificidades do mercado correspondente (art. 59, § 3.º, da Lei).

Conforme demonstrado anteriormente, as propostas serão desclassificadas, por exemplo, quando apresentarem preços manifestamente inexequíveis (art. 59, III, da Lei 14.133/2021). No caso de obras e serviços de engenharia, serão consideradas inexequíveis as propostas cujos valores forem inferiores a 75% do valor orçado pela Administração (art. 59, § 4.º, da Lei). Trata-se de presunção relativa de inexequibilidade de preços, impondo-se à Administração a realização de diligência para aferir a exequibilidade da proposta.[155]

Admite-se a exigência de garantia adicional do licitante vencedor cuja proposta for inferior a 85% (oitenta e cinco por cento) do valor orçado pela Administração, equivalente à diferença entre este último e o valor da proposta, sem prejuízo das demais garantias exigíveis na forma da lei (art. 59, § 5.º, da Lei).

2. CRITÉRIOS DE DESEMPATE

Em caso de empate entre duas ou mais propostas, serão utilizados os seguintes critérios de desempate, nesta ordem (art. 60 da Lei 14.133/2021): a) disputa final, hipótese em que os licitantes empatados poderão apresentar nova proposta em ato contínuo à classificação; b) avaliação do desempenho contratual prévio dos licitantes, para o que deverão preferencialmente ser utilizados registros cadastrais para efeito de atesto de cumprimento de obrigações previstas na Lei de Licitações; c) desenvolvimento pelo licitante de ações de equidade entre homens e mulheres no ambiente

---

[155] No mesmo sentido, o TCU decidiu que o critério definido no art. 59, § 4º, da Lei 14.133/2021 conduz a uma presunção relativa de inexequibilidade de preços, devendo a Administração, nos termos do art. 59, § 2º, dar à licitante a oportunidade de demonstrar a exequibilidade de sua proposta (Acórdão 465/2024 Plenário, Rel. Min. Substituto Augusto Sherman). Verifica-se que o TCU manteve na atual legislação o entendimento consagrado à luz da legislação anterior e consubstanciada na sua Súmula 262: "O critério definido no art. 48, inciso II, § 1º, alíneas 'a' e 'b', da Lei 8.666/1993 conduz a uma presunção relativa de inexequibilidade de preços, devendo a Administração dar à licitante a oportunidade de demonstrar a exequibilidade da sua proposta."

Título II – Das Licitações

Art. 61

de trabalho, conforme regulamento;[156] e d) desenvolvimento pelo licitante de programa de integridade, conforme orientações dos órgãos de controle.[157]

Os critérios de desempate previstos na atual Lei de Licitações são distintos daqueles consagrados na Lei 8.666/1993 que, após a aplicação das preferências previstas no § 2.º do art. 3.º, estabelecia a realização de sorteio (art. 45, § 2.º).

É verdade que outros critérios de desempate foram previstos na legislação específica e influenciaram a atual Lei de Licitações. Assim, por exemplo, a "disputa final" e a "avaliação do desempenho contratual" foram previstas no RDC (art. 25 da Lei 12.462/2011) e na Lei das Estatais (art. 55 da Lei 13.303/2016).

A atual Lei de Licitações consagrou a "disputa final" e a "avaliação de desempenho contratual", inovando com a inclusão de novos critérios de desempate que não eram previstos no ordenamento jurídico, a saber: o desenvolvimento pelo licitante de ações de equidade entre homens e mulheres no ambiente de trabalho, bem como o desenvolvimento pelo licitante de programa de integridade. Enquanto a primeira exigência fomenta o tratamento isonômico da licitação, a segunda exigência revela a preocupação com a instituição de mecanismos preventivos de probidade nas contratações públicas.

Verifica-se que, ao contrário da legislação anterior, o art. 60 da Lei 14.133/2021 não mencionou o sorteio como critério de desempate. Não obstante o silêncio do legislador, sustentamos a possibilidade de inclusão nos editais do sorteio como último critério de desempate.[158]

Em igualdade de condições, não havendo desempate, será assegurada preferência, sucessivamente, aos bens e serviços (art. 60, § 1.º, da Lei): a) produzidos ou prestados por empresas estabelecidas no território do Estado ou do Distrito Federal do órgão ou entidade da Administração Pública estadual ou distrital licitante ou, no caso de licitação realizada por órgão ou entidade de Município, no território do Estado em que este se localize; b) produzidos ou prestados por empresas brasileiras;

---

[156] Em âmbito federal, o Decreto 11.430/2023 dispõe sobre a utilização do desenvolvimento, pelo licitante, de ações de equidade entre mulheres e homens no ambiente de trabalho como critério de desempate em licitações. Cabe destacar que o selo "Empresa Amiga da Mulher", criado pela Lei 14.682/2023, será considerado desenvolvimento de ações de equidade entre homens e mulheres no ambiente de trabalho, de que trata o art. 60, III, da Lei de Licitações (art. 3.º da Lei 14.682/2023).

[157] Em âmbito federal, o Decreto 12.304/2024 trata do critério de desempate relacionado ao desenvolvimento pelo licitante de programa de integridade, a partir da metodologia de avaliação e dos critérios mínimos fixados pela CGU.

[158] No mesmo sentido, a AGU, por meio do Parecer 00031/2024/DECOR/CGU/AGU, opinou pela viabilidade de utilização do sorteio como último critério de desempate, desde que haja previsão no edital. A possibilidade de utilização do sorteio foi reconhecida pelo art. 28, § 2º, da IN SEGES/ME 73/2022, com a redação dada pela IN SEGES/MGI 79/2024, que prevê: "Permanecendo empate após aplicação de todos os critérios de desempate de que trata o *caput*, proceder-se-á a sorteio das propostas empatadas a ser realizado em ato público, para o qual todos os licitantes serão convocados, vedado qualquer outro processo."

Art. 62

c) produzidos ou prestados por empresas que invistam em pesquisa e no desenvolvimento de tecnologia no País; e d) empresas que comprovem a prática de mitigação, nos termos da Lei 12.187/2009 (Política Nacional sobre Mudança do Clima – PNMC).

Os referidos critérios não prejudicam a aplicação do empate ficto ou presumido em favor das MEs e EPPs previsto no art. 44 da LC 123/2006 (art. 60, § 2.º, da Lei).

3. NEGOCIAÇÃO COM O PRIMEIRO COLOCADO

Após a definição do resultado do julgamento, a Administração poderá negociar condições mais vantajosas com o primeiro colocado (art. 61 da Lei 14.133/2021).

A negociação poderá ser feita com os demais licitantes, segundo a ordem de classificação inicialmente estabelecida, quando o primeiro colocado, em determinado momento, mesmo após a negociação, for desclassificado em razão de sua proposta permanecer acima do preço máximo definido pela Administração (art. 61, § 1.º).

De acordo com o art. 61, § 2.º, a negociação será conduzida por agente de contratação ou comissão de contratação, na forma de regulamento, e, depois de concluída, terá seu resultado divulgado a todos os licitantes e anexado aos autos do processo licitatório.

A negociação prevista no novo diploma legislativo é uma novidade em relação ao regime jurídico da Lei 8.666/1993, mas não em relação à legislação especial que estabelecia prerrogativa semelhante.

É possível perceber que o art. 61, *caput* e § 1.º, da atual Lei de Licitações é similar aos textos do art. 26, *caput* e parágrafo único, da Lei 12.462/2011 (Regime Diferenciado de Contratações Públicas – RDC) e do art. 57, *caput* e § 1.º, da Lei 13.303/2016 (Lei das Estatais).[159]

CAPÍTULO VI
DA HABILITAÇÃO

Art. 62. A habilitação é a fase da licitação em que se verifica o conjunto de informações e documentos necessários e suficientes para demonstrar a capacidade do licitante de realizar o objeto da licitação, dividindo-se em:

I – jurídica;

II – técnica;

III – fiscal, social e trabalhista;

IV – econômico-financeira.

Art. 63. Na fase de habilitação das licitações serão observadas as seguintes disposições:

I – poderá ser exigida dos licitantes a declaração de que atendem aos requisitos de habilitação, e o declarante responderá pela veracidade das informações prestadas, na forma da lei;

---

[159] No pregão, a negociação com o primeiro colocado era prevista no art. 4.º, XVII, da Lei 10.520/2002.

Título II – Das Licitações

Art. 66

II – será exigida a apresentação dos documentos de habilitação apenas pelo licitante vencedor, exceto quando a fase de habilitação anteceder a de julgamento;

III – serão exigidos os documentos relativos à regularidade fiscal, em qualquer caso, somente em momento posterior ao julgamento das propostas, e apenas do licitante mais bem classificado;

IV – será exigida do licitante declaração de que cumpre as exigências de reserva de cargos para pessoa com deficiência e para reabilitado da Previdência Social, previstas em lei e em outras normas específicas.

§ 1.º Constará do edital de licitação cláusula que exija dos licitantes, sob pena de desclassificação, declaração de que suas propostas econômicas compreendem a integralidade dos custos para atendimento dos direitos trabalhistas assegurados na Constituição Federal, nas leis trabalhistas, nas normas infralegais, nas convenções coletivas de trabalho e nos termos de ajustamento de conduta vigentes na data de entrega das propostas.

§ 2.º Quando a avaliação prévia do local de execução for imprescindível para o conhecimento pleno das condições e peculiaridades do objeto a ser contratado, o edital de licitação poderá prever, sob pena de inabilitação, a necessidade de o licitante atestar que conhece o local e as condições de realização da obra ou serviço, assegurado a ele o direito de realização de vistoria prévia.

§ 3.º Para os fins previstos no § 2.º deste artigo, o edital de licitação sempre deverá prever a possibilidade de substituição da vistoria por declaração formal assinada pelo responsável técnico do licitante acerca do conhecimento pleno das condições e peculiaridades da contratação.

§ 4.º Para os fins previstos no § 2.º deste artigo, se os licitantes optarem por realizar vistoria prévia, a Administração deverá disponibilizar data e horário diferentes para os eventuais interessados.

Art. 64. Após a entrega dos documentos para habilitação, não será permitida a substituição ou a apresentação de novos documentos, salvo em sede de diligência para:

I – complementação de informações acerca dos documentos já apresentados pelos licitantes e desde que necessária para apurar fatos existentes à época da abertura do certame;

II – atualização de documentos cuja validade tenha expirado após a data de recebimento das propostas.

§ 1.º Na análise dos documentos de habilitação, a comissão de licitação poderá sanar erros ou falhas que não alterem a substância dos documentos e sua validade jurídica, mediante despacho fundamentado registrado e acessível a todos, atribuindo-lhes eficácia para fins de habilitação e classificação.

§ 2.º Quando a fase de habilitação anteceder a de julgamento e já tiver sido encerrada, não caberá exclusão de licitante por motivo relacionado à habilitação, salvo em razão de fatos supervenientes ou só conhecidos após o julgamento.

Art. 65. As condições de habilitação serão definidas no edital.

§ 1.º As empresas criadas no exercício financeiro da licitação deverão atender a todas as exigências da habilitação e ficarão autorizadas a substituir os demonstrativos contábeis pelo balanço de abertura.

§ 2.º A habilitação poderá ser realizada por processo eletrônico de comunicação a distância, nos termos dispostos em regulamento.

Art. 66. A habilitação jurídica visa a demonstrar a capacidade de o licitante exercer direitos e assumir obrigações, e a documentação a ser apresentada por ele limita-se à compro-

Art. 67

vação de existência jurídica da pessoa e, quando cabível, de autorização para o exercício da atividade a ser contratada.

Art. 67. A documentação relativa à qualificação técnico-profissional e técnico-operacional será restrita a:

I – apresentação de profissional, devidamente registrado no conselho profissional competente, quando for o caso, detentor de atestado de responsabilidade técnica por execução de obra ou serviço de características semelhantes, para fins de contratação;

II – certidões ou atestados, regularmente emitidos pelo conselho profissional competente, quando for o caso, que demonstrem capacidade operacional na execução de serviços similares de complexidade tecnológica e operacional equivalente ou superior, bem como documentos comprobatórios emitidos na forma do § 3.º do art. 88 desta Lei;

III – indicação do pessoal técnico, das instalações e do aparelhamento adequados e disponíveis para a realização do objeto da licitação, bem como da qualificação de cada membro da equipe técnica que se responsabilizará pelos trabalhos;

IV – prova do atendimento de requisitos previstos em lei especial, quando for o caso;

V – registro ou inscrição na entidade profissional competente, quando for o caso;

VI – declaração de que o licitante tomou conhecimento de todas as informações e das condições locais para o cumprimento das obrigações objeto da licitação.

§ 1.º A exigência de atestados será restrita às parcelas de maior relevância ou valor significativo do objeto da licitação, assim consideradas as que tenham valor individual igual ou superior a 4% (quatro por cento) do valor total estimado da contratação.

§ 2.º Observado o disposto no *caput* e no § 1.º deste artigo, será admitida a exigência de atestados com quantidades mínimas de até 50% (cinquenta por cento) das parcelas de que trata o referido parágrafo, vedadas limitações de tempo e de locais específicos relativas aos atestados.

§ 3.º Salvo na contratação de obras e serviços de engenharia, as exigências a que se referem os incisos I e II do *caput* deste artigo, a critério da Administração, poderão ser substituídas por outra prova de que o profissional ou a empresa possui conhecimento técnico e experiência prática na execução de serviço de características semelhantes, hipótese em que as provas alternativas aceitáveis deverão ser previstas em regulamento.

§ 4.º Serão aceitos atestados ou outros documentos hábeis emitidos por entidades estrangeiras quando acompanhados de tradução para o português, salvo se comprovada a inidoneidade da entidade emissora.

§ 5.º Em se tratando de serviços contínuos, o edital poderá exigir certidão ou atestado que demonstre que o licitante tenha executado serviços similares ao objeto da licitação, em períodos sucessivos ou não, por um prazo mínimo, que não poderá ser superior a 3 (três) anos.

§ 6.º Os profissionais indicados pelo licitante na forma dos incisos I e III do *caput* deste artigo deverão participar da obra ou serviço objeto da licitação, e será admitida a sua substituição por profissionais de experiência equivalente ou superior, desde que aprovada pela Administração.

§ 7.º Sociedades empresárias estrangeiras atenderão à exigência prevista no inciso V do *caput* deste artigo por meio da apresentação, no momento da assinatura do contrato, da solicitação de registro perante a entidade profissional competente no Brasil.

§ 8.º Será admitida a exigência da relação dos compromissos assumidos pelo licitante que importem em diminuição da disponibilidade do pessoal técnico referido nos incisos I e III do *caput* deste artigo.

Título II – Das Licitações

Art. 69

§ 9.º O edital poderá prever, para aspectos técnicos específicos, que a qualificação técnica seja demonstrada por meio de atestados relativos a potencial subcontratado, limitado a 25% (vinte e cinco por cento) do objeto a ser licitado, hipótese em que mais de um licitante poderá apresentar atestado relativo ao mesmo potencial subcontratado.

§ 10. Em caso de apresentação por licitante de atestado de desempenho anterior emitido em favor de consórcio do qual tenha feito parte, se o atestado ou o contrato de constituição do consórcio não identificar a atividade desempenhada por cada consorciado individualmente, serão adotados os seguintes critérios na avaliação de sua qualificação técnica:

I – caso o atestado tenha sido emitido em favor de consórcio homogêneo, as experiências atestadas deverão ser reconhecidas para cada empresa consorciada na proporção quantitativa de sua participação no consórcio, salvo nas licitações para contratação de serviços técnicos especializados de natureza predominantemente intelectual, em que todas as experiências atestadas deverão ser reconhecidas para cada uma das empresas consorciadas;

II – caso o atestado tenha sido emitido em favor de consórcio heterogêneo, as experiências atestadas deverão ser reconhecidas para cada consorciado de acordo com os respectivos campos de atuação, inclusive nas licitações para contratação de serviços técnicos especializados de natureza predominantemente intelectual.

§ 11. Na hipótese do § 10 deste artigo, para fins de comprovação do percentual de participação do consorciado, caso este não conste expressamente do atestado ou da certidão, deverá ser juntada ao atestado ou à certidão cópia do instrumento de constituição do consórcio.

§ 12. Na documentação de que trata o inciso I do *caput* deste artigo, não serão admitidos atestados de responsabilidade técnica de profissionais que, na forma de regulamento, tenham dado causa à aplicação das sanções previstas nos incisos III e IV do *caput* do art. 156 desta Lei em decorrência de orientação proposta, de prescrição técnica ou de qualquer ato profissional de sua responsabilidade.

Art. 68. As habilitações fiscal, social e trabalhista serão aferidas mediante a verificação dos seguintes requisitos:

I – a inscrição no Cadastro de Pessoas Físicas (CPF) ou no Cadastro Nacional da Pessoa Jurídica (CNPJ);

II – a inscrição no cadastro de contribuintes estadual e/ou municipal, se houver, relativo ao domicílio ou sede do licitante, pertinente ao seu ramo de atividade e compatível com o objeto contratual;

III – a regularidade perante a Fazenda federal, estadual e/ou municipal do domicílio ou sede do licitante, ou outra equivalente, na forma da lei;

IV – a regularidade relativa à Seguridade Social e ao FGTS, que demonstre cumprimento dos encargos sociais instituídos por lei;

V – a regularidade perante a Justiça do Trabalho;

VI – o cumprimento do disposto no inciso XXXIII do art. 7.º da Constituição Federal.

§ 1.º Os documentos referidos nos incisos do *caput* deste artigo poderão ser substituídos ou supridos, no todo ou em parte, por outros meios hábeis a comprovar a regularidade do licitante, inclusive por meio eletrônico.

§ 2.º A comprovação de atendimento do disposto nos incisos III, IV e V do *caput* deste artigo deverá ser feita na forma da legislação específica.

Art. 69. A habilitação econômico-financeira visa a demonstrar a aptidão econômica do licitante para cumprir as obrigações decorrentes do futuro contrato, devendo ser comprovada de forma objetiva, por coeficientes e índices econômicos previstos no edital, devidamente justificados no processo licitatório, e será restrita à apresentação da seguinte documentação:

Art. 70

I – balanço patrimonial, demonstração de resultado de exercício e demais demonstrações contábeis dos 2 (dois) últimos exercícios sociais;

II – certidão negativa de feitos sobre falência expedida pelo distribuidor da sede do licitante.

§ 1.º A critério da Administração, poderá ser exigida declaração, assinada por profissional habilitado da área contábil, que ateste o atendimento pelo licitante dos índices econômicos previstos no edital.

§ 2.º Para o atendimento do disposto no *caput* deste artigo, é vedada a exigência de valores mínimos de faturamento anterior e de índices de rentabilidade ou lucratividade.

§ 3.º É admitida a exigência da relação dos compromissos assumidos pelo licitante que importem em diminuição de sua capacidade econômico-financeira, excluídas parcelas já executadas de contratos firmados.

§ 4.º A Administração, nas compras para entrega futura e na execução de obras e serviços, poderá estabelecer no edital a exigência de capital mínimo ou de patrimônio líquido mínimo equivalente a até 10% (dez por cento) do valor estimado da contratação.

§ 5.º É vedada a exigência de índices e valores não usualmente adotados para a avaliação de situação econômico- financeira suficiente para o cumprimento das obrigações decorrentes da licitação.

§ 6.º Os documentos referidos no inciso I do *caput* deste artigo limitar-se-ão ao último exercício no caso de a pessoa jurídica ter sido constituída há menos de 2 (dois) anos.

Art. 70. A documentação referida neste Capítulo poderá ser:

I – apresentada em original, por cópia ou por qualquer outro meio expressamente admitido pela Administração;

II – substituída por registro cadastral emitido por órgão ou entidade pública, desde que previsto no edital e que o registro tenha sido feito em obediência ao disposto nesta Lei;

III – dispensada, total ou parcialmente, nas contratações para entrega imediata, nas contratações em valores inferiores a 1/4 (um quarto) do limite para dispensa de licitação para compras em geral e nas contratações de produto para pesquisa e desenvolvimento até o valor de R$ 300.000,00 (trezentos mil reais).

Parágrafo único. As empresas estrangeiras que não funcionem no País deverão apresentar documentos equivalentes, na forma de regulamento emitido pelo Poder Executivo federal.

1. HABILITAÇÃO: VISÃO GERAL

Encerrada a fase de julgamento, o agente de contratação ou, se for o caso, a comissão de contratação, verificará a documentação de habilitação do licitante vencedor.[160]

A habilitação é a fase da licitação em que a Administração verifica a aptidão dos licitantes para celebração e execução do futuro contrato.

Na fase de habilitação, a Administração deve verificar a capacidade do licitante de realizar o objeto da licitação, englobando as seguintes exigências (art. 62 da Lei

---

[160] Registre-se, mais uma vez, a possibilidade excepcional, desde que motivada, de inversão de fases, com a realização da habilitação antes das etapas de apresentação das propostas e de julgamento, na forma do art. 17, § 1.º, da Lei 14.133/2021.

Título II – Das Licitações

Art. 70

14.133/2021): a) jurídica; b) técnica; c) fiscal, social e trabalhista; e d) econômico--financeira.

Em geral, as exigências de licitação contidas na atual Lei de Licitações equivalem àquelas contidas no art. 27 da antiga Lei 8.666/1993 que previa: a) habilitação jurídica; b) qualificação técnica; c) qualificação econômico-financeira; d) regularidade fiscal e trabalhista; e e) cumprimento do disposto no inciso XXXIII do art. 7.º da Constituição Federal. Com a atual Lei de Licitações, a regularidade trabalhista e o cumprimento do art. 7.º, XXXIII, da CRFB foram inseridas na habilitação "fiscal, social e trabalhista" (arts. 62, III, e 68, V e VI).

Por outro lado, a atual Lei de Licitações apresenta algumas novidades em relação à documentação de habilitação, como será demonstrado a seguir.

Na fase de habilitação, a Administração (art. 63 da Lei de Licitações): a) poderá exigir dos licitantes a declaração de que atendem aos requisitos de habilitação, respondendo o declarante pela veracidade das informações prestadas, na forma da lei; b) deve exigir a apresentação dos documentos de habilitação apenas pelo licitante vencedor, exceto quando a fase de habilitação anteceder a de julgamento; c) somente poderá exigir os documentos relativos à regularidade fiscal em momento posterior ao julgamento das propostas, e apenas do licitante melhor classificado; e d) será exigida declaração do licitante de que cumpre as exigências de reserva de cargos prevista em lei para pessoa com deficiência e para reabilitado da Previdência Social, bem como em outras normas específicas.

O edital de licitação deve exigir declaração dos licitantes, sob pena de desclassificação, de que suas propostas econômicas compreendem a integralidade dos custos para atendimento dos direitos trabalhistas assegurados na Constituição Federal e nas leis trabalhistas, normas infralegais, convenções coletivas de trabalho[161] e termos de ajustamento de conduta vigentes na data de entrega das propostas (art. 63, § 1.º, da Lei).

Admite-se que o edital exija, sob pena de inabilitação, a necessidade de o licitante atestar que conhece o local e as condições de realização da obra ou serviço, ficando assegurado ao licitante o direito de realização de vistoria prévia (art. 63, § 2.º, da Lei). Nesse caso, edital de licitação sempre deverá prever a possibilidade de substituição da vistoria por declaração formal assinada pelo responsável técnico da

---

[161] Segundo o TCU, nos editais de licitação para contratação de serviços terceirizados com dedicação exclusiva de mão de obra, não é permitido determinar a convenção ou o acordo coletivo de trabalho a ser utilizado pelas empresas licitantes como base para a confecção das respectivas propostas, em razão do art. 511, §§ 2º e 3º, da CLT. Contudo, o edital pode prever que somente serão aceitas propostas que adotarem na planilha de custos e formação de preços valor igual ou superior ao orçado pela Administração para a soma dos itens de salário e auxílio-alimentação, admitidos também, a critério da Administração, outros benefícios de natureza social considerados essenciais à dignidade do trabalho, devidamente justificados, os quais devem ser estimados com base na convenção coletiva de trabalho paradigma, que é aquela que melhor se adéqua à categoria profissional que executará os serviços terceirizados, considerando a base territorial de execução do objeto (TCU, Acórdão 1207/2024 Plenário, Rel. Min. Antonio Anastasia).

licitante acerca do conhecimento pleno das condições e peculiaridades da contratação (art. 63, § 3.º, da Lei). Caso o licitante decida realizar vistoria prévia, a Administração deverá disponibilizar data e horário diferentes para os eventuais interessados (art. 63, § 4.º, da Lei).

Após a entrega dos documentos para habilitação, não é permitida a substituição ou a apresentação de documentos, salvo em sede de diligência, para (art. 64 da Lei de Licitações): a) complementação de informações acerca dos documentos já apresentados pelos licitantes e desde que necessária para apurar fatos existentes à época da abertura do certame; e b) atualização de documentos cuja validade tenha expirado após a data de recebimento das propostas. Cabe registrar que a possibilidade de substituição de documentos de habilitação não encontrava expressa previsão na Lei 8.666/1993 e revela importante avanço na relativização de formalidades que poderiam colocar em risco a competitividade.[162]

A possibilidade de substituição de documentos de habilitação não encontrava expressa previsão na Lei 8.666/1993 e revela importante avanço na relativização de formalidades que poderiam colocar em risco a competitividade.

Aliás, em razão do formalismo moderado, a "comissão de licitação", na fase de habilitação, poderá sanar erros ou falhas que não alterem a substância dos documentos e sua validade jurídica, mediante despacho fundamentado registrado e acessível a todos, atribuindo-lhes eficácia para fins de habilitação e classificação (art. 64, § 1.º, da Lei). O dispositivo legal em comento utiliza a expressão "comissão de licitação", tradicionalmente prevista na Lei 8.666/1993, o que parece ter sido erro material da redação da atual Lei de Licitações que, em seu art. 8.º, procedeu a sua substituição por "agente de contratação" ou "comissão de contratação".

Mais uma vez andou bem a atual Lei de Licitações, abrindo caminho para possibilidade de saneamento de erros ou falhas formais que não modificam o conteúdo e a validade da documentação apresentadas pelos licitantes.

Nos casos em que a fase de habilitação anteceder a de julgamento, uma vez encerrada aquela, não caberá exclusão de licitante por motivo relacionado à habilitação, salvo em razão de fatos supervenientes ou só conhecidos após o julgamento (art. 64, § 2.º, da Lei).

As condições de habilitação serão definidas no edital (art. 65 da Lei de Licitações).

As empresas criadas no exercício financeiro da licitação deverão atender a todas as exigências da habilitação, ficando autorizadas a substituir os demonstrativos contábeis pelo balanço de abertura (art. 65, § 1.º, da Lei).

---

[162] De acordo com o TCU, a vedação à inclusão de novo documento, prevista no art. 43, § 3.º, da Lei 8.666/1993 e no art. 64 da Lei 14.133/2021, não alcança documento destinado a atestar condição de habilitação preexistente à abertura da sessão pública, apresentado em sede de diligência (TCU, Acórdão 2443/2021 Plenário, Representação, Rel. Min. Substituto Augusto Sherman, *Informativo de Jurisprudência sobre Licitações e Contratos do TCU* n. 424).

Título II – Das Licitações

Art. 70

De acordo com o art. 65, § 2.º, da Lei, a habilitação pode ser realizada por processo eletrônico de comunicação a distância, nos termos dispostos em regulamento. Aqui, o legislador reitera a lógica indicada no art. 17, § 2.º, da Lei que prevê a realização da licitação, preferencialmente, sob a forma eletrônica.

A documentação de habilitação jurídica, técnica, fiscal, social, trabalhista e econômico-financeira poderá ser (art. 70 da Lei de Licitações): a) apresentada em original, por cópia ou por qualquer outro meio expressamente admitido pela Administração; b) substituída por registro cadastral emitido por órgão ou entidade pública, desde que previsto no edital e o registro tenha sido feito em obediência ao disposto na Lei de Licitações; e c) dispensada total ou parcialmente nas contratações para entrega imediata, na alienação de bens e direitos pela Administração Pública e nas contratações em valores inferiores a 1/4 (um quarto) do limite para dispensa de licitação para compras em geral e para a contratação de produto para pesquisa e desenvolvimento até o valor de R$ 376.353,48 (atualizado pelo Decreto 12.343/2024).[163]

Em relação às empresas estrangeiras, que não funcionem no País, deverá ser exigida a apresentação de documentos equivalentes de habilitação, na forma de regulamento emitido pelo Poder Executivo federal (art. 70, parágrafo único, da Lei).

2. HABILITAÇÃO JURÍDICA

A habilitação jurídica tem por objetivo demonstrar a capacidade de o licitante exercer direitos e assumir obrigações, limitando-se a documentação a ser apresentada pelo licitante à comprovação de existência jurídica da pessoa e, quando cabível, de autorização para o exercício da atividade a ser contratada (art. 66 da Lei de Licitações).

3. HABILITAÇÃO TÉCNICA

Na habilitação técnica, o licitante deve demonstrar que possui aptidão técnica para executar o objeto contratual.

A capacidade técnica é dividida em três espécies: a) genérica: prova de inscrição no Conselho Profissional ou órgão de classe (ex.: se o objeto do contrato for a execução de uma obra, a empresa deve comprovar a sua inscrição junto ao CREA); b) específica: demonstração de que o licitante já executou objeto assemelhado; e c) operativa: comprovação de que o licitante possui mão de obra e equipamentos disponíveis para execução do futuro contrato.

---

[163] Nas contratações formalizadas durante o estado de calamidade pública, o art. 4º da Lei 14.981/2024 permite que, nas hipóteses de restrição de fornecedores ou de prestadores de serviço, a autoridade competente, excepcionalmente e mediante justificativa, dispense a apresentação de documentação relacionada às regularidades fiscal e econômico-financeira, e delimite os requisitos de habilitação jurídica e técnica ao que for estritamente necessário para a execução adequada do objeto contratual.

A demonstração da qualificação técnico-profissional e técnico-operacional será realizada por meios dos seguintes documentos (art. 67 da Lei de Licitações):[164] a) apresentação de profissional, devidamente registrado no conselho profissional competente, quando for o caso, detentor de atestado de responsabilidade técnica por execução de obra ou serviço de características semelhantes, para fins de contratação; b) certidões ou atestados, regularmente emitidos pelo conselho profissional competente, quando for o caso, que demonstrem capacidade operacional na execução de serviços similares de complexidade tecnológica e operacional equivalente ou superior, bem como documentos comprobatórios emitidos na forma do § 3.º do art. 88; c) indicação das instalações, do aparelhamento e do pessoal técnico adequados e disponíveis para a realização do objeto da licitação, bem como da qualificação de cada um dos membros da equipe técnica que se responsabilizará pelos trabalhos; d) prova de atendimento de requisitos previstos em lei especial, quando for o caso; e) registro ou inscrição na entidade profissional competente; e f) declaração de que o licitante tomou conhecimento de todas as informações e das condições locais para o cumprimento das obrigações objeto da licitação.

Salvo na hipótese de contratação de obras e serviços de engenharia, as exigências mencionadas nas alíneas "a" e "b", a critério da Administração, poderão ser substituídas por outra prova de que o profissional ou a empresa possui conhecimento técnico e experiência prática na execução de serviço de características semelhantes, hipótese em que as provas alternativas aceitáveis deverão ser previstas em regulamento (art. 67, § 3.º, da Lei).

A exigência de atestados restringir-se-á às parcelas de maior relevância ou valor significativo do objeto da licitação, assim consideradas aquelas que tenham valor individual igual ou superior a 4% do valor total estimado da contratação (art. 67, § 1.º, da Lei).

É admitida a exigência de atestados com quantidades mínimas de até 50% das parcelas a que se refere o § 1.º, sendo vedadas limitações de tempo e locais específicos relativas aos atestados (art. 67, § 2.º, da Lei).

Na licitação que envolve serviços contínuos, o edital poderá exigir certidão ou atestado que demonstre que o licitante tenha executado serviços similares ao objeto da licitação, em períodos sucessivos ou não, por um prazo mínimo, que não poderá ser superior a 3 (três) anos (art. 67, § 5.º).[165] Trata-se de demonstração da experiência pretérita com a execução efetiva dos quantitativos exigidos na atual licitação,

---

[164] O TCU já decidiu que a ausência de parâmetros objetivos no edital acerca da qualificação técnico-operacional, para análise da comprovação da prestação de serviços pertinentes e compatíveis com o objeto licitado, contraria os princípios da transparência, da impessoalidade e do julgamento objetivo (TCU, Acórdão 1998/2024, Plenário, Rel. Min. Walton Alencar Rodrigues).

[165] Segundo o TCU, nas contratações de serviços continuados com dedicação exclusiva de mão de obra, os atestados de capacidade técnica devem comprovar a aptidão do licitante na gestão de mão de obra, e não na execução de serviços idênticos aos do objeto licitado, sendo imprescindível motivar tecnicamente as situações excepcionais, sob pena de afronta aos princípios da legalidade, da competitividade e da isonomia entre os licitantes (TCU, Acórdão 1.589/2024 Plenário, Rel. Min. Augusto Nardes).

Título II – Das Licitações

Art. 70

não sendo o bastante a apresentação de atestados que apontem mera estimativa de execução de contratos anteriores que, em última análise, não revelariam a verdadeira experiência da empresa com a execução de objeto similar.

O edital poderá prever, para aspectos técnicos específicos, que a qualificação técnica poderá ser demonstrada por meio de atestados relativos a potencial subcontratado, limitado a 25% do objeto a ser licitado, hipótese em que mais de um licitante poderá apresentar atestado relativo ao mesmo potencial subcontratado (art. 67, § 9.º, da Lei).

4. HABILITAÇÕES FISCAL, SOCIAL E TRABALHISTA

Em relação às habilitações fiscal, social e trabalhista, os licitantes deverão apresentar os seguintes documentos (art. 68 da Lei 14.133/2021): a) inscrição no Cadastro de Pessoas Físicas (CPF) ou no Cadastro Nacional da Pessoa Jurídica (CNPJ); b) inscrição no cadastro de contribuintes estadual e/ou municipal, se houver, relativo ao domicílio ou sede do licitante, pertinente ao seu ramo de atividade e compatível com o objeto contratual; c) regularidade perante a Fazenda federal, estadual e/ou municipal do domicílio ou sede do licitante, ou outra equivalente, na forma da lei; d) a regularidade relativa à Seguridade Social e ao Fundo de Garantia do Tempo de Serviço (FGTS), demonstrando situação regular no cumprimento dos encargos sociais instituídos por lei; e) regularidade perante a Justiça do Trabalho; e f) cumprimento do disposto no inciso XXXIII do art. 7.º da Constituição Federal.

A comprovação de atendimento ao disposto nas alíneas "c", "d" e "e" deverá ser feita na forma da legislação específica (art. 68, § 2.º, da Lei).

É possível substituir ou suprir, no todo ou em parte, os documentos de habilitação fiscal, social e trabalhista por outros meios hábeis a comprovar a regularidade do licitante, inclusive por meio eletrônico (art. 68, § 1.º, da Lei).

Quanto à exigência de regularidade fiscal, os arts. 62, III, e 68, III, do novo diploma legal não trouxeram grandes inovações em relação aos arts. 27, IV, e 29, III, da Lei 8.666/1993.

Inicialmente, não se deve confundir a regularidade com a quitação fiscal (ausência de débitos fiscais). A exigência legal restringe-se à regularidade, razão pela qual o licitante, mesmo com débito fiscal, pode ser habilitado quando estiver em situação regular (ex.: parcelamento do débito tributário ou decisão judicial liminar que suspende a exigibilidade do tributo).[166]

---

[166] Nesse sentido, a Súmula 283 do TCU dispõe: "Para fim de habilitação, a Administração Pública não deve exigir dos licitantes a apresentação de certidão de quitação de obrigações fiscais, e sim prova de sua regularidade". Não por outra razão, o TCU decidiu pela irregularidade da inabilitação de licitante que, em vez de apresentar a certidão negativa de débitos relativos aos tributos federais e à dívida ativa da União, conforme exigência do edital, disponibilizou certidão positiva com efeitos de negativa, uma vez que esta última certidão comprova a regularidade fiscal do licitante (TCU, Acórdão 117/2024 Plenário, Rel. Min. Aroldo Cedraz).

Existe intensa controvérsia doutrinária em relação ao alcance da exigência de regularidade fiscal. Inicialmente, a interpretação literal dos dispositivos legais levaria à conclusão de que a regularidade fiscal deveria englobar todos os tributos federais, estaduais e municipais, na forma indicada no edital. Alguns autores, todavia, restringem a exigência de regularidade aos tributos de competência do Ente federativo que promove a licitação.[167] Outros autores afirmam que a regularidade **deveria englobar apenas** os tributos incidentes sobre a atividade do licitante e o objeto da licitação, independentemente do Ente federado contratante.[168]

Sempre sustentamos que a última posição indicada acima deveria ser prestigiada, uma vez que a regularidade fiscal não significa cobrança indireta de tributos, mas, sim, certificação da capacidade econômica do licitante. Ademais, a restrição aos tributos incidentes sobre o objeto da licitação tem fundamento no art. 37, XXI, da CRFB, que admite exigências de qualificação econômica "indispensáveis à garantia do cumprimento das obrigações". O edital de licitação deve definir com precisão e detalhamento os documentos necessários para comprovação da regularidade fiscal.[169]

Frise-se que os documentos relativos à regularidade fiscal, em qualquer caso, somente serão exigidos em momento posterior ao julgamento das propostas, e apenas do licitante mais bem classificado (art. 63, III, da Lei 14.133/2021).

É importante ressaltar que a doutrina não tem admitido a exigência de regularidade fiscal em relação aos pagamentos dos tributos devidos aos Conselhos Profissionais (ex.: CREA, CRM), pois compete aos citados Conselhos averiguar o pagamento desses tributos e, em caso de inadimplemento, aplicar, após o devido processo legal, a cassação da licença profissional. Enquanto não for cassada a licença, o profissional deve ser considerado apto para exercer as suas atividades.[170]

Em relação às empresas inscritas no Cadastro Informativo dos Créditos Não Quitados do setor público federal (Cadin), tem prevalecido o entendimento de que não há impedimento para contratação, não obstante a obrigatoriedade de consulta prévia ao referido cadastro, pelos órgãos e entidades da Administração Pública Fe-

---

[167] JUSTEN FILHO, Marçal. *Comentários à Lei de Licitações e Contratos Administrativos.* 9. ed. São Paulo: Dialética, 2002. p. 307-308. O TCU já decidiu que "o art. 29 da Lei 8.666/1993 não exige prova da regularidade fiscal perante a fazenda municipal quando a licitação é realizada por órgão federal e com recursos da União" (Acórdão 2.185/2020, Plenário, Representação, Rel. Min. Raimundo Carreiro, *Informativo de Jurisprudência sobre Licitações e Contratos do TCU* n. 398).

[168] SOUTO, Marcos Juruena Villela. *Direito administrativo contratual.* Rio de Janeiro: Lumen Juris, 2004. p. 180; TORRES, Ronny Charles Lopes de. Leis de Licitações comentadas. 11. ed. Salvador: JusPodivm, 2021. p. 494; PEREIRA JUNIOR, Jessé Torres. *Comentários à Lei das Licitações e Contratações da administração pública.* 7. ed. Rio de Janeiro: Renovar, 2007. p. 381; OLIVEIRA, Rafael Carvalho Rezende. *Licitações e contratos administrativos.* 9. ed. São Paulo: Método, 2020. p. 228.

[169] OLIVEIRA, Rafael Carvalho Rezende. *Licitações e contratos administrativos.* 9. ed. São Paulo: Método, 2020. p. 127-130.

[170] Nesse sentido: SOUTO, Marcos Juruena Villela. *Direito administrativo contratual.* Rio de Janeiro: Lumen Juris, 2004. p. 180.

Título II – Das Licitações

Art. 70

deral, direta e indireta, para celebração de convênios, acordos, ajustes ou contratos que envolvam desembolso, a qualquer título, de recursos públicos, e respectivos aditamentos (art. 6.º, III, da Lei 10.522/2002).[171]

No tocante à regularidade trabalhista exigida nos arts. 62, III, e 68, V, da Lei 14.133/2021, que também encontrava fundamento nos arts. 27, IV, e 29, V, da Lei 8.666/1993, os licitantes devem comprovar a regularidade trabalhista por meio da apresentação da Certidão Negativa de Débitos Trabalhistas (CNDT), na forma dos arts. 27, IV, e 29, V, da Lei 8.666/1993 e do art. 642-A da CLT, acrescentados pela Lei 12.440/2011.[172] De acordo com o TCU, a partir da interpretação da Lei 8.666/1993, a Administração Pública, no curso da execução do contrato, deve exigir a apresentação da CNDT das empresas contratadas no momento do pagamento de cada parcela contratual.[173]

De acordo com o art. 68, VI, da Lei 14.133/2021, o licitante deve demonstrar o cumprimento do art. 7.º, XXXIII, da CRFB, ou seja, que não possui menores de 18 anos exercendo trabalho noturno, perigoso ou insalubre, nem que possui trabalhadores menores de 16 anos, salvo na condição de aprendiz, a partir de 14 anos.[174] A

---

[171] Nesse sentido: MOTTA, Carlos Pinto Coelho. *Eficácia nas licitações e contratos*. 12. ed. Belo Horizonte: Del Rey, 2011. p. 684; JUSTEN FILHO, Marçal. *Comentários à Lei de Licitações e Contratos Administrativos*. 14. ed. São Paulo: Dialética, 2010. p. 426; TCU, Acórdão 7.832/2010, Primeira Câmara, Rel. Min. Valmir Campelo, 02.12.2010 (*Informativo de Jurisprudência sobre Licitações e Contratos do TCU* n. 44).

[172] O art. 642-A da CLT dispõe: "É instituída a Certidão Negativa de Débitos Trabalhistas (CNDT), expedida gratuita e eletronicamente, para comprovar a inexistência de débitos inadimplidos perante a Justiça do Trabalho. § 1.º O interessado não obterá a certidão quando em seu nome constar: I – o inadimplemento de obrigações estabelecidas em sentença condenatória transitada em julgado proferida pela Justiça do Trabalho ou em acordos judiciais trabalhistas, inclusive no concernente aos recolhimentos previdenciários, a honorários, a custas, a emolumentos ou a recolhimentos determinados em lei; ou II – o inadimplemento de obrigações decorrentes de execução de acordos firmados perante o Ministério Público do Trabalho ou Comissão de Conciliação Prévia. § 2.º Verificada a existência de débitos garantidos por penhora suficiente ou com exigibilidade suspensa, será expedida Certidão Positiva de Débitos Trabalhistas em nome do interessado com os mesmos efeitos da CNDT. § 3.º A CNDT certificará a empresa em relação a todos os seus estabelecimentos, agências e filiais. § 4.º O prazo de validade da CNDT é de 180 (cento e oitenta) dias, contado da data de sua emissão". O STF considerou constitucional a exigência de Certidão Negativa de Débitos Trabalhistas (CNDT) nos processos licitatórios como requisito de comprovação de regularidade trabalhista. STF, ADIs 4.716/DF e ADI 4.742/DF, Rel. Min. Dias Toffoli, julgamento virtual finalizado em 27.09.2024.

[173] TCU, Acórdão 1054/12, Plenário, Rel. Min. André Luís de Carvalho, 02.05.2012 (Informativo de Jurisprudência sobre Licitações e Contratos do TCU n. 104).

[174] De acordo com o art. 2º do Decreto 12.174/2024, os contratos administrativos devem conter cláusulas que disponham sobre: "a) o cumprimento das normas de proteção ao trabalho, inclusive aquelas relativas à segurança e à saúde no trabalho; b) a erradicação do trabalho análogo ao de escravo e do trabalho infantil, com previsões sobre as obrigações de: b.1) não submeter trabalhadores a condições degradantes de trabalho, jornadas exaustivas, servidão por dívida ou trabalhos forçados; b.2) não utilizar qualquer trabalho realizado por menor de dezesseis anos de

exigência, em nossa opinião, não tem relação com as finalidades da licitação e a fiscalização (poder de polícia) do cumprimento da norma constitucional deve ser feita pelas autoridades competentes. De qualquer forma, a comprovação do cumprimento desta exigência, na prática, é feita mediante a apresentação de simples declaração pelo licitante no sentido de que observa o comando constitucional.

Destaca-se, ainda, que a exigência de regularidade relativa à Seguridade Social indicada no art. 68, IV, da Lei de Licitações decorre do art. 195, § 3.º, da CRFB.[175]

Não obstante a ausência de previsão no art. 68 da Lei de Licitações, a regularidade social na fase de habilitação compreende a apresentação de declaração do licitante de que cumpre as exigências de reserva de cargos prevista em lei para pessoa com deficiência e para reabilitado da Previdência Social, bem como em outras normas específicas, na forma do art. 63, IV, da Lei de Licitações.

Com isso, a atual Lei de Licitações transformou em exigência de habilitação a tradicional margem de preferência em favor das empresas que comprovem cumprimento de reserva de cargos prevista em lei para pessoa com deficiência ou para reabilitado da Previdência Social e que atendam às regras de acessibilidade previstas na legislação (art. 3.º, § 5.º, II, da Lei 8.666/1993).

No atual diploma legal, a reserva de cargos em comento configura requisito de habilitação e deve ser observada durante toda a execução do contrato, sob pena de extinção prematura do ajuste (arts. 63, IV, 92, XVII, 116 e 137, IX, da Lei 14.133/2021).[176]

---

idade, exceto na condição de aprendiz, a partir de quatorze anos de idade, observada a legislação pertinente; e b.3) não submeter o menor de dezoito anos de idade à realização de trabalho noturno e em condições perigosas e insalubres e à realização de atividades constantes na Lista de Piores Formas de Trabalho Infantil, aprovada pelo Decreto 6.481/2008; c) a recepção e o tratamento de denúncias de discriminação, violência e assédio no ambiente de trabalho; e d) a responsabilidade solidária da empresa contratada por atos e omissões de eventual empresa subcontratada que resultem em descumprimento da legislação trabalhista."

[175] "Art. 195. [...] § 3.º A pessoa jurídica em débito com o sistema da seguridade social, como estabelecido em lei, não poderá contratar com o Poder Público nem dele receber benefícios ou incentivos fiscais ou creditícios." O art. 56 da Lei 8.212/1991, que dispõe sobre a organização da Seguridade Social, estabelece: "A inexistência de débitos em relação às contribuições devidas ao Instituto Nacional do Seguro Social-INSS, a partir da publicação desta Lei, é condição necessária para que os Estados, o Distrito Federal e os Municípios possam receber as transferências dos recursos do Fundo de Participação dos Estados e do Distrito Federal-FPE e do Fundo de Participação dos Municípios-FPM, celebrar acordos, contratos, convênios ou ajustes, bem como receber empréstimos, financiamentos, avais e subvenções em geral de órgãos ou entidades da administração direta e indireta da União".

[176] O art. 93 da Lei 8.213/1991 dispõe: "A empresa com 100 (cem) ou mais empregados está obrigada a preencher de 2% (dois por cento) a 5% (cinco por cento) dos seus cargos com beneficiários reabilitados ou pessoas portadoras de deficiência, habilitadas, na seguinte proporção: I – até 200 empregados: 2%; II – de 201 a 500: 3%; III – de 501 a 1.000: 4%; IV – de 1.001 em diante: 5%".

Título II – Das Licitações

Art. 70

5. HABILITAÇÃO ECONÔMICO-FINANCEIRA

A habilitação econômico-financeira requer a comprovação de que o licitante tem capacidade financeira para executar a integralidade do objeto contratual.

Na fase de habilitação econômico-financeira, o licitante deve demonstrar a aptidão econômica para cumprir as obrigações decorrentes do futuro contrato por meio dos seguintes documentos (art. 69 da Lei de Licitações): a) balanço patrimonial, demonstração de resultado de exercício e demais demonstrações contábeis dos 2 (dois) últimos exercícios sociais;[177] e b) certidão negativa de feitos sobre falência expedida pelo distribuidor da sede do licitante.

Quanto à certidão negativa de falência, a atual Lei de Licitações manteve a lógica contida no art. 31, II, da antiga Lei 8.666/1993, não abrangendo, portanto, a recuperação judicial. Nesse ponto, conforme decidido pelo STJ, em relação à Lei 8.666/1993, a sociedade empresária em recuperação judicial pode participar de licitação, desde que demonstre, na fase de habilitação, a sua viabilidade econômica.[178]

A critério da Administração, poderá ser exigida declaração, assinada por profissional habilitado da área contábil, atestando que o licitante atende aos índices econômicos previstos no edital (art. 69, § 1.º, da Lei).

Na habilitação econômico-financeira, são vedadas: a) a exigência de valores mínimos de faturamento anterior e de índices de rentabilidade ou lucratividade (art. 69, § 2.º, da Lei); e b) a exigência de índices e valores não usualmente adotados para a avaliação de situação financeira suficiente para o cumprimento das obrigações decorrentes da licitação (art. 69, § 5.º, da Lei).

Por outro lado, é admitida a exigência da relação dos compromissos assumidos pelo licitante que importem em diminuição de sua capacidade econômico-financeira, excluídas parcelas já executadas de contratos firmados (art. 69, § 3.º, da Lei).[179]

---

[177] Os documentos limitar-se-ão ao último exercício no caso de a pessoa jurídica ter sido constituída há menos de 2 (dois) anos (art. 69, § 6.º, da Lei).

[178] STJ, AREsp 309.867/ES, Rel. Min. Gurgel de Faria, 1.ª Turma, *DJe* 08.08.2018, *Informativo de Jurisprudência* n. 631 do STJ). De acordo com o TCU: "Admite-se a participação, em licitações, de empresas em recuperação judicial, desde que amparadas em certidão emitida pela instância judicial competente afirmando que a interessada está apta econômica e financeiramente a participar de procedimento licitatório" (TCU, Acórdão 1.201/2020 Plenário, Representação, Rel. Min. Vital do Rêgo, Informativo de Jurisprudência sobre Licitações e Contratos do TCU n. 391). Em outra oportunidade, o TCU decidiu: "A certidão negativa de recuperação judicial é exigível por força do art. 31, inciso II, da Lei 8.666/1993, porém a apresentação de certidão positiva não implica a imediata inabilitação da licitante, cabendo ao pregoeiro ou à comissão de licitação diligenciar no sentido de aferir se a empresa já teve seu plano de recuperação concedido ou homologado judicialmente (Lei 11.101/2005)" (TCU, Acórdão 2.265/2020, Plenário, Representação, Rel. Min. Benjamin Zymler, *Informativo de Jurisprudência sobre Licitações e Contratos do TCU* n. 398).

[179] Exigência semelhante era apresentada pelo art. 31, § 4.º, da Lei 8.666/1993.

Nas compras para entrega futura e na execução de obras e serviços, a Administração poderá estabelecer, no edital, a exigência de capital mínimo ou de patrimônio líquido mínimo equivalente a até 10% (dez por cento) do valor estimado da contratação (art. 69, § 4.º, da Lei).[180]

CAPÍTULO VII
DO ENCERRAMENTO DA LICITAÇÃO

Art. 71. Encerradas as fases de julgamento e habilitação, e exauridos os recursos administrativos, o processo licitatório será encaminhado à autoridade superior, que poderá:

I – determinar o retorno dos autos para saneamento de irregularidades;

II – revogar a licitação por motivo de conveniência e oportunidade;

III – proceder à anulação da licitação, de ofício ou mediante provocação de terceiros, sempre que presente ilegalidade insanável;

IV – adjudicar o objeto e homologar a licitação;

§ 1.º Ao pronunciar a nulidade, a autoridade indicará expressamente os atos com vícios insanáveis, tornando sem efeito todos os subsequentes que deles dependam, e dará ensejo à apuração de responsabilidade de quem lhes tenha dado causa.

§ 2.º O motivo determinante para a revogação do processo licitatório deverá ser resultante de fato superveniente devidamente comprovado.

§ 3.º Nos casos de anulação e revogação, deverá ser assegurada a prévia manifestação dos interessados.

§ 4.º O disposto neste artigo será aplicado, no que couber, à contratação direta e aos procedimentos auxiliares da licitação.

---

1. ENCERRAMENTO DA LICITAÇÃO

Após as fases de julgamento e habilitação, e exauridos os recursos administrativos, o processo licitatório será encaminhado à autoridade superior, que poderá (art. 71 da Lei 14.133/2021): a) determinar o retorno dos autos para saneamento de irregularidades que forem supríveis; b) revogar a licitação por motivo de conveniência e oportunidade; c) proceder à anulação da licitação, de ofício ou mediante provocação de terceiros, sempre que presente ilegalidade insanável; e d) adjudicar o objeto e homologar a licitação.

As hipóteses supracitadas são aplicáveis, no que couber, à contratação direta e aos procedimentos auxiliares da licitação (art. 71, § 4.º, da Lei).

Na declaração de nulidade, a autoridade indicará expressamente os atos que contenham vícios insanáveis, tornando sem efeito todos os subsequentes que dele dependam, e dará ensejo à apuração de responsabilidade de quem lhes deu causa (art. 71, § 1.º, da Lei).

---

[180] De forma semelhante ao que dispõe o art. 31, § 3.º, da Lei 8.666/1993.

Título II – Das Licitações

Art. 71

A revogação da licitação deverá decorrer de fato superveniente devidamente comprovado (art. 71, § 2.º, da Lei).

Em qualquer caso, a anulação e a revogação deverão ser precedidas da prévia manifestação dos interessados (art. 71, § 3.º, da Lei).

Enquanto a anulação da licitação é um dever que decorre da ilegalidade no procedimento, a revogação é uma faculdade de desfazimento do procedimento por razões de interesse público, em razão de fatos supervenientes devidamente comprovados.

Lembre-se que a anulação pode ser declarada pelo próprio Poder Executivo (autotutela) ou por outro Poder (Judiciário ou Legislativo), no exercício do controle externo. A revogação, por sua vez, somente pode ser efetivada pelo Poder Público que promoveu a licitação.

A sistemática da anulação e da revogação do certame prevista na atual Lei de Licitações assemelha-se àquela contida na antiga Lei 8.666/1993.

Nesse sentido, tal como previsto no art. 49, § 3.º, da Lei 8.666/1993, o art. 71, § 3.º, da atual Lei exige a manifestação prévia dos interessados para o desfazimento do processo de licitação (anulação ou revogação), com fundamento nos princípios constitucionais do contraditório e da ampla defesa.

Assim como previa o art. 59, parágrafo único, da antiga Lei 8.666/1993, o art. 149 da atual Lei de Licitações dispõe que a nulidade não exonera a Administração do dever de indenizar o contratado pelo que este houver executado até a data em que ela for declarada ou tomada eficaz, bem como por outros prejuízos regularmente comprovados, desde que não lhe seja imputável, com a promoção da responsabilização de quem praticou a ilegalidade.

Não obstante o silêncio da Lei de Licitações em vigor quanto à existência do dever de indenizar o licitante vencedor na hipótese de revogação do certame – silêncio também presente na antiga Lei 8.666/1993 –, entendemos que seria necessário reconhecer o dever de ressarcimento do primeiro colocado pelas despesas realizadas, em razão da responsabilidade civil pré-negocial da Administração caracterizada pela violação aos princípios da boa-fé e da confiança legítima.[181]

Cabe destacar que a decisão de desfazimento da licitação ou do contrato administrativo deve considerar as suas consequências práticas, jurídicas e administrativas, na forma dos arts. 20 e 21 da LINDB, inseridos pela Lei 13.655/2018.

Ao tratar da etapa de encerramento da licitação, a Lei 14.133/2021 indica a realização da adjudicação antes da homologação.

---

[181] Nesse sentido, no contexto da Lei 8.666/1993: OLIVEIRA, Rafael Carvalho Rezende. *Licitações e contratos administrativos*: teoria e prática. 9. ed. São Paulo: Método, 2020. p. 135. De forma semelhante: SOUTO, Marcos Juruena Villela. *Direito administrativo contratual*. Rio de Janeiro: Lumen Juris, 2004. p. 207; BORGES, Alice González. Pressupostos e limites da revogação e da anulação das licitações. *JAM Jurídica*, ano 11, n. 12, p. 8-9, dez. 2006; STJ, 1.ª Seção, MS 12.047/DF, Rel. Min. Eliana Calmon, *DJ* 16.04.2007, p. 154.

Art. 72

Comentários à Lei de Licitações e Contratos Administrativos

Nesse ponto, cabe destacar que a Lei 8.666/1993 não apresentava clareza quanto à ordem dos referidos atos. Ao contrário, a legislação apresentava redação aparentemente contraditória nos arts. 38, VII, e 43, VI, da Lei 8.666/1993,[182] o que acarretava controvérsia doutrinária.

De um lado, parte da doutrina sustentava a necessidade de realização da adjudicação antes da homologação.[183] De outro lado, havia o entendimento oposto, com o qual concordávamos, que pregava a realização da homologação antes da adjudicação.[184]

Com a redação do art. 71, IV, da atual Lei de Licitações, a questão parece resolvida com a realização da adjudicação antes da homologação, da mesma forma como já acontecia no pregão (art. 4.º, XX ao XXII, da Lei 10.520/2002), no RDC (28, IV, da Lei 12.462/2011) e nas empresas estatais (art. 51, IX e X, da Lei 13.303/2016).

A adjudicação é o ato formal por meio do qual a Administração atribui ao licitante vencedor o objeto da licitação.

A homologação, por sua vez, é o ato administrativo que atesta a validade do procedimento e confirma o interesse na contratação. É uma espécie de "despacho saneador" da licitação.

Se houver ilegalidade, a regra será a anulação do certame (Súmula 473 do STF) ou a convalidação, se possível, dos vícios apurados. Por outro lado, ainda que o procedimento seja considerado válido, a Administração pode afirmar o seu desinteresse na contratação e revogar o procedimento por conveniência e oportunidade. Nesses casos, a Administração deixa de homologar a licitação.

CAPÍTULO VIII
DA CONTRATAÇÃO DIRETA

Seção I
Do Processo de Contratação Direta

Art. 72. O processo de contratação direta, que compreende os casos de inexigibilidade e de dispensa de licitação, deverá ser instruído com os seguintes documentos:

I – documento de formalização de demanda e, se for o caso, estudo técnico preliminar, análise de riscos, termo de referência, projeto básico ou projeto executivo;

II – estimativa de despesa, que deverá ser calculada na forma estabelecida no art. 23 desta Lei;

---

[182] "Art. 38. [...] VII – atos de adjudicação do objeto da licitação e da sua homologação", e "Art. 43. [...] VI – deliberação da autoridade competente quanto à homologação e adjudicação do objeto da licitação".

[183] MOTTA, Carlos Pinto Coelho. *Eficácia nas licitações e contratos.* 12. ed. Belo Horizonte: Del Rey, 2011. p. 565.

[184] JUSTEN FILHO, Marçal. *Comentários à lei de licitações e contratos administrativos.* 18. ed. São Paulo: Thomson Reuters Brasil, 2019. p. 1.022-1.023; SOUTO, Marcos Juruena Villela. *Direito administrativo contratual.* Rio de Janeiro: Lumen Juris, 2004. p. 209; CARVALHO FILHO, José dos Santos. *Manual de direito administrativo.* 22. ed. Rio de Janeiro: Lumen Juris, 2009. p. 281.

168

Título II – Das Licitações

Art. 74

III – parecer jurídico e pareceres técnicos, se for o caso, que demonstrem o atendimento dos requisitos exigidos;

IV – demonstração da compatibilidade da previsão de recursos orçamentários com o compromisso a ser assumido;

V – comprovação de que o contratado preenche os requisitos de habilitação e qualificação mínima necessária;

VI – razão da escolha do contratado;

VII – justificativa de preço;

VIII – autorização da autoridade competente.

Parágrafo único. O ato que autoriza a contratação direta ou o extrato decorrente do contrato deverá ser divulgado e mantido à disposição do público em sítio eletrônico oficial.

Art. 73. Na hipótese de contratação direta indevida ocorrida com dolo, fraude ou erro grosseiro, o contratado e o agente público responsável responderão solidariamente pelo dano causado ao erário, sem prejuízo de outras sanções legais cabíveis.

Seção II
Da Inexigibilidade de Licitação

Art. 74. É inexigível a licitação quando inviável a competição, em especial nos casos de:

I – aquisição de materiais, de equipamentos ou de gêneros ou contratação de serviços que só possam ser fornecidos por produtor, empresa ou representante comercial exclusivos;

II – contratação de profissional do setor artístico, diretamente ou por meio de empresário exclusivo, desde que consagrado pela crítica especializada ou pela opinião pública;

III – contratação dos seguintes serviços técnicos especializados de natureza predominantemente intelectual com profissionais ou empresas de notória especialização, vedada a inexigibilidade para serviços de publicidade e divulgação:

a) estudos técnicos, planejamentos, projetos básicos ou projetos executivos;

b) pareceres, perícias e avaliações em geral;

c) assessorias ou consultorias técnicas e auditorias financeiras ou tributárias;

d) fiscalização, supervisão ou gerenciamento de obras ou serviços;

e) patrocínio ou defesa de causas judiciais ou administrativas;

f) treinamento e aperfeiçoamento de pessoal;

g) restauração de obras de arte e de bens de valor histórico;

h) controles de qualidade e tecnológico, análises, testes e ensaios de campo e laboratoriais, instrumentação e monitoramento de parâmetros específicos de obras e do meio ambiente e demais serviços de engenharia que se enquadrem no disposto neste inciso;

IV – objetos que devam ou possam ser contratados por meio de credenciamento;

V – aquisição ou locação de imóvel cujas características de instalações e de localização tornem necessária sua escolha.

§ 1.º Para fins do disposto no inciso I do *caput* deste artigo, a Administração deverá demonstrar a inviabilidade de competição mediante atestado de exclusividade, contrato de exclusividade, declaração do fabricante ou outro documento idôneo capaz de comprovar que o objeto é fornecido ou prestado por produtor, empresa ou representante comercial exclusivos, vedada a preferência por marca específica.

§ 2.º Para fins do disposto no inciso II do *caput* deste artigo, considera-se empresário exclusivo a pessoa física ou jurídica que possua contrato, declaração, carta ou outro documento que ateste a exclusividade permanente e contínua de representação, no País ou em Estado específico, do profissional do setor artístico, afastada a possibilidade de contratação direta por inexigibilidade por meio de empresário com representação restrita a evento ou local específico.

§ 3.º Para fins do disposto no inciso III do *caput* deste artigo, considera-se de notória especialização o profissional ou a empresa cujo conceito no campo de sua especialidade, decorrente de desempenho anterior, estudos, experiência, publicações, organização, aparelhamento, equipe técnica ou outros requisitos relacionados com suas atividades, permita inferir que o seu trabalho é essencial e reconhecidamente adequado à plena satisfação do objeto do contrato.

§ 4.º Nas contratações com fundamento no inciso III do *caput* deste artigo, é vedada a subcontratação de empresas ou a atuação de profissionais distintos daqueles que tenham justificado a inexigibilidade.

§ 5.º Nas contratações com fundamento no inciso V do *caput* deste artigo, devem ser observados os seguintes requisitos:

I – avaliação prévia do bem, do seu estado de conservação, dos custos de adaptações, quando imprescindíveis às necessidades de utilização, e do prazo de amortização dos investimentos;

II – certificação da inexistência de imóveis públicos vagos e disponíveis que atendam ao objeto;

III – justificativas que demonstrem a singularidade do imóvel a ser comprado ou locado pela Administração e que evidenciem vantagem para ela.

Seção III
Da Dispensa de Licitação

Art. 75. É dispensável a licitação:

I – para contratação que envolva valores inferiores a R$ 100.000,00 (cem mil reais), no caso de obras e serviços de engenharia ou de serviços de manutenção de veículos automotores;

II – para contratação que envolva valores inferiores a R$ 50.000,00 (cinquenta mil reais), no caso de outros serviços e compras;

III – para contratação que mantenha todas as condições definidas em edital de licitação realizada há menos de 1 (um) ano, quando se verificar que naquela licitação:

a) não surgiram licitantes interessados ou não foram apresentadas propostas válidas;

b) as propostas apresentadas consignaram preços manifestamente superiores aos praticados no mercado ou incompatíveis com os fixados pelos órgãos oficiais competentes;

IV – para contratação que tenha por objeto:

a) bens, componentes ou peças de origem nacional ou estrangeira necessários à manutenção de equipamentos, a serem adquiridos do fornecedor original desses equipamentos durante o período de garantia técnica, quando essa condição de exclusividade for indispensável para a vigência da garantia;

b) bens, serviços, alienações ou obras, nos termos de acordo internacional específico aprovado pelo Congresso Nacional, quando as condições ofertadas forem manifestamente vantajosas para a Administração;

c) produtos para pesquisa e desenvolvimento, limitada a contratação, no caso de obras e serviços de engenharia, ao valor de R$ 300.000,00 (trezentos mil reais);

d) transferência de tecnologia ou licenciamento de direito de uso ou de exploração de criação protegida, nas contratações realizadas por instituição científica, tecnológica e de ino-

Título II – Das Licitações

Art. 75

vação (ICT) pública ou por agência de fomento, desde que demonstrada vantagem para a Administração;

e) hortifrutigranjeiros, pães e outros gêneros perecíveis, no período necessário para a realização dos processos licitatórios correspondentes, hipótese em que a contratação será realizada diretamente com base no preço do dia;

f) bens ou serviços produzidos ou prestados no País que envolvam, cumulativamente, alta complexidade tecnológica e defesa nacional;

g) materiais de uso das Forças Armadas, com exceção de materiais de uso pessoal e administrativo, quando houver necessidade de manter a padronização requerida pela estrutura de apoio logístico dos meios navais, aéreos e terrestres, mediante autorização por ato do comandante da força militar;

h) bens e serviços para atendimento dos contingentes militares das forças singulares brasileiras empregadas em operações de paz no exterior, hipótese em que a contratação deverá ser justificada quanto ao preço e à escolha do fornecedor ou executante e ratificada pelo comandante da força militar;

i) abastecimento ou suprimento de efetivos militares em estada eventual de curta duração em portos, aeroportos ou localidades diferentes de suas sedes, por motivo de movimentação operacional ou de adestramento;

j) coleta, processamento e comercialização de resíduos sólidos urbanos recicláveis ou reutilizáveis, em áreas com sistema de coleta seletiva de lixo, realizados por associações ou cooperativas formadas exclusivamente de pessoas físicas de baixa renda reconhecidas pelo poder público como catadores de materiais recicláveis, com o uso de equipamentos compatíveis com as normas técnicas, ambientais e de saúde pública;

k) aquisição ou restauração de obras de arte e objetos históricos, de autenticidade certificada, desde que inerente às finalidades do órgão ou com elas compatível;

l) serviços especializados ou aquisição ou locação de equipamentos destinados ao rastreamento e à obtenção de provas previstas nos incisos II e V do *caput* do art. 3.º da Lei 12.850, de 2 de agosto de 2013, quando houver necessidade justificada de manutenção de sigilo sobre a investigação;

m) aquisição de medicamentos destinados exclusivamente ao tratamento de doenças raras definidas pelo Ministério da Saúde;

V – para contratação com vistas ao cumprimento do disposto nos arts. 3.º, 3.º-A, 4.º, 5.º e 20 da Lei 10.973, de 2 de dezembro de 2004, observados os princípios gerais de contratação constantes da referida Lei;

VI – para contratação que possa acarretar comprometimento da segurança nacional, nos casos estabelecidos pelo Ministro de Estado da Defesa, mediante demanda dos comandos das Forças Armadas ou dos demais ministérios;

VII – nos casos de guerra, estado de defesa, estado de sítio, intervenção federal ou de grave perturbação da ordem;

VIII – nos casos de emergência ou de calamidade pública, quando caracterizada urgência de atendimento de situação que possa ocasionar prejuízo ou comprometer a continuidade dos serviços públicos ou a segurança de pessoas, obras, serviços, equipamentos e outros bens, públicos ou particulares, e somente para aquisição dos bens necessários ao atendimento da situação emergencial ou calamitosa e para as parcelas de obras e serviços que possam ser concluídas no prazo máximo de 1 (um) ano, contado da data de ocorrência da emergência ou da calamidade, vedadas a prorrogação dos respectivos contratos e a recontratação de empresa já contratada com base no disposto neste inciso;

IX – para a aquisição, por pessoa jurídica de direito público interno, de bens produzidos ou serviços prestados por órgão ou entidade que integrem a Administração Pública e que tenham sido criados para esse fim específico, desde que o preço contratado seja compatível com o praticado no mercado;

X – quando a União tiver que intervir no domínio econômico para regular preços ou normalizar o abastecimento;

XI – para celebração de contrato de programa com ente federativo ou com entidade de sua Administração Pública indireta que envolva prestação de serviços públicos de forma associada nos termos autorizados em contrato de consórcio público ou em convênio de cooperação;

XII – para contratação em que houver transferência de tecnologia de produtos estratégicos para o Sistema Único de Saúde (SUS), conforme elencados em ato da direção nacional do SUS, inclusive por ocasião da aquisição desses produtos durante as etapas de absorção tecnológica, e em valores compatíveis com aqueles definidos no instrumento firmado para a transferência de tecnologia;

XIII – para contratação de profissionais para compor a comissão de avaliação de critérios de técnica, quando se tratar de profissional técnico de notória especialização;

XIV – para contratação de associação de pessoas com deficiência, sem fins lucrativos e de comprovada idoneidade, por órgão ou entidade da Administração Pública, para a prestação de serviços, desde que o preço contratado seja compatível com o praticado no mercado e os serviços contratados sejam prestados exclusivamente por pessoas com deficiência;

XV – para contratação de instituição brasileira que tenha por finalidade estatutária apoiar, captar e executar atividades de ensino, pesquisa, extensão, desenvolvimento institucional, científico e tecnológico e estímulo à inovação, inclusive para gerir administrativa e financeiramente essas atividades, ou para contratação de instituição dedicada à recuperação social da pessoa presa, desde que o contratado tenha inquestionável reputação ética e profissional e não tenha fins lucrativos;

XVI – para aquisição, por pessoa jurídica de direito público interno, de insumos estratégicos para a saúde produzidos por fundação que, regimental ou estatutariamente, tenha por finalidade apoiar órgão da Administração Pública direta, sua autarquia ou fundação em projetos de ensino, pesquisa, extensão, desenvolvimento institucional, científico e tecnológico e de estímulo à inovação, inclusive na gestão administrativa e financeira necessária à execução desses projetos, ou em parcerias que envolvam transferência de tecnologia de produtos estratégicos para o SUS, nos termos do inciso XII deste *caput*, e que tenha sido criada para esse fim específico em data anterior à entrada em vigor desta Lei, desde que o preço contratado seja compatível com o praticado no mercado; (Redação dada pela Lei 14.628, de 2023)

XVII – para contratação de entidades privadas sem fins lucrativos para a implementação de cisternas ou outras tecnologias sociais de acesso à água para consumo humano e produção de alimentos, a fim de beneficiar as famílias rurais de baixa renda atingidas pela seca ou pela falta regular de água; e (Incluído pela Lei 14.628, de 2023)

XVIII – para contratação de entidades privadas sem fins lucrativos, para a implementação do Programa Cozinha Solidária, que tem como finalidade fornecer alimentação gratuita preferencialmente à população em situação de vulnerabilidade e risco social, incluída a população em situação de rua, com vistas à promoção de políticas de segurança alimentar e nutricional e de assistência social e à efetivação de direitos sociais, dignidade humana, resgate social e melhoria da qualidade de vida. (Incluído pela Lei 14.628, de 2023)

§ 1.º Para fins de aferição dos valores que atendam aos limites referidos nos incisos I e II do *caput* deste artigo, deverão ser observados:

I – o somatório do que for despendido no exercício financeiro pela respectiva unidade gestora;

Título II – Das Licitações

Art. 75

II – o somatório da despesa realizada com objetos de mesma natureza, entendidos como tais aqueles relativos a contratações no mesmo ramo de atividade.

§ 2.º Os valores referidos nos incisos I e II do *caput* deste artigo serão duplicados para compras, obras e serviços contratados por consórcio público ou por autarquia ou fundação qualificadas como agências executivas na forma da lei.

§ 3.º As contratações de que tratam os incisos I e II do *caput* deste artigo serão preferencialmente precedidas de divulgação de aviso em sítio eletrônico oficial, pelo prazo mínimo de 3 (três) dias úteis, com a especificação do objeto pretendido e com a manifestação de interesse da Administração em obter propostas adicionais de eventuais interessados, devendo ser selecionada a proposta mais vantajosa.

§ 4.º As contratações de que tratam os incisos I e II do *caput* deste artigo serão preferencialmente pagas por meio de cartão de pagamento, cujo extrato deverá ser divulgado e mantido à disposição do público no Portal Nacional de Contratações Públicas (PNCP).

§ 5.º A dispensa prevista na alínea "c" do inciso IV do *caput* deste artigo, quando aplicada a obras e serviços de engenharia, seguirá procedimentos especiais instituídos em regulamentação específica.

§ 6.º Para os fins do inciso VIII do *caput* deste artigo, considera-se emergencial a contratação por dispensa com objetivo de manter a continuidade do serviço público, e deverão ser observados os valores praticados pelo mercado na forma do art. 23 desta Lei e adotadas as providências necessárias para a conclusão do processo licitatório, sem prejuízo de apuração de responsabilidade dos agentes públicos que deram causa à situação emergencial.

§ 7.º Não se aplica o disposto no § 1.º deste artigo às contratações de até R$ 8.000,00 (oito mil reais) de serviços de manutenção de veículos automotores de propriedade do órgão ou entidade contratante, incluído o fornecimento de peças.

1. PROCESSO DE CONTRATAÇÃO DIRETA

O processo de contratação direta, que compreende os casos de inexigibilidade e de dispensa de licitação, deve ser instruído com os seguintes documentos (art. 72 da Lei 14.133/2021): a) documento de formalização de demanda, estudo técnico preliminar, análise de riscos, termo de referência e, se for o caso, projeto básico ou projeto executivo; b) estimativa de despesa, que deverá ser calculada na forma estabelecida no art. 23; c) parecer jurídico e pareceres técnicos, se for o caso, demonstrando o atendimento aos requisitos exigidos; d) demonstração da compatibilidade da previsão de recursos orçamentários com o compromisso a ser assumido; e) comprovação de que o contratado preenche os requisitos de habilitação e qualificação mínima necessária; f) razão da escolha do contratado; g) justificativa de preço; e h) autorização da autoridade competente.

O ato que autoriza a contratação direta ou o extrato decorrente do contrato deverá ser divulgado e mantido à disposição do público em sítio eletrônico oficial (art. 72, parágrafo único, da Lei).[185]

---

[185] A Orientação Normativa 85/2024 da AGU prevê: "Nas contratações diretas, a divulgação do contrato no Portal Nacional de Contratações Públicas (PNCP), na forma dos artigos 94, inc. II, e 174 da Lei nº 14.133, de 2021, supre a exigência de publicidade prevista no artigo 72, p. único, do mesmo diploma".

Na hipótese de contratação direta indevida ocorrida com dolo, fraude ou erro grosseiro, o contratado e o agente público responsável responderão solidariamente pelo dano causado ao erário, sem prejuízo de outras sanções legais cabíveis (art. 73 da Lei de Licitações).

Entendemos que as exigências para contratação direta, previstas nos arts. 72 e 73 da Lei de Licitações, devem ser aplicadas, também, para os casos de dispensa previstas nos incisos I e II do art. 76 do mesmo diploma legal relacionados à alienação de bens da Administração Pública.

2. INEXIGIBILIDADE DE LICITAÇÃO

É inexigível a licitação quando for inviável a competição, em especial nos seguintes casos (art. 74 da Lei de Licitações): a) aquisição de materiais, equipamentos ou gêneros ou contratação de serviços que só possam ser fornecidos por produtor, empresa ou representante comercial exclusivo; b) contratação de profissional do setor artístico, diretamente ou através de empresário exclusivo, desde que consagrado pela crítica especializada ou pela opinião pública; c) contratação dos seguintes serviços técnicos especializados, de natureza singular, com profissionais ou empresas de notória especialização, vedada a inexigibilidade para serviços de publicidade e divulgação: c.1) estudos técnicos, planejamentos, projetos básicos ou executivos; c.2) pareceres, perícias e avaliações em geral; c.3) assessorias ou consultorias técnicas e auditorias financeiras ou tributárias; c.4) fiscalização, supervisão ou gerenciamento de obras ou serviços; c.5) patrocínio ou defesa de causas judiciais ou administrativas;[186] c.6) treinamento e aperfeiçoamento de pessoal; c.7) restauração de obras de arte e de bens de valor histórico; c.8) controles de qualidade e tecnológico, análises, testes e ensaios de campo e laboratoriais, instrumentação e monitoramento de parâmetros específicos de obras e do meio ambiente e demais serviços de engenharia que se enquadrem na definição do inciso III do artigo em comento; d) objetos que devam ou possam ser contratados por meio de credenciamento; e e) aquisição ou locação de imóvel cujas características de instalações e localização tornem necessária sua escolha.

As hipóteses de inexigibilidade mencionadas no art. 74 da atual Lei de Licitações não apresentam grandes novidades em relação ao art. 25 da antiga Lei 8.666/1993.

O novo diploma legal mantém o caráter exemplificativo das situações de inexigibilidade, inclusive com a utilização da expressão "em especial" que também era utilizada pelo art. 25 da antiga Lei 8.666/1993.

---

[186] O Estatuto da OAB, alterado pela Lei 14.039/2020, dispõe: "Art. 3.º-A. Os serviços profissionais de advogado são, por sua natureza, técnicos e singulares, quando comprovada sua notória especialização, nos termos da lei. Parágrafo único. Considera-se notória especialização o profissional ou a sociedade de advogados cujo conceito no campo de sua especialidade, decorrente de desempenho anterior, estudos, experiências, publicações, organização, aparelhamento, equipe técnica ou de outros requisitos relacionados com suas atividades, permita inferir que o seu trabalho é essencial e indiscutivelmente o mais adequado à plena satisfação do objeto do contrato."

Título II – Das Licitações

Art. 75

A primeira hipótese prevista no art. 74, I, da Lei 14.133/2021 reafirma a inexigibilidade para contratação de fornecedor exclusivo.

A redação do novo dispositivo legal é clara ao indicar que a contratação direta, nesse caso, pode envolver não apenas a aquisição de materiais, de equipamentos ou de gêneros, mas, também, os serviços.

Com isso, supera-se a controvérsia existente na interpretação do antigo art. 25, I da antiga Lei 8.666/1993 que gerava dúvidas sobre a sua incidência na contratação de serviços. De nossa parte, sempre sustentamos que seria possível a inexigibilidade na contratação de serviços prestados por fornecedor exclusivo.[187] Contudo, a Orientação Normativa/AGU 15, que não se revela compatível com a art. 74 da atual Lei de Licitações, restringia a aplicação do referido dispositivo legal aos casos de compras, afastando-o da contratação de serviços.

A comprovação da exclusividade do fornecedor, prevista no art. 74, I, da Lei 14.133/2021, será realizada mediante atestado de exclusividade, contrato de exclusividade, declaração do fabricante ou outro documento idôneo capaz de comprovar que o objeto é fornecido ou prestado por produtor, empresa ou representante comercial exclusivos, vedada a preferência por marca específica (art. 74, § 1.º, da Lei).

A segunda hipótese de inexigibilidade refere-se à contratação de profissional do setor artístico, diretamente ou através de empresário exclusivo, desde que consagrado pela crítica especializada ou pela opinião pública (art. 74, II, da Lei de Licitações). É inviável estabelecer critérios objetivos para se selecionar o "melhor artista", razão pela qual a escolha será sempre pautada por certos critérios subjetivos, tornando a licitação inviável.

Trata-se de dispositivo que reproduz o art. 25, III, da antiga Lei 8.666/1993, o que pode justificar a aplicação, em rega, da mesma interpretação tradicionalmente apresentada pela doutrina. Assim, por exemplo, a consagração é uma noção que varia no tempo e no espaço, sendo certo que alguns artistas são consagrados apenas em determinada região do País. A análise da "consagração" do artista deve levar em consideração o local de execução do contrato.[188]

Em síntese, são três requisitos para incidência da presente hipótese de contratação direta: a) profissional do setor artístico; b) contratação direta do artista ou de empresário exclusivo;[189] e c) o artista deve ser consagrado pela crítica especializada ou pela opinião pública.

---

[187] OLIVEIRA, Rafael Carvalho Rezende. *Licitações e contratos administrativos*: teoria e prática. 9. ed. São Paulo: Método, 2020. p. 89.

[188] Nesse sentido: OLIVEIRA, Rafael Carvalho Rezende. *Licitações e contratos administrativos*: teoria e prática. 9. ed. São Paulo: Método, 2020. p. 93; CARVALHO FILHO, José dos Santos. *Manual de direito administrativo*. 22. ed. Rio de Janeiro: Lumen Juris, 2009. p. 258.

[189] De acordo com o art. 74, § 2.º, da Lei 14.133/2021, "considera-se empresário exclusivo a pessoa física ou jurídica que possua contrato, declaração, carta ou outro documento que ateste a exclusividade permanente e contínua de representação, no País ou em Estado específico, do profissional do setor artístico, afastada a possibilidade de contratação direta por inexigibilidade por meio de empresário com representação restrita a evento ou local específico".

A terceira hipótese de inexigibilidade, citada no art. 74, III, da Lei 14.133/2021 relaciona-se à contratação dos seguintes serviços técnicos especializados de natureza predominantemente intelectual com profissionais ou empresas de notória especialização enumerados no referido dispositivo legal, vedada a inexigibilidade para serviços de publicidade e divulgação. O referido dispositivo legal, que enumera determinados serviços técnicos, apresenta texto semelhante ao encontrado nos arts. 13 e 25, II, da Lei 8.666/1993.

O art. 74, III, da Lei 14.133/2021 basicamente mantém os requisitos cumulativos para declaração de inexigibilidade anteriormente indicados no art. 25, II, da Lei 8.666/1993.

Em verdade, o art. 74, III, da Lei 14.133/2021 não exige expressamente a singularidade do serviço, tal como ocorria no regime jurídico anterior, o que pode gerar dúvidas sobre a interpretação da referida hipótese de inexigibilidade.

A interpretação literal do art. 74, III, da Lei 14.133/2021 afastaria a singularidade do serviço técnico como requisito para caracterização da inexigibilidade.[190]

Contudo, a ausência da menção à natureza singular do serviço técnico não deve acarretar, em nossa opinião, maiores consequências práticas, uma vez que a própria necessidade de demonstração da inviabilidade de competição para caracterização da inexigibilidade revelaria a inafastabilidade do requisito da singularidade do serviço na contratação sem licitação.

Aliás, é oportuno destacar que, no âmbito das contratações realizadas por empresas estatais, o art. 30, II, da Lei 13.303/2016 já havia afastado, em seu texto, a exigência de singularidade do serviço técnico especializado que poderia ser contratado por inexigibilidade.

Isso, contudo, não impediu que o TCU exigisse a singularidade nas contratações realizadas por inexigibilidade de licitação, com fundamento no art. 30, II, da Lei 13.303/2016.[191]

Por essa razão, não obstante a literalidade do dispositivo, a hipótese de inexigibilidade de licitação prevista no art. 74, III, da Lei 14.133/2021 dependerá da demonstração da singularidade do serviço.

---

[190] Nesse sentido, o Parecer 00001/2023/CNLCA/CGU/AGU entendeu pela "desnecessidade de comprovação de singularidade do serviço contratado".

[191] TCU, Acórdão 2.436/2019, Plenário, Rel. Min. Ana Arraes, j. 09.10.2019; TCU, Acórdão 2.761/2020, Plenário, Rel. Raimundo Carreiro, j. 14.10.2020. De forma semelhante, sustentando a permanência do requisito da singularidade nas contratações diretas com fundamento no art. 30, II, da Lei das Estatais, vide: NIEBUHR, Joel de Menezes; NIEBUHR, Pedro de Menezes. Licitações e contratos das estatais. Belo Horizonte: Fórum, 2018. p. 64; BARCELOS, Dawison; TORRES, Ronny Charles Lopes de. Licitações e contratos nas empresas estatais: regime licitatório e contratual da Lei 13.303/2016. Salvador: JusPodivm, 2018. p. 198-199.

Título II – Das Licitações

Art. 75

Assim, os requisitos para contratação direta, com fundamento no art. 74, III, da Lei 14.133/2021, são: a) serviço técnico; b) serviço singular; e c) notória especialização do contratado.[192]

Quanto à natureza técnica dos serviços, a interpretação do comando legal pode gerar dúvida quanto ao caráter exaustivo ou exemplificativo dos serviços nele enumerados. Ao utilizar a expressão "contratação dos seguintes serviços técnicos", o art. 74, III, da Lei 14.133/2021parece restringir a contratação direta apenas aos serviços enumerados no seu texto. Lembre-se que parcela da doutrina sempre sustentou que o rol de serviços técnicos do art. 13 da antiga Lei 8.666/1993 seria exemplificativo.[193] Com a redação apresentada pela atual legislação, a discussão deve permanecer.

De qualquer forma, a vedação da inexigibilidade para contratação de serviços de publicidade e divulgação, tradicionalmente consagrada no art. 25, II, da antiga Lei 8.666/1993, foi mantida pelo art. 74, III, da atual Lei de Licitações.[194]

No tocante à natureza singular, a sua compreensão deve seguir a linha apresentada pela doutrina e pela jurisprudência sobre a singularidade também exigida pela Lei 8.666/1993.

Assim, é preciso destacar que a singularidade (art. 74, III) não se confunde com a exclusividade (74, I). A singularidade decorre, na hipótese, da impossibilidade de fixação de critérios objetivos de julgamento.[195]

A singularidade decorre, na hipótese, da impossibilidade de fixação de critérios objetivos de julgamento.[196] O serviço singular exige a conjugação de dois elementos:

---

[192] Nesse sentido, a Súmula 252 do TCU, editada na vigência da Lei 8.666/1993, dispõe: "A inviabilidade de competição para a contratação de serviços técnicos, a que alude o inciso II do art. 25 da Lei n.º 8.666/1993, decorre da presença simultânea de três requisitos: serviço técnico especializado, entre os mencionados no art. 13 da referida lei, natureza singular do serviço e notória especialização do contratado".

[193] Nesse sentido: OLIVEIRA, Rafael Carvalho Rezende. *Licitações e contratos administrativos*: teoria e prática. 9. ed. São Paulo: Método, 2020. p. 91; PEREIRA JUNIOR, Jessé Torres. *Comentários à lei das licitações e contratações da administração pública*. 7. ed. Rio de Janeiro: Renovar, 2007. p. 180; JUSTEN FILHO, Marçal. *Comentários à lei de licitações e contratos administrativos*. 18. ed. São Paulo: Thomson Reuters Brasil, 2019. p. 282-283; NIEBUHR, Joel de Menezes. *Dispensa e inexigibilidade de licitação pública*. Belo Horizonte: Fórum, 2011. p. 160.

[194] A Lei 12.232/2010 dispõe sobre as normas gerais para licitação e contratação de serviços de publicidade prestados por intermédio de agências de propaganda. É oportuno ressaltar que alguns autores relativizam a vedação legal para permitir a inexigibilidade de licitação em situações excepcionais de contratação de serviços de publicidade. Nesse sentido: RIGOLIN, Ivan Barbosa. *Contrato administrativo*. Belo Horizonte: Fórum, 2007. p. 163-169.

[195] No mesmo sentido: Acórdão 2.616/15, Plenário, Rev. Min. Benjamin Zymler, 21.10.2015, *Informativo de Jurisprudência sobre Licitações e Contratos do TCU* n. 264.

[196] No mesmo sentido: Acórdão 2.616/15, Plenário, Rev. Min. Benjamin Zymler, 21.10.2015, *Informativo de Jurisprudência sobre Licitações e Contratos do TCU* n. 264.

a) excepcionalidade da necessidade a ser satisfeita; e b) impossibilidade de sua execução por parte de um "profissional especializado padrão".[197]

Além da natureza técnica e do caráter singular do serviço, a inexigibilidade do art. 74, III, da Lei 14.133/2021 pressupõe a notória especialização do contratado.

Considera-se notória especialização a qualidade de profissional ou empresa cujo conceito, no campo de sua especialidade, decorrente de desempenho anterior, estudos, experiência, publicações, organização, aparelhamento, equipe técnica ou outros requisitos relacionados com suas atividades, permita inferir que o seu trabalho é essencial e reconhecidamente o mais adequado à plena satisfação do objeto do contrato, sendo vedada a subcontratação de empresas ou a atuação de profissionais distintos daqueles que justificaram a inexigibilidade (art. 6.º, XIX, e art. 74, §§ 3.º e 4.º da Lei).

A quarta hipótese de inexigibilidade indicada no art. 74, IV, da Lei de Licitações é o credenciamento.

Conforme dispõe o art. 6.º, XLIII, da Lei, o credenciamento é o "processo administrativo de chamamento público em que a Administração Pública convoca interessados em prestar serviços ou fornecer bens para que, preenchidos os requisitos necessários, se credenciem-se no órgão ou na entidade para executar o objeto quando convocados".[198]

Com efeito, o credenciamento era considerado uma hipótese de inexigibilidade de licitação que encontrava fundamento no *caput do art. 25 da antiga Lei 8.666/1993, o que reforçava o caráter exemplificativo dos seus incisos.*[199] Verifica-se, assim, que a atual Lei de Licitações apenas positivou expressamente o credenciamento como caso de inexigibilidade de licitação.

O sistema de credenciamento permite a seleção de potenciais interessados para posterior contratação, quando houver interesse na prestação do serviço pelo maior número possível de pessoas.

---

[197] Nesse sentido: JUSTEN FILHO, Marçal. *Comentários à lei de licitações e contratos administrativos*. 18. ed. São Paulo: Thomson Reuters Brasil, 2019. p. 613. Sobre a singularidade, a Súmula 39 do TCU, editada na vigência da Lei 8.666/1993, dispõe: "A inexigibilidade de licitação para a contratação de serviços técnicos com pessoas físicas ou jurídicas de notória especialização somente é cabível quando se tratar de serviço de natureza singular, capaz de exigir, na seleção do executor de confiança, grau de subjetividade insuscetível de ser medido pelos critérios objetivos de qualificação inerentes ao processo de licitação, nos termos do art. 25, inciso II, da Lei 8.666/1993".

[198] O credenciamento é regulamentado, em âmbito federal, pelo Decreto 11.878/2024.

[199] Nesse sentido: OLIVEIRA, Rafael Carvalho Rezende. *Licitações e contratos administrativos*: teoria e prática. 9. ed. São Paulo: Método, 2020. p. 93-94; JUSTEN FILHO, Marçal. *Comentários à lei de licitações e contratos administrativos*. 18. ed. São Paulo: Thomson Reuters Brasil, 2019. p. 77; FURTADO, Lucas Rocha. *Curso de direito administrativo*. 2. ed. Belo Horizonte: Fórum, 2010. p. 466; TCU, Acórdão 3.567/14, Plenário, Rev. Min. Benjamin Zymler, 09.12.2014; STJ, REsp 1.747.636/PR, Rel. Min. Gurgel de Faria, Primeira Turma, *DJe* 09.12.2019.

Título II – Das Licitações

Art. 75

A partir de condições previamente estipuladas por regulamento do Poder Público para o exercício de determinada atividade, todos os interessados que preencherem as respectivas condições serão credenciados e poderão prestar os serviços. Não há, portanto, competição entre interessados para a escolha de um único vencedor, mas, sim, a disponibilização universal do serviço para todos os interessados que preencherem as exigências previamente estabelecidas pelo Poder Público.

A última hipótese de inexigibilidade, indicada expressamente no art. 74, V, da Lei de Licitações, é a aquisição ou locação de imóvel cujas características de instalações e de localização tornem necessária sua escolha.

Tradicionalmente, a referida hipótese era tratada como caso de dispensa de licitação pelo art. 24, X, da antiga Lei 8.666/1993. Conforme sempre sustentamos, o caso deveria ser considerado inexigibilidade de licitação, razão pela qual concordamos com a opção realizada pelo art. 74, V, da atual Lei de Licitações.[200]

Nas contratações com fundamento no inciso V do art. 74, devem ser observados os seguintes requisitos (art. 74, § 5.º da Lei de Licitações): a) avaliação prévia do bem, do seu estado de conservação e dos custos de adaptações, quando imprescindíveis às necessidades de utilização, e do prazo de amortização dos investimentos; b) certificação da inexistência de imóveis públicos vagos e disponíveis que atendam ao objeto; c) justificativas que demonstrem a singularidade do imóvel a ser comprado ou locado pela Administração e evidenciem vantagem para Administração.

3. DISPENSA DE LICITAÇÃO

As hipóteses de dispensa de licitação encontram-se no art. 75 da Lei 14.133/2021, a saber: a) para contratação que envolva valores inferiores a R$ 125.451,15 (valor atualizado pelo Decreto 12.343/2024), no caso de obras e serviços de engenharia ou de serviços de manutenção de veículos automotores; b) para contratação que envolva valores inferiores a R$ 62.725,59 (valor atualizado pelo Decreto 12.343/2024), no caso de outros serviços e compras; c) quando, mantidas na contratação todas as condições definidas em edital de licitação realizada há menos de 1 (um) ano, verificar-se que naquela licitação: c.1) não surgiram licitantes interessados ou não foram apresentadas propostas válidas; e c.2) as propostas apresentadas consignavam preços manifestamente superiores aos praticados no mercado ou incompatíveis com os fixados pelos órgãos oficiais competentes; d) para contratação que tenha por objeto: d.1) bens componentes ou peças de origem nacional ou estrangeira necessários à manutenção de equipamentos, a serem adquiridos do fornecedor original desses equipamentos durante o período de garantia técnica, quando tal condição de exclusividade for indispensável para a vigência da garantia; d.2) bens, serviços, alienações ou obras, nos termos de acordo internacional específico aprovado pelo Congresso Nacional, quando as condições ofertadas forem manifestamente vantajosas para a Administração; d.3) produtos

---

[200] OLIVEIRA, Rafael Carvalho Rezende. *Licitações e contratos administrativos*: teoria e prática. 9. ed. São Paulo: Método, 2020. p. 70.

Art. 75

Comentários à Lei de Licitações e Contratos Administrativos

para pesquisa e desenvolvimento, limitada, no caso de obras e serviços de engenharia, ao valor de R$ 376.353,48 (valor atualizado pelo Decreto 12.343/2024); d.4) transferência de tecnologia ou licenciamento de direito de uso ou de exploração de criação protegida, nas contratações realizadas por instituição científica e tecnológica e de inovação (ICT) pública ou por agência de fomento, desde que demonstrada sua vantajosidade para a Administração; d.5) hortifrutigranjeiros, pão e outros gêneros perecíveis, no tempo necessário para a realização dos processos licitatórios correspondentes, hipótese em que a contratação será realizada diretamente com base no preço do dia; d.6) bens ou serviços produzidos ou prestados no País que envolvam, cumulativamente, alta complexidade tecnológica e defesa nacional; d.7) materiais de uso das Forças Armadas, com exceção de materiais de uso pessoal e administrativo, quando houver necessidade de manter a padronização requerida pela estrutura de apoio logístico dos meios navais, aéreos e terrestres, mediante autorização por ato do comandante da força militar; d.8) bens e serviços para atender aos contingentes militares das forças singulares brasileiras empregadas em operações de paz no exterior, hipótese em que a contratação deverá ser justificada quanto ao preço e à escolha do fornecedor ou executante e ratificada pelo comandante da força militar; d.9) abastecimento ou suprimento de efetivos militares em estada eventual de curta duração em portos, aeroportos ou localidades diferentes de suas sedes, por motivo de movimentação operacional ou de adestramento; d.10) coleta, processamento e comercialização de resíduos sólidos urbanos recicláveis ou reutilizáveis, em áreas com sistema de coleta seletiva de lixo, realizados por associações ou cooperativas formadas exclusivamente por pessoas físicas de baixa renda reconhecidas pelo poder público como catadores de materiais recicláveis, com o uso de equipamentos compatíveis com as normas técnicas, ambientais e de saúde pública; d.11) aquisição ou restauração de obras de arte e objetos históricos de autenticidade certificada, desde que inerente às finalidades do órgão ou com elas compatível; d.12) serviços especializados ou aquisição ou locação de equipamentos destinados à polícia judiciária para o rastreamento e a obtenção de provas previstas nos incisos II e V do *caput* do art. 3.º da Lei 12.850, de 2 de agosto de 2013, quando houver necessidade justificada de manutenção de sigilo sobre a investigação; d.13) aquisição de medicamentos destinados exclusivamente ao tratamento de doenças raras definidas pelo Ministério da Saúde; e) para contratação com vistas ao cumprimento do disposto nos arts. 3.º, 3.º-A, 4.º, 5.º e 20 da Lei 10.973/2004, observados os princípios gerais de contratação dela constantes; f) quando houver possibilidade de comprometimento da segurança nacional, nos casos estabelecidos pelo Ministro de Estado da Defesa, mediante demanda dos comandos das forças ou dos demais ministérios; g) nos casos de guerra, estado de defesa, estado de sítio ou de grave perturbação da ordem; h) nos casos de emergência ou de calamidade pública, quando caracterizada urgência de atendimento de situação que possa ocasionar prejuízo ou comprometer a continuidade dos serviços públicos ou a segurança de pessoas, obras, serviços, equipamentos e outros bens, públicos ou particulares, e somente para os bens necessários ao atendimento da situação emergencial ou calamitosa e para as parcelas de obras e serviços que possam ser concluídas no prazo máximo de 1 ano, contado da ocorrência da emergência ou da calamidade, vedada a prorrogação dos respectivos contratos e a recontratação de empresa já contratada com base neste inciso; i) para a aquisição, por pessoa jurídi-

180

Título II – Das Licitações

Art. 75

ca de direito público interno, de bens produzidos ou serviços prestados por órgão ou entidade que integre a Administração Pública e que tenha sido criado para esse fim específico, desde que o preço contratado seja compatível com o praticado no mercado; j) quando a União tiver que intervir no domínio econômico para regular preços ou normalizar o abastecimento; k) para celebração de contrato de programa com ente federativo ou com entidade de sua Administração indireta, que envolva prestação de serviços públicos de forma associada nos termos autorizados em contrato de consórcio público ou em convênio de cooperação; l) para contratação em que houver transferência de tecnologia de produtos estratégicos para o Sistema Único de Saúde (SUS), conforme elencados em ato da direção nacional do SUS, inclusive por ocasião da aquisição desses produtos durante as etapas de absorção tecnológica; m) para contratação de profissionais para compor a comissão para avaliação por critérios de técnica, quando se tratar de profissional técnico de notória especialização; n) contratação de associação de pessoas com deficiência, sem fins lucrativos e de comprovada idoneidade, por órgão ou entidade da Administração Pública, para a prestação de serviços, desde que o preço contratado seja compatível com o praticado no mercado e os serviços contratados sejam prestados exclusivamente por pessoas com deficiência; o) para contratação realizada por instituição brasileira que tenha por finalidade estatutária apoiar, captar e executar atividades de ensino, pesquisa, extensão, desenvolvimento institucional, científico e tecnológico e estímulo à inovação, inclusive para gerir administrativa e financeiramente essas atividades, ou na contratação de instituição dedicada à recuperação social da pessoa presa, desde que o contratado tenha inquestionável reputação ética e profissional e não tenha fins lucrativos; p) para aquisição, por pessoa jurídica de direito público interno, de insumos estratégicos para a saúde produzidos por fundação que, regimental ou estatutariamente, tenha por finalidade apoiar órgão da Administração Pública direta, sua autarquia ou fundação em projetos de ensino, pesquisa, extensão, desenvolvimento institucional, científico e tecnológico e de estímulo à inovação, inclusive na gestão administrativa e financeira necessária à execução desses projetos, ou em parcerias que envolvam transferência de tecnologia de produtos estratégicos para o SUS, nos termos do inciso XII, e que tenha sido criada para esse fim específico em data anterior à entrada em vigor desta Lei, desde que o preço contratado seja compatível com o praticado no mercado; q) para contratação de entidades privadas sem fins lucrativos para a implementação de cisternas ou outras tecnologias sociais de acesso à água para consumo humano e produção de alimentos, a fim de beneficiar as famílias rurais de baixa renda atingidas pela seca ou pela falta regular de água; e r) para contratação de entidades privadas sem fins lucrativos, para a implementação do Programa Cozinha Solidária, que tem como finalidade fornecer alimentação gratuita preferencialmente à população em situação de vulnerabilidade e risco social, incluída a população em situação de rua, com vistas à promoção de políticas de segurança alimentar e nutricional e de assistência social e à efetivação de direitos sociais, dignidade humana, resgate social e melhoria da qualidade de vida.

Nesses casos, a licitação é viável, tendo em vista a possibilidade de competição entre dois ou mais interessados. Todavia, o legislador elencou determinadas situações em que a licitação pode ser afastada, a critério do administrador, para se atender o interesse público de forma mais célere e eficiente. É importante notar que as hipóteses de dispensa de licitação representam exceções à regra constitucional da licitação, permitidas pelo art. 37, XXI, da CRFB ("ressalvados os casos especificados na legislação"). O legislador autoriza o administrador a dispensar, por razões de conveniência e oportunidade, a licitação e proceder à contratação direta.

A dispensa de licitação possui duas características principais:

a) **rol taxativo:** as hipóteses de dispensa são exceções à regra da licitação; e

b) **discricionariedade do administrador:** a dispensa depende da avaliação da conveniência e da oportunidade no caso concreto, sendo admitida a realização da licitação.

Em relação à primeira característica, seria lícito afirmar, em princípio, que a interpretação das hipóteses de dispensa deve ser restritiva, pois configuram verdadeiras exceções à regra da licitação. Segundo a regra básica de hermenêutica, as exceções devem ser interpretadas restritivamente.

Lembre-se de que a dispensa de licitação não afasta a necessidade de instauração de procedimento instruído com os documentos indicados no art. 72 da Lei 14.133/2021, o que revela que a hipótese de contratação direta afasta a realização de licitação formal, mas não a necessidade de justificativa para escolha do contratado e do respectivo preço.

Verifica-se, assim, que a contratação direta por dispensa de licitação envolve uma espécie de procedimento competitivo simplificado e célere, no qual a Administração Pública realizará a coleta de propostas no mercado e selecionará a mais vantajosa.[201]

Como é possível notar, a atual Lei de Licitações manteve, em grande medida, hipóteses de dispensa previstas no art. 24 da antiga Lei 8.666/1993, mas não repetiu integralmente o elenco. A atual Lei de Licitações alterou e excluiu alguns casos da legislação anterior, bem como incluiu novas hipóteses de dispensa de licitação.

Analisaremos a seguir os casos de dispensa consagrados no art. 75 da Lei 14.133/2021.

Quanto à possibilidade de dispensa de licitação nas contratações de baixo vulto econômico, previstas no art. 75, I (R$ 100.000,00) e II (R$ 50.000,00), da Lei de Licitações, verifica-se a utilização dos mesmos valores indicados para dispensa de licitação no âmbito das empresas estatais (art. 29, I e II, da Lei 13.303/2016) e nas contratações realizadas durante o estado de calamidade pública relacionada ao novo coronavírus (art. 1.º, I, da Lei 14.065/2020). Contudo, os referidos valores foram atualizados pelo Decreto 12.343/2024 para R$ 125.451,15 e R$ 62.725,59, respectivamente.

---

[201] Em âmbito federal, a IN SEGES/ME 67/2021 dispõe sobre a dispensa de licitação, na forma eletrônica, de que trata a Lei 14.133/2021, e institui o Sistema de Dispensa Eletrônica, no âmbito da Administração Pública federal direta, autárquica e fundacional.

Na aferição dos valores indicados nos incisos I e II do art. 75 da Lei 14.133/2021, deve ser observado o somatório: a) do que for despendido no exercício financeiro pela respectiva unidade gestora; b) da despesa realizada com objetos de mesma natureza, entendidos como tais aqueles relativos a contratações no mesmo ramo de atividade (art. 75, § 1.º).

O intuito do legislador, aqui, é evitar que a ausência de planejamento ou o fracionamento irregular do objeto a ser contratado durante o exercício financeiro (1.º de janeiro a 31 de dezembro) acarrete a fuga indevida da regra da licitação.

Exemplificativamente, imagine a hipótese em que o Plano de Contratações Anual (PCA) indique a necessidade de aquisição de 200 computadores para o próximo exercício financeiro em valor total que supera os limites de valor para dispensa de licitação. Nesse caso, ainda que as aquisições, ao longo do ano, ocorram em momentos diversos, não seria possível o fracionamento do objeto com o intuito de realizar contratações diretas por dispensa de licitação.

Veja, no entanto, que o art. 75, § 1.º, da Lei 14.133/2021 não apresenta as definições de "unidade gestora" e "mesmo ramo de atividade", o que pode gerar dúvidas interpretativas e previsões regulamentares heterogêneas.

De nossa parte, entendemos que a "unidade gestora" compreende o órgão dotado de autonomia administrativa e orçamentária, com atribuição para celebração de contratos com recursos próprios. No âmbito da União, por exemplo, cada Ministério seria, em princípio, uma unidade gestora e, nos Estados e Municípios, cada Secretaria seria enquadrada na referida expressão.

No tocante à expressão "mesmo ramo de atividade", em âmbito federal, o art. 4.º da IN Seges/ME 67/2021, alterado pela IN Seges/MGI 8/2023, dispõe que a citada expressão compreende a linha de fornecimento registrada pelo fornecedor quando do seu cadastramento no Sistema de Cadastramento Unificado de Fornecedores (Sicaf), vinculada:[202] a) à classe de materiais (CATMAT), utilizando o Padrão Descritivo de Materiais (PDM) do Sistema de Catalogação de Material do Governo federal; ou b) à descrição dos serviços ou das obras), constante do Sistema de Catalogação de Serviços (CATSER) ou de Obras do Governo Federal.

Assim, por exemplo, na contratação de artigos para escritório, ainda que integrantes da mesma classe (Classe 7.510), existem materiais com códigos de PDMs diferentes, tais como lápis preto (Código do PDM 12), etiqueta adesiva (Código do PDM 21), caneta marca-texto (Código do PDM 18075) e envelope (Código do PDM 19705). Nesses casos, a aferição dos limites de valores da dispensa de licitação, indicados nos incisos I e II do art. 75 da Lei 14.133/2021, deve levar em consideração cada item de forma separada.

---

[202] Na redação originária do art. 4.º da IN Seges/ME 67/2021, o parâmetro utilizado para compressão da expressão "mesmo ramo de atividade" era o nível de subclasse da Classificação Nacional de Atividades Econômicas – CNAE.

Questão que pode gerar dúvidas interpretativas refere-se à aplicação do art. 75, I e II e § 1.º, da Lei 14.133/2021 aos contratos com prazos superiores a um ano e contratos que admitem prorrogação que ultrapasse um exercício financeiro.

De um lado, há opinião no sentido de que deveria ser levado em consideração todo o período do contrato, incluídas as eventuais prorrogações, não se restringindo a análise dos limites da dispensa de licitação ao exercício financeiro em curso.[203]

Entendemos que a verificação da adequação dos limites de valores para dispensa de licitação (art. 75, I e II, da Lei 14.133/2021) deve levar em consideração os valores previstos para cada exercício financeiro do contrato, e não o valor global a partir do prazo total de vigência do contrato plurianual ou as eventuais prorrogações contratuais. Isso porque o art. 75, § 1.º, I, da Lei 14.133/2021 prevê que a aferição dos limites indicados nos incisos I e II do referido dispositivo deve levar em consideração o somatório do que for despendido "no exercício financeiro pela respectiva unidade gestora".[204]

Outro ponto que pode gerar divergências interpretativas relaciona-se à viabilidade de alteração dos contratos celebrados por meio de dispensa de licitação, na forma do art. 75, I e II, da Lei 14.133/2021, e o novo valor contratual, decorrente da citada alteração, é superior aos limites da dispensa.

Imagine-se, por exemplo, o contrato para aquisição de bens comuns celebrado por dispensa de licitação com valor de R$ 50.000,00. No curso do contrato, a Administração Pública pretende promover alteração quantitativa que vai acarretar acréscimo de 25% no valor inicial atualizado do contrato, a forma autorizada pelo art. 125 da Lei 14.133/2021, que passaria a ser de R$ 62.500,00, superior ao limite da dispensa de licitação indicado no art. 75, II, do referido diploma legal. A alteração em comento seria válida?

---

[203] Nesse sentido: NIEBHUR, Joel de Menezes. *Licitação pública e contrato administrativo*. 5 ed. Belo Horizonte: Fórum, 2022. p. 266 e 267. Esse era o entendimento dominante à época da legislação anterior, defendido, inclusive, pela AGU (Orientação Normativa AGU 10) na interpretação da antiga Lei 8.666/1993. Contudo, a AGU, por meio da Nota 7/2024/DECOR/CGU/AGU (92566300), afirmou a inaplicabilidade da referida Orientação Normativa às licitações realizada com fundamento na atual Lei de Licitações, "visto que o art. 75, § 1.º, da Lei 14.133/2021 expressamente define a apuração dos valores das dispensas licitatórias com base no exercício financeiro, independentemente do prazo de duração do contrato administrativo."

[204] No mesmo sentido, a Orientação Normativa 87 da AGU prevê: "Para fins de dispensa de licitação em razão do valor (incisos I e II do art. 75 da Lei nº 14.133, de 2021) destinada a contratos de fornecimento ou serviço continuado com vigência plurianual, nos termos dos arts. 106 e 107, da Lei nº 14.133, de 2021, será considerado valor da contratação o montante equivalente ao período de 1 (um) ano de vigência contratual, na forma do §1º do art. 75 da Lei n. 14.133/2021." De forma semelhante, o Enunciado 50 do II Simpósio de Licitações e Contratos da Justiça Federal: "Nas contratações de serviços e fornecimentos contínuos por dispensa de licitação em função do valor, de acordo com o art. 75, incisos I e II, da Lei n. 14.133/2021, o valor limite para fins de apuração de fracionamento da despesa deve ser considerado por exercício financeiro, de modo que uma contratação com prazo de vigência superior a 12 meses pode ter valor acima dos limites estabelecidos nos referidos incisos, desde que sejam respeitados os limites por exercício financeiro".

Título II – Das Licitações

Art. 75

De nossa parte, sustentamos a viabilidade jurídica da citada alteração contratual, mesmo que o novo valor atualizado do contrato, após a celebração do termo aditivo, seja superior ao valor previsto para dispensa de licitação, em razão de dois fundamentos principais:[205] a) inexistência de vedação legal à alteração de contratos celebrados por meio de dispensa de licitação, com fundamento no valor, admitindo-se a incidência do regime geral das alterações contratuais, observados os limites do art. 125 da Lei 14.133/2021; e b) os valores previstos nos incisos I e II do art. 75 da Lei 14.133/2021 devem ser aferidos apenas no momento da decisão a respeito da realização de licitação ou da sua dispensa, não se aplicando às alterações contratuais promovidas durante a vigência dos ajustes, decorrentes de fatos supervenientes.

Não se aplica o disposto no § 1.º do art. 75 às contratações de até R$ 10.036,10 de serviços de manutenção de veículos automotores de propriedade do órgão ou entidade contratante, incluído o fornecimento de peças (art. 75, § 7.º, da Lei 14.133/2021 e Decreto 12.343/2024).

Nas contratações diretas em razão do baixo valor estimado do contrato, a Lei 14.133/2021 incentiva a realização de uma espécie de processo seletivo simplificado ao estabelecer que as contratações serão preferencialmente precedidas de divulgação em sítio eletrônico oficial, pelo prazo mínimo de 3 (três) dias úteis, de aviso com a especificação do objeto pretendido e com a manifestação de interesse da Administração em obter propostas adicionais de eventuais interessados, devendo ser selecionada a proposta mais vantajosa (art. 75, § 3.º).[206]

Em âmbito federal, a IN SEGES/ME 67/2021 dispõe sobre a dispensa de licitação, na forma eletrônica, de que trata o art. 75, § 3.º, da Lei 14.133/2021, e institui o Sistema de Dispensa Eletrônica, no âmbito da Administração Pública federal direta, autárquica e fundacional.

Verifica-se, assim, que a contratação direta por dispensa de licitação, em razão do valor, envolve uma espécie de procedimento competitivo simplificado e célere, no qual a Administração Pública realizará a coleta de propostas no mercado e selecionará a mais vantajosa. Não por outra razão, na prática, alguns têm denominado o referido procedimento de "minipregão" ou "preguinho", em alusão à modalidade pregão, com a peculiaridade que, na presente hipótese, a competição é mais célere e se insere na contratação direta, não consubstanciando modalidade específica de licitação.

De acordo com o art. 75, § 2.º, da Lei 14.133/2021, os valores referidos nos incisos I e II serão duplicados para compras, obras e serviços contratados por consórcio público ou autarquia ou fundação qualificadas, na forma da lei, como agências executivas. Aqui, a atual lei manteve a sistemática contida no art. 24, § 1.º, da

---

[205] De forma semelhante, vide: TORRES, Ronny Charles Lopes de. *Leis de licitações públicas comentadas*. 12. ed. São Paulo: JusPodivm, 2021. p. 418-419.

[206] A realização do processo seletivo simplificado representa inovação interessante em relação ao regime jurídico da Lei 8.666/1993, uma vez que garante maior transparência e isonomia à contratação, além de incrementar a probabilidade de obtenção de condições contratuais mais favoráveis à Administração Pública.

Lei 8.666/1993 e fixou valores diferenciados para justificar a dispensa de licitação nas contratações realizadas por consórcios públicos e agências executivas, apesar de indicar valores diferenciados, como já afirmado.

As contratações diretas, com fundamento nos incisos I e II do art. 75, serão preferencialmente pagas por meio de cartão de pagamento, cujo extrato deverá ser divulgado e mantido à disposição do público no Portal Nacional de Contratações Públicas (art. 75, § 4.º, da Lei 14.133/2021). Entendemos que o citado dispositivo legal possui caráter de norma específica e não geral, razão pela qual deve ser reconhecida a autonomia dos Entes federados para definição da forma mais adequada para formalização dos pagamentos aos seus fornecedores.

Outra possibilidade de dispensa de licitação relaciona-se à hipótese em que a Administração Pública mantém as condições definidas em edital de licitação realizada há menos de um ano e que não teve êxito por uma de duas razões (art. 75, III, da Lei 14.133/2021): a) ausência de licitantes interessados ou que não foram apresentadas propostas válidas; ou b) todos os licitantes apresentaram propostas com preços manifestamente superiores aos praticados no mercado ou incompatíveis com os fixados pelos órgãos oficiais competentes.

As situações elencadas no art. 75, III, da atual Lei de Licitações caracterizam a "licitação deserta" e a "licitação fracassada ou frustrada", tradicionalmente previstas nos incisos V e VII do art. 24 da antiga Lei 8.666/1993.

Enquanto na licitação deserta não aparecem interessados, na licitação fracassada ou frustrada, todos os licitantes são inabilitados ou desclassificados.[207] A característica comum dessas duas hipóteses é que a licitação não chegará ao seu termo final.

Não obstante as semelhanças entre o diploma legal anterior a atual legislação, é possível perceber algumas distinções no tratamento conferido pela Lei de Licitações em vigor, como, por exemplo, a fixação do limite temporal para realização da contratação direta. Dessa forma, a dispensa de licitação somente poderia ser implementada para contratações realizadas no período máximo de um ano a partir do certame deserto ou fracassado.

Quanto às hipóteses de dispensa de licitação previstas no inciso IV do art. 75 da atual Lei de Licitações, verifica-se a repetição, em grande medida, das situações elencadas na legislação anterior.

---

[207] Nesse sentido: OLIVEIRA, Rafael Carvalho Rezende. *Licitações e contratos administrativos*: teoria e prática. 9. ed. São Paulo: Método, 2020. p. 64; DI PIETRO, Maria Sylvia Zanella. *Direito administrativo*. 22. ed. São Paulo: Atlas, 2009. p. 369; GARCIA, Flávio Amaral. *Licitações e contratos administrativos*. 3. ed. Rio de Janeiro: Lumen Juris, 2010. p. 47; CARVALHO FILHO, José dos Santos. *Manual de direito administrativo*. 22. ed. Rio de Janeiro: Lumen Juris, 2009. p. 243. De acordo com a Orientação Normativa/AGU 12, editada a partir da Lei 8.666/1993: "Não se dispensa licitação, com fundamento nos incs. V e VII do art. 24 da Lei n.º 8.666, de 1993, caso a licitação fracassada ou deserta tenha sido realizada na modalidade convite", ressalvada a única exceção legal relativa à comprovada limitação de mercado devidamente justificada no processo.

Título II – Das Licitações

Art. 75

A dispensa de licitação para contratação de bens, componentes ou peças de origem nacional ou estrangeira necessários à manutenção de equipamentos, a serem adquiridos do fornecedor original desses equipamentos durante o período de garantia técnica, quando essa condição de exclusividade for indispensável para a vigência da garantia, consagrada na art. 75, IV, "a", da atual Lei de Licitações, equivale ao caso previsto no art. 24, XVII, da antiga Lei 8.666/1993.

A possibilidade de contratação direta de bens, serviços, alienações ou obras, nos termos de acordo internacional específico aprovado pelo Congresso Nacional, quando as condições ofertadas forem manifestamente vantajosas para a Administração, admitida pelo art. 75, IV, "b", da atual Lei de Licitações, possui semelhanças com a dispensa de licitação indicada no art. 24, XIV, da antiga Lei 8.666/1993. A distinção é o objeto da dispensa: enquanto a legislação anterior previa apenas a "aquisição de bens ou serviços", a atual Lei de Licitações amplia a dispensa para abranger "bens, serviços, alienações ou obras".

O art. 75, IV, "c", da atual Lei de Licitações, atualizado pelo Decreto 12.343/2024, admite a dispensa para contratação de produtos para pesquisa e desenvolvimento, limitada a contratação, no caso de obras e serviços de engenharia, ao valor de R$ 376.353,48. Trata-se de caso similar ao previsto no art. 24, XXI, da Lei 8.666/1993, com a diferença do valor utilizado como parâmetro para dispensa.

Destaca-se, ainda, que a dispensa de licitação para contratação de produtos para pesquisa e desenvolvimento, com fundamento no art. 75, IV, "c", quando aplicada a obras e serviços de engenharia, seguirá procedimentos especiais instituídos em regulamentação específica (art. 75, § 5.º, da Lei 14.133/2021).

Outro caso de dispensa, consagrado no art. 75, IV, "d", da Lei de Licitações, refere-se à transferência de tecnologia ou licenciamento de direito de uso ou de exploração de criação protegida, nas contratações realizadas por instituição científica, tecnológica e de inovação (ICT) pública ou por agência de fomento, desde que demonstrada vantagem para a Administração. O permissivo legal para dispensa de licitação nesse caso é similar ao art. 24, XXV, da antiga Lei 8.666/1993.

O art. 75, IV, "e", da Lei de Licitações, assim como dispunha o art. 24, XII, da antiga Lei 8.666/1993, prevê a dispensa de licitação para contratação de hortifrutigranjeiros, pães e outros gêneros perecíveis, no período necessário para a realização dos processos licitatórios correspondentes, hipótese em que a contratação será realizada diretamente com base no preço do dia.

A contratação direta, no caso, depende de três requisitos: a) gêneros perecíveis; b) provisoriedade: não pode ser habitual a contratação, mas apenas durante o tempo necessário para formalização da licitação; e c) preço do dia: preço praticado no mercado no dia da aquisição, tendo em vista que esses produtos, por suas características, apresentam preços voláteis.

A dispensa mencionada no art. 75, IV, "f", da atual Lei de Licitações, por sua vez, tal como já indicava o art. 24, XXVIII, da antiga Lei 8.666/1993, engloba a con-

187

Art. 75

Comentários à Lei de Licitações e Contratos Administrativos

tratação de bens ou serviços produzidos ou prestados no País que envolvam, cumulativamente, alta complexidade tecnológica e defesa nacional.

O art. 75, IV, "g", da atual Lei de Licitações mantém a dispensa de licitação, tradicionalmente indicada no art. 24, XIX, da antiga Lei 8.666/1993, para contratação de materiais de uso das Forças Armadas, com exceção de materiais de uso pessoal e administrativo, quando houver necessidade de manter a padronização requerida pela estrutura de apoio logístico dos meios navais, aéreos e terrestres, mediante autorização por ato do comandante da força militar. A principal diferença entre os dois diplomas legais reside na competência para autorizar a dispensa: enquanto a Lei 8.666/1993 exigia parecer de comissão instituída por decreto, a atual legislação dispõe que a autorização será concedida pelo comandante da força militar.

O art. 75, IV, "h", da atual Lei de Licitações equivale à dispensa de licitação do art. 24, XXIX, da antiga Lei 8.666/1993, permitindo a contratação direta de bens e serviços para atendimento dos contingentes militares das forças singulares brasileiras empregadas em operações de paz no exterior, hipótese em que a contratação deverá ser justificada quanto ao preço e à escolha do fornecedor ou executante e ratificada pelo comandante da força militar.

Ainda no campo das contratações nas Forças Armadas, o art. 75, IV, "i", da atual Lei de Licitações permite a contratação sem licitação para abastecimento ou suprimento de efetivos militares em estada eventual de curta duração em portos, aeroportos ou localidades diferentes de suas sedes, por motivo de movimentação operacional ou de adestramento. A diferença entre o novo dispositivo legal e a hipótese tradicionalmente prevista no art. 24, XVIII, da antiga Lei 8.666/1993 é que a Lei de Licitações em vigor não prevê, nesse caso, limite de valor para dispensa.

O art. 75, IV, "j", da atual Lei de Licitações mantém a dispensa de licitação do art. 24, XXVII, da antiga Lei 8.666/1993 para coleta, processamento e comercialização de resíduos sólidos urbanos recicláveis ou reutilizáveis, em áreas com sistema de coleta seletiva de lixo, realizados por associações ou cooperativas formadas exclusivamente de pessoas físicas de baixa renda reconhecidas pelo poder público como catadores de materiais recicláveis, com o uso de equipamentos compatíveis com as normas técnicas, ambientais e de saúde pública.

O art. 75, IV, "k", da atual Lei de Licitações, por sua vez, equivale ao art. 24, XV, da antiga Lei 8.666/1993, admitindo a dispensa para aquisição ou restauração de obras de arte e objetos históricos, de autenticidade certificada, desde que inerente às finalidades do órgão ou com elas compatível.

Já o art. 75, IV, "l", da atual Lei de Licitações não encontra equivalente no art. 24 da antiga Lei 8.666/1993. De acordo com o novo diploma legal, a dispensa de licitação é autorizada para serviços especializados ou aquisição ou locação de equipamentos destinados ao rastreamento e à obtenção de provas previstas no art. 3.º, II (captação ambiental de sinais eletromagnéticos, ópticos ou acústicos) e V (interceptação de comunicações telefônicas e telemáticas, nos termos da legislação específica), da Lei 12.850/2013, quando houver necessidade justificada de manutenção de sigilo sobre a investigação.

Título II – Das Licitações

Art. 75

Igualmente, o art. 75, IV, "m", da atual Lei de Licitações não encontra dispositivo similar no art. 24 da antiga Lei 8.666/1993. Com o novo permissivo legal, admite-se a dispensa de licitação na aquisição de medicamentos destinados exclusivamente ao tratamento de doenças raras definidas pelo Ministério da Saúde.

O art. 75, V, da atual Lei de Licitações equivale ao art. 24, XXXI, da antiga Lei 8.666/1993 e permite a dispensa de licitação para contratação com o objetivo de cumprir o disposto nos arts. 3.º, 3.º-A, 4.º, 5.º e 20 da Lei 10.973/2004, observados os princípios gerais de contratação constantes da referida Lei. Assim, a dispensa de licitação abrange as seguintes hipóteses:

a) O art. 3.º da Lei 10.973/2004, alterado pela Lei 13.243/2016, afirma que os entes federados e as respectivas agências de fomento poderão estimular e apoiar a constituição de alianças estratégicas e o desenvolvimento de projetos de cooperação envolvendo empresas, ICTs e entidades privadas sem fins lucrativos voltados para atividades de pesquisa e desenvolvimento, que objetivem a geração de produtos, processos e serviços inovadores e a transferência e a difusão de tecnologia;

b) A Financiadora de Estudos e Projetos (FINEP), como secretaria executiva do Fundo Nacional de Desenvolvimento Científico e Tecnológico (FNDCT), o Conselho Nacional de Desenvolvimento Científico e Tecnológico (CNPq) e as Agências Financeiras Oficiais de Fomento poderão celebrar convênios e contratos, nos termos do inciso XIII do art. 24 da Lei 8.666/1993, por prazo determinado, com as fundações de apoio, com a finalidade de dar apoio às IFES e demais ICTs, inclusive na gestão administrativa e financeira dos projetos mencionados no *caput* do art. 1.º da Lei 8.958/1994, com a anuência expressa das instituições apoiadas (art. 3.º-A da Lei 10.973/2004, alterado pela Lei 13.243/2016);

c) Os entes federados e as respectivas agências de fomento manterão programas específicos para as microempresas e para as empresas de pequeno porte, observando-se o disposto na LC 123/2006 (art. 3.º-D da Lei 10.973/2004, alterado pela Lei 13.243/2016);

d) A ICT pública poderá, mediante contrapartida financeira ou não financeira e por prazo determinado, nos termos de contrato ou convênio: d.1) compartilhar seus laboratórios, equipamentos, instrumentos, materiais e demais instalações com ICT ou empresas em ações voltadas à inovação tecnológica para consecução das atividades de incubação, sem prejuízo de sua atividade finalística; d.2) permitir a utilização de seus laboratórios, equipamentos, instrumentos, materiais e demais instalações existentes em suas próprias dependências por ICT, empresas ou pessoas físicas voltadas a atividades de pesquisa, desenvolvimento e inovação, desde que tal permissão não interfira diretamente em sua atividade-fim nem com ela conflite; d.3) permitir o uso de seu capital intelectual em projetos de pesquisa, desenvolvimento e inovação (art. 4.º da Lei 10.973/2004, alterado pela Lei 13.243/2016);

Art. 75

Comentários à Lei de Licitações e Contratos Administrativos

e) Os entes federados e suas entidades administrativas ficam autorizados a participar, nos termos do regulamento, a participar minoritariamente do capital social de empresas, com o propósito de desenvolver produtos ou processos inovadores que estejam de acordo com as diretrizes e prioridades definidas nas políticas de ciência, tecnologia, inovação e de desenvolvimento industrial de cada esfera de governo (art. 5.º da Lei 10.973/2004, alterado pela Lei 13.243/2016);

f) Os órgãos e as entidades da Administração Pública, em matéria de interesse público, poderão contratar diretamente ICT, entidades de direito privado sem fins lucrativos ou empresas, isoladamente ou em consórcios, voltadas para atividades de pesquisa e de reconhecida capacitação tecnológica no setor, visando à realização de atividades de pesquisa, desenvolvimento e inovação que envolvam risco tecnológico, para solução de problema técnico específico ou obtenção de produto, serviço ou processo inovador (art. 20 da Lei 10.973/2004, alterado pela Lei 13.243/2016).

O art. 75, VI, da atual Lei de Licitações, assim como estabelecia o art. 24, IX, da antiga Lei 8.666/1993, admite a dispensa de licitação para contratação que possa acarretar comprometimento da segurança nacional. A diferença entre os dois diplomas legais relaciona-se à competência para dispor sobre os casos autorizadores da dispensa: enquanto a Lei 8.666/1993 remetia a estipulação dos casos ao decreto do Presidente da República, ouvido o Conselho de Defesa Nacional, a nova legislação remete a definição dos casos ao Ministro de Estado da Defesa, mediante demanda dos comandos das Forças Armadas ou dos demais ministérios.

O art. 75, VII, da atual Lei de Licitações equivale ao art. 24, III, da antiga Lei 8.666/1993 e autoriza a dispensa de licitação nos casos de guerra, estado de defesa, estado de sítio, intervenção federal ou de grave perturbação da ordem. O traço distintivo entre os dois textos normativos reside no detalhamento maior contido na atual Lei de Licitações que, ao lado dos "casos de guerra ou grave perturbação da ordem", já indicados pela Lei 8.666/1993, menciona, ainda, estado de defesa, estado de sítio e a intervenção federal. Em nossa opinião, contudo, não há grande relevância na "inovação", uma vez que as hipóteses "acrescentadas" pela Lei em vigor poderia ser inserida no gênero "grave perturbação da ordem".

É necessária, em regra, a formalização de uma das situações indicadas no inciso VII do art. 75 da Lei de Licitações para viabilizar a dispensa, em especial: a) o estado de guerra depende de declaração formal do Presidente da República, com autorização prévia ou posterior do Congresso Nacional (arts. 49, II, e 84, XIX da CRFB); b) o Estado de Defesa e o Estado de Sítio são declarados por decreto presidencial, com a oitiva do Conselho da República e do Conselho de Defesa Nacional (arts. 136 e 137 da CRFB); c) a intervenção federal é formalizada por decreto presidencial, com a apreciação do Congresso Nacional no prazo de 24 horas (art. 137 da CRFB); d) a grave perturbação da ordem não possui conceituação e previsão específica, abrangendo situações de instabilidade institucional eventualmente não compreendidas

Título II – Das Licitações

Art. 75

nas demais hipóteses citadas no inciso VII do art. 75 da Lei de Licitações, como, por exemplo, a intervenção estadual em Municípios, na forma do art. 35 da CRFB.

O art. 75, VIII, da atual Lei de Licitações, a seu turno, apresenta semelhanças com o art. 24, IV, da antiga Lei 8.666/1993 para permitir a dispensa de licitação em contratações emergenciais.

As situações emergenciais e de calamidade pública devem ser analisadas concretamente. Exemplos: inundação causada por fortes chuvas pode acarretar a necessidade de contratações emergenciais (compra de medicamentos, contratação de serviços médicos, locação de imóveis para funcionarem como abrigos etc.); anulação de determinada licitação e a justificativa, no caso concreto, de que a repetição do certame será incompatível com a urgência da contratação etc.

Sem desconsiderar a dificuldade na distinção da emergência e do estado de calamidade, verifica-se a possibilidade de diferenciação formal e material entre as situações: a) aspecto formal: enquanto o estado de calamidade pressupõe decretação formal pelo Chefe do Executivo, a emergência não depende, necessariamente, de decretação formal, sendo suficiente o reconhecimento pelo próprio gestor; e b) aspecto material: o estado de calamidade envolve danos mais graves, configurando situação mais crítica que a emergência.[208] Aliás, na hipótese de decretação de estado de calamidade pública, a Administração Pública fica autorizada a utilizar o regime jurídico especial previsto na Lei 14.981/2024.

A contratação direta, quando houver emergência ou calamidade pública, limita-se aos bens e serviços necessários ao atendimento da situação emergencial ou calamitosa. Desta forma, a Lei não autoriza a contratação de qualquer bem ou serviço.

De acordo com a atual legislação, é possível a dispensa de licitação nos casos de emergência ou de calamidade pública, quando caracterizada urgência de atendimento de situação que possa ocasionar prejuízo ou comprometer a continuidade dos servi-

---

[208] Nesse sentido, o art. 2º, Decreto 10.593/2020 dispõe: "VIII – estado de calamidade pública – situação anormal provocada por desastre que causa danos e prejuízos que impliquem o comprometimento substancial da capacidade de resposta do Poder Público do ente federativo atingido ou que demande a adoção de medidas administrativas excepcionais para resposta e recuperação; (...) XIV – situação de emergência – situação anormal provocada por desastre que causa danos e prejuízos que impliquem o comprometimento parcial da capacidade de resposta do Poder Público do ente federativo atingido ou que demande a adoção de medidas administrativas excepcionais para resposta e recuperação." Sobre a distinção, com fundamento no Decreto 10.593/2020, vide: TORRES, Ronny Charles. *Leis de licitações públicas comentadas*, 12 ed. São Paulo: Ed. Juspodivm, 2021, p. 431; SARAI, Leandro. *Tratado da nova lei de licitações e contratos administrativos*: Lei 14.133/2021 comentada por advogados públicos, 2 ed. São Paulo: Editora Juspudivm, 2022, p. 943. De acordo com Frabício Motta: "as situações de emergência são mais localizadas – menos difusas - e permitem identificação mais precisa da atuação necessária para prevenir prejuízos e acudir efeitos danosos ao bem ou interesse público específico. (...) Já a calamidade pública apresenta maior escala de gravidade". MOTTA, Fabrício. Contratação direta: inexigibilidade e dispensa de licitação. DI PIETRO, Maria Sylvia Zanella (Coord.). *Licitações e contratos administrativos*: inovações da Lei 14.133 de abril de 2021, 2. ed. Rio de Janeiro: Forense, 2022, p. 285-286.

ços públicos ou a segurança de pessoas, obras, serviços, equipamentos e outros bens, públicos ou particulares, e somente para aquisição dos bens necessários ao atendimento da situação emergencial ou calamitosa e para as parcelas de obras e serviços que possam ser concluídas no prazo máximo de um ano, contado da data de ocorrência da emergência ou da calamidade, vedadas a prorrogação dos respectivos contratos e a recontratação de empresa já contratada com base no disposto neste inciso.

Não obstante as semelhanças entre o art. 75, VIII, da Lei 14.133/2021 e o art. 24, IV, da antiga Lei 8.666/1993, é possível constatar, ao menos, duas importantes diferenças entre os referidos dispositivos legais, a saber: a) enquanto a legislação anterior estabelecia o prazo máximo de seis meses para contratação, a atual Lei amplia o prazo para um ano, vedada a prorrogação para além do prazo máximo nas duas normas; e b) ao contrário da legislação anterior, a atual Lei proíbe a recontratação de empresa já contratada emergencialmente, com fundamento no referido dispositivo legal.

Registre-se que a proibição de prorrogação se refere ao prazo máximo fixado pela legislação na contratação emergencial, mas não impede as prorrogações, nos contratos celebrados por prazos inferiores, até o limite legalmente fixado.

Assim, por exemplo, se o contrato emergencial foi celebrado, inicialmente, por prazo inferior a um ano, o ajuste poderia ser prorrogado até completar o referido limite. Nesse caso, naturalmente, o contrato continuaria sendo executado pela mesma empresa. Ao chegar no limite máximo de um ano, o contrato não poderia ser novamente prorrogado e a Administração Pública não poderia recontratar a empresa que executava, até então, o contrato emergencial, na forma da previsão literal do art. 75, VIII, da Lei 14.133/2021.

Entendemos que as proibições de prorrogação do prazo, após um ano de contrato emergencial, e de recontratação emergencial da mesma empresa não podem ser absolutas.

No contexto da Lei 8.666/1993, o art. 24, IV, estabelecia a vedação da prorrogação depois de atingido o limite máximo de 180 dias e isso não impedia, segundo relevante parcela da doutrina, a prorrogação quando apontada a permanência da situação emergencial ou a celebração de novo contrato emergencial com a mesma empresa, desde que demonstrada a vantajosidade.

É verdade que o novo prazo máximo de um ano para contratação emergencial diminui as chances de perpetuação da situação de emergência ou de calamidade pública para além do referido prazo, mas, em situações extremas, verificada a necessidade de manutenção da execução do objeto contratual, poderia ser relativizada a limitação temporal.

A interpretação literal do art. 75, VIII, da Lei 14.133/2021 impediria a prorrogação ou a contratação da mesma empresa, ainda que houvesse a necessidade concreta da contratação, em razão da permanência da emergência ou da calamidade, e resultaria na eventual celebração de novo contrato emergencial com outra empresa, mesmo que os valores apresentados e as demais condições contratuais apresentem desvantagens em relação àquelas constantes do contrato emergencial anterior.

Em suma, o ideal, em nossa opinião, seria a apresentação de justificativas robustas por parte da Administração Pública, ao final do prazo de um ano, que revelassem a necessidade e a vantagem de eventual prorrogação excepcional ou a recontratação da mesma empresa, se as condições forem mais favoráveis que aquelas apresentadas pelas empresas consultadas no processo de contratação direta.

De qualquer forma, independentemente das críticas apresentadas ao dispositivo, o fato é que o art. 75, VIII, da Lei 14.133/2021 fixa o prazo máximo de um ano, vedadas a prorrogação dos respectivos contratos e a recontratação de empresa já contratada emergencialmente.

A respeito do tema, o STF reconheceu a constitucionalidade do referido dispositivo legal e afirmou que "a vedação incide na recontratação fundada na mesma situação emergencial ou calamitosa que extrapole o prazo máximo legal de 1 (um) ano, e não impede que a empresa participe de eventual licitação substitutiva à dispensa de licitação e seja contratada diretamente por outro fundamento previsto em lei, incluindo uma nova emergência ou calamidade pública, sem prejuízo do controle de abusos ou ilegalidades na aplicação da norma".[209]

Segundo o art. 75, § 6.º, da Lei de Licitações, nas contratações emergenciais indicadas no inc. VIII do *caput* do referido artigo insere-se a contratação por dispensa com objetivo de manter a continuidade do serviço público, e deverão ser observados os valores praticados pelo mercado na forma do art. 23 da referida Lei e adotadas as providências necessárias para a conclusão do processo licitatório, sem prejuízo de apuração de responsabilidade dos agentes públicos que deram causa à situação emergencial (emergência "fabricada" ou "provocada").[210] Exemplo: agente público, por desídia, permite a expiração do prazo de contrato em vigor, cujo objeto é o fornecimento de serviços contínuos a determinado hospital. No caso, o agente não adotou os procedimentos necessários à realização de nova licitação para evitar a descontinuidade do serviço, nem prorrogou o prazo do contrato. A contratação emergencial poderia ser formalizada, mas o agente deverá ser responsabilizado.

O art. 75, IX, da atual Lei de Licitações corresponde ao art. 24, VIII, da antiga Lei 8.666/1993 e permite a dispensa de licitação para a aquisição, por pessoa jurídica de direito público interno, de bens produzidos ou serviços prestados por órgão ou entidade que integrem a Administração Pública e que tenham sido criados para esse fim específico, desde que o preço contratado seja compatível com o praticado no mercado.

---

[209] STF, ADI 6.890/DF, Rel. Min. Cristiano Zanin, Tribunal Pleno, DJe 18.09.2024.

[210] A Lei 14.133/2021, nesse ponto, incorporou a solução que já era apresentada pela doutrina, defendida inclusive nas edições anteriores do presente livro, e na jurisprudência, que permitiam a contratação emergencial mesmo em situações de emergência "fabricada ou provocada". No contexto da legislação anterior, mencione-se, por exemplo, a Orientação Normativa/AGU 11: "A contratação direta com fundamento no inc. IV do art. 24 da Lei n.º 8.666, de 1993, exige que, concomitantemente, seja apurado se a situação emergencial foi gerada por falta de planejamento, desídia ou má gestão, hipótese que, quem lhe deu causa será responsabilizado na forma da lei".

Ao contrário da legislação anterior, contudo, o novo dispositivo legal não exige que o órgão ou a entidade administrativa contratada tenha sido criada em data anterior à vigência da Lei de Licitações.

No contexto da antiga Lei 8.666/1993, o art. 24, VIII, somente permitia a dispensa para aquisição de bens e serviços prestados por órgão ou entidade que administrativa que tivesse sido criada para esse fim específico em data anterior à vigência da Lei de Licitações. Não obstante a literalidade, havia controvérsia sobre a interpretação e a aplicação do citado dispositivo legal.

De um lado, parte dos autores sustenta a interpretação literal da norma para abranger exclusivamente as contratações de entidades criadas até a promulgação da Lei 8.666/1993.[211]

De outro lado, sempre defendemos que a dispensa poderia alcançar as entidades administrativas instituídas após o advento da Lei 8.666/1993, uma vez que não a data de instituição do órgão ou da entidade administrativa não modificaria a essência, nem a finalidade das entidades que integram a Administração, sendo ilógico admitir que o Ente federado crie tais entidades e não possa se beneficiar diretamente (sem licitação) dos serviços por elas prestados.[212]

Com a redação do art. 75, IX, da Lei de Licitações, a data da instituição do órgão ou da entidade administrativa deixou de ser relevante para aplicação da dispensa de licitação.

A controvérsia que deve permanecer com a redação do art. 75, IX, da atual Lei de Licitações refere-se à interpretação da expressão "órgão ou entidade que integrem a Administração Pública". Ao interpretar passagem semelhante contida no art. 24, VIII, da antiga Lei 8.666/1993, a doutrina dividia-se em duas correntes.

Alguns sustentavam que a dispensa somente seria possível se as entidades administrativas contratadas integrarem a mesma Administração Pública do Ente público contratante.[213] Outros afirmavam que a dispensa envolveria a contratação de qualquer entidade administrativa, ainda que integrante da Administração Pública de outro Ente federado.[214]

---

[211] Nesse sentido: CARVALHO FILHO, José dos Santos. *Manual de Direito Administrativo*. 22. ed. Rio de Janeiro: Lumen Juris, 2009. p. 247; RIGOLIN, Ivan Barbosa. *Contrato administrativo*. Belo Horizonte: Fórum, 2007. p. 96; PEREIRA JUNIOR, Jessé Torres. *Comentários à lei das licitações e contratações da Administração Pública*. 7. ed. Rio de Janeiro: Renovar, 2007. p. 307.

[212] OLIVEIRA, Rafael Carvalho Rezende. *Licitações e contratos administrativos*: teoria e prática. 9. ed. São Paulo: Método, 2020. p. 68. No mesmo sentido: SOUTO, Marcos Juruena Villela. *Direito administrativo contratual*. Rio de Janeiro: Lumen Juris, 2004. p. 108-110.

[213] Nesse sentido: SOUTO, Marcos Juruena Villela. *Direito administrativo contratual*. Rio de Janeiro: Lumen Juris, 2004. p. 105-106; CARVALHO FILHO, José dos Santos. *Manual de direito administrativo*. 22. ed. Rio de Janeiro: Lumen Juris, 2009. p. 247; DI PIETRO, Maria Sylvia Zanella. *Direito administrativo*. 22. ed. São Paulo: Atlas, 2009. p. 373.

[214] Nesse sentido: JUSTEN FILHO, Marçal. *Comentários à lei de licitações e contratos administrativos*. 18. ed. São Paulo: Thomson Reuters Brasil, 2019. p. 516.

Título II – Das Licitações

Art. 75

De nossa parte, sustentamos que a dispensa deveria englobar apenas a contratação de entidade administrativa da Administração do Ente contratante. As razões podem ser assim resumidas: (i) as entidades administrativas são instituídas para atenderem aos interesses do respectivo Ente Federado, e não dos demais Entes; (ii) a dispensa justifica-se pela própria descentralização administrativa, pois a instituição de entidades administrativas tem o objetivo de especializar funções dentro de determinado Ente Federado, que se beneficiaria, inclusive como destinatário, do serviço prestado pela entidade; (iii) a inaplicabilidade da dispensa nas contratações de entidades de níveis federativos diversos prestigia a regra constitucional da licitação, pois a pessoa de direito público deveria licitar para celebrar seus contratos.[215]

Ademais, entendemos que deve ser vedada a contratação por pessoa de direito público de empresas estatais exploradoras de atividades econômicas, ainda que integrantes da sua estrutura administrativa, sob pena de se admitir tratamento privilegiado para essas estatais econômicas em detrimento das demais empresas privadas. O art. 173, § 1.º, II, da CRFB não admite, em regra, tratamento diferenciado entre as estatais econômicas e as demais empresas privadas que atuam no mercado concorrencial. Seria inconstitucional, portanto, admitir a dispensa para contratação de estatais econômicas e não admitir a dispensa para as demais empresas.[216]

O art. 75, X, da atual Lei de Licitações, que possui a mesma redação do art. 24, VI, da antiga Lei 8.666/1993, autoriza a dispensa de licitação quando a União tiver que intervir no domínio econômico para regular preços ou normalizar o abastecimento.

Trata-se da atuação do Poder Público como agente normativo e regulador da ordem econômica, devendo reprimir o abuso do poder econômico (dominação dos mercados, eliminação da concorrência e aumento arbitrário de preços), na forma dos arts. 173, § 4.º, e 174 da CRFB.

A dispensa, nesse caso, restringe-se às intervenções na ordem econômica com o objetivo de regular os preços ou normalizar o abastecimento de bens ou serviços, não alcançando, portanto, as outras possibilidades de intervenção.

---

[215] OLIVEIRA, Rafael Carvalho Rezende. *Licitações e contratos administrativos*: teoria e prática. 9. ed. São Paulo: Método, 2020. p. 67-68.

[216] No mesmo sentido: JUSTEN FILHO, Marçal. *Comentários à lei de licitações e contratos administrativos*. 18. ed. São Paulo: Thomson Reuters Brasil, 2019. p. 511; CARVALHO FILHO, José dos Santos. *Manual de direito administrativo*. 22. ed. Rio de Janeiro: Lumen Juris, 2009. p. 247; Orientação Normativa/AGU 13: "Empresa pública ou sociedade de economia mista que exerça atividade econômica não se enquadra como órgão ou entidade que integra a Administração Pública, para os fins de dispensa de licitação com fundamento no inc. VIII do art. 24 da Lei n.º 8.666, de 1993". Ressalte-se que a dispensa pode ser adotada nas contratações das demais empresas estatais que prestam serviços públicos, pois não incide o art. 173, § 1.º, II, da CRFB.

Art. 75

Comentários à Lei de Licitações e Contratos Administrativos

Ademais, apenas a União pode se valer dessa dispensa, na forma da redação do art. 75, X, da atual Lei de Licitações e pelo fato de que é o Ente federativo que possui competência para intervir no domínio econômico.[217]

Da mesma forma o art. 75, XI, da atual Lei de Licitações basicamente repete o disposto no art. 24, XXVI, da antiga Lei 8.666/1993 e autoriza a dispensa de licitação para celebração de contrato de programa com ente federativo ou com entidade de sua Administração Pública indireta que envolva prestação de serviços públicos de forma associada nos termos autorizados em contrato de consórcio público ou em convênio de cooperação.

O contrato de programa encontra-se previsto no art. 13 da Lei 11.107/2005 (Lei dos consórcios públicos). Trata-se de ajuste que constitui e regula as obrigações que um ente da Federação constituir para com outro ente da Federação ou para com consórcio público no âmbito de gestão associada em que haja a prestação de serviços públicos ou a transferência total ou parcial de encargos, serviços, pessoal ou de bens necessários à continuidade dos serviços transferidos.

O art. 75, XII, da atual Lei de Licitações, de forma equivalente ao disposto no art. 24, XXXII, da antiga Lei 8.666/1993, prevê a dispensa de licitação para contratação em que houver transferência de tecnologia de produtos estratégicos para o Sistema Único de Saúde (SUS), conforme elencados em ato da direção nacional do SUS, inclusive por ocasião da aquisição desses produtos durante as etapas de absorção tecnológica, e em valores compatíveis com aqueles definidos no instrumento firmado para a transferência de tecnologia.

Sem equivalente específico no art. 24 da Lei 8.666/1993, o art. 75, XIII, da Lei de Licitações em vigor dispõe sobre a dispensa de licitação de profissionais para compor a comissão de avaliação de critérios de técnica, quando se tratar de profissional técnico de notória especialização.

O art. 75, XIV, da atual Lei de Licitações, correspondente ao art. 24, XX, da antiga Lei 8.666/1993, admite a dispensa de licitação para contratação de associação de pessoas com deficiência, sem fins lucrativos e de comprovada idoneidade, por órgão ou entidade da Administração Pública, para a prestação de serviços, desde que o preço contratado seja compatível com o praticado no mercado e os serviços contratados sejam prestados exclusivamente por pessoas com deficiência. A norma, em comento, tem o claro objetivo de fomentar a inclusão dos portadores de defici-

---

[217] Em abono à nossa tese, no contexto da Lei 8.666/1993, vide: PEREIRA JUNIOR, Jessé Torres. *Comentários à lei das licitações e contratações da administração pública.* 7. ed. Rio de Janeiro: Renovar, 2007. p. 302-303; CARVALHO FILHO, José dos Santos. *Manual de direito administrativo.* 22. ed. Rio de Janeiro: Lumen Juris, 2009. p. 246. Em sentido contrário, admitindo a intervenção no domínio econômico por Estados e Municípios e, por consequência, a utilização dessa modalidade de dispensa: SOUTO, Marcos Juruena Villela. *Direito administrativo contratual.* Rio de Janeiro: Lumen Juris, 2004. p. 105.

Título II – Das Licitações

Art. 75

ência no mercado de trabalho, cumprindo a denominada "função social do contrato administrativo".[218]

O art. 75, XV, da Lei de Licitações autoriza a contratação, sem licitação, de instituição brasileira que tenha por finalidade estatutária apoiar, captar e executar atividades de ensino, pesquisa, extensão, desenvolvimento institucional, científico e tecnológico e estímulo à inovação, inclusive para gerir administrativa e financeiramente essas atividades, ou para contratação de instituição dedicada à recuperação social da pessoa presa, desde que o contratado tenha inquestionável reputação ética e profissional e não tenha fins lucrativos. A referida hipótese de dispensa de licitação basicamente coincide com aquela indicada no art. 24, XIII, da antiga Lei 8.666/1993.

Provavelmente, a interpretação do art. 75, XV, da atual Lei de Licitações deve preservar as cautelas apesentadas pela doutrina em relação ao art. 24, XIII, da legislação anterior. Assim, por exemplo, a dispensa deverá respeitar os seguintes parâmetros: a) entidade sem fins lucrativos: são as associações civis ou fundações privadas. É oportuno frisar que a ausência de lucro não significa déficit, mas, sim, ausência de distribuição, direta ou indireta, do superávit entre os "sócios"; b) inquestionável reputação ético-profissional da entidade indicada na segunda parte do dispositivo legal em comento: trata-se de conceito indeterminado, mas seria possível impedir a contratação de entidade declarada inidônea por determinado Ente Federado; c) previsão no estatuto ou no regimento interno de que a entidade tem por finalidade o desenvolvimento da pesquisa, do ensino, do desenvolvimento institucional ou da recuperação social do preso; d) pertinência entre o objeto do contrato e o objeto social da entidade contratada; e) caráter *intuito personae* do contratado: a entidade deve executar diretamente o serviço, sendo vedadas, em princípio, as subcontratações; e f) apesar do silêncio da norma em questão, o valor do contrato deve respeitar os preços praticados no mercado, na forma dos arts. 23 e 72, II e VII, da atual Lei de Licitações.[219]

A hipótese de dispensa, indicada no inciso XVI do art. 75 da Lei 14.133/2021, corresponde ao art. 24, XXXIV, da Lei 8.666/1993. É dispensável a licitação para a aquisição, por pessoa jurídica de direito público interno, de insumos estratégicos para a saúde produzidos por fundação que, regimental ou estatutariamente, tenha por finalidade apoiar órgão da Administração Pública direta, sua autarquia ou fundação em projetos de ensino, pesquisa, extensão, desenvolvimento institucional, científico e

---

[218] JUSTEN FILHO, Marçal. *Comentários à lei de licitações e contratos administrativos*. 18. ed. São Paulo: Thomson Reuters Brasil, 2019. p. 552.

[219] De forma semelhante, no âmbito da Lei 8.666/1993: PEREIRA JUNIOR, Jessé Torres. *Comentários à lei das licitações e contratações da administração pública*. 7. ed. Rio de Janeiro: Renovar, 2007. p. 313-319; TCU, Plenário, Decisão 138/98, Rel. Min. Adhemar Paladini Ghisi, *DOU* 07.04.1998, e TCU, Decisão 30/00, Plenário, Rel. Min. Guilherme Palmeira, *DOU* 04.02.2000. Sobre o tema, a Súmula 250 do TCU dispõe: "A contratação de instituição sem fins lucrativos, com dispensa de licitação, com fulcro no art. 24, inciso XIII, da Lei n.º 8.666/93, somente é admitida nas hipóteses em que houver nexo efetivo entre o mencionado dispositivo, a natureza da instituição e o objeto contratado, além de comprovada a compatibilidade com os preços de mercado".

tecnológico e de estímulo à inovação, inclusive na gestão administrativa e financeira necessária à execução desses projetos, ou em parcerias que envolvam transferência de tecnologia de produtos estratégicos para o SUS, nos termos do inciso XII do art. 75 da Lei de Licitações, e que tenha sido criada para esse fim específico em data anterior à entrada em vigor desta Lei, desde que o preço contratado seja compatível com o praticado no mercado.

Outras duas hipóteses de dispensa de licitação relacionadas à contratação de entidades privadas sem fins lucrativos foram inseridas pela Lei 14.628/2023 no art. 75 da Lei 14.133/2021. O inciso XVII do art. 75 da Lei 14.133/2021 prevê a dispensa para contratação de entidades privadas sem fins lucrativos para a implementação de cisternas ou outras tecnologias sociais de acesso à água para consumo humano e produção de alimentos, a fim de beneficiar as famílias rurais de baixa renda atingidas pela seca ou pela falta regular de água. Já o inciso XVIII do mesmo dispositivo legal permite a dispensa para contratação de entidades privadas sem fins lucrativos, para a implementação do Programa Cozinha Solidária, que tem como finalidade fornecer alimentação gratuita preferencialmente à população em situação de vulnerabilidade e risco social, incluída a população em situação de rua, com vistas à promoção de políticas de segurança alimentar e nutricional e de assistência social e à efetivação de direitos sociais, dignidade humana, resgate social e melhoria da qualidade de vida.

É oportuno destacar, por fim, que algumas hipóteses de dispensa de licitação do art. 24 da Lei 8.666/1993 (incisos X, XI, XVI, XXII, XXIII, XXIV, XXX, XXXIII e XXXV) não foram mantidas no elenco do art. 75 da Lei 14.133/2021.

Contudo, duas situações antes tratadas como dispensa de licitação receberam novo tratamento legislativo.

Em primeiro lugar, o inciso X do art. 24 da Lei 8.666/1993 estabelecia a dispensa para a compra ou locação de imóvel destinado ao atendimento das finalidades precípuas da administração, cujas necessidades de instalação e localização condicionem a sua escolha, desde que o preço seja compatível com o valor de mercado, segundo avaliação prévia.

Conforme mencionamos anteriormente, a sobredita hipótese passou a ser tratada como inexigibilidade de licitação, na forma do art. 74, V, da atual Lei de Licitações. Concordamos com o atual tratamento legislativo, uma vez que a hipótese revela a inviabilidade de competição.[220]

Em segundo lugar, o inciso XI do art. 24 da Lei 8.666/1993 admitia a dispensa de licitação na contratação de remanescente de obra, serviço ou fornecimento, em consequência de rescisão contratual, desde que atendida a ordem de classificação da licitação anterior e aceitas as mesmas condições oferecidas pelo licitante vencedor, inclusive quanto ao preço, devidamente corrigido.

---

[220] OLIVEIRA, Rafael Carvalho Rezende. *Licitações e contratos administrativos*: teoria e prática. 9. ed. São Paulo: Método, 2020. p. 70.

Título II – Das Licitações   Art. 76

Todavia, a situação não caracterizava, verdadeiramente, uma hipótese de contratação direta, uma vez que a licitação foi realizada, mas de inadimplemento contratual.

Por essa razão, a atual Lei de Licitações tratou do tema no capítulo da formalização dos contratos administrativos. De acordo com o art. 90, § 7.º, será facultada à Administração a convocação dos demais licitantes classificados para a contratação de remanescente de obra, de serviço ou de fornecimento em consequência de rescisão contratual, observados os critérios estabelecidos nos §§ 2.º e 4.º do referido dispositivo legal.[221]

CAPÍTULO IX
DAS ALIENAÇÕES

Art. 76. A alienação de bens da Administração Pública, subordinada à existência de interesse público devidamente justificado, será precedida de avaliação e obedecerá às seguintes normas:

I – tratando-se de bens imóveis, inclusive os pertencentes às autarquias e às fundações, exigirá autorização legislativa e dependerá de licitação na modalidade leilão, dispensada a realização de licitação nos casos de:

a) dação em pagamento;

b) doação, permitida exclusivamente para outro órgão ou entidade da Administração Pública, de qualquer esfera de governo, ressalvado o disposto nas alíneas "f", "g" e "h" deste inciso;

c) permuta por outros imóveis que atendam aos requisitos relacionados às finalidades precípuas da Administração, desde que a diferença apurada não ultrapasse a metade do valor do imóvel que será ofertado pela União, segundo avaliação prévia, e ocorra a torna de valores, sempre que for o caso;

d) investidura;

e) venda a outro órgão ou entidade da Administração Pública de qualquer esfera de governo;

f) alienação gratuita ou onerosa, aforamento, concessão de direito real de uso, locação e permissão de uso de bens imóveis residenciais construídos, destinados ou efetivamente usados em programas de habitação ou de regularização fundiária de interesse social desenvolvidos por órgão ou entidade da Administração Pública;

---

[221] Lei de Licitações: "Art. 90. A Administração convocará regularmente o licitante vencedor para assinar o termo de contrato ou para aceitar ou retirar o instrumento equivalente, dentro do prazo e nas condições estabelecidas no edital de licitação, sob pena de decair o direito à contratação, sem prejuízo das sanções previstas nesta Lei. (...) § 2.º Será facultado à Administração, quando o convocado não assinar o termo de contrato ou não aceitar ou não retirar o instrumento equivalente no prazo e nas condições estabelecidas, convocar os licitantes remanescentes, na ordem de classificação, para a celebração do contrato nas condições propostas pelo licitante vencedor. (...) § 4.º Na hipótese de nenhum dos licitantes aceitar a contratação nos termos do § 2.º deste artigo, a Administração, observados o valor estimado e sua eventual atualização nos termos do edital, poderá: I – convocar os licitantes remanescentes para negociação, na ordem de classificação, com vistas à obtenção de preço melhor, mesmo que acima do preço do adjudicatário; II – adjudicar e celebrar o contrato nas condições ofertadas pelos licitantes remanescentes, atendida a ordem classificatória, quando frustrada a negociação de melhor condição."

Art. 76

Comentários à Lei de Licitações e Contratos Administrativos

g) alienação gratuita ou onerosa, aforamento, concessão de direito real de uso, locação e permissão de uso de bens imóveis comerciais de âmbito local, com área de até 250 m² (duzentos e cinquenta metros quadrados) e destinados a programas de regularização fundiária de interesse social desenvolvidos por órgão ou entidade da Administração Pública;

h) alienação e concessão de direito real de uso, gratuita ou onerosa, de terras públicas rurais da União e do Instituto Nacional de Colonização e Reforma Agrária (Incra) onde incidam ocupações até o limite de que trata o § 1.º do art. 6.º da Lei 11.952, de 25 de junho de 2009, para fins de regularização fundiária, atendidos os requisitos legais;

i) legitimação de posse de que trata o art. 29 da Lei 6.383, de 7 de dezembro de 1976, mediante iniciativa e deliberação dos órgãos da Administração Pública competentes;

j) legitimação fundiária e legitimação de posse de que trata a Lei 13.465, de 11 de julho de 2017;

II – tratando-se de bens móveis, dependerá de licitação na modalidade leilão, dispensada a realização de licitação nos casos de:

a) doação, permitida exclusivamente para fins e uso de interesse social, após avaliação de oportunidade e conveniência socioeconômica em relação à escolha de outra forma de alienação;

b) permuta, permitida exclusivamente entre órgãos ou entidades da Administração Pública;

c) venda de ações, que poderão ser negociadas em bolsa, observada a legislação específica;

d) venda de títulos, observada a legislação pertinente;

e) venda de bens produzidos ou comercializados por entidades da Administração Pública, em virtude de suas finalidades;

f) venda de materiais e equipamentos sem utilização previsível por quem deles dispõe para outros órgãos ou entidades da Administração Pública.

§ 1.º A alienação de bens imóveis da Administração Pública cuja aquisição tenha sido derivada de procedimentos judiciais ou de dação em pagamento dispensará autorização legislativa e exigirá apenas avaliação prévia e licitação na modalidade leilão.

§ 2.º Os imóveis doados com base na alínea "b" do inciso I do *caput* deste artigo, cessadas as razões que justificaram sua doação, serão revertidos ao patrimônio da pessoa jurídica doadora, vedada sua alienação pelo beneficiário.

§ 3.º A Administração poderá conceder título de propriedade ou de direito real de uso de imóvel, admitida a dispensa de licitação, quando o uso destinar-se a:

I – outro órgão ou entidade da Administração Pública, qualquer que seja a localização do imóvel;

II – pessoa natural que, nos termos de lei, regulamento ou ato normativo do órgão competente, haja implementado os requisitos mínimos de cultura, de ocupação mansa e pacífica e de exploração direta sobre área rural, observado o limite de que trata o § 1.º do art. 6.º da Lei 11.952, de 25 de junho de 2009.

§ 4.º A aplicação do disposto no inciso II do § 3.º deste artigo será dispensada de autorização legislativa e submeter-se-á aos seguintes condicionamentos:

I – aplicação exclusiva às áreas em que a detenção por particular seja comprovadamente anterior a 1.º de dezembro de 2004;

II – submissão aos demais requisitos e impedimentos do regime legal e administrativo de destinação e de regularização fundiária de terras públicas;

Título II – Das Licitações   Art. 77

III – vedação de concessão para exploração não contemplada na lei agrária, nas leis de destinação de terras públicas ou nas normas legais ou administrativas de zoneamento ecológico-econômico;

IV – previsão de extinção automática da concessão, dispensada notificação, em caso de declaração de utilidade pública, de necessidade pública ou de interesse social;

V – aplicação exclusiva a imóvel situado em zona rural e não sujeito a vedação, impedimento ou inconveniente à exploração mediante atividade agropecuária;

VI – limitação a áreas de que trata o § 1.º do art. 6.º da Lei 11.952, de 25 de junho de 2009, vedada a dispensa de licitação para áreas superiores;

VII – acúmulo com o quantitativo de área decorrente do caso previsto na alínea "i" do inciso I do *caput* deste artigo até o limite previsto no inciso VI deste parágrafo.

§ 5.º Entende-se por investidura, para os fins desta Lei, a:

I – alienação, ao proprietário de imóvel lindeiro, de área remanescente ou resultante de obra pública que se tornar inaproveitável isoladamente, por preço que não seja inferior ao da avaliação nem superior a 50% (cinquenta por cento) do valor máximo permitido para dispensa de licitação de bens e serviços previsto nesta Lei;

II – alienação, ao legítimo possuidor direto ou, na falta dele, ao poder público, de imóvel para fins residenciais construído em núcleo urbano anexo a usina hidrelétrica, desde que considerado dispensável na fase de operação da usina e que não integre a categoria de bens reversíveis ao final da concessão.

§ 6.º A doação com encargo será licitada e de seu instrumento constarão, obrigatoriamente, os encargos, o prazo de seu cumprimento e a cláusula de reversão, sob pena de nulidade do ato, dispensada a licitação em caso de interesse público devidamente justificado.

§ 7.º Na hipótese do § 6.º deste artigo, caso o donatário necessite oferecer o imóvel em garantia de financiamento, a cláusula de reversão e as demais obrigações serão garantidas por hipoteca em segundo grau em favor do doador.

Art. 77. Para a venda de bens imóveis, será concedido direito de preferência ao licitante que, submetendo-se a todas as regras do edital, comprove a ocupação do imóvel objeto da licitação.

1. REGIME JURÍDICO DA ALIENAÇÃO DE BENS DA ADMINISTRAÇÃO PÚBLICA

As alienações de bens imóveis e móveis da Administração Pública dependem do preenchimento dos seguintes requisitos (art. 76 da Lei de Licitações): a) interesse público devidamente justificado; b) avaliação prévia; e c) licitação na modalidade leilão.[222]

Em relação aos imóveis da Administração direta, autarquias e fundações, a alienação dependerá, ainda, de autorização legislativa (art. 76, I, da Lei). Contudo, a alienação de bens imóveis da Administração Pública cuja aquisição haja derivado de

---

[222] A utilização do leilão para alienação dos bens imóveis e móveis da Administração decorre do art. 6.º, XL, da Lei: "leilão: modalidade de licitação utilizada para alienação de bens imóveis ou de bens móveis inservíveis ou legalmente apreendidos a quem oferecer o maior lance".

procedimentos judiciais ou de dação em pagamento dispensa autorização legislativa e exige apenas avaliação prévia e licitação na modalidade leilão (art. 76, § 1.º, da Lei).

Ao tratar das exigências para alienação de bens, a atual Lei de Licitações basicamente repetiu as exigências contidas na antiga Lei 8.666/1993, com a ressalva que, a partir do novo diploma legal de Licitações, a modalidade a ser utilizada em qualquer alienação de bens será o leilão. Na legislação tradicional, o leilão era reservado à alienação de bens móveis, com as exceções indicadas no art. 19 da Lei 8.666/1993, e a concorrência era exigida para alienação de imóveis.

No caso dos bens públicos, integrantes das pessoas jurídicas de direito público, a alienação depende, ainda, da desafetação, admitindo-se apenas a alienação de bens públicos dominicais (arts. 98 e 101 do CC).

Conforme será destacado no item seguinte, os incisos I e II do art. 76 da Lei de Licitações dispensam a realização de licitação em determinados casos.

A Administração poderá conceder título de propriedade ou de direito real de uso de imóvel, admitida a dispensa de licitação, quando o uso destinar-se (art. 76, § 3.º, da Lei): a) a outro órgão ou entidade da Administração Pública, qualquer que seja a localização do imóvel; e b) a pessoa natural que, nos termos de lei, regulamento ou ato normativo do órgão competente, haja implementado os requisitos mínimos de cultura, ocupação mansa e pacífica e exploração direta sobre área rural, observado o limite de que trata o § 1.º do art. 6.º da Lei 11.952/2009.[223]

A doação com encargo será licitada e de seu instrumento constarão, obrigatoriamente, os encargos, o prazo de seu cumprimento e a cláusula de reversão, sob pena de nulidade do ato, sendo dispensada a licitação em caso de interesse público devidamente justificado (art. 76, § 6.º, da Lei). Caso o donatário necessite oferecer o imóvel em garantia de financiamento, a cláusula de reversão e as demais obrigações serão garantidas por hipoteca em segundo grau em favor do doador (art. 76, § 7.º, da Lei).

Na alienação de bens imóveis, será concedido direito de preferência ao licitante que, submetendo-se a todas as regras do edital, comprove a ocupação do imóvel objeto da licitação (art. 77 da Lei).

2. HIPÓTESES TAXATIVAS DE LICITAÇÃO DISPENSADA PARA ALIENAÇÃO DE BENS

A Lei de Licitações, ao tratar do regime jurídico da alienação de bens, estabeleceu algumas hipóteses de dispensa de licitação.

É possível a dispensa a licitação nos seguintes casos de alienação de bens imóveis da Administração (art. 76, I, da Lei 14.133/2021): a) dação em pagamento; b) doação, permitida exclusivamente para outro órgão ou entidade da Administração

---

[223] O art. 76, § 4.º, da Lei estabelece a dispensa da autorização legislativa e prevê algumas condicionantes.

Título II – Das Licitações

Art. 77

Pública de qualquer esfera de governo, ressalvado o disposto nas alíneas "f", "g" e "h"; c) permuta por outro imóvel que atendam aos requisitos relacionados às finalidades precípuas da Administração, desde que haja compatibilidade de valor, segundo avaliação prévia; d) investidura; e) venda a outro órgão ou entidade da Administração Pública de qualquer esfera de governo; f) alienação gratuita ou onerosa, aforamento, concessão de direito real de uso, locação e permissão de uso de bens imóveis residenciais construídos, destinados ou efetivamente usados em programa habitacional ou de regularização fundiária de interesse social desenvolvido por órgão ou entidade da Administração Pública; g) alienação gratuita ou onerosa, aforamento, concessão de direito real de uso, locação e permissão de uso de bens imóveis comerciais de âmbito local, com área de até 250 m² e destinados a programa de regularização fundiária de interesse social desenvolvido por órgão ou entidade da Administração Pública; h) alienação e concessão de direito real de uso, gratuita ou onerosa, de terras públicas rurais da União e do Incra, onde incidam ocupações até o limite de que trata o § 1.º do art. 6.º da Lei 11.952/2009, para fins de regularização fundiária, atendidos os requisitos legais; i) legitimação de posse de que trata o art. 29 da Lei 6.383/1976, mediante iniciativa e deliberação dos órgãos da Administração Pública em cuja competência legal se inclua tal atribuição; e j) legitimação fundiária e a legitimação de posse de que trata a Lei 13.465/2017.

Na alienação de bens móveis, a licitação é dispensada nos seguintes casos (art. 76, II, da Lei de Licitações): a) doação, permitida exclusivamente para fins e uso de interesse social, após avaliação de oportunidade e conveniência socioeconômica em relação à escolha de outra forma de alienação; b) permuta, permitida exclusivamente entre órgãos ou entidades da Administração Pública; c) venda de ações, que poderão ser negociadas em bolsa, observada a legislação específica; d) venda de títulos, observada a legislação pertinente; e) venda de bens produzidos ou comercializados por entidades da Administração Pública, em virtude de suas finalidades; f) venda de materiais e equipamentos sem utilização previsível por quem deles dispõe para outros órgãos ou entidades da Administração Pública.

As hipóteses indicadas nos incisos I e II do art. 76 da atual Lei de Licitações assemelham-se àquelas indicadas nos incisos I e II do art. 17 da antiga Lei 8.666/1993.

Sob o manto da Lei 8.666/1993, havia controvérsia sobre a (in)existência de discricionariedade do administrador público no afastamento da licitação na alienação de bens. Em razão da expressão "dispensada", a maioria da doutrina sustentava a ausência de discricionariedade, pois o próprio legislador teria dispensado ("dispensa legal") a licitação, inexistindo liberdade administrativa para decidir de maneira diversa.

De nossa parte entendíamos que o legislador não poderia retirar do administrador, de maneira absoluta, a possibilidade de realização de licitação, quando houvesse viabilidade de competição. Ora, se a regra constitucional é a licitação, o legislador ordinário não possui legitimidade para impedir a licitação quando houver competição, mas apenas a possibilidade de elencar hipóteses excepcionais em que a licitação não será obrigatória, segundo a ponderação do administrador diante do caso concreto. Seria sempre legítima a decisão administrativa que prestigiasse a exigência constitucional de licitação.

Com a atual Lei de Licitações, a expressão "dispensada" é novamente utilizada no art. 76, I e II, o que deve ensejar, ao contrário do que sustentamos, a manutenção da tese de ausência de discricionariedade do gestor público e a ausência absoluta de licitação.

Ademais, as hipóteses de dispensa de licitação elencadas nos incisos I e II do art. 76 da Lei de Licitações devem ser consideradas taxativas, uma vez que, nas hipóteses de viabilidade de licitação, a regra constitucional é a licitação, "ressalvados os casos especificados na legislação", na forma do art. 37, XXI, da CRFB.

É oportuno salientar que a dispensa de licitação não afasta as demais exigências legais para alienação de bens das entidades da Administração. Assim, na alienação de bens, mesmo nos casos de licitação dispensada, deve ser demonstrado o "interesse público devidamente justificado" e realizada a avaliação prévia do bem. Em relação aos bens imóveis da Administração direta e das autarquias e fundações, exige-se, ainda, a autorização legislativa prévia para efetivação da alienação.

Por fim, em razão das semelhanças dos textos do art. 17, I e II, da antiga Lei 8.666/1993 e do art. 76, I e II, da atual Lei, deve permanecer a polêmica sobre a compatibilidade de alguns casos de licitação dispensada com o texto constitucional, pois o legislador federal não poderia invadir a autonomia dos demais Entes Federados em relação à gestão do seu respectivo patrimônio público.

O STF,[224] no julgamento da ADI 927 MC/RS, concedeu interpretação conforme à Constituição ao art. 17, I, "b" (doação de bem imóvel) e "c" (permuta de bem imóvel) e II, "b" (permuta de bem móvel) e § 1.º, da Lei 8.666/1993. As referidas hipóteses, com algumas adaptações, foram incorporadas ao art. 76, I, "b" e "c" e II, "b" e § 2.º, da Lei 14.133/2021.

É possível concluir que todos os entes federados possuem competência para legislar sobre a gestão dos seus bens, inclusive sobre as hipóteses de licitação dispensada. Trata-se de uma prerrogativa inerente à autonomia política desses entes, notadamente no aspecto do poder de autoadministração dos seus serviços e bens, que decorre do princípio federativo (art. 18 da CRFB).[225]

---

[224] "Constitucional. Licitação. Contratação administrativa. Lei n. 8.666, de 21.06.93. I – Interpretação conforme dada ao art. 17, I, 'b' (doação de bem imóvel) e art. 17, II, 'b' (permuta de bem móvel), para esclarecer que a vedação tem aplicação no âmbito da União Federal, apenas. Idêntico entendimento em relação ao art. 17, I, 'c' e par. 1. do art. 17. Vencido o relator, nesta parte. II – Cautelar deferida, em parte" (STF, Tribunal Pleno, ADI 927 MC/RS, Rel. Min. Carlos Velloso, *DJ* 11.11.1994, p. 30635).

[225] OLIVEIRA, Rafael Carvalho Rezende. *Licitações e contratos administrativos*: teoria e prática. 9. ed. São Paulo: Método, 2020. p. 60; GARCIA, Flávio Amaral. *Licitações e contratos administrativos*. 3. ed. Rio de Janeiro: Lumen Juris, 2010. p. 213; FERNANDES, Jorge Ulisses Jacoby. *Contratação direta sem licitação*. 7. ed. Belo Horizonte: Fórum, 2008. p. 240-241; RIGOLIN, Ivan Barbosa. *Contrato administrativo*. Belo Horizonte: Fórum, 2007. p. 80.

Título II – Das Licitações

Art. 80

CAPÍTULO X
DOS INSTRUMENTOS AUXILIARES

Seção I
Dos Procedimentos Auxiliares

Art. 78. São procedimentos auxiliares das licitações e das contratações regidas por esta Lei:

I – credenciamento;

II – pré-qualificação;

III – procedimento de manifestação de interesse;

IV – sistema de registro de preços;

V – registro cadastral.

§ 1.º Os procedimentos auxiliares de que trata o *caput* deste artigo obedecerão a critérios claros e objetivos definidos em regulamento.

§ 2.º O julgamento que decorrer dos procedimentos auxiliares das licitações previstos nos incisos II e III do *caput* deste artigo seguirá o mesmo procedimento das licitações.

Seção II
Do Credenciamento

Art. 79. O credenciamento poderá ser usado nas seguintes hipóteses de contratação:

I – paralela e não excludente: caso em que é viável e vantajosa para a Administração a realização de contratações simultâneas em condições padronizadas;

II – com seleção a critério de terceiros: caso em que a seleção do contratado está a cargo do beneficiário direto da prestação;

III – em mercados fluidos: caso em que a flutuação constante do valor da prestação e das condições de contratação inviabiliza a seleção de agente por meio de processo de licitação.

Parágrafo único. Os procedimentos de credenciamento serão definidos em regulamento, observadas as seguintes regras:

I – a Administração deverá divulgar e manter à disposição do público, em sítio eletrônico oficial, edital de chamamento de interessados, de modo a permitir o cadastramento permanente de novos interessados;

II – na hipótese do inciso I do *caput* deste artigo, quando o objeto não permitir a contratação imediata e simultânea de todos os credenciados, deverão ser adotados critérios objetivos de distribuição da demanda;

III – o edital de chamamento de interessados deverá prever as condições padronizadas de contratação e, nas hipóteses dos incisos I e II do *caput* deste artigo, deverá definir o valor da contratação;

IV – na hipótese do inciso III do *caput* deste artigo, a Administração deverá registrar as cotações de mercado vigentes no momento da contratação;

V – não será permitido o cometimento a terceiros do objeto contratado sem autorização expressa da Administração;

VI – será admitida a denúncia por qualquer das partes nos prazos fixados no edital.

Seção III
Da Pré-Qualificação

Art. 80. A pré-qualificação é o procedimento técnico-administrativo para selecionar previamente:

Art. 81

I – licitantes que reúnam condições de habilitação para participar de futura licitação ou de licitação vinculada a programas de obras ou de serviços objetivamente definidos;

II – bens que atendam às exigências técnicas ou de qualidade estabelecidas pela Administração.

§ 1.º Na pré-qualificação observar-se-á o seguinte:

I – quando aberta a licitantes, poderão ser dispensados os documentos que já constarem do registro cadastral;

II – quando aberta a bens, poderá ser exigida a comprovação de qualidade.

§ 2.º O procedimento de pré-qualificação ficará permanentemente aberto para a inscrição de interessados.

§ 3.º Quanto ao procedimento de pré-qualificação, constarão do edital:

I – as informações mínimas necessárias para definição do objeto;

II – a modalidade, a forma da futura licitação e os critérios de julgamento.

§ 4.º A apresentação de documentos far-se-á perante órgão ou comissão indicada pela Administração, que deverá examiná-los no prazo máximo de 10 (dez) dias úteis e determinar correção ou reapresentação de documentos, quando for o caso, com vistas à ampliação da competição.

§ 5.º Os bens e os serviços pré-qualificados deverão integrar o catálogo de bens e serviços da Administração.

§ 6.º A pré-qualificação poderá ser realizada em grupos ou segmentos, segundo as especialidades dos fornecedores.

§ 7.º A pré-qualificação poderá ser parcial ou total, com alguns ou todos os requisitos técnicos ou de habilitação necessários à contratação, assegurada, em qualquer hipótese, a igualdade de condições entre os concorrentes.

§ 8.º Quanto ao prazo, a pré-qualificação terá validade:

I – de 1 (um) ano, no máximo, e poderá ser atualizada a qualquer tempo;

II – não superior ao prazo de validade dos documentos apresentados pelos interessados.

§ 9.º Os licitantes e os bens pré-qualificados serão obrigatoriamente divulgados e mantidos à disposição do público.

§ 10. A licitação que se seguir ao procedimento da pré-qualificação poderá ser restrita a licitantes ou bens pré-qualificados.

Seção IV
Do Procedimento de Manifestação de Interesse

Art. 81. A Administração poderá solicitar à iniciativa privada, mediante procedimento aberto de manifestação de interesse a ser iniciado com a publicação de edital de chamamento público, a propositura e a realização de estudos, investigações, levantamentos e projetos de soluções inovadoras que contribuam com questões de relevância pública, na forma de regulamento.

§ 1.º Os estudos, as investigações, os levantamentos e os projetos vinculados à contratação e de utilidade para a licitação, realizados pela Administração ou com a sua autorização, estarão à disposição dos interessados, e o vencedor da licitação deverá ressarcir os dispêndios correspondentes, conforme especificado no edital.

§ 2.º A realização, pela iniciativa privada, de estudos, investigações, levantamentos e projetos em decorrência do procedimento de manifestação de interesse previsto no *caput* deste artigo:

Título II – Das Licitações

Art. 82

I – não atribuirá ao realizador direito de preferência no processo licitatório;

II – não obrigará o poder público a realizar licitação;

III – não implicará, por si só, direito a ressarcimento de valores envolvidos em sua elaboração;

IV – será remunerada somente pelo vencedor da licitação, vedada, em qualquer hipótese, a cobrança de valores do poder público.

§ 3.º Para aceitação dos produtos e serviços de que trata o *caput* deste artigo, a Administração deverá elaborar parecer fundamentado com a demonstração de que o produto ou serviço entregue é adequado e suficiente à compreensão do objeto, de que as premissas adotadas são compatíveis com as reais necessidades do órgão e de que a metodologia proposta é a que propicia maior economia e vantagem entre as demais possíveis.

§ 4.º O procedimento previsto no *caput* deste artigo poderá ser restrito a startups, assim considerados os microempreendedores individuais, as microempresas e as empresas de pequeno porte, de natureza emergente e com grande potencial, que se dediquem à pesquisa, ao desenvolvimento e à implementação de novos produtos ou serviços baseados em soluções tecnológicas inovadoras que possam causar alto impacto, exigida, na seleção definitiva da inovação, validação prévia fundamentada em métricas objetivas, de modo a demonstrar o atendimento das necessidades da Administração.

Seção V
Do Sistema de Registro de Preços

Art. 82. O edital de licitação para registro de preços observará as regras gerais desta Lei e deverá dispor sobre:

I – as especificidades da licitação e de seu objeto, inclusive a quantidade máxima de cada item que poderá ser adquirida;

II – a quantidade mínima a ser cotada de unidades de bens ou, no caso de serviços, de unidades de medida;

III – a possibilidade de prever preços diferentes:

a) quando o objeto for realizado ou entregue em locais diferentes;

b) em razão da forma e do local de acondicionamento;

c) quando admitida cotação variável em razão do tamanho do lote;

d) por outros motivos justificados no processo;

IV – a possibilidade de o licitante oferecer ou não proposta em quantitativo inferior ao máximo previsto no edital, obrigando-se nos limites dela;

V – o critério de julgamento da licitação, que será o de menor preço ou o de maior desconto sobre tabela de preços praticada no mercado;

VI – as condições para alteração de preços registrados;

VII – o registro de mais de um fornecedor ou prestador de serviço, desde que aceitem cotar o objeto em preço igual ao do licitante vencedor, assegurada a preferência de contratação de acordo com a ordem de classificação;

VIII – a vedação à participação do órgão ou entidade em mais de uma ata de registro de preços com o mesmo objeto no prazo de validade daquela de que já tiver participado, salvo na ocorrência de ata que tenha registrado quantitativo inferior ao máximo previsto no edital;

IX – as hipóteses de cancelamento da ata de registro de preços e suas consequências.

§ 1.º O critério de julgamento de menor preço por grupo de itens somente poderá ser adotado quando for demonstrada a inviabilidade de se promover a adjudicação por item e for

Art. 83

evidenciada a sua vantagem técnica e econômica, e o critério de aceitabilidade de preços unitários máximos deverá ser indicado no edital.

§ 2.º Na hipótese de que trata o § 1.º deste artigo, observados os parâmetros estabelecidos nos §§ 1.º, 2.º e 3.º do art. 23 desta Lei, a contratação posterior de item específico constante de grupo de itens exigirá prévia pesquisa de mercado e demonstração de sua vantagem para o órgão ou entidade.

§ 3.º É permitido registro de preços com indicação limitada a unidades de contratação, sem indicação do total a ser adquirido, apenas nas seguintes situações:

I – quando for a primeira licitação para o objeto e o órgão ou entidade não tiver registro de demandas anteriores;

II – no caso de alimento perecível;

III – no caso em que o serviço estiver integrado ao fornecimento de bens.

§ 4.º Nas situações referidas no § 3.º deste artigo, é obrigatória a indicação do valor máximo da despesa e é vedada a participação de outro órgão ou entidade na ata.

§ 5.º O sistema de registro de preços poderá ser usado para a contratação de bens e serviços, inclusive de obras e serviços de engenharia, observadas as seguintes condições:

I – realização prévia de ampla pesquisa de mercado;

II – seleção de acordo com os procedimentos previstos em regulamento;

III – desenvolvimento obrigatório de rotina de controle;

IV – atualização periódica dos preços registrados;

V – definição do período de validade do registro de preços;

VI – inclusão, em ata de registro de preços, do licitante que aceitar cotar os bens ou serviços em preços iguais aos do licitante vencedor na sequência de classificação da licitação e inclusão do licitante que mantiver sua proposta original.

§ 6.º O sistema de registro de preços poderá, na forma de regulamento, ser utilizado nas hipóteses de inexigibilidade e de dispensa de licitação para a aquisição de bens ou para a contratação de serviços por mais de um órgão ou entidade.

Art. 83. A existência de preços registrados implicará compromisso de fornecimento nas condições estabelecidas, mas não obrigará a Administração a contratar, facultada a realização de licitação específica para a aquisição pretendida, desde que devidamente motivada.

Art. 84. O prazo de vigência da ata de registro de preços será de 1 (um) ano e poderá ser prorrogado, por igual período, desde que comprovado o preço vantajoso.

Parágrafo único. O contrato decorrente da ata de registro de preços terá sua vigência estabelecida em conformidade com as disposições nela contidas.

Art. 85. A Administração poderá contratar a execução de obras e serviços de engenharia pelo sistema de registro de preços, desde que atendidos os seguintes requisitos:

I – existência de projeto padronizado, sem complexidade técnica e operacional;

II – necessidade permanente ou frequente de obra ou serviço a ser contratado.

Art. 86. O órgão ou entidade gerenciadora deverá, na fase preparatória do processo licitatório, para fins de registro de preços, realizar procedimento público de intenção de registro de preços para, nos termos de regulamento, possibilitar, pelo prazo mínimo de 8 (oito) dias úteis, a participação de outros órgãos ou entidades na respectiva ata e determinar a estimativa total de quantidades da contratação.

§ 1.º O procedimento previsto no *caput* deste artigo será dispensável quando o órgão ou entidade gerenciadora for o único contratante.

Título II – Das Licitações

Art. 87

§ 2.º Se não participarem do procedimento previsto no *caput* deste artigo, os órgãos e entidades poderão aderir à ata de registro de preços na condição de não participantes, observados os seguintes requisitos:

I – apresentação de justificativa da vantagem da adesão, inclusive em situações de provável desabastecimento ou descontinuidade de serviço público;

II – demonstração de que os valores registrados estão compatíveis com os valores praticados pelo mercado na forma do art. 23 desta Lei;

III – prévias consulta e aceitação do órgão ou entidade gerenciadora e do fornecedor.

§ 3.º A faculdade de aderir à ata de registro de preços na condição de não participante poderá ser exercida: (Redação dada pela Lei 14.770, de 2023)

I – por órgãos e entidades da Administração Pública federal, estadual, distrital e municipal, relativamente a ata de registro de preços de órgão ou entidade gerenciadora federal, estadual ou distrital; ou (Incluído pela Lei 14.770, de 2023)

II – por órgãos e entidades da Administração Pública municipal, relativamente a ata de registro de preços de órgão ou entidade gerenciadora municipal, desde que o sistema de registro de preços tenha sido formalizado mediante licitação. (Incluído pela Lei 14.770, de 2023)

§ 4.º As aquisições ou as contratações adicionais a que se refere o § 2.º deste artigo não poderão exceder, por órgão ou entidade, a 50% (cinquenta por cento) dos quantitativos dos itens do instrumento convocatório registrados na ata de registro de preços para o órgão gerenciador e para os órgãos participantes.

§ 5.º O quantitativo decorrente das adesões à ata de registro de preços a que se refere o § 2.º deste artigo não poderá exceder, na totalidade, ao dobro do quantitativo de cada item registrado na ata de registro de preços para o órgão gerenciador e órgãos participantes, independentemente do número de órgãos não participantes que aderirem.

§ 6.º A adesão à ata de registro de preços de órgão ou entidade gerenciadora do Poder Executivo federal por órgãos e entidades da Administração Pública estadual, distrital e municipal poderá ser exigida para fins de transferências voluntárias, não ficando sujeita ao limite de que trata o § 5.º deste artigo se destinada à execução descentralizada de programa ou projeto federal e comprovada a compatibilidade dos preços registrados com os valores praticados no mercado na forma do art. 23 desta Lei.

§ 7.º Para aquisição emergencial de medicamentos e material de consumo médico-hospitalar por órgãos e entidades da Administração Pública federal, estadual, distrital e municipal, a adesão à ata de registro de preços gerenciada pelo Ministério da Saúde não estará sujeita ao limite de que trata o § 5.º deste artigo.

§ 8.º Será vedada aos órgãos e entidades da Administração Pública federal a adesão à ata de registro de preços gerenciada por órgão ou entidade estadual, distrital ou municipal.

Seção VI
Do Registro Cadastral

Art. 87. Para os fins desta Lei, os órgãos e entidades da Administração Pública deverão utilizar o sistema de registro cadastral unificado disponível no Portal Nacional de Contratações Públicas (PNCP), para efeito de cadastro unificado de licitantes, na forma disposta em regulamento.

§ 1.º O sistema de registro cadastral unificado será público e deverá ser amplamente divulgado e estar permanentemente aberto aos interessados, e será obrigatória a realização de chamamento público pela internet, no mínimo anualmente, para atualização dos registros existentes e para ingresso de novos interessados.

Art. 88

§ 2.º É proibida a exigência pelo órgão ou entidade licitante de registro cadastral complementar para acesso a edital e anexos.

§ 3.º A Administração poderá realizar licitação restrita a fornecedores cadastrados, atendidos os critérios, as condições e os limites estabelecidos em regulamento, bem como a ampla publicidade dos procedimentos para o cadastramento.

§ 4.º Na hipótese a que se refere o § 3.º deste artigo, será admitido fornecedor que realize seu cadastro dentro do prazo previsto no edital para apresentação de propostas.

Art. 88. Ao requerer, a qualquer tempo, inscrição no cadastro ou a sua atualização, o interessado fornecerá os elementos necessários exigidos para habilitação previstos nesta Lei.

§ 1.º O inscrito, considerada sua área de atuação, será classificado por categorias, subdivididas em grupos, segundo a qualificação técnica e econômico-financeira avaliada, de acordo com regras objetivas divulgadas em sítio eletrônico oficial.

§ 2.º Ao inscrito será fornecido certificado, renovável sempre que atualizar o registro.

§ 3.º A atuação do contratado no cumprimento de obrigações assumidas será avaliada pelo contratante, que emitirá documento comprobatório da avaliação realizada, com menção ao seu desempenho na execução contratual, baseado em indicadores objetivamente definidos e aferidos, e a eventuais penalidades aplicadas, o que constará do registro cadastral em que a inscrição for realizada.

§ 4.º A anotação do cumprimento de obrigações pelo contratado, de que trata o § 3.º deste artigo, será condicionada à implantação e à regulamentação do cadastro de atesto de cumprimento de obrigações, apto à realização do registro de forma objetiva, em atendimento aos princípios da impessoalidade, da igualdade, da isonomia, da publicidade e da transparência, de modo a possibilitar a implementação de medidas de incentivo aos licitantes que possuírem ótimo desempenho anotado em seu registro cadastral.

§ 5.º A qualquer tempo poderá ser alterado, suspenso ou cancelado o registro de inscrito que deixar de satisfazer exigências determinadas por esta Lei ou por regulamento.

§ 6.º O interessado que requerer o cadastro na forma do *caput* deste artigo poderá participar de processo licitatório até a decisão da Administração, e a celebração do contrato ficará condicionada à emissão do certificado referido no § 2.º deste artigo.

1. VISÃO GERAL DOS INSTRUMENTOS AUXILIARES

O art. 78 da Lei de Licitações indica os seguintes procedimentos auxiliares das licitações e das contratações: a) credenciamento; b) pré-qualificação; c) procedimento de manifestação de interesse; d) sistema de registro de preços; e e) registro cadastral.

Os critérios, claros e objetivos, dos procedimentos auxiliares serão definidos em regulamento (art. 78, § 1.º, da Lei).

Na pré-qualificação e no procedimento de manifestação de interesse, o julgamento segue o mesmo procedimento das licitações (art. 78, § 2.º, da Lei).

2. CREDENCIAMENTO

O credenciamento, segundo dispõe o art. 6.º, XLIII, da Lei de Licitações, é o "processo administrativo de chamamento público em que a Administração Pública convoca interessados em prestar serviços ou fornecer bens para que, preenchidos os requisitos necessários, se credenciem no órgão ou na entidade para executar o objeto quando convocados".[226]

O credenciamento, que configura hipótese de inexigibilidade de licitação, na forma do art. 74, IV, da Lei de Licitações, poderá ser utilizado nas seguintes hipóteses de contratação (art. 79 da Lei 14.133/2021):

a) paralela e não excludente:[227] caso em que é viável e vantajosa para a Administração a realização de contratações simultâneas em condições padronizadas (ex.: credenciamento de leiloeiros para alienação de bens da Administração Pública, na forma do art. 31, § 1.º, da Lei de Licitações, com a definição da ordem de atuação dos leiloeiros credenciados por sorteio ou outro critério objetivo; credenciamento de oficinas para prestação dos serviços de manutenção de viaturas da entidade administrativa, com a fixação de regras objetivas e impessoais no edital que serão observadas no momento da definição da oficina, dentro do universo das oficinas credenciadas, que realizará o serviço em cada caso);[228]

b) com seleção a critério de terceiros: caso em que a seleção do contratado está a cargo do beneficiário direto da prestação (ex.: credenciamento de médicos de determinada especialidade, que receberão valores previamente definidos ou tabelados por consultas realizadas, cabendo ao particular escolher o médico credenciado de sua preferência; credenciamento de empresas para atuarem como Administradora de Benefícios ofertados por operadoras de planos de saúde para fornecimento de serviços aos servidores públicos da respectiva entidade administrativa, com a possibilidade de escolha por parte do servidor/beneficiário da operadora de sua preferência);

c) em mercados fluidos:[229] caso em que a flutuação constante do valor da prestação e das condições de contratação inviabiliza a seleção de agente por meio do processo de licitação (ex.: aquisição de passagens aéreas).

---

[226] Em âmbito federal, o credenciamento é regulamentado pelo Decreto 11.878/2024. De acordo com o art. 5.º do referido Decreto, o credenciamento ficará permanentemente aberto durante a vigência do edital e será realizado por meio do Compras.gov.br, observadas as seguintes fases: a) preparatória; b) de divulgação do edital de credenciamento; c) de registro do requerimento de participação; d) de habilitação; e) recursal; e f) de divulgação da lista de credenciados.

[227] Nessa primeira hipótese, quando o objeto não permitir a contratação simultânea de todos os credenciados, deverão ser adotados critérios objetivos de distribuição da demanda (art. 79, parágrafo único, II, da Lei).

[228] Quanto ao credenciamento de oficinas para manutenção de viaturas, vide: TCU, Acórdão 2.731/2009, Plenário, Rel. Min. Marcos Benquerer, j. 18.11.2009.

[229] Nessa última hipótese, a Administração deverá registrar as cotações de mercado vigentes no momento da contratação (art. 79, parágrafo único, IV, da Lei). No âmbito da Lei 8.666/1993, o TCU decidiu ser regular a aquisição, mediante credenciamento, de passagens aéreas em linhas regulares domésticas, sem a intermediação de agência de viagem, por ser inviável a competição entre as companhias aéreas e entre estas e as agências de viagem (Acórdão 1094/2021, Plenário, Agravo, Rel. Min.-Substituto Weder de Oliveira, *Informativo de Jurisprudência sobre Licitações e Contratos do TCU* n. 414).

Art. 88

A Administração deverá divulgar e manter à disposição do público em sítio eletrônico oficial edital de chamamento de interessados, de modo a permitir o cadastramento permanente de novos interessados (art. 79, parágrafo único, I, da Lei).

O edital de chamamento de interessados deverá prever as condições padronizadas de contratação e, nas hipóteses dos incisos I e II do *caput*, deverá definir o valor da contratação (art. 79, parágrafo único, III, da Lei).

Por fim, não será permitido o cometimento a terceiros do objeto contratado sem autorização expressa da Administração, admitindo-se a denúncia por qualquer das partes nos prazos fixados no edital (art. 79, parágrafo único, V e VI, da Lei).

3. PRÉ-QUALIFICAÇÃO

A pré-qualificação é o "procedimento seletivo prévio à licitação, convocado por meio de edital, destinado à análise das condições de habilitação, total ou parcial, dos interessados ou do objeto" (art. 6.º, XLIV, da Lei de Licitações).

Trata-se de procedimento técnico-administrativo que tem por objetivo selecionar previamente (art. 80 da Lei de Licitações): a) licitantes que reúnam condições de habilitação para participar de futura licitação ou de licitação vinculada a programas de obras ou de serviços objetivamente definidos (pré-qualificação subjetiva); e b) bens que atendam às exigências técnicas ou de qualidade estabelecidas pela Administração (pré-qualificação objetiva).

A pré-qualificação poderá ser aberta a licitantes ou a bens, observando-se o seguinte (art. 80, § 1.º, da Lei): a) quando aberta a licitantes, poderão ser dispensados os documentos que já constarem do registro cadastral; b) quando aberta a bens, poderá ser exigida a comprovação de qualidade.[230]

O procedimento de pré-qualificação ficará permanentemente aberto para a inscrição de interessados (art. 80, § 2.º, da Lei).[231]

O edital de pré-qualificação deve conter (art. 80, § 3.º, da Lei): a) as informações mínimas necessárias para definição do objeto; e b) a modalidade, a forma da futura licitação e os critérios de julgamento.

A pré-qualificação poderá ser (art. 80, §§ 6.º e 7.º, da Lei): a) realizada em grupos ou segmentos, segundo as especialidades dos fornecedores; e b) parcial ou total, contendo alguns ou todos os requisitos técnicos ou de habilitação necessários à contratação, assegurada, em qualquer hipótese, a igualdade de condições entre os concorrentes.

---

[230] Os produtos e os serviços pré-qualificados deverão integrar o catálogo de bens e serviços da Administração (art. 80, § 5.º, da Lei).

[231] A apresentação de documentos far-se-á perante órgão ou comissão indicada pela Administração, que deverá examiná-los no prazo máximo de 10 dias úteis, determinando correção ou reapresentação de documentos, quando for o caso, visando à ampliação da competição (art. 80, § 4.º, da Lei). É obrigatória a divulgação e manutenção à disposição do público dos interessados e dos bens pré-qualificados (art. 80, § 9.º, da Lei).

Título II – Das Licitações **Art. 88**

A validade da pré-qualificação é de, no máximo, um ano, podendo ser atualizada a qualquer tempo, sendo certo que a validade não poderá ser superior ao prazo de validade dos documentos apresentados pelos interessados (art. 80, § 8.º, da Lei).

A licitação que se seguir ao procedimento da pré-qualificação poderá ser restrita a licitantes ou bens pré-qualificados (art. 80, § 10, da Lei).

Mencione-se, por oportuno, que a pré-qualificação também era permitida nas licitações reguladas pela Lei 8.666/1993, mas a sua utilização, no entanto, ficava restrita às concorrências quando o objeto da licitação recomendar análise mais detida da qualificação técnica dos interessados (art. 114 da antiga Lei 8.666/1993).

A pré-qualificação nas licitações tem por objetivo identificar interessados em uma futura competição, não representando, pois, a competição em si ou mesmo uma etapa de habilitação, que define o universo de competidores.[232]

Em outras palavras, a pré-qualificação fixa um direito de participação na licitação em favor dos que foram nela identificados, definindo-se um padrão de qualidade mínima a ser atendida na competição a ser realizada.

Daí a vantagem de se introduzir este procedimento de forma permanente, pois a Administração, ao mesmo tempo em que já estipula *standards* para suas futuras contratações, o faz sem a necessidade de identificação dos recursos orçamentários que financiarão tal ou qual empreendimento.[233]

A utilização da pré-qualificação também era admitida no Regime Diferenciado de Contratações Públicas (RDC) e nas licitações promovidas por empresas estatais.

No RDC, as licitações poderiam ser antecedidas da pré-qualificação permanente com o objetivo de identificar: a) fornecedores que reúnam condições de habilitação exigidas para o fornecimento de bem ou a execução de serviço ou obra nos prazos, locais e condições previamente estabelecidos; e b) bens que atendam às exigências técnicas e de qualidade da administração pública (art. 30 da Lei 12.462/2011).

O procedimento de pré-qualificação deveria ficar permanentemente aberto para a inscrição dos eventuais interessados (art. 30, § 1.º, da Lei 12.462/2011).

---

[232] Nesse sentido, confiram-se os sempre atuais ensinamentos de Hely Lopes Meirelles: "Pré-qualificação (art. 114) é a verificação prévia das condições das firmas, consórcios ou profissionais que desejam participar de determinadas e futuras concorrências de um mesmo empreendimento. Não se confunde com a habilitação preliminar nas concorrências, porque esta se faz em cada concorrência e aquela se realiza para todas as concorrências de um empreendimento certo, que pode exigir uma única ou sucessivas concorrências. Também não se confunde com pré-classificação das propostas, mesmo porque na pré-qualificação os interessados não apresentam proposta, mas tão somente documentação comprobatória das condições técnicas, econômicas e jurídicas pedidas no edital como necessárias à execução do objeto do futuro contrato" (*Direito administrativo brasileiro*. 32. ed. São Paulo: Malheiros, 2006, p. 95-97).

[233] Nesse sentido, vide: FERNANDES, Jorge Ulisses Jacoby. *Vade-mécum de licitações e contratos*. Belo Horizonte: Fórum, 2004. p. 783-784.

Art. 88 — Comentários à Lei de Licitações e Contratos Administrativos

A legislação do RDC permitia, ainda, a realização de licitações direcionadas à participação exclusiva dos pré-qualificados, nas condições estabelecidas em regulamento (art. 30, § 2.º, da Lei 12.462/2011).

A pré-qualificação, com prazo de validade de até um ano, poderia ser efetuada nos grupos ou segmentos, segundo as especialidades dos fornecedores, bem como poderá ser parcial ou total, contendo alguns ou todos os requisitos de habilitação ou técnicos necessários à contratação, assegurada, em qualquer hipótese, a igualdade de condições entre os concorrentes (art. 30, §§ 3.º, 4.º e 5.º, da Lei 12.462/2011).

No âmbito das empresas estatais, o art. 63 da Lei 13.303/2016 (Lei das Estatais) trata da pré-qualificação permanente.

O procedimento de pré-qualificação, com prazo de validade de até um ano, será público e permanentemente aberto à inscrição de qualquer interessado, com o objetivo de identificar (a) fornecedores que reúnam condições de habilitação exigidas para o fornecimento de bem ou a execução de serviço ou obra nos prazos, nos locais e nas condições previamente estabelecidos; e (b) bens que atendam às exigências técnicas e de qualidade da Administração (art. 64, *caput* e §§ 1.º e 5.º, da Lei das Estatais).

A estatal poderá restringir a participação em suas licitações a fornecedores ou produtos pré-qualificados, nas condições estabelecidas em regulamento (art. 64, § 2.º, da Lei das Estatais).

A pré-qualificação poderá ser efetuada nos grupos ou segmentos, segundo as especialidades dos fornecedores, bem como poderá ser parcial ou total, contendo alguns ou todos os requisitos de habilitação ou técnicos necessários à contratação, assegurada, em qualquer hipótese, a igualdade de condições entre os concorrentes (art. 64, §§ 3.º e 4.º, da Lei das Estatais).

É possível perceber, portanto, que a atual Lei de Licitações se inspirou no RDC e na Lei das Estatais ao dispor sobre a pré-qualificação.

4. PROCEDIMENTO DE MANIFESTAÇÃO DE INTERESSE (PMI)

O art. 81 da Lei de Licitações permite que a Administração solicite à iniciativa privada, mediante procedimento aberto de manifestação de interesse (PMI), a ser iniciado com a publicação de edital de chamamento público, a propositura e a realização de estudos, investigações, levantamentos e projetos de soluções inovadoras que contribuam com questões de relevância pública, na forma de regulamento.

O PMI não representa novidade no ordenamento jurídico pátrio.[234]

---

[234] O Enunciado 1 da I Jornada de Direito Administrativo realizada pelo Centro de Estudos Judiciários do Conselho da Justiça Federal (CEJ/CJF) dispõe: "A autorização para apresentação de projetos, levantamentos, investigações ou estudos no âmbito do Procedimento de Manifestação de Interesse, quando concedida mediante restrição ao número de participantes, deve se dar por meio de seleção imparcial dos interessados, com ampla publicidade e critérios objetivos."

Título II – Das Licitações   **Art. 88**

Com efeito, o PMI já era permitido pelo art. 21 da Lei 8.987/1995, aplicável às PPPs, na forma do art. 3.º, *caput* e § 1.º, da Lei 11.079/2004. Em âmbito federal, o Decreto 8.428/2015 permite a apresentação de projetos, levantamentos, investigações ou estudos, por pessoa física ou jurídica de direito privado, com a finalidade de subsidiar a Administração Pública na estruturação de empreendimentos objeto de concessão ou permissão de serviços públicos, de parceria público-privada (PPP), de arrendamento de bens públicos ou de concessão de direito real de uso.

Igualmente, no âmbito das empresas estatais, o PMI pode ser utilizado, na forma autorizada pelo art. 31, § 4.º, da Lei 13.303/2016. Nesse caso, o autor ou financiador do projeto poderá participar da licitação para a execução do empreendimento, podendo ser ressarcido pelos custos aprovados pela estatal caso não vença o certame, desde que seja promovida a cessão de direitos patrimoniais e autorais do projeto (art. 31, § 5.º, da Lei 13.303/2016);

Com o advento da atual Lei de Licitações, a utilização do PMI passa a ser admitida para todas as espécies de contratação pública.

Os estudos, investigações, levantamentos e projetos vinculados à contratação e de utilidade para a licitação, realizados pela Administração ou com a sua autorização, estarão à disposição dos interessados, devendo o vencedor da licitação ressarcir os dispêndios correspondentes, conforme especificado no edital (art. 81, § 1.º, da Lei).

A realização do PMI (art. 81, § 2.º, da Lei): a) não atribui ao realizador direito de preferência no processo licitatório; b) não obriga o poder público a realizar licitação; c) não implica, por si só, direito a ressarcimento de valores envolvidos em sua elaboração; d) somente será remunerada pelo vencedor da licitação, não sendo possível, em nenhuma hipótese, a cobrança de valores do poder público.

Verifica-se, portanto, que o PMI não acarreta, em regra, direitos para o autor dos estudos, investigações, levantamentos e projetos. A remuneração do particular, nesse caso, é condicionada à utilização efetiva dos estudos, investigações, levantamentos e projetos na futura licitação, e responsabilidade pelo pagamento é do vencedor da licitação, e não da Administração Pública.

Para aceitação dos produtos e serviços, a Administração deverá elaborar parecer fundamentado demonstrando que o produto ou serviço entregue é adequado e suficiente à compreensão do objeto, que as premissas adotadas foram compatíveis com as reais necessidades do órgão e que a metodologia proposta é a que propicia maior economia e vantajosidade dentre as demais possíveis (art. 81, § 3.º, da Lei).

O PMI poderá ser restrito a startups, assim considerados os microempreendedores individuais, as microempresas e as empresas de pequeno porte, de natureza emergente e com grande potencial, que se dediquem à pesquisa, desenvolvimento e implementação de novos produtos ou serviços baseados em soluções tecnológicas inovadoras que possam causar alto impacto, exigindo-se, na seleção definitiva da inovação, validação prévia fundamentada em métricas objetivas, de modo a demonstrar o atendimento das necessidades da Administração (art. 81, § 4.º, da Lei).

Cumpre destacar que a contratação de startups pela Administração Pública foi incentivada pela LC 182/2021, que instituiu o marco legal das startups e do empreendedorismo inovador.

O referido diploma legal estabeleceu regras diferenciadas de licitação e contratação de pessoas físicas ou jurídicas, isoladamente ou em consórcio, para o teste de soluções inovadoras por elas desenvolvidas ou a serem desenvolvidas, com ou sem risco tecnológico (arts. 13 a 15 da LC 182/2021).

5. SISTEMA DE REGISTRO DE PREÇOS (SRP)

Outro instrumento auxiliar das contratações públicas é o sistema de registro de preços (SRP), na forma do art. 78, IV, da Lei de Licitações.

O SRP pode ser definido como procedimento administrativo por meio do qual a Administração Pública seleciona as propostas mais vantajosas, mediante concorrência ou pregão, que ficarão registradas em ata perante a autoridade estatal para futuras e eventuais contratações.

De acordo com o art. 6.º, XLV, da Lei 14.133/2021, o SRP é "conjunto de procedimentos para realização, mediante contratação direta ou licitação nas modalidades pregão ou concorrência, de registro formal de preços relativos a prestação de serviços, a obras e a aquisição e locação de bens para contratações futuras".

Verifica-se, desde logo, a ampliação na utilização do SRP na Lei 14.133/2021. Inicialmente restrito a compras e serviços, no regime da antiga Lei 8.666/1993 e do Decreto Federal 7.892/2013, a sua utilização foi ampliada no RDC para abarcar, ainda, obras e serviços de engenharia (art. 88, I, do Decreto federal 7.581/2011). Com a promulgação da Lei 14.133/2021, o SRP poderá ser utilizado para serviços, inclusive de engenharia, obras, aquisição e locação de bens.

O objetivo do registro de preços é racionalizar as contratações e efetivar o princípio da economicidade. Em vez de promover nova licitação a cada aquisição de produtos e serviços, necessários para a rotina da máquina administrativa, a Administração realiza uma única licitação para registrar os preços e realizar, futura e discricionariamente, as contratações.

As principais vantagens do registro de preços são:[235] a) redução do número de licitações, pois o procedimento evita a necessidade de realização de licitações suces-

---

[235] OLIVEIRA, Rafael Carvalho Rezende. Licitações e contratos administrativos. 12. ed. Rio de Janeiro: Método, 2023. p. 70. O SRP poderá ser adotado, por exemplo (art. 3.º do Decreto 11.462/2023): a) quando houver necessidade de contratações permanentes ou frequentes; b) quando for conveniente a aquisição de bens com previsão de entregas parceladas ou contratação de serviços remunerados por unidade de medida, como quantidade de horas de serviço, postos de trabalho ou em regime de tarefa; c) quando for conveniente para atendimento a mais de um órgão ou a mais de uma entidade, inclusive nas compras centralizadas; d) quando for atender a execução descentralizada de programa ou projeto federal, por meio de compra nacional ou da adesão para fins de transferências voluntárias; ou e) quando, pela natureza do objeto, não for possível definir previamente o quantitativo a ser demandado pela Administração.

Título II – Das Licitações

Art. 88

sivas para contratação dos mesmos bens e serviços; b) economia de escala, uma vez que vários órgãos e entidades podem participar da formatação da ata de registro de preços; c) solução para necessidades variáveis; d) contratação somente no surgimento da necessidade, sem a obrigatoriedade de contratação do montante registrado; e) redução do volume de estoque, o que diminui os custos de armazenamento dos bens e os riscos de perecimento; f) eliminação ou diminuição do fracionamento de despesas; g) necessidade de disponibilidade orçamentária apenas no momento da contratação etc.

Na licitação para registro de preços, o edital observará as regras gerais de licitação e deverá dispor sobre (art. 82 da Lei 14.133/2021): a) as especificidades do certame e de seu objeto, inclusive a quantidade máxima de cada item que poderá ser adquirida; b) a quantidade mínima a ser cotada de unidades de bens ou, no caso de serviços, de unidades de medida; c) a possibilidade de prever preços diferentes: c.1) quando o objeto for realizado ou entregue em locais diferentes; c.2) em razão da forma e do local de acondicionamento; c.3) quando admitida cotação variável em razão do tamanho do lote; e c.4) por outros motivos justificados no processo; d) a possibilidade de o licitante oferecer ou não proposta em quantitativo inferior ao máximo previsto no edital, obrigando-se nos limites dela; e) o critério de julgamento da licitação, que será o de menor preço ou o de maior desconto sobre tabela de preços praticada no mercado; f) as condições para alteração de preços registrados; g) registro de mais de um fornecedor ou prestador de serviço, desde que aceitem cotar o objeto com preço igual ao do licitante vencedor, assegurada a preferência de contratação de acordo com a ordem de classificação; h) a vedação a que o órgão ou a entidade participe de mais de uma ata de registro de preços com o mesmo objeto no prazo de validade daquela que já tiver participado, salvo na ocorrência de ata que tenha registrado quantitativo inferior ao máximo previsto no edital; e i) as hipóteses de cancelamento da ata de registro de preços e suas consequências.

Aqui, é importante ressaltar que o art. 82, VI, da Lei 14.133/2021 estabelece que o edital deve dispor sobre "as condições para alteração de preços registrados." Trata-se de tema que sempre gerou polêmicas, especialmente a respeito da possibilidade de reequilíbrio econômico-financeiro (reajuste, revisão ou repactuação) dos valores registrados na ata. Parcela da doutrina sustenta a impossibilidade de reequilíbrio econômico-financeiro da ata, sob o argumento de que o princípio da manutenção do equilíbrio econômico-financeiro seria de aplicação restrita aos contratos administrativos.[236]

De nossa parte, sustentamos a possibilidade de alteração dos valores registrados na ata, com o intuito de restabelecer o equilíbrio econômico-financeiro, por meio do reajuste, revisão e repactuação, uma vez que o princípio da manutenção do equilíbrio econômico-financeiro, previsto no art. 37, XXI, da CRFB exige que as condições efetivas das propostas sejam mantidas, o que deveria ser observado, inclusive, em

---

[236] Nesse sentido: TORRES, Ronny Charles Lopes de. *Leis de licitações públicas comentadas.* 12. ed. São Paulo: JusPodivm, 2021. p. 498-502. No contexto da legislação anterior, o referido entendimento foi adotado pela AGU no Parecer 00001/2016/CPLC/CGU/AGU.

certames que acarretam a elaboração de ata de registro de preços. A viabilidade da alteração dos preços registrados para fins de reequilíbrio seria confirmada pela previsão constante do art. 82, VI, da Lei 14.133/2021. Assim, por exemplo, decorridos 12 meses entre o orçamento estimado e a elaboração da ata ou a efetiva contratação com fundamento na ata, poderia ser cogitado o reajuste dos valores dos itens registrados.

Eventualmente, na hipótese de evento imprevisível, seria admitida a revisão dos preços registrados. Evidentemente, a Administração Pública, que não possui a obrigação de celebrar contratos com as empresas com preços registrados na ata, na forma do art. 83 da Lei 14.133/2021, poderia optar pela extinção antecipada da ata, em vez da sua manutenção com valores reequilibrados.[237]

O critério de julgamento de menor preço por grupo de itens ou lote somente poderá ser adotado quando for demonstrada a inviabilidade de se promover a adjudicação por item e evidenciada a sua vantajosidade técnica e econômica, devendo ser indicado no edital o critério de aceitabilidade de preços unitários máximos (art. 82, § 1.º, da Lei de Licitações).

É permitido registro de preços com indicação limitada a unidades de contratação, sem indicação do total a ser adquirido, apenas nas seguintes situações (art. 82, § 3.º, da Lei de Licitações): a) quando for a primeira licitação para o objeto e o órgão ou a entidade não tiver registro de demandas anteriores; b) no caso de alimento perecível; e c) no caso em que o serviço esteja integrado ao fornecimento de bens. Nesses casos, é obrigatória a indicação do valor máximo da despesa e é vedada a participação de outro órgão ou entidade na ata (art. 82, § 4.º, da Lei).

O SRP poderá ser usado para a contratação de bens e serviços, inclusive de obras e serviços de engenharia, e observará as seguintes condições (art. 82, § 5.º, da Lei de Licitações): a) realização prévia de ampla pesquisa de mercado; b) seleção de acordo com os procedimentos previstos em regulamento; c) desenvolvimento obrigatório de rotina de controle; d) atualização periódica dos preços registrados; e) definição do período de validade do registro de preços; e f) inclusão, em ata de registro de preços, do licitante que aceitar cotar os bens ou os serviços com preços iguais aos do licitante vencedor na sequência de classificação do certame e do licitante que mantiver sua proposta original.

---

[237] De forma semelhante, Marçal Justen Filho afirma que "os preços registrados comportam alteração", mas que "a solução mais satisfatória consiste em promover essa modificação no âmbito de cada contrato específico." JUSTEN FILHO, Marçal. *Comentários à lei de licitações e contratações administrativas*. São Paulo: Thomson Reuters Brasil, 2021. p. 1.167. Igualmente, Edgar Guimarães sustenta: "Em homenagem ao artigo 37, inciso XXI, da Constituição Federal, que impõe à Administração Pública a obrigação de manter as condições efetivas das propostas oferecidas por ocasião de uma licitação, o edital para registro de preços deverá prever mecanismos visando alteração dos preços registrados podendo se valer de instrumentos jurídicos, por exemplo, o reajuste, a repactuação e o reequilíbrio econômico-financeiro. É preciso afirmar que tais alterações operam em mão dupla, ou seja, tanto podem reduzir os preços como também majorá-los". GUIMARÃES, Edgar. Instrumentos auxiliares das licitações e contratações. In: DI PIETRO, Maria Sylvia Zanella (Coord.). *Licitações e contratos administrativos*: inovações da Lei 14.133, de 1º de abril de 2021. 2. ed. Rio de Janeiro: Forense, 2022. p. 340.

O SRP poderá, na forma de regulamento, ser utilizado nas hipóteses de inexigibilidade e de dispensa de licitação para a aquisição de bens ou para a contratação de serviços por mais de um órgão ou entidade (art. 82, § 6.º, da Lei de Licitações).

A existência de preços registrados implica compromisso de fornecimento nas condições estabelecidas, mas não obriga a Administração a contratar, facultando-se a realização de certame específico para a aquisição pretendida, desde que devidamente motivada (art. 83 da Lei de Licitações).

Cabe destacar que o registro de preço não possui a finalidade de selecionar a melhor proposta para celebração de contrato específico, como ocorre normalmente nas licitações e contratações de objeto unitário.

Ao contrário, no sistema de registro de preços o intuito é realizar uma licitação, mediante concorrência ou pregão, para registrar em ata os preços de diversos itens, apresentados pelos licitantes vencedores, que poderão ser adquiridos pela Administração, dentro de determinado prazo, na medida de sua necessidade.

Dessa forma, ao final do procedimento, a Administração Pública deve elaborar a ata de registro de preços que, de acordo com o art. 6.º, XLVI, da Lei de Licitações, é o "documento vinculativo e obrigacional, com característica de compromisso para futura contratação, no qual são registrados o objeto, os preços, os fornecedores, os órgãos participantes e as condições a serem praticadas, conforme as disposições contidas no edital da licitação, no aviso ou instrumento de contratação direta e nas propostas apresentadas".

O prazo de vigência da ata de registro de preços será de um ano, podendo ser prorrogado, por igual período, desde que comprovado o preço vantajoso (art. 84 da Lei de Licitações). O contrato decorrente da ata de registro de preços, por sua vez, terá sua vigência conforme as disposições nela contidas (art. 84, parágrafo único, da Lei).[238] Verifica-se, portanto, que o prazo de vigência da ata não se confunde com o prazo de vigência do contrato dela decorrente.

O art. 84 da Lei 14.133/2021, que dispõe sobre o prazo máximo de vigência da ata de registro de preços, deve ser compreendido como norma geral, vedada a possibilidade de fixação de prazos maiores por meio de atos normativos estaduais, distritais ou municipais.[239]

---

[238] De acordo com a Orientação Normativa da AGU 89/2024: "O prazo inicial de vigência da ata de registro de preços é necessariamente de 1 (um) ano, contado do primeiro dia útil subsequente à data de sua divulgação no PNCP, podendo ocorrer a prorrogação da vigência da ata para o período de mais de um ano, desde que formalizada na vigência inicial da ata e comprovada a vantajosidade do preço registrado, tudo conforme os termos do art. 84, da Lei nº 14.133, de 2021, c/c o art. 22 do Decreto nº 11.462, de 2023." No regime jurídico anterior, a ata possuía prazo de validade de até um ano (art. 15, § 3.º, III, e § 4.º, da Lei 8.666/1993).

[239] No contexto na legislação anterior, o TCU decidiu que a norma que fixa o prazo máximo de vigência da ata deve ser considerada norma geral (TCU, Acórdão 2368/2013, Plenário, Rel. Min. Benjamin Zymler, Data da sessão: 04/09/2013).

Não obstante a ausência de clareza do legislador, entendemos que o prazo de vigência deve ser contado a partir da publicação da ata ou de outro momento posterior indicado no ato de publicação.[240]

Em relação à prorrogação da ata de registro de preços, abre-se margem de dúvida a respeito da renovação dos quantitativos indicados na ata. O tema tem recebido tratamento jurídico variado nos atos normativos dos diversos Entes federativos. Enquanto alguns regulamentos afastam a renovação dos quantitativos, outros regulamentos expressamente admitem a renovação dos quantitativos na hipótese de prorrogação da vigência da ata.[241] Em âmbito federal, a AGU, por meio do Parecer 00453/2024/CGAQ/SCGP/CGU/AGU, concluiu pela possibilidade de renovação do quantitativo inicialmente registrado em caso de prorrogação de vigência da ata de registro de preços, desde que: a) seja comprovado o preço vantajoso; b) haja previsão expressa no edital e na ata de registro de preços; c) o tema tenha sido tratado no planejamento da contratação; d) a prorrogação da ata de registro de preços ocorra dentro do prazo de sua vigência.

Outro ponto que enseja dúvidas refere-se à viabilidade de alteração quantitativa para realização de acréscimos dos itens registrados na ata durante a sua vigência. A maioria dos Entes federativos, por meio dos respectivos atos normativos, optou por vedar acréscimos na ata.[242] A discussão, naturalmente, não se coloca para supressões, uma vez que a Administração Pública nem sequer é obrigada contratar os itens constantes da ata, na forma do art. 83 da Lei 14.133/2021. De nossa parte, entendemos que não devem ser admitidos os acréscimos nos itens registrados na ata, abrindo-se, contudo, a possibilidade para alteração, quantitativa e qualitativa, dos contratos decorrentes das atas de registro de preços, desde que respeitados os limites previstos no art. 125 da Lei 14.133/2021. Isso porque a legislação permite alterações nos contratos, que não se confundem com as atas, e a eventual alteração na ata, com a possibilidade de novas

---

[240] No âmbito da legislação anterior, o TCU afirmou que o prazo de vigência da ata deveria ser contado a partir da sua publicação (TCU, Acórdão 1401/2014, Plenário, Rel. Min. Augusto Sherman, Data da sessão: 28/05/2014). Com a mesma opinião, vide: TORRES, Ronny Charles Lopes de. *Leis de licitações públicas comentadas*. 12. ed. São Paulo: JusPodivm, 2021. p. 496-497

[241] No sentido da ausência de renovação de quantitativos, vide, por exemplo: Estado do Rio de Janeiro (art. 20, § 2º, I, do Decreto estadual 48.843/2023) e Pernambuco (art. 20, parágrafo único, do Decreto estadual 54.700/2023). De outro lado, admitindo a renovação dos quantitativos na prorrogação da vigência da ata, vide, por exemplo: Paraná (art. 299 do Decreto estadual 10.086/2022), Belo Horizonte (art. 18, § 2º, do Decreto estadual 18.242/2023), Porto Alegre (art. 20, § 1º, do Decreto estadual 22.357/2023) e Santa Catarina (art. 13, § 1º, do Decreto estadual 509/2024).

[242] Em âmbito federal, o art. 23 do Decreto 11.462/2023 veda a realização de acréscimos nos quantitativos fixados na ata. Mencionem-se, por exemplo, os seguintes Entes federativos que não admitem acréscimos nas atas: Estado do Rio de Janeiro (art. 20, § 1º, do Decreto estadual 48.843/2023), Pernambuco (art. 23 do Decreto estadual 54.700/2023); Belo Horizonte (arts. 22 e 23 do Decreto estadual 18.242/2023), Paraná (art. 298, § 8º, do Decreto estadual 10.086/2022), Alagoas (art. 23 do Decreto estadual 95.019/2023), Porto Alegre (art. 20, § 2º, do Decreto estadual 22.357/2023). Em sentido contrário, admitindo a realização de acréscimos nas atas, vide: Santa Catarina (art. 13, § 2º, do Decreto estadual 509/2024).

Título II – Das Licitações

Art. 88

alterações nos contratos dela decorrentes, acarretaria aumento desproporcional dos quantitativos inicialmente planejados pela Administração Pública.[243]

A Administração poderá contratar a execução de obras e serviços de engenharia pelo sistema de registro de preços, desde que atendidos os seguintes requisitos (art. 85 da Lei de Licitações): a) existência de projeto padronizado, sem complexidade técnica e operacional; e b) necessidade permanente ou frequente de obra ou serviço a ser contratado.

Conforme destacado anteriormente, o art. 15 da antiga Lei 8.666/1993 e o Decreto federal 7.892/2013 não previam, expressamente, a utilização do SRP para obras e serviços de engenharia. Naquele contexto, o TCU, ao interpretar as referidas normas, decidiu pela possibilidade de SRP para serviços comuns de engenharia, mas impediu a sua aplicação para contratação de obras.[244]

Todavia, no RDC, a possibilidade de utilização do SRP era admitida pelo art. 88, I, do Decreto federal 7.581/2011 que definia o Sistema de Registro de Preços – SRP da seguinte forma: "conjunto de procedimentos para registro formal de preços para contratações futuras, relativos à prestação de serviços, inclusive de engenharia, de aquisição de bens e de execução de obras com características padronizadas".

Assim, a atual Lei de Licitações, ao admitir o SRP para obras e serviços de engenharia, confirmou a tendência já verificada no âmbito do RDC.

No Registro de Preços, existem três atores importantes, assim definidos pela Lei 14.133/2021: **a) órgão ou entidade gerenciadora:** órgão ou entidade da Administração Pública responsável pela condução do conjunto de procedimentos para registro de preços e pelo gerenciamento da ata de registro de preços dele decorrente (art. 6.º, XLVII); **b) órgão ou entidade participante:** órgão ou entidade da Administração Pública que participa dos procedimentos iniciais da contratação para registro de preços e integra a ata de registro de preços (art. 6.º, XLVIII); e **c) órgão ou entidade não participante:** órgão ou entidade da Administração Pública que não participa dos procedimentos iniciais da licitação para registro de preços e não integra a ata de registro de preços (art. 6.º, XLIX).[245]

---

[243] No mesmo sentido: TORRES, Ronny Charles Lopes de. *Leis de licitações públicas comentadas.* 12. ed. São Paulo: JusPodivm, 2021. p. 497.

[244] TCU, Acórdão 3.605/2014, Plenário, Rel. Min. Marcos Bemquerer Costa, 09.12.2014, Informativo de Jurisprudência sobre Licitações e Contratos do TCU n. 227); TCU (Acórdão 980/2018 Plenário, Representação, Rel. Ministro-Substituto Marcos Bemquerer, 02.05.2018, *Informativo de Jurisprudência sobre Licitações e Contratos do TCU* n. 345.

[245] No tocante ao controle de juridicidade da contratação no âmbito do registro de preço, a Orientação Normativa da AGU 88/2024 dispõe: "I) No âmbito do Sistema de Registro de Preços, as competências do art. 53 da lei nº 14.133, de 2021, e do art. 11, inciso vi, alínea "a", da Lei Complementar nº 73, de 1993, relativas ao controle de legalidade mediante análise jurídica do processo de contratação, são da exclusiva alçada da unidade consultiva que presta assessoramento jurídico ao órgão gerenciador do registro de preços. II) O órgão não participante, em obediência ao § 4º do art. 53 da lei nº 14.133, de 2021, deverá submeter o processo de adesão à análise jurídica

O órgão ou a entidade gerenciadora deverá, na fase preparatória do processo licitatório, para fins de registro de preços, realizar procedimento público de intenção de registro de preços (IRP) para, nos termos de regulamento, possibilitar, pelo prazo mínimo de 8 dias úteis, a participação de outros órgãos ou entidades na respectiva ata e determinar a estimativa total de quantidades da contratação (art. 86 da Lei de Licitações).

Os órgãos e entidades não participantes poderão aderir à ata de registro de preços na condição de carona, observados os seguintes requisitos (art. 86, § 2.º da Lei de Licitações): a) apresentação de justificativa da vantagem da adesão, inclusive em situações de provável desabastecimento ou descontinuidade de serviço público; b) demonstração de que os valores registrados estão compatíveis com os valores praticados pelo mercado na forma do art. 23 da Lei de Licitações; c) prévia consulta e aceitação do órgão ou entidade gerenciador e do fornecedor.

A Administração Pública federal não pode aderir à ata de registro de preços gerenciada por órgão ou entidade estadual, distrital e municipal (art. 86, § 8.º).[246]

Na redação originária da Lei 14.133/2021 do art. 86, § 3.º, a possibilidade de carona se encontrava limitada a órgãos e entidades da Administração Pública estadual, distrital e municipal que, na condição de carona, desejassem aderir à ata de registro de preços de órgão ou entidade gerenciador federal, estadual ou distrital (art. 86, § 3.º).

De acordo com a redação originária dos referidos dispositivos normativos: a) órgãos e entidades da Administração Pública federal, estadual, distrital e municipal poderiam aderir à Ata de Registro de Preços de órgão ou entidade gerenciadora federal, estadual ou distrital; e b) órgãos e entidades da Administração Pública federal não podem aderir à Ata de Registro de Preços gerenciada por órgão ou entidade estadual, distrital ou municipal.

A partir da interpretação literal da redação originária do § 3.º do art. 86 da Lei 14.133/2021, não haveria previsão de carona nas atas dos Municípios.

---

do respectivo órgão de assessoramento jurídico, hipótese em que este limitar-se-á a examinar a legalidade em relação aos requisitos da adesão. III) A análise a que se refere o inciso II desta orientação normativa é dispensada, nos termos do § 5º do art. 53 da Lei nº 14.133, de 2021, nos casos de adesão a ata de registro de preço para contratação: a) voltada à aquisição de bens para entrega imediata; ou b) na hipótese de o valor da contratação por adesão não superar 1% do valor caracterizado pela lei como contratação de grande vulto (art. 6º, XXII, da lei nº 14.133, de 2021), considerada a atualização anual legalmente exigida. IV) Não será necessária análise e manifestação jurídica específica nos casos em que o órgão de assessoramento jurídico do órgão não participante do registro de preço emitir manifestação jurídica referencial acerca do procedimento de adesão a ata de registro de preço. V) Os órgãos participante e não participante do sistema de registro de preços poderão solicitar manifestação específica da respectiva unidade de consultoria jurídica para que lhe preste assessoramento acerca da juridicidade do processo de contratação, desde que haja dúvida de ordem jurídica objetivamente exposta no processo".

[246] Orientação Normativa/AGU 21: "É vedada aos órgãos públicos federais a adesão à Ata de Registro de Preços, quando a licitação tiver sido realizada pela Administração Pública Estadual, Municipal ou do Distrito Federal, bem como por entidades paraestatais".

Quanto à adesão realizada por outros órgãos e entidades do próprio Município que implementou a Ata, parece não haver maiores questionamentos sobre a sua possibilidade, uma vez que a questão se insere no âmbito territorial da própria Edilidade, naquilo que poderia ser denominado de carona interna ou intrafederativa, o que não suscita maiores questionamentos sob o aspecto da autonomia federativa.

Contudo, a questão relativa à viabilidade de carona nas atas municipais por parte de outros Entes federados (carona externa ou interfederativa) tem gerado interpretações dissonantes.

1.º entendimento: impossibilidade de adesão às atas municipais por outros Entes federados, em razão da literalidade dos §§ 3.º e 8.º do art. 86 da Lei 14.133/2021. Nesse sentido: Marçal Justen Filho.[247]

2.º entendimento: viabilidade de adesão às atas municipais por outros Entes federados, com fundamento no pacto federativo e na interpretação conforme a Constituição dos §§ 3.º e 8.º do art. 86 da Lei 14.133/2021. Nesse sentido: Victor Amorim.[248]

De nossa parte, sustentamos a necessidade de interpretação conforme a Constituição dos §§ 3.º e 8.º do art. 86 da Lei 14.133/2021, que devem ser considerados normas específicas e não gerais, para conferir aos Entes federados a decisão sobre a adesão às atas de registro de preços de outros Entes federados, em razão dos seguintes argumentos:[249] a) autonomia dos Entes federados, inclusive Municípios, para decidirem sobre a utilização de suas atas (art. 18 da CRFB); e b) a ausência de previsão de adesão às atas municipais na Lei 14.133/2021 não pode acarretar a impossibilidade da referida adesão, sob pena de afronta aos princípios da razoabilidade e da proporcionalidade, uma vez que inexiste justificativa razoável para restringir a utilização das atas municipais a partir de uma decisão extroversa da União Federal.

A tese aqui sustentada acabou sendo incorporada na alteração promovida pela Lei 14.770/2023 no art. 86, § 3.º, da Lei 14.133/2021, que passou a prever a possibilidade de adesão às atas municipais, desde que o sistema de registro de preços tenha sido formalizado mediante licitação.

Por fim, cabe destacar que as adesões às atas de registros de preços devem observar os limites legais. Nesse sentido, as aquisições ou as contratações adicionais, decorrentes do efeito carona, não poderão exceder, por órgão ou entidade, a 50% dos quantitativos dos itens do instrumento convocatório registrados na ata de registro de preços para o órgão gerenciador e para os órgãos participantes (art. 86, § 4.º).

---

[247] JUSTEN FILHO, Marçal. Comentários à Lei de Licitações e Contratações Administrativas. São Paulo: Thomson Reuters Brasil, 2021. p. 1.182.

[248] AMORIM, Victor. A adesão de ata de registro de preços municipais na nova Lei de Licitações: por uma necessária interpretação conforme à Constituição do § 3.º do art. 86 da Lei 14.133/2021. Disponível em: <https://www.novaleilicitacao.com.br/2021/07/14/a-adesao-de-ata-de-registro--de-precos-municipais-na-nova-lei-de-licitacoes-por-uma-necessaria-interpretacao-conforme--a-constituicao-do-%C2%A73o-do-art-86-da-lei-no-14-133-2021/>. Acesso em: 20.03.2024.

[249] OLIVEIRA, Rafael Carvalho Rezende. Sistema de Registro de preços e (in)viabilidade da carona interfederativa nas atas municipais na nova Lei de Licitações, *Solução em Licitações e Contratos*, v. 63, p. 43-54, jun. 2023.

Art. 88

Ademais, o quantitativo decorrente das adesões à ata de registro de preços não poderá exceder, na totalidade, ao dobro do quantitativo de cada item registrado na ata de registro de preços para o órgão gerenciador e órgãos participantes, independentemente do número de órgãos não participantes que aderirem (art. 86, § 5.º).

A adesão à ata de registro de preços de órgão ou entidade gerenciador do Poder Executivo federal por órgãos e entidades da Administração Pública estadual, distrital e municipal poderá ser exigida para fins de transferências voluntárias, não ficando sujeita ao limite de que trata o § 5.º se destinada à execução descentralizada de programa ou projeto federal e comprovada a compatibilidade dos preços registrados com os valores praticados no mercado na forma do art. 23 (art. 86, § 6.º).

Para aquisição emergencial de medicamentos e material de consumo médico--hospitalar por órgãos e entidades da Administração Pública federal, estadual, distrital e municipal, a adesão à ata de registro de preços gerenciada pelo Ministério da Saúde não estará sujeita ao limite de que trata o § 5.º (art. 86, § 7.º).

É oportuno lembrar a existência de regime jurídico especial para o SRP durante o estado de calamidade pública, na forma da Lei 14.981/2024, destacando-se, por exemplo, as seguintes previsões: a) prazos menores para implementação da IRP que será de dois a oito dias úteis (art. 8º); b) após o prazo de trinta dias, contados da data de assinatura da ata de registro de preços, durante o estado de calamidade, o órgão ou a entidade realizará, previamente à contratação, estimativa de preços a fim de verificar se os preços registrados permanecem compatíveis com os praticados no mercado, promovido o reequilíbrio econômico-financeiro, caso necessário (art. 9º); c) possibilidade de adesão à ata nos seguintes casos (art. 7º): c.1) adesão por órgão ou entidade pública federal à ata de registro de preços de órgão ou entidade gerenciadora do Estado, do DF ou dos Municípios atingidos; e c.2) adesão por órgão ou entidade do Estado ou de Município atingido à ata de órgão ou entidade gerenciadora dos Municípios atingidos; d) possibilidade de adesão à ata formalizada sem a indicação do total a ser adquirido, com fundamento no § 3º do art. 82 da Lei 14.133/2021, inclusive em relação às obras e aos serviços de engenharia, mantida a obrigação de indicação do valor máximo da despesa (art. 10); e) ampliação dos limites quantitativos para adesão à ata (art. 11): em vez do limite tradicional (dobro dos itens registrados), no regime especial de calamidade pública, as adesões não poderão ultrapassar, na totalidade, cinco vezes o quantitativo de cada item registrado na ata, independentemente do número de órgãos não participantes que aderirem; f) inaplicabilidade dos limites previstos tanto no art. 11 da citada Lei quanto nos §§ 4º e 5º do art. 86 da Lei 14.133/2021, para adesões às atas gerenciadas pela Central de Compras da Secretaria de Gestão e Inovação do Ministério da Gestão e da Inovação em Serviços Públicos (art. 12).

6. REGISTRO CADASTRAL

Por fim, ao lado do credenciamento, da pré-qualificação, do PMI e do SRP, o art. 78, V, da Lei de Licitações menciona o registro cadastral como espécie de procedimento auxiliar das licitações e das contratações.

Título II – Das Licitações Art. 88

O registro cadastral era regulado pela antiga Lei 8.666/1993 que, em seu art. 34, dispunha que os órgãos e entidades da Administração Pública, que realizassem licitações frequentes, deveriam manter registros cadastrais para efeito de habilitação, na forma regulamentar, válidos por, no máximo, um ano.

No regime jurídico instituído pela Lei 8.666/1993, o registro cadastral apresentava as seguintes características básicas: a) deveria ser atualizado, no mínimo, anualmente e deverá estar permanentemente aberto aos interessados (art. 34, § 1.º); b) possibilidade de utilização de registros cadastrais de outros órgãos ou entidades da Administração Pública (art. 34, § 2.º); c) os inscritos eram classificados por categorias, tendo em vista sua especialização, subdivididas em grupos, segundo a qualificação técnica e econômica avaliada pelos elementos constantes da documentação relacionada nos arts. 30 e 31 da Lei 8.666/1993 (art. 36); d) os cadastrados recebiam o certificado de cadastramento (Certificado de Registro Cadastral), renovável sempre que atualizarem o registro (art. 36, § 1.º). Em âmbito federal, o Decreto 3.722/2001 dispunha sobre o Sistema de Cadastramento Unificado de Fornecedores (SICAF).[250]

Da mesma forma, o registro cadastral era previsto no Regime Diferenciado de Contratações Públicas (RDC).

No RDC, os registros cadastrais, quando existentes, seriam válidos por até um ano e ficarão permanentemente abertos para a inscrição de interessados (art. 31, *caput* e § 1.º, da Lei 12.462/2011). A inovação, em relação às licitações tradicionais, é a anotação do desempenho contratual do licitante no respectivo registro cadastral (art. 31, § 3.º, da Lei 12.462/2011).

O registro cadastral também é previsto na Lei 13.303/2016 (Lei das Estatais) e possui as seguintes características: a) poderão ser mantidos para efeito de habilitação dos inscritos em procedimentos licitatórios e serão válidos por um ano, no máximo, podendo ser atualizados a qualquer tempo (art. 65); b) serão amplamente divulgados e ficarão permanentemente abertos para a inscrição de interessados que serão admitidos segundo requisitos previstos em regulamento (art. 65, §§ 1.º e 2.º); e c) será anotada a atuação do licitante no cumprimento das obrigações assumidas, admitindo-se a alteração, a suspensão ou o cancelamento, a qualquer tempo, do registro do inscrito que deixar de satisfazer as exigências estabelecidas para habilitação ou para admissão cadastral (art. 65, §§ 3.º e 4.º).

A atual Lei de Licitações, seguindo a tendência dos diplomas legais acima referidos, regulou o registro cadastral.

---

[250] Na redação original, o art. 1.º, § 1.º, do Decreto 3.722/2001 exigia o prévio cadastramento no SICAF para participação em licitações e contratações no âmbito do Sistema de Serviços Gerais (SISG). A norma, a nosso ver, era inconstitucional, pois a Lei 8.666/1993, hierarquicamente superior, não exige o cadastramento para participação em licitações e contratações administrativas, sendo possível, mesmo na tomada de preços, a participação de não cadastrados. A norma em comento foi revogada pelo Decreto 4.485/2002. Sobre o tema, o TCU editou a Súmula 274, que dispõe: "É vedada a exigência de prévia inscrição no Sistema de Cadastramento Unificado de Fornecedores – Sicaf para efeito de habilitação em licitação".

O registro cadastral corresponde à antecipação da análise dos documentos dos interessados, que somente seriam exigidos na fase de habilitação da futura licitação, bem como estipula a avaliação de desempenho das empresas que já foram contratadas pela Administração.

Conforme dispõe o art. 87 da Lei de Licitações, os órgãos e as entidades da Administração Pública deverão utilizar o sistema de registro cadastral unificado disponível no Portal Nacional de Contratações Públicas, para efeito de cadastro unificado de licitantes, na forma que dispuser regulamento.[251]

O sistema de registro cadastral unificado será público e deverá ser amplamente divulgado e estar permanentemente aberto aos interessados, sendo obrigatória a realização, no mínimo anualmente, pela internet, de chamamento público para atualização dos registros existentes e ingresso de novos interessados (art. 87, § 1.º, da Lei de Licitações).

É proibida a exigência, pelo órgão ou entidade licitante, de registro cadastral complementar para acesso a edital e anexos (art. 87, § 2.º, da Lei de Licitações).

É autorizada a realização de licitação restrita a fornecedores cadastrados, atendidos os critérios, as condições e os limites estabelecidos em regulamento e a ampla publicidade dos procedimentos para o cadastramento (art. 87, § 3.º, da Lei de Licitações). Nesse caso, será permitida a participação de fornecedor que realize seu cadastro dentro do prazo para apresentação de propostas previsto no edital (art. 87, § 4.º, da Lei).

Na inscrição e na atualização do cadastro, o interessado fornecerá os elementos necessários à satisfação das exigências de habilitação (art. 88 da Lei de Licitações).

O inscrito, que receberá certificado de cadastramento, será classificado por categorias, considerada sua área de atuação, subdivididas em grupos, segundo a qualificação técnica e econômico-financeira avaliada, de acordo com regras objetivas divulgadas no sítio eletrônico oficial da Administração (art. 88, § 1.º, da Lei de Licitações).

O interessado que requerer o cadastro poderá participar de processo licitatório até a decisão da Administração, ficando condicionada a celebração do contrato à emissão do certificado de que trata o § 2.º (art. 88, § 6.º, da Lei de Licitações).

O Registro Cadastral deve conter as avaliações das atuações dos inscritos no cumprimento das obrigações contratuais, inclusive a menção ao seu desempenho na execução contratual, com base em indicadores objetivamente definidos e aferidos, e a eventuais penalidades aplicadas, o que constará do registro cadastral em que a inscrição for realizada (art. 88, § 3.º, da Lei de Licitações). A anotação do cumprimento de obrigações pelo contratado é condicionada à implantação e regulamentação do

---

[251] Conforme entendimento da AGU, apresentado no Parecer 00014/2024/CNLCA/CGU/AGU, "o art. 87 da Lei nº 14.133/2021 é compatível com o art. 22, inciso XXVII, da Constituição Federal de 1988 tanto no aspecto formal quanto em relação ao seu conteúdo, de modo que a União detém atribuição para editar o decreto regulamentador a respeito da criação do cadastro nacional unificado de licitantes de observância compulsória pelos demais entes federados".

Título III – Dos Contratos Administrativos — Art. 90

cadastro de atesto de cumprimento de obrigações, apto para se realizar o registro de forma objetiva, em atendimento aos princípios da impessoalidade, da igualdade, da isonomia, da publicidade e da transparência, de modo a possibilitar a implementação de medidas de incentivo aos licitantes que possuírem ótimo desempenho anotado em seu registro cadastral (art. 88, § 4.º, da Lei).

O desempenho do cadastrado é relevante, por exemplo: a) no julgamento por melhor técnica ou por técnica e preço (art. 37, III); b) no desempate entre licitantes (art. 60, II); e c) na demonstração da qualificação técnico-operacional (art. 67, II).

Portanto, o cadastramento deixa de lado seu conteúdo meramente formal, como sistema de análise documental, na linha adotada pela revogada Lei 8.666/1993, e passa a utilizar conteúdo material, com a efetiva preocupação de avaliação do desempenho dos cadastrados em contratações com a Administração, tendência já consagrada, por exemplo, no antigo RDC (arts. 25, II, e 31, § 3.º, da Lei 12.462/2011) e nas contratações realizadas por empresas estatais (arts. 55, II, e 65, § 3.º, da Lei 13.303/2016).

O registro poderá ser alterado, suspenso ou cancelado quando o inscrito deixar de satisfazer exigências legais ou regulamentares (art. 88, § 5.º, da Lei de Licitações).

TÍTULO III
DOS CONTRATOS ADMINISTRATIVOS

CAPÍTULO I
DA FORMALIZAÇÃO DOS CONTRATOS

Art. 89. Os contratos de que trata esta Lei regular-se-ão pelas suas cláusulas e pelos preceitos de direito público, e a eles serão aplicados, supletivamente, os princípios da teoria geral dos contratos e as disposições de direito privado.

§ 1.º Todo contrato deverá mencionar os nomes das partes e os de seus representantes, a finalidade, o ato que autorizou sua lavratura, o número do processo da licitação ou da contratação direta e a sujeição dos contratantes às normas desta Lei e às cláusulas contratuais.

§ 2.º Os contratos deverão estabelecer com clareza e precisão as condições para sua execução, expressas em cláusulas que definam os direitos, as obrigações e as responsabilidades das partes, em conformidade com os termos do edital de licitação e os da proposta vencedora ou com os termos do ato que autorizou a contratação direta e os da respectiva proposta.

Art. 90. A Administração convocará regularmente o licitante vencedor para assinar o termo de contrato ou para aceitar ou retirar o instrumento equivalente, dentro do prazo e nas condições estabelecidas no edital de licitação, sob pena de decair o direito à contratação, sem prejuízo das sanções previstas nesta Lei.

§ 1.º O prazo de convocação poderá ser prorrogado 1 (uma) vez, por igual período, mediante solicitação da parte durante seu transcurso, devidamente justificada, e desde que o motivo apresentado seja aceito pela Administração.

§ 2.º Será facultado à Administração, quando o convocado não assinar o termo de contrato ou não aceitar ou não retirar o instrumento equivalente no prazo e nas condições estabelecidas, convocar os licitantes remanescentes, na ordem de classificação, para a celebração do contrato nas condições propostas pelo licitante vencedor.

§ 3.º Decorrido o prazo de validade da proposta indicado no edital sem convocação para a contratação, ficarão os licitantes liberados dos compromissos assumidos.

§ 4.º Na hipótese de nenhum dos licitantes aceitar a contratação nos termos do § 2.º deste artigo, a Administração, observados o valor estimado e sua eventual atualização nos termos do edital, poderá:

I – convocar os licitantes remanescentes para negociação, na ordem de classificação, com vistas à obtenção de preço melhor, mesmo que acima do preço do adjudicatário;

II – adjudicar e celebrar o contrato nas condições ofertadas pelos licitantes remanescentes, atendida a ordem classificatória, quando frustrada a negociação de melhor condição.

§ 5.º A recusa injustificada do adjudicatário em assinar o contrato ou em aceitar ou retirar o instrumento equivalente no prazo estabelecido pela Administração caracterizará o descumprimento total da obrigação assumida e o sujeitará às penalidades legalmente estabelecidas e à imediata perda da garantia de proposta em favor do órgão ou entidade licitante.

§ 6.º A regra do § 5.º não se aplicará aos licitantes remanescentes convocados na forma do inciso I do § 4.º deste artigo.

§ 7.º Será facultada à Administração a convocação dos demais licitantes classificados para a contratação de remanescente de obra, de serviço ou de fornecimento em consequência de rescisão contratual, observados os mesmos critérios estabelecidos nos §§ 2.º e 4.º deste artigo.

§ 8º Na situação de que trata o § 7º deste artigo, é autorizado o aproveitamento, em favor da nova contratada, de eventual saldo a liquidar inscrito em despesas empenhadas ou em restos a pagar não processados. (Incluído pela Lei nº 14.770, de 2023)

§ 9º Se frustradas as providências dos §§ 2º e 4º, o saldo de que trata o § 8º deste artigo poderá ser computado como efetiva disponibilidade para nova licitação, desde que identificada vantajosidade para a administração pública e mantido o objeto programado. (Incluído pela Lei nº 14.770, de 2023)

Art. 91. Os contratos e seus aditamentos terão forma escrita e serão juntados ao processo que tiver dado origem à contratação, divulgados e mantidos à disposição do público em sítio eletrônico oficial.

§ 1.º Será admitida a manutenção em sigilo de contratos e de termos aditivos quando imprescindível à segurança da sociedade e do Estado, nos termos da legislação que regula o acesso à informação.

§ 2.º Contratos relativos a direitos reais sobre imóveis serão formalizados por escritura pública lavrada em notas de tabelião, cujo teor deverá ser divulgado e mantido à disposição do público em sítio eletrônico oficial.

§ 3.º Será admitida a forma eletrônica na celebração de contratos e de termos aditivos, atendidas as exigências previstas em regulamento.

§ 4.º Antes de formalizar ou prorrogar o prazo de vigência do contrato, a Administração deverá verificar a regularidade fiscal do contratado, consultar o Cadastro Nacional de Empresas Inidôneas e Suspensas (Ceis) e o Cadastro Nacional de Empresas Punidas (Cnep), emitir as certidões negativas de inidoneidade, de impedimento e de débitos trabalhistas e juntá-las ao respectivo processo.

Art. 92. São necessárias em todo contrato cláusulas que estabeleçam:

I – o objeto e seus elementos característicos;

II – a vinculação ao edital de licitação e à proposta do licitante vencedor ou ao ato que tiver autorizado a contratação direta e à respectiva proposta;

III – a legislação aplicável à execução do contrato, inclusive quanto aos casos omissos;

IV – o regime de execução ou a forma de fornecimento;

Título III – Dos Contratos Administrativos

Art. 92

V – o preço e as condições de pagamento, os critérios, a data-base e a periodicidade do reajustamento de preços e os critérios de atualização monetária entre a data do adimplemento das obrigações e a do efetivo pagamento;

VI – os critérios e a periodicidade da medição, quando for o caso, e o prazo para liquidação e para pagamento;

VII – os prazos de início das etapas de execução, conclusão, entrega, observação e recebimento definitivo, quando for o caso;

VIII – o crédito pelo qual correrá a despesa, com a indicação da classificação funcional programática e da categoria econômica;

IX – a matriz de risco, quando for o caso;

X – o prazo para resposta ao pedido de repactuação de preços, quando for o caso;

XI – o prazo para resposta ao pedido de restabelecimento do equilíbrio econômico-financeiro, quando for o caso;

XII – as garantias oferecidas para assegurar sua plena execução, quando exigidas, inclusive as que forem oferecidas pelo contratado no caso de antecipação de valores a título de pagamento;

XIII – o prazo de garantia mínima do objeto, observados os prazos mínimos estabelecidos nesta Lei e nas normas técnicas aplicáveis, e as condições de manutenção e assistência técnica, quando for o caso;

XIV – os direitos e as responsabilidades das partes, as penalidades cabíveis e os valores das multas e suas bases de cálculo;

XV – as condições de importação e a data e a taxa de câmbio para conversão, quando for o caso;

XVI – a obrigação do contratado de manter, durante toda a execução do contrato, em compatibilidade com as obrigações por ele assumidas, todas as condições exigidas para a habilitação na licitação, ou para a qualificação, na contratação direta;

XVII – a obrigação de o contratado cumprir as exigências de reserva de cargos prevista em lei, bem como em outras normas específicas, para pessoa com deficiência, para reabilitado da Previdência Social e para aprendiz;

XVIII – o modelo de gestão do contrato, observados os requisitos definidos em regulamento;

XIX – os casos de extinção.

§ 1.º Os contratos celebrados pela Administração Pública com pessoas físicas ou jurídicas, inclusive as domiciliadas no exterior, deverão conter cláusula que declare competente o foro da sede da Administração para dirimir qualquer questão contratual, ressalvadas as seguintes hipóteses:

I – licitação internacional para a aquisição de bens e serviços cujo pagamento seja feito com o produto de financiamento concedido por organismo financeiro internacional de que o Brasil faça parte ou por agência estrangeira de cooperação;

II – contratação com empresa estrangeira para a compra de equipamentos fabricados e entregues no exterior precedida de autorização do Chefe do Poder Executivo;

III – aquisição de bens e serviços realizada por unidades administrativas com sede no exterior.

§ 2.º De acordo com as peculiaridades de seu objeto e de seu regime de execução, o contrato conterá cláusula que preveja período antecedente à expedição da ordem de serviço para verificação de pendências, liberação de áreas ou adoção de outras providências cabíveis para a regularidade do início de sua execução.

§ 3.º Independentemente do prazo de duração, o contrato deverá conter cláusula que estabeleça o índice de reajustamento de preço, com data-base vinculada à data do orçamento estimado, e poderá ser estabelecido mais de um índice específico ou setorial, em conformidade com a realidade de mercado dos respectivos insumos.

§ 4.º Nos contratos de serviços contínuos, observado o interregno mínimo de 1 (um) ano, o critério de reajustamento de preços será por:

I – reajustamento em sentido estrito, quando não houver regime de dedicação exclusiva de mão de obra ou predominância de mão de obra, mediante previsão de índices específicos ou setoriais;

II – repactuação, quando houver regime de dedicação exclusiva de mão de obra ou predominância de mão de obra, mediante demonstração analítica da variação dos custos.

§ 5.º Nos contratos de obras e serviços de engenharia, sempre que compatível com o regime de execução, a medição será mensal.

§ 6.º Nos contratos para serviços contínuos com regime de dedicação exclusiva de mão de obra ou com predominância de mão de obra, o prazo para resposta ao pedido de repactuação de preços será preferencialmente de 1 (um) mês, contado da data do fornecimento da documentação prevista no § 6.º do art. 135 desta Lei.

§ 7.º Para efeito do disposto nesta Lei, consideram-se como adimplemento da obrigação contratual a prestação do serviço, a realização da obra ou a entrega do bem, ou parcela destes, bem como qualquer outro evento contratual a cuja ocorrência esteja vinculada a emissão de documento de cobrança. (Incluído pela Lei 14.770, de 2023)

Art. 93. Nas contratações de projetos ou de serviços técnicos especializados, inclusive daqueles que contemplem o desenvolvimento de programas e aplicações de internet para computadores, máquinas, equipamentos e dispositivos de tratamento e de comunicação da informação (*software*) – e a respectiva documentação técnica associada –, o autor deverá ceder todos os direitos patrimoniais a eles relativos para a Administração Pública, hipótese em que poderão ser livremente utilizados e alterados por ela em outras ocasiões, sem necessidade de nova autorização de seu autor.

§ 1.º Quando o projeto se referir a obra imaterial de caráter tecnológico, insuscetível de privilégio, a cessão dos direitos a que se refere o *caput* deste artigo incluirá o fornecimento de todos os dados, documentos e elementos de informação pertinentes à tecnologia de concepção, desenvolvimento, fixação em suporte físico de qualquer natureza e aplicação da obra.

§ 2.º É facultado à Administração Pública deixar de exigir a cessão de direitos a que se refere o *caput* deste artigo quando o objeto da contratação envolver atividade de pesquisa e desenvolvimento de caráter científico, tecnológico ou de inovação, considerados os princípios e os mecanismos instituídos pela Lei 10.973, de 2 de dezembro de 2004.

§ 3.º Na hipótese de posterior alteração do projeto pela Administração Pública, o autor deverá ser comunicado, e os registros serão promovidos nos órgãos ou entidades competentes.

Art. 94. A divulgação no Portal Nacional de Contratações Públicas (PNCP) é condição indispensável para a eficácia do contrato e de seus aditamentos e deverá ocorrer nos seguintes prazos, contados da data de sua assinatura:

I – 20 (vinte) dias úteis, no caso de licitação;

II – 10 (dez) dias úteis, no caso de contratação direta.

§ 1.º Os contratos celebrados em caso de urgência terão eficácia a partir de sua assinatura e deverão ser publicados nos prazos previstos nos incisos I e II do *caput* deste artigo, sob pena de nulidade.

Título III – Dos Contratos Administrativos   **Art. 95**

§ 2.º A divulgação de que trata o *caput* deste artigo, quando referente à contratação de profissional do setor artístico por inexigibilidade, deverá identificar os custos do cachê do artista, dos músicos ou da banda, quando houver, do transporte, da hospedagem, da infraestrutura, da logística do evento e das demais despesas específicas.

§ 3.º No caso de obras, a Administração divulgará em sítio eletrônico oficial, em até 25 (vinte e cinco) dias úteis após a assinatura do contrato, os quantitativos e os preços unitários e totais que contratar e, em até 45 (quarenta e cinco) dias úteis após a conclusão do contrato, os quantitativos executados e os preços praticados.

~~§ 4.º A contratada deverá divulgar em seu sítio eletrônico e manter à disposição do público, no prazo previsto nos incisos I e II do *caput* deste artigo, o inteiro teor dos contratos de que trata esta Lei e de seus aditamentos.~~ (VETADO)

~~§ 5.º Não se aplica o disposto no § 4.º deste artigo às microempresas e às empresas de pequeno porte, a que se refere a Lei Complementar 123, de 14 de dezembro de 2006.~~ (VETADO)

Art. 95. O instrumento de contrato é obrigatório, salvo nas seguintes hipóteses, em que a Administração poderá substituí-lo por outro instrumento hábil, como carta-contrato, nota de empenho de despesa, autorização de compra ou ordem de execução de serviço:

I – dispensa de licitação em razão de valor;

II – compras com entrega imediata e integral dos bens adquiridos e dos quais não resultem obrigações futuras, inclusive quanto a assistência técnica, independentemente de seu valor.

§ 1.º Às hipóteses de substituição do instrumento de contrato, aplica-se, no que couber, o disposto no art. 92 desta Lei.

§ 2.º É nulo e de nenhum efeito o contrato verbal com a Administração, salvo o de pequenas compras ou o de prestação de serviços de pronto pagamento, assim entendidos aqueles de valor não superior a R$ 10.000,00 (dez mil reais).

1. CONTRATOS DA ADMINISTRAÇÃO PÚBLICA: CONTRATOS ADMINISTRATIVOS E CONTRATOS PRIVADOS

Tradicionalmente, os "contratos da Administração" englobam todo e qualquer ajuste bilateral celebrado pela Administração Pública. São duas as espécies de contratos da Administração:[252] **a) contratos administrativos: são os ajustes celebrados**

---

[252] Conforme leciona Eduardo García de Enterría, a distinção entre contratos administrativos e contratos privados, inspirada no Direito francês, foi cunhada, inicialmente, a partir da distinção entre atos de autoridade e atos de gestão com o objetivo de definir a competência jurisdicional nos países que adotam a dualidade de jurisdição. Em seguida, influenciada pelo critério material do serviço público, adotado pela Escola de Bordeaux, a referida dicotomia passou a ser fundamentada no conteúdo do contrato: enquanto nos contratos administrativos, a relação jurídica é desigual, em virtude das cláusulas exorbitantes em favor da Administração, os contratos privados são caracterizados pela relativa igualdade das partes. GARCÍA DE ENTERRÍA, Eduardo. *Curso de derecho administrativo*. 12. ed. Madrid: Civitas, 2005. v. I, p. 689-693. Na Espanha, a referida distinção é consagrada no art. 18 da Lei 30/2007 (Ley de Contratos del Sector Público – LCSP) que dispõe: "Los contratos del sector público pueden tener carácter administrativo o carácter privado". Sobre a distinção na França, Jean Rivero, após apontar os três critérios tradicionais distintivos (presença da Administração na relação contratual, serviços públicos no objeto contratado e previsão de cláusulas exorbitantes), afirma que a aplicação destes critérios sempre foi difícil (*Droit Administratif*. 8. ed. Paris: Dalloz, 1977. p. 110 e 114).

entre a Administração Pública e o particular, regidos predominantemente pelo direito público, para execução de atividades de interesse público, com o reconhecimento de prerrogativas à Administração contratante, instrumentalizadas por meio das cláusulas exorbitantes (art. 104 da Lei 14.133/2021); e b) contratos privados da Administração ou contratos semipúblicos:[253] são os ajustes em que a Administração Pública e o particular estão em situação de relativa igualdade, regidos predominantemente pelo direito privado.

As características básicas dos contratos administrativos são:[254] a) presença de pessoa jurídica integrante da Administração Pública na relação contratual (art. 6.º, VII, da Lei 14.133/2021); b) desequilíbrio contratual em favor da Administração, tendo em vista a presença das cláusulas exorbitantes ("verticalidade");[255] e c) regime predominantemente de direito público, aplicando-se, supletivamente, as normas de direito privado (art. 89 da Lei 14.133/2021).

Enquanto os contratos administrativos são desequilibrados em favor da Administração (verticalidade) e regidos predominantemente pelo direito público, os contratos privados da Administração apresentam maior equilíbrio contratual e submetem-se predominantemente ao direito privado.

Nas duas espécies de contratos da Administração (contratos administrativos e contratos privados da Administração), a Administração é parte do ajuste (elemento subjetivo), e o objetivo é a satisfação do interesse público (elemento objetivo).[256] A principal diferença se encontra na igualdade ou desigualdade entre as partes contratantes e, por consequência, o regime jurídico, que será predominantemente aplicado (elemento formal).

Conforme sustentamos em outra oportunidade, a clássica distinção entre os contratos administrativos e os contratos privados tem sido criticada por parcela da

---

[253] A expressão "contratos semipúblicos" é utilizada por Marcos Juruena Villela Souto. *Direito administrativo contratual*. Rio de Janeiro: Lumen Juris, 2004. p. 280.

[254] De forma semelhante, Egon Bockmann Moreira e Flávio Amaral Garcia afirmam: "Os contratos administrativos são especiais devido à conjugação de três aspectos: (i) são regidos por lei específica, de Direito Administrativo; (ii) têm a participação, em ao menos um dos polos da relação contratual, de pessoa jurídica integrante da Administração Pública e (iii) contam com prerrogativas exclusivas, legislativamente atribuídas à Administração Pública." MOREIRA, Egon Bockmann; GARCIA, Flávio Amaral. *Contratos administrativos na Lei de Licitações*: comentários aos artigos 89 a 154 da Lei nº 14.133/2021, São Paulo: Thomson Reuters Brasil, 2024, p. 29.

[255] Na lição de Maria Sylvia Zanella Di Pietro, enquanto os contratos administrativos são marcados pelo traço da verticalidade, os contratos privados da Administração são caracterizados pelo traço da horizontalidade (DI PIETRO, Maria Sylvia Zanella. *Direito administrativo*. 22. ed. São Paulo: Atlas, 2009. p. 251).

[256] Os elementos subjetivo e objetivo caracterizam todas as contratações públicas. Vide: PAREJO ALFONSO, Luciano. *Derecho administrativo*. Barcelona: Ariel, 2003. p. 965.

Título III – Dos Contratos Administrativos

Art. 95

doutrina, especialmente a partir da releitura das cláusulas exorbitantes e uniformização do regime jurídico, inclusive no Direito Comunitário Europeu.[257]

Não obstante isso, a tradicional dicotomia mencionada acima tem prevalecido, inclusive no texto da atual Lei de Licitações que manteve as prerrogativas à Administração contratante.

2. FORMALIZAÇÃO DOS CONTRATOS ADMINISTRATIVOS

Conforme previsão contida no art. 89 da Lei de Licitações, os contratos administrativos são regulados por suas cláusulas e normas de direito público, com a aplicação, supletiva, dos princípios da teoria geral dos contratos e as disposições de direito privado.[258]

A Administração convocará regularmente o licitante vencedor para assinar o termo de contrato ou aceitar ou retirar o instrumento equivalente, dentro do prazo e nas condições estabelecidos no edital de licitação, sob pena de decair o direito à contratação, sem prejuízo das sanções previstas na Lei de Licitações (art. 90 da Lei de Licitações).[259]

É facultado à Administração, quando o convocado não assinar o termo de contrato ou não aceitar ou retirar o instrumento equivalente no prazo e nas condições estabelecidos, convocar os licitantes remanescentes, na ordem de classificação, para

---

[257] OLIVEIRA, Rafael Carvalho Rezende. *Licitações e contratos administrativos*: teoria e prática. 9. ed. São Paulo: Método, 2020. p. 233 e 248-249; OLIVEIRA, Rafael Carvalho Rezende. A releitura do direito administrativo à luz do pragmatismo jurídico. *RDA*, v. 256, p. 129-163, jan.-abr. 2011; MOREIRA NETO, Diogo de Figueiredo. O futuro das cláusulas exorbitantes nos contratos administrativos. In: ARAGÃO, Alexandre Santos de; MARQUES NETO, Floriano de Azevedo (Coord.). *Direito administrativo e seus novos paradigmas*. Belo Horizonte: Fórum, 2008. p. 581-582 e 586. Nesse sentido, Maria João Estorninho, ao tratar do Direito Comunitário da Contratação Pública, afirmou que, "nos sistemas de inspiração francesa, começam a diluir-se os contornos, inicialmente nítidos, da figura do contrato administrativo, como sinônimo de contratos da Administração Pública sujeitos a regime jurídico diferente – e mesmo exorbitante – relativamente quer aos contratos celebrados entre particulares quer aos contratos de direito privado da Administração Pública". ESTORNINHO, Maria João. *Curso de direito dos contratos públicos*. Coimbra: Almedina, 2012. p. 316.

[258] Todo contrato deve mencionar os nomes das partes e os de seus representantes, a finalidade, o ato que autorizou sua lavratura, o número do processo da licitação ou da contratação direta e a sujeição dos contratantes às normas desta Lei e às cláusulas contratuais (art. 89, § 1.º, da Lei). Os contratos devem estabelecer com clareza e precisão as condições para sua execução, expressas em cláusulas que definam os direitos, as obrigações e as responsabilidades das partes, em conformidade com os termos do edital de licitação e da proposta vencedora ou com os termos do ato que autorizou a contratação direta e da respectiva proposta (art. 89, § 2.º, da Lei).

[259] O prazo de convocação poderá ser prorrogado uma vez, por igual período, mediante solicitação da parte durante seu transcurso, devidamente justificada, e desde que o motivo apresentado seja aceito pela Administração (art. 90, § 1.º, da Lei).

Art. 95

a celebração do contrato nas condições propostas pelo licitante vencedor (art. 90, § 2.º, da Lei de Licitações).

Na hipótese de nenhum dos licitantes aceitar a contratação, a Administração, observado o valor estimado e sua eventual atualização nos termos do edital, poderá (art. 90, § 4.º, da Lei de Licitações): a) convocar os licitantes remanescentes para negociação, na ordem de classificação, visando à obtenção de preço melhor, mesmo que acima do preço do adjudicatário; e b) restando frustrada a negociação de melhor condição, adjudicar e celebrar o contrato nas condições ofertadas pelos licitantes remanescentes, atendida a ordem classificatória.

Decorrido o prazo de validade da proposta indicado no edital sem convocação para a contratação, ficam os licitantes liberados dos compromissos assumidos (art. 90, § 3.º, da Lei de Licitações).

A recusa injustificada do adjudicatário em assinar o contrato ou em aceitar ou retirar o instrumento equivalente no prazo estabelecido pela Administração caracteriza o descumprimento total da obrigação assumida, sujeitando-o às penalidades legalmente estabelecidas e à imediata perda da garantia de proposta em favor dos órgãos licitantes (art. 90, § 5.º, da Lei de Licitações).[260]

A Administração pode convocar os demais licitantes classificados para a contratação de remanescente de obra, serviço ou fornecimento em consequência de rescisão contratual, observados os mesmos critérios estabelecidos nos §§ 2.º e 4.º (art. 90, § 7.º, da Lei de Licitações).[261]

Os contratos e seus aditamentos terão forma escrita, serão juntados ao processo que deu origem à contratação, divulgados e mantidos à disposição do público em sítio eletrônico oficial (art. 91 da Lei de Licitações).[262] Admite-se a forma eletrônica

---

[260] A referida regra não se aplica aos licitantes remanescentes convocados na forma do inciso I do § 4.º do art. 90 da Lei de Licitações (art. 90, § 6.º, da Lei).

[261] O inciso XI do art. 24 da antiga Lei 8.666/1993 admitia a dispensa de licitação na contratação de remanescente de obra, serviço ou fornecimento, em consequência de rescisão contratual, desde que atendida a ordem de classificação da licitação anterior e aceitas as mesmas condições oferecidas pelo licitante vencedor, inclusive quanto ao preço, devidamente corrigido. Todavia, a situação não caracterizava, verdadeiramente, uma hipótese de contratação direta, uma vez que a licitação foi realizada, mas de inadimplemento contratual. Por essa razão, a atual Lei de Licitações tratou do tema no capítulo da formalização dos contratos administrativos. Mencione-se, ainda, a Orientação Normativa/AGU 79, que dispõe: "Mesmo após a revogação da Lei 8.666, de 21 de junho de 1993, havendo rescisão de contrato administrativo que tenha sido nela fundamentado, será admitida a celebração de contrato de remanescente de obra, serviço ou fornecimento com base em seu art. 24, inciso XI, desde que sejam atendidos todos demais requisitos legais aplicáveis a essa espécie de contratação".

[262] Admite-se a manutenção em sigilo de contratos e de termos aditivos quando imprescindível à segurança da sociedade e do Estado, nos termos da legislação que regula o acesso à informação (art. 91, § 1.º, da Lei). Contratos relativos a direitos reais sobre imóveis formalizam-se por instrumento lavrado em cartório de notas, cujo teor deve ser mantido à disposição do público em sítio eletrônico oficial (art. 91, § 2.º, da Lei).

Título III – Dos Contratos Administrativos

Art. 95

na celebração de contratos e de termos aditivos, atendidas as exigências previstas em regulamento (art. 91, § 3.º, da Lei).

Antes de formalizar ou prorrogar o prazo de vigência do contrato, a Administração deverá consultar o Cadastro Nacional de Empresas Inidôneas e Suspensas (CEIS) e o Cadastro Nacional de Empresas Punidas (CNEP), emitir as certidões negativas de inidoneidade, de impedimento e de débitos trabalhistas e juntá-las ao respectivo processo (art. 91, § 4.º, da Lei de Licitações).

Os contratos administrativos possuem as seguintes cláusulas necessárias (art. 92 da Lei de Licitações): a) o objeto e seus elementos característicos; b) a vinculação ao edital de licitação e à proposta do licitante vencedor ou ao ato que tiver autorizado a contratação direta e à respectiva proposta; c) a legislação aplicável à execução do contrato, inclusive quanto aos casos omissos; d) o regime de execução ou a forma de fornecimento; e) o preço e as condições de pagamento, os critérios, a data-base e a periodicidade do reajustamento de preços e os critérios de atualização monetária entre a data do adimplemento das obrigações e a do efetivo pagamento; f) os critérios e a periodicidade da medição, quando for o caso, e o prazo para liquidação e para pagamento; g) os prazos de início das etapas de execução, conclusão, entrega, observação e recebimento definitivo, quando for o caso; h) o crédito pelo qual correrá a despesa, com a indicação da classificação funcional programática e da categoria econômica; i) a matriz de risco, quando for o caso; j) o prazo para resposta ao pedido de repactuação de preços, quando for o caso; k) o prazo para resposta ao pedido de restabelecimento do equilíbrio econômico-financeiro, quando for o caso; l) as garantias oferecidas para assegurar sua plena execução, quando exigidas, inclusive as que forem oferecidas pelo contratado no caso de antecipação de valores a título de pagamento; m) o prazo de garantia mínima do objeto, observados os prazos mínimos estabelecidos nesta Lei e nas normas técnicas aplicáveis, e as condições de manutenção e assistência técnica, quando for o caso; n) os direitos e as responsabilidades das partes, as penalidades cabíveis e os valores das multas e suas bases de cálculo; o) as condições de importação e a data e a taxa de câmbio para conversão, quando for o caso; p) a obrigação do contratado de manter, durante toda a execução do contrato, em compatibilidade com as obrigações por ele assumidas, todas as condições exigidas para a habilitação na licitação, ou para a qualificação, na contratação direta; q) a obrigação de o contratado cumprir as exigências de reserva de cargos prevista em lei, bem como em outras normas específicas, para pessoa com deficiência, para reabilitado da Previdência Social e para aprendiz; r) o modelo de gestão do contrato, observados os requisitos definidos em regulamento; e s) os casos de extinção.

Ademais, nos contratos celebrados pela Administração Pública com pessoas físicas ou jurídicas, inclusive as domiciliadas no exterior, deverá constar necessariamente cláusula que declare competente o foro da sede da Administração para dirimir qualquer questão contratual, ressalvadas as seguintes hipóteses (art. 92, § 1.º, da Lei 14.133/2021): a) licitação internacional para a aquisição de bens e serviços cujo pagamento seja feito com o produto de financiamento concedido por organismo financeiro internacional de que o Brasil faça parte, ou por agência estrangeira de cooperação; b) contratação com empresa estrangeira para a compra de equipamen-

Art. 95

tos fabricados e entregues no exterior precedida de autorização do Chefe do Poder Executivo; c) aquisição de bens e serviços realizada por unidades administrativas com sede no exterior (art. 92, § 1.º, da Lei de Licitações).

Independentemente do prazo de duração, o contrato deverá conter cláusula que estabeleça o índice de reajustamento de preço, com data-base vinculada à data do orçamento estimado, e poderá ser estabelecido mais de um índice específico ou setorial, em conformidade com a realidade de mercado dos respectivos insumos (art. 92, § 3.º, da Lei de Licitações).

Nos contratos de serviços contínuos, observado o interregno mínimo de 1 (um) ano, o critério de reajustamento de preços será por (art. 92, § 4.º, da Lei de Licitações): a) reajustamento em sentido estrito, quando não houver regime de dedicação exclusiva de mão de obra ou predominância de mão de obra, mediante previsão de índices específicos ou setoriais; e b) repactuação, quando houver regime de dedicação exclusiva de mão de obra ou predominância de mão de obra, mediante demonstração analítica da variação dos custos.[263]

Nos contratos para serviços contínuos com regime de dedicação exclusiva de mão de obra ou com predominância de mão de obra, o prazo para resposta ao pedido de repactuação de preços será preferencialmente de 1 (um) mês, contado da data do fornecimento da documentação prevista no § 6.º do art. 135 da Lei (art. 92, § 6.º, da Lei de Licitações).[264]

Cabe registrar que a necessidade de previsão contratual do reajuste em sentido estrito e a sua periodicidade anual já eram consagradas na legislação anterior (arts. 40, XI e 55, III, da Lei 8.666/1993 e art. 3.º, § 1.º, da Lei 10.192/2001).[265]

Nos contratos de obras e serviços de engenharia, sempre que compatível com o regime de execução, a medição será mensal (art. 92, § 5.º, da Lei de Licitações).

---

[263] De acordo com o art. 6.º, XVI, da Lei: "serviços contínuos com regime de dedicação exclusiva de mão de obra: aqueles cujo modelo de execução contratual exige, entre outros requisitos, que: a) os empregados do contratado fiquem à disposição nas dependências do contratante para a prestação dos serviços; b) o contratado não compartilhe os recursos humanos e materiais disponíveis de uma contratação para execução simultânea de outros contratos; c) o contratado possibilite a fiscalização pelo contratante quanto à distribuição, controle e supervisão dos recursos humanos alocados aos seus contratos".

[264] O regime jurídico da repactuação é detalhado no art. 135 da Lei de Licitações.

[265] Na vigência da Lei 8.666/1993, o TCU decidiu: "O reajuste de preços contratuais é devido após transcorrido um ano, contado a partir de dois possíveis termos iniciais mutuamente excludentes: a data-limite para apresentação da proposta ou a data do orçamento estimativo a que a proposta se referir (art. 40, inciso XI, da Lei 8.666/1993; art. 3.º, § 1.º, da Lei 10.192/2001; e art. 37, inciso XXI, da Constituição Federal)." TCU, Acórdão 83/2020 Plenário, Auditoria, Rel. Min. Bruno Dantas, *Informativo de Jurisprudência sobre Licitações e Contratos do TCU* n. 383. A Orientação Normativa/AGU 24 dispõe: "O contrato de serviço continuado sem dedicação exclusiva de mão de obra deve indicar que o reajuste dar-se-á após decorrido o interregno de um ano contado da data limite para a apresentação da proposta".

Título III – Dos Contratos Administrativos

Art. 95

De acordo com o § 7.º do art. 92 da Lei 14.133/2021, inserido pela Lei 14.770/2023, consideram-se como adimplemento da obrigação contratual a prestação do serviço, a realização da obra ou a entrega do bem, ou parcela destes, bem como qualquer outro evento contratual a cuja ocorrência esteja vinculada a emissão de documento de cobrança.

Já o art. 93 da Lei 14.133/2021 dispõe que, nas contratações de projetos ou de serviços técnicos especializados, inclusive daqueles que contemplem o desenvolvimento de programas e aplicações de internet para computadores, máquinas, equipamentos e dispositivos de tratamento e de comunicação da informação (*software*), o autor deverá ceder todos os direitos patrimoniais a eles relativos para a Administração Pública, hipótese em que poderão ser livremente utilizados e alterados por ela em outras ocasiões, sem necessidade de nova autorização de seu autor.[266]

A referida exigência de cessão dos direitos poderá ser dispensada quando o objeto do contrato envolver atividade de pesquisa e desenvolvimento de caráter científico, tecnológico ou de inovação, considerados os princípios e os mecanismos instituídos pela Lei 10.973/2004 (art. 93, § 2.º, da Lei 14.133/2021).

A divulgação no Portal Nacional de Contratações Públicas (PNCP) é condição indispensável para a eficácia do contrato e seus aditamentos e deverá ocorrer nos seguintes prazos, contados de sua assinatura (art. 94, I e II, da Lei de Licitações): a) 20 dias úteis, no caso de licitação; e b) 10 dias úteis, no caso de contratação direta.

Os contratos celebrados em caso de urgência terão eficácia a partir da sua assinatura e deverão ser publicados nos prazos previstos nos incisos I e II do art. 94, sob pena de nulidade (art. 94, § 1.º, da Lei de Licitações).

A divulgação, quando referente à contratação de profissional do setor artístico por inexigibilidade, deverá identificar os custos do cachê do artista, dos músicos ou da banda, quando houver, do transporte, da hospedagem, da infraestrutura, da logística do evento e das demais despesas específicas (art. 94, § 2.º, da Lei de Licitações).

No caso de obras, a Administração divulgará em sítio eletrônico oficial, em até 25 (vinte e cinco) dias úteis após a assinatura do contrato, os quantitativos e os preços unitários e totais que contratar e, em até 45 (quarenta e cinco) dias úteis após a conclusão do contrato, os quantitativos executados e os preços praticados (art. 94, § 3.º, da Lei de Licitações).

Os §§ 4.º e 5.º do art. 94 do PL 4.253/2020 estabeleciam que a contratada deveria divulgar em seu sítio eletrônico e manter à disposição do público o inteiro teor dos contratos celebrados com a Administração Pública e seus aditamentos, exigência

---

[266] Quando o projeto se referir à obra imaterial de caráter tecnológico, insuscetível de privilégio, a cessão dos direitos incluirá o fornecimento de todos os dados, documentos e elementos de informação pertinentes à tecnologia de concepção, desenvolvimento, fixação em suporte físico de qualquer natureza e aplicação da obra (art. 93, § 1.º). Na hipótese de posterior alteração do projeto pela Administração Pública, o autor deverá ser comunicado, e os registros serão promovidos nos órgãos ou entidades competentes (art. 93, § 3.º).

que não seria aplicada às microempresas e às empresas de pequeno porte. O dispositivo, contudo, foi vetado pelo Presidente da República, já que representaria ônus financeiro adicional ao particular, encarecendo as contratações públicas, e seria desnecessária para implementação do princípio constitucional da publicidade que seria satisfeito pela divulgação dos contratos e respectivos documentos no Portal Nacional de Contratações Públicas (PNCP).

O instrumento de contrato é obrigatório, salvo nas hipóteses elencadas a seguir, em que a Administração poderá substituí-lo por outro instrumento hábil, tal como carta-contrato, nota de empenho de despesa, autorização de compra ou ordem de execução de serviço (art. 95 da Lei de Licitações):[267] a) dispensa de licitação em razão de valor; e b) compras com entrega imediata e integral dos bens adquiridos, dos quais não resultem obrigações futuras, inclusive quanto a assistência técnica, independentemente de seu valor.

A atual Lei de Licitações, em seu art. 95, § 2.º, dispõe que será nulo e de nenhum efeito o contrato verbal com a Administração, salvo o de pequenas compras ou de prestação de serviços de pronto pagamento, assim entendidos aqueles de valor não superior a R$ 12.545,11 (art. 95, § 2.º, da Lei 14.133/2021 e Decreto 12.343/2024).

Não obstante a literalidade do art. 95, § 2.º, da Lei de Licitações, o seu comando deve ser interpretado em conformidade com os princípios gerais do Direito, pois a interpretação literal levaria à conclusão de que os contratos verbais não enquadrados no valor de referência não seriam considerados válidos e não produziriam efeitos, inclusive o efeito do pagamento.

A interpretação prejudicaria o particular de boa-fé que forneceu o bem ou prestou o serviço, gerando o enriquecimento sem causa da Administração.

Por essa razão, é preciso reconhecer o dever da Administração contratante de pagar ao contratado pela execução do ajuste verbal, em homenagem aos princípios da boa-fé e da vedação do enriquecimento sem causa.[268] O reconhecimento da exe-

---

[267] Nas hipóteses de substituição do instrumento de contrato, devem ser observadas, no que couber, as cláusulas necessárias previstas no art. 92 da Lei (art. 95, § 1.º, da Lei de Licitações). A Orientação Normativa 84/2024 da AGU estabelece: "I – É possível a substituição do instrumento de contrato a que alude o art. 92 da Lei nº 14.133, de 2021, por outro instrumento mais simples, com base no art. 95, inciso I, do mesmo diploma legal, sempre que: a) o valor de contratos relativos a obras, serviços de engenharia e de manutenção de veículos automotores se encaixe no valor atualizado autorizativo da dispensa de licitação prevista no inciso I do art. 75, da Lei nº 14.133, de 2021; ou b) o valor de contratos relativos a compras e serviços em geral se encaixe no valor atualizado que autoriza a dispensa de licitação prevista no inciso II do art. 75, da Lei nº 14.133, de 2021. II – Não importa para a aplicação do inciso I do art. 95, da Lei nº 14.133, de 2021, se a contratação resultou de licitação, inexigibilidade ou dispensa."

[268] Nesse sentido: STJ, 2.ª Turma, REsp 317.463/SP, Rel. Min. João Otávio de Noronha, *DJ* 03.05.2004, p. 126; TJRJ, 15.ª Câmara Cível, Ap 2000.001.10525, Des. Jose Pimentel Marques, j. 07.02.2001; JUSTEN FILHO, Marçal. *Comentários à lei de licitações e contratos administrativos*. 18. ed. São Paulo: Thomson Reuters Brasil, 2019. p. 1.253; SOUTO, Marcos Juruena Villela. *Direito administrativo contratual*. Rio de Janeiro: Lumen Juris, 2004. p. 391-394. Enunciado 8 da PGE/RJ: "Os serviços

Título III – Dos Contratos Administrativos

Art. 97

cução do objeto contratual e o respectivo pagamento (incluído o lucro do particular) são formalizados por meio do Termo de Ajuste de Contas (ou "contrato de efeitos pretéritos").[269]

CAPÍTULO II
DAS GARANTIAS

Art. 96. A critério da autoridade competente, em cada caso, poderá ser exigida, mediante previsão no edital, prestação de garantia nas contratações de obras, serviços e fornecimentos.

§ 1.º Caberá ao contratado optar por uma das seguintes modalidades de garantia:

I – caução em dinheiro ou em títulos da dívida pública emitidos sob a forma escritural, mediante registro em sistema centralizado de liquidação e de custódia autorizado pelo Banco Central do Brasil, e avaliados por seus valores econômicos, conforme definido pelo Ministério da Economia;

II – seguro-garantia;

III – fiança bancária emitida por banco ou instituição financeira devidamente autorizada a operar no País pelo Banco Central do Brasil.

IV – título de capitalização custeado por pagamento único, com resgate pelo valor total. (Incluído pela Lei 14.770, de 2023)

§ 2.º Na hipótese de suspensão do contrato por ordem ou inadimplemento da Administração, o contratado ficará desobrigado de renovar a garantia ou de endossar a apólice de seguro até a ordem de reinício da execução ou o adimplemento pela Administração.

§ 3.º O edital fixará prazo mínimo de 1 (um) mês, contado da data de homologação da licitação e anterior à assinatura do contrato, para a prestação da garantia pelo contratado quando optar pela modalidade prevista no inciso II do § 1.º deste artigo.

Art. 97. O seguro-garantia tem por objetivo garantir o fiel cumprimento das obrigações assumidas pelo contratado perante à Administração, inclusive as multas, os prejuízos e as indenizações decorrentes de inadimplemento, observadas as seguintes regras nas contratações regidas por esta Lei:

I – o prazo de vigência da apólice será igual ou superior ao prazo estabelecido no contrato principal e deverá acompanhar as modificações referentes à vigência deste mediante a emissão do respectivo endosso pela seguradora;

II – o seguro-garantia continuará em vigor mesmo se o contratado não tiver pago o prêmio nas datas convencionadas.

---

prestados pelo particular de boa-fé sem cobertura contratual válida deverão ser indenizados (art. 59, parágrafo único, da Lei n.º 8.666/93). O Termo de Ajuste de Contas é o instrumento hábil para promover a indenização dos serviços executados (Lei Estadual n.º 287/1979, art. 90, parágrafo 2.º, I c/c Decreto Estadual n.º 3.149/1980, art. 67, II), impondo-se ao administrador público o dever de apurar a responsabilidade dos agentes que deram causa à situação de nulidade"; Orientação Normativa/AGU 4: "A despesa sem cobertura contratual deverá ser objeto de reconhecimento da obrigação de indenizar nos termos do art. 59, parágrafo único, da Lei n.º 8.666, de 1993, sem prejuízo da apuração da responsabilidade de quem lhe der causa".

[269] A nomenclatura usual na prática é "Termo de Ajuste de Contas". A expressão "contrato de efeitos pretéritos" é utilizada por Marcos Juruena Villela Souto (*Direito administrativo contratual*. Rio de Janeiro: Lumen Juris, 2004. p. 391).

Art. 98

Comentários à Lei de Licitações e Contratos Administrativos

Parágrafo único. Nos contratos de execução continuada ou de fornecimento contínuo de bens e serviços, será permitida a substituição da apólice de seguro-garantia na data de renovação ou de aniversário, desde que mantidas as mesmas condições e coberturas da apólice vigente e desde que nenhum período fique descoberto, ressalvado o disposto no § 2.º do art. 96 desta Lei.

Art. 98. Nas contratações de obras, serviços e fornecimentos, a garantia poderá ser de até 5% (cinco por cento) do valor inicial do contrato, autorizada a majoração desse percentual para até 10% (dez por cento), desde que justificada mediante análise da complexidade técnica e dos riscos envolvidos.

Parágrafo único. Nas contratações de serviços e fornecimentos contínuos com vigência superior a 1 (um) ano, assim como nas subsequentes prorrogações, será utilizado o valor anual do contrato para definição e aplicação dos percentuais previstos no *caput* deste artigo.

Art. 99. Nas contratações de obras e serviços de engenharia de grande vulto, poderá ser exigida a prestação de garantia, na modalidade seguro-garantia, com cláusula de retomada prevista no art. 102 desta Lei, em percentual equivalente a até 30% (trinta por cento) do valor inicial do contrato.

Art. 100. A garantia prestada pelo contratado será liberada ou restituída após a fiel execução do contrato ou após a sua extinção por culpa exclusiva da Administração, e, quando em dinheiro, atualizada monetariamente.

Art. 101. Nos casos de contratos que impliquem a entrega de bens pela Administração, dos quais o contratado ficará depositário, o valor desses bens deverá ser acrescido ao valor da garantia.

Art. 102. Na contratação de obras e serviços de engenharia, o edital poderá exigir a prestação da garantia na modalidade seguro-garantia e prever a obrigação de a seguradora, em caso de inadimplemento pelo contratado, assumir a execução e concluir o objeto do contrato, hipótese em que:

I – a seguradora deverá firmar o contrato, inclusive os aditivos, como interveniente anuente, e poderá:

a) ter livre acesso às instalações em que for executado o contrato principal;

b) acompanhar a execução do contrato principal;

c) ter acesso a auditoria técnica e contábil;

d) requerer esclarecimentos ao responsável técnico pela obra ou pelo fornecimento;

II – a emissão de empenho em nome da seguradora, ou a quem ela indicar para a conclusão do contrato, será autorizada desde que demonstrada sua regularidade fiscal;

III – a seguradora poderá subcontratar a conclusão do contrato, total ou parcialmente.

Parágrafo único. Na hipótese de inadimplemento do contratado, serão observadas as seguintes disposições:

I – caso a seguradora execute e conclua o objeto do contrato, estará isenta da obrigação de pagar a importância segurada indicada na apólice;

II – caso a seguradora não assuma a execução do contrato, pagará a integralidade da importância segurada indicada na apólice.

1. GARANTIAS

O edital pode exigir a prestação das seguintes garantias nas contratações de obras, serviços e fornecimentos (art. 96, *caput* e § 1.º, da Lei de Licitações, alterado

Título III – Dos Contratos Administrativos

Art. 102

pela Lei 14.770/2023): a) caução em dinheiro ou em títulos da dívida pública emitidos sob a forma escritural mediante registro em sistema centralizado de liquidação e de custódia autorizado pelo Banco Central do Brasil e avaliados por seus valores econômicos, conforme definido pelo Ministério da Fazenda; b) seguro-garantia; c) fiança bancária emitida por banco ou instituição financeira devidamente autorizada a operar no País pelo Banco Central do Brasil; e d) título de capitalização custeado por pagamento único, com resgate pelo valor total.

A atual Lei de Licitações mantém as três modalidades de garantias que eram elencadas no art. 56, § 1.º, da Lei 8.666/1993.

Na hipótese de suspensão do contrato por ordem ou inadimplemento da Administração, o contratado ficará desobrigado de renovar a garantia ou de endossar a apólice de seguro até a ordem de reinício da execução ou o adimplemento pela Administração (art. 96, § 2.º, da Lei 14.133/2021).

Em relação ao seguro-garantia, o edital fixará prazo mínimo de 1 (um) mês, contado da data da homologação da licitação e anterior à assinatura do contrato, para a prestação da garantia pelo contratado (art. 96, § 3.º).

O seguro-garantia tem por objetivo garantir o fiel cumprimento das obrigações assumidas pelo contratado perante à Administração, inclusive as multas, os prejuízos e as indenizações decorrentes de inadimplemento, observadas as seguintes regras (art. 97 da Lei de Licitações): a) o prazo de vigência da apólice será igual ou superior ao prazo estabelecido no contrato principal e deverá acompanhar as modificações referentes à vigência deste mediante a emissão do respectivo endosso pela seguradora; b) o seguro-garantia continuará em vigor mesmo se o contratado não tiver pago o prêmio nas datas convencionadas.

Aqui, a imposição legal de manutenção da vigência do seguro-garantia mesmo na hipótese de inadimplemento do prêmio pelo segurado pode gerar efeitos negativos à contratação pública. Em razão do aumento dos riscos nos contratos de seguro, a citada exigência pode afastar o interesse das seguradoras ou incrementar demasiadamente o valor dos seguros e, por consequência, dos contratos celebrados com a Administração Pública.

Nos contratos de execução continuada ou de fornecimento contínuo de bens e serviços, será permitida a substituição da apólice de seguro-garantia na data da renovação ou do aniversário, desde que mantidas as mesmas condições e coberturas da apólice vigente e desde que nenhum período fique descoberto, ressalvado o disposto no § 2.º do art. 96 da Lei (art. 97, parágrafo único).

Nas contratações de obras, serviços e fornecimentos, a garantia poderá ser de até 5% do valor inicial do contrato, autorizada a majoração desse percentual para até 10%, desde que justificada mediante análise da complexidade técnica e dos riscos envolvidos (art. 98 da Lei de Licitações).

Aqui é possível perceber que a atual Lei de Licitações mantém, em regra, a sistemática do art. 56, §§ 2.º e 3.º, da Lei 8.666/1993, fixando o limite de 5%, com a possibilidade, em casos de complexidade técnica e riscos maiores, do aumento da garantia para até 10% do valor inicial do contrato.

Contudo, ao contrário da legislação anterior, a atual Lei de Licitações permite a fixação de percentual maior para garantia nas contratações de obras e serviços de engenharia de grande vulto (valor superior a R$ 250.902.323,87, em razão da atualização do valor implementada pelo Decreto 12.343/2024). Nesses casos, poderá ser exigida a prestação de garantia, na modalidade seguro-garantia, com cláusula de retomada prevista no art. 102 da Lei, em percentual equivalente a até 30% (trinta por cento) do valor inicial do contrato (art. 99 da Lei 14.133/2021).

Nas contratações de serviços e fornecimentos contínuos com vigência superior a 1 ano, assim como nas subsequentes prorrogações, será utilizado o valor anual do contrato para definição e aplicação dos referidos percentuais (art. 98, parágrafo único, da Lei de Licitações).

A garantia prestada pelo contratado será liberada ou restituída após a fiel execução do contrato ou após sua extinção por culpa exclusiva da Administração, e, quando em dinheiro, atualizada monetariamente (art. 100 da Lei de Licitações).

Nos casos de contratos que impliquem entrega de bens pela Administração, dos quais o contratado ficará depositário, ao valor da garantia deverá ser acrescido o valor desses bens (art. 101 da Lei de Licitações).

As disposições contidas nos arts. 100 e 101 da atual Lei de Licitações são similares àquelas encontradas no art. 56, §§ 4.º e 5.º, da Lei 8.666/1993.

2. SEGURO-GARANTIA (*PERFORMANCE BOND*) NOS CONTRATOS DE OBRAS E SERVIÇOS DE ENGENHARIA

Na contratação de obras e serviços de engenharia, o edital poderá exigir a prestação da garantia na modalidade seguro-garantia e prever a obrigação da seguradora de, em caso de inadimplemento pelo contratado, assumir a execução e concluir o objeto do contrato, hipótese em que (art. 102 da Lei de Licitações): a) a seguradora deverá firmar o contrato, inclusive os aditivos, como interveniente anuente, e poderá: a.1) ter livre acesso às instalações em que for executado o contrato principal; a.2) acompanhar a execução do contrato principal; a.3) ter acesso a auditoria técnica e contábil; a.4) requerer esclarecimentos ao responsável técnico pela obra ou pelo fornecimento; b) é autorizada a emissão de empenho em nome da seguradora, ou a quem ela indicar para a conclusão do contrato, desde que demonstrada sua regularidade fiscal; c) a seguradora poderá subcontratar a conclusão do contrato, total ou parcialmente.

Na hipótese de inadimplemento do contratado, serão observadas as seguintes regras (art. 102, parágrafo único, da Lei de Licitações): a) caso a seguradora execute e conclua o objeto do contrato, estará isenta da obrigação de pagar a importância segurada indicada na apólice; e b) caso a seguradora não assuma a execução do contrato, pagará a integralidade da importância segurada indicada na apólice.

Título III – Dos Contratos Administrativos

Art. 102

Verifica-se, portanto, que a Lei de Licitações trata do seguro-garantia, na modalidade de *performance bond* (garantia de desempenho contratual), segundo o qual a seguradora assume o dever de adimplir as obrigações contratuais, diretamente ou mediante a contratação de terceiros, na hipótese de inadimplemento do contrato administrativo.[270]

Os arts. 2.º, VI, e 21, I e II, da Circular SUSEP 662/2022, que trata de seguro-garantia, na forma dispõem:

> Art. 2.º Para fins desta Circular define-se:
>
> (...)
>
> VI – Seguro Garantia: Segurado - Setor Público: Seguro Garantia cujo objeto principal está sujeito ao regime jurídico de direito público;
>
> (...)
>
> Art. 21. A seguradora indenizará o segurado ou o beneficiário, até o valor da garantia, mediante:
>
> I – pagamento em dinheiro dos prejuízos, multas e/ou demais valores devidos pelo tomador e garantidos pela apólice em decorrência da inadimplência da obrigação garantida; ou
>
> II – execução da obrigação garantida, de forma a dar continuidade e concluí-la sob a sua integral responsabilidade, nos mesmos termos e condições estabelecidos no objeto principal ou conforme acordado entre segurado e seguradora.

O TCU, ao tratar do seguro-garantia, previsto no art. 56 da Lei 8.666/1993, apresentava a seguinte definição:[271]

> Seguro-garantia – modalidade de garantia oferecida por licitantes ou contratados, por meio de empresa seguradora, para assegurar o fiel cumprimento de obrigações assumidas em procedimentos licitatórios e em contratos celebrados pela Administração Pública.

---

[270] É possível destacar os três tipos principais de seguro garantia: a) *Bid Bond* (seguro garantia licitante): auxilia a filtrar os licitantes não qualificados para participar do certame e executar o contrato; b) *Performance Bond* (seguro garantia do executante): pretende garantir o cumprimento do contrato de construção; e c) *Payment Bond* (seguro garantia de pagamento): garante o pagamento de determinados contratantes e fornecedores de materiais nos casos de inadimplemento do empreiteiro. GALIZA, Francisco. *Uma análise comparativa do seguro garantia de obras públicas.* Rio Janeiro: ENS-CPES, 2015, p. 28.

[271] TRIBUNAL DE CONTAS DA UNIÃO. *Licitações & contratos*: orientações e jurisprudência do TCU. 4. ed. Brasília: TCU, 2010. p. 892.

A relevância das garantias nos contratos de obras e serviços de engenharia pode ser revelada pelo diagnóstico do elevado número de obras públicas não concluídas no Brasil.

Em auditoria operacional realizada pelo TCU, em 2019, sob a relatoria do ministro Vital do Rêgo, com a análise de mais de 30 mil obras públicas financiadas com recursos federais, restou diagnosticado que mais de 30% foram consideradas como paralisadas ou inacabadas.[272]

A estipulação de seguro-garantia, com a obrigação da seguradora de assumir a execução e concluir o objeto do contrato (*step in rights*), demonstra a preocupação com o efetivo cumprimento do contrato e a finalização das obras públicas.[273]

A seguradora, em caso de inadimplemento da empreiteira (tomadora do seguro), promoverá, diretamente ou mediante a contratação de terceiros, a conclusão da obra.

Em consequência, a seguradora é estimulada a contribuir com a fiscalização do contrato administrativo. Aliás, o art. 102 da Lei de Licitações prevê uma série de incentivos para que a seguradora contribua para a correta execução do contrato administrativo, auxiliando na fiscalização do Poder Público. Com o objetivo de evitar o inadimplemento do contratado pela Administração Pública e o surgimento do seu dever de assumir o contrato administrativo, a seguradora deverá firmar o contrato e seus aditivos, como interveniente anuente, e poderá ter livre acesso às instalações em que for executado o objeto contratual; acompanhar a sua execução; acessar a auditoria técnica e contábil; requerer esclarecimentos ao responsável técnico pela obra ou pelo fornecimento.

É certo que a previsão do seguro-garantia (*performance bond*) na contratação de obras e serviços de engenharia contratos acarreta aumento dos custos dos contratos administrativos, mas, quando bem planejado, pode servir como importante instrumento de superação do problema das obras públicas não concluídas em razão do inadimplemento contratual.

CAPÍTULO III
DA ALOCAÇÃO DE RISCOS

Art. 103. O contrato poderá identificar os riscos contratuais previstos e presumíveis e prever matriz de alocação de riscos, alocando-os entre contratante e contratado, mediante indicação daqueles a serem assumidos pelo setor público ou pelo setor privado ou daqueles a serem compartilhados.

---

[272] TCU, Acórdão 1.079/2019, Plenário, Rel. Min. Vital do Rêgo, data da sessão 15/05/2019.

[273] No âmbito das concessões, existe previsão semelhante do *step in rights* por parte dos financiadores e garantidores, na forma do art. 5.º, § 2.º, I, da Lei 11.079/2004: "Art. 5.º (...) § 2.º Os contratos poderão prever adicionalmente: I – os requisitos e condições em que o parceiro público autorizará a transferência do controle ou a administração temporária da sociedade de propósito específico aos seus financiadores e garantidores com quem não mantenha vínculo societário direto, com o objetivo de promover a sua reestruturação financeira e assegurar a continuidade da prestação dos serviços, não se aplicando para este efeito o previsto no inciso I do parágrafo único do art. 27 da Lei 8.987, de 13 de fevereiro de 1995".

Título III – Dos Contratos Administrativos

Art. 103

§ 1.º A alocação de riscos de que trata o *caput* deste artigo considerará, em compatibilidade com as obrigações e os encargos atribuídos às partes no contrato, a natureza do risco, o beneficiário das prestações a que se vincula e a capacidade de cada setor para melhor gerenciá-lo.

§ 2.º Os riscos que tenham cobertura oferecida por seguradoras serão preferencialmente transferidos ao contratado.

§ 3.º A alocação dos riscos contratuais será quantificada para fins de projeção dos reflexos de seus custos no valor estimado da contratação.

§ 4.º A matriz de alocação de riscos definirá o equilíbrio econômico-financeiro inicial do contrato em relação a eventos supervenientes e deverá ser observada na solução de eventuais pleitos das partes.

§ 5.º Sempre que atendidas as condições do contrato e da matriz de alocação de riscos, será considerado mantido o equilíbrio econômico-financeiro, renunciando as partes aos pedidos de restabelecimento do equilíbrio relacionados aos riscos assumidos, exceto no que se refere:

I – às alterações unilaterais determinadas pela Administração, nas hipóteses do inciso I do *caput* do art. 124 desta Lei;

II – ao aumento ou à redução, por legislação superveniente, dos tributos diretamente pagos pelo contratado em decorrência do contrato.

§ 6.º Na alocação de que trata o *caput* deste artigo, poderão ser adotados métodos e padrões usualmente utilizados por entidades públicas e privadas, e os ministérios e secretarias supervisores dos órgãos e das entidades da Administração Pública poderão definir os parâmetros e o detalhamento dos procedimentos necessários a sua identificação, alocação e quantificação financeira.

1. ALOCAÇÃO DE RISCOS

A Lei de Licitações, em seu art. 103, admite a repartição de riscos nos contratos administrativos, com a previsão de matriz de alocação de riscos, alocando-os entre contratante e contratado mediante indicação daqueles a serem assumidos pelo setor público ou pelo setor privado ou daqueles a serem compartilhados.[274]

Trata-se de tendência já verificada na legislação especial.

Nas PPPs, por exemplo, a legislação exige a repartição objetiva de riscos entra as partes, inclusive os referentes a caso fortuito, força maior, fato do príncipe e álea econômica extraordinária (arts. 4.º, VI, e 5.º, III, da Lei 11.079/2004).

---

[274] A matriz de riscos, conforme dispõe o art. 6.º, XXVII, da Lei, é a "cláusula contratual definidora de riscos e de responsabilidades entre as partes e caracterizadora do equilíbrio econômico-financeiro inicial do contrato, em termos de ônus financeiro decorrente de eventos supervenientes à contratação, contendo, no mínimo, as seguintes informações: a) listagem de possíveis eventos supervenientes à assinatura do contrato que possam causar impacto em seu equilíbrio econômico-financeiro e previsão de eventual necessidade de prolação de termo aditivo por ocasião de sua ocorrência; b) no caso de obrigações de resultado, estabelecimento das frações do objeto com relação às quais haverá liberdade para os contratados inovarem em soluções metodológicas ou tecnológicas, em termos de modificação das soluções previamente delineadas no anteprojeto ou no projeto básico; c) no caso de obrigações de meio, estabelecimento preciso das frações do objeto com relação às quais não haverá liberdade para os contratados inovarem em soluções metodológicas ou tecnológicas, devendo haver obrigação de aderência entre a execução e a solução predefinida no anteprojeto ou no projeto básico, consideradas as características do regime de execução no caso de obras e serviços de engenharia."

245

Igualmente, no âmbito do RDC, a repartição de riscos era admitida pelo art. 9.º, § 5.º, da antiga Lei 12.462/2011 no âmbito da contratação integrada. Na hipótese em que o anteprojeto contemplar matriz de alocação de riscos entre a administração pública e o contratado, o valor estimado da contratação poderá considerar taxa de risco compatível com o objeto da licitação e as contingências atribuídas ao contratado, de acordo com metodologia predefinida pela entidade contratante.

Mencione-se, ainda, os contratos celebrados por empresas estatais que devem dispor sobre a matriz de riscos, na forma do art. 69, X, da Lei 13.303/2016.

Na atual Lei de Licitações, a alocação de riscos considerará, em compatibilidade com as obrigações e os encargos atribuídos às partes no contrato, a natureza do risco, o beneficiário das prestações a que se vincula e a capacidade de cada setor para melhor gerenciá-lo (art. 103, § 1.º, da Lei de Licitações).

Serão preferencialmente transferidos ao contratado os riscos que tenham cobertura oferecida por seguradoras (art. 103, § 2.º, da Lei de Licitações).

Entendemos que a solução adotada pela Lei de Licitações, nos §§ 1.º e 2.º do art. 103, foi adequada.

A imputação dos riscos para a parte que possui melhores condições de gerenciá-los refletirá, naturalmente, na maior segurança jurídica e economicidade da contratação.[275] Isso porque a alocação dos riscos contratuais será quantificada para fins de projeção dos reflexos de seus custos no valor estimado da contratação (art. 103, § 3.º, da Lei de Licitações).

Assim, por exemplo, os riscos políticos, cambiais, de interpretação judicial, de disponibilidade financeira, de relações internacionais, que não são gerenciáveis pelo particular, deveriam ser assumidos, preferencialmente, pelo Poder Concedente e os riscos ligados à construção, operação, rendimento, tecnologia e competição seriam alocados à concessionária.[276]

Deve ser evitada, na mesma linha de raciocínio, a imputação à concessionária dos riscos relacionados aos eventos praticados pelo Poder Concedente, especialmente as hipóteses de inadimplemento contratual (fato da administração) ou atos externos à relação jurídica que repercutem no equilíbrio econômico-financeiro do contrato (fato do príncipe).[277]

---

[275] Em relação aos contratos de concessão comum e especial (PPP), o Enunciado 28 da I Jornada de Direito Administrativo realizada pelo Centro de Estudos Judiciários do Conselho da Justiça Federal (CEJ/CJF) dispõe: "Na fase interna da licitação para concessões e parcerias público-privadas, o Poder Concedente deverá indicar as razões que o levaram a alocar o risco no concessionário ou no Poder Concedente, tendo como diretriz a melhor capacidade da parte para gerenciá-lo."

[276] SOUTO, Marcos Juruena Villela. Parcerias público-privadas. *Revista de Direito da Associação dos Procuradores do Novo Estado do Rio de Janeiro*, Rio de Janeiro, v. XVII, p. 35, 2006.

[277] DI PIETRO, Maria Sylvia Zanella. *Parcerias na administração pública*. 5. ed. São Paulo: Atlas, 2005. p. 171.

Título III – Dos Contratos Administrativos

Art. 104

A matriz de alocação de riscos definirá o equilíbrio econômico-financeiro inicial do contrato em relação a eventos supervenientes e deverá ser observada na solução de eventuais pleitos das partes (art. 103, § 4.º, da Lei de Licitações).

Sempre que forem atendidas as condições do contrato e da matriz de alocação de riscos, considera-se mantido equilíbrio econômico-financeiro, renunciando as partes aos pleitos de reequilíbrio relacionados aos riscos assumidos, exceto no que se refere (art. 103, § 5.º, da Lei de Licitações): a) às alterações unilaterais determinadas pela Administração; e b) ao aumento ou à redução, por legislação superveniente, dos tributos diretamente pagos pelo contratado em decorrência do contrato.

CAPÍTULO IV
DAS PRERROGATIVAS
DA ADMINISTRAÇÃO

Art. 104. O regime jurídico dos contratos instituído por esta Lei confere à Administração, em relação a eles, as prerrogativas de:

I – modificá-los, unilateralmente, para melhor adequação às finalidades de interesse público, respeitados os direitos do contratado;

II – extingui-los, unilateralmente, nos casos especificados nesta Lei;

III – fiscalizar sua execução;

IV – aplicar sanções motivadas pela inexecução total ou parcial do ajuste;

V – ocupar provisoriamente bens móveis e imóveis e utilizar pessoal e serviços vinculados ao objeto do contrato nas hipóteses de:

a) risco à prestação de serviços essenciais;

b) necessidade de acautelar apuração administrativa de faltas contratuais pelo contratado, inclusive após extinção do contrato.

§ 1.º As cláusulas econômico-financeiras e monetárias dos contratos não poderão ser alteradas sem prévia concordância do contratado.

§ 2.º Na hipótese prevista no inciso I do *caput* deste artigo, as cláusulas econômico-financeiras do contrato deverão ser revistas para que se mantenha o equilíbrio contratual.

---

1. PRERROGATIVAS DA ADMINISTRAÇÃO (CLÁUSULAS EXORBITANTES)

Os contratos administrativos são caracterizados pelo desequilíbrio das partes, uma vez que as cláusulas exorbitantes, previstas no art. 104 da Lei 14.133/2021, conferem prerrogativas à Administração e sujeições ao contratado, independentemente de previsão editalícia ou contratual.

Registre-se a inadmissibilidade de cláusulas exorbitantes em desfavor da Administração Pública[278] e nos negócios jurídicos celebrados entre entidades integrantes

---

[278] De acordo com o Súmula 205 do TCU: "É inadmissível, em princípio, a inclusão, nos contratos administrativos, de cláusula que preveja, para o Poder Público, multa ou indenização, em caso de rescisão".

da Administração Pública, em razão do princípio da igualdade federativa (arts. 18 e 19, III, da CRFB).[279]

É importante salientar que o exercício de prerrogativas por parte da Administração no âmbito dos contratos administrativos dependerá de decisão motivada e ampla defesa e contraditório.

A atual Lei de Licitações manteve a lógica da antiga Lei 8.666/1993 ao prever cláusulas exorbitantes em favor da Administração Pública.

Conforme dispõe o art. 104 da Lei 14.133/2021, a Administração Pública possui as seguintes prerrogativas nos contratos administrativos: a) modificação unilateral para melhor adequação às finalidades de interesse público, respeitados os direitos do contratado; b) extinção unilateral; c) fiscalização da execução; d) aplicação de sanções motivadas pela inexecução total ou parcial do ajuste; e e) ocupação provisória de bens móveis e imóveis, pessoal e serviços vinculados ao objeto do contrato, nas hipóteses de: e.1) risco à prestação de serviços essenciais; e.2) necessidade de acautelar apuração administrativa de faltas contratuais pelo contratado, inclusive após rescisão do contrato.

As cláusulas econômico-financeiras e monetárias dos contratos não poderão ser alteradas sem prévia concordância do contratado (art. 104, § 1.º, da Lei de Licitações).

Na hipótese em que a Administração alterar unilateralmente o contrato, as cláusulas econômico-financeiras do contrato deverão ser revistas para que se mantenha o equilíbrio contratual (art. 104, § 2.º, da Lei de Licitações).

O sobredito elenco das cláusulas exorbitantes basicamente repete aquele constante do art. 58 da antiga Lei 8.666/1993.

Entendemos que o legislador perdeu uma oportunidade de avançar no tratamento e na relativização das cláusulas exorbitantes.

Ao contrário do entendimento convencional majoritário, que definem as cláusulas exorbitantes como inerentes aos contratos administrativos, ainda que não haja previsão contratual, sustentamos a implementação das referidas cláusulas dependeria de expressão previsão contratual e de análise motivada por parte da Administração Pública.[280]

Isto porque o tradicional princípio da supremacia do interesse público sobre o privado tem sido questionado a partir dos argumentos assim sintetizados: a) o interesse público e os direitos fundamentais não são necessariamente colidentes e não são hierarquizados pela Constituição Federal; b) em vez de supremacia abstrata, o

---

[279] TCU, Acórdão 1.953/2018 Plenário, Representação, Rel. Min. Benjamin Zymler, 22.08.2018, *Informativo de Jurisprudência sobre Licitações e Contratos do TCU* n. 353.

[280] OLIVEIRA, Rafael Carvalho Rezende. *Licitações e contratos administrativos*: teoria e prática. 9. ed. São Paulo: Método, 2020. p. 233 e 248-249; OLIVEIRA, Rafael Carvalho Rezende. A releitura do direito administrativo à luz do pragmatismo jurídico. *RDA*, v. 256, p. 129-163, jan./abr. 2011.

Título III – Dos Contratos Administrativos

Art. 104

administrador deve justificar, concretamente, a prevalência do interesse a ser satisfeito em cada atuação.

Independentemente da discussão sobre a relativização do princípio da supremacia do interesse público, fato é que a absolutização das cláusulas exorbitantes não passa pelo filtro de uma interpretação pragmática comprometida, posto que a presença obrigatória de cláusulas exorbitantes em contratos administrativos pode acarretar consequências negativas para a eficiência administrativa.

As prerrogativas unilaterais em favor do Estado desequilibram a relação contratual, gerando insegurança e risco ao particular que, naturalmente, embutirá o risco incerto em sua proposta apresentada durante o procedimento licitatório, elevando o preço a ser cobrado do poder público.

Nesse sentido, Diogo de Figueiredo Moreira Neto propõe a flexibilização das cláusulas exorbitantes que seriam incluídas discricionariamente em cada contrato administrativo. Com o intuito de se reforçarem a legitimidade e a segurança jurídica do particular, a técnica da flexibilização proposta pelo autor é conjugada com a "teoria da dupla motivação", por meio da qual a administração deve, em primeiro lugar, motivar a adoção ou o afastamento em tese da cláusula exorbitante nos contratos administrativos e, em segundo lugar, motivar a utilização concreta de determinada cláusula exorbitante prevista contratualmente.[281]

Frise-se que a inaplicabilidade das cláusulas exorbitantes aos contratos administrativos não coloca em risco o atendimento do interesse público primário. Caso haja alteração da situação fática no curso do contrato que exija alteração das regras pactuadas, poderia a administração pública promover a alteração consensual do ajuste ou, em caso de impossibilidade, efetuar nova contratação, eventualmente com dispensa de licitação, se a hipótese, por óbvio, estiver contemplada nas exceções legais.

A positivar tratamento normativo semelhante ao fixado no art. 58 da antiga Lei 8.666/1993, a atual Lei de Licitações abre caminho para manutenção do entendimento tradicional que sustenta a aplicação automática das cláusulas exorbitantes aos contratos administrativos, independentemente de previsão contratual. Contudo, nada impede, na linha da crítica aqui apresentada, que a doutrina promova uma releitura da questão.

---

[281] De acordo com o autor, as cláusulas exorbitantes se justificavam no Estado moderno, quando vigorava a economia semidirigida, "sob o pálio da supremacia indiscriminada do Estado", sem maiores preocupações com a competitividade por capitais e tecnologias. Todavia, prossegue o autor, no contexto do Estado pós-moderno e no contexto da economia de mercado, preocupada com a alta competitividade, as tradicionais vantagens das cláusulas exorbitantes desaparecem. MOREIRA NETO, Diogo de Figueiredo. O futuro das cláusulas exorbitantes nos contratos administrativos. In: ARAGÃO, Alexandre Santos de; MARQUES NETO, Floriano de Azevedo (Coord.). *Direito administrativo e seus novos paradigmas*. Belo Horizonte: Fórum, 2008. p. 581-582 e 586.

CAPÍTULO V
DA DURAÇÃO DOS CONTRATOS

Art. 105. A duração dos contratos regidos por esta Lei será a prevista em edital, e deverão ser observadas, no momento da contratação e a cada exercício financeiro, a disponibilidade de créditos orçamentários, bem como a previsão no plano plurianual, quando ultrapassar 1 (um) exercício financeiro.

Parágrafo único. Não serão objeto de cancelamento automático os restos a pagar vinculados a contratos de duração plurianual, senão depois de encerrada a vigência destes, nem os vinculados a contratos rescindidos, nos casos dos §§ 8º e 9º do art. 90 desta Lei. (Incluído pela Lei nº 14.770, de 2023)

Art. 106. A Administração poderá celebrar contratos com prazo de até 5 (cinco) anos nas hipóteses de serviços e fornecimentos contínuos, observadas as seguintes diretrizes:

I – a autoridade competente do órgão ou entidade contratante deverá atestar a maior vantagem econômica vislumbrada em razão da contratação plurianual;

II – a Administração deverá atestar, no início da contratação e de cada exercício, a existência de créditos orçamentários vinculados à contratação e a vantagem em sua manutenção;

III – a Administração terá a opção de extinguir o contrato, sem ônus, quando não dispuser de créditos orçamentários para sua continuidade ou quando entender que o contrato não mais lhe oferece vantagem.

§ 1.º A extinção mencionada no inciso III do *caput* deste artigo ocorrerá apenas na próxima data de aniversário do contrato e não poderá ocorrer em prazo inferior a 2 (dois) meses, contado da referida data.

§ 2.º Aplica-se o disposto neste artigo ao aluguel de equipamentos e à utilização de programas de informática.

Art. 107. Os contratos de serviços e fornecimentos contínuos poderão ser prorrogados sucessivamente, respeitada a vigência máxima decenal, desde que haja previsão em edital e que a autoridade competente ateste que as condições e os preços permanecem vantajosos para a Administração, permitida a negociação com o contratado ou a extinção contratual sem ônus para qualquer das partes.

Art. 108. A Administração poderá celebrar contratos com prazo de até 10 (dez) anos nas hipóteses previstas nas alíneas "f" e "g" do inciso IV e nos incisos V, VI, XII e XVI do *caput* do art. 75 desta Lei.

Art. 109. A Administração poderá estabelecer a vigência por prazo indeterminado nos contratos em que seja usuária de serviço público oferecido em regime de monopólio, desde que comprovada, a cada exercício financeiro, a existência de créditos orçamentários vinculados à contratação.

Art. 110. Na contratação que gere receita e no contrato de eficiência que gere economia para a Administração, os prazos serão de:

I – até 10 (dez) anos, nos contratos sem investimento;

II – até 35 (trinta e cinco) anos, nos contratos com investimento, assim considerados aqueles que impliquem a elaboração de benfeitorias permanentes, realizadas exclusivamente a expensas do contratado, que serão revertidas ao patrimônio da Administração Pública ao término do contrato.

Art. 111. Na contratação que previr a conclusão de escopo predefinido, o prazo de vigência será automaticamente prorrogado quando seu objeto não for concluído no período firmado no contrato.

Parágrafo único. Quando a não conclusão decorrer de culpa do contratado:

Título III – Dos Contratos Administrativos

Art. 114

I – o contratado será constituído em mora, aplicáveis a ele as respectivas sanções administrativas;

II – a Administração poderá optar pela extinção do contrato e, nesse caso, adotará as medidas admitidas em lei para a continuidade da execução contratual.

Art. 112. Os prazos contratuais previstos nesta Lei não excluem nem revogam os prazos contratuais previstos em lei especial.

Art. 113. O contrato firmado sob o regime de fornecimento e prestação de serviço associado terá sua vigência máxima definida pela soma do prazo relativo ao fornecimento inicial ou à entrega da obra com o prazo relativo ao serviço de operação e manutenção, este limitado a 5 (cinco) anos contados da data de recebimento do objeto inicial, autorizada a prorrogação na forma do art. 107 desta Lei.

Art. 114. O contrato que previr a operação continuada de sistemas estruturantes de tecnologia da informação poderá ter vigência máxima de 15 (quinze) anos.

1. A FUNÇÃO DO PRAZO NOS CONTRATOS POR PRAZO CERTO E NOS CONTRATOS POR ESCOPO

É tradicional a distinção entre contratos por prazo certo e contratos por escopo (ou objeto).[282]

Nos contratos por prazo certo, o prazo contratual é fundamental para o cumprimento das obrigações contratadas. O contratado cumprirá as suas obrigações até o final do prazo estabelecido no ajuste (ex.: na contratação de serviços de limpeza, a contratada deverá limpar a repartição pública durante a vigência do prazo contratual). Considera-se extinto o contrato com o advento do termo final.

Por outro lado, nos contratos por escopo, o ajuste será cumprido, independentemente do prazo, com o cumprimento do objeto contratual (ex.: no contrato para construção de determinado prédio público, o ajuste se considera adimplido com a finalização da construção, independentemente do tempo necessário). Os contratos somente se encerram com a entrega do objeto contratado.[283] Isto não quer dizer que o tempo não é importante nessas espécies de contratos. Em verdade, o prazo contratual será fundamental para constatação de eventual mora no cum-

---

[282] Sobre a distinção, vide: SOUTO, Marcos Juruena Villela. *Direito administrativo contratual*. Rio de Janeiro: Lumen Juris, 2004. p. 406; MEIRELLES, Hely Lopes. *Licitação e contrato administrativo*. 13. ed. São Paulo: Malheiros, 2002. p. 229-230; AMARAL, Antônio Carlos Cintra do. *Licitação e contrato administrativo*. 3. ed. Belo Horizonte: Fórum, 2010. p. 193-196; MOTTA, Carlos Pinto Coelho. *Eficácia nas licitações e contratos*. 12. ed. Belo Horizonte: Del Rey, 2011. p. 673-674; NIEBUHR, Joel de Menezes. *Licitação pública e contrato administrativo*. 2. ed. Belo Horizonte: Fórum, 2011. p. 723-724.

[283] De acordo com a Orientação Normativa da AGU 92/2024: "I – A vigência dos contratos de escopo extingue-se pela conclusão de seu objeto, e não pela expiração do prazo contratual originalmente previsto, conforme o art. 111 da Lei 14.133, de 2021. II – É recomendável que a Administração avalie a necessidade de formalizar termo aditivo ou apostilamento, a depender do caso, para a fixação de novas datas, prazos ou cronogramas para a execução da obrigação contratual, mesmo após ser atingido o termo final de vigência originalmente estabelecido."

primeiro da obrigação contratual. Ultrapassado o prazo avençado, o contratado continua obrigado a cumprir suas obrigações contratuais, acrescentadas dos ônus do atraso.

A distinção entre os contratos por prazo certo e os contratos por escopo, com reflexos na função do prazo estipulados nos respectivos ajustes, foi consagrada na atual Lei de Licitações.

De acordo com o art. 6.º, XVII, da Lei, os serviços não contínuos ou contratados por escopo impõem ao contratado o dever de realizar a prestação de um serviço específico em período predeterminado, podendo ser prorrogado, desde que justificadamente, pelo prazo necessário à conclusão do objeto.

Adiante, a Lei, após tratar dos contratos por prazo certo, em seu art. 104, nos quais a duração será prevista no edital, observada a disponibilidade de créditos orçamentários e a previsão no plano plurianual, nesse último caso se ultrapassado o exercício financeiro, o art. 111 da Lei de Licitações trata do contrato de escopo predefinido.

Segundo o art. 111 da Lei de Licitações, nos contratos por escopo o prazo de vigência será automaticamente prorrogado quando seu objeto não for concluído no período firmado no contrato, revelando que o prazo não é essencial para caracterização da vigência e da eventual extinção do ajuste, mas, sim, a execução do seu objeto.

Na hipótese de não cumprimento do escopo contratual por culpa do contratado, abrem-se dois caminhos (art. 111, parágrafo único, da Lei de Licitações): a) o contratado será constituído em mora, sendo-lhe aplicáveis as respectivas sanções administrativas; ou b) a Administração poderá optar pela extinção do contrato, adotando as medidas admitidas em lei para a continuidade da execução contratual. Na segunda hipótese, apesar da omissão textual, a Administração, ao determinar a extinção do contrato, deverá aplicar, também, as sanções administrativas ao contratado, em razão do seu inadimplemento.

2. DURAÇÃO DOS CONTRATOS

A duração (ou a vigência) dos contratos administrativos reflete o prazo estabelecido pelos contratantes para execução do objeto contratual.

Revela-se fundamental o adequado planejamento dos gestores públicos na definição dos prazos contratuais que devem conciliar as necessidades administrativas e os custos de execução. Na etapa inicial do procedimento licitatório, os gestores públicos devem ponderar os prazos adequados para os respectivos contratos, inclusive com a sua estipulação no termo de referência e no projeto básico, na forma prevista, respectivamente, no art. 6.º, XXIII, "a", e no art. 6.º, XXV, da Lei 14.133/2021.

A ausência de planejamento estatal adequado pode acarretar, de um lado, a necessidade de contratações com prazos demasiadamente reduzidos, que incrementam os custos envolvidos na contratação, ou, de outro lado, a celebração de contratos excessivamente longos que não atendam às necessidades da Administração Pública.

Título III – Dos Contratos Administrativos **Art. 114**

É preciso notar que a fixação do prazo contratual não é um cheque em branco concedido ao gestor. A definição do prazo deve ser proporcional às necessidades da Administração Pública no caso concreto e deve levar em consideração os limites mínimos e/ou máximos fixados pelo legislador.[284]

Cabe ao legislador, todavia, a fixação dos limites mínimos e/ou máximos para os contratos administrativos. Tradicionalmente, a legislação tem demonstrado maior preocupação com a fixação de prazos máximos para os ajustes celebrados pelo Poder Público não apenas em razão da natural temporariedade das relações negociais e da necessidade de abertura de novas "entradas" de potenciais interessados, com condições mais vantajosas, mas também, especialmente nos contratos que envolvam recursos orçamentários, para permitir a adequada programação financeira de desembolso por parte da Administração Pública.[285]

A duração dos contratos será a prevista em edital, devendo ser observada, no momento da contratação e a cada exercício financeiro, a disponibilidade de créditos orçamentários, bem como a previsão no plano plurianual, quando ultrapassar 1 (um) exercício financeiro (art. 105 da Lei 14.133/2021).

Não representa novidade a vinculação da vigência contratual à disponibilidade orçamentária. Trata-se de preocupação que já era identificada no art. 57 da antiga Lei 8.666/1993, como decorrência natural da previsão contida no art. 167, I e II, da CRFB.[286]

---

[284] Ao tratar dos contratos de concessão, Bernardo Strobel Guimarães afirma: "De acordo com o modelo legal, o prazo do contrato deve ser definido pelo Edital e pelo Contrato (precedidos de um ato justificador). Essa definição se faz tendo em vista o lapso de tempo necessário para que seja amortizado o investimento do particular (tanto que se isto não tiver ocorrido indeniza-se o saldo, mesmo em casos de caducidade). Como dito acima, a equação econômico-financeira se constitui dentro de um elemento de tempo" (GUIMARÃES, Bernardo Strobel Guimarães. O prazo nas concessões e as normas que estipulam vigência máxima do vínculo: algumas inquietações. In: MOREIRA, Egon Bockmann (Coord.). *Tratado do equilíbrio econômico-financeiro*: contratos administrativos, concessões, parcerias público-privadas, Taca Interna de Retorno, prorrogação antecipada e relicitação. 2. ed. Belo Horizonte: Fórum, 2019, p. 60).

[285] Alguns diplomas legislativos estabelecem, excepcionalmente, prazos mínimos para determinados contratos administrativos, tal como ocorre com os contratos de Parcerias Público-Privadas que possuem o prazo mínimo de 5 (cinco) e máximo de 35 (trinta e cinco) anos, na forma do art. 5.º, I, da Lei 11.079/2004.

[286] Lei 8.666/1993: "Art. 57. A duração dos contratos regidos por esta Lei ficará adstrita à vigência dos respectivos créditos orçamentários, exceto quanto aos relativos"; CRFB: "Art. 167. São vedados: I – o início de programas ou projetos não incluídos na lei orçamentária anual; II – a realização de despesas ou a assunção de obrigações diretas que excedam os créditos orçamentários ou adicionais". Vale lembrar que, em determinados casos, a vigência do contrato pode ultrapassar o exercício financeiro em que foi celebrado. Conforme dispõe a Orientação Normativa/AGU 39: "A vigência dos contratos regidos pelo art. 57, *caput*, da Lei 8.666, de 1993, pode ultrapassar o exercício financeiro em que celebrados, desde que as despesas a eles referentes sejam integralmente empenhadas até 31 de dezembro, permitindo-se, assim, sua inscrição em restos a pagar".

Art. 114

Comentários à Lei de Licitações e Contratos Administrativos

O intuito do legislador é admitir a contratação apenas nas hipóteses em que a Administração tenha recursos necessários para pagar o contratado, garantindo-se, destarte, responsabilidade e planejamento com os gastos públicos.

Desta forma, se os créditos orçamentários estão previstos na lei orçamentária anual (art. 165, III, da CRFB), os contratos possuem, em regra, prazo de até um ano, não podendo ultrapassar o exercício financeiro.[287]

Contudo, o art. 105 da Lei 14.133/2021 não resolve a celeuma que envolvia a interpretação do art. 57 da antiga Lei 8.666/1993.

De um lado, parcela da doutrina, a partir da interpretação literal do referido dispositivo da Lei 8.666/1993, sustentava que os contratos administrativos poderiam vigorar até o término do exercício financeiro em que celebrados, em razão da anualidade dos créditos orçamentários que vincula a duração dos referidos ajustes.[288] Assim, por exemplo, um contrato firmado em qualquer período do ano somente poderia perdurar até 31 de dezembro do mesmo ano.

De outro lado, alguns autores defendiam que a duração dos contratos estaria limitada ao prazo de 01 (um) ano, admitindo-se que a sua vigência extrapolasse o exercício financeiro, desde que o ordenador de despesa assegurasse, no exercício financeiro subsequente, créditos orçamentários suficientes ao custeio do ajuste.[289]

De nossa parte, entendemos que, em regra, a duração dos contratos administrativos deve coincidir com o respectivo exercício financeiro, o que não afasta a possibilidade de sua vigência ultrapassar o referido exercício quando adotadas as cautelas orçamentárias pelo gestor público, com a estipulação de créditos orçamentários suficientes no exercício financeiro subsequente para o adequado cumprimento contratual.[290]

A limitação absoluta da vigência contratual ao exercício financeiro no qual o contrato é celebrado apresentaria problemas práticos e jurídicos. Mencione-se, ini-

---

[287] De acordo com o art. 34 da Lei 4.320/1964, que institui normas gerais de Direito Financeiro, o exercício financeiro coincidirá com o ano civil (1.º de janeiro até 31 de dezembro).

[288] Nesse sentido: SUNDFELD, Carlos Ari. *Licitação e Contrato Administrativo*. São Paulo: Malheiros, 1994, p. 222-223; NIEBUHR, Joel de Menezes. *Licitação pública e contrato administrativo*. 4. ed. Belo Horizonte: Fórum, 2015. p. 853-855; TORRES, Ronny Charles Lopes de. *Lei de licitações públicas comentadas*. 8. ed. Salvador: JusPodivm, 2017, p. 619-623.

[289] No mesmo sentido: MARQUES NETO, Floriano Peixoto de Azevedo. A Duração dos Contratos Administrativos na Lei 8.666/93. *Estudos Sobre a Lei 8.666/93*. São Paulo: Forense Universitária, 1995, p. 175-178. MEIRELLES, Hely Lopes. *Licitação e contrato administrativo*. 14. ed. São Paulo: Malheiros, 2006, p. 240-241. Vale lembrar um posicionamento intermediário que faculta a vigência do contrato ultrapassar o exercício financeiro em que foi celebrado, condicionado ao empenho de todo o período contratual. Conforme dispõe a Orientação Normativa/AGU 39: "A vigência dos contratos regidos pelo art. 57, *caput*, da Lei 8.666, de 1993, pode ultrapassar o exercício financeiro em que celebrados, desde que as despesas a eles referentes sejam integralmente empenhadas até 31 de dezembro, permitindo-se, assim, sua inscrição em restos a pagar".

[290] Sobre o tema: OLIVEIRA, Rafael Carvalho Rezende; HALPERN, Erick. A duração dos contratos na futura nova Lei de Licitações. *Revista de Contratos Públicos*, v. 18, p. 155-175, 2021.

254

Título III – Dos Contratos Administrativos

Art. 114

cialmente, o acúmulo de contratações que findariam em 31 de dezembro de cada ano e gerariam um rigoroso trâmite administrativo dos procedimentos licitatórios a fim de evitar a sua descontinuidade no próximo exercício, sem cogitar, entretanto, sobre as deficiências de estrutura e pessoal que o Poder Público enfrenta para suprir tal demanda.[291] Outro problema é desconsiderar os custos envolvidos na realização dos processos de licitação que deveriam ser repetidos no início de cada ano.[292]

É preciso lembrar, ainda, que existem objetos contratuais que não podem ser executados em um breve espaço de tempo e, portanto, o cronograma de desembolso de recursos para custear esse ajuste ocorrerá em mais de um exercício financeiro (ex.: obras complexas). Assim, a aplicação absoluta da regra de vinculação da vigência contratual ao respectivo exercício financeiro levaria à inconveniente conclusão de que somente seria possível a contratação de objetos realizáveis no decorrer do mesmo ano da celebração do ajuste ou seria necessário fracionar o seu objeto, colocando em risco a própria viabilidade do objeto contratual, inclusive com aumento de custos de execução.

Em consequência, é injustificável que a duração dos contratos se refira obrigatoriamente à vigência dos créditos orçamentários dentro do mesmo exercício financeiro. A interpretação deve ser no sentido de que a continuidade do ajuste depende de dotações orçamentárias suficientes para garantir o adimplemento das obrigações assumidas pela Administração Pública em relação ao contratado por aquilo que será executado no respectivo exercício financeiro. Isto porque, se no próximo exercício financeiro não forem alocadas na lei orçamentária as dotações necessárias para cobrir a despesa contratual, o ajuste, naturalmente, se extinguirá.[293]

---

[291] Nessa linha, conferir: FURTADO, Lucas Rocha. *Curso de licitações e contratos administrativos*. 4. ed. Belo Horizonte: Fórum, 2012, p. 411.

[292] Em estudos realizados pela Fundação Instituto de Administração da Universidade de São Paulo em 2006, intitulado de Mapeamento e Análise dos Custos Operacionais dos Processos de Contratação do Governo Federal, concluiu-se que um processo de pregão eletrônico custava R$ 20.698,00 no âmbito da União, já um pregão presencial onerava os seus cofres em R$ 47.688,00. Esses dados foram obtidos na nota técnica 1081/2017/CGPLAG/DG/SFC do Controladoria-Geral da União. Disponível em: https://www.gov.br/cgu/pt-br/assuntos/noticias/2017/07/cgu-divulga- -estudo-sobre-eficiencia-dos-pregoes-realizados-pelo-governo-federal/nota-tecnica-no-1- -081-2017-cgplag-dg-sfc-1.pdf. Acesso em: 20.03.2024. Registra-se que não foram encontrados estudos atuais sobre os custos de um processo licitatório.

[293] Nessa linha, a lição de Marcus Juruena Villela Souto: "Os empenhos parciais, isto é, aqueles que não atendem a todo o período de duração do contrato, devem ser evitados por razões morais, não havendo, contudo, vedação legal para tanto, nem muito menos, qualquer direito do contratado se a despesa parcialmente autorizada não é prorrogada. Portanto, se o crédito do contrato materializado no empenho, expira, constitui causa natural de extinção do contrato, o que, segundo alguns juristas e Procuradores da Fazenda, deva estar amparado em cláusula contratual que reconheça o direito da Administração de não indenizar em caso de não se renovar a autorização da despesa para o restante do contrato" (SOUTO, Marcos Juruena Villela. *Direito administrativo contratual*. Rio de Janeiro: Lumen Juris, 2004. p. 347-348). No mesmo sentido: MARQUES NETO, Floriano Peixoto de Azevedo. A Duração dos Contratos Administrativos na Lei 8.666/93. *Estudos Sobre a Lei 8.666/93*. São Paulo: Forense Universitária, 1995, p. 178.

É relevante mencionar que os prazos contratuais previstos no novo diploma legal das licitações não excluem ou revogam os prazos contratuais dispostos em lei especial (art. 112 da Lei 14.133/2021). Assim, por exemplo, é possível, ainda, afastar a regra do prazo anual de determinados contratos privados celebrados pela Administração Pública, tal como ocorre nos contratos de locação que não se submetem, necessariamente, aos prazos fixados na Lei 14.133/2021, aplicando-se as disposições previstas na legislação especial (Lei 8.245/1991).

A regra do prazo anual comporta exceções, ainda, na própria Lei 14.133/2021, como será demonstrado nos itens seguintes.

3. CONTRATOS COM PRAZO SUPERIOR À VIGÊNCIA DO ORÇAMENTO

Os arts. 105 a 114 da Lei 14.133/2021 apresentam diversas hipóteses de contratos que podem ter prazos superiores a um ano.

O art. 105 da Lei 14.133/2021 dispõe que os contratos, que ultrapassarem 01 (um) exercício financeiro, deverão ter previsão no plano plurianual.

Essa primeira exceção é justificada em razão do essencial planejamento inerente aos objetos contratuais de maior vulto ou complexidade (ex.: construção de um grande hospital ou de uma rodovia), o que demanda maior dilação na duração do ajuste, pois a Lei do Plano Plurianual ultrapassa, naturalmente, o limite anual da lei orçamentária.

Não obstante o prazo de quatro anos do Plano Plurianual,[294] o art. 105 da Lei 14.133/2021 não estabeleceu, no caso, limite máximo para duração desses contratos, que pode ultrapassar o prazo de quatro anos,[295] admitindo-se, ainda, a prorrogação do prazo contratual, desde que haja previsão no instrumento convocatório.[296]

---

[294] O prazo de quatro anos decorre da leitura do art. 35, § 2.º, I, do ADCT: "Art. 35. (...) § 2.º Até a entrada em vigor da lei complementar a que se refere o art. 165, § 9.º, I e II, serão obedecidas as seguintes normas: I – o projeto do plano plurianual, para vigência até o final do primeiro exercício financeiro do mandato presidencial subsequente, será encaminhado até quatro meses antes do encerramento do primeiro exercício financeiro e devolvido para sanção até o encerramento da sessão legislativa". Em razão da vinculação ao período do mandato do chefe do Executivo, conclui-se que o prazo do Plano Plurianual será de quatro anos.

[295] Nesse sentido, com fundamento na legislação anterior: SUNDFELD, Carlos Ari. *Licitação e Contrato Administrativo*. São Paulo: Malheiros, 1994, p. 222-223; JUSTEN FILHO, Marçal. *Comentários à Lei de Licitações e Contratos Administrativos*. 16. ed. São Paulo: Thomson Reuters Brasil, 2014, p. 948.

[296] De forma semelhante, *vide*: SUNDFELD, Carlos Ari. *Licitação e Contrato Administrativo*. São Paulo: Malheiros, 1994, p. 222-223; JUSTEN FILHO, Marçal. *Comentários à Lei de Licitações e Contratos Administrativos*. 16. ed. São Paulo: Thomson Reuters Brasil, 2014, p. 948. Em sentido contrário: NIEBUHR, Joel de Menezes. *Licitação pública e contrato administrativo*. 4. ed. Belo Horizonte: Fórum, 2015. p. 856-857.

Título III – Dos Contratos Administrativos **Art. 114**

Ademais, admite-se a celebração de contratos com prazo de até 5 (cinco) anos, nas hipóteses de serviços e fornecimentos contínuos, observadas as seguintes diretrizes (art. 106 da Lei de Licitações):[297] a) a autoridade competente da entidade contratante deverá atestar a maior vantagem econômica vislumbrada em razão da contratação plurianual; b) a Administração deverá atestar, no início da contratação e de cada exercício, a existência de créditos orçamentários vinculados à contratação e a vantagem em sua manutenção; c) a Administração terá a opção de extinguir o contrato, sem ônus, quando não dispuser de créditos orçamentários para sua continuidade ou quando entender que o contrato não mais lhe oferece vantagem.[298]

Consideram-se serviços e fornecimentos contínuos aqueles contratados pela Administração Pública para a manutenção da atividade administrativa, decorrentes de necessidades permanentes ou prolongadas, na forma do art. 6.º, XV, da Lei de Licitações.

A sobredita regra, que admite a fixação de prazo de até 5 (cinco) anos, também é aplicável ao aluguel de equipamentos e a utilização de programas de informática (art. 106, § 2.º, da Lei).

Os contratos de serviços e fornecimentos contínuos poderão ser renovados sucessivamente, respeitada a vigência máxima decenal, desde que essa possibilidade esteja prevista em edital e que seja atestado pela autoridade competente que as condições e os preços permanecem vantajosos para a Administração, permitida a negociação com o contratado ou a extinção contratual sem ônus para qualquer das partes (art. 107 da Lei de Licitações).[299]

O tratamento dispensado pela atual Lei de Licitações aos contratos de serviços e fornecimentos contínuos apresenta novidades importantes em relação ao regime jurídico literalmente indicado na antiga Lei 8.666/1993.

---

[297] Em relação ao art. 106 da Lei 14.133/2021, a Orientação Normativa da AGU 90/2024 dispõe: "A vigência do contrato de serviço contínuo ou de fornecimento não está adstrita ao exercício financeiro devendo a Administração atestar, no início da contratação e de cada exercício, a existência de créditos orçamentários vinculados à contratação e a vantagem em sua manutenção." Conforme já destacado no item 2.10.2, os prazos previstos na Lei 14.133/2021, inclusive aqueles indicados nos arts. 106 e 107, não se aplicam aos contratos de locação em que a Administração Pública seja locatária. No mesmo sentido, a Orientação Normativa da AGU 93/2024 prevê: "A vigência do contrato de locação de imóveis no qual a Administração Pública é locatária não se sujeita aos limites constantes dos arts. 106 e 107 da Lei 14.133, de 1º de abril de 2021, sendo facultado que atos normativos internos estipulem limites de vigência contratual."

[298] Nesse último caso, a rescisão ocorrerá apenas na próxima data de aniversário do contrato e não ocorrer em prazo inferior a 2 (dois) meses, contado da referida data (art. 106, § 1.º, da Lei de Licitações).

[299] De acordo com a Orientação Normativa da AGU 91/2024 dispõe: "Na análise dos processos relativos à prorrogação de prazo contratos de serviços e fornecimentos continuados, previstos no art. 107 da Lei 14.133, de 2021, cumpre aos órgãos jurídicos verificar se não há extrapolação do atual prazo de vigência, bem como eventual ocorrência de solução de continuidade nos aditivos precedentes, hipóteses que configuram a extinção do ajuste, impedindo a sua prorrogação".

Art. 114

Comentários à Lei de Licitações e Contratos Administrativos

Em primeiro lugar, o novo diploma legal não se limita a dispor sobre os contratos de serviços contínuos, tal como fazia o art. 57, II, da antiga Lei 8.666/1993, passando a tratar, também, dos contratos de fornecimento contínuo de bens.[300]

Realmente, não fazia sentido admitir contratos com maior duração para prestação de serviços contínuos (ex.: contratos de limpeza, de manutenção, de vigilância) e não permitir o mesmo tratamento para o fornecimento contínuo de bens (ex.: contratos de fornecimento de medicamentos, de material de higiene).

A continuidade, presente nos dois objetos licitados, demonstra a necessidade permanente do serviço ou do bem a ser fornecido à Administração Pública, o que revela a previsibilidade de futura disponibilidade orçamentária e justifica a fixação de prazos contratuais maiores, com o intuito de evitar a custos desnecessários oriundos da realização anual de licitações para objetos semelhantes, garantindo, ao final, maior economicidade.

Em segundo lugar, a Lei de Licitações prevê que os contratos de serviços e fornecimentos contínuos serão celebrados com prazo de até 5 (cinco) anos, admitindo a sua prorrogação sucessiva até o limite de 10 (dez) anos.

Nesse ponto, a legislação vigente, apesar de consagrar, como regra, o limite de 5 (cinco) anos, inicialmente previsto no art. 57 da antiga Lei 8.666/1993, rompe com o regime jurídico anterior ao admitir que o prazo seja prorrogado e alcance o limite de 10 (dez) anos.[301]

Aliás, a possibilidade de estipulação imediata de prazo de até 5 (cinco) anos nos contratos de serviços contínuos coloca um ponto final na discussão existente na vigência da Lei 8.666/1993.

Isso porque parcela da doutrina sustentava a necessidade de celebração do contrato pelo prazo de até um ano, com as eventuais prorrogações, por iguais e sucessivos períodos, até o limite do prazo quinquenal.[302]

De nossa parte, sempre sustentamos a possiblidade de estipulação, desde logo, de prazo superior a um ano, mas inferior a cinco anos, desde que apresentadas as respectivas justificativas, especialmente pela potencial economia de escala gerada pela

---

[300] O art. 57, II, da Lei 8.666/1993 expressamente mencionava "serviços a serem executados de forma contínua", excluindo da sua incidência as compras. Nesse sentido: JUSTEN FILHO, Marçal. *Comentários à lei de licitações e contratos administrativos*. 18. ed. São Paulo: Thomson Reuters Brasil, 2019. p. 1.209.

[301] O art. 57, § 4.º, da Lei 8.666/1993 permitia, em caráter excepcional, mediante justificativa e autorização da autoridade superior, a prorrogação, ao final do quinto ano de vigência, do prazo do contrato de serviços contínuos por até 12 (doze) meses.

[302] Nesse sentido, defendendo a necessidade de que o prazo inicial respeitasse a vigência do crédito orçamentário, sem ultrapassar o dia 31 de dezembro do ano em que o ajuste foi celebrado, vide: NIEBUHR, Joel de Menezes. *Licitação pública e contrato administrativo*. 2. ed. Belo Horizonte: Fórum, 2011. p. 728.

Título III – Dos Contratos Administrativos | Art. 114

contratação com prazo alargado e a redução de custos gerada pela desnecessidade de repetição de procedimentos licitatórios para contratação similares.[303]

Com o regime jurídico instituído pela atual Lei de Licitações, a polêmica, provavelmente, deve ser superada ou enfraquecida, uma vez que o art. 106 permite a celebração "contratos com prazo de até 5 (cinco) anos nas hipóteses de serviços e fornecimentos contínuos", com a possibilidade de prorrogações até o limite do prazo decenal, na forma do art. 107.

Isso não significa, contudo, a ausência de cautelas na celebração de contratos de serviços e fornecimentos contínuos.

Ao revés, o art. 106 da Lei de Licitações impõe as seguintes exigências: a) a autoridade competente do órgão ou entidade contratante deve atestar a maior vantagem econômica vislumbrada em razão da contratação plurianual; b) no início da contratação e de cada exercício, a Administração contratante deverá atestar a existência de créditos orçamentários vinculados à contratação e a vantagem em sua manutenção; c) a Administração contratante poderá extinguir o contrato, sem ônus, quando não dispuser de créditos orçamentários para sua continuidade ou quando verificar que o contrato não mais lhe oferece vantagem.

Em relação ao art. 106, III, da Lei, a mencionada possibilidade de extinção do contrato, sem ônus, em razão da ausência orçamento suficiente ou constatação da ausência de vantagem na continuidade da relação contratual, parece desproporcional e ineficiente sob o aspecto econômico.

Isso porque a extinção prematura da avença, por ausência de planejamento administrativo ou por uma decisão baseada no argumento genérico da ausência de vantagem para Administração Pública, incrementa, consideravelmente, o risco do contratado, que não tem como exigir da Administração o cumprimento integral do contrato no prazo inicialmente estipulado.

O aumento do risco, naturalmente, repercute na economia contratual, uma vez que o contratado embutirá esse fator em sua proposta, elevando os preços cobrados da Administração Pública.

---

[303] OLIVEIRA, Rafael Carvalho Rezende. *Licitações e contratos administrativos*: teoria e prática. 9. ed. São Paulo: Método, 2020. p. 256. De forma semelhante, vide: JUSTEN FILHO, Marçal. *Comentários à lei de licitações e contratos administrativos*. 18. ed. São Paulo: Thomson Reuters Brasil, 2019. p. 1.210; FURTADO, Lucas Rocha. *Curso de licitações e contratos administrativos*. 3. ed. Belo Horizonte: Fórum, 2010. p. 447. O entendimento consolidado na AGU admitia a estipulação de prazo superior a um ano: Orientação Normativa/AGU 1: "A vigência do contrato de serviço contínuo não está adstrita ao exercício financeiro"; e Orientação Normativa/AGU 38: "Nos contratos de prestação de serviços de natureza continuada deve-se observar que: a) o prazo de vigência originário, de regra, é de até 12 meses; b) excepcionalmente, este prazo poderá ser fixado por período superior a 12 meses nos casos em que, diante da peculiaridade e/ou complexidade do objeto, fique tecnicamente demonstrado o benefício advindo para a administração; e c) é juridicamente possível a prorrogação do contrato por prazo diverso do contratado originariamente".

Art. 114

Comentários à Lei de Licitações e Contratos Administrativos

É importante destacar que o § 1.º do art. 106 da Lei de Licitações, que apresenta redação confusa, prevê que a referida faculdade de extinção, sem ônus, da relação contratual por decisão administrativa somente pode ocorrer "na próxima data de aniversário do contrato e não poderá ocorrer em prazo inferior a 2 (dois) meses, contado da referida data".

Ao que parece, se considerarmos a "data de aniversário" como o momento no qual o ajuste completa um ano de vigência, o legislador, no § 1.º do art. 106, pretendeu impedir que a Administração determine a extinção do contrato nos primeiros 14 meses (1 ano + 2 meses) de vigência contratual.

Talvez a intenção do legislador seja fixar o prazo de 2 (dois) meses para evitar a extinção abrupta da relação contratual, mas permaneceria o problema da falta do orçamento que justifica, inclusive, a extinção sem ônus.

Seria possível interpretar que a intenção do legislador teria sido fixar o prazo de 2 (dois) meses, contados retroativamente da "data de aniversário" do contrato, mas essa interpretação não seria lógica ou razoável, uma vez que o dispositivo em comento já teria proibido a extinção, sem ônus, antes da própria "data de aniversário".

De qualquer forma, repita-se, a prerrogativa de extinguir o ajuste, prematuramente, por razões que são imputadas exclusivamente à Administração, sem qualquer ônus, pode gerar, na prática, a permanência da lógica da duração dos contratos de serviços contínuos tradicionalmente prevista no art. 57, II, da Lei 8.666/1993.

Explica-se: o contratado, ao considerar que somente tem a garantia de executar o contrato por 1 ano e dois meses, levará esse período em consideração na precificação de sua proposta, desconsiderando o período subsequente (a lei, como visto, permite, em regra, o prazo inicial de até cinco anos). Ora, no regime da Lei 8.666/1993, era comum a celebração de contrato de serviços contínuos pelo prazo de 1 (um) ano, com a possibilidade de prorrogações sucessivas até o limite quinquenal.

Em termos práticos, o art. 106, III e § 1.º da Lei de Licitações acabam com a possibilidade de economia de escala nas contratações com prazos alongados, já que, efetivamente, o contratado não teria o direito de exigir da Administração o respeito ao prazo inicialmente fixado ou indenização na hipótese de extinção prematura por conduta da Administração.

Outras hipóteses de contratação por prazo superior a 1 (um) ano são mencionadas no art. 108 da Lei de Licitações.

Conforme dispõe o referido comando legal, o contrato poderá ser celebrado com prazo de até dez anos em algumas hipóteses que admitem, inclusive a contratação direta, mediante dispensa de licitação (art. 75, IV, alíneas "f" e "g", V, VI, XII e XVI da Lei 14.133/2021), a saber: a) bens ou serviços produzidos ou prestados no País que envolvam, cumulativamente, alta complexidade tecnológica e defesa nacional; b) materiais de uso das Forças Armadas, com exceção de materiais de uso pessoal e administrativo, quando houver necessidade de manter a padronização requerida pela estrutura de apoio logístico dos meios navais, aéreos e terrestres, mediante autorização por ato do comandante da força militar; c) contratação com o objetivo de

Título III – Dos Contratos Administrativos

Art. 114

cumprir os arts. 3.º, 3.º-A, 4.º, 5.º e 20 da Lei 10.973/2004, observados os princípios gerais de contratação constantes da referida Lei; d) contratação que possa acarretar comprometimento da segurança nacional, nos casos estabelecidos pelo Ministro de Estado da Defesa, mediante demanda dos comandos das Forças Armadas ou dos demais ministérios; e) contratação em que houver transferência de tecnologia de produtos estratégicos para o Sistema Único de Saúde (SUS), conforme elencados em ato da direção nacional do SUS, inclusive por ocasião da aquisição desses produtos durante as etapas de absorção tecnológica, e em valores compatíveis com aqueles definidos no instrumento firmado para a transferência de tecnologia; e f) aquisição, por pessoa jurídica de direito público interno, de insumos estratégicos para a saúde produzidos por fundação que, regimental ou estatutariamente, tenha por finalidade apoiar órgão da Administração Pública direta, sua autarquia ou fundação em projetos de ensino, pesquisa, extensão, desenvolvimento institucional, científico e tecnológico e de estímulo à inovação, inclusive na gestão administrativa e financeira necessária à execução desses projetos, ou em parcerias que envolvam transferência de tecnologia de produtos estratégicos para o SUS, nos termos do inciso XII do *caput* deste artigo, e que tenha sido criada para esse fim específico em data anterior à entrada em vigor da atual Lei de Licitações, desde que o preço contratado seja compatível com o praticado no mercado.

Nas contratações que gerem receita (contratos de atribuição) e nos contratos de eficiência que gerem economia para a Administração, o prazo será de (art. 110 da Lei de Licitações): a) até 10 anos, nos contratos sem investimentos; b) até 35, nos contratos com investimento, assim considerados aqueles que impliquem a elaboração de benfeitorias permanentes, realizadas exclusivamente às expensas do contratado, que serão revertidas ao patrimônio da Administração Pública ao término do contrato.

Os contratos de atribuição são ajustes nos quais o Poder Público outorga direitos ou vantagens específicas a um agente econômico ou privado e, em contrapartida, na maioria dos casos, é remunerado por essa atribuição.[304] Exemplificativamente, podem ser citados alguns contratos em que o prazo pode ser superior a um ano: a) concessão de serviço público (Lei 8.987/1995), pois a remuneração do concessionário é efetivada, em regra, por meio de tarifa; e b) contrato de concessão de uso de bem público e outros em que o Poder Público é credor dos valores que devem ser pagos pelo contratado.

---

[304] Sobre a diferença de natureza entre os contratos de colaboração e os contratos de atribuição, a clássica lição de Hely Lopes Meirelles: "Contrato de colaboração é todo aquele em que o particular se obriga a prestar ou realizar algo para a Administração, como ocorre nos ajustes de para a execução de obras, serviços e ou fornecimento; contrato de atribuição é o que a Administração confere determinadas vantagens ou certos direitos ao particular, tal como o uso especial de bem público. No primeiro tipo (contrato de colaboração) o contrato é firmado no interesse precípuo da Administração; no segundo (contrato de atribuição) o contrato é realizado no interesse precípuo do particular, desde que não contrarie o interesse público" (MEIRELLES, Hely Lopes. *Licitação e contrato administrativo*. 14. ed. São Paulo: Malheiros, 2006, p. 197).

Art. 114

É natural a inaplicabilidade da regra geral do prazo anual dos contratos administrativos aos contratos de atribuição que geram receitas ao Poder Público.

Isto porque a regra do prazo anual, prevista no art. 105 da Lei 14.133/2021, aplica-se exclusivamente aos casos em que a Administração tenha a obrigação de pagar o contratado com recursos orçamentários, uma vez que os referidos dispositivos legais pretendem assegurar o planejamento financeiro nas contratações públicas. Não há razão, naturalmente, para atrelar a duração dos contratos que não envolvam recursos orçamentários à vigência do orçamento.

Os contratos de eficiência, por sua vez, são aqueles que envolvem obrigações do contratado de promover uma economia nas despesas correntes do Poder Público, com a estipulação de remuneração do contratado proporcional à economia obtida (ex.: contratação de empresa para implementação de soluções de sustentabilidade energética, com a redução dos custos de energia e remuneração do contratado vinculada à economia gerada).[305] Na hipótese de ausência de implementação da economia pactuada, abre-se o caminho para diminuição da contraprestação do contratado ou a aplicação das medidas relacionadas ao inadimplemento contratual.[306]

Outra exceção ao prazo anual refere-se ao contrato firmado sob o regime de fornecimento ou prestação de serviço associado que terá sua vigência máxima definida pela soma do prazo relativo ao fornecimento inicial ao prazo relativo ao serviço de operação e manutenção, este limitado ao prazo de 5 anos contados da data de recebimento do objeto inicial, autorizada a prorrogação na forma do art. 107 da Lei de Licitações (art. 113 da Lei de Licitações).

No contrato de fornecimento com serviço associado, o contratado assume a obrigação de fornecer o objeto e manter a sua operação e/ou manutenção por prazo determinado (art. 6.º, XXXIV, da Lei 14.133/2021).

A contratação de fornecimento com serviço associado apresenta semelhanças com o regime da PPP administrativa de serviços administrativos, prevista no art. 2.º, § 2.º, da Lei 11.079/2004, que tem por objetivo a contratação de empresa privada que prestará serviços ao Estado, com remuneração assumida pelo Estado e sem tarifa, ainda que envolva a execução de obra ou o fornecimento e a instalação de bens (exs.: PPP administrativa para construção e operação de uma rede de creches ou restaurantes para servidores públicos, construção e gestão de arenas esportivas etc.).

---

[305] O conceito legal encontra-se no art. 6.º, LIII, da Lei de Licitações: "contrato de eficiência: contrato cujo objeto é a prestação de serviços, que pode incluir a realização de obras e o fornecimento de bens, com o objetivo de proporcionar economia ao contratante, na forma de redução de despesas correntes, remunerado o contratado com base em percentual da economia gerada".

[306] Sobre o tema, *vide*: SCHWIND, Rafael Wallbach. Remuneração variável e contratos de eficiência no Regime Diferenciado de Contratações Públicas (RDC). *Interesse Público*, Belo Horizonte, ano 13, n. 70, nov./dez. 2011. Disponível em: http://www.bidforum.com.br/bidLogin. aspx?ReturnUrl=%2fbid%2fPDI0006.aspx%3fpdiCntd%3d76865&pdiCntd=76865. Acesso em: 17.01.2021.

Mencione-se, ainda, o contrato, com previsão de operação continuada de sistemas estruturantes de tecnologia da informação, que poderá ter vigência máxima de 15 anos (art. 114 da Lei de Licitações).

Assim como sustentamos na vigência da antiga Lei 8.666/1993, entendemos que, no contexto da atual Lei de Licitações, a vinculação da duração do contrato à vigência dos créditos orçamentários aplica-se exclusivamente aos casos em que a Administração tenha a obrigação de pagar o contratado com recursos orçamentários.

Em consequência, a regra do prazo anual é inaplicável às contratações que não dependem de recursos orçamentários, bem como às hipóteses ressalvadas por leis específicas. Exemplificativamente, podem ser citados alguns contratos em que o prazo pode ser superior a um ano: concessão de serviço público (Lei 8.987/1995), pois a remuneração do concessionário é efetivada, em regra, por meio de tarifa; contrato de concessão de uso de bem público e outros em que o Poder Público é credor dos valores que devem ser pagos pelo contratado.

É relevante notar que os prazos contratuais previstos no novo diploma legal das licitações não excluem ou revogam os prazos contratuais dispostos em lei especial (art. 112 da Lei de Licitações).

Conforme destacado no tópico anterior, no contrato de escopo predefinido, o prazo de vigência será automaticamente prorrogado quando seu objeto não for concluído no período pactuado e se o descumprimento for imputado ao contratado, o ajuste poderá continuar, com a caracterização da mora e aplicação das respectivas sanções administrativas, ou ser extinto pela Administração que adotará as medidas necessárias para execução do escopo (art. 111, *caput* e parágrafo único, da Lei de Licitações).

Não obstante a regra das contratações por prazo determinado, admite-se a contratação por prazo indeterminado nos casos em que a Administração seja usuária de serviço público oferecido em regime de monopólio, desde que comprovada, a cada exercício financeiro, a existência de créditos orçamentários vinculados à contratação (art. 109 da Lei de Licitações).[307]

---

[307] Tradicionalmente, na vigência da Lei 8.666/1993, o TCU admitia a celebração de alguns contratos privados por prazo indeterminado, notadamente o contrato de locação: "Os prazos estabelecidos no art. 57 da Lei 8.666/1993 não se aplicam aos contratos de locação, por força do que dispõe o art. 62, § 3.º, inciso I, da mesma lei". TCU, Acórdão 170/05, Plenário, Rel. Min. Ubiratan Aguiar, *DOU* 10.03.2005. No mesmo sentido: NIEBUHR, Joel de Menezes. *Licitação pública e contrato administrativo*. 2. ed. Belo Horizonte: Fórum, 2011. p. 737-738; Enunciado 22 da Procuradoria do Estado do RJ: "Os contratos de locação de imóveis, nos quais a Administração Pública figure como locatária, podem ser prorrogados por prazo indeterminado, nos termos do art. 56, parágrafo único, da Lei 8.245/1991"; Orientação Normativa/AGU 6: "A vigência do contrato de locação de imóveis, no qual a Administração Pública é locatária, rege-se pelo art. 51 da Lei n.º 8.245, de 1991, não estando sujeita ao limite máximo de sessenta meses, estipulado pelo inc. II do art. 57, da Lei n.º 8.666, de 1993".

A previsão normativa em comento é justificada em razão da prestação de determinados serviços públicos delegados, em regime de monopólio ou exclusividade, o que revelaria a ausência de competitividade (ex.: serviços de saneamento básico prestados por concessionária).

A hipótese, todavia, não abrange os serviços públicos que são prestados por concessionárias diversas, em regime concorrencial (ex.: na contratação de serviços de telefonia móvel, existem diversas empresas que poderiam, em tese, prestar o serviço).

CAPÍTULO VI
DA EXECUÇÃO DOS CONTRATOS

Art. 115. O contrato deverá ser executado fielmente pelas partes, de acordo com as cláusulas avençadas e as normas desta Lei, e cada parte responderá pelas consequências de sua inexecução total ou parcial.

§ 1.º É proibido à Administração retardar imotivadamente a execução de obra ou serviço, ou de suas parcelas, inclusive na hipótese de posse do respectivo chefe do Poder Executivo ou de novo titular no órgão ou entidade contratante.

§ 2.º Nas contratações de obras, a expedição da ordem de serviço para execução de cada etapa será obrigatoriamente precedida de depósito em conta vinculada dos recursos financeiros necessários para custear as despesas correspondentes à etapa a ser executada. (VETADO)

§ 3.º São absolutamente impenhoráveis os valores depositados na conta vinculada a que se refere o § 2.º deste artigo. (VETADO)

§ 4.º Nas contratações de obras e serviços de engenharia, sempre que a responsabilidade pelo licenciamento ambiental for da Administração, a manifestação prévia ou licença prévia, quando cabíveis, deverão ser obtidas antes da divulgação do edital. (veto rejeitado em 01.06.2021)

§ 5.º Em caso de impedimento, ordem de paralisação ou suspensão do contrato, o cronograma de execução será prorrogado automaticamente pelo tempo correspondente, anotadas tais circunstâncias mediante simples apostila.

§ 6.º Nas contratações de obras, verificada a ocorrência do disposto no § 5.º deste artigo por mais de 1 (um) mês, a Administração deverá divulgar, em sítio eletrônico oficial e em placa a ser afixada em local da obra de fácil visualização pelos cidadãos, aviso público de obra paralisada, com o motivo e o responsável pela inexecução temporária do objeto do contrato e a data prevista para o reinício da sua execução.

§ 7.º Os textos com as informações de que trata o § 6.º deste artigo deverão ser elaborados pela Administração.

Art. 116. Ao longo de toda a execução do contrato, o contratado deverá cumprir a reserva de cargos prevista em lei para pessoa com deficiência, para reabilitado da Previdência Social ou para aprendiz, bem como as reservas de cargos previstas em outras normas específicas.

Parágrafo único. Sempre que solicitado pela Administração, o contratado deverá comprovar o cumprimento da reserva de cargos a que se refere o *caput* deste artigo, com a indicação dos empregados que preencherem as referidas vagas.

Art. 117. A execução do contrato deverá ser acompanhada e fiscalizada por 1 (um) ou mais fiscais do contrato, representantes da Administração especialmente designados conforme requisitos estabelecidos no art. 7.º desta Lei, ou pelos respectivos substitutos, permitida a contratação de terceiros para assisti-los e subsidiá-los com informações pertinentes a essa atribuição.

Título III – Dos Contratos Administrativos

Art. 121

§ 1.º O fiscal do contrato anotará em registro próprio todas as ocorrências relacionadas à execução do contrato, determinando o que for necessário para a regularização das faltas ou dos defeitos observados.

§ 2.º O fiscal do contrato informará a seus superiores, em tempo hábil para a adoção das medidas convenientes, a situação que demandar decisão ou providência que ultrapasse sua competência.

§ 3.º O fiscal do contrato será auxiliado pelos órgãos de assessoramento jurídico e de controle interno da Administração, que deverão dirimir dúvidas e subsidiá-lo com informações relevantes para prevenir riscos na execução contratual.

§ 4.º Na hipótese da contratação de terceiros prevista no *caput* deste artigo, deverão ser observadas as seguintes regras:

I – a empresa ou o profissional contratado assumirá responsabilidade civil objetiva pela veracidade e pela precisão das informações prestadas, firmará termo de compromisso de confidencialidade e não poderá exercer atribuição própria e exclusiva de fiscal de contrato;

II – a contratação de terceiros não eximirá de responsabilidade o fiscal do contrato, nos limites das informações recebidas do terceiro contratado.

Art. 118. O contratado deverá manter preposto aceito pela Administração no local da obra ou do serviço para representá-lo na execução do contrato.

Art. 119. O contratado será obrigado a reparar, corrigir, remover, reconstruir ou substituir, a suas expensas, no total ou em parte, o objeto do contrato em que se verificarem vícios, defeitos ou incorreções resultantes de sua execução ou de materiais nela empregados.

Art. 120. O contratado será responsável pelos danos causados diretamente à Administração ou a terceiros em razão da execução do contrato, e não excluirá nem reduzirá essa responsabilidade a fiscalização ou o acompanhamento pelo contratante.

Art. 121. Somente o contratado será responsável pelos encargos trabalhistas, previdenciários, fiscais e comerciais resultantes da execução do contrato.

§ 1.º A inadimplência do contratado em relação aos encargos trabalhistas, fiscais e comerciais não transferirá à Administração a responsabilidade pelo seu pagamento e não poderá onerar o objeto do contrato nem restringir a regularização e o uso das obras e das edificações, inclusive perante o registro de imóveis, ressalvada a hipótese prevista no § 2.º deste artigo.

§ 2.º Exclusivamente nas contratações de serviços contínuos com regime de dedicação exclusiva de mão de obra, a Administração responderá solidariamente pelos encargos previdenciários e subsidiariamente pelos encargos trabalhistas se comprovada falha na fiscalização do cumprimento das obrigações do contratado.

§ 3.º Nas contratações de serviços contínuos com regime de dedicação exclusiva de mão de obra, para assegurar o cumprimento de obrigações trabalhistas pelo contratado, a Administração, mediante disposição em edital ou em contrato, poderá, entre outras medidas:

I – exigir caução, fiança bancária ou contratação de seguro-garantia com cobertura para verbas rescisórias inadimplidas;

II – condicionar o pagamento à comprovação de quitação das obrigações trabalhistas vencidas relativas ao contrato;

III – efetuar o depósito de valores em conta vinculada;

IV – em caso de inadimplemento, efetuar diretamente o pagamento das verbas trabalhistas, que serão deduzidas do pagamento devido ao contratado;

V – estabelecer que os valores destinados a férias, a décimo terceiro salário, a ausências legais e a verbas rescisórias dos empregados do contratado que participarem da execução

Art. 122

> dos serviços contratados serão pagos pelo contratante ao contratado somente na ocorrência do fato gerador.
>
> § 4.º Os valores depositados na conta vinculada a que se refere o inciso III do § 3.º deste artigo são absolutamente impenhoráveis.
>
> § 5.º O recolhimento das contribuições previdenciárias observará o disposto no art. 31 da Lei 8.212, de 24 de julho de 1991.
>
> **Art. 122.** Na execução do contrato e sem prejuízo das responsabilidades contratuais e legais, o contratado poderá subcontratar partes da obra, do serviço ou do fornecimento até o limite autorizado, em cada caso, pela Administração.
>
> § 1.º O contratado apresentará à Administração documentação que comprove a capacidade técnica do subcontratado, que será avaliada e juntada aos autos do processo correspondente.
>
> § 2.º Regulamento ou edital de licitação poderão vedar, restringir ou estabelecer condições para a subcontratação.
>
> § 3.º Será vedada a subcontratação de pessoa física ou jurídica, se aquela ou os dirigentes desta mantiverem vínculo de natureza técnica, comercial, econômica, financeira, trabalhista ou civil com dirigente do órgão ou entidade contratante ou com agente público que desempenhe função na licitação ou atue na fiscalização ou na gestão do contrato, ou se deles forem cônjuge, companheiro ou parente em linha reta, colateral, ou por afinidade, até o terceiro grau, devendo essa proibição constar expressamente do edital de licitação.
>
> **Art. 123.** A Administração terá o dever de explicitamente emitir decisão sobre todas as solicitações e reclamações relacionadas à execução dos contratos regidos por esta Lei, ressalvados os requerimentos manifestamente impertinentes, meramente protelatórios ou de nenhum interesse para a boa execução do contrato.
>
> Parágrafo único. Salvo disposição legal ou cláusula contratual que estabeleça prazo específico, concluída a instrução do requerimento, a Administração terá o prazo de 1 (um) mês para decidir, admitida a prorrogação motivada por igual período.

1. EXECUÇÃO DOS CONTRATOS

O contrato deverá ser executado fielmente pelas partes, de acordo com as cláusulas avençadas e as normas legais, respondendo cada uma pelas consequências de sua inexecução total ou parcial (art. 115 da Lei de Licitações).

É proibido à Administração retardar imotivadamente a execução de obra ou serviço, ou de suas parcelas, inclusive na hipótese de posse de novo titular no órgão ou entidade contratante ou do respectivo Chefe do Poder Executivo (art. 115, § 1.º, da Lei de Licitações).

O disposto no *caput* e no § 1.º do art. 115 da Lei de Licitações mantém, na essência, o teor do art. 66, *caput* e parágrafo único, da Lei 8.666/1993, com pequenas adaptações.

O § 2.º do art. 115 do PL 4.253/2020, ao dispor sobre as contratações de obras, condicionava a expedição da ordem de serviço para execução de cada etapa ao depósito prévio em conta vinculada dos recursos financeiros necessários para custear as despesas correspondentes à etapa a ser executada. Na sequência, o § 3.º do referido dispositivo afirmava que os valores depositados na referida conta vinculada são absolutamente impenhoráveis.

Ocorre que os §§ 2.º e 3.º do art. 115 do PL 4.253/2020 foram vetados pelo Chefe do Executivo, sob o argumento de que a obrigatoriedade de depósito em conta vinculada como requisito para expedição de ordem de serviço na execução de obras contribuiria para aumentar significativamente o "empoçamento de recursos, inviabilizando remanejamentos financeiros que possam se mostrar necessários ou mesmo para atender demandas urgentes e inesperadas".

Outro argumento utilizado para o veto presidencial seria a desnecessidade de disponibilidade financeira para início do contrato, mas apenas a previsão orçamentária.

Por fim, o veto ainda consignou que a medida afrontaria as normas de direito financeiro, como o art. 56 da Lei 4.320/1964, que exige a observância do princípio de unidade de tesouraria e veda qualquer fragmentação para criação de caixas especiais, como seriam as contas vinculadas, para a realização de antecipação de pagamentos por parte da Administração, que depositaria o valor da etapa da obra de forma antecipada, antes do cumprimento da obrigação por parte do contratado.

Não obstante as razões de veto, entendemos que não haveria óbice à previsão de depósito prévio em conta vinculada dos recursos financeiros necessários para custear as despesas correspondentes à etapa a ser executada.

Ao contrário, trata-se de medida já utilizada, por exemplo, nas concessões de serviços públicos e que poderia ser experimentada na contratação de obras, tal como previa o PL 4.253/2020, com o objetivo de garantir o efetivo pagamento da contratada responsável pela execução das obras públicas, diminuindo o risco de inadimplemento e, por conseguinte, o risco de obras inacabadas.

O § 4.º do art. 115 da Lei 14.133/2021 dispõe que, nas contratações de obras e serviços de engenharia, sempre que a responsabilidade pelo licenciamento ambiental fosse da Administração, a manifestação prévia ou a licença prévia, quando cabíveis, deveriam ser obtidas antes da divulgação do edital.

O dispositivo em referência foi vetado pelo Chefe do Executivo, sob o argumento de que a sua previsão restringiria a utilização da contratação integrada que pressupõe a elaboração do projeto pela contratada, documento necessário para obtenção da licença prévia.

Contudo, o veto foi derrubado pelo Congresso Nacional.

Entendemos que, realmente, os argumentos apresentados no veto presidencial não se sustentavam a partir da interpretação sistemática da Lei de Licitações.

Isso porque o § 4.º do art. 115 da Lei 14.133/2021 trata especificamente dos casos em que a responsabilidade pelo licenciamento ambiental é da Administração nas contratações de obras e serviços de engenharia. Nessa hipótese, a Administração deve providenciar a manifestação prévia ou a licença prévia, quando cabíveis, antes da divulgação do edital.

Em verdade, a preocupação do legislador, aqui, foi tratar das situações em que a obtenção do licenciamento fica sob a responsabilidade da Administração Pública.

O citado dispositivo legal não impede a realização de licitações para obras e serviços de engenharia com a imputação da responsabilidade para obtenção de licenciamento ambiental ao futuro contratado. Ao revés, o art. 25, § 5.º, I, da Lei 14.133/2021 expressamente permite que o edital estabeleça a responsabilidade do contratado pela obtenção do licenciamento ambiental. Nesses casos, naturalmente, não seria aplicável o art. 115, § 4.º, da Lei.

Em caso de impedimento, ordem de paralisação ou suspensão do contrato, o cronograma de execução será prorrogado automaticamente pelo tempo correspondente, anotadas tais circunstâncias mediante simples apostila (art. 115, § 5.º, da Lei).

Nas contratações de obras, se o impedimento, a ordem de paralisação ou a suspensão do contrato perdurar por mais de 1 (um) mês, a Administração deverá divulgar, em sítio eletrônico oficial e em placa a ser afixada em local da obra de fácil visualização pelos cidadãos, aviso público de obra paralisada, com o motivo e o responsável pela inexecução temporária do objeto do contrato e a data prevista para o reinício da sua execução (art. 115, § 6.º, da Lei). Nesse caso, os textos com as informações deverão ser elaborados pela Administração (art. 115, § 7.º, da Lei).

A divulgação da paralisação da obra contribuirá para o exercício do controle externo da Administração Pública, inclusive para fins de eventuais responsabilizações.

Ao longo de toda a execução do contrato, o contratado deverá cumprir a reserva de cargos prevista em lei para pessoa com deficiência, para reabilitado da Previdência Social ou para aprendiz, bem como as reservas de cargos previstas em outras normas específicas (art. 116 da Lei de Licitações).[308]

Aliás, a referida exigência deve constar, necessariamente, dos contratos administrativos e o descumprimento da reserva de vagas configura hipótese de extinção do contrato, na forma dos arts. 92, XVII e 137, IX, da Lei de Licitações.

Interessante notar que o art. 63, IV, da Lei de Licitações, ao tratar da habilitação, dispõe que o licitante tem o dever de apresentar declaração que aponte o cumprimento das exigências de reserva de cargos para pessoa com deficiência e para reabilitado da Previdência Social, mas não menciona os aprendizes que aparecem no texto do art. 116 e em outros dispositivos da Lei de Licitações.

Ao que parece, trata-se de omissão que pode ser superada a partir da interpretação sistemática dos arts. 63, IV, 92, XVII, 116 e 137, IX, da Lei de Licitações, que relevariam a necessidade da declaração, apresentada no momento da habilitação, abranger não apenas as pessoas com deficiência e reabilitadas da Previdência Social, mas, também, os aprendizes, uma vez que o cumprimento da reserva de vagas, nesses casos, deve ser observado "ao longo de toda a execução do contrato".

---

[308] De acordo com o art. 116, parágrafo único, da Lei de Licitações: "Sempre que solicitado pela Administração, o contratado deverá comprovar o cumprimento da reserva de cargos a que se refere o *caput* deste artigo, com a indicação dos empregados que preencherem as referidas vagas".

2. GESTÃO E FISCALIZAÇÃO CONTRATUAL

A função fiscalizadora é fundamental para regular cumprimento dos contratos administrativos, com a verificação constante da sua execução e impactos significativos sobre diversos atos que serão praticados ao longo da avença, tais como: realização de pagamentos, decisões sobre pedidos de reequilíbrio contratual, avaliação de desempenho da contratada, recebimento contratual, aplicação de sanções etc.

No contexto da Lei 14.133/2021, a fiscalização recebe maior destaque que aquele previsto na antiga Lei 8.666/1993 e outros diplomas legais, notadamente nos seguintes aspectos: a) definição dos modelos de gestão e fiscalização na fase preparatória da licitação (arts. 6.º, XXII, *f*, e XXV, *e*; 18, § 1.º; e 25); b) manutenção da fiscalização como cláusula exorbitante (art. 104, III); c) regras específicas sobre a fiscalização contratual (arts. 117 a 119); d) previsão de extinção contratual, em decorrência do descumprimento das determinações do fiscal (art. 137, II); e) eventual responsabilidade da Administração Pública nas hipóteses de falha na fiscalização (arts. 120 e 121); f) atuação no recebimento do objeto do contrato (art. 140); g) impactos da fiscalização na avaliação do desempenho da contratada (arts. 88, § 3.º, e 144) etc.

Ao contrário da legislação anterior, especialmente a antiga Lei 8.666/1993, a Lei 14.133/2021 apresenta clara intenção de distinguir as figuras do gestor e do fiscal dos contratos, em atenção ao princípio da segregação de funções. Contudo, a distinção efetiva entre os referidos atores somente é apresentada no campo regulamentar.

De acordo com o art. 8.º, § 3.º, da Lei 14.133/2021, cabe ao regulamento definir as atribuições dos agentes responsáveis pelas licitações e contratações públicas, com a delimitação, inclusive, da "atuação de fiscais e gestores de contratos". Em âmbito federal, o Decreto 11.246/2022 dispõe sobre "as regras para a atuação do agente de contratação e da equipe de apoio, o funcionamento da comissão de contratação e a atuação dos gestores e fiscais de contratos".

Em grande medida, a distinção entre o gestor e o fiscal do contrato, assim como o elenco das espécies de fiscalização, apresenta nítida inspiração no regime jurídico previsto no capítulo V da Instrução Normativa (IN) 5/2017, que trata das regras e diretrizes do procedimento de contratação de serviços sob o regime de execução indireta no âmbito da Administração Pública federal.

Com efeito, o art. 19 do Decreto 11.246/2022, com inspiração no art. 40 da IN 5/2017, estabelece que a gestão do contrato compreende "a coordenação das atividades relacionadas à fiscalização técnica, administrativa e setorial", além da prática de atos preparatórios à instrução processual e encaminhamento da documentação ao setor de contratos para a formalização dos procedimentos relativos à prorrogação, à alteração, ao reequilíbrio, ao pagamento, à eventual aplicação de sanções e à extinção dos contratos, entre outros.

O referido dispositivo legal apresenta, ainda, uma distinção entre as espécies de fiscalização (técnica, administrativa e setorial),[309] com a indicação de atribuições que não se confundem com aquelas indicadas para o gestor do contrato. No rol das atribuições dos fiscais, incluem-se, por exemplo, tarefas de acompanhamento do efetivo cumprimento do objeto contratado, na forma do regramento fixado no edital, e da manutenção dos requisitos de habilitação pela contratada.

No exercício de suas atribuições, os fiscais dos contratos serão auxiliados pelos órgãos de assessoramento jurídico e de controle interno da Administração, que deverão dirimir dúvidas e subsidiá-los com informações relevantes para prevenção de riscos de inadimplemento contratual, na forma do art. 117, § 3.º, da Lei 14.133/2021.

Assim, é possível afirmar que o gestor do contrato coordena e supervisiona as atividades do(s) fiscal(is), com a prerrogativa de decidir, salvo delegação, sobre questões contratuais relevantes, como, por exemplo, prorrogação, alteração, reequilíbrio, pagamento, aplicação de sanções, extinção dos contratos.

Os fiscais, por sua vez, acompanham mais de perto a rotina do cumprimento do objeto contratual e possuem o papel de auxiliar o gestor, com a apresentação de informações e subsídios relevantes para tomada de decisões.

A execução do contrato deverá ser acompanhada e fiscalizada por um ou mais fiscais do contrato, representantes da Administração especialmente designados conforme requisitos estabelecidos no art. 7.º, permitida a contratação de terceiros para assisti-los e subsidiá-los com informações pertinentes a essa atribuição (art. 117 da Lei de Licitações).[310]

---

[309] O art. 19 do Decreto 11.246/2022 apresenta as espécies de fiscalização, nos seguintes termos: a) fiscalização técnica: envolve o acompanhamento do contrato, com o objetivo de avaliar se execução do objeto observa os termos do edital e do contrato administrativo; b) fiscalização administrativa: engloba o acompanhamento dos aspectos administrativos contratuais quanto às obrigações previdenciárias, fiscais e trabalhistas, além de auxiliar o gestor com informações relevantes para os reequilíbrios contratuais e adoção de providências tempestivas nas hipóteses de inadimplemento; c) fiscalização setorial: constitui a tarefa de acompanhamento da execução contratual "nos aspectos técnicos ou administrativos quando a prestação do objeto ocorrer concomitantemente em setores distintos ou em unidades desconcentradas de um órgão ou uma entidade". Ao lado da fiscalização técnica, administrativa e setorial, o art. 40, V, da IN 5/2017 menciona, ainda, a fiscalização pelo Público Usuário, com o "acompanhamento da execução contratual por pesquisa de satisfação junto ao usuário, com o objetivo de aferir os resultados da prestação dos serviços, os recursos materiais e os procedimentos utilizados pela contratada, quando for o caso, ou outro fator determinante para a avaliação dos aspectos qualitativos do objeto".

[310] O fiscal do contrato anotará em registro próprio todas as ocorrências relacionadas à execução do contrato, determinando o que for necessário para a regularização das faltas ou dos defeitos observados, informando aos superiores, em tempo hábil para a adoção das medidas convenientes, a situação que demandar decisão ou providência que ultrapasse sua competência (art. 117, §§ 1.º e 2.º, da Lei de Licitações). No exercício de suas funções, o fiscal do contrato será auxiliado pelos órgãos de assessoramento jurídico e de controle interno da Administração, que deverão dirimir dúvidas e subsidiá-lo com informações relevantes para prevenir riscos na execução contratual (art. 117, § 3.º, da Lei).

Título III – Dos Contratos Administrativos Art. 123

Com o intuito de permitir que a função fiscalizadora seja exercida com maior eficiência, a legislação prevê não apenas o auxílio por parte dos órgãos de assessoramento jurídico e de controle interno da Administração, mas, também, a possibilidade de contratação de terceiros para assistir e subsidiar o fiscal do contrato com as informações pertinentes a essa regular execução do contrato, na forma do art. 117, §§ 3.º e 4.º, da Lei de Licitações.

A contratação de terceiros para auxiliar a fiscalização do contrato deve observar as seguintes regras (art. 117, § 4.º, da Lei): a) a empresa ou o profissional contratado assumirá responsabilidade civil objetiva pela veracidade e pela precisão das informações prestadas, firmará termo de compromisso de confidencialidade e não poderá exercer atribuição própria e exclusiva de fiscal de contrato; e b) a contratação de terceiros não eximirá de responsabilidade o fiscal do contrato, nos limites das informações recebidas do terceiro contratado.

É possível a contratação direta, por inexigibilidade de licitação, de serviços de fiscalização, supervisão ou gerenciamento de obras, considerados serviços técnicos especializados de natureza predominantemente intelectual, que envolvam profissionais ou empresas de notória especialização (art. 74, III, "d", da Lei 14.133/2021).

É preciso destacar que a fiscalização da execução contratual constitui uma prerrogativa (cláusula exorbitante, na forma do art. 104, III, da Lei) e um dever da Administração Pública.

Ademais, a fiscalização deve ser contemporânea à execução do contrato, evitando-se atestações de serviços não concluídos ou com datas retroativas.[311]

O desatendimento das determinações regulares emitidas pelos fiscais do contrato configura causa de extinção do contrato, na forma do art. 137, II, da Lei.

Conforme dispõe o art. 117 da Lei de Licitações, os fiscais dos contratos devem ser representantes da Administração especialmente designados para o exercício da função, cumpridos os requisitos elencados no art. 7.º da referida Lei, a saber: a) devem ser, preferencialmente, servidores efetivos ou empregados públicos dos quadros permanentes da Administração Pública; b) devem ter atribuições relacionadas a licitações e contratos ou formação compatível ou qualificação atestada por certificação profissional emitida por escola de governo criada e mantida pelo poder público;[312] c) não podem ser cônjuge ou companheiro de licitantes ou contratados habituais da Administração nem podem ter com eles vínculo de parentesco, colateral ou por

---

[311] TCU, 1.ª Câmara, Ata 19/06, Acórdão 1.442/06, Rel. Min. Marcos Vinicios Vilaça, *DO* 12.06.2006.

[312] No âmbito da Lei 8.666/1993, o TCU entendeu que o agente público indicado para exercer a função de fiscal do contrato deveria possuir conhecimento técnico mínimo sobre o objeto da contratação, com o intuito de garantir eficiência à fiscalização e evitar eventual responsabilidade por *culpa in elegendo* da autoridade que efetuou a nomeação. TCU, Acórdão 2632/07, Plenário, Rel. Min. Augusto Nardes, 05.12.2007.

Art. 123

Comentários à Lei de Licitações e Contratos Administrativos

afinidade, até o terceiro grau, ou de natureza técnica, comercial, econômica, financeira, trabalhista e civil.[313]

As referidas exigências e vedações contribuem para implementação da gestão de pessoas por competências e para efetivação dos princípios da eficiência e da moralidade, uma vez que a função será realizada, preferencialmente, por profissionais de carreira, com conhecimento técnico sobre as licitações e contratações públicas e com segregação de funções, vedada a participação de agentes públicos no processo de contratação que envolva parentes ou pessoas que possam gerar conflitos de interesses.

Quanto ao primeiro requisito, o art. 7.º, I, impõe a indicação preferencial de servidores efetivos ou empregados públicos dos quadros permanentes da Administração Pública para o exercício da função de fiscal dos contratos.

Ao contrário do art. 8.º da Lei 14.133/2021, que exige a condição de servidor efetivo ou empregado dos quadros permanentes para os agentes de contratação, o art. 7.º, I, que trata dos agentes públicos em geral, incluídos os fiscais, estabelece apenas a preferência na indicação dos citados servidores, abrindo margem de liberdade para indicação, excepcional, de servidores comissionados para atuação fiscalizadora.

Trata-se, em nossa opinião, de incongruência do legislador, uma vez que as funções exercidas pelos fiscais possuem relevância similar àquelas exercidas por agentes de contratação, inexistindo justificativa razoável para permitir a nomeação de servidores comissionados no primeiro caso, mas não no segundo.

Já o segundo requisito para indicação do fiscal, apontado no art. 7.º, II, é a verificação de que o agente público exerça funções relacionadas às licitações e contratações administrativas, possua formação compatível para o exercício da função de fiscalização ou qualificação atestada por certificação profissional emitida por escola de governo criada e mantida pela Administração Pública.

A mencionada exigência legal possui sintonia com o princípio da eficiência e com a lógica da gestão por competências.[314] Seria, em princípio, inapropriada a

---

[313] A preocupação com a prevenção de conflitos de interesse no exercício da fiscalização contratual já havia sido apontada pelo TCU na interpretação da Lei 8.666/1993. TCU, Acórdão 1885/09, Plenário, Rel. Min. André de Carvalho, 19.08.2009.

[314] Ao dispor sobre a gestão por competências, o art. 14 da Portaria SEGES/ME 8.678/2021 dispõe: "Art. 14. Compete ao órgão ou entidade, quanto à gestão por competências do processo de contratações públicas: I – assegurar a aderência às normas, regulamentações e padrões estabelecidos pelo órgão central do Sistema de Serviços Gerais – Sisg, quanto às competências para os agentes públicos que desempenham papéis ligados à governança, à gestão e à fiscalização das contratações; II – garantir que a escolha dos ocupantes de funções-chave, funções de confiança ou cargos em comissão, na área de contratações, seja fundamentada nos perfis de competências definidos conforme o inciso I, observando os princípios da transparência, da eficiência e do interesse público, bem como os requisitos definidos no art. 7.º da Lei 14.133, de 2021; e III – elencar, no Plano de Desenvolvimento de Pessoas – PDP, nos termos do Decreto 9.991, de 28 de agosto de 2019, ações de desenvolvimento dos dirigentes e demais agentes que atuam no processo de contratação, contemplando aspectos técnicos, gerenciais e comportamentais desejáveis ao bom desempenho de suas funções".

Título III – Dos Contratos Administrativos

Art. 123

indicação de um médico do hospital público para fiscalizar o contrato de obra ou a indicação de um engenheiro para fiscalizar o contrato de entrega de medicamentos em hospitais públicos, salvo se os citados indicados tiverem, por alguma razão comprovada, a expertise técnica para conhecimento dos respectivos objetos contratuais.

O terceiro requisito para nomeação dos fiscais, localizado no art. 7.º, III, relaciona-se com a vedação de indicação de agentes que possuam potencial conflito de interesses com as pessoas que serão contratadas. Assim, levando em consideração os licitantes ou contratados habituais da Administração,[315] o dispositivo legal em comento proíbe que a indicação para função de fiscal recaia sobre: a) cônjuges ou companheiros; b) parentes, colaterais ou por afinidade, até o terceiro grau; e c) pessoas que tenham vínculo de natureza técnica, comercial, econômica, financeira, trabalhista e civil.

Registre-se que a preocupação em evitar conflitos de interesses nas contratações públicas também pode ser verificada em outros dispositivos da Lei 14.133/2021. Assim, por exemplo, os arts. 14, IV, e 122, § 3.º, da Lei 14.133/2021 estabelecem a vedação de participação em licitação ou subcontratação de pessoas físicas ou jurídicas que mantiverem vínculo de natureza técnica, comercial, econômica, financeira, trabalhista ou civil com dirigente do órgão ou entidade contratante ou com agente público que desempenhe função na licitação ou atue na fiscalização ou na gestão do contrato, ou se deles forem cônjuge, companheiro ou parente em linha reta, colateral ou por afinidade, até o terceiro grau, devendo essa proibição constar expressamente do edital de licitação.

Questão interessante se refere à (im)possibilidade de o agente público indicado para função de fiscal de contratos apresentar recusa à nomeação. Aqui, é preciso destacar que, em princípio, o agente público não pode recursar a nomeação, em razão da hierarquia administrativa e da legalidade da nomeação.[316]

Em vez da recusa, portanto, o agente público indicado, se entender que não possui a qualificação ou a disponibilidade necessária para o exercício da função de fiscal, deve expor as razões ao seu superior hierárquico, com o intuito não apenas de solicitar a necessária capacitação, mas, também, de se proteger contra futuras e

---

[315] De acordo com o art. 10, § 1.º, do Decreto 11.246/2022, "consideram-se contratados habituais as pessoas físicas e jurídicas cujo histórico recorrente de contratação com o órgão ou com a entidade evidencie significativa probabilidade de novas contratações". A referida vedação incide sobre o agente público que atue em processo de contratação cujo objeto seja do mesmo ramo de atividade em que atue o licitante ou o contratado habitual com o qual haja o relacionamento (art. 10, § 2.º, do Decreto 11.246/2022).

[316] Nesse sentido, o Tribunal de Contas da União, no contexto da Lei 8.666/1993, decidiu: "O servidor designado para exercer o encargo de fiscal não pode oferecer recusa, porquanto não se trata de ordem ilegal. Entretanto, tem a opção de expor ao superior hierárquico as deficiências e limitações que possam impedi-lo de cumprir diligentemente suas obrigações. A opção que não se aceita é uma atuação a esmo (com imprudência, negligência, omissão, ausência de cautela e de zelo profissional), sob pena de configurar grave infração à norma legal" (TCU, Acórdão 2.917/2010, Plenário, Rel. Min. Valmir Campelo, j. 03.11.2010).

Art. 123

eventuais imputações de ilícitos no exercício de sua função, além de induzir que a referida imputação de responsabilidade também recaia sobre a autoridade superior que efetuou a sua nomeação.[317]

Lembre-se, aqui, da possibilidade de responsabilização da autoridade nomeante quando o fiscal nomeado não possuir a devida capacitação para o exercício da função (*culpa in eligendo*) ou quando caracterizada a sua omissão na hipótese de falhas reiteradas e conhecidas por parte do fiscal (*culpa in vigilando*).[318]

Entendemos que, em situações excepcionalíssimas, o agente público indicado poderia recusar a nomeação para a função de fiscal, quando demonstrada, no caso concreto, a ilegalidade manifesta da nomeação, tal como ocorreria, por exemplo, com a nomeação de cônjuge da pessoa física contratada ou de diretor(a) da pessoa jurídica contratada. Nesse caso, em âmbito federal, seria aplicável o art. 116, IV, da Lei 8.112/1990, que prevê o dever do servidor de "cumprir as ordens superiores, exceto quando manifestamente ilegais".

É possível indicar, exemplificativamente, algumas restrições para o exercício da função de fiscal do contrato, com fundamento nos princípios da razoabilidade, moralidade e eficiência, a saber: a) não devem ser indicados os agentes de contratação ou os membros da comissão de contratação;[319] e b) em que pese a inexistência de limite máximo de contratos que podem ser fiscalizados pelo mesmo fiscal, a Administração Pública deve evitar que o mesmo fiscal fique sobrecarregado com a fiscalização de número excessivo de contratos.[320]

Verifica-se, em resumo, que a atual Lei de Licitações avançou em relação ao tratamento lacunoso da antiga Lei 8.666/1993, estabelecendo regras mais detalhadas para a fiscalização contratual.

---

[317] Em âmbito federal, o art. 11, §§ 1.º e 2.º, do Decreto 11.246/2022 dispõe que, na hipótese de deficiência ou de limitações técnicas possam impedir o cumprimento diligente das suas atribuições, o agente público deverá comunicar o fato ao seu superior hierárquico e a autoridade competente poderá providenciar a qualificação prévia do servidor ou designar outro servidor com a qualificação requerida.

[318] No mesmo sentido: TORRES, Ronny Charles Lopes de. *Leis de licitações públicas comentadas*. 12. ed. São Paulo: JusPodivm, 2021. p. 606. De acordo com o TCU: "A responsabilidade da autoridade delegante pelos atos delegados não é automática ou absoluta, sendo imprescindível para definir essa responsabilidade a análise das situações de fato que envolvem o caso concreto. A autoridade delegante pode ser responsabilizada sempre que verificada a fiscalização deficiente dos atos delegados (*culpa in vigilando*), o conhecimento do ato irregular praticado ou a má escolha do agente delegado (*culpa in eligendo*)" (TCU, Acórdão 6.934/2015, Plenário, Rel. Min. Benjamin Zymler, j. 03.11.2015).

[319] Na vigência da Lei 8.666/1993, o TCU impediu a indicação de pregoeiros e membros da comissão de licitação que participaram do certame para função de fiscais dos contratos. TCU, Acórdão 1375/15, Plenário, Rel. Min. Bruno Dantas, 03.06.2015.

[320] No contexto da Lei 8.666/1993, vide: TCU, Acórdão 1094/13, Plenário, Rel. Min. José Jorge, 08.05.2013.

3. RESPONSABILIDADE NAS CONTRATAÇÕES PÚBLICAS

O contratado possui as seguintes obrigações e responsabilidades: a) deverá manter preposto aceito pela Administração no local da obra ou do serviço para representá-lo na execução do contrato (art. 118 da Lei de Licitações); b) é obrigado a reparar, corrigir, remover, reconstruir ou substituir, a suas expensas, no total ou em parte, o objeto do contrato em que se verificarem vícios, defeitos ou incorreções resultantes de sua execução ou de materiais nela empregados (art. 119 da Lei); c) é responsável pelos danos causados diretamente à Administração ou a terceiros em razão da execução do contrato, não excluindo ou reduzindo essa responsabilidade a fiscalização ou o acompanhamento pelo contratante (art. 120 da Lei); d) é responsável exclusivo pelos encargos trabalhistas, previdenciários, fiscais e comerciais resultantes da execução do contrato (art. 121 da Lei).

A inadimplência do contratado em relação aos encargos trabalhistas, fiscais e comerciais não transfere à Administração a responsabilidade por seu pagamento e não pode onerar o objeto do contrato ou restringir a regularização e o uso das obras e das edificações, inclusive perante o registro de imóveis (art. 121, § 1.º, da Lei de Licitações).

Exclusivamente nas contratações de serviços contínuos com regime de dedicação exclusiva de mão de obra, a Administração responderá solidariamente pelos encargos previdenciários e subsidiariamente pelos encargos trabalhistas se comprovada falha na fiscalização do cumprimento das obrigações do contratado (art. 121, § 2.º, da Lei).

Entendemos, contudo, que a ausência das expressões "culpa ou dolo" no novo diploma legal não alteram a regra da responsabilidade civil subjetiva do contratado, uma vez que a eventual objetivação da responsabilidade dependeria da previsão legal expressa ou decorreria de atividade normalmente desenvolvida que, por sua natureza, acarretasse risco para os direitos de terceiros, na forma do art. 927, parágrafo único, do Código Civil.[321]

Aliás, quando pretendeu estabelecer a natureza objetiva da responsabilidade civil, a Lei 14.133/2021 foi categórica, tal como ocorreu na previsão contida no art. 140, § 6º, que estabeleceu a "responsabilidade objetiva" do contratado pela solidez e pela segurança dos materiais e dos serviços nos ajustes que envolvem obras.

Portanto, o contratado possui responsabilidade primária pela má execução do contrato. Em princípio, não há que falar em solidariedade entre o Poder Público e o contratado pelos danos causados a terceiros. A responsabilidade do Estado é subsidiária.[322]

Quanto à responsabilidade exclusiva do contratado pelos encargos trabalhistas, previdenciários, fiscais e comerciais resultantes da execução do contrato, o art. 121,

---

[321] Em sentido contrário, sustentando a responsabilidade objetiva do contratado, em razão da ausência de exigência de culpa ou dolo no art. 120 da atual Lei de Licitações, vide: MOREIRA, Egon Bockmann; GARCIA, Flávio Amaral. *Contratos administrativos na Lei de Licitações*: comentários aos artigos 89 a 154 da Lei nº 14.133/2021, São Paulo: Thomson Reuters Brasil, 2024, p. 211-213.

[322] Nesse sentido: CARVALHO FILHO, José dos Santos. *Manual de direito administrativo*. 22. ed. Rio de Janeiro: Lumen Juris, 2009. p. 541.

Art. 123

caput e § 1.º, da atual Lei de Licitações mantém o regime até então previsto no art. 71, *caput* e § 1.º, da Lei 8.666/1993.

Em relação às contratações de serviços contínuos com regime de dedicação exclusiva de mão de obra, o art. 121, § 2.º, da Lei 14.133/2021, como já destacado, dispõe que a Administração responderá solidariamente pelos encargos previdenciários e subsidiariamente pelos encargos trabalhistas se comprovada falha na fiscalização do cumprimento das obrigações do contratado.

Enquanto a responsabilidade solidária pelos encargos previdenciários nos contratos de sérvios contínuos com dedicação exclusiva de mão de obra já era imposta pelo art. 71, § 2.º, da antiga Lei 8.666/1993, a responsabilidade subsidiária da Administração pelos encargos trabalhistas, limitada aos casos de comprovada falha na fiscalização do cumprimento das obrigações do contratado, representa a incorporação legislativa da tese consagrada no STF.[323]

A preocupação com o cumprimento das obrigações trabalhistas é encontrada no art. 121, § 3.º, da Lei 14.133/2021. Nas contratações de serviços contínuos com regime de dedicação exclusiva de mão de obra, para assegurar o cumprimento de obrigações trabalhistas pelo contratado, a Administração, mediante disposição em edital ou em contrato, poderá, entre outras medidas: a) exigir caução, fiança bancária ou contratação de seguro-garantia com cobertura para verbas rescisórias inadimplidas; b) condicionar o pagamento à comprovação de quitação das obrigações trabalhistas vencidas relativas ao contrato; c) efetuar o depósito de valores em conta vinculada;[324] d) em caso de inadimplemento, efetuar diretamente o pagamento das verbas trabalhistas, que serão deduzidas do pagamento devido ao contratado; e) estabelecer que os valores destinados a férias, a décimo terceiro salário, a ausências legais e a verbas rescisórias dos empregados do contratado que participarem da execução dos serviços contratados serão pagos pelo contratante ao contratado somente na ocorrência do fato gerador.

4. SUBCONTRATAÇÃO

Admite-se a subcontratação de partes da obra, do serviço ou do fornecimento até o limite autorizado, em cada caso, pela Administração, cabendo ao contratado a apresentação à Administração da documentação que comprove a capacidade técnica

---

[323] Teses de Repercussão Geral STF: a) Tema 246: "O inadimplemento dos encargos trabalhistas dos empregados do contratado não transfere automaticamente ao Poder Público contratante a responsabilidade pelo seu pagamento, seja em caráter solidário ou subsidiário, nos termos do art. 71, § 1.º, da Lei 8.666/93."; b) Tema 725: "É lícita a terceirização ou qualquer outra forma de divisão do trabalho entre pessoas jurídicas distintas, independentemente do objeto social das empresas envolvidas, mantida a responsabilidade subsidiária da empresa contratante". Frise-se que o STF, no julgamento do RE 958.252, que deu origem ao Tema 725 de Repercussão Geral, declarou a inconstitucionalidade dos incisos I, III, IV e VI da Súmula 331 do TST Enunciado 331 do TST que, tradicionalmente, restringia a terceirização à atividade-meio.

[324] Os valores depositados na conta vinculada são absolutamente impenhoráveis (art. 120, § 4.º).

Título III – Dos Contratos Administrativos

Art. 124

do subcontratado, cabendo ao regulamento ou edital de licitação vedar, restringir ou estabelecer condições para a subcontratação (art. 122, *caput* e §§ 1.º e 2.º, da Lei de Licitações).

É vedada a subcontratação de pessoa física ou jurídica cujos dirigentes tenham vínculo de natureza técnica, comercial, econômica, financeira, trabalhista ou civil ou sejam cônjuge, companheiro ou parente em linha reta, colateral ou por afinidade, até o terceiro grau, de dirigente do órgão ou entidade contratante ou agente público que desempenhe função na licitação ou atue na fiscalização ou na gestão do contrato, devendo esta proibição constar expressamente no edital de licitação (art. 122, § 3.º, da Lei).

Assim, quanto à subcontratação, o art. 122 da atual Lei de Licitações apresenta regramento mais detalhado que aquele constante do art. 72 da antiga Lei 8.666/1993 que se limitava a permitir a subcontratação de partes da obra, serviço ou fornecimento, até o limite admitido, em cada caso, pela Administração.

5. DEVER DE DECIDIR DA ADMINISTRAÇÃO PÚBLICA

A Administração tem o dever de explicitamente emitir decisão sobre todas as solicitações e reclamações relacionadas à execução dos contratos, ressalvados os requerimentos manifestamente impertinentes, meramente protelatórios ou de nenhum interesse para a boa execução do contrato.

Salvo disposição legal ou cláusula contratual que estabeleça prazo específico, concluída a instrução do requerimento, a Administração tem o prazo de 1 mês para decidir, admitida a prorrogação motivada por igual período (art. 123, *caput* e parágrafo único, da Lei de Licitações).

CAPÍTULO VII
DA ALTERAÇÃO DOS CONTRATOS E DOS PREÇOS

Art. 124. Os contratos regidos por esta Lei poderão ser alterados, com as devidas justificativas, nos seguintes casos:

I – unilateralmente pela Administração:

a) quando houver modificação do projeto ou das especificações, para melhor adequação técnica a seus objetivos;

b) quando for necessária a modificação do valor contratual em decorrência de acréscimo ou diminuição quantitativa de seu objeto, nos limites permitidos por esta Lei;

II – por acordo entre as partes:

a) quando conveniente a substituição da garantia de execução;

b) quando necessária a modificação do regime de execução da obra ou do serviço, bem como do modo de fornecimento, em face de verificação técnica da inaplicabilidade dos termos contratuais originários;

c) quando necessária a modificação da forma de pagamento por imposição de circunstâncias supervenientes, mantido o valor inicial atualizado e vedada a antecipação do pagamen-

Art. 125

Comentários à Lei de Licitações e Contratos Administrativos

to em relação ao cronograma financeiro fixado sem a correspondente contraprestação de fornecimento de bens ou execução de obra ou serviço;

d) para restabelecer o equilíbrio econômico-financeiro inicial do contrato em caso de força maior, caso fortuito ou fato do príncipe ou em decorrência de fatos imprevisíveis ou previsíveis de consequências incalculáveis, que inviabilizem a execução do contrato tal como pactuado, respeitada, em qualquer caso, a repartição objetiva de risco estabelecida no contrato.

§ 1.º Se forem decorrentes de falhas de projeto, as alterações de contratos de obras e serviços de engenharia ensejarão apuração de responsabilidade do responsável técnico e adoção das providências necessárias para o ressarcimento dos danos causados à Administração.

§ 2.º Será aplicado o disposto na alínea "d" do inciso II do *caput* deste artigo às contratações de obras e serviços de engenharia, quando a execução for obstada pelo atraso na conclusão de procedimentos de desapropriação, desocupação, servidão administrativa ou licenciamento ambiental, por circunstâncias alheias ao contratado.

Art. 125. Nas alterações unilaterais a que se refere o inciso I do *caput* do art. 124 desta Lei, o contratado será obrigado a aceitar, nas mesmas condições contratuais, acréscimos ou supressões de até 25% (vinte e cinco por cento) do valor inicial atualizado do contrato que se fizerem nas obras, nos serviços ou nas compras, e, no caso de reforma de edifício ou de equipamento, o limite para os acréscimos será de 50% (cinquenta por cento).

Art. 126. As alterações unilaterais a que se refere o inciso I do *caput* do art. 124 desta Lei não poderão transfigurar o objeto da contratação.

Art. 127. Se o contrato não contemplar preços unitários para obras ou serviços cujo aditamento se fizer necessário, esses serão fixados por meio da aplicação da relação geral entre os valores da proposta e o do orçamento-base da Administração sobre os preços referenciais ou de mercado vigentes na data do aditamento, respeitados os limites estabelecidos no art. 125 desta Lei.

Art. 128. Nas contratações de obras e serviços de engenharia, a diferença percentual entre o valor global do contrato e o preço global de referência não poderá ser reduzida em favor do contratado em decorrência de aditamentos que modifiquem a planilha orçamentária.

Art. 129. Nas alterações contratuais para supressão de obras, bens ou serviços, se o contratado já houver adquirido os materiais e os colocado no local dos trabalhos, estes deverão ser pagos pela Administração pelos custos de aquisição regularmente comprovados e monetariamente reajustados, podendo caber indenização por outros danos eventualmente decorrentes da supressão, desde que regularmente comprovados.

Art. 130. Caso haja alteração unilateral do contrato que aumente ou diminua os encargos do contratado, a Administração deverá restabelecer, no mesmo termo aditivo, o equilíbrio econômico-financeiro inicial.

Art. 131. A extinção do contrato não configurará óbice para o reconhecimento do desequilíbrio econômico-financeiro, hipótese em que será concedida indenização por meio de termo indenizatório.

Parágrafo único. O pedido de restabelecimento do equilíbrio econômico-financeiro deverá ser formulado durante a vigência do contrato e antes de eventual prorrogação nos termos do art. 107 desta Lei.

Art. 132. A formalização do termo aditivo é condição para a execução, pelo contratado, das prestações determinadas pela Administração no curso da execução do contrato, salvo nos casos de justificada necessidade de antecipação de seus efeitos, hipótese em que a formalização deverá ocorrer no prazo máximo de 1 (um) mês.

Art. 133. Nas hipóteses em que for adotada a contratação integrada ou semi-integrada, é vedada a alteração dos valores contratuais, exceto nos seguintes casos:

278

Título III – Dos Contratos Administrativos

Art. 136

I – para restabelecimento do equilíbrio econômico-financeiro decorrente de caso fortuito ou força maior;

II – por necessidade de alteração do projeto ou das especificações para melhor adequação técnica aos objetivos da contratação, a pedido da Administração, desde que não decorrente de erros ou omissões por parte do contratado, observados os limites estabelecidos no art. 125 desta Lei;

III – por necessidade de alteração do projeto nas contratações semi-integradas, nos termos do § 5.º do art. 46 desta Lei;

IV – por ocorrência de evento superveniente alocado na matriz de riscos como de responsabilidade da Administração.

Art. 134. Os preços contratados serão alterados, para mais ou para menos, conforme o caso, se houver, após a data da apresentação da proposta, criação, alteração ou extinção de quaisquer tributos ou encargos legais ou a superveniência de disposições legais, com comprovada repercussão sobre os preços contratados.

Art. 135. Os preços dos contratos para serviços contínuos com regime de dedicação exclusiva de mão de obra ou com predominância de mão de obra serão repactuados para manutenção do equilíbrio econômico-financeiro, mediante demonstração analítica da variação dos custos contratuais, com data vinculada:

I – à da apresentação da proposta, para custos decorrentes do mercado;

II – ao acordo, à convenção coletiva ou ao dissídio coletivo ao qual a proposta esteja vinculada, para os custos de mão de obra.

§ 1.º A Administração não se vinculará às disposições contidas em acordos, convenções ou dissídios coletivos de trabalho que tratem de matéria não trabalhista, de pagamento de participação dos trabalhadores nos lucros ou resultados do contratado, ou que estabeleçam direitos não previstos em lei, como valores ou índices obrigatórios de encargos sociais ou previdenciários, bem como de preços para os insumos relacionados ao exercício da atividade.

§ 2.º É vedado a órgão ou entidade contratante vincular-se às disposições previstas nos acordos, convenções ou dissídios coletivos de trabalho que tratem de obrigações e direitos que somente se aplicam aos contratos com a Administração Pública.

§ 3.º A repactuação deverá observar o interregno mínimo de 1 (um) ano, contado da data da apresentação da proposta ou da data da última repactuação.

§ 4.º A repactuação poderá ser dividida em tantas parcelas quantas forem necessárias, observado o princípio da anualidade do reajuste de preços da contratação, podendo ser realizada em momentos distintos para discutir a variação de custos que tenham sua anualidade resultante em datas diferenciadas, como os decorrentes de mão de obra e os decorrentes dos insumos necessários à execução dos serviços.

§ 5.º Quando a contratação envolver mais de uma categoria profissional, a repactuação a que se refere o inciso II do *caput* deste artigo poderá ser dividida em tantos quantos forem os acordos, convenções ou dissídios coletivos de trabalho das categorias envolvidas na contratação.

§ 6.º A repactuação será precedida de solicitação do contratado, acompanhada de demonstração analítica da variação dos custos, por meio de apresentação da planilha de custos e formação de preços, ou do novo acordo, convenção ou sentença normativa que fundamenta a repactuação.

Art. 136. Registros que não caracterizam alteração do contrato podem ser realizados por simples apostila, dispensada a celebração de termo aditivo, como nas seguintes situações:

Art. 136

> I – variação do valor contratual para fazer face ao reajuste ou à repactuação de preços previstos no próprio contrato;
>
> II – atualizações, compensações ou penalizações financeiras decorrentes das condições de pagamento previstas no contrato;
>
> III – alterações na razão ou na denominação social do contratado;
>
> IV – empenho de dotações orçamentárias.

1. ALTERAÇÃO DOS CONTRATOS

Os contratos administrativos poderão ser alterados, com as devidas justificativas, nos seguintes casos (art. 124 da Lei de Licitações):[325] **a) unilateralmente pela Administração**: a.1) quando houver modificação do projeto ou das especificações, para melhor adequação técnica a seus objetivos; e a.2) quando for necessária a modificação do valor contratual em decorrência de acréscimo ou diminuição quantitativa de seu objeto, nos limites permitidos por esta Lei; **b) por acordo entre as partes**: b.1) quando conveniente a substituição da garantia de execução; b.2) quando necessária a modificação do regime de execução da obra ou do serviço, bem como do modo de fornecimento, em face de verificação técnica da inaplicabilidade dos termos contratuais originários; b.3) quando necessária a modificação da forma de pagamento por imposição de circunstâncias supervenientes, mantido o valor inicial atualizado, vedada a antecipação do pagamento em relação ao cronograma financeiro fixado sem a correspondente contraprestação de fornecimento de bens ou execução de obra ou serviço; b.4) para restabelecer o equilíbrio econômico-financeiro inicial do contrato em caso de força maior, caso fortuito ou fato do príncipe ou em decorrência de fatos imprevisíveis ou previsíveis de consequências incalculáveis que inviabilizem a execução do contrato tal como pactuado, respeitada, em qualquer caso, a repartição objetiva de risco estabelecida no contrato.

As alterações unilaterais podem ser divididas em duas espécies: **a) alteração qualitativa** (art. 124, I, "*a*"): alteração do projeto ou das especificações, para melhor adequação técnica aos seus objetivos; ou **b) alteração unilateral quantitativa** (art. 124, I, "*b*"): alteração da quantidade do objeto contratual, nos limites permitidos pela Lei.

Existem requisitos que devem ser observados na alteração unilateral, tais como:

a) **necessidade de motivação;**

b) **a alteração deve decorrer de fato superveniente à contratação (desconhecido no momento da contratação)**, pois no momento da instauração da li-

---

[325] As alterações de contratos de obras e serviços de engenharia, decorrentes de falhas de projeto, ensejarão apuração de responsabilidade e adoção das providências necessárias para o ressarcimento da Administração pelos danos causados (art. 124, § 1.º, da Lei). Em conformidade com o disposto no art. 124, § 2.º, da Lei, a alteração bilateral para reequilíbrio contratual nos contratos de obras e serviços de engenharia, quando a execução for obstada pelo atraso na conclusão de procedimentos de desapropriação, desocupação, servidão administrativa ou licenciamento ambiental, por circunstâncias alheias ao contratado.

Título III – Dos Contratos Administrativos

Art. 136

citação a Administração efetivou a delimitação do objeto contratual, o que condicionou a apresentação das propostas pelos licitantes;

c) **impossibilidade de descaracterização do objeto contratual** (ex.: não se pode alterar um contrato de compra de materiais de escritório para transformá-lo em contrato de obra pública);

d) **necessidade de preservação do equilíbrio econômico-financeiro do contrato;**

e) **apenas as cláusulas regulamentares (ou de serviço) podem ser alteradas unilateralmente,** mas não as cláusulas econômicas (financeiras ou monetárias), na forma do art. 104, § 1.º, da Lei 14.133/2021 (ex.: a Administração pode alterar o contrato para exigir a construção de 120 casas populares, em vez de 100 casas, inicialmente previstas quando da assinatura do contrato; pode ser alterado contrato de pavimentação de 100 km de determinada rodovia para se estender a pavimentação por mais 10 km);

f) **os efeitos econômicos da alteração unilateral das cláusulas regulamentares devem respeitar os percentuais previstos no art. 125 da Lei 14.133/2021:** nas alterações unilaterais qualitativas e quantitativas, o contratado será obrigado a aceitar, nas mesmas condições contratuais, acréscimos ou supressões de até 25% do valor inicial atualizado do contrato que se fizerem nas obras, nos serviços ou nas compras, e, no caso de reforma de edifício ou de equipamento, o limite para os acréscimos será de 50%.

Conforme destacado, na alteração unilateral do contrato, o contratado é obrigado a aceitar, nas mesmas condições contratuais, acréscimos ou supressões, que se fizerem nas obras, nos serviços ou nas compras, de até 25% do valor inicial atualizado do contrato, e, no caso de reforma de edifício ou de equipamento, o limite para os acréscimos é de 50% (art. 125 da Lei de Licitações).

Antes da promulgação da Lei 14.133/2021, havia controvérsia doutrinária sobre o alcance do referido limite, que estava previsto no art. 65, § 1.º, da antiga Lei 8.666/1993.

Enquanto parcela da doutrina sustentava a aplicação dos limites apenas às alterações unilaterais quantitativas, outra corrente doutrinária defendia a aplicação dos limites para quaisquer alterações unilaterais, inclusive as qualitativas.

De nossa parte, sempre sustentamos, a aplicação dos limites às alterações unilaterais qualitativas e quantitativas, em razão dos princípios da segurança jurídica, da boa-fé, da economicidade, da razoabilidade, entre outros.[326]

Com a redação do art. 125 da Lei de Licitações, a polêmica deve acabar, uma vez que o referido dispositivo, ao estabelecer os limites, faz referência ao art. 124, I, do mesmo diploma legal, que trata das duas espécies de alteração unilateral.

---

[326] OLIVEIRA, Rafael Carvalho Rezende. *Licitações e contratos administrativos*: teoria e prática. 12. ed. São Paulo: Método, 2023. p. 398-399.

É oportuno notar que os limites previstos no art. 125 da Lei de Licitações não são aplicáveis ao reajuste do valor contratual que representa mera atualização do valor contratado com o objetivo de evitar a sua deterioração em razão da inflação.

Da mesma forma, os referidos limites não incidem sobre a revisão do valor contratual que tem por objetivo a recomposição do equilíbrio econômico-financeiro do ajuste em razão de eventos supervenientes imprevisíveis ou previsíveis, porém de consequências incalculáveis. A necessidade de restauração do equilíbrio contratual decorre do art. 37, XXI, da CRFB e a intenção do art. 125 da Lei de Licitações é evitar alterações caprichosas e desproporcionais por parte da Administração Pública.

Entendemos, ainda, que os limites indicados no art. 125 da Lei 14.133/2021 não abrangem os contratos de concessão. Teoricamente, os limites seriam aplicáveis aos contratos de concessão que são considerados espécies de contratos administrativos, submetendo-se, subsidiariamente e no que couber, às normas gerais das contratações públicas previstas na Lei de Licitações. Todavia, entendemos que os contratos de concessão possuem peculiaridades que justificariam o afastamento dos referidos limites, notadamente a longa duração, a complexidade e a incerteza da relação contratual. A inaplicabilidade do art. 125 da Lei de Licitações não significa um "cheque em branco" ao Poder Concedente e ao concessionário, que devem, por exemplo, (i) justificar a necessidade das eventuais alterações ao atendimento do interesse público e (ii) preservar o equilíbrio econômico-financeiro da concessão.[327]

Caso o contrato não contemple preços unitários para obras ou serviços cujo aditamento se faça necessário, esses serão fixados aplicando-se a relação geral entre o valor da proposta e o do orçamento-base da Administração sobre os preços referenciais ou de mercado vigentes na data do aditamento, respeitados os limites porcentuais acima indicados (art. 127 da Lei de Licitações).

Nas contratações de obras e serviços de engenharia, a diferença percentual entre o valor global do contrato e o preço global de referência não poderá ser reduzida em favor do contratado em decorrência de aditamentos que modifiquem a planilha orçamentária (art. 128 da Lei de Licitações).

No caso de supressão de obras, bens ou serviços, se o contratado já houver adquirido os materiais, utilizando-os no local dos trabalhos, estes deverão ser pagos

---

[327] Nesse sentido, o art. 22 da Lei 13.448/2017, que estabelece diretrizes gerais para prorrogação e relicitação dos contratos de parceria regulados pela Lei 13.334/2016, nos setores rodoviário, ferroviário e aeroportuário da Administração Pública federal, dispõe: "As alterações dos contratos de parceria decorrentes da modernização, da adequação, do aprimoramento ou da ampliação dos serviços não estão condicionadas aos limites fixados nos §§ 1.º e 2.º do art. 65 da Lei 8.666, de 21 de junho de 1993". De forma semelhante: DI PIETRO, Maria Sylvia Zanella. *Parcerias na administração pública.* 5. ed. São Paulo: Atlas, 2005. p. 98; GUIMARÃES, Fernando Vernalha. *Concessão de serviço público.* 2. ed. São Paulo: Saraiva, 2014. p. 298; MOREIRA, Egon Bockmann. *Direito das concessões de serviço público.* 2. ed. Belo Horizonte: Fórum, 2022. p. 355; MOREIRA, Egon Bockmann; GARCIA, Flávio Amaral. *Contratos administrativos na Lei de Licitações*: comentários aos artigos 89 a 154 da Lei nº 14.133/2021, São Paulo: Thomson Reuters Brasil, 2024, p. 281-282.

Título III – Dos Contratos Administrativos

Art. 136

pela Administração pelos custos de aquisição regularmente comprovados e monetariamente reajustados, podendo caber indenização por outros danos eventualmente decorrentes da supressão, desde que regularmente comprovados (art. 129 da Lei de Licitações).

Na alteração unilateral do contrato que aumente ou diminua os encargos do contratado, a Administração deverá restabelecer, por aditamento, o equilíbrio econômico-financeiro inicial (art. 130 da Lei de Licitações).

Cabe destacar que a extinção do contrato não configura óbice para o reconhecimento do desequilíbrio econômico-financeiro requerido durante sua vigência, hipótese em que será concedida indenização por meio de termo indenizatório (art. 131 da Lei de Licitações).

Nesse caso, o pedido de restabelecimento do equilíbrio econômico-financeiro deve ser formulado durante a vigência do contrato e antes de eventual prorrogação nos termos do art. 107 (art. 131, parágrafo único, da Lei de Licitações).

Ainda que se admita a validade da preclusão lógica do pedido de reequilíbrio contratual na hipótese em que o contratado não formula o respectivo pedido durante a vigência do ajuste, em razão da impossibilidade de reequilibrar contrato já extinto, nada obsta que, após o término da relação contratual, o particular formule pretensão indenizatória, dentro do prazo prescricional, em razão dos prejuízos decorrentes dos desequilíbrios contratuais.[328]

O aditivo contratual formalizado é condição para a execução, pelo contratado, das prestações determinadas pela Administração no curso da execução do contrato, salvo nos casos de justificada necessidade de antecipação de seus efeitos, sem prejuízo de sua formalização, que deverá ocorrer no prazo máximo de 1 mês (art. 132 da Lei de Licitações).

A exigência de termo aditivo formal para implementação pelo contratado das prestações determinadas pela Administração no curso da execução contratual apre-

---

[328] Egon Bockmann Moreira e Flávio Amaral Garcia sustentam a ausência de preclusão do direito de o particular pleitear os valores eventualmente devidos em razão de desequilíbrios contratuais: "A lei estabeleceu de modo bastante claro que: (i) pedidos de reequilíbrio devem ser formalizados durante a vigência do contrato; (ii) caso o contratado não o faça durante o período em que o contrato ainda estiver em vigor, o pleito de recebimento do valor supostamente devido poderá ser formulado, mas não mais ostentando a natureza de pedido de reequilíbrio, mas de indenização. Reequilibram-se contratos que estejam em vigor, já que a sua finalidade primacial é a de reequacionar as bases do contrato." MOREIRA, Egon Bockmann; GARCIA, Flávio Amaral. *Contratos administrativos na Lei de Licitações*: comentários aos artigos 89 a 154 da Lei nº 14.133/2021, São Paulo: Thomson Reuters Brasil, 2024, p. 306. Marçal Justen Filho, por sua vez, sustenta a inconstitucionalidade do art. 131, parágrafo único, da Lei 14.133/2021, em razão da violação do art. 37, XXI, da CRFB, que assegura a preservação das condições originais da proposta, e do princípio da isonomia, já que inexiste previsão semelhante em desfavor da Administração Pública, entre outros argumentos. JUSTEN FILHO, Marçal. *Comentários à lei de licitações e contratações administrativas*. São Paulo: Thomson Reuters Brasil, 2021. p. 1434-1435.

Art. 136 — Comentários à Lei de Licitações e Contratos Administrativos

senta estrita relação com o art. 95, § 2.º, da Lei que exige, como regra geral, a forma escrita para os contratos administrativos.

É natural, portanto, que os termos aditivos formais sejam necessários para implementação de alterações contratuais por parte da Administração Pública.

Contudo, o art. 132 permite que, excepcionalmente, a execução das prestações exigidas pela Administração seja implementada sem a formalização do aditivo, nos casos de justificada necessidade de antecipação de seus efeitos, sem prejuízo da formalização do termo no prazo máximo de 1 (um) mês. Abra-se o caminho para ordens administrativas verbais que seriam formalizadas por escrito no prazo máximo fixado pelo legislador. Trata-se de permissivo legal que deve ser utilizado com bastante cautela pela Administração para não transformar a regra em exceção.

Nas hipóteses em que for adotada a contratação integrada ou semi-integrada, é vedada a alteração dos valores contratuais, exceto nos seguintes casos: (art. 133 da Lei de Licitações): a) para restabelecimento do equilíbrio econômico-financeiro decorrente de caso fortuito ou força maior; e b) por necessidade de alteração do projeto ou das especificações para melhor adequação técnica aos objetivos da contratação, a pedido da Administração, desde que não decorrente de erros ou omissões por parte do contratado, observados os limites estabelecidos no art. 125; c) por necessidade de alteração do projeto nas contratações semi-integradas, nos termos do § 5.º do art. 46; e d) por ocorrência de evento superveniente alocado na matriz de riscos como de responsabilidade da Administração.[329]

Os preços contratados serão revistos, para mais ou para menos, conforme o caso, se houver, após a data da apresentação da proposta, criação, alteração ou extinção de quaisquer tributos ou encargos legais ou a superveniência de disposições legais, com comprovada repercussão sobre os preços contratados (art. 134 da Lei de Licitações). A regra é semelhante àquela prevista no art. 65, § 5.º, da Lei 8.666/1993 e relaciona-se ao fato do príncipe que enseja a necessidade de reequilíbrio contratual.

2. REPACTUAÇÃO

O art. 135 da Lei de Licitações dispõe sobre a repactuação que pode ser considerada, na forma do art. 6.º, LIX, como "forma de manutenção do equilíbrio econômico-financeiro de contrato utilizada para serviços contínuos com regime de dedicação exclusiva de mão de obra ou predominância de mão de obra, por meio da análise da variação dos custos contratuais, devendo estar prevista no edital com data

---

[329] De forma parcialmente semelhante, no RDC o art. 9.º, § 4.º, da Lei 12.462/2011 vedava, na contratação integrada, a celebração de termos aditivos aos contratos celebrados com fundamento no RDC, salvo em duas hipóteses: a) para recomposição do equilíbrio econômico-financeiro decorrente de caso fortuito ou força maior; e b) por necessidade de alteração do projeto ou das especificações para melhor adequação técnica aos objetivos da contratação, a pedido da administração pública, desde que não decorrentes de erros ou omissões por parte do contratado, observados os limites previstos no § 1.º do art. 65 da Lei 8.666/1993.

Art. 136

Título III – Dos Contratos Administrativos

vinculada à apresentação das propostas, para os custos decorrentes do mercado, e com data vinculada ao acordo, à convenção coletiva ou ao dissídio coletivo ao qual o orçamento esteja vinculado, para os custos decorrentes da mão de obra".

De acordo com o art. 135 da Lei, os preços dos contratos para serviços contínuos com regime de dedicação exclusiva de mão de obra ou com predominância de mão de obra serão repactuados para manutenção do equilíbrio econômico-financeiro, mediante demonstração analítica da variação dos custos contratuais, com data vinculada: a) à da apresentação da proposta, para custos decorrentes do mercado; b) ao acordo, à convenção coletiva ou ao dissídio coletivo ao qual a proposta esteja vinculada, para os custos de mão de obra.

A Administração não se vinculará às disposições contidas em acordos, convenções ou dissídios coletivos de trabalho que tratem de matéria não trabalhista, de pagamento de participação dos trabalhadores nos lucros ou resultados do contratado, ou que estabeleçam direitos não previstos em lei, como valores ou índices obrigatórios de encargos sociais ou previdenciários, bem como de preços para os insumos relacionados ao exercício da atividade (art. 135, § 1.º, da Lei).

É vedado a órgão ou entidade contratante vincular-se às disposições previstas nos acordos, convenções ou dissídios coletivos de trabalho que tratem de obrigações e direitos que somente se aplicam aos contratos com a Administração Pública (art. 135, § 2.º, da Lei).

A repactuação deverá observar o interregno mínimo de 1 (um) ano, contado da data da apresentação da proposta ou da data da última repactuação (art. 135, § 3.º, da Lei).

Registre-se que o prazo mínimo de 1 (um) ano e a necessidade de demonstração analítica da variação dos custos constituam exigências previstas no art. 12 do Decreto federal 9.507/2018 e no art. 55 da IN 05/2017 do Ministério do Planejamento, Desenvolvimento e Gestão (MPDG).[330]

Ademais, a repactuação poderá ser dividida em tantas parcelas quanto forem necessárias, observado o princípio da anualidade do reajuste de preços da contratação, podendo ser realizada em momentos distintos para discutir a variação de custos que tenham sua anualidade resultante em datas diferenciadas, como os decorrentes de mão de obra e os decorrentes dos insumos necessários à execução dos serviços (art. 135, § 4.º, da Lei).[331]

---

[330] A Orientação Normativa/AGU 25 prevê: "No contrato de serviço continuado com dedicação exclusiva de mão de obra, o interregno de um ano para que se autorize a repactuação deverá ser contado da data do orçamento a que a proposta se referir, assim entendido o acordo, convenção ou dissídio coletivo de trabalho, para os custos decorrentes de mão de obra, e da data limite para a apresentação da proposta em relação aos demais insumos." Ver, também: TCU, Acórdão 1.827/2008, Plenário, Rel. Min. Benjamin Zymler.

[331] O texto do § 4.º do art. 134 da Lei assemelha-se ao texto do art. 54, § 2.º, da IN 05/2017 do MPDG.

Art. 137

Quando a contratação envolver mais de uma categoria profissional, a repactuação poderá ser dividida em tantos quanto forem os acordos, convenções ou dissídios coletivos de trabalho das categorias envolvidas na contratação (art. 135, § 5.º, da Lei).[332]

A repactuação será precedida de solicitação do contratado, acompanhada de demonstração analítica da variação dos custos, por meio de apresentação da planilha de custos e formação de preços, ou do novo acordo, convenção ou sentença normativa que fundamenta a repactuação (art. 135, § 6.º, da Lei). A necessidade de demonstração analítica da variação dos custos contratuais por parte do contratado já consta do *caput* do próprio art. 135 da Lei.

Não configura alteração do contrato e podem ser registrados por simples apostila, dispensando a celebração de aditamento (art. 136 da Lei de Licitações): a) a variação do valor contratual para fazer face ao reajuste de preços previsto no próprio contrato; b) as atualizações, as compensações ou as penalizações financeiras decorrentes das condições de pagamento previstas no contrato; c) as alterações na razão ou na denominação social do contratado; d) o empenho de dotações orçamentárias.

Os casos de desnecessidade de celebração de termo aditivo, indicados no art. 136 da atual Lei constavam do art. 65, § 8.º, da antiga Lei 8.666/1993. O novo dispositivo legal inseriu no rol das hipóteses a repactuação, que, na verdade, já poderia ser inserida como espécie de reajuste em sentido amplo,[333] bem como a alteração na razão ou na denominação social do contratado.

CAPÍTULO VIII
DAS HIPÓTESES DE EXTINÇÃO DOS CONTRATOS

Art. 137. Constituirão motivos para extinção do contrato, a qual deverá ser formalmente motivada nos autos do processo, assegurados o contraditório e a ampla defesa, as seguintes situações:

I – não cumprimento ou cumprimento irregular de normas editalícias ou de cláusulas contratuais, de especificações, de projetos ou de prazos;

II – desatendimento das determinações regulares emitidas pela autoridade designada para acompanhar e fiscalizar sua execução ou por autoridade superior;

III – alteração social ou modificação da finalidade ou da estrutura da empresa que restrinja sua capacidade de concluir o contrato;

IV – decretação de falência ou de insolvência civil, dissolução da sociedade ou falecimento do contratado;

V – caso fortuito ou força maior, regularmente comprovados, impeditivos da execução do contrato;

VI – atraso na obtenção da licença ambiental, ou impossibilidade de obtê-la, ou alteração substancial do anteprojeto que dela resultar, ainda que obtida no prazo previsto;

---

[332] Previsão semelhante poderia ser encontrada no § 3.º do art. 54 da IN 05/2017 do MPDG.

[333] No mesmo sentido, o art. 57, § 4.º, da IN 05/2017 dispõe: "Art. 57. (...) § 4.º As repactuações, como espécie de reajuste, serão formalizadas por meio de apostilamento, exceto quando coincidirem com a prorrogação contratual, em que deverão ser formalizadas por aditamento."

Título III – Dos Contratos Administrativos

Art. 138

VII – atraso na liberação das áreas sujeitas a desapropriação, a desocupação ou a servidão administrativa, ou impossibilidade de liberação dessas áreas;

VIII – razões de interesse público, justificadas pela autoridade máxima do órgão ou da entidade contratante;

IX – não cumprimento das obrigações relativas à reserva de cargos prevista em lei, bem como em outras normas específicas, para pessoa com deficiência, para reabilitado da Previdência Social ou para aprendiz.

§ 1.º Regulamento poderá especificar procedimentos e critérios para verificação da ocorrência dos motivos previstos no *caput* deste artigo.

§ 2.º O contratado terá direito à extinção do contrato nas seguintes hipóteses:

I – supressão, por parte da Administração, de obras, serviços ou compras que acarrete modificação do valor inicial do contrato além do limite permitido no art. 125 desta Lei;

II – suspensão de execução do contrato, por ordem escrita da Administração, por prazo superior a 3 (três) meses;

III – repetidas suspensões que totalizem 90 (noventa) dias úteis, independentemente do pagamento obrigatório de indenização pelas sucessivas e contratualmente imprevistas desmobilizações e mobilizações e outras previstas;

IV – atraso superior a 2 (dois) meses, contado da emissão da nota fiscal, dos pagamentos ou de parcelas de pagamentos devidos pela Administração por despesas de obras, serviços ou fornecimentos;

V – não liberação pela Administração, nos prazos contratuais, de área, local ou objeto, para execução de obra, serviço ou fornecimento, e de fontes de materiais naturais especificadas no projeto, inclusive devido a atraso ou descumprimento das obrigações atribuídas pelo contrato à Administração relacionadas a desapropriação, a desocupação de áreas públicas ou a licenciamento ambiental.

§ 3.º As hipóteses de extinção a que se referem os incisos II, III e IV do § 2.º deste artigo observarão as seguintes disposições:

I – não serão admitidas em caso de calamidade pública, de grave perturbação da ordem interna ou de guerra, bem como quando decorrerem de ato ou fato que o contratado tenha praticado, do qual tenha participado ou para o qual tenha contribuído;

II – assegurarão ao contratado o direito de optar pela suspensão do cumprimento das obrigações assumidas até a normalização da situação, admitido o restabelecimento do equilíbrio econômico-financeiro do contrato, na forma da alínea d do inciso II do *caput* do art. 124 desta Lei.

§ 4.º Os emitentes das garantias previstas no art. 96 desta Lei deverão ser notificados pelo contratante quanto ao início de processo administrativo para apuração de descumprimento de cláusulas contratuais.

Art. 138. A extinção do contrato poderá ser:

I – determinada por ato unilateral e escrito da Administração, exceto no caso de descumprimento decorrente de sua própria conduta;

II – consensual, por acordo entre as partes, por conciliação, por mediação ou por comitê de resolução de disputas, desde que haja interesse da Administração;

III – determinada por decisão arbitral, em decorrência de cláusula compromissória ou compromisso arbitral, ou por decisão judicial.

Art. 139 — Comentários à Lei de Licitações e Contratos Administrativos

§ 1.º A extinção determinada por ato unilateral da Administração e a extinção consensual deverão ser precedidas de autorização escrita e fundamentada da autoridade competente e reduzidas a termo no respectivo processo.

§ 2.º Quando a extinção decorrer de culpa exclusiva da Administração, o contratado será ressarcido pelos prejuízos regularmente comprovados que houver sofrido e terá direito a:

I – devolução da garantia;

II – pagamentos devidos pela execução do contrato até a data de extinção;

III – pagamento do custo da desmobilização.

Art. 139. A extinção determinada por ato unilateral da Administração poderá acarretar, sem prejuízo das sanções previstas nesta Lei, as seguintes consequências:

I – assunção imediata do objeto do contrato, no estado e local em que se encontrar, por ato próprio da Administração;

II – ocupação e utilização do local, das instalações, dos equipamentos, do material e do pessoal empregados na execução do contrato e necessários à sua continuidade;

III – execução da garantia contratual para:

a) ressarcimento da Administração Pública por prejuízos decorrentes da não execução;

b) pagamento de verbas trabalhistas, fundiárias e previdenciárias, quando cabível;

c) pagamento das multas devidas à Administração Pública;

d) exigência da assunção da execução e da conclusão do objeto do contrato pela seguradora, quando cabível;

IV – retenção dos créditos decorrentes do contrato até o limite dos prejuízos causados à Administração Pública e das multas aplicadas.

§ 1.º A aplicação das medidas previstas nos incisos I e II do *caput* deste artigo ficará a critério da Administração, que poderá dar continuidade à obra ou ao serviço por execução direta ou indireta.

§ 2.º Na hipótese do inciso II do *caput* deste artigo, o ato deverá ser precedido de autorização expressa do ministro de Estado, do secretário estadual ou do secretário municipal competente, conforme o caso.

1. MOTIVOS PARA EXTINÇÃO DOS CONTRATOS ADMINISTRATIVOS

Após fundamentação formal, ampla defesa e contraditório, os contratos administrativos poderão ser extintos pelos seguintes motivos (art. 137 da Lei de Licitações):[334]

    a)   **não cumprimento ou o cumprimento irregular de normas editalícias ou de cláusulas contratuais, especificações, projetos ou prazos**: trata-se do inadimplemento, total ou parcial, dos deveres contratuais, que abrange o edital, os respectivos anexos e o próprio contrato, inviabilizando a continuidade da execução da avença e o correto atendimento do interesse público;

---

[334] Os procedimentos e critérios para verificação da ocorrência dos motivos da extinção poderão ser definidos em regulamento (art. 137, § 1.º, da Lei de Licitações).

Título III – Dos Contratos Administrativos | Art. 139

b) **desatendimento às determinações regulares emitidas pela autoridade designada para acompanhar e fiscalizar sua execução ou por autoridade superior**: o descumprimento das determinações do fiscal do contrato ou da autoridade superior pode ensejar a extinção prematura do contrato, especialmente porque revela que, em princípio, o contrato não está sendo executado regularmente;

c) **alteração social ou modificação da finalidade ou da estrutura da empresa que restrinja sua capacidade de concluir o contrato**: as alterações sociais, da finalidade ou da estrutura da empresa podem ensejar a extinção contratual, desde que restrinjam a capacidade da contratada de concluir o contrato (ex.: a simples alteração do contrato social, da nomenclatura e a transformação societária, na qual a empresa deixa de ser uma sociedade limitada para se transformar em sociedade anônima, não acarretam, em princípio, a extinção contratual, uma vez que não colocam em risco, necessariamente, a execução do contrato administrativo; já a demissão de empregados e o fechamento de filiais, que comprometam a continuidade da relação contratual, podem ensejar a extinção prematura do contrato);

d) **decretação de falência ou de insolvência civil, dissolução da sociedade ou falecimento do contratado**: as hipóteses compreendem a decretação judicial de falência ou insolvência civil, bem como a dissolução da empresa ou o falecimento do contratado, mas não englobam a recuperação judicial da sociedade empresária que não acarreta, isoladamente, a extinção contratual;

e) **caso fortuito ou força maior, regularmente comprovados, impeditivos da execução do contrato**: o caso fortuito e a força maior acarretem a extinção, sem culpa, do contrato, quando houver impossibilidade de continuidade da sua execução, sendo certo que, nas hipóteses em que houver a possibilidade de continuidade da relação contratual, a Administração deveria adotar medidas menos restritivas que permitam a continuidade do ajuste, tais como a prorrogação da relação contratual (art. 111 da Lei 14.133/2021) ou o reequilíbrio econômico financeiro do contrato (art. 124, II, d, da Lei 14.133/2021);

f) **atraso ou impossibilidade de obtenção da licença prévia ou da licença de instalação ou alteração substancial do anteprojeto que venha a resultar dessas licenças, ainda que obtidas no prazo previsto**: o edital pode atribuir a responsabilidade pela obtenção do licenciamento ambiental ao contratado (art. 25, § 5.º, I, da Lei 14.133/2021) e, nesse caso, o atraso ou a impossibilidade de obtenção da licença enseja a extinção do contrato, com culpa do contratado, admitindo-se, contudo, que a responsabilidade pelo licenciamento seja imputada à Administração, hipótese em que o eventual atraso ou a impossibilidade de obtenção da licença acarreta a extinção da avença, com culpa da própria Administração Pública;

g) **atraso ou impossibilidade de liberação das áreas sujeitas a desapropriação, desocupação ou servidão administrativa**: assim como ocorre na hipótese anterior, o edital pode estabelecer a responsabilidade do contratado pela realização da desapropriação autorizada pelo poder público (art. 25, § 5.º, II, da

Lei 14.133/2021), abrindo-se caminho para extinção do contrato por culpa do contratado no caso de atraso ou impossibilidade de liberação das áreas que impeça a continuidade da relação contratual, sendo certo que, na hipótese de atribuição da referida incumbência à Administração Pública, o atraso ou a impossibilidade de liberação das áreas acarretaria a extinção do ajuste por culpa da Administração;

h) **razões de interesse público, justificadas pela máxima autoridade do órgão ou da entidade contratante**: nesse caso, a Administração Pública pode extinguir a relação contratual por razões de interesse público, que devem ser apresentadas, de forma clara, na justificativa apresentada, com as considerações práticas e jurídicas da decisão, sendo insuficiente a mera invocação de um abstrato "interesse público"; e

i) **não cumprimento das obrigações relativas à reserva de cargos prevista em lei para pessoa com deficiência, para reabilitado da Previdência Social ou aprendiz, bem como em outras normas específicas**: a atual Lei de Licitações transformou em exigência de habilitação (art. 63, IV, da Lei 14.133/2021) a tradicional margem de preferência em favor das empresas que comprovem cumprimento de reserva de cargos prevista em lei para pessoa com deficiência ou para reabilitado da Previdência Social e que atendam às regras de acessibilidade previstas na legislação (art. 3.º, § 5.º, II, da Lei 8.666/1993), motivo pelo qual o descumprimento da reserva de vagas durante a execução do contrato pode acarretar a sua extinção prematura, caso a tentativa de coibir o contratado a cumprir a referida obrigação seja infrutífera.

O art. 137 da Lei 14.133/2021 indica os motivos de extinção prematura da relação contratual, exigindo motivação, ampla defesa e contraditório para sua formalização, o que não exclui, evidentemente, a denominada extinção natural do contrato que ocorre com o cumprimento integral das obrigações ou com o advento do prazo de vigência fixado no instrumento contratual.

As hipóteses elencadas no art. 137 da Lei de Licitações são, em grande medida, parecidas com os casos indicados no art. 78 da antiga Lei 8.666/1993. Além de alguns ajustes de redação, o novo dispositivo legal inseriu novas situações que podem justificar a extinção prematura do contrato notadamente aquelas indicadas nos incisos VI, VII e IX do art. 137.

Em vez da utilização do termo "rescisão", a Lei de Licitações optou pela nomenclatura "extinção" que apresenta sentido ampliado, abrangendo os casos de término da relação contratual, com ou sem culpa das partes.

Nesse ponto, o termo utilizado pela atual legislação parece melhor que aquele constante da Lei 8.666/1993. De fato, não há uniformidade doutrinária sobre as nomenclaturas utilizadas nos casos de extinção dos contratos. Parcela da doutrina tem diferenciado os termos "rescisão" (inadimplemento de uma das partes), "resolução" (impossibilidade de continuidade do contrato, sem culpa das partes) e "resilição" (vontade das partes que não desejam prosseguir com o contrato), admitindo-se a re-

Título III – Dos Contratos Administrativos

Art. 139

silição unilateral (denúncia) ou bilateral (distrato). Dessa forma, nem todas as hipóteses do art. 78 da antiga Lei 8.666/1993 e do art. 137 da Lei 14.133/2021 envolveriam tecnicamente rescisão do contrato. Algumas hipóteses revelam condutas imputáveis ao contratado (ex.: não cumprimento ou cumprimento irregular das cláusulas contratuais; decretação da falência do contratado); outras situações constituem motivos imputáveis à Administração (ex.: razões de interesse público); e existem casos que não são imputáveis às partes (ex.: caso fortuito e força maior).[335]

A formalização da extinção contratual nas hipóteses previstas no art. 137 da Lei de Licitações exige motivação, ampla defesa e contraditório.

No dever de motivação, a Administração Pública deve demonstrar que a extinção é a solução proporcional a ser adotada no caso concreto, inexistindo outra medida menos restritiva que permita a continuidade da relação contratual (ex.: reequilíbrio contratual, prorrogação do prazo, alterações contratuais).

Igualmente, a motivação não pode ser restrita à apresentação de argumentos abstratos, devendo considerar as consequências práticas da decisão administrativa, na forma dos arts. 20 e 21 da Lei de Introdução às Normas do Direito Brasileiro – LINDB.

Além das hipóteses de extinção contratual indicadas anteriormente, o § 2.º do art. 137 da Lei de Licitações apresenta situações que acarretam o direito do contratado à extinção do contrato, a saber: a) supressão, por parte da Administração, de obras, serviços ou compras que acarrete modificação do valor inicial do contrato além do limite permitido no art. 125; b) suspensão de sua execução, por ordem escrita da Administração, por prazo superior a 3 meses; c) repetidas suspensões que totalizem 90 dias úteis, independentemente do pagamento obrigatório de indenizações pelas sucessivas e contratualmente imprevistas desmobilizações e mobilizações e outras previstas; d) atraso superior a 2 meses, contado da emissão da nota fiscal, dos pagamentos ou de parcelas de pagamentos devidos pela Administração por despesas de obras, serviços ou fornecimentos; e) não liberação nos prazos contratuais, por parte da Administração, de área, local ou objeto para execução de obra, serviço ou fornecimento e das fontes de materiais naturais especificadas no projeto, inclusive devido a atraso ou descumprimento das obrigações relacionadas a desapropriação, desocupação de áreas públicas ou licenciamento ambiental atribuídas pelo contrato à Administração.

Os casos de extinção indicados no art. 137, § 2.º, da Lei apresentam algumas novidades.

Em relação à extinção do contrato em razão da suspensão de sua execução por ordem da Administração, a legislação anterior autorizava a implementação do término contratual após 120 (cento e vinte) dias de suspensão. A legislação, nesse

---

[335] No contexto da Lei 8.666/1993, vide: GARCIA, Flávio Amaral. *Licitações e contratos administrativos*. 3. ed. Rio de Janeiro: Lumen Juris, 2010. p. 233. É importante lembrar que a Lei 8.987/1995, que trata das concessões e permissões de serviços públicos, adota a expressão "rescisão" apenas para os casos de inadimplemento da Administração, empregando o termo "caducidade" para extinção do contrato por culpa do concessionário.

Art. 139

ponto, reduziu a tolerância quanto ao prazo de suspensão, admitindo-se o desfazimento contratual após 3 (três) meses de suspensão ou após repetidas suspensões que totalizem 90 (noventa) dias úteis.

Quanto à extinção contratual ocasionada pelo atraso do pagamento pela Administração Pública, a legislação anterior admitia a rescisão nos atrasos superiores a 90 (noventa) dias. A legislação, a seu turno, permite a extinção do contrato após nos casos de atrasos de pagamentos superiores a 2 (dois) meses, contados da emissão da nota fiscal, dos pagamentos ou de parcelas de pagamentos devidos pela Administração por despesas de obras, serviços ou fornecimentos.

É preciso apontar, ainda, duas observações sobre os referidos casos de suspensão da execução contratual e atraso de pagamentos (art. 137, § 2.º, II, III, IV e § 3.º da Lei): a) não podem ser implementadas em caso de calamidade pública, de grave perturbação da ordem interna ou de guerra, bem como quando decorrerem de ato ou fato que o contratado tenha praticado, do qual tenha participado ou para o qual tenha contribuído; e b) assegura a *exceptio non adimpleti contractus* ao contratado que tem o direito de optar pela suspensão do cumprimento das obrigações assumidas até a normalização da situação, admitido o restabelecimento do equilíbrio econômico--financeiro do contrato, na forma da alínea *d* do inciso II do *caput* do art. 124 da Lei.

Os emitentes das garantias previstas no art. 96 deverão ser notificados pelo contratante quanto ao início de processo administrativo para apuração de descumprimento de cláusulas contratuais (art. 137, § 4.º, da Lei de Licitações).

2. EXTINÇÃO UNILATERAL, CONSENSUAL, JUDICIAL OU ARBITRAL

A extinção do contrato pode ser (art. 138 da Lei de Licitações):

a) determinada por ato unilateral e escrito da Administração, exceto no caso de descumprimento decorrente de sua própria conduta;

b) consensual, por acordo entre as partes, conciliação, mediação ou comitê de resolução de disputas, desde que haja interesse da Administração;

c) determinada por decisão judicial ou arbitral, nos termos da legislação e, nessa última, na forma de cláusula compromissória ou convenção de arbitragem.

É possível perceber que a Lei de Licitações confirma a possibilidade de convenção de arbitragem para dirimir conflitos ´nos contratos administrativos, na linha já permitida pelo art. 1.º, §§ 1.º, e 2.º, e art. 2.º, § 3.º, da Lei 9.307/1996, alterada pela Lei 13.129/2015, além de outras normas legais específicas. Aliás, os arts. 151 a 154 da Lei 14.133/2021 admitem a utilização de meios alternativos (ou adequados) de prevenção e resolução de controvérsias, notadamente a conciliação, a mediação, o comitê de resolução de disputas e a arbitragem.

Quanto às duas primeiras hipóteses de extinção indicadas nos incisos I e II do art. 138 (unilateral e consensual), o término da relação contratual deverá ser precedido de autorização escrita e fundamentada da autoridade competente e reduzida a termo no respectivo processo (art. 138, § 1.º, da Lei 14.133/2021).

Na hipótese em que a extinção decorrer de culpa exclusiva da Administração Pública, o contratado será ressarcido pelos prejuízos regularmente comprovados que houver sofrido, tendo ainda direito a (art. 138, § 2.º, da Lei): a) devolução da garantia; b) pagamentos devidos pela execução do contrato até a data da rescisão; c) pagamento do custo da desmobilização.

Ao contrário do art. 79, § 2.º, da antiga Lei 8.666/1993, que estabelece o dever de indenização inclusive na hipótese de extinção contratual sem culpa da Administração (caso fortuito e força maior), o art. 138, § 2.º, da atual Lei de Licitações estabeleceu a responsabilidade da Administração apenas nos casos de sua culpa exclusiva.

Assim, a partir do art. 138, § 2.º, da Lei 14.133/2021, inexistiria responsabilidade civil automática da Administração Pública na hipótese de extinção prematura do contrato, com fundamento no caso fortuito e na força maior, salvo disposição em contrário na matriz de riscos inserida na relação contratual.

A extinção unilateral pela Administração acarreta as seguintes consequências, sem prejuízo da aplicação das sanções legais (art. 139 da Lei de Licitações): a) assunção imediata do objeto do contrato, no estado e local em que se encontrar, por ato próprio da Administração; b) ocupação e utilização do local, das instalações, dos equipamentos, do material e do pessoal empregados na execução do contrato e necessários a sua continuidade;[336] c) execução da garantia contratual, para: c.1) ressarcimento da Administração Pública por prejuízos decorrentes da não execução; c.2) pagamento de verbas trabalhistas, fundiárias e previdenciárias, quando cabível; c.3) pagamento de valores das multas devidas à Administração Pública; c.4) exigência da assunção da execução e da conclusão do objeto do contrato pela seguradora, quando cabível; e d) retenção dos créditos decorrentes do contrato até o limite dos prejuízos causados à Administração Pública e às multas aplicadas.

A assunção imediata do objeto do contrato e a ocupação, previstas nas alíneas "a" e "b" acima, ficam a critério da Administração, que poderá dar continuidade à obra ou ao serviço por execução direta ou indireta (art. 139, § 1.º da Lei).

CAPÍTULO IX
DO RECEBIMENTO DO OBJETO DO CONTRATO

Art. 140. O objeto do contrato será recebido:

I – em se tratando de obras e serviços:

a) provisoriamente, pelo responsável por seu acompanhamento e fiscalização, mediante termo detalhado, quando verificado o cumprimento das exigências de caráter técnico;

b) definitivamente, por servidor ou comissão designada pela autoridade competente, mediante termo detalhado que comprove o atendimento das exigências contratuais.

II – em se tratando de compras:

---

[336] A efetivação da ocupação deve ser precedida de autorização expressa do ministro de Estado, secretário estadual ou secretário municipal competente, conforme o caso (art. 139, § 2.º, da Lei).

Art. 140

Comentários à Lei de Licitações e Contratos Administrativos

a) provisoriamente, de forma sumária, pelo responsável por seu acompanhamento e fiscalização, com verificação posterior da conformidade do material com as exigências contratuais;

b) definitivamente, por servidor ou comissão designada pela autoridade competente, mediante termo detalhado que comprove o atendimento das exigências contratuais.

§ 1.º O objeto do contrato poderá ser rejeitado, no todo ou em parte, quando estiver em desacordo com o contrato.

§ 2.º O recebimento provisório ou definitivo não excluirá a responsabilidade civil pela solidez e pela segurança da obra ou serviço nem a responsabilidade ético-profissional pela perfeita execução do contrato, nos limites estabelecidos pela lei ou pelo contrato.

§ 3.º Os prazos e os métodos para a realização dos recebimentos provisório e definitivo serão definidos em regulamento ou no contrato.

§ 4.º Salvo disposição em contrário constante do edital ou de ato normativo, os ensaios, os testes e as demais provas para aferição da boa execução do objeto do contrato exigidos por normas técnicas oficiais correrão por conta do contratado.

§ 5.º Em se tratando de projeto de obra, o recebimento definitivo pela Administração não eximirá o projetista ou o consultor da responsabilidade objetiva por todos os danos causados por falha de projeto.

§ 6.º Em se tratando de obra, o recebimento definitivo pela Administração não eximirá o contratado, pelo prazo mínimo de 5 (cinco) anos, admitida a previsão de prazo de garantia superior no edital e no contrato, da responsabilidade objetiva pela solidez e pela segurança dos materiais e dos serviços executados e pela funcionalidade da construção, da reforma, da recuperação ou da ampliação do bem imóvel, e, em caso de vício, defeito ou incorreção identificados, o contratado ficará responsável pela reparação, pela correção, pela reconstrução ou pela substituição necessárias.

1. RECEBIMENTO DO OBJETO CONTRATUAL

O recebimento do objeto contratual representa o momento formal de verificação do cumprimento adequado das prestações contratuais pela contratada, na forma estipulada no edital e no contrato.

O objeto do contrato será recebido (art. 140 da Lei de Licitações):

a) em se tratando de obras e serviços:

a.1) provisoriamente, pelo responsável por seu acompanhamento e fiscalização, mediante termo detalhado, quando verificado o cumprimento das exigências de caráter técnico;

a.2) definitivamente, por servidor ou comissão designada pela autoridade competente, mediante termo detalhado que comprove o atendimento das exigências contratuais;

b) em se tratando de compras:

b.1) provisoriamente, de forma sumária pelo responsável por seu acompanhamento e fiscalização, com verificação posterior da conformidade do material com as exigências contratuais;

Título III – Dos Contratos Administrativos

Art. 141

b.2) definitivamente, por servidor ou comissão designada pela autoridade competente, mediante termo detalhado que comprove o atendimento das exigências contratuais.

Enquanto o recebimento provisório do contrato é realizado pelo fiscal, o recebimento definitivo é atribuição do servidor ou comissão designada pela autoridade competente.

O objeto do contrato poderá ser rejeitado, no todo ou em parte, quando executado em desacordo com o contrato (art. 140, § 1.º, da Lei).

Contudo, a rejeição não será automática e depende de decisão motivada que demonstre a inviabilidade ou o descumprimento pelo contratado das condições para regularização proporcional, equânime e sem prejuízo ao interesse público das inconsistências verificadas, nos termos dos arts. 20 e 21 da LINDB.

Independentemente do tipo de recebimento, provisório ou definitivo, não haverá exclusão da responsabilidade civil pela solidez e pela segurança da obra ou serviço nem a responsabilidade ético-profissional pela perfeita execução do contrato, nos limites estabelecidos pela lei ou pelo contrato (art. 140, § 2.º, da Lei 14.133/2021).

Os prazos e os métodos para a realização dos recebimentos provisório e definitivo serão definidos em regulamento ou no contrato (art. 140, § 3.º, da Lei).

Salvo disposição em contrário constante do instrumento convocatório ou de ato normativo, os ensaios, testes e demais provas para aferição da boa execução do objeto do contrato exigidos por normas técnicas oficiais correm por conta do contratado (art. 140, § 4.º, da Lei).

Em se tratando de projeto de obra, o recebimento definitivo pela Administração não exime o projetista ou consultor da responsabilidade objetiva por todos os danos causado por falhas de projeto (art. 140, § 5.º, da Lei).

Em se tratando de obra, o recebimento definitivo pela Administração não exime a contratada, pelo prazo mínimo de 5 anos, admitida a previsão de prazo de garantia superior no edital e no contrato, da responsabilidade objetiva pela solidez e segurança dos materiais e serviços executados e pela funcionalidade da construção, reforma, recuperação ou ampliação do bem imóvel, ficando a contratada, em caso de vício, defeito ou incorreção identificados, responsável por reparação, correção, reconstrução ou substituição necessárias (art. 140, § 6.º, da Lei).

CAPÍTULO X
DOS PAGAMENTOS

Art. 141. No dever de pagamento pela Administração, será observada a ordem cronológica para cada fonte diferenciada de recursos, subdividida nas seguintes categorias de contratos:

I – fornecimento de bens;

II – locações;

III – prestação de serviços;

IV – realização de obras.

Art. 142

Comentários à Lei de Licitações e Contratos Administrativos

§ 1.º A ordem cronológica referida no *caput* deste artigo poderá ser alterada, mediante prévia justificativa da autoridade competente e posterior comunicação ao órgão de controle interno da Administração e ao tribunal de contas competente, exclusivamente nas seguintes situações:

I – grave perturbação da ordem, situação de emergência ou calamidade pública;

II – pagamento a microempresa, empresa de pequeno porte, agricultor familiar, produtor rural pessoa física, microempreendedor individual e sociedade cooperativa, desde que demonstrado o risco de descontinuidade do cumprimento do objeto do contrato;

III – pagamento de serviços necessários ao funcionamento dos sistemas estruturantes, desde que demonstrado o risco de descontinuidade do cumprimento do objeto do contrato;

IV – pagamento de direitos oriundos de contratos em caso de falência, recuperação judicial ou dissolução da empresa contratada;

V – pagamento de contrato cujo objeto seja imprescindível para assegurar a integridade do patrimônio público ou para manter o funcionamento das atividades finalísticas do órgão ou entidade, quando demonstrado o risco de descontinuidade da prestação de serviço público de relevância ou o cumprimento da missão institucional.

§ 2.º A inobservância imotivada da ordem cronológica referida no *caput* deste artigo ensejará a apuração de responsabilidade do agente responsável, cabendo aos órgãos de controle a sua fiscalização.

§ 3.º O órgão ou entidade deverá disponibilizar, mensalmente, em seção específica de acesso à informação em seu sítio na internet, a ordem cronológica de seus pagamentos, bem como as justificativas que fundamentarem a eventual alteração dessa ordem.

Art. 142. Disposição expressa no edital ou no contrato poderá prever pagamento em conta vinculada ou pagamento pela efetiva comprovação do fato gerador.

Parágrafo único. Nas contratações de obras, observar-se-á o disposto no § 2.º do art. 115 desta Lei. (VETADO)

Art. 143. No caso de controvérsia sobre a execução do objeto, quanto a dimensão, qualidade e quantidade, a parcela incontroversa deverá ser liberada no prazo previsto para pagamento.

Art. 144. Na contratação de obras, fornecimentos e serviços, inclusive de engenharia, poderá ser estabelecida remuneração variável vinculada ao desempenho do contratado, com base em metas, padrões de qualidade, critérios de sustentabilidade ambiental e prazos de entrega definidos no edital de licitação e no contrato.

§ 1.º O pagamento poderá ser ajustado em base percentual sobre o valor economizado em determinada despesa, quando o objeto do contrato visar à implantação de processo de racionalização, hipótese em que as despesas correrão à conta dos mesmos créditos orçamentários, na forma de regulamentação específica.

§ 2.º A utilização de remuneração variável será motivada e respeitará o limite orçamentário fixado pela Administração para a contratação.

Art. 145. Não será permitido pagamento antecipado, parcial ou total, relativo a parcelas contratuais vinculadas ao fornecimento de bens, à execução de obras ou à prestação de serviços.

§ 1.º A antecipação de pagamento somente será permitida se propiciar sensível economia de recursos ou se representar condição indispensável para a obtenção do bem ou para a prestação do serviço, hipótese que deverá ser previamente justificada no processo licitatório e expressamente prevista no edital de licitação ou instrumento formal de contratação direta.

§ 2.º A Administração poderá exigir a prestação de garantia adicional como condição para o pagamento antecipado.

Título III – Dos Contratos Administrativos

Art. 146

§ 3.º Caso o objeto não seja executado no prazo contratual, o valor antecipado deverá ser devolvido.

Art. 146. No ato de liquidação da despesa, os serviços de contabilidade comunicarão aos órgãos da administração tributária as características da despesa e os valores pagos, conforme o disposto no art. 63 da Lei 4.320, de 17 de março de 1964.

1. PAGAMENTOS

Ao contrário da antiga Lei 8.666/1993, a Lei 14.133/2021 apresenta regramento detalhado sobre os pagamentos da Administração Pública aos contratados.

Conforme prevê o art. 141 da Lei de Licitações, a Administração Pública deve realizar os pagamentos aos contratados de acordo com a ordem cronológica para cada fonte diferenciada de recursos, subdividida nas seguintes categorias de contratos:[337] a) fornecimento de bens; b) locações; c) prestação de serviços; e d) realização de obras.

A ordem cronológica poderá ser alterada, mediante prévia justificativa da autoridade competente e posterior comunicação ao órgão de controle interno da Administração e ao tribunal de contas competente, exclusivamente nas seguintes situações (art. 141, § 1.º, da Lei): a) grave perturbação da ordem, situação de emergência ou calamidade pública; b) pagamento a microempresa, empresa de pequeno porte, agricultor familiar, produtor rural pessoa física, microempreendedor individual e sociedade cooperativa, desde que demonstrado o risco de descontinuidade do cumprimento do objeto do contrato; c) pagamento de serviços necessários ao funcionamento dos sistemas estruturantes, desde que demonstrado o risco de descontinuidade do cumprimento do objeto do contrato; d) pagamento de direitos oriundos de contratos em caso de falência, recuperação judicial ou dissolução da empresa contratada; e) pagamento de contrato cujo objeto seja imprescindível para assegurar a integridade do patrimônio público ou para manter o funcionamento das atividades finalísticas do órgão ou entidade, quando demonstrado o risco de descontinuidade da prestação de um serviço público de relevância ou o cumprimento da missão institucional.

A inobservância imotivada da ordem cronológica ensejará a apuração de responsabilidade do agente responsável, cabendo aos órgãos de controle a sua fiscalização (art. 141, § 2.º, da Lei).

O órgão ou entidade deverá disponibilizar, mensalmente, na seção específica de acesso à informação de seu sítio na Internet, a ordem cronológica de seus pagamentos, bem como as justificativas que fundamentam a eventual alteração da referida ordem (art. 141, § 3.º, da Lei).

O intuito do legislador, ao exigir o respeito à ordem cronológica de pagamentos, salvo as exceções acima indicadas, é garantir a efetivação do princípio da impessoalidade e, portanto, do tratamento isonômico aos contratados, evitando que

---

[337] Em âmbito federal, a IN SEGES/ME 77/2022 dispõe sobre a observância da ordem cronológica de pagamento das obrigações relativas ao fornecimento de bens, locações, prestação de serviços e realização de obras, no âmbito da Administração Pública federal direta, autárquica e fundacional.

Art. 146   Comentários à Lei de Licitações e Contratos Administrativos

a decisão sobre quem vai receber o pagamento seja baseada em razões de ordem pessoal ou subjetiva.

A relevância da ordem cronológica na realização de pagamentos justifica a necessidade de sua publicidade na internet, com o objetivo de permitir a fiscalização pela sociedade e pelos órgãos de controle.

Admite-se o pagamento em conta vinculada ou pagamento pela efetiva comprovação do fato gerador, desde que haja previsão no edital ou no contrato (art. 142 da Lei 14.133/2021).

No caso de controvérsia sobre a execução do objeto, quanto a dimensão, qualidade e quantidade, a parcela incontroversa deverá ser liberada no prazo previsto para pagamento (art. 143 da Lei de Licitações).

Conforme determinação contida no art. 146 da Lei de Licitações, no ato de liquidação da despesa, os serviços de contabilidade comunicarão aos órgãos da administração tributária as características da despesa e os valores pagos, segundo o disposto no art. 63 da Lei 4.320/1964.

2. REMUNERAÇÃO VARIÁVEL VINCULADA AO DESEMPENHO DO CONTRATADO (CONTRATO DE *PERFORMANCE*)

É possível fixar, de forma motivada, remuneração variável vinculada ao desempenho do contratado na contratação de obras, fornecimentos e serviços, inclusive de engenharia.

Trata-se do denominado contrato de performance ou de desempenho, com a fixação de metas de desempenho que repercutem na remuneração do contratado. O objetivo é garantir maior eficiência nas contratações públicas, com ênfase nos resultados.

A variação deve ser estabelecida com base em metas, padrões de qualidade, critérios de sustentabilidade ambiental e prazo de entrega definidos no edital de licitação e no contrato, na forma do art. 144 da Lei de Licitações.

A remuneração variável deve respeitar o limite orçamentário fixado pela Administração para a contratação e o pagamento poderá ser ajustado em base percentual sobre valor economizado em determinada despesa, quando o objeto do contrato visar à implantação de processo de racionalização, hipótese em que as despesas correrão à conta dos mesmos créditos orçamentários, na forma de regulamentação específica (art. 144, §§ 1.º e § 2.º, da Lei de Licitações).

Vale lembrar que, não obstante a ausência de previsão expressa na lei 8.666/1993, a remuneração variável não representa novidade no ordenamento jurídico pátrio.

Assim, por exemplo, nas PPPs, admite-se a previsão de remuneração variável em função do desempenho da concessionária, vinculada ao seu desempenho, conforme metas e padrões de qualidade e disponibilidade definidos no contrato (art. 6.º, § 1.º, da Lei 11.079/2004).

Título III – Dos Contratos Administrativos

Art. 146

De forma semelhante, no antigo Regime Diferenciado de Contratações Públicas (RDC), havia a possibilidade de remuneração variável, na contratação das obras e serviços, vinculada ao desempenho da contratada, com base em metas, padrões de qualidade, critérios de sustentabilidade ambiental e prazo de entrega definidos no instrumento convocatório e no contrato (art. 10 da Lei 12.462/2011). No RDC, a estipulação da remuneração variável dependia de motivação e de adequação aos limites orçamentários fixados pela Administração para a contratação (art. 10, parágrafo único, da Lei 12.462/2011).

Igualmente, nas contratações de obras e serviços, inclusive de engenharia, celebradas por empresas estatais, é possível a fixação de remuneração variável vinculada ao desempenho do contratado, com base em metas, padrões de qualidade, critérios de sustentabilidade ambiental e prazos de entrega definidos no instrumento convocatório e no contrato (art. 45 da Lei 13.303/2016).

3. PROIBIÇÃO DE PAGAMENTOS ANTECIPADOS E EXCEÇÕES

Além da remuneração variável, a Lei de Licitações proíbe o pagamento antecipado, parcial ou total, relativo a parcelas contratuais vinculadas ao fornecimento de bens, à execução de obras ou à prestação de serviços, salvo se restar demonstrada a sensível economia de recursos ou se a antecipação do pagamento representar condição indispensável para a obtenção do bem ou para assegurar a prestação do serviço, hipótese em que deverá ter previsão expressa em edital de licitação ou em instrumento formal de contratação direta (art. 145, *caput* e § 1.º, da Lei de Licitações).

Na excepcional hipótese de pagamento antecipado, a Administração poderá exigir a prestação de garantia adicional como condição para o pagamento antecipado (art. 145, § 2.º, da Lei). Caso o objeto não seja executado no prazo contratual, o valor antecipado deverá ser devolvido (art. 145, § 3.º, da Lei).

Verifica-se, portanto, que regra que veda a realização de pagamentos antecipados não é absoluta e pode ser afastada, desde que observadas as cautelas acima indicadas.[338]

---

[338] Nesse sentido, a Orientação normativa 76/2023 da AGU dispõe: "I – Nos contratos administrativos regidos pela Lei nº 14.133, de 2021, em regra, é vedado o pagamento antecipado, parcial ou total, do objeto contratado, sendo excepcionalmente admitido desde que, motivadamente, seja justificado o preenchimento cumulativo dos seguintes requisitos: a) a medida proporcione sensível economia de recursos ou represente condição indispensável para a consecução do objeto; b) haja previsão expressa no edital de licitação ou no instrumento formal de contratação direta; e c) contenha no instrumento convocatório ou no contrato como cautela obrigatória a exigência de devolução do valor antecipado caso não haja execução do objeto no prazo contratual. II – A partir do exame das circunstâncias que são próprias de cada caso concreto, e para resguardar o interesse público e prejuízos ao erário, poderá, ainda, a administração exigir garantias adicionais para fins de admissão do pagamento antecipado, na forma do art. 92, inciso XII, e art. 96, da Lei nº 14.133, de 2021, bem como poderá adotar outras cautelas, tais como: comprovação da execução de parte ou de etapa inicial do objeto pelo contratado para a antecipação do valor remanescente; emissão de título de crédito pelo contratado; acompanhamento da mercadoria, em qualquer momento do transporte, por representante da administração; exigência de certificação do produto ou do fornecedor; dentre outras".

Conforme determinação contida no art. 146 da Lei 14.133/2021, no ato de liquidação da despesa, os serviços de contabilidade comunicarão aos órgãos da administração tributária as características da despesa e os valores pagos, segundo o disposto no art. 63 da Lei 4.320/1964.

CAPÍTULO XI
DA NULIDADE DOS CONTRATOS

Art. 147. Constatada irregularidade no procedimento licitatório ou na execução contratual, caso não seja possível o saneamento, a decisão sobre a suspensão da execução ou sobre a declaração de nulidade do contrato somente será adotada na hipótese em que se revelar medida de interesse público, com avaliação, entre outros, dos seguintes aspectos:

I – impactos econômicos e financeiros decorrentes do atraso na fruição dos benefícios do objeto do contrato;

II – riscos sociais, ambientais e à segurança da população local decorrentes do atraso na fruição dos benefícios do objeto do contrato;

III – motivação social e ambiental do contrato;

IV – custo da deterioração ou da perda das parcelas executadas;

V – despesa necessária à preservação das instalações e dos serviços já executados;

VI – despesa inerente à desmobilização e ao posterior retorno às atividades;

VII – medidas efetivamente adotadas pelo titular do órgão ou entidade para o saneamento dos indícios de irregularidades apontados;

VIII – custo total e estágio de execução física e financeira dos contratos, dos convênios, das obras ou das parcelas envolvidas;

IX – fechamento de postos de trabalho diretos e indiretos em razão da paralisação;

X – custo para realização de nova licitação ou celebração de novo contrato;

XI – custo de oportunidade do capital durante o período de paralisação.

Parágrafo único. Caso a paralisação ou anulação não se revele medida de interesse público, o poder público deverá optar pela continuidade do contrato e pela solução da irregularidade por meio de indenização por perdas e danos, sem prejuízo da apuração de responsabilidade e da aplicação de penalidades cabíveis.

Art. 148. A declaração de nulidade do contrato administrativo requererá análise prévia do interesse público envolvido, na forma do art. 147 desta Lei, e operará retroativamente, impedindo os efeitos jurídicos que o contrato deveria produzir ordinariamente e desconstituindo os já produzidos.

§ 1.º Caso não seja possível o retorno à situação fática anterior, a nulidade será resolvida pela indenização por perdas e danos, sem prejuízo da apuração de responsabilidade e aplicação das penalidades cabíveis.

§ 2.º Ao declarar a nulidade do contrato, a autoridade, com vistas à continuidade da atividade administrativa, poderá decidir que ela só tenha eficácia em momento futuro, suficiente para efetuar nova contratação, por prazo de até 6 (seis) meses, prorrogável uma única vez.

Art. 149. A nulidade não exonerará a Administração do dever de indenizar o contratado pelo que houver executado até a data em que for declarada ou tornada eficaz, bem como por outros prejuízos regularmente comprovados, desde que não lhe seja imputável, e será promovida a responsabilização de quem lhe tenha dado causa.

Título III – Dos Contratos Administrativos

Art. 150

> **Art. 150.** Nenhuma contratação será feita sem a caracterização adequada de seu objeto e sem a indicação dos créditos orçamentários para pagamento das parcelas contratuais vincendas no exercício em que for realizada a contratação, sob pena de nulidade do ato e de responsabilização de quem lhe tiver dado causa.

1. NULIDADE DO CONTRATO E A POSSIBILIDADE DE SANEAMENTO DE IRREGULARIDADES

No capítulo destinado à nulidade dos contratos, a Lei de Licitações demonstra a sua preocupação em sanar os eventuais vícios existentes na licitação ou no instrumento contratual.

A partir da premissa de que o formalismo na Administração Pública não pode ser encarado de forma absoluta, o legislador somente autoriza a anulação dos atos irregulares nas hipóteses em que não for possível o saneamento.

Tradicionalmente, o regime jurídico da antiga Lei 8.666/1993 era extremamente formalista, com pouco espaço para saneamento de falhas formais. Ainda que fosse possível admitir o saneamento em situações que não gerassem prejuízos ao interesse público ou aos direitos dos licitantes, o fato é que a Lei de Licitações basicamente não tratava da sanatória ou convalidação de atos irregulares.

De acordo com o art. 147 da Lei de Licitações, na hipótese de irregularidade no certame ou na execução contratual, caso não seja possível o saneamento, a decisão sobre a suspensão da execução ou sobre a declaração de nulidade do contrato somente será adotada na hipótese em que se revelar medida de interesse público, com avaliação, por exemplo, dos seguintes aspectos: a) impactos econômicos e financeiros decorrentes do atraso na fruição dos benefícios do objeto do contrato; b) riscos sociais, ambientais e à segurança da população local decorrentes do atraso na fruição dos benefícios do objeto do contrato; c) motivação social e ambiental do contrato; d) custo da deterioração ou da perda das parcelas executadas; e) despesa necessária à preservação das instalações e dos serviços já executados; f) despesa inerente à desmobilização e ao posterior retorno às atividades; g) medidas efetivamente adotadas pelo titular do órgão ou entidade para o saneamento dos indícios de irregularidades apontados; h) custo total e estágio de execução física e financeira dos contratos, dos convênios, das obras ou das parcelas envolvidas; i) fechamento de postos de trabalho diretos e indiretos em razão da paralisação; j) custo para realização de nova licitação ou celebração de novo contrato; k) custo de oportunidade do capital durante o período de paralisação.

Se o Poder Público concluir pelo descabimento da paralisação ou da anulação, em razão do interesse público envolvido, a execução do contrato prosseguirá e a solução da irregularidade ocorrerá por meio de indenização por perdas e danos, sem prejuízo da apuração de responsabilidade e da aplicação de penalidades cabíveis (art. 147, parágrafo único, da Lei).

O art. 147 da Lei de Licitações revela a importância de considerar as consequências práticas da decisão que suspende ou declara a nulidade do contrato administrativo.

Art. 150

A preocupação com as consequências das decisões estatais encontra-se intimamente relacionada ao Pragmatismo Jurídico e foi incorporada na Lei de Introdução às Normas do Direito Brasileiro (LINDB).

Nesse sentido existe um vínculo necessário entre a Administração Pública de resultados e o pragmatismo jurídico. O pragmatismo apresenta três características comuns, a saber:[339] a) antifundacionalismo: rejeita a existência de entidades metafísicas ou conceitos abstratos, estáticos e definitivos no direito, imunes às transformações sociais; b) contextualismo: a interpretação jurídica é norteada por questões práticas e o direito é visto como prática social; e c) consequencialismo: as decisões devem ser tomadas a partir de suas consequências práticas (olhar para o futuro e não para o passado).

Sob o enfoque do pragmatismo jurídico, é preciso levar as consequências a sério no controle, interno ou externo, dos atos estatais.

Não por outra razão, o art. 20 da LINDB proíbe a tomada de decisão apoiada exclusivamente em valores abstratos, sem considerar as consequências práticas da decisão.[340] O referido dispositivo tem por objetivo rechaçar as decisões, em qualquer esfera de controle, fundamentadas apenas em princípios genéricos e conceitos indeterminados, sem qualquer análise do contexto fático e das possíveis consequências práticas da decisão estatal.

De forma semelhante, o art. 21 da LINDB dispõe que a decisão que decretar a invalidação de ato, contrato, ajuste, processo ou norma administrativa deverá indicar de modo expresso suas consequências jurídicas e administrativas.[341]

A Lei de Licitações, portanto, incorporou a preocupação com as consequências da decisão que determine a suspensão ou a invalidação dos contratos, uma vez que o art. 147 impõe a avaliação das possíveis consequências da decisão estatal que podem sugerir o saneamento das irregularidades e a preservação do contrato.

---

[339] OLIVEIRA, Rafael Carvalho Rezende. A releitura do direito administrativo à luz do pragmatismo jurídico. *Revista de Direito Administrativo – RDA*, Rio de Janeiro, v. 256, p. 129-63, jan./abr. 2011. É importante frisar que não existe um único pragmatismo homogêneo, mas, sim, diversas formas de compreensão do pragmatismo, tendo em vista as influências de formas antigas do pensamento, tais como no darwinismo, do ceticismo e do empirismo da Antiguidade clássica etc.

[340] LINDB: "Art. 20. Nas esferas administrativa, controladora e judicial, não se decidirá com base em valores jurídicos abstratos sem que sejam consideradas as consequências práticas da decisão. Parágrafo único. A motivação demonstrará a necessidade e a adequação da medida imposta ou da invalidação de ato, contrato, ajuste, processo ou norma administrativa, inclusive em face das possíveis alternativas."

[341] LINDB: "Art. 21. A decisão que, nas esferas administrativa, controladora ou judicial, decretar a invalidação de ato, contrato, ajuste, processo ou norma administrativa deverá indicar de modo expresso suas consequências jurídicas e administrativas. Parágrafo único. A decisão a que se refere o *caput* deste artigo deverá, quando for o caso, indicar as condições para que a regularização ocorra de modo proporcional e equânime e sem prejuízo aos interesses gerais, não se podendo impor aos sujeitos atingidos ônus ou perdas que, em função das peculiaridades do caso, sejam anormais ou excessivos."

Título III – Dos Contratos Administrativos

Art. 150

A declaração de nulidade do contrato administrativo exige análise prévia do interesse público envolvido, na forma do art. 147, e opera retroativamente (*ex tunc*), impedindo os efeitos jurídicos que deveria produzir ordinariamente e desconstituindo os já produzidos (art. 148 da Lei de Licitações).

Caso não seja possível o retorno à situação fática anterior, a nulidade será resolvida pela indenização por perdas e danos, sem prejuízo da apuração de responsabilidade e aplicação das penalidades cabíveis (art. 148, § 1.º).

Ao declarar a nulidade do contrato, a autoridade, tendo em vista a continuidade da atividade administrativa, poderá decidir que ela só tenha eficácia em momento futuro, suficiente para efetuar nova contratação, por prazo de até 6 meses, prorrogável uma única vez (art. 148, § 2.º).

Trata-se da consagração da viabilidade da modulação de efeitos no controle de legalidade administrativa, tese que sempre sustentamos, independentemente da previsão normativa específica, em razão da aplicação analógica do art. 27 da Lei 9.868/1999.[342]

Em reforço à possibilidade de relativização dos efeitos retroativos da anulação, além do art. 21, parágrafo único, da LINDB, o art. 24 da LINDB, incluído pela Lei 13.655/2018, proíbe que a mudança de interpretação acarrete a invalidação das situações plenamente constituídas.[343]

A nulidade não exonera a Administração do dever de indenizar o contratado pelo que este houver executado até a data em que ela for declarada e por outros prejuízos regularmente comprovados, contanto que não lhe seja imputável, promovendo-se a responsabilização de quem lhe deu causa (art. 149 da Lei de Licitações).

É vedada a contratação sem a caracterização adequada de seu objeto e a indicação dos créditos orçamentários para pagamento das parcelas contratuais vincendas no exercício em que realizada a contratação, sob pena de nulidade do ato e de responsabilização de quem lhe tiver dado causa, na forma do art. 149 da Lei de Licitações. É verdade que o art. 14 da antiga Lei 8.666/1993 possui previsão semelhante, mas limitava-se às compras. Com a redação do art. 150 da Lei 14.133/2021, a regra deve ser aplicada para todas as contratações.

---

[342] A modulação dos efeitos na autotutela dos atos administrativos foi defendida em outra obra: OLIVEIRA, Rafael Carvalho Rezende. *Princípios do direito administrativo*. Rio de Janeiro: Lumen Juris, 2011. p. 160. No Estado do Rio de Janeiro, o art. 53, § 3.º, da Lei 5.427/2009, que trata do processo administrativo estadual, consagrou a tese aqui defendida.

[343] LINDB: "Art. 21. (...) Parágrafo único. A decisão a que se refere o *caput* deste artigo deverá, quando for o caso, indicar as condições para que a regularização ocorra de modo proporcional e equânime e sem prejuízo aos interesses gerais, não se podendo impor aos sujeitos atingidos ônus ou perdas que, em função das peculiaridades do caso, sejam anormais ou excessivos. (...) Art. 24. A revisão, nas esferas administrativa, controladora ou judicial, quanto à validade de ato, contrato, ajuste, processo ou norma administrativa cuja produção já se houver completado levará em conta as orientações gerais da época, sendo vedado que, com base em mudança posterior de orientação geral, se declarem inválidas situações plenamente constituídas."

| Art. 151 | Comentários à Lei de Licitações e Contratos Administrativos |

CAPÍTULO XII
DOS MEIOS ALTERNATIVOS
DE RESOLUÇÃO DE CONTROVÉRSIAS

Art. 151. Nas contratações regidas por esta Lei, poderão ser utilizados meios alternativos de prevenção e resolução de controvérsias, notadamente a conciliação, a mediação, o comitê de resolução de disputas e a arbitragem.

Parágrafo único. Será aplicado o disposto no *caput* deste artigo às controvérsias relacionadas a direitos patrimoniais disponíveis, como as questões relacionadas ao restabelecimento do equilíbrio econômico-financeiro do contrato, ao inadimplemento de obrigações contratuais por quaisquer das partes e ao cálculo de indenizações.

Art. 152. A arbitragem será sempre de direito e observará o princípio da publicidade.

Art. 153. Os contratos poderão ser aditados para permitir a adoção dos meios alternativos de resolução de controvérsias.

Art. 154. O processo de escolha dos árbitros, dos colegiados arbitrais e dos comitês de resolução de disputas observará critérios isonômicos, técnicos e transparentes.

1. MEIOS ALTERNATIVOS DE RESOLUÇÃO DE CONTROVÉRSIAS: CONCILIAÇÃO, MEDIAÇÃO, COMITÊ DE RESOLUÇÃO DE DISPUTAS (*DISPUTE BOARDS*) E A ARBITRAGEM

Nas contratações administrativas, poderão ser utilizados meios alternativos de prevenção e resolução de controvérsias, notadamente, a conciliação, a mediação, o comitê de resolução de disputas e a arbitragem (art. 151 da Lei de Licitações).

Os meios alternativos de resolução de controvérsias relacionam-se com os direitos patrimoniais disponíveis, tais como as questões relacionadas ao restabelecimento do equilíbrio econômico-financeiro do contrato, ao inadimplemento de obrigações contratuais por quaisquer das partes e ao cálculo de indenizações (art. 151, parágrafo único, da Lei).

Conforme autorizado pelo art. 153 da Lei, os contratos poderão ser aditados para permitirem a adoção dos meios alternativos de resolução de controvérsias.

É possível constatar que a Lei de Licitações, seguindo a tendência legislativa e doutrinária, reforça a possibilidade de utilização de meios alternativos (ou adequados) de resolução de controvérsias nos contratos administrativos.

Não obstante a utilização dos meios alternativos para solução de conflitos encontrassem previsões específicas na legislação, o ano de 2015 foi marcante para consolidação normativa. Naquele ano, três diplomas legais confirmaram a tendência na utilização de mecanismos extrajudiciais de solução de conflitos e pacificação social, a saber: a) a Lei 13.105/2015 instituiu o novo CPC e estabeleceu a arbitragem, a conciliação e a mediação como importantes instrumentos de solução de controvérsias (art. 3.º, §§ 1.º, 2.º e 3.º); b) a Lei 13.129/2015 alterou a Lei de Arbitragem para permitir, expressamente a sua utilização pela Administração Pública (art. 1.º, § 1.º e § 2.º e art. 2.º, § 3.º, da Lei 9.307/1996); e c) a Lei 13.140/2015 (Lei de Mediação) tratou da mediação entre particulares como meio de solução de controvérsias e da autocomposição de conflitos no âmbito da Administração Pública.

Título III – Dos Contratos Administrativos | Art. 154

A Lei de Licitações, em seu art. 151, menciona, exemplificativamente, a conciliação, a mediação, o comitê de resolução de disputas e a arbitragem.

Trata-se de elenco exemplificativo que não exclui outras possibilidades de resolução de conflitos. Mencione-se, por exemplo, a negociação que representa uma forma de autocomposição do conflito pelas próprias partes, sem a participação de terceiros.

Em relação à mediação e à conciliação, que também representam hipóteses de autocomposição, a diferença entre os instrumentos é tênue. Enquanto na mediação o mediador, neutro e imparcial, auxilia as partes na composição do conflito, na conciliação, o conciliador, mantidas a neutralidade e a imparcialidade, pode exercer papel mais ativo na condução do diálogo, apresentação de sugestões e na busca pelo acordo.[344]

O comitê de resolução de disputas (*dispute board*) pode ser considerado órgão colegiado, geralmente formado por três *experts*, indicados pelas partes no momento da celebração do contrato, que tem por objetivo acompanhar a sua execução, com poderes para emitir recomendações e/ou decisões, conforme o caso.[345]

Na forma do regulamento da *International Chamber of Commerce (ICC)*, existem três tipos de *dispute boards:* a) *Dispute Review Boards (DRBs)*: emitem recomendações sobre determinada controvérsia, sem caráter vinculante imediato; b) *Dispute Adjudication Boards (DABs)*: decidem as controvérsias contratuais, com caráter vinculante; e c) *Combined Dispute Boards (CDBs)*: emitem recomendações e, em determinados casos, decidem disputas contratuais.

Os *disputes boards*, apesar da reduzida utilização no Brasil, podem representar um importante instrumento de solução de controvérsias, especialmente nos contratos de grande vulto econômico e complexidade da Administração Pública, tal como ocorre, por exemplo, nos contratos de infraestrutura.

Antes da promulgação da Lei de Licitações, a utilização foi formalmente reconhecida na I Jornada de Prevenção e Solução Extrajudicial de Litígios, promovida pelo Centro de Estudos Judiciários do Conselho da Justiça Federal (CEJ/CJF), re-

---

[344] Em razão da importância da autocomposição de conflitos, o CNJ editou a Resolução 125/2010, que dispõe sobre a Política Judiciária Nacional de tratamento adequado dos conflitos de interesses no âmbito do Poder Judiciário e prevê a oferta pelos órgãos judiciários de mecanismos de soluções de controvérsias, em especial os chamados meios consensuais, como a mediação e a conciliação. Destaque-se, ainda, a instituição da Câmara de Conciliação e Arbitragem da Administração Federal (CCAF), no âmbito da Advocacia-Geral da União (AGU), que tem procurado reduzir a litigiosidade entre órgãos e entidades administrativas.

[345] OLIVEIRA, Rafael Carvalho Rezende. *Licitações e contratos administrativos*: teoria e prática. 9. ed. São Paulo: Método, 2020. p. 267-268. Os *dispute boards*, utilizados de forma pioneira nos Estados Unidos na década de 70, durante a construção do *Eisenhower Tunnel* no Colorado. Sobre o tema, *vide*: WALD, Arnoldo. A arbitragem contratual e os *dispute boards*. *Revista de Arbitragem e Mediação*, v. 2, n. 6, p. 9-24, jul./set. 2005.

Art. 154

alizada em 2016. Naquele encontro, foram aprovados três enunciados que tratam especificamente do tema:[346]

> Enunciado 49 – Os Comitês de Resolução de Disputas (*Dispute Boards*) são um método de solução consensual de conflito, na forma prevista no parágrafo 3.º do art. 3.º do CPC.
>
> Enunciado 76 – As decisões proferidas por um Comitê de Resolução de Disputas (*Dispute Board*), quando os contratantes tiverem acordado pela sua adoção obrigatória, vinculam as partes ao seu cumprimento até que o Poder Judiciário ou o juízo arbitral competente emitam nova decisão ou a confirmem, caso venham a ser provocados pela parte inconformada.
>
> Enunciado 80 – A utilização de Comitês de Resolução de Disputas (*Dispute Boards*), com a inserção da respectiva cláusula contratual, é recomendável para os contratos de construção ou de obras de infraestrutura, como mecanismo voltado para a prevenção de litígios e a redução dos custos correlatos, permitindo a imediata resolução de conflitos surgidos no curso da execução dos contratos.

Em 2020, o Enunciado 19 da I Jornada de Direito Administrativo realizada pelo CEJ/CJF reafirmou a possibilidade de utilização dos métodos adequados de resolução de controvérsias nas contratações públicas, incluindo o *dispute board*:[347]

> As controvérsias acerca de equilíbrio econômico-financeiro dos contratos administrativos integram a categoria das relativas a direitos patrimoniais disponíveis, para cuja solução se admitem meios extrajudiciais adequados de prevenção e resolução de controvérsias, notadamente a conciliação, a mediação, o comitê de resolução de disputas e a arbitragem.

Além dos métodos já indicados, a Lei de Licitações reitera a viabilidade da arbitragem como forma de solução dos conflitos contratuais envolvendo a Administração Pública, como será destacado no item a seguir.

---

[346] O Município de São Paulo tratou do tema por meio da Lei Municipal 16.873, de 22 de fevereiro de 2018 que se limitou, em dez artigos, a reconhecer a viabilidade dos "Comitês de Prevenção e Solução de Disputas" para dirimir conflitos relativos a direitos patrimoniais disponíveis em contratos continuados da Administração Direta e Indireta do Município de São Paulo.

[347] Destaca-se, também, a edição da Resolução 697/2020 do STF, que dispõe sobre a criação do Centro de Mediação e Conciliação, responsável pela busca e implementação de soluções consensuais no Supremo Tribunal Federal, bem como a edição da Resolução 358/2020 do CNJ, que regulamenta a criação de soluções tecnológicas para a resolução de conflitos pelo Poder Judiciário por meio da conciliação e mediação.

Título III – Dos Contratos Administrativos   Art. 154

2. A ARBITRAGEM NOS CONTRATOS ADMINISTRATIVOS: QUESTÕES RELEVANTES

A arbitragem representa uma forma de heterocomposição de conflitos por meio da qual o terceiro, expert e imparcial (árbitro), por convenção privada das partes envolvidas, decide o conflito, e não o Estado-juiz.[348]

A utilização da arbitragem pela Administração Pública não era expressamente prevista na redação original da Lei 9.307/1996 (Lei de Arbitragem), o que gerava debates doutrinários sobre a juridicidade da arbitragem nos contratos da Administração.[349]

Todavia, com as alterações promovidas pela Lei 13.129/2015, a Lei de Arbitragem passou a dispor, de forma expressa, que a Administração Pública, direta e indireta, por meio da autoridade competente para realização de acordos e transações, poderia estabelecer convenção de arbitragem de direito (e não por equidade) para dirimir conflitos relativos a direitos patrimoniais disponíveis, respeitado o princípio da publicidade (art. 1.º, § 1.º e § 2.º e art. 2.º, § 3.º, da Lei 9.307/1996).

Destaca-se que a arbitrabilidade, que significa a possibilidade de um litígio ser submetido à arbitragem voluntária, pode ser dividida em duas espécies: a) subjetiva (*ratione personae*): refere-se às pessoas que podem se submeter à arbitragem e

---

[348] A previsão da arbitragem no ordenamento jurídico não representa novidade, cabendo mencionar, exemplificativamente: Constituição/1824 (art. 160); Código Comercial/1850; Decreto 3.084/1898; Código Civil/1916 (arts. 1.037/1.048); DL 2.300/1986 (art. 45); Código de Processo Civil/1973 (arts. 1.072/1.102); Constituição/1988 (art. 114, § 1.º); Lei 9.307/1996 (Lei de Arbitragem); Código Civil/2002 (arts. 851/853); Código de Processo Civil/2015 (art. 3.º, § 1.º). A mediação e a arbitragem são admitidas, inclusive, na definição dos valores de indenização nas desapropriações por utilidade pública (art. 10-B do DL 3.365/1941, incluído pela Lei 13.867/2019). Destaca-se, ainda, a promulgação da Lei 14.112/2020 que inseriu os arts. 20-A a 20-D na Lei 11.101/2005 (Lei de Falências) para dispor sobre as conciliações e as mediações antecedentes ou incidentais nos processos de recuperação judicial.

[349] Antes da previsão expressa da arbitragem nas relações jurídico-administrativas, o tema gerava controvérsia. O STF, em precedente anterior à Constituição (caso Lage), admitiu a arbitragem em relações fazendárias (STF, AI 52.181/GB, Rel. Min. Bilac Pinto, Tribunal Pleno, *DJ* 15/02/1974, p. 720). O STJ, ao tratar de contratos celebrados por empresas estatais, admitia a utilização da arbitragem nos respectivos ajustes (STJ, REsp 612.439/RS, rel. Min. João Otávio de Noronha, Segunda Turma, *DJ* 14/09/2006, p. 299; STJ, MS 11.308/DF, Rel. Min. Luiz Fux, Primeira Seção, *DJe* 19/05/2008). Contudo, o TCU, em algumas oportunidades, afirmou que a utilização da arbitragem nos contratos administrativos, sem previsão legal específica, violaria o princípio da indisponibilidade do interesse público (TCU, Decisão 286/1993, Plenário, rel. Min. Homero Santos, *DOU* 04/08/1993; TCU, Acórdão 587/2003, Plenário, rel. Min. Adylson Motta, *DOU* 10/06/2003; TCU, Acórdão 906/2003, Plenário, rel. Min. Lincoln Magalhães da Rocha, *DOU* 24/07/2003; TCU, Acórdão 1099/2006, Plenário, rel. Min. Augusto Nardes, *DOU* 10/07/2006). A Corte de Contas, posteriormente, admitiu a arbitragem nos contratos celebrados por sociedade de economia mista (Petrobras), versando exclusivamente sobre "a resolução dos eventuais litígios a assuntos relacionados à sua área-fim e a disputas eminentemente técnicas oriundas da execução dos aludidos contratos" (TCU, Acórdão 2094/2009, rel. Min. José Jorge, DOU 11/09/2009).

Art. 154

b) objetiva (*ratione materiae*): diz respeito às questões que podem ser decididas por meio da arbitragem.[350]

Quanto à arbitrabilidade subjetiva, a possibilidade de utilização da arbitragem pela Administração Pública, como já destacado, foi expressamente reconhecida pelo art. 1.º, § 1.º e § 2.º, da Lei 9.307/1996, pelo art. 151 da Lei de Licitações e por normas especiais (exs.: art. 23-A da Lei 8.987/1995, art. 11, III, da Lei 11.079/2004).

Dessa forma, no tocante à arbitrabilidade subjetiva, as pessoas jurídicas de direito público (entes da Federação, autarquias e fundações estatais de direito público) e as pessoas jurídicas de direito privado (empresas públicas, sociedades de economia mista e fundações estatais de direito privado) podem prever a arbitragem como forma de solução de suas controvérsias.

Quanto à arbitrabilidade objetiva, as questões submetidas à arbitragem devem envolver direitos patrimoniais disponíveis. A definição, contudo, daquilo que pode ser inserido na expressão "direitos patrimoniais disponíveis" é objeto de intensa polêmica, inclusive no campo normativo.[351] Trata-se, a nosso ver, de assunto inerente às contratações administrativas, uma vez que o contrato é o instrumento que encerra a disposição, pela Administração, da melhor forma de atender o interesse público.[352]

Destarte, as questões que podem ser objeto da contratação administrativa são, em princípio, disponíveis, passíveis de submissão à arbitragem.[353]

O art. 151, parágrafo único, da Lei de Licitações, elencou alguns exemplos de direitos patrimoniais disponíveis, tais como as questões relacionadas ao restabelecimento do equilíbrio econômico-financeiro do contrato, ao inadimplemento de

---

[350] OLIVEIRA, Ana Perestrelo de. *Arbitragem de litígios com entes públicos*. 2. ed. Coimbra: Almedina, 2015. p. 11-12.

[351] Nos setores rodoviário, ferroviário e aeroportuário da administração pública federal, o art. 31, § 4.º da Lei 13.448/2017, que dispõe sobre a prorrogação e relicitação dos contratos de parceria, considera como integrantes do conceito de "direitos patrimoniais disponíveis" as seguintes questões: a) as questões relacionadas à recomposição do equilíbrio econômico-financeiro dos contratos; b) o cálculo de indenizações decorrentes de extinção ou de transferência do contrato de concessão; e c) o inadimplemento de obrigações contratuais por qualquer das partes. No Estado do Rio de Janeiro, por sua vez, o art. 1.º, parágrafo único, do Decreto 46.245/2018 insere nos conflitos relacionados a direitos patrimoniais disponíveis as controvérsias que possuam natureza pecuniária e que não versem sobre interesses públicos primários.

[352] O art. 852 do Código Civil dispõe: "É vedado compromisso para solução de questões de estado, de direito pessoal de família e de outras que não tenham caráter estritamente patrimonial".

[353] De forma semelhante, Carlos Ari Sundfeld e Jacintho Arruda Câmara afirmam: "Com essa demarcação, a Lei de Arbitragem afastou de seu âmbito de aplicação apenas os temas que não admitissem *contratação* pelas partes. Numa palavra, a lei limitou a aplicação do procedimento arbitral às questões referentes a *direito (ou interesse) passível de contratação*. Para evitar confusão terminológica – que propicie um falso embate em face do princípio da indisponibilidade do interesse público –, passaremos a designar este requisito como a existência de um direito *negociável* (SUNDFELD, Carlos Ari; CÂMARA, Jacintho Arruda. O cabimento da arbitragem nos contratos administrativos. *RDA*, n. 248, p. 120, maio/ago. 2008.

308

Título III – Dos Contratos Administrativos

Art. 154

obrigações contratuais por quaisquer das partes e ao cálculo de indenizações. Frise--se que o rol de situações indicadas no dispositivo é meramente exemplificativo.

Quanto aos critérios de julgamento, a arbitragem pode ser dividida em duas espécies: a) arbitragem de direito e b) arbitragem por equidade.

Nas questões envolvendo a Administração Pública, a arbitragem tem que ser de direito e não por equidade, conforme expressamente previsto no art. 2.º, § 3.º, da Lei 9.307/1996 e no art. 152 da Lei de Licitações.

Trata-se de exigência respaldada no princípio da legalidade, mas é oportuno destacar que, especialmente no campo das arbitragens internacionais, a utilização de critérios extralegais (costumes, equidade etc.) é comum na solução das controvérsias, o que é corroborado pelo art. 2.º, § 2.º, da Lei 9.307/1996.

Entendemos que, nesse ponto, seria oportuno que a legislação mencionasse expressamente a possibilidade de aplicação dos usos, costumes, equidade e regras internacionais do comércio nas arbitragens internacionais envolvendo a Administração Pública Direta e Indireta.[354]

Outra exigência refere-se à publicidade da arbitragem que envolva a Administração Pública, conforme exigência contida no art. 37, *caput*, da CRFB, art. 2.º, § 3.º, da Lei 9.307/1996 e art. 152 da Lei de Licitações.

A confidencialidade do procedimento arbitral cede espaço para publicidade, inerente aos processos envolvendo a Administração Pública, o que não impede o sigilo em situações excepcionais, quando houver em risco à segurança da sociedade ou do Estado ou informações pessoais relacionadas à intimidade, vida privada, honra e imagem das pessoas.[355]

Não obstante o silêncio do legislador infraconstitucional, o dever de publicidade incumbe, em princípio, à Administração Pública, que deverá promover a divulgação

---

[354] Sustentamos, em outra oportunidade, a importância da aplicação da *lex mercatoria* nas relações comerciais internacionais que envolvem o Estado, bem como a possibilidade de submissão à arbitragem como forma alternativa de solução de lides. OLIVEIRA, Rafael Carvalho Rezende. *Princípios do direito administrativo*. 2. ed. São Paulo: Método, 2013. p. 49-50. Sobre a importância da *lex mercatoria* no "Direito Administrativo Global", vide: KINGSBURY, Benedict; KRISCH, Nico; STEWART, Richard B. The emergence of Global Administrative Law. *Law and Contemporany Problems*, North Carolina: Duke University School of Law, v. 68, n. 3 e 4, p. 17 e 29, 2005. Nos contraltos de concessão do petróleo, por exemplo, o art. 44, VI, da Lei 9.478/1997 dispõe que o contrato estabelecerá que o concessionário estará obrigado a "adotar as melhores práticas da indústria internacional do petróleo e obedecer às normas e procedimentos técnicos e científicos pertinentes, inclusive quanto às técnicas apropriadas de recuperação, objetivando a racionalização da produção e o controle do declínio das reservas."

[355] Nos setores portuário, rodoviário, ferroviário, aquaviário e aeroportuário, o art. 3.º, IV, do Decreto 10.025/2019 dispõe que todas as informações sobre o processo de arbitragem serão públicas, ressalvadas aquelas necessárias à preservação de segredo industrial ou comercial e aquelas consideradas sigilosas pela legislação brasileira. Ressalvada eventual convenção entre as partes, caberá à câmara arbitral fornecer o acesso às informações (art. 3.º, § 1.º).

dos atos relacionados à arbitragem. Trata-se da publicidade ativa, com a divulgação das informações, independentemente de solicitação de interessados. A instituição privada especializada, que administrará o procedimento arbitral, seria mera prestadora de serviço, e, por consequência, na qualidade de contratada, não teria obrigação de dar publicidade aos atos do procedimento arbitral através de publicação em Diário Oficial. A definição da questão da publicidade (ativa e passiva), contudo, pode ser disciplinada nos respectivos regulamentos de arbitragem.[356]

De acordo com o disposto no art. 3.º da Lei de Arbitragem, a convenção de arbitragem é gênero que se divide em duas espécies: a) cláusula compromissória: "convenção através da qual as partes em um contrato comprometem-se a submeter à arbitragem os litígios que possam vir a surgir, relativamente a tal contrato" (art. 4.º); e b) compromisso arbitral: "convenção através da qual as partes submetem um litígio à arbitragem de uma ou mais pessoas, podendo ser judicial ou extrajudicial" (art. 9.º).[357]

Na primeira hipótese, a cláusula arbitral será inserida no edital e na minuta do contrato administrativo. Na segunda hipótese, mesmo ausente a previsão de arbitragem na avença, as partes, em comum acordo, submeterão a controvérsia contratual à arbitragem.

A cláusula compromissória, por sua vez, se divide em duas categorias: a) cláusula compromissória cheia: opção pela arbitragem, com a definição prévia das questões relacionadas à instituição e ao procedimento arbitral (art. 5.º da Lei de Arbitragem); e b) cláusula compromissória vazia (ou em branco): apenas define a submissão do contrato à arbitragem, sem qualquer definição ou detalhamento sobre a instituição e as características do procedimento arbitral.

Mencione-se, ainda, a possibilidade de pactuação da denominada cláusula escalonada, que determina a tentativa de solução da controvérsia por meio da mediação antes da instauração da arbitragem (cláusula *med-arb*) ou durante o procedimento arbitral (cláusula *arb-med*). Com isso, prestigia-se a autocomposição dos conflitos, por meio da mediação, inclusive nas hipóteses em que as partes pactuaram a arbitragem.

---

[356] O Enunciado 15 da I Jornada de Direito Administrativo realizada pelo Centro de Estudos Judiciários do Conselho da Justiça Federal (CEJ/CJF) prevê: "A administração pública promoverá a publicidade das arbitragens da qual seja parte, nos termos da Lei de Acesso à Informação". Em âmbito federal, o art. 3.º, § 1.º, do Decreto 10.025/2019 dispõe que, salvo convenção entre as partes, caberá à câmara arbitral fornecer o acesso às informações.

[357] Os Enunciados 10 e 18 da I Jornada de Direito Administrativo realizada pelo Centro de Estudos Judiciários do Conselho da Justiça Federal (CEJ/CJF) dispõem: 10 – "Em contratos administrativos decorrentes de licitações regidas pela Lei n. 8.666/1993, é facultado à Administração Pública propor aditivo para alterar a cláusula de resolução de conflitos entre as partes, incluindo métodos alternativos ao Poder Judiciário como Mediação, Arbitragem e Dispute Board"; e 18 – "A ausência de previsão editalícia não afasta a possibilidade de celebração de compromisso arbitral em conflitos oriundos de contratos administrativos". No setor portuário, rodoviário, ferroviário, aquaviário e aeroportuário, o Decreto 10.025/2019 prevê a cláusula compromissória (art. 5.º) e o compromisso arbitral (arts. 6.º e 7.º).

Título III – Dos Contratos Administrativos
Art. 154

A partir da classificação acima, verifica-se que o problema da cláusula vazia é a impossibilidade de instauração imediata da arbitragem para resolver o conflito, pois inexistentes os elementos mínimos para o procedimento arbitral, o que pode ensejar, inclusive, a propositura de ação judicial para definição da forma de instituição do juízo arbitral (arts. 6.º e 7.º da Lei de Arbitragem). A cláusula compromissória cheia, por esta razão, garante maior celeridade ao procedimento, o que demonstra a sua utilização preferencial nos contratos administrativos.

É relevante destacar a inaplicabilidade de algumas prerrogativas administrativas e processuais da Administração Pública ao processo arbitral, tais como:

a) inaplicabilidade dos prazos diferenciados (art. 183 do CPC/2015) ao processo arbitral: o procedimento arbitral é definido pelas partes na convenção de arbitragem ou, de forma supletiva ou por delegação das partes, pelo árbitro ou tribunal arbitral, na forma do art. 21 da Lei de Arbitragem;

b) ausência de reexame necessário (art. 496 do CPC/2015) na arbitragem: não há previsão de duplo grau e de recursos no processo arbitral, que é desenvolvido em única instância e a decisão arbitral não está sujeita à homologação judicial (art. 18 da Lei de Arbitragem);

c) ausência de isenção relativa à taxa judiciária, custas ou emolumentos na arbitragem: os valores devidos ao tribunal arbitral e aos árbitros devem ser suportados pelas partes em razão dos serviços prestados; [358]

d) ausência da aplicação automática das regras relacionadas à fixação do valor dos honorários de sucumbência no processo judicial (art. 85, § 3.º, do CPC/2015) ao processo arbitral, salvo disposição em contrário: os honorários do árbitro, são definidos, em princípio, pelo compromisso arbitral, conforme previsto no art. 11, VI, da Lei de Arbitragem e regime dos honorários sucumbenciais poderá ser definido no compromisso arbitral, no regulamento da entidade arbitral ou em norma específica do Ente Federado; [359] e

---

[358] Em regra, a Administração Pública, por meio de seus respectivos atos normativos ou das cláusulas compromissórias, tem estabelecido o dever de adiantamento das custas e das despesas da arbitragem ao contratado/particular, independentemente da iniciativa para instauração do procedimento arbitral (exs.: art. 11, parágrafo único, da Lei 19.477/2011 do Estado de Minas Gerais; art. 31, § 2.º, da Lei 13.448/2017; art. 9.º do Decreto Federal 10.025/2019). A imposição do dever de adiantamento ao contratado na hipótese de instauração da arbitragem pela Administração pode gerar prejuízo à economicidade da contratação pública, uma vez que o particular incluirá os potenciais riscos e custos na precificação de sua proposta. Talvez a solução mais adequada seja a imputação, como regra geral, da responsabilidade pelo dever de adiantamento das custas e despesas à parte que requereu a instauração do procedimento arbitral, o que não impede a estipulação de forma diversa por acordo entre as partes (exs.: art. 9 º Decreto 46.245/2018 do Estado do Rio de Janeiro; art. 4.º, § 1.º, item 5, e art. 8.º do Decreto 64.356/2019 do Estado de São Paulo).

[359] Diversos atos normativos têm determinado a aplicação do art. 85 do CPC na fixação dos honorários sucumbenciais, com a exclusão dos honorários contratuais, mas o tema pode ser objeto de definição regulamentar específica por cada Ente federativo (exs.: art. 16, parágrafo único, do Decreto 46.245/2018 do Estado do Rio de Janeiro; art. 9.º, § 6.º, do Decreto federal 10.025/2019; art. 4.º, § 1.º, do Decreto 64.356/2019 do Estado de São Paulo).

Art. 154

e) (in)aplicabilidade do regime do precatório ou da requisição de pequeno valor: entendemos que a arbitragem revela procedimento extrajudicial de solução de controvérsias, inexistindo, portanto, "sentença judiciária" (art. 100 da CRFB), motivo pelo qual o pagamento do valor definido na arbitragem independe de precatório, salvo se houver necessidade de execução judicial da decisão arbitral condenatória, que possui natureza jurídica de título executivo extrajudicial (art. 31 da Lei de Arbitragem).[360] Contudo, diversos decretos regulamentares têm estabelecido a submissão ao regime do precatório nas condenações arbitrais de pessoas jurídicas de direito público da Administração Pública.[361] Alternativa interessante é aquela encontrada nos contratos de Parceria Público-Privadas (PPP), com a instituição do Fundo Garantidor de Parcerias Público-Privadas (FGP), de natureza privada, que tem por finalidade prestar garantia de pagamento de obrigações pecuniárias assumidas pelo Poder Público, independentemente de precatório (art. 16, *caput* e § 1.º, da Lei 11.079/2004). Frise-se, ainda, que o art. 15, § 2.º, do Decreto federal 10.025/2019 estabelece outras alternativas ao regime do precatório, com a possibilidade de acordo entre as partes para que o cumprimento da sentença arbitral ocorra por meio de: a) instrumentos previstos no contrato que substituam a indenização pecuniária, incluídos os mecanismos de reequilíbrio econômico-financeiro; b) compensação de haveres e deveres de natureza não tributária, incluídas as multas, nos termos do disposto no art. 30 da Lei 13.448/2017; ou c) atribuição do pagamento a terceiro, nas hipóteses admitidas na legislação brasileira.

A Lei de Licitações, assim como a Lei de Arbitragem, não tratou sobre a necessidade de instituição de arbitragem *ad hoc* ou institucional, o que, em princípio, confere discricionariedade ao administrador público para escolha por um desses caminhos em cada caso concreto.

---

[360] Sobre o tema: OLIVEIRA, Rafael Carvalho Rezende; MAZZOLA, Marcelo. Arbitragem e Poder Público: pagamento voluntário burla o sistema de precatórios? Disponível em: <http://genjuridico. com.br/2016/12/19/arbitragem-e-poder-publico-pagamento-voluntario-burla-o-sistema-de--precatorios/>. Acesso em: 5 jan. 2021.

[361] Decreto federal 10.025/2019: "Art. 15. Na hipótese de sentença arbitral condenatória que imponha obrigação pecuniária à União ou às suas autarquias, inclusive relativa a custas e despesas com procedimento arbitral, o pagamento ocorrerá por meio da expedição de precatório ou de requisição de pequeno valor, conforme o caso". Decreto 64.356/2019 do Estado de São Paulo: "Art. 9.º. As sentenças arbitrais que imponham obrigação pecuniária à Administração Pública direta e suas autarquias serão cumpridas conforme o regime de precatórios ou de obrigações de pequeno valor, nas mesmas condições impostas aos demais títulos executivos judiciais". Decreto 46.245/2018 do Estado do Rio de Janeiro: "Art. 15. Ressalvadas as exceções previstas em lei, em caso de sentença arbitral condenatória ou homologatória de acordo que imponha obrigação pecuniária contra o Estado ou qualquer entidade com personalidade de direito público, o pagamento será efetivado mediante a expedição de precatório ou de requisição de pequeno valor, conforme o artigo 100 da Constituição da República".

Enquanto na arbitragem *ad hoc* (ou arbitragem avulsa) o procedimento é definido pelas partes e/ou pelos árbitros, na arbitragem institucional (ou arbitragem administrada) as regras procedimentais encontram-se previamente definidas por determinada câmara arbitral.

A arbitragem *ad hoc* teria, de um lado, a vantagem de reduzir custos, uma vez que não haveria a necessidade de contratação de instituição privada (câmara de arbitragem) para prestação de serviços, mas, de outro lado, a desvantagem de acarretar insegurança para as partes, com a maior probabilidade de impasses na definição e nas questões cotidianas inerentes ao procedimento arbitral (exs.: escolha da infraestrutura e dos recursos humanos para os serviços de secretaria; definição dos valores dos honorários dos árbitros e forma de pagamento; indefinição na escolha do árbitro presidente quando houver impasse na entre os coárbitros indicados pelas partes etc.), o que pode frustrar e/ou retardar a solução da controvérsia, bem como a propositura de ações judiciais para resolução de impasses.[362]

Não obstante a discricionariedade administrativa na definição do tema, entendemos que o ideal seria a utilização da arbitragem institucional, com a escolha de Câmara de Arbitragem já existente, com experiência e reconhecida pela comunidade jurídica, o que garante, em tese, maior segurança jurídica às partes. Além disso, a Câmara de Arbitragem tem a vantagem de contar com regulamento próprio e prestar serviços de secretaria às partes, com a elaboração de documentos, recebimentos das manifestações, realização de audiências e outros atos que serão praticados ao longo do procedimento.[363]

Igualmente, a Lei de Licitações manteve o silêncio da Lei de Arbitragem e não definiu se a controvérsia deve ser decidida por árbitro único ou por tribunal arbitral (três ou mais árbitros, sempre em número ímpar).

Apesar do silêncio legislativo, entendemos que a arbitragem, que envolve a Administração Pública, não deve ser submetida, em regra, à arbitragem monocrática, mas ao colegiado arbitral, formado, por no mínimo, três árbitros, uma vez que o debate por árbitros integrantes de colegiado arbitral tem maior potencial de qualificar a decisão a ser proferida, que, enfatize-se, não será submetida à revisão superior. É recomendável que os Entes federados, em suas normas específicas, estabeleçam, preferencialmente, a utilização de colegiados arbitrais ao invés de árbitros isolados

---

[362] Sobre as vantagens da arbitragem institucional em relação à arbitragem *ad hoc*, vide: MUNIZ, Joaquim de Paiva. *Curso de direito arbitral:* aspectos práticos do procedimento. 2. ed., Curitiba: CRV, 2014. p. 64; PEREIRA, Ana Lucia. A função das entidades arbitrais. In: *Manual de arbitragem para advogados*, CACB/CEMCA/CFOAB, 2015. p. 88-91.

[363] OLIVEIRA, Rafael Carvalho Rezende. Arbitragem nos contratos da Administração Pública. *Revista Brasileira de Alternative Dispute Resolution – RBADR*, Belo Horizonte, v. 1, n. 1, p. 101-123, jan./jun. 2019. O art. 3.º, V e § 3.º, do Decreto federal 10.025/2019 e o art. 3.º do Decreto 64.356/2019 do Estado de São Paulo estabelecem a preferência na utilização da arbitragem institucional, admitindo-se, de forma justificada, a utilização da arbitragem *ad hoc*. Nos Estados de Minas Gerais (art. 4.º da Lei 19.477/2011) e do Rio de Janeiro (art. 2.º do Decreto 46.245/2018), o juízo arbitral será exclusivamente exercido por meio de órgão arbitral institucional.

para solução de litígios oriundos de contratações administrativas, notadamente nos casos de grande vulto econômico.[364]

Por fim, o processo de escolha dos árbitros, colegiados arbitrais e comitês de resolução de disputas observará critérios isonômicos, técnicos e transparentes, na forma do art. 154 da Lei de Licitações.

A Lei reforça a tese que sustentamos em outra oportunidade, segundo a qual a escolha dos árbitros e das câmaras arbitrais revela hipótese de inexigibilidade de licitação, em razão da inviabilidade de competição, o que não exclui a necessidade de critérios isonômicos, técnicos e transparentes por parte da Administração Pública.[365] O mesmo raciocínio, como previsto na Lei de Licitações, aplica-se, naturalmente, à escolha dos comitês de resolução de disputas.

No mesmo sentido, o Enunciado 39 da I Jornada de Direito Administrativo realizada pelo Centro de Estudos Judiciários do Conselho da Justiça Federal (CEJ/CJF) dispõe: "A indicação e a aceitação de árbitros pela Administração Pública não dependem de seleção pública formal, como concurso ou licitação, mas devem ser objeto de fundamentação prévia e por escrito, considerando os elementos relevantes."

É possível, por exemplo, a utilização do credenciamento (ou cadastramento) por parte da Administração Pública. Após o cumprimento dos requisitos básicos e proporcionais, fixados pela Administração, todas as instituições arbitrais poderiam realizar o credenciamento perante o Poder Público.[366]

TÍTULO IV
DAS IRREGULARIDADES

CAPÍTULO I
DAS INFRAÇÕES E SANÇÕES ADMINISTRATIVAS

Art. 155. O licitante ou o contratado será responsabilizado administrativamente pelas seguintes infrações:

I – dar causa à inexecução parcial do contrato;

II – dar causa à inexecução parcial do contrato que cause grave dano à Administração, ao funcionamento dos serviços públicos ou ao interesse coletivo;

---

[364] No Estado do Rio de Janeiro, a arbitragem deve ser conduzida por tribunal arbitral, formado por três árbitros (parágrafo terceiro da minuta-padrão da cláusula compromissória aprovada pela Resolução PGE 4.212/2018). No Estado de São Paulo, o art. 4.º, § 1.º, 6, do Decreto 64.356/2019 estabeleceu, como regra, a condução por tribunal arbitral composto por três membros, podendo ser escolhido árbitro único em causas de menor valor ou menor complexidade.

[365] OLIVEIRA, Rafael Carvalho Rezende. A arbitragem nos contratos da Administração Pública. *Revista Brasileira de Alternative Dispute Resolution – RBADR*, v. 1, n. 1, p. 101-123, jan./jun. 2019.

[366] SCHMIDT, Gustavo da Rocha. *Arbitragem na administração pública.* Curitiba: Juruá, 2018. A opção pelo credenciamento (ou cadastramento) das câmaras arbitrais foi realizada, por exemplo, nos seguintes diplomas normativos: art. 31, § 5º, da Lei 13.448/2017; art. 14 do Decreto 46.245/2018 do Estado do Rio de Janeiro; arts. 10 e 11 do Decreto federal 10.025/2019; arts. 13 a 15 do Decreto 64.356/2019 do Estado de São Paulo.

Título IV – Das Irregularidades

Art. 156

III – dar causa à inexecução total do contrato;

IV – deixar de entregar a documentação exigida para o certame;

V – não manter a proposta, salvo em decorrência de fato superveniente devidamente justificado;

VI – não celebrar o contrato ou não entregar a documentação exigida para a contratação, quando convocado dentro do prazo de validade de sua proposta;

VII – ensejar o retardamento da execução ou da entrega do objeto da licitação sem motivo justificado;

VIII – apresentar declaração ou documentação falsa exigida para o certame ou prestar declaração falsa durante a licitação ou a execução do contrato;

IX – fraudar a licitação ou praticar ato fraudulento na execução do contrato;

X – comportar-se de modo inidôneo ou cometer fraude de qualquer natureza;

XI – praticar atos ilícitos com vistas a frustrar os objetivos da licitação;

XII – praticar ato lesivo previsto no art. 5.º da Lei 12.846, de 1.º de agosto de 2013.

Art. 156. Serão aplicadas ao responsável pelas infrações administrativas previstas nesta Lei as seguintes sanções:

I – advertência;

II – multa;

III – impedimento de licitar e contratar;

IV – declaração de inidoneidade para licitar ou contratar.

§ 1.º Na aplicação das sanções serão considerados:

I – a natureza e a gravidade da infração cometida;

II – as peculiaridades do caso concreto;

III – as circunstâncias agravantes ou atenuantes;

IV – os danos que dela provierem para a Administração Pública;

V – a implantação ou o aperfeiçoamento de programa de integridade, conforme normas e orientações dos órgãos de controle.

§ 2.º A sanção prevista no inciso I do *caput* deste artigo será aplicada exclusivamente pela infração administrativa prevista no inciso I do *caput* do art. 155 desta Lei, quando não se justificar a imposição de penalidade mais grave.

§ 3.º A sanção prevista no inciso II do *caput* deste artigo, calculada na forma do edital ou do contrato, não poderá ser inferior a 0,5% (cinco décimos por cento) nem superior a 30% (trinta por cento) do valor do contrato licitado ou celebrado com contratação direta e será aplicada ao responsável por qualquer das infrações administrativas previstas no art. 155 desta Lei.

§ 4.º A sanção prevista no inciso III do *caput* deste artigo será aplicada ao responsável pelas infrações administrativas previstas nos incisos II, III, IV, V, VI e VII do *caput* do art. 155 desta Lei, quando não se justificar a imposição de penalidade mais grave, e impedirá o responsável de licitar ou contratar no âmbito da Administração Pública direta e indireta do ente federativo que tiver aplicado a sanção, pelo prazo máximo de 3 (três) anos.

§ 5.º A sanção prevista no inciso IV do *caput* deste artigo será aplicada ao responsável pelas infrações administrativas previstas nos incisos VIII, IX, X, XI e XII do *caput* do art. 155 desta Lei, bem como pelas infrações administrativas previstas nos incisos II, III, IV, V, VI e VII do *caput* do referido artigo que justifiquem a imposição de penalidade mais grave que a sanção referida no § 4.º deste artigo, e impedirá o responsável de licitar ou contratar no âmbi-

Art. 157

to da Administração Pública direta e indireta de todos os entes federativos, pelo prazo mínimo de 3 (três) anos e máximo de 6 (seis) anos.

§ 6.º A sanção estabelecida no inciso IV do *caput* deste artigo será precedida de análise jurídica e observará as seguintes regras:

I – quando aplicada por órgão do Poder Executivo, será de competência exclusiva de ministro de Estado, de secretário estadual ou de secretário municipal e, quando aplicada por autarquia ou fundação, será de competência exclusiva da autoridade máxima da entidade;

II – quando aplicada por órgãos dos Poderes Legislativo e Judiciário, pelo Ministério Público e pela Defensoria Pública no desempenho da função administrativa, será de competência exclusiva de autoridade de nível hierárquico equivalente às autoridades referidas no inciso I deste parágrafo, na forma de regulamento.

§ 7.º As sanções previstas nos incisos I, III e IV do *caput* deste artigo poderão ser aplicadas cumulativamente com a prevista no inciso II do *caput* deste artigo.

§ 8.º Se a multa aplicada e as indenizações cabíveis forem superiores ao valor de pagamento eventualmente devido pela Administração ao contratado, além da perda desse valor, a diferença será descontada da garantia prestada ou será cobrada judicialmente.

§ 9.º A aplicação das sanções previstas no *caput* deste artigo não exclui, em hipótese alguma, a obrigação de reparação integral do dano causado à Administração Pública.

Art. 157. Na aplicação da sanção prevista no inciso II do *caput* do art. 156 desta Lei, será facultada a defesa do interessado no prazo de 15 (quinze) dias úteis, contado da data de sua intimação.

Art. 158. A aplicação das sanções previstas nos incisos III e IV do *caput* do art. 156 desta Lei requererá a instauração de processo de responsabilização, a ser conduzido por comissão composta de 2 (dois) ou mais servidores estáveis, que avaliará fatos e circunstâncias conhecidos e intimará o licitante ou o contratado para, no prazo de 15 (quinze) dias úteis, contado da data de intimação, apresentar defesa escrita e especificar as provas que pretenda produzir.

§ 1.º Em órgão ou entidade da Administração Pública cujo quadro funcional não seja formado de servidores estatutários, a comissão a que se refere o *caput* deste artigo será composta de 2 (dois) ou mais empregados públicos pertencentes aos seus quadros permanentes, preferencialmente com, no mínimo, 3 (três) anos de tempo de serviço no órgão ou entidade.

§ 2.º Na hipótese de deferimento de pedido de produção de novas provas ou de juntada de provas julgadas indispensáveis pela comissão, o licitante ou o contratado poderá apresentar alegações finais no prazo de 15 (quinze) dias úteis, contado da data da intimação.

§ 3.º Serão indeferidas pela comissão, mediante decisão fundamentada, provas ilícitas, impertinentes, desnecessárias, protelatórias ou intempestivas.

§ 4.º A prescrição ocorrerá em 5 (cinco) anos, contados da ciência da infração pela Administração, e será:

I – interrompida pela instauração do processo de responsabilização a que se refere o *caput* deste artigo;

II – suspensa pela celebração de acordo de leniência previsto na Lei 12.846, de 1.º de agosto de 2013;

III – suspensa por decisão judicial que inviabilize a conclusão da apuração administrativa.

Art. 159. Os atos previstos como infrações administrativas nesta Lei ou em outras leis de licitações e contratos da Administração Pública que também sejam tipificados como atos lesivos na Lei 12.846, de 1.º de agosto de 2013, serão apurados e julgados conjuntamen-

Título IV – Das Irregularidades

Art. 163

te, nos mesmos autos, observados o rito procedimental e a autoridade competente definidos na referida Lei.

~~Parágrafo único. Na hipótese do caput deste artigo, se for celebrado acordo de leniência nos termos da Lei 12.846, de 1.º de agosto de 2013, a Administração também poderá isentar a pessoa jurídica das sanções previstas no art. 156 desta Lei e, se houver manifestação favorável do tribunal de contas competente, das sanções previstas na sua respectiva lei orgânica.~~ (VETADO)

Art. 160. A personalidade jurídica poderá ser desconsiderada sempre que utilizada com abuso do direito para facilitar, encobrir ou dissimular a prática dos atos ilícitos previstos nesta Lei ou para provocar confusão patrimonial, e, nesse caso, todos os efeitos das sanções aplicadas à pessoa jurídica serão estendidos aos seus administradores e sócios com poderes de administração, a pessoa jurídica sucessora ou a empresa do mesmo ramo com relação de coligação ou controle, de fato ou de direito, com o sancionado, observados, em todos os casos, o contraditório, a ampla defesa e a obrigatoriedade de análise jurídica prévia.

Art. 161. Os órgãos e entidades dos Poderes Executivo, Legislativo e Judiciário de todos os entes federativos deverão, no prazo máximo 15 (quinze) dias úteis, contado da data de aplicação da sanção, informar e manter atualizados os dados relativos às sanções por eles aplicadas, para fins de publicidade no Cadastro Nacional de Empresas Inidôneas e Suspensas (Ceis) e no Cadastro Nacional de Empresas Punidas (Cnep), instituídos no âmbito do Poder Executivo federal.

Parágrafo único. Para fins de aplicação das sanções previstas nos incisos I, II, III e IV do *caput* do art. 156 desta Lei, o Poder Executivo regulamentará a forma de cômputo e as consequências da soma de diversas sanções aplicadas a uma mesma empresa e derivadas de contratos distintos.

Art. 162. O atraso injustificado na execução do contrato sujeitará o contratado a multa de mora, na forma prevista em edital ou em contrato.

Parágrafo único. A aplicação de multa de mora não impedirá que a Administração a converta em compensatória e promova a extinção unilateral do contrato com a aplicação cumulada de outras sanções previstas nesta Lei.

Art. 163. É admitida a reabilitação do licitante ou contratado perante a própria autoridade que aplicou a penalidade, exigidos, cumulativamente:

I – reparação integral do dano causado à Administração Pública;

II – pagamento da multa;

III – transcurso do prazo mínimo de 1 (um) ano da aplicação da penalidade, no caso de impedimento de licitar e contratar, ou de 3 (três) anos da aplicação da penalidade, no caso de declaração de inidoneidade;

IV – cumprimento das condições de reabilitação definidas no ato punitivo;

V – análise jurídica prévia, com posicionamento conclusivo quanto ao cumprimento dos requisitos definidos neste artigo.

Parágrafo único. A sanção pelas infrações previstas nos incisos VIII e XII do *caput* do art. 155 desta Lei exigirá, como condição de reabilitação do licitante ou contratado, a implantação ou aperfeiçoamento de programa de integridade pelo responsável.

1. INFRAÇÕES E SANÇÕES ADMINISTRATIVAS

Ao contrário da antiga Lei 8.666/1993, que se limitava a dizer que a inexecução total ou parcial do contrato poderia ensejar a aplicação de sanções administrativas,

Art. 163

a atual Lei de Licitações apresenta rol detalhado das infrações administrativas que podem acarretar a responsabilização do licitante ou do contratado.

Nesse sentido, o art. 155 da Lei 14.133/2021 prevê a responsabilidade do licitante ou do contratado pelas seguintes infrações: a) dar causa à inexecução parcial do contrato; b) dar causa à inexecução parcial do contrato que cause grave dano à Administração, ao funcionamento dos serviços públicos ou ao interesse coletivo; c) dar causa à inexecução total do contrato; d) deixar de entregar a documentação exigida para o certame; e) não manter a proposta, salvo se em decorrência de fato superveniente, devidamente justificado; f) não celebrar o contrato ou não entregar a documentação exigida para a contratação, quando convocado dentro do prazo de validade de sua proposta; g) ensejar o retardamento da execução ou da entrega do objeto da licitação sem motivo justificado; h) apresentar declaração ou documentação falsa exigida para o certame ou prestar declaração falsa durante a licitação ou a execução do contrato; i) fraudar a licitação ou praticar ato fraudulento na execução do contrato; j) comportar-se de modo inidôneo ou cometer fraude fiscal; k) praticar atos ilícitos visando a frustrar os objetivos da licitação; e l) praticar ato lesivo previsto no art. 5.º da Lei 12.846/2013 (Lei Anticorrupção).

Em razão das infrações praticadas pelos licitantes ou contratados, a Administração Pública, após ampla defesa e contraditório, poderá aplicar as seguintes sanções (art. 156 da Lei de Licitações):[367] a) advertência; b) multa; c) impedimento de licitar e contratar; d) declaração de inidoneidade para licitar ou contratar.

Embora não conste da redação do art. 156 da Lei, a necessidade de observar a ampla defesa e o contraditório na aplicação das referidas sanções decorre do art. 5.º da CRFB.

As quatro sanções indicadas no art. 156 do novo diploma legal correspondem às sanções anteriormente elencadas no art. 87 da antiga Lei 8.666/1993. Contudo, a atual legislação apresenta regras detalhadas sobre a aplicação das penalidades administrativas, o que representa importante avanço legislativo no âmbito do poder sancionador do Estado, com a fixação de balizas que garantem maior segurança jurídica e proteção aos direitos fundamentais dos particulares.

Na aplicação das sanções serão considerados os seguintes parâmetros (art. 156, § 1.º, da Lei 14.133/2021): a) a natureza e a gravidade da infração cometida; b) as peculiaridades do caso concreto; c) as circunstâncias agravantes ou atenuantes; d) os danos causados à Administração Pública; e) a implantação ou aperfeiçoamento de programa de integridade, conforme normas e orientações dos órgãos de controle.

---

[367] A Orientação Normativa 78/2023 da AGU estabelece: "O regime jurídico das sanções previstas na Lei n.º 14.133, de 2021 não é aplicável aos contratos firmados com base na legislação anterior, nem alterará as sanções já aplicadas ou a serem aplicadas com fundamento na legislação anterior, em respeito à proteção do ato jurídico perfeito". De forma diversa, entendemos que seria possível a aplicação retroativa das normas sancionadoras mais benéficas da Lei 14.133/2021, em razão da interpretação extensiva do princípio da retroatividade da lei mais benéfica, expressamente indicado no âmbito do Direito Penal (art. 5.º, XL, da CRFB: "a lei penal não retroagirá, salvo para beneficiar o réu") e que seria aplicável também no Direito Administrativo Sancionador).

Os parâmetros aqui indicados são relevantes para assegurar a proporcionalidade da sanção.

Quanto ao último parâmetro mencionado acima, fica evidenciada a relevância do *compliance* no novo diploma legal. Além de constituir um parâmetro para aplicação das sanções administrativas, o legislador trata do programa de integridade em outros dispositivos, a saber: a) art. 25, § 4.º: exige a sua implementação nas contratações de obras, serviços e fornecimentos de grande vulto; b) art. 60, IV: indica a existência do programa de integridade como critério de desempate na licitação; c) art. 163, parágrafo único: exige a implantação ou aperfeiçoamento de programa de integridade como condição para reabilitação do licitante ou contratado nas infrações indicadas nos incisos VIII e XII do *caput* do art. 155 da Lei.

A aplicação das referidas sanções não exclui, em hipótese alguma, a obrigação de reparação integral do dano causado à Administração Pública (art. 156, § 9.º, da Lei de Licitações).

Com exceção da multa, a Lei estabeleceu uma correlação entre as sanções e as infrações administrativas enumeradas no art. 155.

Em relação à advertência, a sua aplicação fica adstrita à infração administrativa prevista no art. 155, I (inexecução parcial do contrato), quando não se justificar a imposição de penalidade considerada mais grave (art. 156, § 2.º, da Lei).

Quanto à multa, que pode ser aplicada ao responsável pela prática de qualquer infração arrolada no art. 155 da Lei, o seu valor será calculado na forma do edital ou do contrato, e não poderá ser inferior a 0,5% nem superior a 30% do valor do contrato licitado ou celebrado com contratação direta (art. 156, § 3.º, da Lei).

Assim como estabeleceu o art. 87, § 2.º, da Lei 8.666/1993, o art. 156, § 7.º, da Lei 14.133/2021 permite que a multa seja aplicada cumulativamente com as demais sanções.

Se a multa aplicada e as indenizações cabíveis forem superiores ao valor de pagamento eventualmente devido pela Administração ao contratado, além da perda deste, a diferença será descontada da garantia prestada ou cobrada judicialmente (art. 156, § 8.º, da Lei).

Na aplicação da multa será facultada a defesa do interessado no prazo de 15 dias úteis contado da sua intimação (art. 157 da Lei).

No tocante ao "impedimento de licitar e contratar", a sanção será aplicada ao responsável pelas infrações administrativas previstas nos incisos II a VII do art. 155, quando não se justificar a imposição de penalidade mais grave, impedindo-o de licitar ou contratar no âmbito da Administração Pública direta e indireta do ente federativo que aplicou a sanção, pelo prazo máximo de 3 anos (art. 156, § 4.º, da Lei de Licitações).[368]

---

[368] Durante a decretação de estado de calamidade pública, o art. 13, §§ 2º e 3º, da Lei 14.981/2024 autoriza, excepcionalmente, a contratação de sociedade empresária punida com a sanção de impedimento ou de suspensão de contratar com o Poder Público, quando a empresa, comprovadamente, for a única fornecedora do bem ou prestadora do serviço., exigindo-se, nesse caso, a prestação de garantia nas modalidades de que trata o art. 96 da Lei 14.133/2021, que não poderá exceder a 10% do valor do contrato.

A declaração de inidoneidade, por sua vez, será aplicada ao responsável pelas infrações administrativas previstas nos incisos VIII a XII do art. 155, bem como pelas infrações administrativas previstas nos incisos II a VII referido artigo que justifiquem a imposição de penalidade mais grave, impedindo-o de licitar ou contratar no âmbito da Administração Pública direta e indireta de todos os entes federativos, pelo prazo mínimo de 3 anos e máximo de 6 anos (art. 156, § 5.º, da Lei de Licitações).

Nesse ponto, a atual Lei de Licitações pretende resolver a controvérsia em relação aos efeitos territoriais ou espaciais das sanções de impedimento (ou suspensão) para participar de licitações e contratações e a declaração de inidoneidade.

A opção foi pela atribuição de efeito restritivo para a sanção de "impedimento de licitar e contratar", que somente será observada perante o ente sancionador, e de efeito extensivo para a sanção de "declaração de inidoneidade", aplicável nacionalmente a todos os entes federados.

Lembre-se que, tradicionalmente, existiam três entendimentos sobre o tema.

O primeiro entendimento sustentava o caráter restritivo para as duas sanções, com efeitos apenas perante o Ente sancionador, tendo em vista a autonomia federativa e o princípio da competitividade aplicável às licitações.[369]

O segundo entendimento estabelecia uma distinção entre as duas sanções a partir do critério da amplitude dos seus efeitos territoriais. Enquanto a suspensão de participação em licitação e impedimento de contratar com a Administração incidiria apenas em relação ao Ente sancionador (efeitos restritivos), a declaração de inidoneidade produziria efeitos em todo o território nacional (efeitos extensivos). Essa distinção advém dos conceitos de "Administração Pública" e "Administração" que eram consagrados, respectivamente, nos incisos XI e XII do art. 6.º da Lei 8.666/1993. De acordo com a referida citada Lei, a "Administração Pública" abrange a Administração direta e indireta da União, dos Estados, do Distrito Federal e dos Municípios (XI) e a "Administração" é o "órgão, entidade ou unidade administrativa pela qual a Administração Pública opera e atua concretamente" (XI). Em consequência, ao utilizar a expressão "Administração Pública" para declaração de inidoneidade e

---

[369] Nesse sentido: SOUTO, Marcos Juruena Villela. *Direito Administrativo contratual*. Rio de Janeiro: Lumen Juris, 2004. p. 355; TORRES, Ronny Charles Lopes de. *Leis de licitações comentadas*. 11. ed. Salvador: Juspodivm, 2021, p. 953 e 961; Enunciado 21 da Procuradoria do Estado do RJ: "Não serão admitidas na licitação as empresas punidas, no âmbito da Administração Pública Estadual, com as sanções prescritas nos incisos III e IV do art. 87 da Lei 8.666/1993"; O TCU tem restringido os efeitos das sanções aos órgãos e entidades administrativas integrantes do Ente sancionador. Nesse sentido: TCU, Acórdão 2.596/2012, Plenário, Rel. Min. Ana Arraes, 26.09.2012 (*Informativo de Jurisprudência sobre Licitações e Contratos do TCU* n. 125); TCU, Acórdão 3.439/12, Plenário, Rel. Min. Valmir Campelo, *DOU* 10.12.2012 (*Informativo de Jurisprudência sobre Licitações e Contratos do TCU* n. 136). Todavia, posteriormente, o TCU aplicou efeitos extensivos à sanção prevista no art. 7.º da Lei 10.520/2002: TCU, Acórdão 2.081/14, Plenário, Rel. Min. Augusto Sherman Cavalcanti, *DOU* 06.08.2014 (*Informativo de Jurisprudência sobre Licitações e Contratos do TCU* n. 209).

Título IV – Das Irregularidades

Art. 163

"Administração" para suspensão para contratar com o Poder Público, o art. 87 da Lei 8.666/1993 teria instituído uma diferença de amplitude dos efeitos dessas sanções.[370]

O terceiro entendimento, que foi adotado pelo STJ, apontava o caráter extensivo dos efeitos das duas sanções que impediriam a empresa punida de participar de licitações ou ser contratada por qualquer Ente federado.[371]

Com a atual Lei de Licitações, a polêmica mencionada acima é resolvida em favor da distinção entre os efeitos espaciais ou territoriais das duas sanções.

De acordo com os §§ 4.º e 5.º do art. 156 da Lei de Licitações, enquanto a sanção de "impedimento de licitar e contratar" possui efeito restritivo e impede a participação em licitação ou a contratação da empresa punida no âmbito da Administração Pública direta e indireta do ente federativo sancionador, a sanção de declaração de inidoneidade possui efeito extensivo, com o afastamento da empresa sancionada das licitações e contratações promovidas pela Administração Pública direta e indireta de todos os entes federativos.

Ademais, a Lei de Licitações alterou os prazos das referidas sanções. O prazo do impedimento para participação de licitações e contratações, que era de 2 (dois) anos, passaria a ser de 3 (três) anos. Em relação à declaração de inidoneidade, o prazo mínimo de 2 (dois) anos é ampliado para 3 (três) anos, com a fixação, agora, de prazo máximo de 6 (seis) anos.

Andou bem o legislador ao fixar prazo máximo para declaração de inidoneidade, uma vez que a ausência de limite temporal no âmbito da Lei 8.666/1993 abria o perigoso caminho para perpetuação de uma sanção, em afronta ao art. 5.º, XLVII, "b", que proíbe penas de caráter perpétuo.

Outrossim, a declaração de inidoneidade será precedida de análise jurídica e observará as seguintes regras (art. 155, § 6.º, da Lei de Licitações): a) quando aplicada por órgão do Poder Executivo, será de competência exclusiva de ministro de Estado, de secretário estadual ou de secretário municipal e, quando aplicada por autarquia ou fundação, será de competência exclusiva da autoridade máxima da entidade; e b) quando aplicada por órgãos dos Poderes Legislativo e Judiciário e pelo Ministério Público no desempenho da função administrativa, será de competência exclusiva de autoridade de nível hierárquico equivalente às autoridades indicadas anteriormente na letra "a".

O devido processo legal para aplicação das sanções de "impedimento de licitar e contratar" e de "declaração de inidoneidade para licitar ou contratar" encontra-se detalhado no art. 158 da Lei de Licitações.

---

[370] PEREIRA JUNIOR, Jessé Torres. *Comentários à lei das licitações e contratações da administração pública*. 7. ed. Rio de Janeiro: Renovar, 2007. p. 886.

[371] STJ, 2.ª Turma, REsp 151.567/RJ, Rel. Min. Francisco Peçanha Martins, *DJ* 14.04.2003, p. 208. Vide também: OLIVEIRA, Rafael Carvalho Rezende. *Licitações e contratos administrativos*: teoria e prática. 9. ed. São Paulo: Método, 2020. p. 279-284; CARVALHO FILHO, José dos Santos. *Manual de direito administrativo*. 22. ed. Rio de Janeiro: Lumen Juris, 2009. p. 213.

A aplicação das duas sanções depende da instauração de processo de responsabilização, a ser conduzido por comissão, composta por 2 ou mais servidores estáveis, que avaliará fatos e circunstâncias conhecidos e intimará o licitante ou o contratado para, no prazo de 15 dias úteis, contado da intimação, apresentar defesa escrita e especificar as provas que pretenda produzir (art. 158, *caput*, da Lei de Licitações).

Em órgão ou entidade da Administração Pública cujo quadro funcional não seja formado por servidores estatutários, a sobredita comissão será composta por 2 ou mais empregados públicos pertencentes aos seus quadros permanentes, preferencialmente com no mínimo 3 anos de tempo de serviço no órgão ou entidade (art. 158, § 1.º, da Lei de Licitações).

Na hipótese de deferimento de pedido de produção de s provas ou de juntada de provas julgadas indispensáveis pela comissão, o licitante ou o contratado poderá apresentar alegações finais no prazo de 15 dias úteis contado da intimação (art. 158, § 2.º, da Lei de Licitações).

Serão indeferidas pela comissão, mediante decisão fundamentada, provas ilícitas, impertinentes, desnecessárias, protelatórias ou intempestivas (art. 158, § 3.º, da Lei de Licitações).

A prescrição ocorrerá em 5 anos, contados da ciência da infração pela Administração, e será (art. 158, § 4.º, da Lei de Licitações): a) interrompida pela instauração do processo de responsabilização a que se refere o *caput*; b) suspensa pela celebração de acordo de leniência, nos termos da Lei 12.846/2013; c) suspensa por decisão judicial que inviabilize a conclusão da apuração administrativa.

No âmbito da antiga Lei 8.666/1993 não havia previsão específica de prazo prescricional para aplicação das sanções. Sempre sustentamos que as sanções devem ser aplicadas dentro do prazo prescricional quinquenal, com fundamento na aplicação analógica das normas legais que estabelecem prazo de prescrição nas relações jurídico-administrativas (exs.: art. 1.º da Lei 9.873/1999; arts. 173 e 174 do CTN; art. 21 da Lei 4.717/1965; art. 23, I, da Lei 8.429/1992; art. 46 da Lei 12.529/2011; Decreto 20.910/1932; art. 24 da Lei 12.846/2013 – Lei Anticorrupção etc.).[372]

Com a redação do § 4.º do art. 158 da Lei de Licitações, resta consagrada a tese da prescrição quinquenal. Contudo, o citado parágrafo refere-se às sanções de "impedimento de licitar e contratar" e de "declaração de inidoneidade para licitar ou contratar", indicadas no *caput* do dispositivo, sem alcançar, *a priori*, as demais sanções. Entendemos, contudo, que o mesmo prazo deverá ser observado para aplicação da advertência e da multa.

Os atos previstos como infrações administrativas que também sejam tipificados como atos lesivos na Lei 12.846/2013 (Lei Anticorrupção), serão apurados e julgados conjuntamente, nos mesmos autos, aplicando-se o rito procedimental e observada a autoridade competente definida na referida Lei (art. 159).

---

[372] OLIVEIRA, Rafael Carvalho Rezende. *Licitações e contratos administrativos*: teoria e prática. 9. ed. São Paulo: Método, 2020. p. 280.

Título IV – Das Irregularidades   Art. 163

O parágrafo único do art. 159 do PL 4.253/2020, que deu origem à Lei de Licitações, estabelecia a possibilidade de celebração pela Administração Pública de acordo de leniência nos termos da Lei Anticorrupção para isentar a pessoa jurídica das sanções previstas no art. 156 da Lei de Licitações e, se houvesse manifestação favorável do tribunal de contas competente, das sanções previstas na sua respectiva lei orgânica. Ocorre que o referido dispositivo foi vetado, sob o argumento de que a previsão da participação da Corte de Contas na celebração do acordo de leniência violaria o princípio da separação de poderes.

Em nossa opinião, a dispositivo vetado não condicionava a celebração do acordo de leniência à participação obrigatória da Corte de Contas, mas apenas admitia a participação do referido órgão de controle externo no ajuste, com o objetivo de abranger as sanções de sua competência, o que geraria maior segurança jurídica para pessoa jurídica integrante do acordo.

Aliás, cabe registrar que o STF, em 2020, coordenou a celebração de acordo de cooperação técnica entre a Controladoria-Geral da União (CGU), a Advocacia-Geral da União (AGU), o Ministério Público Federal (MPF), o Tribunal de Contas da União (TCU) e o Ministério de Justiça e Segurança Pública (MJSP) para tratar do combate à corrupção, especialmente dos acordos de leniência, reconhecendo o papel institucional das Cortes de Contas na celebração dos referidos acordos.

Em nossa opinião, a possibilidade (não obrigatoriedade) de participação da Corte de Contas nos acordos de leniência para abarcar as sanções de sua competência, que são gravíssimas (ex.: declaração de inidoneidade, tipificada no art. 46 da Lei 8.443/1992 – Lei Orgânica do TCU), garantiria maior segurança jurídica aos envolvidos e constituiria um incentivo positivo para celebração dos referidos acordos.

Outra inovação em relação à Lei 8.666/1993 é a possibilidade de desconsideração da personalidade jurídica quando for utilizada com abuso do direito para facilitar, encobrir ou dissimular a prática dos atos ilícitos previstos na Lei de Licitação ou para provocar confusão patrimonial, sendo estendidos todos os efeitos das sanções aplicadas à pessoa jurídica aos seus administradores e sócios com poderes de administração, à pessoa jurídica sucessora ou à empresa, do mesmo ramo, com relação de coligação ou controle, de fato ou de direito, com o sancionado, observados, em todos os casos, o contraditório, a ampla defesa e a obrigatoriedade de análise jurídica prévia (art. 160 da Lei de Licitações).

Frise-se que a possibilidade de desconsideração da personalidade jurídica por decisão administrativa no âmbito do Direito Público Sancionador encontrava previsão no art. 14 da Lei Anticorrupção. Com a Lei de Licitações, a mesma prerrogativa passa a ser admitida nos processos sancionadores nas licitações e contratações públicas.

Os órgãos e as entidades dos Poderes Executivo, Legislativo e Judiciário de todos os entes federativos deverão, no prazo máximo 15 dias úteis contados da aplicação, informar e manter atualizados os dados relativos às sanções por eles aplicadas, para fins de publicidade no Cadastro Nacional de Empresas Inidôneas e Suspensas (CEIS) e no Cadastro Nacional de Empresas Punidas (CNEP), instituídos no âmbito do Poder Executivo federal (art. 161 da Lei de Licitações).

Art. 163

A Lei de Licitações, em seu art. 162, prevê, também, a aplicação de multa mora em caso de atraso injustificado na execução do contrato, na forma prevista em edital ou em contrato.

A imposição da multa de mora não impede que a Administração a converta em compensatória e promova a extinção unilateral do contrato com a aplicação cumulada de outras sanções previstas na Lei de Licitações (art. 162, parágrafo único, da Lei de Licitações).

Aqui é oportuno registrar que a multa prevista no art. 156, II, não se confunde com aquela prevista no art. 162 da Lei 14.133/2021. Enquanto a primeira é aplicável a partir das infrações indicadas no art. 155 e submete-se aos limites previstos no art. 156, § 3.º, a segunda é aplicada na hipótese de mora do contratado.

É admitida a reabilitação do licitante ou contratado perante a própria autoridade que aplicou a penalidade, exigindo-se, cumulativamente (art. 163 da Lei de Licitações): a) a reparação integral do dano causado à Administração Pública; b) o pagamento da multa; c) o transcurso do prazo mínimo de 1 ano da aplicação da penalidade, no caso de impedimento de licitar e contratar, ou de 3 anos da aplicação da penalidade, no caso de declaração de inidoneidade; d) o cumprimento das condições de reabilitação definidas no ato punitivo; e) análise jurídica prévia, com posicionamento conclusivo quanto ao cumprimento dos requisitos definidos no art. 163.

Enquanto a legislação anterior restringia a reabilitação à declaração de inidoneidade, na forma do art. 87, IV, da antiga Lei 8.666/1993, a Lei de Licitações permite a reabilitação também para a sanção de "impedimento de licitar".

Outra inovação relaciona-se ao prazo mínimo para reabilitação do licitante declarado inidôneo. Enquanto o inciso IV e o § 3.º do art. 87 da antiga Lei 8.666/1993 fixavam o prazo mínimo de 2 (dois) anos, o art. 163 da Lei 14.133/2021 ampliou o prazo mínimo para 3 (três) anos. Quanto ao impedimento de licitar e contratar, o pedido de reabilitação somente pode ser apresentado após o transcurso do prazo mínimo de 1 (um) ano da aplicação da penalidade.

Verifica-se, ainda que a atual Lei de Licitações apresenta mais exigências para reabilitação do licitante ou contratado que aquelas contidas no inciso IV do art. 87 da Lei 8.666/1993 que se resumiam ao transcurso do prazo mínimo de 2 (dois) anos e à efetivação do ressarcimento dos prejuízos. Conforme já demonstrado, além da reparação integral dos danos e do decurso do prazo mínimo (um ano no impedimento de licitar e contratar e três anos na declaração de inidoneidade), o art. 163 da Lei 14.133/2021 exige, ainda, o pagamento da multa, o cumprimento das condições de reabilitação definidas no ato punitivo e a análise jurídica prévia que conclua pelo cumprimento dos requisitos indicados anteriormente.

A sanção pelas infrações previstas no art. 155, VIII (apresentação de declaração ou documentação falsa exigida para o certame ou de declaração falsa durante a licitação ou a execução do contrato) e XII (prática de ato lesivo previsto no art. 5.º da Lei Anticorrupção), exigirá, como condição de reabilitação do licitante ou contratado, a implantação ou aperfeiçoamento de programa de integridade pelo respon-

Título IV – Das Irregularidades

Art. 165

sável (art. 163, parágrafo único, da Lei de Licitações). Em âmbito federal, o Decreto 12.304/2024 dispõe sobre os parâmetros e a avaliação dos programas de integridade, nas hipóteses de contratação de obras, serviços e fornecimentos de grande vulto, de desempate de propostas e de reabilitação de licitante ou contratado.

A exigência de programa de integridade para reabilitação do licitante nos casos indicados pelo legislador representa importante incentivo para o autossaneamento (*self-cleaning*) das empresas punidas que deverão adotar medidas corretivas e preventivas, que reduzam o risco de prática de ilícitos, para recuperarem a sua condição de potencial contratante do Poder Público.[373]

Aqui, abre-se caminho para discussão quanto à razoabilidade de restringir a necessidade de implantação ou aperfeiçoamento de programa de integridade para reabilitação do agente econômico apenas nas duas infrações referidas, especialmente pelo fato de que as demais infrações, que ensejam a declaração de inidoneidade, apresentam grau semelhante de gravidade (além das infrações anteriormente indicadas, ensejam a inidoneidade as seguintes infrações, na forma do art. 156, § 5.º, da Lei 14.133/2021: fraudar a licitação ou praticar ato fraudulento na execução do contrato; comportar-se de modo inidôneo ou cometer fraude de qualquer natureza; e praticar atos ilícitos com vistas a frustrar os objetivos da licitação).[374]

CAPÍTULO II
DAS IMPUGNAÇÕES, DOS PEDIDOS DE ESCLARECIMENTO E DOS RECURSOS

Art. 164. Qualquer pessoa é parte legítima para impugnar edital de licitação por irregularidade na aplicação desta Lei ou para solicitar esclarecimento sobre os seus termos, devendo protocolar o pedido até 3 (três) dias úteis antes da data de abertura do certame.

Parágrafo único. A resposta à impugnação ou ao pedido de esclarecimento será divulgada em sítio eletrônico oficial no prazo de até 3 (três) dias úteis, limitado ao último dia útil anterior à data da abertura do certame.

Art. 165. Dos atos da Administração decorrentes da aplicação desta Lei cabem:

I – recurso, no prazo de 3 (três) dias úteis, contado da data de intimação ou de lavratura da ata, em face de:

a) ato que defira ou indefira pedido de pré-qualificação de interessado ou de inscrição em registro cadastral, sua alteração ou cancelamento;

b) julgamento das propostas;

c) ato de habilitação ou inabilitação de licitante;

d) anulação ou revogação da licitação;

---

[373] As medidas de autossaneamento (*self-cleaning*) encontram previsão no direito comparado. Mencione-se, por exemplo, no direito comunitário europeu, o artigo 57.º, item 6, da Diretiva 2014/24/EU. Disponível em: <https://eur-lex.europa.eu/legal-content/PT/TXT/?uri=celex%3A32014L0024>. Acesso em: 1.º fev. 2021.

[374] Sobre o tema: OLIVEIRA, Rafael Carvalho Rezende; CARMO, Thiago Gomes do. O *Self-Cleaning* e a sua aplicação sob a perspectiva da Lei 14.133/2021. *Solução em Licitações e Contratos – SLC*, v. 51, p. 39-52, 2022.

Art. 166

Comentários à Lei de Licitações e Contratos Administrativos

e) extinção do contrato, quando determinada por ato unilateral e escrito da Administração;

II – pedido de reconsideração, no prazo de 3 (três) dias úteis, contado da data de intimação, relativamente a ato do qual não caiba recurso hierárquico.

§ 1.º Quanto ao recurso apresentado em virtude do disposto nas alíneas "b" e "c" do inciso I do *caput* deste artigo, serão observadas as seguintes disposições:

I – a intenção de recorrer deverá ser manifestada imediatamente, sob pena de preclusão, e o prazo para apresentação das razões recursais previsto no inciso I do *caput* deste artigo será iniciado na data de intimação ou de lavratura da ata de habilitação ou inabilitação ou, na hipótese de adoção da inversão de fases prevista no § 1.º do art. 17 desta Lei, da ata de julgamento;

II – a apreciação dar-se-á em fase única.

§ 2.º O recurso de que trata o inciso I do *caput* deste artigo será dirigido à autoridade que tiver editado o ato ou proferido a decisão recorrida, que, se não reconsiderar o ato ou a decisão no prazo de 3 (três) dias úteis, encaminhará o recurso com a sua motivação à autoridade superior, a qual deverá proferir sua decisão no prazo máximo de 10 (dez) dias úteis, contado do recebimento dos autos.

§ 3.º O acolhimento do recurso implicará invalidação apenas de ato insuscetível de aproveitamento.

§ 4.º O prazo para apresentação de contrarrazões será o mesmo do recurso e terá início na data de intimação pessoal ou de divulgação da interposição do recurso.

§ 5.º Será assegurado ao licitante vista dos elementos indispensáveis à defesa de seus interesses.

Art. 166. Da aplicação das sanções previstas nos incisos I, II e III do *caput* do art. 156 desta Lei caberá recurso no prazo de 15 (quinze) dias úteis, contado da data da intimação.

Parágrafo único. O recurso de que trata o *caput* deste artigo será dirigido à autoridade que tiver proferido a decisão recorrida, que, se não a reconsiderar no prazo de 5 (cinco) dias úteis, encaminhará o recurso com sua motivação à autoridade superior, a qual deverá proferir sua decisão no prazo máximo de 20 (vinte) dias úteis, contado do recebimento dos autos.

Art. 167. Da aplicação da sanção prevista no inciso IV do *caput* do art. 156 desta Lei, caberá apenas pedido de reconsideração, que deverá ser apresentado no prazo de 15 (quinze) dias úteis, contado da data da intimação, e decidido no prazo máximo de 20 (vinte) dias úteis, contado do seu recebimento.

Art. 168. O recurso e o pedido de reconsideração terão efeito suspensivo do ato ou da decisão recorrida até que sobrevenha decisão final da autoridade competente.

Parágrafo único. Na elaboração de suas decisões, a autoridade competente será auxiliada pelo órgão de assessoramento jurídico, que deverá dirimir dúvidas e subsidiá-la com as informações necessárias.

1. IMPUGNAÇÕES, PEDIDOS DE ESCLARECIMENTO E RECURSOS

A impugnação do edital de licitação e a solicitação de esclarecimento sobre os seus termos podem ser apresentadas por qualquer pessoa, devendo protocolar o pedido até 3 dias úteis antes da data de abertura do certame, cabendo à Administração, no prazo de 3 dias úteis, limitado ao último dia útil anterior à data da abertura do certame, publicar em seu sítio eletrônico oficial as respectivas respostas (art. 164, *caput* e parágrafo único, da Lei de Licitações).

Título IV – Das Irregularidades

Art. 168

De acordo com o art. 165 da Lei é possível a interposição de: **a) recurso**, no prazo de 3 dias úteis contado da data de intimação ou de lavratura da ata, em face: a.1) do ato que defira ou indefira pedido de pré-qualificação de interessado ou de inscrição em registro cadastral, sua alteração ou cancelamento; a.2) do julgamento das propostas; a.3) do ato de habilitação ou inabilitação de licitante; a.4) da anulação ou revogação da licitação; a.5) da extinção do contrato, quando determinada por ato unilateral e escrito da Administração; **b) pedido de reconsideração**, no prazo de 3 dias úteis contado da data de intimação, relativamente a ato do qual não caiba recurso hierárquico.

Assim, a Lei de Licitações manteve o recurso, em sentido estrito, e o pedido de reconsideração como vias adequadas para rever as decisões proferidas nas licitações e contratações públicas, mas deixou de mencionar a representação, que era indicada no art. 109 da antiga Lei 8.666/1993 para discutir decisões contra as quais não seria possível o recurso hierárquico.

Nos recursos interpostos contra as decisões proferidas nas fases de julgamento e habilitação devem ser observadas as seguintes regras (art. 165, § 1.º, da Lei de Licitações): a) a intenção de recorrer deve ser manifestada imediatamente, sob pena de preclusão, iniciando-se o prazo para apresentação das razões recursais na data de intimação ou de lavratura da ata de habilitação ou inabilitação ou, na hipótese de adoção de inversão de fases prevista no § 1.º do art. 17, da ata de julgamento; e b) a apreciação se dará em fase única.

Em consequência, o recurso contra as decisões proferidas nas etapas de julgamento e habilitação dependem da manifestação imediata da intenção de recorrer por parte do licitante inconformado, sob pena de preclusão.

É preciso notar que, nesse caso, a interposição do recurso pressupõe o cumprimento de duas etapas pelo licitante interessado: a) a manifestação da intenção de recorrer, que deve ser apresentada imediatamente; e b) a interposição efetiva do recurso, no prazo indicado na legislação, com a apresentação das razões para eventual reforma da decisão recorrida.

A Lei de Licitações estabeleceu, em princípio, uma fase recursal única para discussão das decisões proferidas nas etapas de julgamento e de habilitação.

A fase única não se resume à decisão dos recursos, com a análise dos argumentos eventuais apresentados contra as decisões proferidas nas fases de habilitação e julgamento, mas engloba também o momento para apresentação das razões recursais.

Com efeito, o início do prazo para interposição do recurso ocorrerá partir da data de intimação ou de lavratura da ata de habilitação ou inabilitação. Nos casos excepcionais de inversão de fases, com a realização da habilitação antes do julgamento, o início do prazo recursal ocorrerá a partir da lavratura da ata de julgamento.

De acordo com o art. 165, § 2.º, da Lei de Licitações, o recurso será dirigido à autoridade que editou o ato ou proferiu a decisão recorrida, a qual, se não a reconsiderar no prazo de 3 (três) dias úteis, o encaminhará acompanhado de sua motivação

Art. 169

à autoridade superior, que deverá proferir sua decisão no prazo máximo de 10 (dez) dias úteis contados do recebimento dos autos.

Constata-se, nesse ponto, que o recurso abre a possibilidade para o exercício do juízo de retratação por parte da autoridade que proferiu a decisão recorrida.

Vale dizer: além de avaliar o cabimento do recurso, a autoridade recorrida poderá se retratar da sua decisão anterior, com o acolhimento das razões recursais.

Apenas na hipótese de recebimento do recurso e de manutenção da decisão impugnada, a autoridade recorrida encaminhará o recurso à autoridade superior.

O acolhimento de recurso implicará invalidação apenas de ato insuscetível de aproveitamento (art. 165, § 3.º, da Lei de Licitações).

O prazo para apresentação de contrarrazões será o mesmo do recurso e terá início na data de intimação pessoal ou de divulgação que informe ter havido interposição de recurso (art. 165, § 4.º, da Lei de Licitações).

O art. 165, § 5.º, da Lei de Licitações assegura ao licitante vista dos elementos indispensáveis à defesa de seus interesses, o que é essencial para o contraditório e para ampla defesa.

Contra as sanções previstas nos incisos I, II e III do art. 156 da Lei, caberá recurso, no prazo de 15 dias úteis, contado da data de intimação, que será dirigido à autoridade que proferiu a decisão recorrida, a qual, se não a reconsiderar no prazo de 5 dias úteis, o encaminhará acompanhado de sua motivação à autoridade superior, que deverá proferir sua decisão no prazo máximo de 20 dias úteis contados do recebimento dos autos (art. 166, *caput* e parágrafo único, da Lei de Licitações).

Por outro lado, contra a sanção prevista no inciso IV do art. 156 da Lei, caberá apenas pedido de reconsideração, que deverá ser apresentado no prazo de 15 dias úteis contado da data de intimação e decidido no prazo máximo de 20 dias úteis contados do seu recebimento (art. 167 da Lei de Licitações).

O recurso e o pedido de reconsideração terão efeito suspensivo do ato ou da decisão recorrida, até que sobrevenha decisão final da autoridade competente (art. 168 da Lei de Licitações). Na elaboração de suas decisões, a autoridade competente será auxiliada pelo órgão de assessoramento jurídico, que deverá dirimir dúvidas e subsidiá-la com as informações necessárias (art. 168, parágrafo único, da Lei).

CAPÍTULO III
DO CONTROLE DAS CONTRATAÇÕES

Art. 169. As contratações públicas deverão submeter-se a práticas contínuas e permanentes de gestão de riscos e de controle preventivo, inclusive mediante adoção de recursos de tecnologia da informação, e, além de estar subordinadas ao controle social, sujeitar-se-ão às seguintes linhas de defesa:

I – primeira linha de defesa, integrada por servidores e empregados públicos, agentes de licitação e autoridades que atuam na estrutura de governança do órgão ou entidade;

II – segunda linha de defesa, integrada pelas unidades de assessoramento jurídico e de controle interno do próprio órgão ou entidade;

Título IV – Das Irregularidades

Art. 171

III – terceira linha de defesa, integrada pelo órgão central de controle interno da Administração e pelo tribunal de contas.

§ 1.º Na forma de regulamento, a implementação das práticas a que se refere o *caput* deste artigo será de responsabilidade da alta administração do órgão ou entidade e levará em consideração os custos e os benefícios decorrentes de sua implementação, optando-se pelas medidas que promovam relações íntegras e confiáveis, com segurança jurídica para todos os envolvidos, e que produzam o resultado mais vantajoso para a Administração, com eficiência, eficácia e efetividade nas contratações públicas.

§ 2.º Para a realização de suas atividades, os órgãos de controle deverão ter acesso irrestrito aos documentos e às informações necessárias à realização dos trabalhos, inclusive aos documentos classificados pelo órgão ou entidade nos termos da Lei 12.527, de 18 de novembro de 2011, e o órgão de controle com o qual foi compartilhada eventual informação sigilosa tornar-se-á corresponsável pela manutenção do seu sigilo.

§ 3.º Os integrantes das linhas de defesa a que se referem os incisos I, II e III do *caput* deste artigo observarão o seguinte:

I – quando constatarem simples impropriedade formal, adotarão medidas para o seu saneamento e para a mitigação de riscos de sua nova ocorrência, preferencialmente com o aperfeiçoamento dos controles preventivos e com a capacitação dos agentes públicos responsáveis;

II – quando constatarem irregularidade que configure dano à Administração, sem prejuízo das medidas previstas no inciso I deste § 3.º, adotarão as providências necessárias para a apuração das infrações administrativas, observadas a segregação de funções e a necessidade de individualização das condutas, bem como remeterão ao Ministério Público competente cópias dos documentos cabíveis para a apuração dos ilícitos de sua competência.

Art. 170. Os órgãos de controle adotarão, na fiscalização dos atos previstos nesta Lei, critérios de oportunidade, materialidade, relevância e risco e considerarão as razões apresentadas pelos órgãos e entidades responsáveis e os resultados obtidos com a contratação, observado o disposto no § 3.º do art. 169 desta Lei.

§ 1.º As razões apresentadas pelos órgãos e entidades responsáveis deverão ser encaminhadas aos órgãos de controle até a conclusão da fase de instrução do processo e não poderão ser desentranhadas dos autos.

§ 2.º A omissão na prestação das informações não impedirá as deliberações dos órgãos de controle nem retardará a aplicação de qualquer de seus prazos de tramitação e de deliberação.

§ 3.º Os órgãos de controle desconsiderarão os documentos impertinentes, meramente protelatórios ou de nenhum interesse para o esclarecimento dos fatos.

§ 4.º Qualquer licitante, contratado ou pessoa física ou jurídica poderá representar aos órgãos de controle interno ou ao tribunal de contas competente contra irregularidades na aplicação desta Lei.

Art. 171. Na fiscalização de controle será observado o seguinte:

I – viabilização de oportunidade de manifestação aos gestores sobre possíveis propostas de encaminhamento que terão impacto significativo nas rotinas de trabalho dos órgãos e entidades fiscalizados, a fim de que eles disponibilizem subsídios para avaliação prévia da relação entre custo e benefício dessas possíveis proposições;

II – adoção de procedimentos objetivos e imparciais e elaboração de relatórios tecnicamente fundamentados, baseados exclusivamente nas evidências obtidas e organizados de acordo com as normas de auditoria do respectivo órgão de controle, de modo a evitar que interesses pessoais e interpretações tendenciosas interfiram na apresentação e no tratamento dos fatos levantados;

Art. 172

III – definição de objetivos, nos regimes de empreitada por preço global, empreitada integral, contratação semi-integrada e contratação integrada, atendidos os requisitos técnicos, legais, orçamentários e financeiros, de acordo com as finalidades da contratação, devendo, ainda, ser perquirida a conformidade do preço global com os parâmetros de mercado para o objeto contratado, considerada inclusive a dimensão geográfica.

§ 1.º Ao suspender cautelarmente o processo licitatório, o tribunal de contas deverá pronunciar-se definitivamente sobre o mérito da irregularidade que tenha dado causa à suspensão no prazo de 25 (vinte e cinco) dias úteis, contado da data do recebimento das informações a que se refere o § 2.º deste artigo, prorrogável por igual período uma única vez, e definirá objetivamente:

I – as causas da ordem de suspensão;

II – o modo como será garantido o atendimento do interesse público obstado pela suspensão da licitação, no caso de objetos essenciais ou de contratação por emergência.

§ 2.º Ao ser intimado da ordem de suspensão do processo licitatório, o órgão ou entidade deverá, no prazo de 10 (dez) dias úteis, admitida a prorrogação:

I – informar as medidas adotadas para cumprimento da decisão;

II – prestar todas as informações cabíveis;

III – proceder à apuração de responsabilidade, se for o caso.

§ 3.º A decisão que examinar o mérito da medida cautelar a que se refere o § 1.º deste artigo deverá definir as medidas necessárias e adequadas, em face das alternativas possíveis, para o saneamento do processo licitatório, ou determinar a sua anulação.

§ 4.º O descumprimento do disposto no § 2.º deste artigo ensejará a apuração de responsabilidade e a obrigação de reparação do prejuízo causado ao erário.

Art. 172. Os órgãos de controle deverão orientar-se pelos enunciados das súmulas do Tribunal de Contas da União relativos à aplicação desta Lei, de modo a garantir uniformidade de entendimentos e a propiciar segurança jurídica aos interessados. (VETADO)

Parágrafo único. A decisão que não acompanhar a orientação a que se refere o caput deste artigo deverá apresentar motivos relevantes devidamente justificados. (VETADO)

Art. 173. Os tribunais de contas deverão, por meio de suas escolas de contas, promover eventos de capacitação para os servidores efetivos e empregados públicos designados para o desempenho das funções essenciais à execução desta Lei, incluídos cursos presenciais e a distância, redes de aprendizagem, seminários e congressos sobre contratações públicas.

1. CONTROLE DAS CONTRATAÇÕES

A atual Lei de Licitações estabelece normas específicas sobre a gestão e o controle das licitações e contratações públicas, o que representa relevante avanço em relação à Lei 8.666/1993.

As contratações públicas devem se submeter a práticas contínuas e permanentes de gestão de riscos e de controle preventivo, inclusive mediante adoção de recursos de tecnologia da informação, e, além de estarem subordinadas ao controle social, sujeitam-se às seguintes linhas de defesa (art. 169 da Lei 14.133/2021): **a) primeira linha de defesa**: servidores e empregados públicos, agentes de licitação e autoridades que atuam na estrutura de governança do órgão ou entidade; **b) segunda linha**

Título IV – Das Irregularidades   Art. 173

de defesa: unidades de assessoramento jurídico e de controle interno do próprio órgão ou entidade; **c) terceira linha de defesa**: órgão central de controle interno da Administração e tribunal de contas.

De forma positiva, verifica-se a maior preocupação legislativa com a governança pública, destacando-se a relevância da gestão de riscos e do controle preventivo que auxiliam para eficiência e diminuem os riscos da prática de irregularidades nas das contratações públicas.

Destaca-se que as hipóteses de controle institucional elencadas no art. 169 da Lei de Licitações não são taxativas, uma vez que não impedem outras formas de controle preventivo, inclusive por parte do Ministério Público.

Importante destacar, ainda, que o controle institucional convive com o controle social, na forma destacada no *caput* do art. 169, que pode ser exercido por qualquer pessoa e pressupõe transparência na atuação da Administração Pública para que as informações estejam disponibilizadas para sociedade civil.

Com o objetivo de garantir transparência nas licitações e nas contratações públicas, com o objetivo de implementar a publicidade dos atos estatais e permitir o efetivo controle, social e institucional, o art. 174 da Lei de Licitações institui o Portal Nacional de Contratações Públicas (PNCP).

A implementação das práticas previstas no art. 169 da Lei de Licitações será de responsabilidade da alta administração do órgão ou entidade e levará em consideração os custos e os benefícios decorrentes de sua implementação, optando-se pelas medidas que promovam relações íntegras e confiáveis, com segurança jurídica para todos os envolvidos, e que produzam o resultado mais vantajoso para a Administração, com eficiência, eficácia e efetividade nas contratações públicas (art. 169, § 1.º, da Lei).

Para a realização de suas atividades, os órgãos de controle deverão ter acesso irrestrito aos documentos e às informações necessárias à realização dos trabalhos, inclusive aqueles classificados pelo órgão ou entidade, nos termos da Lei 12.527/2011 (Lei de Acesso à Informação), tornando-se o órgão de controle com o qual foi compartilhada eventual informação sigilosa corresponsável pela manutenção do seu sigilo (art. 169, § 2.º, da Lei 14.133/2021).

Os integrantes das três linhas de defesa referidas acima deverão adotar as seguintes condutas (art. 169, § 3.º, da Lei): a) quando constatarem simples impropriedade formal, adotarão medidas para o seu saneamento e para a mitigação de riscos de sua nova ocorrência, preferencialmente com o aperfeiçoamento dos controles preventivos e com a capacitação dos agentes públicos responsáveis; b) quando constatarem irregularidade que configure dano à Administração, sem prejuízos das medidas previstas no inc. I deste § 3.º, deverão adotar as providências necessárias para apuração das infrações administrativas, observadas a segregação de funções e a necessidade de individualização das condutas, bem como remeter ao Ministério Público competente cópias dos documentos cabíveis para apuração dos demais ilícitos de sua competência.

Art. 173

Os órgãos de controle adotarão critérios de oportunidade, materialidade, relevância e risco e considerarão as razões apresentadas pelos órgãos e entidades responsáveis e os resultados obtidos com a contratação (art. 170 da Lei de Licitações).

As razões apresentadas pelos órgãos e entidades responsáveis deverão ser encaminhadas aos órgãos de controle até a conclusão da fase de instrução do processo e não poderão ser desentranhadas dos autos (art. 170, § 1.º, da Lei).

A omissão na prestação das informações não impedirá as deliberações dos órgãos de controle, nem retardará a aplicação de qualquer de seus prazos de tramitação e de deliberação (art. 170, § 2.º, da Lei).

Os órgãos de controle desconsiderarão os documentos impertinentes, meramente protelatórios, ou de nenhum interesse para o esclarecimento dos fatos (art. 170, § 3.º, da Lei).

Qualquer licitante, contratado ou pessoa física ou jurídica poderá representar aos órgãos de controle interno ou ao tribunal de contas competente contra irregularidades na aplicação desta lei (art. 170, § 4.º, da Lei).

Na fiscalização de controle será observado o seguinte (art. 171 da Lei de Licitações): a) oportunidade de manifestação aos gestores sobre possíveis propostas de encaminhamento que terão impacto significativo nas rotinas de trabalho dos órgãos e entidades fiscalizados, a fim de que eles disponibilizem subsídios para avaliação prévia da relação entre custo e benefício dessas possíveis proposições; b) adoção de procedimentos objetivos e imparciais e elaboração de relatórios tecnicamente fundamentados, baseados exclusivamente nas evidências obtidas e organizados de acordo com as normas de auditoria do respectivo órgão de controle, evitando que interesses pessoais e interpretações tendenciosas interfiram na apresentação e no tratamento dos fatos levantados; c) definição de objetivos, nos regimes de empreitada por preço global, empreitada integral, contratação semi-integrada e contratação integrada, atendidos os requisitos técnicos, legais, orçamentários e financeiros, de acordo com as finalidades para as quais foi feita a contratação, devendo ainda ser perquirida a conformidade do preço global com os parâmetros de mercado para o objeto contratado, considerada inclusive a dimensão geográfica.

A Lei de Licitações reconhece a prerrogativa do Tribunal de Contas para suspender cautelarmente o processo licitatório, hipótese na qual o tribunal deverá se pronunciar definitivamente sobre o mérito da irregularidade que deu causa à suspensão no prazo de 25 (vinte e cinco) dias úteis, contado do recebimento das informações a que se refere o § 2.º do art. 171, prorrogável por igual período uma única vez, e definirá objetivamente (art. 171, § 1.º, da Lei): a) as causas da ordem de suspensão; b) como será garantido o atendimento do interesse público obstado pela suspensão da licitação, em se tratando de objetos essenciais ou de contratação por emergência.

O legislador, nesse ponto, reconhece o poder de cautela do Tribunal de Contas, mas fixa prazo para decisão sobre o mérito da irregularidade, com o objetivo de

Título IV – Das Irregularidades

Art. 173

evitar a perpetuação da suspensão do certame que impediria a contratação do objeto necessário ao atendimento do interesse público.[375]

Ao ser intimado da ordem de suspensão do processo licitatório, o órgão ou entidade deverá, no prazo de 10 (dez) dias úteis, admitida a prorrogação (art. 171, § 2.º, da Lei): a) informar as medidas adotadas para cumprimento da decisão; b) prestar todas as informações cabíveis; c) proceder à apuração de responsabilidade, se for o caso. O descumprimento da determinação contida na intimação ensejará apuração de responsabilidade e obrigação de reparação de prejuízo causado ao erário (art. 171, § 4.º, da Lei).

A decisão que examinar o mérito da cautelar deverá definir as medidas necessárias e adequadas, em face das alternativas possíveis, para o saneamento do processo licitatório ou determinar a sua anulação (art. 171, § 3.º, da Lei).

Aqui, a Lei incorpora a solução adotada pelo art. 20, parágrafo único, da LINDB que, ao tratar das decisões proferidas pelas esferas administrativa, controladora e judicial, exige que a motivação demonstre a necessidade e a adequação da medida imposta ou da invalidação de ato, contrato, ajuste, processo ou norma administrativa, inclusive em face das possíveis alternativas.

Aliás, a atuação dos órgãos de controle, em qualquer caso, deve sempre observar os parâmetros da LINDB, o que inclui o controle exercido sobre os atos praticados nas licitações e contratações públicas, o que é reforçado pelo art. 5.º, *in fine*, da Lei de Licitações.

Em nossa opinião, o poder geral de cautela previsto no art. 171, § 1.º, da Lei de Licitações deve ser exercido dentro dos limites das competências elencadas pelo texto constitucional aos Tribunais de Contas.

No contexto da antiga Lei 8.666/1993, o art. 113, § 2.º, permitia o controle da fase externa da licitação pelos Tribunais de Contas, com a possibilidade de solicitação de cópias dos editais de licitação já publicados, bem como a prescrição de medidas corretivas aos órgãos licitantes.

A atual Lei de Licitações, em sua literalidade, parece expandir significativamente essa prerrogativa do Tribunal de Contas, de modo a reconhecer expressamente a sua atribuição para suspender cautelarmente qualquer fase do procedimento licitatório, o que incluiria a sua fase preparatória ou interna (art. 171, § 1.º, da Lei 14.133/2021).

---

[375] O poder geral de cautela do TCU encontrava previsão no seu Regimento Interno (art. 276 do RITCU) e era reconhecido pelo STF: "Procedimento licitatório. Impugnação. Competência do TCU. Cautelares. Contraditório. Ausência de instrução. (...) O Tribunal de Contas da União tem competência para fiscalizar procedimentos de licitação, determinar suspensão cautelar (artigos 4.º e 113, §§ 1.º e 2.º da Lei n.º 8.666/93), examinar editais de licitação publicados e, nos termos do art. 276 do seu Regimento Interno, possui legitimidade para a expedição de medidas cautelares para prevenir lesão ao erário e garantir a efetividade de suas decisões (...)" (STF, MS 24.510/DF, Rel. Min. Ellen Gracie, Tribunal Pleno, *DJ* 19.03.2004, p. 24).

Art. 173

Essa singela modificação pode acarretar um inegável retrocesso no planejamento e na gestão das licitações, uma vez que a expansão ilimitada do controle prévio pelas Cortes de Contas asfixiaria a atribuição conferida pelo texto constitucional ao Poder Executivo para realização das contratações públicas. Ao se permitir a interferência ilimitada na formatação das licitações, antes da publicação dos respectivos editais, o legislador abre caminho para que os Tribunais de Contas atuem como veto player, impedindo que a fase preparatória da licitação, que compreende atos de planejamento e de gestão de competência do Poder Executivo, prossiga sem o seu aval.[376]

A referida dinâmica de controle prévio (veto player) caracteriza-se por originar uma intervenção dos órgãos de controle na própria etapa de planejamento das políticas públicas, subordinando a atividade administrativa à prévia aprovação da Corte de Contas, considerada, nesse caso, um "órgão quase administrativo".[377]

A Constituição de 1988 reconhece, como regra, o modelo de controle a posteriori dos atos, contratos e processos administrativos pelos Tribunais de Contas, o que não impede a realização do controle prévio nos casos excepcionais indicados no

---

[376] Sobre a atuação do tribunal de contas como um veto player, Marianna Willeman afirma: "O controle realizado de maneira preventiva é usualmente criticado por implicar uma coadministração por parte da instituição de controle, que teria a prerrogativa de vetar determinada ação estatal. Essa potencial configuração da ISC como um veto player, como um ator que pode questionar e, até mesmo, obstaculizar uma ação administrativa, é alvo de intensa controvérsia, que claramente polariza duas distintas filosofias a respeito da auditoria pública: de um lado, a tendência mais liberal, que se preocupa em limitar e restringir a atuação administrativa do Estado, acomodando-se mais propriamente ao controle prévio; e, de outro lado, a tendência gerencial, que se preocupa com o aprimoramento da gestão do setor público e que, dessa forma, identifica-se mais com o modelo a posteriori de auditoria de desempenho (performance)" (WILLEMAN, Marianna Montebello. Accoutability democrática e o desenho institucional dos Tribunais de Contas do Brasil. Belo Horizonte: Fórum, 2017. p. 68). Discordando sobre a atribuição da corte de contas preventivamente impedir a realização de ações administrativas, vide: SUNDFELD, Carlos Ari; CÂMARA, Jacintho Arruda. Competências de controle dos Tribunais de Contas: possibilidade e limites. In: SUNDFELD, Carlos Ari (Org.). Contratações públicas e seu controle. São Paulo: Malheiros, 2013. p. 192; JORDÃO, Eduardo. A intervenção do TCU sobre editais de licitação não publicados: controlador ou administrador? Revista Brasileira de Direito Público – RBDP, Belo Horizonte, ano 12, n. 47, p. 218, out./dez. 2014.

[377] Como aponta Bruno Speck: "Longe de constituir uma questão técnica, o controle prévio transforma o Tribunal de Contas em um órgão quase administrativo. O encaminhamento prático do controle prévio é condicionar as ordens de despesas ao registro pelo Tribunal de Contas, envolvendo essa instituição no próprio processo administrativo. De fato, o Tribunal viraria, dessa forma, um aliado do Tesouro contra os ministros na contenção de despesas. Mas, em outros casos, como o ilustrado acima, o Tribunal seria um órgão administrativo com poderes de veto, mesmo que não inserido na hierarquia do Poder Executivo" (SPECK, Bruno Wilhelm. Inovação e rotina no Tribunal de Contas da União: o papel da instituição superior de controle financeiro no sistema político administrativo do Brasil. São Paulo: Fundação Konrad Adenauer, 2000. p. 53). Sobre o tema, vide também: SUNDFELD, Carlos Ari; CÂMARA, Jacintho Arruda. Competências de controle dos Tribunais de Contas: possibilidade e limites. In: SUNDFELD, Carlos Ari (Org.). Contratações públicas e seu controle. São Paulo: Malheiros, 2013. p. 193.

Título IV – Das Irregularidades

Art. 173

texto constitucional, tal como ocorre, por exemplo, no registro dos atos de pessoal (art. 71, III, da CRFB).

A discussão reside em saber se o legislador infraconstitucional poderia ampliar as hipóteses de controle prévio da Administração Pública pelas Cortes de Contas. De um lado, há o entendimento de que o controle prévio poderia ser ampliado pelo legislador ordinário, o que justificaria o teor do §1.º do art. 171 da Lei 14.133/2021.[378] De outro lado, parcela da doutrina sustenta que a opção constitucional foi pela realização do controle a posteriori das finanças públicas, admitindo-se o controle preventivo por parte das Cortes de Contas apenas nos casos excepcionais expressamente indicados no texto constitucional. Em consequência, o legislador não poderia ampliar os casos de controle preventivo para inserir aquele realizado em relação aos instrumentos convocatórios não publicados, sob pena de afronta ao princípio da separação dos poderes.[379]

Em nossa opinião, o controle prévio exercido pelas Cortes de Contas representa exceção que somente poderia ser prevista no texto constitucional, motivo pelo qual o art. 171, §1.º, da Lei 14.133/2021 deveria ser interpretado conforme a Constituição

---

[378] STF: "Tribunal de Contas estadual. Controle prévio das licitações. Competência privativa da União (art. 22, XXVII, da Constituição Federal). Legislação federal e estadual compatíveis. Exigência indevida feita por ato do Tribunal que impõe controle prévio sem que haja solicitação para a remessa do edital antes de realizada a licitação. 1. O art. 22, XXVII, da Constituição Federal dispõe ser da União, privativamente, a legislação sobre normas gerais de licitação e contratação. 2. A Lei federal n.º 8.666/93 autoriza o controle prévio quando houver solicitação do Tribunal de Contas para a remessa de cópia do edital de licitação já publicado. 3. A exigência feita por atos normativos do Tribunal sobre a remessa prévia do edital, sem nenhuma solicitação, invade a competência legislativa distribuída pela Constituição Federal, já exercida pela Lei federal n.º 8.666/93, que não contém essa exigência. 4. Recurso extraordinário provido para conceder a ordem de segurança" (STF, RE 547.063/RJ, Rel. Min. Menezes Direito, Primeira Turma, DJe-236 12.12.2008).

[379] Nesse sentido, Luís Roberto Barroso afirma: "No sistema brasileiro, a atividade de fiscalização contábil, financeira e orçamentária, mediante controle externo do Tribunal de Contas, é, de regra, exercida a posteriori, e não a priori. Salvo exceção expressa, não tem apoio constitucional qualquer controle prévio sobre atos ou contratos da Administração direta ou indireta, nem sobre a conduta de particulares que tenham gestão de bens ou valores públicos" (BARROSO, Luís Roberto. Temas de direito constitucional. 2. ed. Rio de Janeiro: Renovar, 2006. t. I, p. 235). De forma semelhante, Eduardo Jordão sustenta: "Em primeiro lugar, é preciso deixar claro que a intervenção prévia do TCU, no contexto relevante para projetos de infraestrutura, não está autorizada explicitamente pela Constituição Federal. De fato, na disciplina constitucional corretiva apresentada no tópico anterior, não há qualquer previsão de atuação antes da emissão de um ato administrativo, na fase de sua preparação" (JORDÃO, Eduardo. A intervenção do TCU sobre editais de licitação não publicados: controlador ou administrador? Revista Brasileira de Direito Público – RBDP, Belo Horizonte, ano 12, n. 47, p. 215, out./dez. 2014). Sobre o tema, vide também: MOREIRA, Egon Bockmann. Direito das concessões de serviço público. São Paulo: Malheiros, 2010. p. 222; ROSILHO, André. Tribunal de Contas da União: competências, jurisdição e instrumentos de controle. São Paulo: Quartier Latin, 2019. p. 231; SUNDFELD, Carlos Ari; CÂMARA, Jacintho Arruda. Competências de controle dos Tribunais de Contas: possibilidade e limites. In: SUNDFELD, Carlos Ari (Org.). Contratações públicas e seu controle. São Paulo: Malheiros, 2013. p. 193.

para que o controle pelos Tribunais de Contas somente seja exercido após a publicação do edital de licitação e não na fase preparatória do certame.[380]

Ressalta-se que essa segunda interpretação harmoniza as razões do veto do Poder Executivo Federal ao inciso XII do §1.º do art. 32 da Lei 14.133/2021, que previa uma espécie de controle prévio dos tribunais de contas na modalidade do diálogo competitivo.

Em relação à sustação dos contratos irregulares, existe ampla controvérsia doutrinária sobre a possibilidade de sua implementação pelas Cortes de Contas, uma vez que a Constituição Federal dispõe, expressamente, que a prerrogativa para sustar o contrato irregular é do Congresso Nacional. Se a medida em comento não for adotada no prazo de noventa dias, o Tribunal de Contas "decidirá a respeito", sem qualquer alusão à sustação do contrato (art. 71, X e §§ 1.º e 2.º, da CRFB).

Enquanto parcela da doutrina sustenta a impossibilidade de sustação dos contratos administrativos pelas Cortes de Contas, uma vez que a referida prerrogativa seria exclusiva do Congresso Nacional,[381] outra parcela da doutrina admite que os Tribunais de Contas realizem a sustação dos contratos administrativos.[382]

---

[380] Sobre o tema, vide nosso artigo: OLIVEIRA, Rafael Carvalho Rezende; HALPERN, Erick. O controle dos Tribunais de Contas e o art. 171 da Lei 14.133/2021 (nova Lei de Licitações). Zênite Fácil, categoria Doutrina, 25 maio 2021. Disponível em: <https://www.zenite.blog.br/o-controle-dos-tribunais-de--contas-e-o-art-171-da-lei-14-133-2021-nova-lei-de-licitacoes/>. Acesso em: 24 maio 2021.

[381] De acordo com Luís Roberto Barroso: "Em nenhuma hipótese tem o tribunal competência para invalidar atos negociais, contratuais ou não, nem tampouco tem competência para sustar contrato celebrado pela Administração". BARROSO, Luís Roberto. Tribunais de Contas: algumas incompetências. *Revista de Direito Administrativo*, Rio de Janeiro, v. 203, p. 139-140, jan./ mar. 1996. Igualmente, Carlos Ari Sundfeld e Jacintho Arruda Câmara afirmam: "O papel dos tribunais de contas, no equilíbrio institucional de funções contido na Constituição Federal, não comporta a sustação, por eles, de contratos da administração. Essa medida extrema ou é obtida via judicial, em ação proposta por parte legitimada (Ministério Público, cidadãos, Advocacia-Geral da União), ou por decisão direta do Congresso Nacional (art. 71, § 1º, da CF)." SUNDFELD, Carlos Ari; CÂMARA, Jacintho Arruda. Controle das contratações públicas pelos Tribunais de Contas. *Revista de Direito Administrativo*, Rio de Janeiro, v. 257, p. 132, maio/ago. 2011. No mesmo sentido, Marcos Juruena Villela Souto sustenta: "Dúvida ocorre se o Congresso Nacional ou o Poder Executivo se omitem quanto às providências previstas no art. 71, § 1º da lei Maior; neste caso, diz a Constituição — art. 71, § 2º — que o "tribunal decidirá a respeito", dando margem ao equivocado entendimento de que poderia este sustar o ato. Parece-nos não ser esta a melhor orientação, contrária ao espírito e à sistemática do controle externo. A interpretação mais adequada do § 2º do art. 71 da lei Maior é, conjugando-o com os incisos I e II do mesmo dispositivo, conforme o caso, rejeitar as contas por irregularidade naquela determinada despesa contratual." SOUTO, Marcos Juruena Villela. *Direito Administrativo Contratual*. Rio de Janeiro: Lumen Juris, 2004, p. 442.

[382] MOREIRA, Egon Bockmann. Notas sobre os sistemas de controle dos atos e contratos administrativos. *Fórum Administrativo*, Belo Horizonte, ano 5, n. 5, p. 6.085-6.086, set. 2005; PEREIRA JUNIOR, Jessé Torres. *Comentários à lei das licitações e contratações da administração pública*. 7. ed. Rio de Janeiro: Renovar, 2007. p. 998; WILLEMAN, Marianna Montebello. O controle de

Art. 173

Título IV – Das Irregularidades

Não obstante controvérsia a respeito do tema, em razão da ausência de clareza do art. 71, §§ 1.º e 2.º, da CRFB, e a posição sustentada em edições anteriores do livro, entendemos que os Tribunais de Contas não podem sustar contratos administrativos, uma vez que a referida prerrogativa seria exclusiva do Congresso Nacional. Na ausência de sustação implementada pelo Congresso Nacional, caberia ao Tribunal de Contas apenas a prerrogativa de determinar à autoridade administrativa a anulação do contrato.

Nesse sentido, o STF decidiu que o Tribunal de Contas não tem poder para anular ou sustar contratos administrativos, mas "tem competência, conforme o art. 71, IX, para determinar à autoridade administrativa que promova a anulação do contrato e, se for o caso, da licitação de que se originou".[383]

Outro ponto a ser destacado é o art. 172 do PL 4.253/2020, que deu origem à Lei 14.133/2021, que estabelecia que os órgãos de controle deveriam se orientar pelos enunciados das súmulas do TCU, de modo a garantir uniformidade de entendimentos e propiciar segurança jurídica aos interessados. Todavia, o citado dispositivo foi vetado, em razão da violação ao princípio da separação de poderes e do pacto federativo.

Realmente, a proposta de redação do art. 172 do PL 4.253/2020 era inconstitucional e acaba por reconhecer ao TCU um papel de "controlador dos controladores", instituindo uma espécie de jurisdição nacional vinculante para os demais órgãos de controle, inclusive dos Estados, DF e Municípios. Aliás, o próprio TCU destaca o seu papel de uniformizador da atuação de outros órgãos de controle, o que pode ser verificado pela Súmula 222 do Tribunal que dispõe: "Decisões do Tribunal de Contas da União, relativas à aplicação de normas gerais de licitação, sobre as quais cabe privativamente à União legislar, devem ser acatadas pelos administradores dos Poderes da União, dos Estados, do Distrito Federal e dos Municípios".

---

licitações e contratos administrativos pelos tribunais de contas. In: SOUTO, Marcos Juruena Villela (Org.). *Direito administrativo:* estudos em homenagem a Francisco Mauro Dias. Rio de Janeiro: Lumen Juris, 2009. p. 305; FERNANDES, Jorge Ulisses Jacoby. Controle das licitações pelo tribunal de contas. *RDA*, n. 239, p. 104, jan./mar. 2005.

[383] STF, SS 5.658 AgR/CE, Rel. Min. Luís Roberto Barroso, Tribunal Pleno, *DJe* 04.04.2024. STF, MS 23.550/DF, Rel. Min. Marco Aurélio, Redator do acórdão: Min. Sepúlveda Pertence, Tribunal Pleno, DJ 31.10.2001, p. 6. O Tribunal de Justiça do Estado do Rio de Janeiro adotou o mesmo entendimento: "Tribunais de Contas. Ausência de competência para sustar contratos administrativos – art. 71, § 1º, CR/88; art. 123, § 1º, CERJ – O Supremo Tribunal Federal, de há muito, já superou a discussão em torno da suspensão de contratos por Tribunais de Contas, fixando entendimento no sentido de que os Tribunais de Contas não podem sustar os contratos, tendo em vista ser esta uma competência exclusiva do Poder Legislativo. Todavia, esses mesmos julgamentos ressalvam a possibilidade das Cortes de Contas determinarem às autoridades administrativas a adoção das providências pertinentes para a anulação dos ajustes." TJ/RJ, Mandado de Segurança 0102172-15.2023.8.19.0000, Rel. Des. Werson Franco Pereira Rêgo, Órgão Especial, data da publicação: 09.10.2024.

Art. 173

Não obstante a relevância do TCU, as suas atribuições não podem ferir a autonomia dos demais órgãos de controle.

Quanto ao controle externo, cada Estado possui o seu próprio Tribunal de Contas que possuem competências atribuídas pelo texto constitucional para o exercício do controle externo dos Estados e dos Municípios, com exceção dos Municípios do Rio de Janeiro e de São Paulo que possuem os seus próprios Tribunais de Contas municipais. A pretensão legislativa de submissão dos Tribunais de Contas estaduais, distritais e municipais às súmulas do TCU afronta a autonomia federativa consagrada no art. 18 da CRFB, bem como contraria a autonomia institucional dos referidos tribunais de Contas prevista no art. 75 da CRFB. Com isso, cabe ao respectivo Tribunal de Contas estadual, distrital ou municipal estabelecer os seus próprios precedentes e emitir as suas próprias súmulas, sem qualquer subordinação ou deferência obrigatória às súmulas do TCU.

Mas não é só isso. A proposta legislativa violaria os arts. 70 e 74 da CRFB que reconhecem a relevância do controle interno de cada Poder, sem estabelecer a sua subordinação aos Tribunais de Contas. Registre-se que o controle interno da Administração Pública também é exercido pelos órgãos da advocacia pública (arts. 131 a 135 da CRFB). Nesse caso, além da afronta federativa, em razão da existência de órgãos de advocacia pública para cada Ente federado, a atribuição de caráter vinculante aos enunciados das súmulas do TCU violaria a autonomia constitucional dos referidos órgãos jurídicos que não estão subordinados ou vinculados às súmulas do TCU.

Assim, as súmulas do TCU são relevantes para garantir a uniformidade e a segurança jurídica na atuação da própria Corte de Contas, mas não podem servir de instrumento de interferência na autonomia dos demais órgãos de controle, interno e externo, federais, estaduais, distritais e municipais. Não se desconsidera a relevância do dever de coerência no âmbito da Administração Pública, mas não cabe ao TCU o papel de implementar esse dever. A própria Administração Pública de cada Ente federado, inclusive com o auxílio dos órgãos de controle interno, deve atuar com respeito aos seus precedentes administrativos, observando, ainda, os precedentes judiciais, na forma do art. 927 do CPC.[384]

Por fim, a Lei de Licitações, em seu art. 173, determina que os tribunais de contas deverão, por meio de suas respectivas escolas de contas, promover eventos de capacitação para os servidores efetivos e empregados públicos designados para o desempenho das funções essenciais à execução desta Lei, incluindo cursos presenciais e a distância, redes de aprendizagem, seminários e congressos sobre contratações públicas.

---

[384] OLIVEIRA, Rafael Carvalho Rezende. *Precedentes no direito administrativo*. Rio de Janeiro: Forense, 2018; OLIVEIRA, Rafael Carvalho Rezende. O papel da advocacia pública no dever de coerência na Administração Pública. *Revista Estudos Institucionais*, v. 5, n. 2, p. 382-400, maio/ago. 2019.

Título V – Disposições Gerais

Art. 174

TÍTULO V
DISPOSIÇÕES GERAIS

CAPÍTULO I
DO PORTAL NACIONAL DE CONTRATAÇÕES PÚBLICAS (PNCP)

Art. 174. É criado o Portal Nacional de Contratações Públicas (PNCP), sítio eletrônico oficial destinado à:

I – divulgação centralizada e obrigatória dos atos exigidos por esta Lei;

II – realização facultativa das contratações pelos órgãos e entidades dos Poderes Executivo, Legislativo e Judiciário de todos os entes federativos.

§ 1.º O PNCP será gerido pelo Comitê Gestor da Rede Nacional de Contratações Públicas, a ser presidido por representante indicado pelo Presidente da República e composto de:

I – 3 (três) representantes da União indicados pelo Presidente da República;

II – 2 (dois) representantes dos Estados e do Distrito Federal indicados pelo Conselho Nacional de Secretários de Estado da Administração;

III – 2 (dois) representantes dos Municípios indicados pela Confederação Nacional de Municípios.

§ 2.º O PNCP conterá, entre outras, as seguintes informações acerca das contratações:

I – planos de contratação anuais;

II – catálogos eletrônicos de padronização;

III – editais de credenciamento e de pré-qualificação, avisos de contratação direta e editais de licitação e respectivos anexos;

IV – atas de registro de preços;

V – contratos e termos aditivos;

VI – notas fiscais eletrônicas, quando for o caso.

§ 3.º O PNCP deverá, entre outras funcionalidades, oferecer:

I – sistema de registro cadastral unificado;

II – painel para consulta de preços, banco de preços em saúde e acesso à base nacional de notas fiscais eletrônicas;

III – sistema de planejamento e gerenciamento de contratações, incluído o cadastro de atesto de cumprimento de obrigações previsto no § 4.º do art. 88 desta Lei;

IV – sistema eletrônico para a realização de sessões públicas;

V – acesso ao Cadastro Nacional de Empresas Inidôneas e Suspensas (Ceis) e ao Cadastro Nacional de Empresas Punidas (Cnep);

VI – sistema de gestão compartilhada com a sociedade de informações referentes à execução do contrato, que possibilite:

a) envio, registro, armazenamento e divulgação de mensagens de texto ou imagens pelo interessado previamente identificado;

b) acesso ao sistema informatizado de acompanhamento de obras a que se refere o inciso III do *caput* do art. 19 desta Lei;

c) comunicação entre a população e representantes da Administração e do contratado designados para prestar as informações e esclarecimentos pertinentes, na forma de regulamento;

d) divulgação, na forma de regulamento, de relatório final com informações sobre a consecução dos objetivos que tenham justificado a contratação e eventuais condutas a serem adotadas para o aprimoramento das atividades da Administração.

§ 4.º O PNCP adotará o formato de dados abertos e observará as exigências previstas na Lei 12.527, de 18 de novembro de 2011.

§ 5.º A base nacional de notas fiscais eletrônicas conterá as notas fiscais e os documentos auxiliares destinados a órgão ou entidade da Administração Pública, que serão de livre consulta pública, sem constituir violação de sigilo fiscal. (VETADO)

Art. 175. Sem prejuízo do disposto no art. 174 desta Lei, os entes federativos poderão instituir sítio eletrônico oficial para divulgação complementar e realização das respectivas contratações.

§ 1.º Desde que mantida a integração com o PNCP, as contratações poderão ser realizadas por meio de sistema eletrônico fornecido por pessoa jurídica de direito privado, na forma de regulamento.

§ 2.º Até 31 de dezembro de 2023, os Municípios deverão realizar divulgação complementar de suas contratações mediante publicação de extrato de edital de licitação em jornal diário de grande circulação local. (veto rejeitado em 01.06.2021)

Art. 176. Os Municípios com até 20.000 (vinte mil) habitantes terão o prazo de 6 (seis) anos, contado da data de publicação desta Lei, para cumprimento:

I – dos requisitos estabelecidos no art. 7.º e no *caput* do art. 8.º desta Lei;

II – da obrigatoriedade de realização da licitação sob a forma eletrônica a que se refere o § 2.º do art. 17 desta Lei;

III – das regras relativas à divulgação em sítio eletrônico oficial.

Parágrafo único. Enquanto não adotarem o PNCP, os Municípios a que se refere o *caput* deste artigo deverão:

I – publicar, em diário oficial, as informações que esta Lei exige que sejam divulgadas em sítio eletrônico oficial, admitida a publicação de extrato;

II – disponibilizar a versão física dos documentos em suas repartições, vedada a cobrança de qualquer valor, salvo o referente ao fornecimento de edital ou de cópia de documento, que não será superior ao custo de sua reprodução gráfica.

1. PORTAL NACIONAL DE CONTRATAÇÕES PÚBLICAS (PNCP)

O art. 174 da Lei 14.133/2021 estabeleceu a necessidade de instituição do Portal Nacional de Contratações Públicas (PNCP), sítio eletrônico oficial destinado à divulgação centralizada e obrigatória dos atos exigidos pela Lei de Licitações e à realização facultativa das contratações pelos órgãos e entidades dos Poderes Executivo, Legislativo e Judiciário de todos os entes federativos.

A instituição do PNCP garante transparência e racionalidade nas informações divulgadas pelo Poder Público, servindo como importante instrumento de acesso aos dados das licitações e das contratações públicas, o que facilita o exercício do controle social e institucional.

Além do princípio da publicidade, o PNCP encontra fundamento, por exemplo, no art. 5.º, XXXIII, da CRFB que trata do direito à informação. Não por outra razão, o § 4.º do art. 174 da Lei de Licitações prevê que o PNCP adotará o formato de dados

Título V – Disposições Gerais

Art. 176

abertos e observará as exigências previstas na Lei 12.527/2011 (Lei de Acesso à Informação). Apesar do silêncio da Lei de Licitações, o PNCP também deverá observar a Lei 13.709/2018 (Lei Geral de Proteção de Dados Pessoais – LGPD).

O PNCP será gerido pelo Comitê Gestor da Rede Nacional de Contratações Públicas, que será presidido por representante indicado pelo Presidente da República e composto por mais (art. 174, § 1.º, da Lei de Licitações): a) 3 (três) representantes da União indicados pelo Presidente da República; b) 2 (dois) representantes dos Estados e do Distrito Federal indicados pelo Conselho Nacional de Secretários de Estado da Administração; c) 2 (dois) representantes dos Municípios indicados pela Confederação Nacional de Municípios.

O PNCP conterá, por exemplo, as seguintes informações acerca das contratações (art. 174, § 2.º, da Lei de Licitações): a) planos de contratação anuais; b) catálogos eletrônicos de padronização; c) editais de credenciamento e de pré-qualificação, avisos de contratação direta e editais de licitação e seus respectivos anexos; d) atas de registro de preços; e) contratos e termos aditivos; f) notas fiscais eletrônicas, quando for o caso.

O PNCP deverá oferecer, ao menos, as funcionalidades a seguir (art. 174, § 3.º, da Lei de Licitações): a) sistema de registro cadastral unificado; b) painel para consulta de preços e acesso à base nacional de notas fiscais eletrônicas; c) sistema de planejamento e gerenciamento de contratações, incluindo cadastro de atesto de cumprimento de obrigações previsto no § 4.º do art. 87; d) sistema eletrônico para a realização de sessões públicas; e) acesso ao Cadastro Nacional de Empresas Inidôneas e Suspensas (CEIS) e ao Cadastro Nacional de Empresas Punidas (CNEP); f) sistema de gestão compartilhada com a sociedade de informações referentes à execução do contrato que possibilite: f.1) o envio, o registro, o armazenamento e a divulgação de mensagens de texto ou imagens pelo interessado previamente identificado; f.2) o acesso aos sistemas informatizados de acompanhamento de obras a que se refere o inciso III do art. 19 da Lei; f.3) a comunicação entre a população e representantes da Administração e do contratado designados para prestarem as informações e esclarecimentos pertinentes, na forma de regulamento; f.4) a divulgação, na forma de regulamento, de relatório final com informações sobre a consecução dos objetivos que justificaram a contratação e eventuais condutas a serem adotadas para o aprimoramento das atividades da Administração.

O texto do § 5.º do art. 174 do PL 4.253/2020 estabelecia que a base nacional de notas fiscais eletrônicas deveria conter as notas fiscais e os documentos auxiliares, que tivessem como destinatário órgão ou entidade da Administração Pública e seriam de livre consulta pública, não constituindo violação de sigilo fiscal. O texto foi vetado pelo Chefe do Executivo, tendo em vista que permitiria a consulta irrestrita a base nacional de notas fiscais eletrônicas, sem prever exceção relacionada à necessidade de sigilo, notadamente nos casos relacionados à segurança pública ou nacional.

Sem prejuízo do disposto no art. 174, os entes federativos poderão instituir sítio eletrônico oficial para divulgação complementar e realização das suas respectivas contratações (art. 175 da Lei 14.133/2021).

Desde que mantida a integração com o PNCP, as contratações poderão ser realizadas por meio de sistema eletrônico fornecido por pessoa jurídica de direito privado, na forma de regulamento (art. 175, § 1.º, da Lei).

O § 2.º do art. 175 da Lei 14.133/2021 dispõe que, até 31.12.2023, os Municípios deverão realizar divulgação complementar de suas contratações mediante publicação de extrato de edital de licitação em jornal diário de grande circulação local.

O referido dispositivo foi vetado pelo Presidente da República, uma vez que a obrigatoriedade de publicação em jornal de grande circulação constituiria uma medida desnecessária e antieconômica, especialmente pela efetivação da publicidade por meio da divulgação em "sítio eletrônico oficial" e no Portal Nacional de Contratações Públicas (PNCP).

Contudo, o veto presidencial foi derrubado pelo Congresso Nacional.

Entendemos que a previsão contida § 2.º do art. 175 da Lei 14.133/2021 afigura-se desnecessária, uma vez que o próprio art. 54, § 1.º, já exige a publicação obrigatória de extrato do edital no Diário Oficial da União, do Estado, do Distrito Federal ou do Município.

Aliás, reiteramos aqui as críticas apresentadas ao art. 54, § 1.º, da Lei 14.133/2021. A publicidade do edital na rede mundial de computadores por meio do PNCP e do sítio eletrônico oficial do ente federado, em vez da obrigatoriedade de publicidade no Diário Oficial e em jornal de grande circulação, reduziria os custos e garantiria a transparência das informações, na linha dos princípios, regras e instrumentos do denominado "Governo Digital" que buscam implementar maior eficiência administrativa, na forma da Lei 14.129/2021.

Os Municípios com até 20.000 habitantes terão o prazo de 6 anos, contado da data de publicação da atual Lei, para cumprimento (art. 176 da Lei de Licitações): a) dos requisitos estabelecidos nos arts. 7.º e 8.º relacionados aos agentes públicos que atuam nas licitações e contratações públicas; I; b) da obrigatoriedade de realização da licitação sob a forma eletrônica a que se refere art. 17, § 2.º; c) das regras relativas à divulgação em sítio eletrônico oficial.

Os referidos Municípios, enquanto não adotarem o PNCP, deverão realizar: a) publicação em diário oficial das informações que esta Lei exige que sejam divulgadas em sítio eletrônico oficial, admitida a publicação de extrato; b) a disponibilização da versão física dos documentos em suas repartições, vedada a cobrança de qualquer valor, salvo o referente ao fornecimento de edital ou de cópia de documento, que não será superior ao custo de sua reprodução gráfica.

CAPÍTULO II
DAS ALTERAÇÕES LEGISLATIVAS

Art. 177. O *caput* do art. 1.048 da Lei 13.105, de 16 de março de 2015 (Código de Processo Civil), passa a vigorar acrescido do seguinte inciso IV:

"Art. 1.048. ....

Título V – Disposições Gerais

IV – em que se discuta a aplicação do disposto nas normas gerais de licitação e contratação a que se refere o inciso XXVII do *caput* do art. 22 da Constituição Federal.
...." (NR)

Art. 178. O Título XI da Parte Especial do Decreto-Lei 2.848, de 7 de dezembro de 1940 (Código Penal), passa a vigorar acrescido do seguinte Capítulo II-B:

"CAPÍTULO II-B
DOS CRIMES EM LICITAÇÕES E CONTRATOS ADMINISTRATIVOS

Contratação direta ilegal

Art. 337-E. Admitir, possibilitar ou dar causa à contratação direta fora das hipóteses previstas em lei:
Pena – reclusão, de 4 (quatro) a 8 (oito) anos, e multa.

Frustração do caráter competitivo de licitação

Art. 337-F. Frustrar ou fraudar, com o intuito de obter para si ou para outrem vantagem decorrente da adjudicação do objeto da licitação, o caráter competitivo do processo licitatório:
Pena – reclusão, de 4 (quatro) anos a 8 (oito) anos, e multa.

Patrocínio de contratação indevida

Art. 337-G. Patrocinar, direta ou indiretamente, interesse privado perante a Administração Pública, dando causa à instauração de licitação ou à celebração de contrato cuja invalidação vier a ser decretada pelo Poder Judiciário:
Pena – reclusão, de 6 (seis) meses a 3 (três) anos, e multa.

Modificação ou pagamento irregular em contrato administrativo

Art. 337-H. Admitir, possibilitar ou dar causa a qualquer modificação ou vantagem, inclusive prorrogação contratual, em favor do contratado, durante a execução dos contratos celebrados com a Administração Pública, sem autorização em lei, no edital da licitação ou nos respectivos instrumentos contratuais, ou, ainda, pagar fatura com preterição da ordem cronológica de sua exigibilidade:
Pena – reclusão, de 4 (quatro) anos a 8 (oito) anos, e multa.

Perturbação de processo licitatório

Art. 337-I. Impedir, perturbar ou fraudar a realização de qualquer ato de processo licitatório:
Pena – detenção, de 6 (seis) meses a 3 (três) anos, e multa.

Violação de sigilo em licitação

Art. 337-J. Devassar o sigilo de proposta apresentada em processo licitatório ou proporcionar a terceiro o ensejo de devassá-lo:
Pena – detenção, de 2 (dois) anos a 3 (três) anos, e multa.

Afastamento de licitante

Art. 337-K. Afastar ou tentar afastar licitante por meio de violência, grave ameaça, fraude ou oferecimento de vantagem de qualquer tipo:
Pena – reclusão, de 3 (três) anos a 5 (cinco) anos, e multa, além da pena correspondente à violência.
Parágrafo único. Incorre na mesma pena quem se abstém ou desiste de licitar em razão de vantagem oferecida.

Art. 178
Comentários à Lei de Licitações e Contratos Administrativos

Fraude em licitação ou contrato

Art. 337-L. Fraudar, em prejuízo da Administração Pública, licitação ou contrato dela decorrente, mediante:

I – entrega de mercadoria ou prestação de serviços com qualidade ou em quantidade diversas das previstas no edital ou nos instrumentos contratuais;

II – fornecimento, como verdadeira ou perfeita, de mercadoria falsificada, deteriorada, inservível para consumo ou com prazo de validade vencido;

III – entrega de uma mercadoria por outra;

IV – alteração da substância, qualidade ou quantidade da mercadoria ou do serviço fornecido;

V – qualquer meio fraudulento que torne injustamente mais onerosa para a Administração Pública a proposta ou a execução do contrato.

Pena – reclusão, de 4 (quatro) anos a 8 (oito) anos, e multa.

Contratação inidônea

Art. 337-M. Admitir à licitação empresa ou profissional declarado inidôneo:

Pena – reclusão, de 1 (um) ano a 3 (três) anos, e multa.

§ 1.º Celebrar contrato com empresa ou profissional declarado inidôneo:

Pena – reclusão, de 3 (três) anos a 6 (seis) anos, e multa.

§ 2.º Incide na mesma pena do *caput* deste artigo aquele que, declarado inidôneo, venha a participar de licitação e, na mesma pena do § 1.º deste artigo, aquele que, declarado inidôneo, venha a contratar com a Administração Pública.

Impedimento indevido

Art. 337-N. Obstar, impedir ou dificultar injustamente a inscrição de qualquer interessado nos registros cadastrais ou promover indevidamente a alteração, a suspensão ou o cancelamento de registro do inscrito:

Pena – reclusão, de 6 (seis) meses a 2 (dois) anos, e multa.

Omissão grave de dado ou de informação por projetista

Art. 337-O. Omitir, modificar ou entregar à Administração Pública levantamento cadastral ou condição de contorno em relevante dissonância com a realidade, em frustração ao caráter competitivo da licitação ou em detrimento da seleção da proposta mais vantajosa para a Administração Pública, em contratação para a elaboração de projeto básico, projeto executivo ou anteprojeto, em diálogo competitivo ou em procedimento de manifestação de interesse:

Pena – reclusão, de 6 (seis) meses a 3 (três) anos, e multa.

§ 1.º Consideram-se condição de contorno as informações e os levantamentos suficientes e necessários para a definição da solução de projeto e dos respectivos preços pelo licitante, incluídos sondagens, topografia, estudos de demanda, condições ambientais e demais elementos ambientais impactantes, considerados requisitos mínimos ou obrigatórios em normas técnicas que orientam a elaboração de projetos.

§ 2.º Se o crime é praticado com o fim de obter benefício, direto ou indireto, próprio ou de outrem, aplica-se em dobro a pena prevista no *caput* deste artigo.

Art. 337-P. A pena de multa cominada aos crimes previstos neste Capítulo seguirá a metodologia de cálculo prevista neste Código e não poderá ser inferior a 2% (dois por cento) do valor do contrato licitado ou celebrado com contratação direta.

Título V – Disposições Gerais

Art. 180

Art. 179. Os incisos II e III do *caput* do art. 2.º da Lei 8.987, de 13 de fevereiro de 1995, passam a vigorar com a seguinte redação:

"Art. 2.º (...)

II – concessão de serviço público: a delegação de sua prestação, feita pelo poder concedente, mediante licitação, na modalidade concorrência ou diálogo competitivo, a pessoa jurídica ou consórcio de empresas que demonstre capacidade para seu desempenho, por sua conta e risco e por prazo determinado;

III – concessão de serviço público precedida da execução de obra pública: a construção, total ou parcial, conservação, reforma, ampliação ou melhoramento de quaisquer obras de interesse público, delegados pelo poder concedente, mediante licitação, na modalidade concorrência ou diálogo competitivo, a pessoa jurídica ou consórcio de empresas que demonstre capacidade para a sua realização, por sua conta e risco, de forma que o investimento da concessionária seja remunerado e amortizado mediante a exploração do serviço ou da obra por prazo determinado;

Art. 180. O *caput* do art. 10 da Lei 11.079, de 30 de dezembro de 2004, passa a vigorar com a seguinte redação:

"Art. 10. A contratação de parceria público-privada será precedida de licitação na modalidade concorrência ou diálogo competitivo, estando a abertura do processo licitatório condicionada a: (NR)"

1. ALTERAÇÕES LEGISLATIVAS: CÓDIGO DE PROCESSO CIVIL, CÓDIGO PENAL E LEIS DE CONCESSÃO DE SERVIÇOS PÚBLICOS

A Lei de Licitações promove alterações em diversos diplomas legislativos.

Inicialmente, o art. 177 da Lei 14.133/2021 altera o art. 1.048 do CPC para estabelecer que os procedimentos judiciais que discutam a aplicação das normas gerais de licitação e contratação a que se refere o inciso XXVII do *caput* do art. 22 da CRFB terão prioridade de tramitação, em qualquer juízo ou tribunal.

Em segundo lugar, o art. 178 da Lei 14.133/2021 altera o Código Penal para incluir capítulo sobre "crimes em licitações e contratos administrativos", também aplicável às licitações e aos contratos regidos pela Lei 13.303/2016 (Lei das Estatais), na forma do art. 185 da nova Lei.[385]

Verifica-se, assim, que, ao contrário da Lei 8.666/1993, que tipificava no seu próprio texto os crimes, a Lei 14.133/2021 preferiu inserir os crimes em licitações e contratos administrativos no Código Penal.

Em geral, os crimes anteriormente tipificados nos arts. 89 a 98 da Lei 8.666/1993 foram inseridos nos arts. 337-E a 337-N do Código Penal, com o agravamento das penas e a inclusão de nova tipificação no art. 337-O (Omissão grave de dado ou de informação por projetista). De acordo com o art. 337-P do Código Penal, a pena de multa cominada aos crimes em referência seguirá a metodologia de cálculo prevista

---

[385] De acordo com a Súmula 645 do STJ: "O crime de fraude à licitação é formal, e sua consumação prescinde da comprovação do prejuízo ou da obtenção de vantagem".

no próprio Código Penal e não poderá ser inferior a 2% do valor do contrato licitado ou celebrado com contratação direta.

A atual Lei de Licitações também promoveu modificações na legislação das concessões comuns (Lei 8.987/1995) e especiais (Parcerias Público-Privadas – PPP). O art. 179 da nova Lei alterou os incisos II e III do art. 2.º da Lei 8.987/1995 para incluir o diálogo competitivo, ao lado da concorrência, como modalidade a ser utilizada na delegação dos serviços públicos. De forma semelhante, o art. 180 da Lei 14.133/2021 modificou *caput* do art. 10 da Lei 11.079/2004 para permitir que a formalização da PPP seja precedida não apenas da modalidade concorrência, mas, também, do diálogo competitivo.

CAPÍTULO III
DISPOSIÇÕES TRANSITÓRIAS E FINAIS

Art. 181. Os entes federativos instituirão centrais de compras, com o objetivo de realizar compras em grande escala, para atender a diversos órgãos e entidades sob sua competência e atingir as finalidades desta Lei.

Parágrafo único. No caso dos Municípios com até 10.000 (dez mil) habitantes, serão preferencialmente constituídos consórcios públicos para a realização das atividades previstas no *caput* deste artigo, nos termos da Lei 11.107, de 6 de abril de 2005.

Art. 182. O Poder Executivo federal atualizará, a cada dia 1.º de janeiro, pelo Índice Nacional de Preços ao Consumidor Amplo Especial (IPCA-E) ou por índice que venha a substituí-lo, os valores fixados por esta Lei, os quais serão divulgados no PNCP.

Art. 183. Os prazos previstos nesta Lei serão contados com exclusão do dia do começo e inclusão do dia do vencimento e observarão as seguintes disposições:

I – os prazos expressos em dias corridos serão computados de modo contínuo;

II – os prazos expressos em meses ou anos serão computados de data a data;

III – nos prazos expressos em dias úteis, serão computados somente os dias em que ocorrer expediente administrativo no órgão ou entidade competente.

§ 1.º Salvo disposição em contrário, considera-se dia do começo do prazo:

I – o primeiro dia útil seguinte ao da disponibilização da informação na internet;

II – a data de juntada aos autos do aviso de recebimento, quando a notificação for pelos correios.

§ 2.º Considera-se prorrogado o prazo até o primeiro dia útil seguinte se o vencimento cair em dia em que não houver expediente, se o expediente for encerrado antes da hora normal ou se houver indisponibilidade da comunicação eletrônica.

§ 3.º Na hipótese do inciso II do *caput* deste artigo, se no mês do vencimento não houver o dia equivalente àquele do início do prazo, considera-se como termo o último dia do mês.

Art. 184. Aplicam-se as disposições desta Lei, no que couber e na ausência de norma específica, aos convênios, acordos, ajustes e outros instrumentos congêneres celebrados por órgãos e entidades da Administração Pública, na forma estabelecida em regulamento do Poder Executivo federal.

§ 1.º Os saldos dos instrumentos referidos no caput deste artigo, enquanto não utilizados, serão aplicados em cadernetas de poupança de instituição financeira oficial, se a previsão de seu uso for igual ou superior a 1 (um) mês, ou em fundo de aplicação financeira de cur-

Título V – Disposições Gerais

Art. 184-A

~~to prazo ou operação de mercado aberto lastreada em títulos da dívida pública, se a previsão de sua utilização for inferior a 1 (um) mês.~~ (VETADO). (Incluído pela Lei 14.770, de 2023)

§ 2.º Quando, verificada qualquer das hipóteses da alínea "d" do inciso II do *caput* do art. 124 desta Lei, o valor global inicialmente pactuado demonstrar-se insuficiente para a execução do objeto, poderão ser: (Incluído pela Lei 14.770, de 2023)

I – utilizados saldos de recursos ou rendimentos de aplicação financeira; (Incluído pela Lei 14.770, de 2023)

II – aportados novos recursos pelo concedente; (Incluído pela Lei 14.770, de 2023)

III – reduzidas as metas e as etapas, desde que isso não comprometa a fruição ou a funcionalidade do objeto pactuado. (Incluído pela Lei 14.770, de 2023)

§ 3.º São permitidos ajustes nos instrumentos celebrados com recursos de transferências voluntárias, para promover alterações em seu objeto, desde que: (Incluído pela Lei 14.770, de 2023)

I – isso não importe transposição, remanejamento ou transferência de recursos de uma categoria de programação para outra ou de um órgão para outro; (Incluído pela Lei 14.770, de 2023)

II – seja apresentada justificativa objetiva pelo convenente; e (Incluído pela Lei 14.770, de 2023)

III – quando se tratar de obra, seja mantido o que foi pactuado quanto a suas características. (Incluído pela Lei 14.770, de 2023)

§ 4.º ~~Os saldos remanescentes e os rendimentos financeiros auferidos na forma do § 1.º deste artigo serão obrigatoriamente computados a crédito do convênio e aplicados no objeto de sua finalidade e na ampliação de meta, quando possível, sem prejuízo da funcionalidade do objeto pactuado, devendo constar de demonstrativo específico que integrará as prestações de contas do ajuste.~~ (VETADO). (Incluído pela Lei 14.770, de 2023)

Art. 184-A. À celebração, à execução, ao acompanhamento e à prestação de contas dos convênios, contratos de repasse e instrumentos congêneres em que for parte a União, com valor global de até R$ 1.500.000,00 (um milhão e quinhentos mil reais), aplicar-se-á o seguinte regime simplificado: (Incluído pela Lei 14.770, de 2023)

I – o plano de trabalho aprovado conterá parâmetros objetivos para caracterizar o cumprimento do objeto; (Incluído pela Lei 14.770, de 2023)

II – a minuta dos instrumentos deverá ser simplificada; (Incluído pela Lei 14.770, de 2023)

III – ~~a liberação dos recursos dar-se-á em parcela única;~~ (VETADO);

IV – a verificação da execução do objeto ocorrerá mediante visita de constatação da compatibilidade com o plano de trabalho. (Incluído pela Lei 14.770, de 2023)

§ 1.º O acompanhamento pela concedente ou mandatária será realizado pela verificação dos boletins de medição e fotos georreferenciadas registradas pela empresa executora e pelo convenente do Transferegov e por vistorias *in loco*, realizadas considerando o marco de execução de 100% (cem por cento) do cronograma físico, podendo ocorrer outras vistorias, quando necessárias. (Incluído pela Lei 14.770, de 2023)

§ 2º Não haverá análise nem aceite de termo de referência, anteprojeto, projeto, orçamento, resultado do processo licitatório ou outro documento necessário para o início da execução do objeto, e caberá à concedente ou mandatária verificar o cumprimento do objeto pactuado ao final da execução do instrumento. (Incluído pela Lei nº 14.770, de 2023)

§ 3.º ~~Quando exigidos, os registros dos projetos de engenharia, dos documentos de titularidade de área, do licenciamento ambiental e do processo licitatório pelo convenente no~~

Art. 185

Comentários à Lei de Licitações e Contratos Administrativos

~~Transferegov constituirão condição para a liberação da parcela única dos recursos de que trata o inciso III do caput deste artigo.~~ (VETADO).

§ 4.º O regime simplificado de que trata este artigo aplica-se aos convênios, contratos de repasse e instrumentos congêneres celebrados após a publicação desta Lei. (Incluído pela Lei 14.770, de 2023)

Art. 185. Aplicam-se às licitações e aos contratos regidos pela Lei 13.303, de 30 de junho de 2016, as disposições do Capítulo II-B do Título XI da Parte Especial do Decreto-Lei 2.848, de 7 de dezembro de 1940 (Código Penal).

Art. 186. Aplicam-se as disposições desta Lei subsidiariamente à Lei 8.987, de 13 de fevereiro de 1995, à Lei 11.079, de 30 de dezembro de 2004, e à Lei 12.232, de 29 de abril de 2010.

Art. 187. Os Estados, o Distrito Federal e os Municípios poderão aplicar os regulamentos editados pela União para execução desta Lei.

Art. 188. ~~Ao regulamentar o disposto nesta Lei, os entes federativos editarão, preferencialmente, apenas 1 (um) ato normativo.~~ (VETADO)

Art. 189. Aplica-se esta Lei às hipóteses previstas na legislação que façam referência expressa à Lei 8.666, de 21 de junho de 1993, à Lei 10.520, de 17 de julho de 2002, e aos arts. 1.º a 47-A da Lei 12.462, de 4 de agosto de 2011.

Art. 190. O contrato cujo instrumento tenha sido assinado antes da entrada em vigor desta Lei continuará a ser regido de acordo com as regras previstas na legislação revogada.

Art. 191. Até o decurso do prazo de que trata o inciso II do *caput* do art. 193, a Administração poderá optar por licitar ou contratar diretamente de acordo com esta Lei ou de acordo com as leis citadas no referido inciso, e a opção escolhida deverá ser indicada expressamente no edital ou no aviso ou instrumento de contratação direta, vedada a aplicação combinada desta Lei com as citadas no referido inciso.

Parágrafo único. Na hipótese do caput deste artigo, se a Administração optar por licitar de acordo com as leis citadas no inciso II do caput do art. 193 desta Lei, o contrato respectivo será regido pelas regras nelas previstas durante toda a sua vigência.

Art. 192. O contrato relativo a imóvel do patrimônio da União ou de suas autarquias e fundações continuará regido pela legislação pertinente, aplicada esta Lei subsidiariamente.

Art. 193. Revogam-se:

I – os arts. 89 a 108 da Lei 8.666, de 21 de junho de 1993, na data de publicação desta Lei;

II – em 30 de dezembro de 2023: (Redação dada pela Lei Complementar 198, de 2023)

a) a Lei 8.666, de 21 de junho de 1993; (Redação dada pela Lei Complementar 198, de 2023)

b) a Lei 10.520, de 17 de julho de 2002; e (Redação dada pela Lei Complementar 198, de 2023)

c) os arts. 1.º a 47-A da Lei 12.462, de 4 de agosto de 2011. (Redação dada pela Lei Complementar 198, de 2023)

Art. 194. Esta Lei entra em vigor na data de sua publicação.

Brasília, 1.º de abril de 2021; 200º da Independência e 133.º da República.

JAIR MESSIAS BOLSONARO

1. DISPOSIÇÕES TRANSITÓRIAS E FINAIS

Os entes federativos instituirão centrais de compras, com objetivo de realizar compras em grande escala, para atender a diversos órgãos e entidades sob sua competência e atingir os objetivos da legislação de licitações e contratos administrativos (art. 181 da Lei de Licitações).

No caso dos municípios com até 10.000 habitantes, serão preferencialmente constituídos consórcios públicos para compras em grande escala, nos termos da Lei 11.107/2005 (art. 181, parágrafo único, da Lei 14.133/2021). Naturalmente, o dispositivo somente poderia ser compreendido como uma recomendação, o que demonstra, aliás, a sua desnecessidade, uma vez que a decisão sobre a formalização do consórcio encontra-se inserida na autonomia de cada ente federado, afigurando-se inconstitucional não apenas a imposição de constituição de consórcios, mas, também, a eventual aplicação de sanção ao Município que optar por não se consorciar.

O Poder Executivo federal atualizará os valores fixados na Lei de Licitações pelo Índice Nacional de Preços ao Consumidor Amplo Especial (IPCA-E), ou pelo índice que venha a substituí-lo, a cada dia 1.º de janeiro, e serão divulgados no PNCP (art. 182, *caput* e parágrafo único, da Lei).

A necessidade de atualização dos valores por ato do Poder Executivo federal também encontrava previsão no art. 120 da Lei 8.666/1993. A Lei 14.133/2021, contudo, indicou o índice (IPCA-E ou outro que venha a substituí-lo) e exigiu a divulgação dos valores atualizados no PNCP.

Os prazos previstos na Lei de Licitações serão contados excluindo o dia do começo e incluindo o do vencimento e observarão as seguintes disposições (art. 183 da Lei 14.133/2021):a) os prazos expressos em dias corridos serão computados de modo contínuo; b) os prazos expressos em meses ou anos serão computados de data a data; c) nos prazos expressos em dias úteis, serão computados somente os dias em que ocorrer expediente administrativo no órgão ou entidade competente. Registre-se que, em geral, a Lei 14.133/2021, ao estabelecer prazos, fixou a contagem em dias úteis (exs.: arts. 21; 32, § 1.º, I, VIII e XII; 55, I a IV; 58, § 2.º; 75, § 3.º; 80, § 4.º; 86; 94, I, II e § 3.º etc.).

Salvo disposição em sentido contrário, considera-se dia do começo do prazo: a) o primeiro dia útil seguinte ao da disponibilização da informação na rede mundial de computadores; b) a data de juntada aos autos do aviso de recebimento, quando a notificação for pelos correios (art. 183, § 1.º, da Lei).

Considera-se prorrogado o prazo até o primeiro dia útil seguinte se o vencimento cair em dia em que não houver expediente, quando este for encerrado antes da hora normal, ou houver indisponibilidade da comunicação eletrônica (art. 183, § 2.º, da Lei).

Na hipótese anterior, se no mês do vencimento não houver o dia equivalente àquele do início do prazo, tem-se como termo o último dia do mês (art. 183, § 3.º, da Lei).

Aplicam-se as disposições da Lei de Licitações, no que couber e na ausência de norma específica, aos convênios, acordos, ajustes e outros instrumentos congêneres celebrados por órgãos e entidades da Administração Pública, na forma estabelecida em regulamento do Poder Executivo federal (art. 184 da Lei de Licitações).

O art. 184-A da Lei 14.133/2021, incluído pela Lei 14.770/2023, institui o regime simplificado para celebração, execução, acompanhamento e prestação de contas dos convênios, contratos de repasse e instrumentos congêneres em que for parte a União, com valor global de até R$ 1.500.000,00 (um milhão e quinhentos mil reais), observando-se as seguintes exigências:[386] a) o plano de trabalho aprovado conterá parâmetros objetivos para caracterizar o cumprimento do objeto; b) a minuta dos instrumentos deverá ser simplificada; e c) a verificação da execução do objeto ocorrerá mediante visita de constatação da compatibilidade com o plano de trabalho.

Consoante dispõe o art. 185 da Lei 14.133/2021, aplicam-se às licitações e aos contratos regidos pela Lei 13.303/2016 (Lei das Estatais), as disposições do Capítulo II-B do Título XI da Parte Especial do Código Penal que tipificam os "crimes em licitações e contratos administrativos".

As disposições da Lei 14.133/2021 serão aplicadas subsidiariamente à Lei 8.987/1995, à Lei 11.079/2004, e à Lei 12.232/2010, que tratam, respectivamente, das concessões comuns de serviços públicos, das Parcerias Público-Privadas (PPP) e dos serviços de publicidade, na forma do art. 186 da Lei de Licitações.

Os Estados, o Distrito Federal e os Municípios poderão aplicar os regulamentos editados pela União para execução da Lei de Licitações e Contratos Administrativos (art. 187 da Lei).

O art. 187 da Lei 14.133/2021 é de duvidosa constitucionalidade. Ao permitir a aplicação de regulamentos editados pelo Poder Executivo federal aos Estados, DF e Municípios, o legislador institui uma espécie de "carona regulamentar" em aparente violação da autonomia atribuída à cada Ente federado para editar os seus próprios regulamentos. É verdade que o ente poderia tão somente editar regulamento próprio com texto idêntico ao contido em regulamento federal, mas, nesse caso, além de exercer a sua competência regulamentar específica, o ente federativo teria a autonomia para decidir sobre a manutenção do texto ou a promoção de eventual retificação ou revogação.

O art. 188 do PL 4.253/2020, que previa a edição, preferencial, de apenas 1 (um) ato regulamentador da Lei de Licitações e de Contratos Administrativos pelos Entes federados, foi vetado pelo Presidente da República, sob o argumento de que o referido dispositivo seria formalmente inconstitucional por violar o art. 59 da CRFB que remete à Lei Complementar a disciplina sobre a elaboração, redação, alteração e consolidação das leis.

---

[386] O citado regime simplificado aplica-se aos convênios, contratos de repasse e instrumentos congêneres celebrados após a publicação da Lei de Licitações e Contratos Administrativos (art. 184-A, § 4.º, da Lei 14.133/2021, incluído pela Lei 14.770/2023). No regime simplificado, o acompanhamento pela concedente ou mandatária será realizado pela verificação dos boletins de medição e fotos georreferenciadas registradas pela empresa executora e pelo convenente do Transferegov e por vistorias *in loco*, realizadas considerando o marco de execução de 100% (cem por cento) do cronograma físico, podendo ocorrer outras vistorias, quando necessárias (art. 184-A, § 1.º, da Lei 14.133/2021, incluído pela Lei 14.770/2023).

Não obstante a nossa discordância em relação aos motivos do veto, uma vez que o art. 59 da CRFB trata do processo legislativo e não englobaria o poder regulamentar previsto no art. 84, IV, da CRFB, entendemos adequado o veto ao art. 188 do PL 4.253/2020.

Isso porque a legislação não poderia impor, ainda que preferencialmente, o número de regulamentos que poderiam ser editados pelo Chefe do Poder Executivo, sob pena de abuso de poder legislativo e violação ao princípio da separação de poderes.

Lembre-se que o poder normativo (secundário) da Administração Pública, exercido com fundamento em norma legal e reconhecido pelo art. 84, IV, da CRFB, não decorre da delegação propriamente dita operada pelo legislador, mas, ao contrário, é inerente à função administrativa e pode ser exercido dentro dos limites fixados em lei. À Administração Pública é conferido o poder de regulamentar a legislação, esclarecendo-a e detalhando-a, de forma a possibilitar a sua concretização.[387]

Os dispositivos da Lei 14.133/2021 são aplicáveis às hipóteses previstas na legislação que façam referência expressa à Lei 8.666/1993, à Lei 10.520/2002, e aos arts. 1.º a 47-A da Lei 12.462/2011 (art. 189 da nova Lei).

2. REVOGAÇÃO DE LEIS ANTERIORES E VIGÊNCIA DA LEI 14.133/2021: A CONCOMITÂNCIA DE REGIMES JURÍDICOS

O art. 193 da Lei 14.133/2021, com a redação dada pela LC 198/2023, revogou as seguintes normas: a) revogação imediata dos arts. 89 a 108 da Lei 8.666/1993; b) revogação, no dia em 30 de dezembro de 2023, da Lei 8.666/1993 (Lei de Licitações e Contratos Administrativos), da Lei 10.520/2002 (Pregão), e dos arts. 1.º a 47-A da Lei 12.462/2011 (RDC).

Em consequência, a Lei 14.133/2021 revogou, na data da sua publicação, os dispositivos da Lei 8.666/1993 relativos aos crimes e às penas, mas o art. 178 da atual Lei alterou o Código Penal para inserir, naquele diploma legal específico, os crimes praticados no âmbito das licitações e das contratações públicas.

Em relação aos demais dispositivos da Lei 8.666/1993, assim como a Lei 10.520/2002 (Pregão) e os arts. 1.º a 47-A da Lei 12.462/2011 (RDC), não ocorreu a revogação imediata. Ao contrário, os referidos diplomas legais foram revogados no dia 30.12.2023, na forma do art. 193, II, da Lei 14.133/2021, alterado pela LC 198/2023.

Entre a promulgação da Lei 14.133/2021 e o dia 30.12.2023, os gestores públicos tiveram a possibilidade de optar entre a aplicação da atual Lei de Licitações e a dos regimes jurídicos tradicionais de licitação. Tratava-se de escolha inerente à discricionariedade dos gestores que não poderiam, contudo, mesclar os dispositivos

---

[387] OLIVEIRA, Rafael Carvalho Rezende. *A constitucionalização do direito administrativo*: o princípio da juridicidade, a releitura da legalidade administrativa e a legitimidade das agências reguladoras. 2. ed. Rio de Janeiro: Lumen Juris, 2010, item 2.4.

Art. 194

da legislação tradicional com aqueles inseridos na atual Lei de Licitações, na forma do art. 191.

O objetivo do referido período de transição foi o de estabelecer um regime de transição para que os gestores públicos tivessem condições de conhecer melhor o novo regime licitatório, qualificassem as suas equipes e promovessem, paulatinamente, as adequações institucionais necessárias para efetividade dos dispositivos da atual Lei de Licitações.

A Lei 14.133/2021 dispõe que as suas normas entram em vigor na data de sua publicação (art. 194) e deverão ser observadas as seguintes regras de transição: a) o contrato cujo instrumento tenha sido assinado antes da entrada em vigor da Lei continuará a ser regido de acordo com as regras previstas na legislação revogada (art. 190); b) até o dia 30.12.2023, a Administração Pública poderia optar por licitar ou contratar diretamente de acordo com a atual Lei ou com a Lei 8.666/1993, a Lei 10.520/2002 e a Lei 12.462/20211, com a expressa previsão no edital ou no aviso ou instrumento de contratação direta da opção realizada, vedada a aplicação combinada da atual Lei de Licitações com as referidas leis (art. 191, *caput* e parágrafo único); c) o contrato relativo a imóvel do patrimônio da União ou de suas autarquias e fundações continua regido pela legislação pertinente, aplicando-se a Lei de Licitações subsidiariamente (art. 192).

BIBLIOGRAFIA

AMARAL, Antônio Carlos Cintra do. *Licitação e contrato administrativo*. 3. ed. Belo Horizonte: Fórum, 2010.

BARCELOS, Dawison; TORRES, Ronny Charles Lopes de. Licitações e contratos nas empresas estatais: regime licitatório e contratual da Lei 13.303/2016. Salvador: JusPodivm, 2018.

BARROSO, Luís Roberto. Temas de direito constitucional. 2. ed. Rio de Janeiro: Renovar, 2006. t. I.

BINENBOJM, Gustavo. A advocacia pública e o Estado Democrático de Direito. *Revista Brasileira de Direito Público*, Belo Horizonte, v. 8, n. 31, out. 2010.

BORGES, Alice Gonzalez. *Normas gerais no Estatuto de Licitações e Contratos administrativos*. São Paulo: RT, 1991.

BORGES, Alice González. Pressupostos e limites da revogação e da anulação das licitações. *JAM Jurídica*, ano 11, n. 12, p. 8-9, dez. 2006.

CARVALHO FILHO, José dos Santos. *Manual de direito administrativo*. 22. ed. Rio de Janeiro: Lumen Juris, 2009.

CHAPUS, Réné. *Droit Administratif General*. 15. ed. Paris: Montcherestien, 2001. t. I.

DI PIETRO, Maria Sylvia Zanella. *Direito administrativo*. 22. ed. São Paulo: Atlas, 2009.

DI PIETRO, Maria Sylvia Zanella. *Parcerias na administração pública*. 5. ed. São Paulo: Atlas, 2005.

DI PIETRO, Maria Sylvia Zanella. *Temas polêmicos sobre licitações e contratos*. 5. ed. São Paulo: Malheiros, 2001.

EASTMAN, Chuck; TEICHOLZ, Paul; SACKS, Rafael; LISTON, Kathleen. *Manual de BIM*: um guia de modelagem da informação da construção para arquitetos, engenheiros, gerentes, construtores e incorporadores. Porto Alegre: Bookman, 2014.

ESTORNINHO, Maria João. *Curso de direito dos contratos públicos*. Coimbra: Almedina, 2012.

FERNANDES, Jorge Ulisses Jacoby. *Contratação direta sem licitação*. 7. ed. Belo Horizonte: Fórum, 2008.

FERNANDES, Jorge Ulisses Jacoby. Controle das licitações pelo tribunal de contas. RDA, n. 239, jan./mar. 2005.

FURTADO, Lucas Rocha. *Curso de direito administrativo*. 2. ed. Belo Horizonte: Fórum, 2010.

FURTADO, Lucas Rocha. *Curso de licitações e contratos administrativos*. 3. ed. Belo Horizonte: Fórum, 2010.

GALIZA, Francisco. *Uma análise comparativa do seguro garantia de obras públicas*. Rio Janeiro: ENS-CPES, 2015.

GARCIA, Flávio Amaral. *Licitações e contratos administrativos*. 3. ed. Rio de Janeiro: Lumen Juris, 2010.

GARCÍA DE ENTERRÍA, Eduardo. *Curso de derecho administrativo*. 12. ed. Madrid: Civitas, 2005. v. I.

GASPARINI, Diógenes. *Direito administrativo*. 12. ed. São Paulo: Saraiva, 2007.

GUIMARÃES, Edgar. Instrumentos auxiliares das licitações e contratações. In: DI PIETRO, Maria Sylvia Zanella (Coord.). *Licitações e contratos administrativos*: inovações da Lei 14.133, de 1º de abril de 2021. 2. ed. Rio de Janeiro: Forense, 2022.

GUIMARÃES, Fernando Vernalha. *Concessão de serviço público*. 2. ed. São Paulo: Saraiva, 2014.

JORDÃO, Eduardo. A intervenção do TCU sobre editais de licitação não publicados: controlador ou administrador? *Revista Brasileira de Direito Público – RBDP*, Belo Horizonte, ano 12, n. 47, out./dez. 2014.

JUSTEN FILHO, Marçal. *Comentários à lei de licitações e contratações administrativas*. São Paulo: Thomson Reuters Brasil, 2021.

JUSTEN FILHO, Marçal. *Comentários à lei de licitações e contratos administrativos*. 18. ed. São Paulo: Thomson Reuters Brasil, 2019.

JUSTEN FILHO, Marçal. *Pregão*: comentários à legislação do pregão comum e eletrônico. 5. ed. São Paulo: Dialética, 2009.

KLEMPERER, Paul. What Really Matters in Auction Design. *Journal of Economic Perspectives*, v. 16, n. 1, p. 184, Winter 2002.

MARQUES NETO, Floriano de Azevedo; FREITAS, Rafael Véras de. Comentários à Lei 13.655/2018 (Lei da Segurança para a Inovação Pública). Belo Horizonte: Fórum, 2019.

MEIRELLES, Hely Lopes. *Direito administrativo brasileiro*. 32. ed. São Paulo: Malheiros, 2006.

MEIRELLES, Hely Lopes. *Licitação e contrato administrativo*. 13. ed. São Paulo: Malheiros, 2002.

MENDONÇA, José Vicente Santos de. A responsabilidade pessoal do parecerista público em quatro *standards*. RBDP, v. 27, p. 177-199, 2009.

MOREIRA, Egon Bockmann. *Direito das concessões de serviço público*. 2. ed. Belo Horizonte: Fórum, 2022.

MOREIRA, Egon Bockmann. Notas sobre os sistemas de controle dos atos e contratos administrativos. *Fórum Administrativo*, Belo Horizonte, ano 5, n. 5, set. 2005.

MOREIRA, Egon Bockmann; GARCIA, Flávio Amaral. *Contratos administrativos na Lei de Licitações*: comentários aos artigos 89 a 154 da Lei nº 14.133/2021, São Paulo: Thomson Reuters Brasil, 2024.

MOREIRA NETO, Diogo de Figueiredo. *Curso de direito administrativo*. 15. ed. Rio de Janeiro: Forense, 2009.MOREIRA NETO, Diogo de Figueiredo. A responsabilidade do advogado de Estado. *Revista de Direito da Procuradoria Geral*, Rio de Janeiro, n. 63, p. 95-118, 2008.

MOREIRA NETO, Diogo de Figueiredo. A advocacia de Estado e as novas competências federativas. *Revista de informação legislativa*, v. 33, n. 129, jan./mar. 1996.

MOREIRA NETO, Diogo de Figueiredo. Competência concorrente limitada: o problema da conceituação das normas gerais. *Revista de Informação Legislativa*, Brasília, n. 100, p. 127-162, out./dez. 1988.

MOTTA, Carlos Pinto Coelho. *Eficácia nas licitações e contratos*. 12. ed. Belo Horizonte: Del Rey, 2011.

MUNIZ, Joaquim de Paiva. *Curso de direito arbitral*: aspectos práticos do procedimento. 2. ed. Curitiba: CRV, 2014.

NIEBHUR, Joel de Menezes. *Licitação pública e contrato administrativo*. 5 ed. Belo Horizonte: Fórum, 2022.

NIEBUHR, Joel de Menezes. *Dispensa e inexigibilidade de licitação pública*. Belo Horizonte: Fórum, 2011.

NIEBUHR, Joel de Menezes; NIEBUHR, Pedro de Menezes. *Licitações e contratos das estatais*. Belo Horizonte: Fórum, 2018.

NUSDEO, Fábio. Desenvolvimento econômico – um retrospecto e algumas perspectivas. In: OLIVEIRA, Ana Perestrelo de. *Arbitragem de litígios com entes públicos*. 2. ed. Coimbra: Almedina, 2015.

OLIVEIRA, Rafael Carvalho Rezende. *A constitucionalização do direito administrativo*: o princípio da juridicidade, a releitura da legalidade administrativa e a legitimidade das agências reguladoras. 2. ed. Rio de Janeiro: Lumen Juris, 2010.

OLIVEIRA, Rafael Carvalho Rezende. Arbitragem nos contratos da Administração Pública. *Revista Brasileira de Alternative Dispute Resolution – RBADR*, Belo Horizonte, v. 1, n. 1, p. 101-123, jan./jun. 2019.

OLIVEIRA, Rafael Carvalho Rezende. A releitura do direito administrativo à luz do pragmatismo jurídico. *RDA*, v. 256, p. 129-163, jan./abr. 2011.

OLIVEIRA, Rafael Carvalho Rezende. As tendências das licitações públicas na Administração Pública de Resultados. *Consulex*, v. 17, n. 393, p. 32-33, jun. 2013.

OLIVEIRA, Rafael Carvalho Rezende. Concorrência, tomada de preços e convite: os novos valores do Decreto 9.412/2018 e seus reflexos sistêmicos. *SLC – Solução em Licitações e Contratos*, v. 6, p. 25-32, 2018.

OLIVEIRA, Rafael Carvalho Rezende. *Curso de direito administrativo*. 8. ed. São Paulo: Método, 2020.

OLIVEIRA, Rafael Carvalho Rezende. *Licitações e contratos administrativos*: teoria e prática. 9. ed. São Paulo: Método, 2020.

OLIVEIRA, Rafael Carvalho Rezende. O papel da advocacia pública no dever de coerência na Administração Pública. *Revista Estudos Institucionais*, v. 5, n. 2, p. 382-400, maio/ago. 2019.

OLIVEIRA, Rafael Carvalho Rezende. Os serviços públicos e o Código de Defesa do Consumidor: limites e possibilidades. *BDA*, v. 2, p. 172-188, 2010.

OLIVEIRA, Rafael Carvalho Rezende. *Precedentes no direito administrativo*. Rio de Janeiro: Forense, 2018.

OLIVEIRA, Rafael Carvalho Rezende. *Princípios do direito administrativo*. Rio de Janeiro: Lumen Juris, 2011.

OLIVEIRA, Rafael Carvalho Rezende. *Princípios do direito administrativo*. 2. ed. São Paulo: Método, 2013.

OLIVEIRA, Rafael Carvalho Rezende; ACOCELLA, Jéssica. A exigência de programas de *compliance* e integridade nas contratações públicas: os Estados--membros na vanguarda. In: OLIVEIRA, Rafael Carvalho Rezende; ACOCELLA, Jéssica (Coord.) *Governança corporativa e compliance*. 2. ed. Salvador: JusPodivm, 2021.

OLIVEIRA, Rafael Carvalho Rezende; CARMO, Thiago Gomes do. O *Self-Cleaning* e a sua aplicação sob a perspectiva da Lei 14.133/2021. *Solução em Licitações e Contratos – SLC*, v. 51, p. 39-52, 2022.

OLIVEIRA, Rafael Carvalho Rezende; HALPERN, Erick. A repactuação nos contratos administrativos: regime jurídico atual e análise econômica do direito. *Revista Brasileira de Direito Público – RBDP*, Belo Horizonte, ano 18, n. 69, p. 33-55, abr./jun. 2020.

OLIVEIRA, Rafael Carvalho Rezende; HALPERN, Erick. O controle dos Tribunais de Contas e o art. 171 da Lei 14.133/2021 (nova Lei de Licitações). Zênite Fácil, categoria Doutrina, 25 maio 2021. Disponível em: <https://www.zenite.blog.br/o-controle-dos-tribunais-de-contas-e-o-art-171-da-lei-14-133-2021-nova--lei-de-licitacoes/>. Acesso em: 24 maio 2021.

OLIVEIRA, Rafael Carvalho Rezende; HALPERN, Erick. O mito do "quanto mais controle, melhor" na Administração Pública. Revista Brasileira de Direito Público – RBDP, Belo Horizonte, ano 18, n. 71, p. 91-116, out./dez. 2020.

PAREJO ALFONSO, Luciano. *Derecho administrativo*. Barcelona: Ariel, 2003.

PEDRA, Anderson Sant'Ana; TORRES, Ronny Charles Lopes de. O papel da assessoria jurídica na Nova Lei de Licitações e Contratos Administrativos. In: BELÉM, Bruno e outros (Coord.). *Temas controversos na nova Lei de Licitações*. Salvador: JusPodivm, 2021.

PEREIRA JUNIOR, Jessé Torres. A boa gestão dos contratos administrativos. *Boletim de Licitações e Contratos – BLC*, São Paulo, v. 11, p. 1.041-1.061, nov. 2012.

PEREIRA JUNIOR, Jessé Torres. *Comentários à lei das licitações e contratações da administração pública*. 8. ed. Rio de Janeiro: Renovar, 2009.

PEREIRA, Ana Lucia. A função das entidades arbitrais. In: VV.AA. *Manual de arbitragem para advogados*. Brasília: CACB/CEMCA/CFOAB, 2015.

RIGOLIN, Ivan Barbosa. *Contrato administrativo*. Belo Horizonte: Fórum, 2007.

RIVERO, Jean. *Droit Administratif*. 8. ed. Paris: Dalloz, 1977.

ROSILHO, André. *Tribunal de Contas da União*: competências, jurisdição e instrumentos de controle. São Paulo: Quartier Latin, 2019.

SCHMIDT, Gustavo da Rocha. *Arbitragem na administração pública*. Curitiba: Juruá, 2018.

SEN, Amartya. *Desenvolvimento como liberdade*. São Paulo: Companhia das Letras, 2000.

SOUTO, Marcos Juruena Villela. Parcerias público-privadas. *Revista de Direito da Associação dos Procuradores do Novo Estado do Rio de Janeiro*, Rio de Janeiro, v. XVII, p. 35, 2006.

SOUTO, Marcos Juruena Villela. *Direito Administrativo contratual*. Rio de Janeiro: Lumen Juris, 2004.

SOUTO, Marcos Juruena Villela. O papel da advocacia pública no controle da legalidade da Administração. *Interesse Público*, Belo Horizonte, v. 6, n. 28, nov. 2004,

SPECK, Bruno Wilhelm. Inovação e rotina no Tribunal de Contas da União: o papel da instituição superior de controle financeiro no sistema político administrativo do Brasil. São Paulo: Fundação Konrad Adenauer, 2000.

SUNDFELD, Carlos Ari. *Licitação e contrato administrativo*. São Paulo: Malheiros, 1994.

SUNDFELD, Carlos Ari; CÂMARA, Jacintho Arruda. Competências de controle dos Tribunais de Contas: possibilidade e limites. In: SUNDFELD, Carlos Ari (Org.). Contratações públicas e seu controle. São Paulo: Malheiros, 2013.

SUNDFELD, Carlos Ari; CÂMARA, Jacintho Arruda. O cabimento da arbitragem nos contratos administrativos. *RDA*, n. 248, p. 120, maio/ago. 2008.

TORRES, Ronny Charles Lopes de. *Leis de licitações públicas comentadas*. 12. ed. São Paulo: JusPodivm, 2021.

TRIBUNAL DE CONTAS DA UNIÃO. *Licitações & contratos*: orientações e jurisprudência do TCU. 4. ed. Brasília: TCU, 2010.

VALE, Luís Manoel Borges do; OLIVEIRA, Rafael Carvalho Rezende. A inconstitucionalidade do artigo 10 da nova Lei de Licitações. Consultor Jurídico, 23 abr. 2021. Disponível em: <https://www.conjur.com.br/2021-abr-23/opiniao--inconstitucionalidade-artigo-lei-licitacoes>. Acesso em: 23 abr. 2021.

VICKREY, William. Counterspeculation, Auctions, and Competitive Sealed Tenders. *The Journal of Finance*, v. 16, n. 1, p. 8-37, Mar. 1961.

WALD, Arnoldo. A arbitragem contratual e os *dispute boards*. *Revista de Arbitragem e Mediação*, v. 2, n. 6, p. 9-24, jul./set. 2005.

WILLEMAN, Marianna Montebello. Accountability *democrática e o desenho institucional dos Tribunais de Contas do Brasil*. Belo Horizonte: Fórum, 2017.

WILLEMAN, Marianna Montebello. O controle de licitações e contratos administrativos pelos tribunais de contas. In: SOUTO, Marcos Juruena Villela (Org.). Direito administrativo: estudos em homenagem a Francisco Mauro Dias. Rio de Janeiro: Lumen Juris, 2009.

ZARDO, Francisco. *Infrações e sanções em licitações e contratos administrativos*. São Paulo: RT, 2014.